Die Deutschen

Vergangenheit und Gegenwart

Die Deutschen

Vergangenheit und Gegenwart

THIRD EDITION

Wulf Koepke   Texas A & M University

HOLT, RINEHART AND WINSTON
New York   Chicago   San Francisco   Philadelphia
Montreal   Toronto   London   Sydney
Tokyo   Mexico City   Rio de Janeiro   Madrid

PHOTO CREDITS
Peter Arnold: Gerhard Gscheidle, page 279; © Tom Pix, 282.
Austrian Institute: 292, 296, 297, 300. Austrian National Tourist
Office: 295, 299. Uta Hoffmann: 221, 231, 244. Library of
Congress: 114, 119. Museum of the City of New York: 83. Swiss
National Tourist Office: 302, 304, 307, 309. All other photos
courtesy of the German Information Center.

Library of Congress Cataloging in Publication Data

Köpke, Wulf, 1928–
  Die Deutschen.

  1. German language—Readers—Germany.   I. Title.
PF3127.G5K6 1985   438.6'421   84-22458

ISBN 0-03-000367-9

Address correspondence to:
383 Madison Avenue
New York, N.Y. 10017

5678   016   987654321

CBS COLLEGE PUBLISHING
Holt, Rinehart and Winston
The Dryden Press
Saunders College Publishing

Inhalt

Preface vii

Geographie 1

Vergangenheit 13

 1 Der Beginn der deutschen Geschichte 14
 2 Die Ungarnschlacht 21
 3 Barbarossa 28
 4 Der Totentanz 36
 5 Die Reformation 45
 6 Fenstersturz von Prag 55
 7 Die Staatsräson 61
 8 Die Goethezeit 71
 9 Der deutsche Nationalstaat 80
10 Weltpolitik 93
11 Weimar und Potsdam 102
12 Der Nationalsozialismus 114
13 Das Wirtschaftswunder 124

Gegenwart 141

 1 Die Länder der Bundesrepublik 143
 2 Ein Deutscher in der Bundesrepublik 155
 3 Die Familie 163
 4 Feste im Jahreslauf 171
 5 Die Schule 177
 6 Studium in Deutschland 189
 7 Berufsausbildung 201
 8 Berufstätigkeit 208
 9 Sport in Deutschland 222
10 Urlaubsreisen 229
11 Das kulturelle Leben in Deutschland 236
12 Vereine in Deutschland 253

13 Der Bürger und sein Staat   257
14 Die Kirchen und ihre Rolle in der Gesellschaft   272
15 Besuch in der Deutschen Demokratischen Republik   279
16 Besuch in Österreich   292
17 Besuch in der Schweiz   302

Übungen   311

Vokabular   417

Preface

This is a multipurpose book which can be used for most second- and third-year programs at college level or the equivalent programs in high school. It provides meaningful material and stimulates interest and discussion on various aspects of German history and present-day life.

The chapters are largely independent of each other. Although following the sequence of the chapters in the book is recommended, it is by no means necessary. It is also possible to use the *Gegenwart* part first and the *Vergangenheit* part second. The *Vergangenheit* part consists of 13 chapters and thus can be adapted well into a semester's program at the rate of one chapter per week. The *Gegenwart* part consists of 17 chapters of unequal length. The teacher can, however, organize the program entirely according to his needs and wishes.

The *Vergangenheit* part deals with all aspects of history: political, cultural, economic, religious, geographic, and so on, and it tries to keep a middle road between the presentation of facts and anecdotes and the analysis of larger developments. Many of the facts or trends mentioned could serve as a starting point for a more in-depth discussion using additional material. The *Gegenwart* part describes multiple aspects of the life of an individual German. It also provides a brief survey of various cultural aspects pertaining to the German Democratic Republic, Austria, and Switzerland.

The style is simple but not oversimplified. The vocabulary can serve as introduction to the reading of expository prose in German. No attempt has been made to separate a passive vocabulary from an active one; but the vocabulary used in the exercises definitely belongs to the "active" items.

The *Übungen* consist of grammar drills, content questions, vocabulary exercises, and composition exercises. The drills have been developed from the text and stress those aspects of grammar which in the experience of the author need most practice, such as the use of prepositions, word order, adjective endings, modal auxiliary verbs, and so on. The exercises within each chapter are graded, and this pattern is followed throughout the text, except for a few somewhat more extended composition exercises in the latter chapters of each part.

The combination of language learning and cultural enrichment is, as we all know, one of the most desirable and most difficult things to achieve. Long years of experimentation have gone into this book, and the actual writing of it took much longer than anticipated.

Some Notes on the Second Edition

The text was thoroughly revised for the second edition, with several objectives in mind. A number of chapters were updated. The last chapter of the *Vergangenheit* section (*Das Wirtschaftswunder*) as well as many chapters in the *Gegenwart* section were substantially revised, especially those dealing with the educational system and the German Democratic Republic (GDR). Additional information was provided in most chapters thereby making them reflect latest changes and trends in the German-speaking world. The *Übungen* required minor changes, the main one being a restructuring of the questions.

The Third Edition

The interval between the second and third editions has been much shorter than that from the first to the second edition, so the changes in the text have been much less extensive than for the second edition. However, numerous minor corrections and stylistic improvements were made throughout the book. The last chapter of the *Vergangenheit* needed some updating again, and several chapters in the *Gegenwart* part were substantially rewritten, in particular chapters 3, 9, and 11. Facts and figures were checked and brought up to date as well.

The new edition also contains several new features. Following some suggestions, marginal glosses have been added for easier reading. These glosses are intended solely for reading purposes, so only English equivalents of the words, as found in the text, are provided. In the case of verbs, however, the German infinitive forms have been given. The *Vokabular* has also been reworked so as to include all new entries, except cognates, found in the revised text.

Another new feature are *Zeittafeln*, which appear at the beginning of the historical chapters. They provide an instant overview of crucial political and cultural events and their sequence. The book also features new maps of the Federal Republic and the German Democratic Republic. Furthermore, new types of exercises were added to the *Übungen*. These are suggested topics for conversation, discussion, and compositions. They are strictly meant to be suggestions for teachers who want to stress the active use of the language—speaking and writing—in addition to reading. As instructors use a text of this nature in a wide variety of ways, it would be impossible to devise topics that would satisfy everybody, but topics and questions such as these may be of help to instructors in finding their own ways of making the best use of the material. Any book describing the German-speaking countries is bound to generate some amount of controversy. The readings present a wide variety of viewpoints and should encourage classroom discussion. The instructor will have to judge how controversial topics and questions should be.

It is gratifying to know that a book has a long life and is useful. With each edition, I have tried to eliminate some of the seemingly inevitable imperfections and to incorporate some better ideas. Paradoxically, a book may be never more perfect than at the time when it goes out of circulation. My thanks once more to all the colleagues who keep using this book, and who helped me with encouragement and suggestions. I am equally grateful to the reviewers and the good people of Holt, Rinehart and Winston. May this new edition make your German classes a little livelier, easier, and more enjoyable.

W.K.

Die Deutschen

Vergangenheit und Gegenwart

GEOGRAPHIE

Deutschlands Lage

Deutschland liegt im nördlichen Mitteleuropa. Der 49.
Breitengrad,° der die Grenze zwischen den USA und Kanada bildet,
geht durch Süddeutschland, etwa bei Stuttgart. Frankfurt am Main
liegt auf dem gleichen Breitengrad wie Winnipeg.

5   Im Westen beginnt Deutschland etwa beim 7. Längengrad.°
Zwischen New York und Frankfurt sind sechs Stunden Zeitdifferenz.
Wenn es in New York 12 Uhr ist, ist es in Frankfurt schon 18 Uhr.

    Deutschland liegt in der Mitte Europas. Die Straßen von Skandi-
navien nach Italien, von Frankreich nach Rußland oder Südosteu-
10 ropa führen durch Deutschland. Deutschland hat deshalb auch viele
Nachbarn. 1933, als Hitler an die Macht kam, grenzte es an folgende
Länder: Dänemark, Holland, Belgien, Luxemburg, Frankreich, die
Schweiz, Österreich, die Tschechoslowakei, Polen, Danzig, Litauen.
So viele Nachbarn haben nur noch so große Länder wie die Sowjet-
15 union und China.

(degree of) latitude

(degree of) longitude

Die Größe

Nach dem Zweiten Weltkrieg kam kein Friedensvertrag°
mit Deutschland zustande. Deutschlands Ostgrenzen sind deshalb
noch immer umstritten.° Vor Hitlers Annektionen war das Deutsche
Reich gut 470.000 Quadratkilometer* groß. Das ist soviel wie die bei-
20 den Staaten Oregon und Idaho zusammen. Von diesem Gebiet liegt
etwa ein Viertel östlich der Flüsse Oder und Lausitzer Neiße und
wird von Polen und der Sowjetunion als Teil ihres Staatsgebietes angesehen. Der Rest des früheren deutschen Gebietes besteht aus der
Bundesrepublik Deutschland mit gut 248.000 Quadratkilometern—
25 einem Gebiet von der Größe von Oregon—und aus der Deutschen
Demokratischen Republik, abgekürzt DDR, mit ca. 107.000 Quadratkilometern. Die Bundesrepublik, oder Westdeutschland, umfaßt
also etwas mehr als die Hälfte des früheren Deutschen Reiches.

peace treaty

in dispute

*Quadratmeile = 2,6 Quadratkilometer.

Die Bevölkerung

Deutschland ist dicht bevölkert. In der Bundesrepublik leben durchschnittlich 247 Menschen auf einem Quadratkilometer; das sind 644 Menschen auf einer Quadratmeile oder die Bevölkerungsdichte° von Massachusetts und mehr als zehnmal soviel wie die *population density*
5 durchschnittliche Bevölkerungsdichte der USA.

In der Bundesrepublik und der DDR (mit Berlin) leben rund 78,4 Millionen Menschen, etwa soviel wie in den sechs Staaten New York, Kalifornien, Pennsylvanien, Illinois, New Jersey und Texas zusammen. Dabei ist Kalifornien allein größer als Deutschland. Etwa 16,7
10 Millionen Einwohner hat die DDR, die anderen 61,7 Millionen leben in der Bundesrepublik und West-Berlin.

Die Landschaft

Deutschland hat nur im Süden und im Norden natürliche Grenzen. Im Norden wird es von der Nordsee und der Ostsee begrenzt, im Süden läuft die Grenze quer durch die Alpen.

Hallig Gröde an der deutschen Nordseeküste

Die Westgrenze und die Ostgrenze haben sich in der deutschen
5 Geschichte oft geändert; sie verlaufen quer durch Ebenen° und Mit- *plains*
telgebirge.° Einen Teil der deutschen Westgrenze bildet heute der *uplands, foothills*
Rhein. Es lassen sich in Deutschland mehrere Landschaftsformen
unterscheiden: Der Norden ist ein Teil der großen Tiefebene, die
sich bis Rußland erstreckt; der mittlere Teil umfaßt eine große Viel-
10 falt von Gebirgszügen, Einzelbergen und kleinen Ebenen, die zusammen Mittelgebirge genannt werden. Nördlich der Alpen erstreckt
sich eine Hochebene,° das Alpenvorland genannt. Den südlichen *elevated plain*
Abschluß bildet das Hochgebirge der Alpen.

Die heutige Gestalt der Landschaft ist das Ergebnis der Eiszeit.° *glacial period, ice age*
15 Die skandinavischen Gletscher bedeckten damals Norddeutschland;
die Gletscher° der Alpen lagen auf dem Alpenvorland. So entstan- *glaciers*
den die Ebenen, die Flüsse und viele Seen.

In Norddeutschland und Bayern gibt es mehrere Seengebiete. Der
größte deutsche See, der Bodensee, wird vom Rhein gebildet. Die
20 Donau, die durch Süddeutschland fließt, hat ihre Quelle im Schwarzwald und fließt nach Osten. Sie berührt noch sechs andere Länder,
bevor sie ins Schwarze Meer mündet. Alle anderen großen Flüsse in
Deutschland fließen von Südosten nach Nordwesten: der Rhein, die
Weser, die Elbe, die Oder.

Burg Gutenfels am Rhein

25   Nur die Weser hat ihre Quelle° und Mündung° in Deutschland.   *source / river mouth*
Alle anderen Flüsse entspringen in einem anderen Land. Der Rhein,
der aus der Schweiz kommt, hat seine Mündung auch im Ausland,
und zwar in Holland. Der Rhein ist Deutschlands bekanntester und
wirtschaftlich wichtigster Fluß.

30   Diese großen Flüsse haben größere und kleinere Nebenflüsse. Die
bekanntesten Nebenflüsse des Rheins sind: der Neckar, der Main,
die Lahn, die Ruhr und die Mosel. Die Ruhr ist durch das Industriegebiet, das nach ihr benannt ist, bekannt. Nebenflüsse der Donau
sind zum Beispiel der Inn und die Isar, an der München liegt. Be-
35   kannte Nebenflüsse der Elbe sind die Saale und die Havel. Die Havel
hat ihrerseits einen Nebenfluß, die Spree, an der Berlin liegt.

In den Mittelgebirgen sind die höchsten Gipfel° nicht über 1.500   *summits, peaks*
Meter* hoch. Der berühmte Brocken im Harz hat 1.100 Meter, die
Wasserkuppe in der Rhön nur 950 Meter, der Feldberg im Schwarz-
40   wald, der höchste Berg der Mittelgebirge, hat 1.492 Meter Höhe. Die
höchsten Gipfel der Alpen liegen nicht in Deutschland. Deutschlands höchster Berg, die Zugspitze, erreicht nicht ganz 3.000 Meter.
Die Zugspitze liegt an der österreichischen Grenze.

Das Klima

Deutschland hat ein kühles, gemäßigtes° Klima. Die   *moderate*
Temperaturunterschiede zwischen Sommer und Winter sind gerin-
ger als in Nordamerika. Durch den warmen Golfstrom und die
Landschaftsformen ist das Klima wärmer als in den gleichen Breiten-
5   graden der USA. Die durchschnittlichen Temperaturen im Sommer
sind um 18° Celsius (64° Fahrenheit). Am wärmsten ist es am Rhein,
am Main, am Neckar und am Bodensee. Im Januar liegt die Temperatur durchschnittlich bei −2° Celsius (29° Fahrenheit). Am kältesten ist es in den Gebirgen; dort fällt auch der meiste Schnee und
10   Regen. Deutschlands Klima ist vorwiegend maritim; nach Osten wird
es kontinental. Im Osten Deutschlands sind also die Sommer wärmer
und die Winter kälter.

*1 foot = 0,3048 Meter.

Die Landwirtschaft

Deutschlands Landschaft ist eine Kulturlandschaft. Wegen der Dichte der Bevölkerung wird nach Möglichkeit jedes Fleckchen° Land ausgenutzt. Sämtliche Wälder werden bewirtschaftet, und die Forstwirtschaft ist genau geplant. Die Bedingungen für
5 die Landwirtschaft sind verschieden gut. Weite Flächen und guten Boden gibt es in Ostdeutschland und in Norddeutschland. Hier sind die Felder groß, ebenso die Bauernhöfe und Güter.

little piece (of land)

Die meisten Bauern haben eine Gemischtwirtschaft,° das heißt, sie bauen Getreide° an, und sie züchten Vieh. Die wichtigsten Getrei-
10 desorten sind Roggen, Weizen, Gerste und Hafer. Außer Getreide werden viele Kartoffeln° angebaut, ebenfalls viele Rüben.° Zuckerrüben gedeihen in einigen Gegenden, wo sich der Boden dafür eignet. In Süddeutschland wird auch Hopfen angebaut. Mit den Feldern wechseln die Wiesen ab. In einigen Gegenden gibt es nur Wie-
15 sen, zum Beispiel an der Nordsee oder in den Alpen. Rinderzucht° und Milchwirtschaft sind dabei besonders wichtig; an zweiter Stelle steht die Schweinezucht. └ in this case

agriculture with field crops and stock farming / grain

potatoes / beets

cattle breeding in 2ⁿᵈ place.

In den Mittelgebirgen sind die Voraussetzungen° für die Landwirtschaft oft nicht so gut. Die Felder sind klein und uneben, und
20 das Klima ist rauh. Es ist schwierig und meistens unrentabel, moderne Maschinen einzusetzen. Sehr günstig hingegen ist das Klima in den Flußtälern des Rhein- und Maingebietes. Die Felder sind allerdings sehr klein. So ist hier die Bewirtschaftung besonders intensiv und besteht vorwiegend aus Wein-, Obst- und Gemüsebau. Deutsch-

preconditions

Die meisten Bauern haben eine Gemischtwirtschaft.

25 land hat die nördlichsten Weinbaugebiete° Europas. Der Wein ge-   *wine-growing regions*
deiht nicht überall in der Ebene, sondern mehr an den Berghängen.

Bodenschätze

    Deutschland ist nicht reich an Bodenschätzen.° Es hat   *mineral resources*
vor allem Kohle, und zwar an der belgischen Grenze, im Ruhrgebiet,
im Saarland und in Sachsen. Es handelt sich vorwiegend um Stein-
kohle,° bis auf die großen Braunkohlevorkommen° in Sachsen und   *pit coal / lignite*
5 einige Braunkohlelager an der belgischen Grenze. Es gibt geringe
Eisenvorkommen im Siegener Land südlich des Ruhrgebiets. Heute
muß der größte Teil des Eisenerzes aus dem Ausland eingeführt
werden, während früher Eisenerz aus Lothringen und Oberschlesien
verfügbar war. Eisenerz mit geringerem Eisengehalt gibt es im öst-
10 lichen Niedersachsen. In den Moorgegenden von Nordwestdeutsch-
land findet man etwas Erdöl und Erdgas. Neuerdings kommt Öl
auch aus der Nordsee; doch der wichtigste Teil der Ölfunde ist nicht
im deutschen Gebiet. Der größte Teil des Öls muß aus dem Nahen
Osten eingeführt werden.
15   In früheren Zeiten hatte Deutschland reiche Vorkommen von

Der Beruf des Bergmanns ist alt und hochgeschätzt.

Kupfer und Silber. Die Silberproduktion ist seit langem gering; Kupfer wird noch bei Mansfeld in der DDR abgebaut.

Reich ist Deutschland an Salzen; es hat sehr bedeutende Kalisalzlager.° In den östlichen Mittelgebirgen gibt es Sand und Gestein, die *potash deposit*
20 sich zur Herstellung von Porzellan und zum Glasblasen eignen.° *production*

Die Bergwerksindustrie° spielt traditionell in Deutschland eine *mining industry* große Rolle, und der Beruf des Bergmanns ist alt und hochgeschätzt. Die moderne Industrie in Deutschland lebt jedoch hauptsächlich von der Verarbeitung° eingeführter Rohstoffe.° *manufacture / raw material*

processing

Industriegebiete

Industrie gibt es in allen Teilen des Landes. Die Gebiete, in denen sie besonders stark konzentriert ist, werden Industriegebiete genannt. Ihre Konzentration und die Art der Industrie sind dabei sehr verschieden.
5 Das bekannteste deutsche Industriegebiet ist das Ruhrgebiet am rechten Ufer des Niederrheins, zwischen den Flüssen Wupper und Lippe. An der deutsch-französischen Grenze liegt das Saargebiet.

Das bekannteste deutsche Industriegebiet ist das Ruhrgebiet.

Diese beiden Industriegebiete befinden sich in der Nähe von Bergwerken. Die Industrie im Neckartal um Stuttgart hat sich ohne diese
10 Rohstoffgrundlage entwickelt. In den letzten vierzig Jahren ist
zwischen Hannover und Braunschweig im östlichen Niedersachsen
ein neues Industriegebiet entstanden, dessen größte Fabrik das Volks-
wagenwerk in Wolfsburg ist.

In der DDR sind die wichtigsten Industriegebiete in Sachsen und
15 Thüringen. Neuerdings kommen große Industriewerke an der Oder,
also an der Ostgrenze des Landes, hinzu.

In den Großstädten Deutschlands haben sich ebenfalls Industrie-
zentren entwickelt.

Die Verkehrswege

Deutschland hat als Durchgangsland° Europas wichtige   *"transit country"*
Verkehrswege. Dazu gehören die Wasserwege, ganz besonders der
Rhein, Europas verkehrsreichster° Fluß. Die natürlichen Wasser-   *busy, full of traffic*
wege, die Flüsse, werden durch ein Kanalsystem ergänzt. Flüsse und
5 Kanäle werden ständig für die Schiffahrt instand gehalten. Ein Netz
von Kanälen verbindet alle großen Flüsse vom Rhein bis zur Oder.
Die längst geplante Verbindung vom Rhein über den Main zur   *planned*
Donau ist jetzt fast fertig. Die Nordsee und die Ostsee sind durch
den Nord-Ostsee-Kanal verbunden, der von der Elbemündung bis   *bound*
10 nach Kiel geht.

So sind für die deutsche Wirtschaft die Flußhäfen° ebenso wichtig   *inland harbors*
wie die Seehäfen. Die wichtigsten Seehäfen der Bundesrepublik an
der Nordsee sind Hamburg und Bremen und an der Ostsee Kiel und
Lübeck; der bedeutendste Hafen der DDR ist Rostock an der Ostsee.
15 Von den Flußhäfen haben Duisburg-Ruhrort und Mannheim-Lud-
wigshafen am meisten Schiffsverkehr. Bis 1945 gehörte auch Berlin
zu den wichtigsten Binnenhäfen.

Das Eisenbahnnetz° war am Ende des 19. Jahrhunderts fertig aus-   *railway network system*
gebaut. Die größten Bahnhöfe sind die von Frankfurt am Main und
20 Leipzig. Berlin hat mehrere Bahnhöfe. Andere wichtige Eisenbahn-
knotenpunkte° sind Hamburg, Köln, Stuttgart, München und Han-   *railway junctions*
nover in der Bundesrepublik und Magdeburg in der DDR. Der
größte Teil des Eisenbahnnetzes ist staatlich.

Flugplätze° haben die Städte Hamburg, Bremen, Hannover, Köln,   *airports*
25 Düsseldorf, Stuttgart, München und Frankfurt am Main. Der größte

davon und der drittgrößte in Europa ist der Rhein-Main-Flughafen in Frankfurt. Flughäfen der DDR sind vor allem in Berlin und Leipzig. Wegen der politischen Lage können auf den Flugplätzen West-Berlins nur einige Luftlinien landen.

above all

30 Die wichtigsten Knotenpunkte des Straßensystems sind Frankfurt am Main, Hannover, Hamburg, Köln, Karlsruhe, Nürnberg und München. Deutschland hat ein Netz von Autobahnen, das bereits geplant wurde, als noch nicht mit dem heutigen Verkehr gerechnet werden konnte. Dieses Netz wird auch jetzt noch weiter ausge-
35 baut. Die wichtigsten Strecken sind die von Schleswig-Holstein über Hamburg und Frankfurt nach Basel, die vom Ruhrgebiet über Frankfurt und Nürnberg nach München, die von Karlsruhe über Stuttgart und München nach Salzburg, schließlich die vom Ruhrgebiet über Hannover nach Berlin und von München nach Berlin, die
40 als „Interzonenstraßen"° benutzt werden. Eine nördliche Interzonen-Autobahn soll von der Bundesrepublik und der DDR gemeinsam gebaut werden. Zu den wichtigsten Strecken in der DDR gehören neben den Interzonenstrecken die Autobahn von Berlin nach Dresden, die von Dresden nach Leipzig und die Strecke von Bautzen bis zur
45 Grenze mit der Bundesrepublik in Thüringen. Außer den Autobahnen gibt es natürlich ein Netz von weiteren Straßenverbindungen.

roads to Berlin across the GDR

connectio

Stadt und Land

Die Bundesrepublik hat eine weitreichende Verwaltungsreform° durchgeführt. Die Zahl der selbständigen Gemeinden ist von über 24.000 auf gut 10.000 heruntergegangen und wird wahrscheinlich auf etwa 8.000 sinken. So sind oft mehrere Dörfer
5 oder Kleinstädte zu einer Verwaltungseinheit gemacht worden. Statt 21.000 Dörfern mit weniger als 2.000 Einwohnern gibt es nur noch weniger als 7.000; die Städte zwischen 2.000 und 100.000 Einwohnern sind gut 3.500 geblieben; aber die Zahl der „Großstädte", Städte mit mehr als 100.000 Einwohnern, hat sich auf 68 vermehrt.
10 Unter ihnen sind vier Millionenstädte: Berlin mit gut 3 Millionen, davon 1,9 Millionen in West-Berlin, Hamburg mit 1,65 Millionen, München mit 1,30 Millionen und Köln mit knapp 1 Million. 35% der Menschen in der Bundesrepublik leben in Städten mit mehr als 100.000 Einwohnern, 37% in Städten zwischen 10.000 und 100.000 Einwohnern, die übrigen fast 28% in kleineren Orten. Die Dorfbe-

administratio
reform of (community) administration
independent

PLACES

völkerung nimmt ab, aber ebenso die der Millionenstädte (mit Ausnahme von München). Die Bevölkerung wohnt offenbar am liebsten
in mittelgroßen Städten.

Gewöhnlich wohnen die Bauern in Dörfern, nicht auf Einzelhö-
20 fen. Die meisten Städte und Dörfer sind alt; viele stammen aus dem
Mittelalter, einige Städte sogar aus der Zeit der Römer. Ganz moderne Gründungen, wie die Volkswagenstadt Wolfsburg, sind selten.

Die Bevölkerung in der Bundesrepublik wie die in der DDR
nimmt ab. Der Bevölkerungszuwachs,° den die Statistiken für die
25 Bundesrepublik zeigen, ist allein durch den Zuzug von ausländischen Gastarbeitern° zustande gekommen. Mit ihren Familienan-
gehörigen° leben 4,5 Millionen Ausländer in der Bundesrepublik.

*abnemmen –
  to decrease*

*zunemmen –
  to increase*

*settlements / rare
           seldom*

population increase
alone / influx
foreign workers
family members

mit Ausnahme – with the exception

VERGANGENHEIT

Der Beginn der deutschen Geschichte

ZEITTAFEL

9 n. Chr.	Sieg des Cheruskerfürsten Arminius im Teutoburger Wald über drei römische Legionen.
451	Schlacht auf den katalaunischen Feldern (Châlons-sur-Marne) gegen die Hunnen unter Attila.
481–511	Frankenkönig Chlodwig I.
768–814	Karl der Große.
772–799	Sachsenkriege.
800	Kaiserkrönung in Rom.
842	Straßburger Eide.
843	Dreiteilung des Frankenreiches im Vertrag von Verdun.
870	Zweiteilung des Frankenreiches in Frankreich und Deutschland im Vertrag von Meerssen.
911	Ludwig das Kind, der letzte Karolinger in Deutschland, stirbt.

Karl der Große (Albrecht Dürer, 1512)

Germanen und Römer

Im Jahre 98 nach Christus beschrieb der römische Ge-
schichtsschreiber° Cornelius Tacitus in einem kleinen Büchlein Land   *historian*
und Leute von Mitteleuropa. Für ihn, den Römer, waren die Kultur
und die Sitten dieser Menschen sehr ähnlich, und so beschrieb er sie
5 als ein Volk, als „Germanen". Sein Buch heißt „Germania". Eine politische Einheit bildeten diese Germanen allerdings nicht. Sie lebten
in kleinen Gruppen, und sie waren sehr auf ihre Unabhängigkeit°   *independence*
bedacht. Es war sehr schwer, sie zu einem gemeinsamen Unternehmen zu bringen, und es war noch schwerer, sie zu beherrschen.
10 Diese Erfahrung hatte der Cheruskerfürst Hermann, oder Arminius, gemacht. Hermann lebte zur Zeit des Kaisers Augustus. Er war
in Rom erzogen und ausgebildet worden. Zu seiner Zeit bildete der
Rhein die Grenze zwischen dem römischen Reich und den Germanen. Jetzt sollte die Grenze bis an die Elbe vorgeschoben werden.
15 Hermann gelang es, drei römische Legionen—das römische Weltreich hatte insgesamt nur 30 Legionen—in dem Waldgebirge,° das   *wooded mountains*
heute Teutoburger Wald heißt, zu vernichten. Dieser Sieg machte
ihn keineswegs beliebt; er erweckte nur Mißtrauen gegen ihn, und
Hermann war nicht imstande, ein größeres Reich zu gründen. Seine
20 Frau und sein Sohn wurden von den Römern gefangen, er selbst
schließlich von einem Verwandten ermordet.

Die Römer verzichteten° allerdings darauf, dieses Waldland mit   **verzichten** *to renounce,*
seinen unruhigen Bewohnern erobern zu wollen. Der Rhein und die   *to give up*
Donau blieben die Grenze ihres Reiches. Als Verbindung zwischen
25 den beiden Flüssen bauten sie einen Grenzwall, den Limes.

Der größte Teil Deutschlands blieb also außerhalb der römischen
Kultur. Nur südlich der Donau und westlich des Rheins wurden
römische Städte angelegt. Solche römischen Gründungen sind Augsburg, Kempten, Worms, Straßburg und vor allem Trier. In Trier
30 sind viele römische Bauten erhalten: ein Stadttor,° Porta Nigra ge-   *city gate*
nannt, eine „Basilika", das heißt, eine Kaiserhalle, die seitdem als
Kirche dient, Ruinen des großen Bades und eine Arena. Trier wurde
in der spätrömischen Zeit sogar eine der Haupstädte des Reiches.

Am Rhein und an der Donau bauten die Römer Grenzfestungen.°   *border fortresses*
35 Dazu gehörten die heutigen Städte Köln, Bonn, Koblenz, Mainz, Regensburg und Wien. Die Römer brachten ihre Kultur mit in diese
fernen Provinzen. Sie bauten Wasserleitungen° und sorgten für   *aqueducts*
fließendes heißes und kaltes Wasser und für Kanalisation° in ihren   *sewer system*
Wohnungen und Bädern. Für den kalten Winter hatten sie die zen-
40 trale Warmluftheizung° erfunden. Wo das Klima es erlaubte, also am   *hot-air heating system*

Rhein, an der Mosel, in der Pfalz, am Kaiserstuhl und am Bodensee, pflanzten sie Wein.

Als das römische Weltreich zerfiel, entstanden neue Staaten unter germanischer Herrschaft. Germanische Stämme° gingen auf die   *tribes, peoples*
45 Wanderung und eroberten nach langen Kämpfen Teile des römischen Reiches. Die Goten gelangten bis nach Italien und Spanien, die Wandalen bis nach Nordafrika. Die Angeln und Sachsen ließen sich in England nieder, die Franken und Burgunder in Frankreich, die Alemannen und Bajuwaren im heutigen Süddeutschland, Öster-
50 reich, Elsaß und der Schweiz. Diese Wanderungen und Kämpfe werden die „Völkerwanderung"° genannt. Zu dieser Zeit gelangten die   *period of migrations* aus Asien stammenden Hunnen nach Europa. Außerdem war es die Epoche, in der sich das Christentum in Europa durchsetzte.

Bei so vielen Kämpfen und Wanderungen war eine festere Orga-
55 nisation der Völker notwendig, und es wurden Könige oder Herzöge gewählt. Die Taten solcher Führer der germanischen Völker leben in den deutschen Heldensagen° fort, von denen die Geschichte der   *heroic legends* Nibelungen am bekanntesten ist. Sie handelt vom Helden Siegfried aus dem Norden und von den blutigen Kämpfen der Burgunder
60 gegen die Hunnen. In dieser Sage kommt auch der Ostgotenkönig Dietrich von Bern vor, der in der Geschichte Theoderich der Große heißt und um das Jahr 500 Italien beherrschte.

Das Reich Karls des Großen

Zur Zeit Theoderichs wurde Chlodwig aus dem Hause der Merowinger König der Franken. Er brachte zuerst die Franken in ein Reich zusammen, später besiegte er die germanischen Nachbarstämme und unterwarf sie: die Alemannen, die Burgunder, die
5 Thüringer, die Bajuwaren und die Friesen. Chlodwig war der erste germanische Herrscher, der sich dem Papst in Rom anschloß und die römisch-katholische Form des Christentums in seinem Land einführte. Im heutigen Frankreich, Chlodwigs Stammland,° lebten die   *country of origin* Franken auf Einzelhöfen. Außer ihnen waren viele der bisherigen
10 Einwohner dort geblieben. Die Germanen waren keine Stadtbewohner, sie hatten eine ganz andere Kultur als die Römer. Sie brauchten kein so kompliziertes Wirtschaftssystem, wie es die Römer hatten. Der Handel der Germanen, so weit es ihn gab, war überwiegend

Tauschhandel.° Also verfielen° die römischen Stadtanlagen, und die
15 Verwaltung und die Währung° kamen in Unordnung. Lange Zeit
noch wurden die römischen Bauten als Steinbrüche° benutzt; die Ei-
senklammern° an den Mauern haute man heraus, um sich daraus
Waffen und Werkzeuge zu schmieden. Nur die Gebäude blieben stehen, die man als Kirche oder, als es wieder Städte gab, als Stadttor
20 benutzen konnte.

barter trade / **verfallen**
to fall into ruins /
currency / *quarries*

iron clamps

Chlodwig übernahm so viel von den römischen Einrichtungen wie
nötig war. Er führte eine neue Währung ein. So vereinigten die
Franken ihre eigene Kultur mit der römischen Zivilisation. Das geschah nicht nur unter den Merowingern, sondern genauso unter den
25 Karolingern, die die Merowinger im 8. Jahrhundert ablösten. Zugleich begann das neue Rom, nämlich die christliche Kirche, eine
wichtige Rolle zu spielen. Neben den Burgen und Herrenhöfen°
wurden jetzt die Klöster° die Mittelpunkte des Landes. Die Mönche
konnten lesen und schreiben; sie richteten Schulen ein; sie be-
30 mühten sich, dem Volk die Grundbegriffe des christlichen Glaubens
zu erklären. Dazu gehörte, daß sie die Begriffe der lateinischen oder
griechischen Quelle in die Landessprache übersetzten. Zwar blieb
das Latein die Sprache der Mönche, doch ihre Tätigkeit beeinflußte
die Entwicklung der deutschen Sprache.

manors
monasteries, convents

*Die Klöster wurden bedeutende Mittelpunkte des
Landes.*

35   Die Klöster dienten auch als Unterkunft° für Reisende und als Zu-   *accommodation*
fluchtsstätten° in Kriegszeiten. In den Klöstern lernten die Einwoh-   *places of refuge*
ner den Gartenbau, den Hausbau, den Weinbau, das Bierbrauen
sowie die Krankenpflege.° Die Mönche und Nonnen betrieben viele   *caring for the sick*
Handfertigkeiten und Künste: Malen, Schnitzen,° Musizieren, We-   *carving*
40 ben, Sticken. Der wichtigste Mönchsorden dieser Jahrhunderte war
der Benediktinerorden. Zu den großen deutschen Benediktinerklö-
stern dieser Zeit gehörten: Fulda, St. Gallen, die Insel Reichenau im
Bodensee, St. Emmeran in Regensburg, Tegernsee, Benediktbeuern
und Weißenburg im Elsaß.
45   Der größte Herrscher aus der Familie der Karolinger war Karl der
Große (768–814). Sein Reich umfaßte schließlich das heutige Frankreich, Belgien, Holland, Luxemburg, die Schweiz, Deutschland bis
östlich zur Elbe und Saale und Nord- und Mittelitalien—also den
Kern des Okzidents, des „Abendlandes", der heutigen Europäischen
50 Gemeinschaft. Karl unterwarf° in jahrzehntelangen Kämpfen die   **unterwerfen** *to*
Sachsen im heutigen Westfalen und Niedersachsen und bekehrte° sie   *subjugate* / **bekehren**
zum Christentum. In Spanien kämpfte er gegen die Araber. Diese   *to convert*
Kämpfe beschäftigten die Phantasie der Völker, und sie erzählten
sich Sagen darüber, von denen die Rolandsage am bekanntesten ist.
55 Karl versuchte bewußt, die römische und die germanische Tradition
zu verbinden. Er ließ germanische Dichtungen sammeln; gleichzeitig
richtete er Lateinschulen ein. Er selbst lernte noch als Erwachsener
Latein.
    Am Weihnachtsabend des Jahres 800 krönte der Papst in Rom
60 Karl den Großen zum Kaiser. Damit erkannte er den Frankenherrscher als seinen Schutzherrn° an. Von nun an hatte das Abend-   *protector*
land neben dem geistlichen auch einen weltlichen Herrn.

Die Teilung des Reiches

    Karl der Große heißt bei den Franzosen Charlemagne
und wird von ihnen wie von den Deutschen als eine Gestalt ihrer
Geschichte angesehen. Karl der Große war weder Franzose noch
Deutscher, er war Franke. Jedoch steht er am Beginn der franzö-
5 sischen wie der deutschen Geschichte. Es war schwer, ein so großes
Reich zusammenzuhalten. Die Straßen waren schlecht, die Verbin-
dungen schwierig; die Verwaltung beschränkte° sich auf das Not-   **sich beschränken** *to*
wendigste. Der Kaiser mußte viel im Land umherreisen, um an Ort   *limit oneself*

und Stelle Entscheidungen zu treffen und Streitigkeiten zu beenden.
10 Eine eigentliche Hauptstadt konnte er nicht haben.

Bei den Franken bestand außerdem das Gesetz der Erbteilung.° *partition (of an inheritance)*
Ein Herrscher teilte sein Land unter seine Söhne. Bei den Karolin-
gern hatte es allerdings mehrere Generationen lang nur einen überlebenden Sohn gegeben, so war das alte Gesetz beinahe in Verges-
15 senheit geraten. Die Enkel Karls des Großen begannen sich jedoch
bereits um die Herrschaft zu streiten, als ihr Vater Ludwig, der
Fromme genannt, noch lebte. Da Lothar, der älteste, das gesamte
Reich beanspruchte, verbündeten sich die jüngeren Brüder gegen
ihn. Ludwig, der Deutsche, wollte den östlichen Teil; Karl, der
20 Kahle, den westlichen. Nach einem Sieg über den Bruder be-
schworen° sie ihr Bündnis 842 in Straßburg. Jeder Bruder schwor in *beschwören to confirm with an oath*
der Sprache des anderen Landesteils, damit die Gefolgsleute des an-
deren Bruders ihn verstehen konnten: Karl auf althochdeutsch,° *Old High German*
Ludwig auf altfranzösisch. Ein Jahr später einigten sich die drei Brü-
25 der und teilten das Reich in drei Teile. Als Lothars Söhne gestorben
waren, wurde 870 ihr Gebiet zwischen Ost- und Westfranken aufgeteilt. Karl III., der Dicke, war wenige Jahre lang noch einmal
Herrscher des gesamten karolingischen Reiches, aber von 887 an
hörten die Versuche, das Reich zusammenzuhalten, auf. In Deutsch-
30 land ging bald die Herrschaft an andere Familien über, 911 an den
Franken Konrad, 919 an den Sachsenherzog Heinrich I.

So vollzog° sich die Spaltung° des Frankenreiches in Frankreich *sich vollziehen to happen, to take place / separation*
und Deutschland in mehreren Phasen. Man könnte bereits das Jahr
843, die erste Teilung, als Beginn der deutschen Geschichte an-
35 setzen, oder das Jahr 911. Aber gewöhnlich betrachten die
Deutschen das Jahr 919 als den Anfang ihres „ersten Reiches".

Zu dieser Zeit bestand Deutschland aus fünf Herzogtümern: Sachsen, Franken, Bayern, Schwaben und Lothringen. Die Ostgrenze
verlief an der Elbe und Saale, also etwas weiter im Osten als heute
40 die Grenze zwischen den beiden Staaten Deutschlands. Im Süden
gehörten Teile von Österreich und der Schweiz dazu, im Westen
Holland und Belgien sowie das Elsaß und Lothringen. Die Sprachgrenze hat sich seitdem geändert, doch schon damals wurde in Teilen von Lothringen französisch gesprochen. Die anderen Gebiete,
45 die zur Erbschaft Lothars gehörten, Burgund und Italien, wurden
erst später von den deutschen Kaisern beansprucht.° Deutschland *beanspruchen to claim*
war also ein Land mit vielen Verschiedenheiten. Es ist durch die
Vereinigung° mehrerer Stämme und dann durch die Spaltung eines *union*
großen Reiches entstanden. Die Stämme haben in der deutschen
50 Geschichte eine große Rolle gespielt. Die Einwohner Deutschlands
im Jahre 900 haben sich als Sachsen, Friesen, Franken, Thüringer,
Bayern, Schwaben, Lothringer gefühlt, aber kaum als „Deutsche".

Das Wort „deutsch"

Der schwierige Prozeß, durch den die Deutschen ihre Einheit erreicht haben, zeigt sich auch in der Bedeutung° und Geschichte des Wortes „deutsch". Alle diese Stämme, die in Deutschland lebten, sprachen ihre eigenen Sprachen, die allerdings miteinander verwandt waren. Heute leben sie als Mundarten oder Dialekte fort, und wenn die Deutschen nur ihre Mundarten sprächen, hätten sie gewiß Schwierigkeiten, sich miteinander zu verständigen.   *meaning*

Daß die Sprachen der germanischen Stämme etwas Gemeinsames hatten, bemerkten zuerst die Bewohner der deutsch-französischen Sprachgrenze. Im Gegensatz zu den „welsch" sprechenden Menschen bezeichneten sie ihre Sprache als „deutsch"—das heißt eigentlich „zum Volk oder Stamm gehörig". In dieser Bedeutung ist das Wort aus dem 8. Jahrhundert bekannt.

Zur Zeit Karls des Großen bezeichnete das Wort „deutsch" bereits Sprecher, das heißt Leute, also alle germanisch sprechenden Stämme im Reich. Als diese Stämme dann ihr eigenes Reich, nämlich Deutschland, bildeten, begannen sie, nicht nur Sprache und Volk mit diesem Wort zu bezeichnen, sondern auch das Land, in dem sie lebten. Im Laufe des 10. und 11. Jahrhunderts setzte sich „deutsch" als Bezeichnung für die kulturelle und politische Einheit der Deutschen durch, und ebenfalls als Name für ihr Land, Deutschland. Für die Mönche, deren Schriften wir diese Wortgeschichte° entnehmen, hatte „deutsch" noch eine weitere Bedeutung: Es bezeichnete° die Sprache des Volkes, im Gegensatz zum Latein der Kirche. Dabei hielten die Mönche „deutsch" für das gleiche Wort wie „teutonisch"—den Namen eines germanischen Volkes, das zwischen 113 und 101 vor Christus das römische Reich bedroht hatte. Für die Mönche war deutsch also auch „barbarisch" im Vergleich zu ihrer christlich-lateinischen Kultur.   *word history*   **bezeichnen** *to designate*

Das Wort „deutsch" hat also zuerst eine Sprachgemeinschaft° bezeichnet, dann die Menschen, und dann erst ein Land. Längst nicht alle Ausländer nennen die Deutschen bei ihrem eigenen Namen. Die Franzosen nennen sie „Alemannen", die Finnen „Sachsen", die Engländer „Germanen" und die Russen „Ausländer".   *linguistic community*

② Die Ungarnschlacht

Ritterliche Spiele; Manessische Handschrift, 14. Jahrhundert

ZEITTAFEL

919–936	Heinrich I., der erste Sachsenkönig.
955	Otto I. besiegt die Ungarn auf dem Lechfeld bei Augsburg.
962	Kaiserkrönung Ottos I., „Heiliges Römisches Reich" unter einem deutschen Kaiser.
1033	Burgund Teil des Reiches.
1077	Bußgang Heinrichs IV. nach Canossa.
1096–1099	Erster Kreuzzug nach Palästina.
1122	Wormser Konkordat.

Die Grenzen im Osten und Westen

König Heinrich I. (919–936), genannt der Vogler,° *fowler*
mußte dauernd in den Krieg ziehen. Er hatte Feinde im Osten und
im Westen. Schwierig war seine Lage deshalb, weil die Herzöge ihm
oft nicht folgen wollten. Sie fühlten sich dem König gleich, ja, sie
5 verbündeten° sich manchmal sogar mit einem Gegner. So wollte **sich verbünden** *to form*
zum Beispiel der Herzog von Lothringen seine Stellung zwischen *an alliance*
Deutschland und Frankreich ausnutzen;° aber Heinrich besiegte ihn **ausnutzen** *to take*
und schützte die deutsche Westgrenze. *advantage of*

Viel mehr Mühe bereitete es ihm, die deutsche Ostgrenze zu si-
10 chern. Er mußte gegen die slawischen Wenden kämpfen und
außerdem gegen die Ungarn. Die Ungarn unternahmen damals regelmäßig Raubzüge° in andere Länder, darunter auch Deutschland. *raids (for loot)*
Heinrich lehrte die Grenzbewohner, wie sie sich dagegen schützen
konnten, und 933 wehrte er an der Unstrut ein ungarisches Heer ab.
15 Heinrichs Sohn und Nachfolger Otto I. (936–973) hatte die
gleichen Schwierigkeiten wie sein Vater. Er konnte sich lange nicht
gegen die Ungarn wehren, weil er gegen die deutschen Herzöge
kämpfen mußte. Er versuchte es damit, daß er die Herzöge absetzte
und seine Verwandten° zu Herzögen machte; aber auch seine Ver- *relatives*
20 wandten blieben ihm nicht treu. Endlich, im Jahr 955, konnte Otto
den Ungarn mit einem starken Heer entgegentreten, ohne Verrat° *treason*
befürchten zu müssen. Am 10. August besiegte er die Ungarn auf
dem Lechfeld, zwischen den Flüssen Lech und Wertach, nicht weit
von Augsburg.
25 Jetzt wurden die Deutschen aus Verteidigern zu Angreifern. Der
deutsche König bekam eine Vormachtstellung° in Europa. Die *hegemony*
Deutschen richteten im Osten „Marken" ein, Grenzbezirke,° die von *border districts*
jungen Deutschen aus dem Westen besiedelt wurden, um das bis-
herige Deutschland zu schützen. Die Deutschen brachten das Chri-
30 stentum mit. Die bisherigen Einwohner, vor allem Slawen, wurden
an einigen Stellen mit Gewalt verdrängt.° An anderen Stellen über- **verdrängen** *to displace*
nahmen sie das Christentum und die deutsche Kultur und ver-
mischten sich mit den Einwanderern.
Solche Marken waren die „Ostmark" östlich von Bayern, aus der
35 sich Österreich entwickelte; Sachsen an der oberen Elbe; an der mittleren Elbe wurde die Mark Brandenburg der Anfang des späteren
Preußens; die Marken an der Ostsee sind heute Schleswig-Holstein
und Mecklenburg. Bis ins 14. Jahrhundert verschob° sich die **sich verschieben** *to be*
deutsche Grenze immer weiter nach Osten. Erst wurde das Land *moved, changed*
40 zwischen der Elbe und der Oder deutsch, dann drangen die
Deutschen bis über die Weichsel und ins Baltikum vor. Dieser Vor-

gang, Kolonisation des Ostens genannt, endete um 1350, als der
Widerstand der slawischen Nationalstaaten zu groß wurde, und als
45 die Pest° die Bevölkerung Deutschlands so vermindert hatte, daß   *(bubonic) plague*
kein Bedürfnis° nach Auswanderung mehr vorhanden war. Von da   *need*
an blieben die Sprachgrenzen bis ins 20. Jahrhundert im großen und
ganzen unverändert.

Das Lehenssystem

Die Schwierigkeiten der deutschen Könige, sich gegen
die Herzöge durchzusetzen, sind verständlich. Die Einheit des
Reiches beruhte nur auf der gegenseitigen Treue der Fürsten. Besitz
und Eigentum bedeuteten damals etwas anderes als heute. Das Land
5 gehörte dem König. Der König gab das Land an seine Gefolgsleute.°   *vassals*
Dafür verpflichteten° sie sich, ihm Gefolgschaft zu leisten. Das wurde   **sich verpflichten** *to*
ein Lehen° genannt. Die Herzöge wurden also mit ihrem Land be-   *commit oneself / fief*
lehnt. Wenn sie dem König nicht die Treue hielten, konnte er ihnen
das Lehen entziehen.
10   Die Herzöge belehnten ihre Gefolgsleute mit Teilen ihres Landes.

Der Kaiserstuhl in der Domkapelle zu Goslar

Das ging so weiter bis zu dem Adligen, der auf seiner Burg lebte und Herr über das nächste Dorf war. Wenn der König rief, mußten alle freien Männer in den Krieg ziehen. Manche Bauern vertauschten diese Pflicht gegen einen Tribut. Sie zahlten ein Zehntel der

15 Ernte, den „Zehnten", als Abgabe.° Ein weiteres Zehntel ging an die   *tax, tribute*
Kirche. So wurden die Pflichten geteilt, und auf diese Weise entstanden mehrere Stände:° der Adel, die Geistlichen, die Bauern. Später   *estates, social classes*
kam das Bürgertum hinzu.

Da der Handel und der Geldumlauf° sehr gering waren, bestan-   *money circulation*

20 den die Steuern aus Diensten und Naturallieferungen. Die meisten Entscheidungen traf der König persönlich und in mündlichen Verhandlungen. Der König reiste also im Land umher, und er wohnte in „Pfalzen", in Königsburgen. Eine eigentliche Hauptstadt hatte er nicht. Noch immer fühlten sich die Gefolgsleute dem Herzog mehr

25 verpflichtet als dem König. So hatte der König nur Gewalt, wenn er gleichzeitig auch Herzog eines Landesteils war.

Eine große Hilfe für den König waren die Geistlichen.° Die Geist-   *clergy, clerics*
lichen hatten weniger persönliche Interessen als weltliche Fürsten; sie hatten den Frieden lieber als den Krieg; sie konnten lesen und

30 schreiben und waren deshalb unersetzlich° in der Verwaltung. Otto   *irreplaceable*
I. begann deshalb damit, den Bischöfen größere Lehen zu geben. Sie wurden damit zu Reichsfürsten, und die Kirche war noch enger an das Reich gebunden. Das Lehenssystem oder Feudalsystem war für diese Epoche der Naturalwirtschaft notwendig. Es beruhte darauf,

35 daß sich beide Partner, König und Adel, Adel und Bauern, gegenseitig verpflichteten, einander zu helfen und zu schützen. Wer ein Vorrecht, ein Privileg, erhielt, bekam damit auch zugleich eine Pflicht, eine Verpflichtung. Es war jedoch oft schwer, jemanden zu Diensten zu zwingen, die er nicht freiwillig leisten wollte. So wurde

40 die Einheit des Deutschen Reiches immer wieder bedroht, wenn die Interessen der Fürsten und des Kaisers miteinander in Konflikt kamen.

Italien

A ls Otto I. in Deutschland Ruhe geschaffen hatte, zog er nach Italien. 962 wurde er in Rom vom Papst zum Kaiser gekrönt. Der oströmische Kaiser in Konstantinopel erkannte ihn als Kaiser an; als Zeichen dafür wurde Ottos Sohn Otto II. mit der grie-

5 chischen Prinzessin Theophano verheiratet. Damit entstand das

„Heilige Römische Reich", dessen weltlicher Herrscher der deutsche König war. Der Papst geriet dabei in Abhängigkeit vom Kaiser.

Italien lockte die deutschen Könige nicht nur deshalb an, weil sie dort Kaiser werden und damit mehr Autorität gewinnen konnten. Es
10 war auch ein Teil der karolingischen Erbschaft.° Seit Karl dem *heritage* Großen hatten sich italienische, burgundische, französische und deutsche Herrscher um die Kaiserkrone und damit um eine starke Stellung im Land bemüht. Italien war wirtschaftlich viel weiter entwickelt als Deutschland, und man konnte dort mehr Steuern° erhal- *taxes*
15 ten und angenehmer leben.

Die Autorität des Kaisers erreichte ihren höchsten Punkt im 11. Jahrhundert, als die fränkische Familie der Salier regierte. Konrad II. gewann Burgund und das „Arelat", die heutige Provence, zurück; sein Sohn Heinrich III. machte Böhmen zu einem Teil des Reiches.
20 Die übrigen europäischen Herrscher erkannten ihn als Kaiser an, und er setzte nach Belieben Päpste ein und ab.° **absetzen** *to depose*

Heinrich III. war ein frommer Mann. Er unterstützte eine Reformbewegung in der Kirche, die von dem burgundischen Kloster Cluny ausging und sich in Lothringen und Burgund verbreitete. Die
25 Reformer wollten das geistliche Leben reinigen. Die Priester sollten wirklich an das Seelenheil° denken und nicht an Geld und Besitz. *salvation* Das Zölibat sollte durchgeführt, die Glaubensregeln° sollten streng *church precepts, doctrine* befolgt werden. Die Simonie, das heißt der Verkauf geistlicher Ämter, sollte verboten werden. Alle diese Vorschläge bedeuteten, daß
30 das geistliche Leben strenger vom weltlichen Leben getrennt wurde. Aber das mußte sich gegen die Autorität des Kaisers richten, denn der Kaiser war ebenso geistliche wie weltliche Autorität. Als dann die Forderung erhoben wurde, daß kein Geistlicher mehr von einem Laien eingesetzt werden sollte, begann der Kampf zwischen dem
35 Kaiser und dem Papst.

Der erste Papst, der diese Auffassungen durchsetzen° wollte, hieß **durchsetzen** *to enforce* Hildebrand, stammte aus einer toskanischen Bauernfamilie und nannte sich als Papst Gregor VII. Heinrich IV. war erst sechs Jahre alt, als sein Vater Heinrich III. starb. Die deutschen Fürsten wollten
40 ihn nicht anerkennen, und Gregor unterstützte sie. Heinrich versuchte nun, wie es sein Vater getan hatte, den Papst abzusetzen, doch der Papst belegte ihn mit dem Bann. Jetzt waren die deutschen Fürsten nicht mehr verpflichtet, ihm zu folgen. Um Macht zu gewinnen, mußte Heinrich den Papst zwingen, ihn vom Bann zu lösen.
45 So zog Heinrich im Winter des Jahres 1077 im Bußgewand° vor das *penitent's attire* Schloß Canossa in Oberitalien und wartete dort, bis der Papst ihn freisprach. Es war eine schwere Demütigung° für den Kaiser, und *humiliation* noch heute redet man von einem „Canossa-Gang", wenn man eine

schwere Demütigung meint. Politisch jedoch war es ein geschickter
50 Schachzug. Heinrich brachte die Fürsten hinter sich, und er kämpfte
weiter gegen den Papst. Später stellte er einen Gegenpapst auf, und
Papst Gregor VII. starb im Exil.

Der letzte Salier, Heinrich V., schloß 1122 in Worms einen Kompromiß mit dem Papst, das Wormser Konkordat. Beide, der Papst
55 und der Kaiser, setzten von nun an zusammen die Bischöfe ein.

Das Rittertum

Für den Adel wurde bei diesen vielen Kriegszügen das
Kriegshandwerk° zum eigentlichen Beruf. Aus Gutsherren wurden   *military profession*
Ritter. Die jungen Ritter wurden von Kind auf in der Kriegskunst
ausgebildet. Die Ritter verbrachten ihre freie Zeit auf der Jagd; ihre
5 Feste wurden zu Kriegsspielen, zu Turnieren. Sie gewannen mehr
Selbstbewußtsein, und sie entwickelten ihre eigene Lebensan-
schauung° und Kultur. Auch diese Kultur war tiefreligiös, wie die   *view of life*
der Mönche; aber die Ritter lebten in der Welt und nicht im Kloster,
so mußte ihre Kultur weltlich sein. Sie dichteten Liebeslieder, eigent-
10 lich Lieder der Frauenverehrung,° die im geselligen Kreis vorgetra-   *admiration for women*
gen wurden, und die wir „Minnelieder" nennen. Die deutschen Rit-
ter lernten die neuen Kunstformen von den provenzalischen,
burgundischen und italienischen Rittern, die ja auch zum Deutschen
Reich gehörten. Die Ritter dichteten nicht mehr in lateinischer
15 Sprache, sondern in ihrer Nationalsprache. Die deutsche Sprache
dieser Epoche wird Mittelhochdeutsch genannt; sie steht dem heutigen Deutsch schon viel näher als das Althochdeutsch aus der Zeit
Karls des Großen.

Außer mit den Liedern unterhielten sich die Ritter auch mit lan-
20 gen Epen in Versen, in denen das Leben der Ritter beschrieben
wird. In diesen Epen werden Regeln und Beispiele gegeben, wie ein
richtiger Ritter sich verhalten und nicht verhalten soll: Er muß tapfer im Kampf sein, aber die Regeln des Kampfes einhalten und den
Gegner fair behandeln; er soll den Schwachen helfen, die Armen
25 beschenken; er soll freigebig° zu seinen Gästen sein; er beschützt   *generous*
und verehrt die Frauen; er ist fromm und kämpft für seinen Glau-
ben. Er folgt den gesellschaftlichen Regeln und lernt Selbstbeherr-
schung.° Ehre, Treue, Bescheidenheit,° Mut, Selbstbeherrschung   *self-control / modesty*
sind seine höchsten Tugenden. Wir nennen diese Haltung heute
30 noch „ritterlich"—sie ist ein Teil der abendländischen Kultur geworden.

Seine größte Aufgabe bekam das Rittertum, als im Jahr 1095 Papst Urban II. zu einem Kreuzzug nach Palästina aufrief, um die christlichen Pilger in Jerusalem vor den Arabern zu schützen. Palästina
35 wurde wiederholt erobert und ging wieder verloren; aber in Palästina kamen die Ritter und Kaufleute in Berührung mit einer fremden, reichen Kultur und ihren Vorzügen° und Gefahren. In Palästina entstanden die Ritterorden, darunter der Deutsche Ritterorden, der vom 13. Jahrhundert an Ostpreußen und die baltischen
40 Länder beherrschte.

advantages

In Deutschland erreichte das Rittertum seinen Höhepunkt um das Jahr 1200 unter den Kaisern aus dem Haus der Hohenstaufen.

3

Barbarossa

Der Bamberger Reiter, Sinnbild des staufischen Königtums

ZEITTAFEL

1152–1190	Friedrich I., „Barbarossa".
1176	Schlacht bei Legnano, Niederlage des Kaisers.
1180	Niederlage Heinrichs des Löwen, Teilung des Herzogtums Sachsen, Wittelsbacher in Bayern.
1189–1190	Barbarossas Kreuzzug und Tod.
1197	Tod Heinrichs VI.
1212–1250	Friedrich II.
1268	Hinrichtung des letzten Staufers Konradin in Neapel.

Der Kyffhäuser

Der Kyffhäuser ist ein kleiner Bergrücken° in Thürin- — *mountain ridge*
gen, vom Harz durch die „Goldene Au" getrennt. Sein höchster Gipfel ist 477 Meter hoch, und in seinem Innern hat man Höhlen° ent- — *caves*
deckt. In einer dieser Höhlen soll, so geht die Sage, der Kaiser
5 Barbarossa sitzen und schlafen, die Krone auf dem Kopf, das
Schwert an der Seite. Der Kopf ist auf die Steinplatte des Tisches vor
ihm gesunken, der lange Bart schon durch diese Tischplatte gewachsen. Eines Tages, wenn das Reich in Not ist, wird Barbarossa aufwachen; er wird erscheinen, das Reich erneuern und ihm den Frie-
10 den geben.

Barbarossa war schon im Mittelalter eine Sagenfigur. Für die
Deutschen war die Zeit zwischen 1150 und 1250, die Zeit der Hohenstaufen, der Höhepunkt ihrer politischen Geschichte. Von den
drei Kaisern, die in dieser Glanzzeit° herrschten, hießen zwei Fried- — *brightest period*
15 rich. Beide hatten einen rotblonden Bart und wurden deshalb von
den Italienern "Barbarossa" (Rotbart) genannt. Das Mittelalter erzählte sich vor allem Geschichten über den zweiten Friedrich. Nach
1500 versetzte° die Phantasie des deutschen Volkes den ersten Fried- — **versetzen** *to transpose*
rich in das „grüne Herz Deutschlands", nach Thüringen, und ließ
20 ihn hier auf das neue deutsche Reich warten. Als die Deutschen im
19. Jahrhundert um ihre nationale Einheit kämpften, erinnerten sie
sich daran, und Barbarossa wurde in Gedichten gefeiert.

Die Kultur der Stauferzeit

In der Stauferzeit erreichte die ritterliche Kultur ihren
Höhepunkt.° Die deutschen Dichter gestalteten nach dem Beispiel — *culmination, climax*
der Franzosen die keltischen Sagenstoffe. Einer von ihnen war Wolf-
ram von Eschenbach aus der Nähe von Ansbach in Franken, der den
5 „Parzival" neu dichtete; Gottfried von Straßburg schrieb „Tri-
stan und Isolde". Neben der Dichtung der Ritter und Bürger erhielten sich auch Epen nach germanischen Sagen, die von Spielleuten° — *minstrels*
neu gedichtet wurden. Das bekannteste Epos dieser Art ist das Nibelungenlied, die Geschichte von Siegfried und den Burgundern.
10 Neben den Epikern standen die Liederdichter, die Minnesänger. Sie
waren wirklich „Sänger", denn sie komponierten Melodien zu ihren
Gedichten und trugen diese Lieder einem Publikum von Rittern vor.

Walther von der Vogelweide, der größte deutsche Minnesänger,
hatte ein besonders abenteuerliches Schicksal: Er war wahrscheinlich
15 in Tirol geboren, zog in vielen Teilen Europas umher, nahm mit
politischen Liedern aktiv an den politischen Kämpfen seiner Zeit teil
und war froh, als er sich endlich auf einem kleinen Lehen bei Würzburg zur Ruhe setzen konnte.

Manchmal trafen mehrere Sänger zu einem Sängerwettkampf zu-
20 sammen. Richard Wagners Oper „Tannhäuser" handelt von einem
solchen Sängerkrieg, der auf der Wartburg, der Stammburg° des   *family castle*
Landgrafen von Thüringen, stattgefunden haben soll. An diesem
Wettkampf° sollen auch Walther von der Vogelweide und Wolfram   *contest*
von Eschenbach teilgenommen haben.
25 Von der kaiserlichen Macht zeugen die großen romanischen
Dome, die Ende des 12. Jahrhunderts gebaut worden sind, zum
Beispiel in Mainz, Worms, Speyer, Bamberg und Braunschweig. Die
deutsche Baukunst war eigentlich „rückständig", denn in Westeuropa setzte sich bereits der neue gotische Baustil durch. Aber
30 in diesen alten Formen erreichten die Deutschen zu dieser Zeit
Vollendung, nicht nur in den Bauten, sondern auch in den Kirchen-
skulpturen, wie die Stifterfiguren° in Naumburg oder der Reiter im   *scupltures of the founders*

Der Dom zu Speyer

Bamberger Dom, die aus dem frühen 13. Jahrhundert stammen.
Vollendet sind die Buchmalerei, die Elfenbeinschnitzerei° und die   *ivory carving*
35 Goldschmiedekunst dieser Epoche.

Die Hohenstaufen und ihre Feinde

Die Mischung des Alten und des Neuen kennzeichnet
auch die Politik. Die Politik der Hohenstaufen war darauf ausgerich-
tet,° die Macht des Kaisers, wie sie zur Zeit der Salier gewesen war,   **ausrichten auf** *to orient*
wiederherzustellen. Sie beriefen sich auf Karl den Großen und   *toward*
5 kämpften um die Bewahrung des Feudalismus. Sie waren moderne
Herrschergestalten mit einer konservativen Politik. Ihre natürlichen
Gegner waren neben dem Papst die Herrscher der anderen europäischen Nationalstaaten und die Bürger der Städte, vor allem Italiens. Der vergebliche° Versuch der Hohenstaufenkaiser, das „Hei-   *fruitless*
10 lige Römische Reich" zu bewahren, führte zu einem mehr als hun-
dertjährigen Krieg mit dem Papst und seinen Verbündeten, in dem
das Reich für kurze Zeit seine größte Macht und Ausdehnung erreichte.

Das Wormser Konkordat hatte den Streit zwischen Kaiser und
15 Papst nicht lange ruhen lassen. Weder wollte der Papst dulden,° daß   **dulden** *to tolerate*
der Kaiser in der Kirche mitbestimmte, noch der Kaiser, daß der
Papst sich in Angelegenheiten des Reiches einmischte. Für den Kaiser war die Reichskirche seine Kirche; die Bischöfe sah er als Reichs-
fürsten an. Dem Papst konnte wenig daran liegen,° daß der Kaiser   **es liegt . . . daran** *it*
20 die Oberherrschaft über Westeuropa beanspruchte.   *matters, it is important*

Zu den außenpolitischen Schwierigkeiten des Kaisers kamen die
alten Streitigkeiten mit den Herzögen. Zwei Familien rivalisierten
miteinander: die Hohenstaufen und die Welfen. Beide Familien
stammten aus Schwaben. Die Welfen waren im 12. Jahrhundert Her-
25 zöge von Sachsen und Bayern geworden, und sie hatten große Besitzungen in Italien. Sie strebten ebenso wie die Hohenstaufen nach
der Kaiserkrone. 1152, als der erste Hohenstaufen-Kaiser Konrad
III. starb, hatte dieser Streit das Reich in Unordnung gebracht. Der
Hohenstaufe Friedrich I., der jetzt zum König gewählt wurde, war
30 ein Kompromißkandidat. Seine Mutter Judith war eine Welfin. Der
Welfenherzog Heinrich, genannt der Löwe, war sein Vetter und sein
Freund. Friedrich erreichte, was man von ihm erwartete: Er schlich-

tete° die Streitigkeiten im Reich. Der wichtigste Streitpunkt war Bay-   **schlichten** *to settle*
ern, das außer den Welfen auch die Babenberger beanspruchten.
35 Friedrich gab Bayern den Welfen; aber er trennte Österreich von
Bayern ab und belehnte die Babenberger damit.

Friedrichs Herrschaft

Die Kämpfe gegen den Papst spielten sich in Italien ab.
Die Bevölkerung Italiens war dabei in zwei Parteien gespalten. Der
Landadel unterstützte den Kaiser. Es gab jedoch bereits reiche und
mächtige Handelsstädte, die unabhängig vom Adel sein wollten, und
5 die deshalb gegen den Kaiser kämpften. Auch die Normannen, die
sich in Unteritalien niedergelassen hatten, unterstützten den Papst.

   Friedrich mußte immer wieder nach Italien ziehen. Zwar errang
er viele Siege, aber es gab keine Ruhe im Land. Er griff sogar zu
radikalen Mitteln: 1162 ließ er Mailand, die größte der Handels-
10 städte in Oberitalien, vollständig zerstören und die Bewohner umsiedeln. Aber vier Jahre später mußte er bereits wieder mit einem Heer
nach Italien ziehen. Dieses Heer war in Rom, als die Pest ausbrach.
Die meisten Ritter starben, darunter der Kanzler des Kaisers, Rai-
nald von Dassel, der Erzbischof von Köln.

15   Die deutschen Fürsten hatten schließlich keine Lust mehr, so oft
für den Kaiser nach Italien zu ziehen. Sie hatten ihre eigenen Interessen in Deutschland, und da der Kaiser oft nicht in Deutschland
war, kam es zu manchen Streitigkeiten. Heinrich der Löwe trieb in
Norddeutschland seine eigene Politik. Er eroberte neues Land im
20 Osten, und er betrachtete die anderen deutschen Fürsten als seine
Gefolgsleute. Er setzte sogar Bischöfe ein, was eigentlich nur der
Kaiser tun konnte. Der Erzbischof von Magdeburg beklagte sich
beim Kaiser. Aber der Kaiser unterstützte seinen Freund. Schließlich
mußte Friedrich wieder einmal in Italien kämpfen. Heinrich der
25 Löwe weigerte sich,° ihn zu begleiten. Friedrich wußte, daß er ohne   **sich weigern** *to refuse*
Heinrich nicht stark genug sein würde—er bat seinen Freund auf
den Knien. Heinrich blieb bei seiner Weigerung. Friedrich wurde
1176 in der entscheidenden Schlacht bei Legnano besiegt und mußte
nun dem Papst nachgeben.°   **nachgeben** *to give in*

30   Als Friedrich darauf nach Deutschland zurückkehrte, besiegte er
den Welfenherzog in einem kurzen Bürgerkrieg. Sachsen wurde auf-

Der Heinrichsbrunnen vor dem Rathaus in Braunschweig

geteilt; Bayern erhielt Otto von Wittelsbach, dessen Familie dort bis 1918 regieren sollte.

35 Am Ende seines Lebens zog Friedrich Barbarossa mit einem großen Heer nach Palästina. Zusammen mit dem englischen König Richard Löwenherz und dem französischen König Philipp August wollte er Jerusalem von Sultan Saladin zurückerobern.° Kaiser Friedrich ertrank° beim Baden im Fluß Saleph in der Türkei. Sein Sohn, Herzog Friedrich von Schwaben, führte den Sarg nach Palästina mit.

40 Auch er starb dort, und niemand weiß, wo Barbarossa begraben° liegt. So haben ihn die Deutschen in den Kyffhäuser versetzt.

zurückerobern *to reconquer* / **ertrinken** *to drown*

begraben *to bury*

Die späteren Staufer

Friedrichs Sohn Heinrich VI. war mit der Normannin Constanze, Erbin des Reiches in Süditalien, verheiratet. Er scheute keine Mittel, weder Grausamkeit noch List, um mit seinen Gegnern

fertig zu werden, und so beherrschte er bald den Papst und ganz
5 Europa. Er war gefürchtet, aber er wurde nicht geachtet oder gar
geliebt, wie sein Vater. Als er mit 32 Jahren kurz vor dem
Aufbruch° zu einem Kreuzzug starb, sprach man von Gift. Seine
Anhänger wandten sich von seiner Familie ab,° und das Reich brach
auseinander.

10 In Deutschland begann erneut der Kampf zwischen den Hohenstaufen und den Welfen. Die Welfen bekamen Unterstützung von
ihren Verwandten in England und die Kriege hörten nicht auf. Erst
als Heinrichs Sohn Friedrich II. alt genug war, um selbst die Herrschaft zu übernehmen, kehrte wieder Ruhe in Deutschland ein.

15 Dieser zweite Friedrich war kein Deutscher mehr. Er war in Sizi-

departure

sich abwenden *to turn away*

Im Jahre 1268 wird der letzte Staufer Konradin in Neapel öffentlich enthauptet.

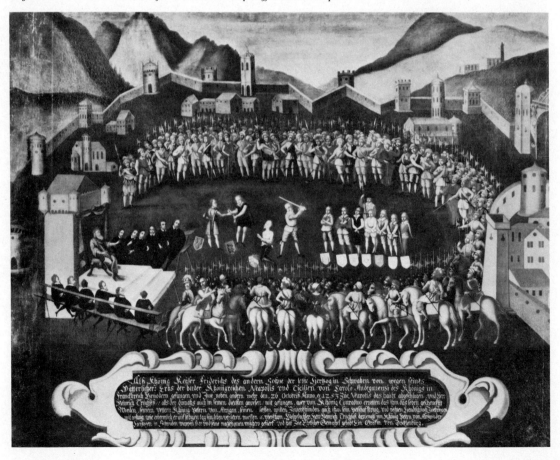

lien aufgewachsen, dichtete italienische Kanzonen, interessierte sich
für jüdische und arabische Philosophie und die Naturwissenschaften
und baute in Sizilien eine zentralisierte moderne Staatsverwaltung
auf. Er kam nur zweimal nach Deutschland, und er schaffte sich
20 Ruhe im Reich, indem er den Fürsten und Freien Städten mehr Privilegien gab. Ebenso geschickt arrangierte er sich mit dem Sultan, als
er endlich 1228 den langversprochenen Kreuzzug nach Palästina unternahm. Dadurch war er frei zum dauernden Kampf gegen den
Hauptgegner,° den Papst, und seine französischen und italienischen   *chief enemy*
25 Bundesgenossen. Die letzten zehn Regierungsjahre des Kaisers
waren ganz diesem Kampf gewidmet.° Der Papst versuchte, den Kai-   **widmen** *to devote*
ser abzusetzen; aber die „Gegenkönige",° die er unterstützte, gewan-   *rival kings*
nen in Deutschland keine Macht.

    Erst nach Friedrichs Tod, 1250, blieb der Papst siegreich. Fried-
30 richs legitime und illegitime Söhne konnten sich nicht mehr als
Herrscher behaupten. Sein Enkel Konrad, genannt Konradin, wurde
schließlich 1268 in Neapel öffentlich enthauptet, und damit endete
dieses heroische Geschlecht und die Rolle des deutschen Königs und
Kaisers als Herrscher des Abendlandes. Aus dem „Heiligen Rö-
35 mischen Reich" wurde das „Heilige Römische Reich Deutscher Nation". Für Europa begann die Zeit der Nationalstaaten. Das Deutsche
Reich hatte aber nicht die Verfassung° eines Nationalstaates. Seine   *constitution*
Verfassung erleichterte es den Fürsten, ihre Macht innerhalb
Deutschlands zu vergrößern; aber sie erschwerte es den Kaisern,
40 Deutschland zu einem zentral regierten Einheitsstaat zu entwickeln,
wie das in Frankreich, England und Spanien geschah. Unter den
Teilstaaten° Deutschlands begannen jetzt, vom 13. Jahrhundert an,   *states within a larger*
die östlichen, auf „Kolonialboden" gegründeten Länder eine füh-   *country*
rende Rolle zu spielen: Böhmen, Österreich, Sachsen und schließlich
45 auch Brandenburg-Preußen.

Der Totentanz

Albrecht Dürer: Selbstbildnis, 1498

ZEITTAFEL

1226	„Reichsfreiheit" für Städte, z. B. Lübeck.
1291	Schweizer „Eidgenossenschaft" der Kantone Uri, Schwyz und Unterwalden.
1348	Gründung der Universität Prag.
1356	Goldene Bulle, Grundgesetz des Reiches.
1349–1350	Pest („Schwarzer Tod") in Deutschland und vielen Teilen Europas.
1370	Friede von Stralsund, Sieg der Hanse über Dänemark, Höhepunkt ihrer Macht.
1471–1528	Albrecht Dürer.

Entwicklung der Städte

Zu den hartnäckigen° Gegnern Barbarossas in Italien *stubborn*
hatten die oberitalienischen Städte unter Führung von Mailand gehört. Die Gesellschaft bestand nicht mehr allein aus Adel, Geistlichkeit und Bauern; jetzt kamen die Bürger hinzu. Die Bürger in den
5 Städten wollten sich nicht mehr dem Adel unterwerfen;° sie wollten **sich unterwerfen** *to submit*
unabhängig sein.
In Italien, wo die römische Stadtkultur erhalten geblieben war,
konnte das Bürgertum schneller Bedeutung erlangen als in Deutschland. In Deutschland begann sich im 11. Jahrhundert die Stadtkul-
10 tur von Westen her auszubreiten. Aachen war schon lange wegen
seiner Heilquellen° berühmt; Köln war zur Zeit Barbarossas eine be- *medicinal springs*
deutende Handelsstadt. Die sächsischen und salischen Kaiser hatten
auch Bergwerksorte gefördert, wie Goslar im Harz, oder Städte, von
denen die Kolonisierung und Christianisierung des Ostens und Nor-
15 dens ausging: Bremen, Magdeburg, Bamberg sind dafür Beispiele.
Die Fürsten entdeckten, daß die Städte Geld brachten und außerdem
ein gutes Gegengewicht° gegen den Landadel bildeten, so gründeten *counterbalance*
oder förderten sie weitere Städte. Heinrich der Löwe kümmerte sich
um die Entwicklung von Braunschweig und Lübeck; er entriß° mit **entreißen** *to snatch away*
20 Barbarossas Hilfe dem Erzbischof Otto von Freising das gerade gegründete München und die Brücke über die Isar. Allerdings mußte
Heinrich dem Bischof ein Drittel der Zölle von den Salztransporten,
die auf dem Weg von Salzburg nach Augsburg durch München kamen, abgeben. Frankfurt erhielt eine Burg und wurde als Stadt an-
25 gelegt. So wurden ältere Siedlungen zu Städten entwickelt, und neue
Städte wurden gegründet. Die Städte lagen an den großen Verkehrs-
wegen, vor allem an Flußübergängen;° sie entwickelten sich im *river crossings*
Schutz von Kaiserpfalzen und Burgen.
Der Plan der mittelalterlichen Städte war einfach und zweckmäßig.
30 Die Stadt hatte zwei Achsen, zwei große Straßen: eine Straße von
Norden nach Süden und eine von Osten nach Westen. Am Schnittpunkt der Achsen, im Zentrum der Stadt, lagen der Marktplatz, das
Rathaus° und daneben die wichtigste Kirche. Die anderen Straßen *city hall*
gingen gewöhnlich von Osten nach Westen. Die ganze Stadt bildete
35 ein Oval. Wenn es möglich war, benutzte man natürliche Lagevor-
teile. Man baute die Stadt auf einem Hügel, an einem Fluß. Zur
Sicherheit war sie mit einer Stadtmauer umgeben. Später kamen Be-
festigungswälle° mit Gräben hinzu. Zuerst umschlossen die Stadt- *ramparts*
mauern noch offenes Land, und es gab Bauernhöfe in den Städten.
40 Im späteren Mittelalter vermehrte sich die Bevölkerung. Die armen

Stadtplan von Aachen im Mittelalter mit späteren Erweiterungen

Leute lebten gedrängt in Hinterhöfen° und „Gängen". Nach heuti- *backyards*
gen Begriffen waren diese Städte klein, Großstädte hatten kaum
über 20.000 Einwohner, und typische Kleinstädte vielleicht 2.000,
wenn nicht weniger. Aber es gab wesentliche Unterschiede zwischen
45 einer Stadt und einem Dorf. „Stadtluft macht frei", hieß es.

Die Bürger waren tatkräftige Leute. Sie wollten ihre Städte selbst
regieren und nicht von einem Fürsten oder Bischof abhängig sein.
Im 13. und 14. Jahrhundert kam es zu vielen Kämpfen zwischen den
Bürgern und ihren Oberherren. Der Kaiser unterstützte meistens
50 die Städte, denn sie halfen ihm gegen die Fürsten. Friedrich II. be- *freedom from any master*
gann damit, den Städten die „Reichsfreiheit"° zu geben: Eine Freie *except the emperor*
Stadt regierte sich allein und war nur dem Kaiser verantwortlich. Die
Städte richteten ihre Regierung nach dem Vorbild von Rom ein. Sie
wählten ein Parlament, die Bürgerschaft, und sie wählten ihre Regie-
55 rung, den Senat. In Lübeck am Holstentor steht noch heute die Formel Roms: „SPQL"; die Übersetzung dieser lateinischen Formel bedeutet: „Senat und Volk von Lübeck".

Als Demokratien im heutigen Sinne dürfen wir uns diese mittelalterlichen Stadtrepubliken nicht vorstellen. Die Bevölkerung teilte
60 sich in zwei Klassen: die Patrizier, das heißt die reicheren Bürger,
die Kaufleute, Bankiers oder später Industrielle waren, und die är-
meren Bürger: Handwerker,° Bauern, Arbeiter. In Italien sind *craftsmen*
solche Patrizierfamilien manchmal Fürsten geworden, wie die Me-

Jakob Fugger

dici. In Deutschland war das nicht der Fall; aber manche Patrizier
65 hatten mehr Geld und Macht als viele Fürsten. Die reichsten Bürger
gab es in den süddeutschen Städten, vor allem in Nürnberg und in
Augsburg, wo die Fugger und die Welser zu großem Reichtum ka-
men. Die Bürger wurden besonders mächtig, als sich die Städte zu
Städtebünden° zusammenschlossen. Der norddeutsche Städtebund   *leagues of cities*
70 der Hanse, dessen wichtigste Stadt Lübeck war, vereinigte über 70
Städte. Die Hanse hatte eigene Niederlassungen in London, Bergen,
Nowgorod; sie führte Kriege gegen Dänemark und hatte großen
Einfluß auf die Politik in Skandinavien.

    In den meisten Städten regierten die Patrizier. Die Handwerker
75 wollten jedoch auch mitbestimmen,° und so kam es an vielen Orten   **mitbestimmen** *to*
zu inneren Kämpfen, kaum daß die Städte unabhängig waren. Das   *determine together*
Ergebnis dieser Kämpfe war an jedem Ort verschieden: An vielen
Orten regierten die Patrizier weiter, an einigen übernahmen die
Handwerker die Regierung; in den meisten Städten kam es zu einem
80 Kompromiß.

Das wirtschaftliche Leben im Mittelalter

Durch die Städte entwickelten sich der Handel und die
Geldwirtschaft. Das wirtschaftliche Leben war im Mittelalter genau
durch Privilegien, durch Vorrechte, geregelt. Wenn eine Stadt das

Marktrecht bekam, so wurden darin Märkte abgehalten; wenn die
5 Stadt das Stapelrecht° hatte, so mußte jeder durchreisende Kauf-   *staple right*
mann seine Ware zum Verkauf anbieten, bevor er weiterziehen
konnte. Das Münzrecht bedeutete, daß die Stadt Münzen prägen
durfte.

Die meisten Handelsverträge wurden mündlich abgeschlossen.
10 Zwar richteten die Städte ihre eigenen Lateinschulen ein, aber nicht
alle Leute konnten gut lesen und schreiben, und die Rechenkunst°   *arithmetic*
war auch nicht sehr hoch entwickelt. Dabei gehörte Ehrlichkeit zum
Geschäft. Die Maße und Gewichte wurden genau beachtet. Die
Menschen konnten Vertrauen zueinander haben.

15 Auch das Leben der Handwerker hatte seine festen Regeln. Sie
waren in Berufsgruppen, in Zünfte,° eingeteilt, und wer ein Hand-   *guilds*
werk ausüben wollte, mußte es vorher viele Jahre lang gelernt haben. Der Handwerker begann als Lehrling. Nach mehreren Jahren,
wenn er genug gelernt hatte, wurde er Geselle. Ein Geselle mußte
20 „wandern": Er mußte eine Zeitlang an anderen Orten arbeiten, um
auch andere Methoden kennenzulernen. Wenn ein Geselle lange
genug tätig gewesen war, konnte er Meister werden. Doch die Zahl
der Meister war für jede Stadt beschränkt, und so wurde gewöhnlich
der Sohn oder der Schwiegersohn des Meisters sein Nachfolger.°   *successor*
25 Viele Gesellen konnten also nie Meister werden. Die Handwerker
des gleichen Gewerbes° wohnten oft in der gleichen Straße zusam-   *trade*
men. Das zeigen heute noch die Straßennamen in älteren Städten,
wie Bäckerstraße, Schuhmacherstraße, Böttcherstraße oder Gerberstraße — die letztere liegt gewöhnlich am Wasser, wo die Gerber° die   *tanners*
30 Häute einweichen.° Vielfach stellten die Handwerker ihre Arbeiten   **einweichen** *to soak*
zusammen aus. Die Preise waren festgelegt, ebenso die Zahl der Ge-
sellen und Lehrlinge, die ein Meister nehmen konnte. Die Konkurrenz war also eng begrenzt.

Auch die Kaufleute hatten ihre Gruppen, ebenso die Seeleute.°   *sailors*
35 Die Gruppen hatten ihre eigenen Gasthöfe; sie hatten ihre eigenen
Kirchenstühle,° ja, wenn sie reich waren, ihre eigenen Kirchen.   *pews*

Der Transport war in dieser Zeit schwierig und gefährlich. Die
Schiffe waren klein; auf dem Land dauerte er lange, und an allen
Grenzen, bei allen Flußübergängen und Städten mußte man Zoll be-
40 zahlen. Die Waren mußten also sehr wertvoll sein, wenn es sich lohnen sollte, sie zu transportieren. Waffen gehörten zum Handelsgut,
Pelze, Schmuck, kostbare Stoffe und Spitzen.° Ebenso wichtig waren   *lace*
die Gewürze.° Salz machte eine Stadt wie Salzburg reich, und von   *spices*
dem Salztransport profitierten alle Städte, die an der Salzstraße von
45 Salzburg durch Oberbayern nach Augsburg lagen. Der Pfeffer, der
aus dem Orient eingeführt wurde, war so wichtig, daß die Kaufleute

von ihm ihren Spitznamen bekamen: Sie hießen nämlich „Pfeffer-
säcke". Die Speisen im Mittelalter waren für den heutigen Geschmack sehr scharf gewürzt. Vielleicht liebten die Menschen diesen
50 kräftigen Geschmack, vielleicht sollten die Gewürze halb verdorbene°   **verderben** *to spoil*
Speisen verbessern. Da scharfe Gewürze Durst machen, waren auch
die Getränke wichtig. Es wurde viel Wein gehandelt, später auch
Bier. Es wurde viel Fleisch gegessen. Zur Fastenzeit brauchte man
dafür Ersatz, und so wurden getrocknete oder gesalzene Fische ge-
55 handelt.
   Im 14. und 15. Jahrhundert stieg der Wohlstand in den deutschen
Städten. Mit dem Wohlstand stiegen die Ansprüche.° Die Möbel, die   *claims, expectations*
vorher einfach waren, sollten jetzt schöner und bequemer sein. Die
Bürger schmückten die Wände mit Gemälden. Die Kleidung wurde
60 reicher. Bücher waren noch sehr selten, denn Bücher waren künstlerisch gestaltete Pergamenthandschriften° mit schönen Illustrati-   *manuscripts on*
onen, gewöhnlich das Werk von Mönchen und Nonnen.   *parchment*

Adel und Bürgertum

Je mehr die Bürger zu Wohlstand kamen, desto schlechter ging es den adligen Herren. Sie mußten immer höhere Preise für
Waffen und Textilien zahlen; aber für ihre landwirtschaftlichen Produkte bekamen sie nur wenig. Militärisch war die Zeit der Ritter-
5 heere vorbei. Die Schweizer Bauern siegten im 14. Jahrhundert gegen die österreichischen Ritter, im 15. gegen die burgundischen. Die
Stellung der Ritter in der Gesellschaft wurde unsicher. Manche Ritter zogen in die Stadt und wurden Bürger. Andere wurden zu
„Raubrittern":° Sie überfielen Kaufleute, die unterwegs waren, und   *robber knights*
10 nahmen ihnen ihre Waren oder Lösegeld ab. Auf diese Weise ent-
stand ein dauernder Kleinkrieg: Das „Faustrecht"° regierte. Einer   *law of the (stronger) fist*
dieser Raubritter hat diese Zustände in seiner Autobiographie sehr
lebendig geschildert. Er lebte um 1500 und hieß Götz von Berlichingen. Seine Burg Jagsthausen zwischen Heilbronn und Würzburg
15 steht noch heute. Goethe hat nach dieser Autobiographie sein
Drama „Götz von Berlichingen" geschrieben.
   Unter diesen Umständen mußten die Bürger zu Feinden der Ritter werden. Sie machten sich auch über die Kultur der Ritter, das
Minnelied oder das Epos, lustig, und sie verfaßten Parodien. Viele
20 Dichtungen des späteren Mittelalters üben Kritik an der Zeit: Fa-

beln, Satiren oder Dramen. Die Dramen wurden von den Bürgern
an den kirchlichen Feiertagen öffentlich aufgeführt. Zuerst wurde
die Bibel dargestellt, vor allem die Passion Christi; doch bald kamen
andere Stoffe hinzu.

25 Wie die Dichtung, so wandte sich auch die bildende Kunst dem
wirklichen Leben zu. Der Stil wurde immer realistischer. Die großen
Maler um 1500, Albrecht Dürer, Hans Holbein, Lucas Cranach und
Matthias Grünewald, malten Porträts, Landschaften und Tiere, sie
stellten die biblischen Geschichten in ihrer eigenen Umgebung dar
30 und nahmen Menschen ihrer Zeit als Modell für die Heiligen.
Ebenso realistisch verfuhren die Holzschnitzer, unter denen Tillman
Riemenschneider am bekanntesten ist.

Die meisten Künstler arbeiteten für die Kirche. Die großen Dome
wurden im späteren Mittelalter nicht mehr vom Kaiser gebaut, son-
35 dern von den Bürgern selbst; und ihnen verdanken wir die Bauten
der gotischen Kunst in Deutschland: die Dome und Münster in
Köln, Straßburg, Ulm, Freiburg, Nürnberg, Lübeck, die Frauenkirche in München, die Marienkirche in Danzig—um nur einige zu
nennen. Ebenso prächtig waren die Rathäuser der Städte. Für die
40 Ausstattung der Kirchen stifteten die Bürger Geld und gaben den
Künstlern Gelegenheit zu ihren Schöpfungen.°   *creations*

Die Zeit der mächtigen Herzöge und der großartigen Kaiser war
vorbei. Deutschland zerfiel in viele kleine und größere Territorien.
Jeder Fürst versuchte, seine „Hausmacht"° zu vergrößern, und wenn   *territorial power base*
45 er zum Kaiser gewählt wurde, benutzte er meistens seine Autorität
in erster Linie für neue territoriale Gewinne. Der Reichstag,° die   *Imperial Diet*
Versammlung der Reichsstände, hatte nur noch wenig Bedeutung.
Der Kaiser wurde von sieben „Kurfürsten"° gewählt, vier weltlichen   *Electors (electing the*
und drei geistlichen, nämlich Erzbischöfen, wie es 1356 endgültig in   *emperor)*
50 der „Goldenen Bulle" festgelegt worden war. Die Goldene Bulle war
ein Verdienst des Kaisers Karl IV. aus der Familie der Luxemburger,
dem unter anderem Böhmen gehörte. Karl IV. machte Prag zu seiner Hauptstadt und gründete dort 1348 die erste Universität im
Reich nördlich der Alpen.

55 Auch diese Gründung war ein Zeichen des wachsenden Nationalismus in Europa. Bisher waren die deutschen Studenten zu den italienischen Universitäten des Reiches, Padua und Bologna, oder nach
Paris gegangen. Jetzt spielten die „Nationen" unter ihnen, das heißt
die Gruppen der Landsmannschaften,° eine wachsende Rolle. In   *groups from the same*
60 Prag wurde das auch nicht anders. 1409 zogen die „deutschen" Stu-   *country*
denten nach einem Nationalitätenstreit aus und gründeten die Universität Leipzig. Zu dieser Zeit gab es im Deutschen Reich bereits die
Universitäten Wien (1365), Heidelberg (1385), Köln (1388) und Er-

furt (1392), und etliche andere folgten dann im 15. Jahrhundert, wie
65 Tübingen, Freiburg, Rostock und Basel.

Die Verwaltung der Universitäten lag weitgehend° in den Händen *mostly*
der Studenten, die oft lange Jahre an den Universitäten blieben. Die
Sprache war Latein. Nach einem Kurs in den Artes Liberales, der
zum Bakkalaureat (B.A.) führte, konnte der Student in die höheren
70 Fakultäten, Theologie, Jura und Medizin, aufsteigen. Gelernt wurde
nach Autoritäten, nach vorgeschriebenen° Lehrbüchern. Der Profes- *vorschreiben to*
sor las das Buch vor und kommentierte es, die Studenten schrieben *prescribe*
mit und lernten ihre Lektionen auswendig. Auch damals gab es nicht
wenige Studenten, die Geldschwierigkeiten hatten und solche, die
75 ein lustiges Leben dem Studium vorzogen. Wir kennen Studenten-
lieder aus dem Mittelalter, die von einem solchen Leben erzählen,
vor allem die „Carmina Burana", die Lieder, die im Kloster Benediktbeuern in Bayern gefunden worden sind.

Die Lebenslust° stand im Kontrast zu den großen Gefahren. Die *joy of life*
80 schlechten sanitären Verhältnisse brachten furchtbare Krankheits-
epidemien in den Städten, vor allem die „Schwarze Pest" in der Mitte
des 14. Jahrhunderts. Am Ende des 15. Jahrhunderts verbreitete
sich die Syphilis, die „Franzosenkrankheit", wie eine Seuche° und *epidemic*

Der Totentanz von Lübeck

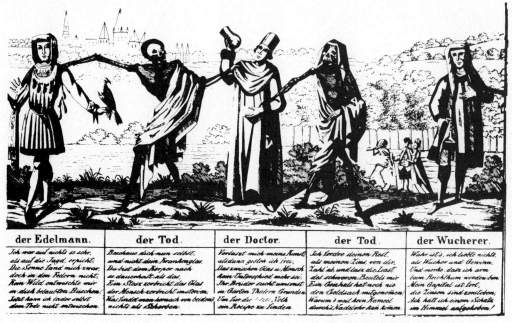

Detail: Der Totentanz von Lübeck

brachte ein Ende der freizügigen Sexualität des späteren Mittelalters.
85 Die Angst vor dem Tode wuchs. Überall am Hauptportal der Ka-
thedralen finden wir furchterregende° Darstellungen des Jüngsten   *horrifying*
Gerichtes.° Die Verdammten werden von den Teufeln in den Höl-   *Last Judgment*
lenrachen° hinabgestoßen, während die Geretteten in den Himmel   *jaws of hell*
emporsteigen. Gott der Richter steht majestätisch im Mittelpunkt.
90 Noch deutlicher machen die „Totentänze"° das Lebensgefühl der   *dances of death*
Zeit sichtbar. Es sind Wandmalereien oder Tafelmalereien in der
Kirche, auf denen zu sehen ist, wie der Tod alle Menschen bei der
Hand führt: den Papst, den Kaiser, die Fürsten, den Adel, den
Bürger, den Bauern, Mann, Frau, selbst das kleine Kind in der
95 Wiege. Die Menschen waren eben, wie die Satire sagte, nur Narren.°   *fools*
Die einzigen ewigen Werte schienen innen zu liegen, in der Seele
selbst, wie es die Mystiker ausdrückten. Die Unordnung des Reiches
und der Zweifel an den Autoritäten trugen daher zur Beschäftigung
mit der Religion bei und zur großen Veränderung Deutschlands
100 durch die Reformation.

Die Reformation

ZEITTAFEL

1517	Anschlag der 95 Thesen Martin Luthers über den Ablaßhandel in Wittenberg, Beginn der Reformation in Deutschland.
1521	Reichstag in Worms, Reichsacht gegen Luther.
1521–1534	Luthers Bibelübersetzung.
1524–1525	Der große Bauernkrieg.
1534	Gründung des Ordens der Jesuiten in Spanien.
1534–1535	Wiedertäufer in Münster.
1546–1547	Schmalkaldischer Krieg.
1546	Luther stirbt.
1555	Religionsfriede in Augsburg.
1556	Abdankung Kaiser Karls V.
1545–1563	Konzil von Trient.
1568	Beginn des Freiheitskampfes der Niederländer gegen Spanien.

Martin Luther

Martin Luther

Die Reformation Martin Luthers ist eines der wichtigsten Ereignisse der deutschen Geschichte; ganz gleich, ob man mehr die positiven oder die negativen Folgen der Kirchenspaltung° ins Auge faßt. Martin Luther hatte dabei eigentlich gar nicht die
5 Absicht, sich vom Katholizismus zu trennen und eine eigene Kirche zu gründen. Er schlug nur am 31. Oktober 1517 an der Schloßkirche in Wittenberg an der Elbe 95 Thesen über den Ablaßhandel an. Dabei folgte er dem akademischen Brauch seiner Zeit, indem er mit diesen lateinisch geschriebenen Thesen zu einer akademischen Dis-
10 putation über ein umstrittenes° Thema aufforderte.° Doch ohne es zu wollen, wurde Luther durch diese Thesen eine weltgeschichtliche Persönlichkeit.

Luther wurde am 10. November 1483 in Eisleben am östlichen Rand des Harzes geboren. Eisleben, heute eine Stadt von etwa
15 32.000 Einwohnern, liegt in einer wirtschaftlich wichtigen Gegend. Der gute Lößboden schafft vorteilhafte Bedingungen für die Landwirtschaft. Die Kupfervorkommen° werden immer noch abgebaut. Luthers Vater, der aus Thüringen stammte, hatte sich hier vom Bauernsohn zum Mitbesitzer von Kupferbergwerken, also zu eini-
20 gem Wohlstand, emporgearbeitet. Er konnte daher seinen hochbegabten Sohn Martin auf gute Schulen in Magdeburg und Eisenach schicken, und dann auf die Universität Erfurt.

Zu Luthers Zeit war der Einfluß der Humanisten an den deutschen Universitäten groß. Die Humanisten waren Lehrer der
25 antiken Sprachen und der literarischen Bildung. Sie lehrten das klassische Latein im Gegensatz zum Latein der mittelalterlichen Mönche. Sie lehrten auch antike Philosophie und Moral. Manche von ihnen waren sehr angesehen,° wie Erasmus von Rotterdam oder Luthers Freund Philipp Melanchthon; andere zogen als Abenteurer umher,
30 wie Dr. Faust, das Vorbild zur Faustsage. In Erfurt hatten die Humanisten zu Luthers Zeit viel Einfluß, und sie verschafften der Universität für kurze Zeit einen bedeutenden Ruf.

Luther erwarb hier, wie es damals üblich war, sein Bakkalaureat und seinen Magistergrad (M.A.) Er sollte dann Jura studieren, denn
35 Juristen hatten die besten beruflichen Aussichten.° Ein Dr. jur. wurde oft einem Adelstitel gleichgesetzt.° Auf diese Weise sollte Luther den sozialen Aufstieg seiner Familie vollenden.

Der junge Mann wurde jedoch, wie viele Menschen in dieser unruhigen Zeit, von starken Glaubenszweifeln° gequält. Er wußte keine
40 Antwort auf die Frage: Wie kann der Mensch wirklich ein Leben

schism

controversial /
auffordern *to invite*

copper deposits

respected

chances
gleichsetzen *to consider*
equal to

doubts in matters of faith

führen, das Gott wohlgefällig° ist? Nun geschah etwas, was wie eine   *agreeable, pleasing*
Legende klingt, aber historisch bezeugt ist: Auf einer Fahrt von
Mansfeld nach Erfurt geriet Luther in ein heftiges Gewitter; da gelobte er: „Hilf, heilige Anna, ich will ein Mönch werden!" Die heilige
45 Anna, die Mutter Marias, wurde damals allgemein verehrt, besonders als Schutzpatronin der Bergleute und Kaufleute.

    Luther trat alsbald ins Augustinerkloster in Erfurt ein. Er war ein
eifriger Mönch und befolgte genau die strengen Regeln. Man ließ
ihn Theologie studieren, und er wurde zum Priester geweiht. Der
50 Orden gebrauchte ihn bei wichtigen Verhandlungen und schickte
ihn 1510–11 als Abgesandten nach Rom. Aber Rom wurde eine
große Enttäuschung° für Luther. Er suchte Frömmigkeit, und fand   *disappointment*
große Pracht und ein sehr weltliches Leben.

    Als Professor für Exegese, Bibelauslegung, an der Universität Wit-
55 tenberg vertiefte sich Luther weiter in die katholischen Glaubensleh-
ren° und in die Bücher spätmittelalterlicher Mystiker. Er kam dabei   *dogmas*
zu einigen Auffassungen, die den Dogmen der Kirche wider-
sprachen. Er glaubte, daß der Mensch nicht von sich aus durch gute
Werke und die Vermittlung der Kirche die Erbsünde° abschütteln   *original sin*
60 könne. Nur Gott allein durch seine Gnade könne dem Menschen

Ablaßprediger Johann Tetzel

Erlösung° geben. Das ist eine harte Lehre. Sie nimmt alle Mittelsper-   *redemption*
sonen° zwischen Gott und dem einzelnen Menschen fort. Kein Prie-   *intermediaries*
ster, kein Papst, kein Konzil kann die Autorität sein, nur Gott selbst
kann dem Menschen helfen, und nur sein eigenes Gewissen kann
65 den Menschen leiten.

Bei alledem dachte Luther keineswegs an eine Trennung von der
Kirche und noch weniger an die Gründung einer eigenen Kirche. Es
war damals eine allgemein verbreitete Ansicht, daß eine Reform der
katholischen Kirche notwendig sei, und es hatten bereits mehrere
70 Reformkonzilien° stattgefunden. Doch etwas Enscheidendes war   *reform councils*
nicht geschehen. Der Anlaß, der den Zusammenstoß des Mönchs
und Theologieprofessors mit den kirchlichen Autoritäten brachte,
schien ziemlich geringfügig zu sein. Der Papst brauchte Geld für
seine großen Bauten, besonders die Peterskirche in Rom. Eine seiner
75 Einnahmequellen° war der Ablaßhandel.° Man konnte sich die Be-   *sources of income / selling*
freiung von seinen Sünden erkaufen. Menschen mit einem so inner-   *of indulgences*
lichen Glauben wie Luther mußte das empören. Daß Luther keines-
wegs der einzige Mensch war, den der Ablaßhandel störte, zeigte der
völlig unerwartete Erfolg seiner Thesen. Sie wurden—von einem
80 Unbekannten—ins Deutsche übersetzt, gedruckt und als Flugblatt°   *pamphlet*
in ganz Deutschland verbreitet. Die Disputation wurde ganz und gar
unakademisch.

Zeitalter des Umbruchs°   *drastic changes*

D ie Kirche griff erst ein,° als es nicht mehr zu vermeiden   **eingreifen** *to intervene*
war. Sie behandelte Luther nicht als Reformator, sondern als Rebel-
len gegen die kirchliche Autorität. Ihr Ziel war: Er sollte widerru-
fen.° Luther wurde verhört, man disputierte mit ihm. Man war mild   **widerrufen** *to recant*
5 und entgegenkommend genug, ihn nicht einmal nach Rom vorzu-
laden. Der päpstliche Kämmerer° von Miltitz und Luthers Landes-   *chamberlain*
herr, der mächtige und reiche Kurfürst Friedrich der Weise von
Sachsen, versuchten zu vermitteln. Doch Luther beharrte auf seinen
Lehren, und die Gegensätze verschärften sich. Als der Papst seine
10 Autorität mit Gewalt behauptete und in einer päpstlichen Bulle Luther den Bann androhte, falls er nicht widerrufen würde, verbrannte
Luther öffentlich die päpstliche Bulle und trennte sich damit von
der Kirche.

Jetzt mußte der Kaiser eingreifen. Seit Mitte des 15. Jahrhunderts

Kaiser Maximilian I. (Albrecht Dürer)

15 war die Krone bei der Familie der Habsburger geblieben. Kaiser
Maximilian I., genannt „der letzte Ritter", bemühte sich um eine Reform des Reiches. Deutschland war ja nichts als eine Anhäufung°   *accumulation*
von weltlichen und geistlichen Fürstentümern, von Freien Städten
und kleinen Ländern von Reichsrittern. Das Reich brauchte eine ein-
20 heitliche Verwaltung; es brauchte eine eigene Armee, inneren Frieden, bessere Gesetze und Gerichte und vor allem einen starken
mächtigen Kaiser. Doch wie war das möglich, wenn der Kaiser von
den Fürsten abhängig war? Die sieben Kurfürsten nutzten ihre
Macht aus und stellten jedesmal allerhand Bedingungen, bevor sie
25 ihre Zustimmung zur Wahl des Kaisers gaben. Sie hatten auch nichts
gegen Geldgeschenke.

Ganz besonders schlimm wurde dieser Handel bei der Wahl des
Nachfolgers von Maximilian, nachdem er 1519 gestorben war. Mit
ihm starb nämlich der deutsche Zweig der Habsburger Familie aus.
30 Einige deutsche Fürsten wollten den französischen König wählen,
andere Maximilians Enkel, den spanischen König Karl. Besonders
einflußreich in der „spanischen Partei" war Kurfürst Friedrich der
Weise. Karl wurde gewählt, aber nur mit Hilfe der Gelder des Augsburger Bankiers Fugger.
35 Zu den Angelegenheiten, die Kaiser Karl V. 1521 auf seinem ersten Reichstag in Worms erledigen wollte, gehörte auch der Streit

zwischen Luther und der Kirche. Luther war in großer Gefahr, als
er nach Worms fuhr. Hundert Jahre vorher hatte Kaiser Sigismund
den tschechischen Reformator Johannes Hus nach Konstanz zum
40 Konzil vorgeladen und hatte ihm freies Geleit° versprochen. Trotz-   *safe conduct*
dem wurde Hus verurteilt und verbrannt. Luther fuhr jedoch nach
Worms und hielt eine mutige Rede. Der Schluß dieser Rede: „Hier
stehe ich, ich kann nicht anders. Gott helfe mir. Amen." ist in
Deutschland ein „geflügeltes Wort"° geworden. Kaiser Karl war auf   *commonly known*
45 der Seite der Kirche. Er belegte Luther mit der Reichsacht.°   *quotation / Imperial ban*

Kurfürst Friedrich der Weise schützte den Reformator. Er ließ ihn
auf die Wartburg in Thüringen bringen, und dort lebte er verkleidet
als „Junker Jörg". Er benutzte die erzwungene Ruhepause, um seine
Bibelübersetzung zu beginnen. Seine Übersetzung des Neuen Te-
50 staments wurde schnell gedruckt und noch schneller verkauft. Es
war ein großer Vorteil für Luther, daß Johann Gutenberg in Mainz
um 1450 den Buchdruck° erfunden hatte, und daß sich diese Erfin-   *book printing*
dung seitdem verbreitet hatte. Zu Luthers Zeit konnte man Bücher
schneller und billiger herstellen. Noch mehr als bei den Büchern
55 wirkte sich die Erfindung für Flugblätter aus. Der Kampf für und
gegen den neuen Glauben wurde ganz besonders mit solchen Flug-
blättern geführt.

Um sich in allen Teilen des deutschen Sprachgebietes verständlich

*„Hier stehe ich, ich kann nicht anders. Gotte helfe mir. Amen." Martin Luther vor Kaiser
Karl V. auf dem Reichstag in Worms, 1521.*

zu machen, mußte Luther erst eine einheitliche deutsche Sprache
60 schaffen. Die Sprache der mittelhochdeutschen Dichtung der Stauferzeit war eine reine Literatursprache gewesen. Im späteren Mittelalter wurde eine deutsche Verwaltungssprache° nötig; aber auch *official language*
diese wurde nicht die Umgangssprache° im Alltagsleben. Die *colloquial language*
Menschen sprachen und schrieben ihren Dialekt. Luther nahm sich
65 die Verwaltungssprache in den Formen zum Vorbild. Wittenberg,
wo er lebte, ist eine Gegend mit mitteldeutschen Sprachformen. Eisleben, sein Geburtsort, lag jedoch noch im niederdeutschen° Sprach- *Low German*
gebiet. So nahm Luther seinen Wortschatz nicht nur aus einem Teil
des deutschen Sprachgebietes, sondern aus mehreren. Seine Sprache
70 war leicht verständlich, und sie wurde das Muster für die hoch-
deutsche Einheitssprache.

Luther schrieb eine ganze Reihe von Streitschriften.° Seine *polemic treatises*
Sprache ist nicht elegant und gar nicht prüde, aber außerordentlich
bilderreich,° kräftig und lebendig. Seine Gegner mußten diese *full of imagery*
75 Sprache annehmen, wenn sie ihn bekämpfen wollten. Allerdings—
ein Mißtrauen gegen diese Sprache des Ketzers° und Rebellen Lu- *heretic*
ther blieb bei den Katholiken zurück. Es hat bis zur Mitte des 18.
Jahrhunderts gedauert, bis die Deutschen sich endgültig über die
Form ihrer Sprache einig waren.
80 Der Buchdruck war längst nicht die einzige Erfindung dieses
Zeitalters. Die Menschen suchten damals die Geheimnisse der Natur
zu enträtseln und neue Länder der Erde zu entdecken. Es war das
Zeitalter der Entdeckungen und Erfindungen. Vasco da Gama fand
den Seeweg nach Indien um Afrika herum, Kolumbus entdeckte
85 Amerika. Kopernikus in Thorn beschrieb, wie sich die Erde um die
Sonne dreht.

In der Kriegstechnik begann das Schießpulver° eine Rolle zu spie- *gunpowder*
len, aus Nürnberg kamen die ersten Taschenuhren.° Der Arzt Theo- *pocket watches*
phrastus Bombastus von Hohenheim, genannt Paracelsus (1494–
90 1541), scheute sich nicht, als akademischer Arzt chirurgische Ope-
rationen auszuführen. Er erforschte Gewerbekrankheiten,° seelische *occupational diseases*
Krankheiten und benutzte chemische Medikamente. Das naturwis-
senschaftliche und technische Wissen wurde auch in der Wirtschaft
angewendet, und es half den reichen Leuten, wie den Fuggern, noch
95 reicher zu werden. Die armen Leute jedoch blieben arm. Die Ritter
hatten keinen Einfluß mehr auf die Gesellschaft. Der letzte von
ihnen, der eine Rolle spielen wollte, war Franz von Sickingen, der
einen Ritterbund gegen den Erzbischof von Trier führte. Er unterlag. Noch schlimmer stand es mit dem Volk, den Handwerkern und
100 vor allem mit den Bauern.

Luthers Lehre wurde sofort als Evangelium des kleinen Mannes

aufgefaßt. Wer die Gesellschaft verändern wollte, hoffte auf Luther.
Luther dachte in erster Linie an die Religion, aber die Bauern und
Handwerker verstanden ihn anders. So führte die Reformation mit
105 zu dem großen Bauernkrieg, der 1524 ausbrach. Luther ermahnte
die Fürsten und Adligen, den Bauern bessere Lebensbedingungen
zu geben. Währenddessen verbreitete sich der Krieg durch ganz
Franken und Schwaben, denn jetzt wollten sich die Bauern mit Gewalt nehmen, was man ihnen nicht geben wollte. Ihre Führer waren
110 in ihren Forderungen gemäßigt; allerdings gab es unter ihnen auch
radikale Sozialrevolutionäre, wie Thomas Müntzer, der eine Wirtschaftsordnung mit gemeinsamem Eigentum einführen wollte; und
das Bibelchristentum der Anabaptisten, der „Wiedertäufer“, führte
manchmal zu ähnlichen Richtungen, wie etwa 1534 in Münster in
115 Westfalen, wo revolutionäre Wiedertäufer 16 Monate lang regierten.

   Die Gewalttaten,° die Unordnung und solche revolutionären Ideen   *violent actions*
erschreckten nicht nur die Adligen, sondern auch die Bürger. Lu-
ther trat auf die Seite der Fürsten und wandte sich gegen die
Bauern. Die Bauern wurden völlig besiegt und gewaltsam unter-
120 drückt. Luthers Kirche wurde aus einer revolutionären Volkskirche°   *church of the (common)*
jetzt eine Landeskirche unter dem Schutz der Landesfürsten. „Gebet   *people*
dem Kaiser, was des Kaisers ist, und Gott, was Gottes ist“, war ihr
Grundsatz. Luther brauchte Zeit, um seine neue Kirche aufzubauen,
und die Fürsten waren die einzigen, die ihn gegen den Papst und
125 Kaiser schützen konnten. Damit wurden die Landesherren zum
Oberhaupt ihrer Landeskirche.

Der alte und der neue Glaube

   Kaiser Karl V. beherrschte ein Weltreich. Es gehörten
nicht nur große Teile Europas dazu, sondern auch die neuen Besitzungen in Mittel- und Südamerika, so daß er sagen konnte: „In meinem Reich geht die Sonne nicht unter“. Sein Rivale in Europa war
5 der französische König Franz I. In diesem Konkurrenzkampf waren
die deutschen Angelegenheiten ziemlich unwichtig. Karl brauchte jedoch die Unterstützung der deutschen Fürsten bei seinen Kriegen,
und er wollte Ruhe in Deutschland. Beides war schwer zu haben. Die
deutschen Fürsten fanden in der Kirchenspaltung eine neue Mög-
10 lichkeit zu größerer Macht und Unabhängigkeit. Im Todesjahr Luthers, 1546, begann der erste Krieg zwischen den protestantischen

Kaiser Karl V.

und katholischen Fürsten, der Schmalkaldische Krieg genannt. Der Kaiser und seine katholischen Verbündeten siegten ohne Mühe. Das aber paßte Moritz von Sachsen nicht. Er war Protestant, aber er un-
15 terstützte den Kaiser, um den Kurfürstentitel seines Vetters Friedrich zu bekommen. Als Moritz Kurfürst war, wandte er sich gegen den Kaiser und erzwang° einen Kompromiß zugunsten der Protestanten. Karl V. verzweifelte an der Welt und zog sich 1556 in ein spanisches Kloster zurück.

    erzwingen *to win by force*

20   Der Religionsfriede wurde 1555 in Augsburg geschlossen. Die katholische und die lutherische Kirche waren von jetzt an in Deutschland gleichberechtigt,° nicht jedoch die kalvinistische Kirche. Der Grundsatz des Augsburger Friedens hieß „cuius regio, eius religio", das heißt übersetzt: Wessen Land, dessen Religion; und das
25 bedeutete: Wenn der Fürst katholisch war, blieben die Untertanen katholisch. Die Untertanen eines protestantischen Herrschers mußten protestantisch werden. Nur in den geistlichen Fürstentümern war die Wahl der Konfession frei, da ja ein Bischof nicht gut Protestant werden konnte. So konnten jeder Fürst, jeder Reichsritter
30 und jede Stadt entscheiden, zu welchem Glauben sie gehören wollten.

    having equal rights

    Luthers Lehre fand viele Anhänger. Die meisten Deutschen bekannten sich zu ihr. Sogar ein Kaiser aus dem Hause Habsburg, Maximilian II. (1564–1576), dachte an den Übertritt.° Inzwischen

    conversion

35 aber hatte die katholische Kirche in dem großen Reformkonzil von
Trient (1545–1563) die Glaubenslehren neu bestimmt und festigte
ihre Organisation. Sie begann, verlorene oder strittige° Gebiete   *disputed*
wieder für sich zu gewinnen. Dieser Vorgang heißt in Deutschland
die Gegenreformation.°   *counterreformation*

40 Der wichtigste Träger der Gegenreformation war der 1534 gegründete Orden der Jesuiten. Die Jesuiten bekamen Einfluß auf
viele Fürsten; sie übernahmen die katholischen Universitäten, und
sie hatten ausgezeichnete Schulen, in denen sie die Elite der Länder
erzogen. Außerdem arbeiteten sie mit Massenveranstaltungen,° wozu   *events for the masses*
45 ihre Theateraufführungen gehörten, die sehr wirkungsvoll waren.
Besonders erfolgreich benutzten sie Lichteffekte, die den Glanz des
Himmels auf die Erde zu bringen schienen. Viele indifferente Katholiken wurden von ihnen zur Frömmigkeit und viele Protestanten
zum katholischen Glauben bekehrt.

50 Die Entdeckung Amerikas und die Glaubenskriege hatten eine
negative Wirkung auf die deutsche Wirtschaft. Der Handel verla-
gerte° sich nach Spanien und Portugal, und dann nach England und   **sich verlagern** *to shift,*
Holland, das sich in einem langen Krieg ab 1568 von der spanischen   *to change places*
Herrschaft befreite. Die deutschen Länder hatten keine Kolonien;
55 die deutsche Industrie blieb zurück; die Silberbergwerke in Ungarn
und Böhmen waren längst nicht so reich wie die amerikanischen.
Der Kirchenkonflikt stand im Mittelpunkt des Interesses. Trotz des
Augsburger Friedens wollten die Streitigkeiten nicht enden. Sie
führten schließlich zu einer der schrecklichsten Perioden der
deutschen Geschichte, zum Dreißigjährigen Krieg.

Fenstersturz von Prag

Freiheitsfahne aus dem Bauernkrieg, Holzschnitt, unbekannter Meister

ZEITTAFEL

1618–1648	Dreißigjähriger Krieg.
1632	Schlacht bei Lützen. Der schwedische König Gustav Adolf fällt.
1634	Wallenstein in Eger ermordet.
1640–1688	Regierung des Kurfürsten Friedrich Wilhelm von Brandenburg („der Große Kurfürst").
1683	Belagerung Wiens durch die Türken.
1688–1697	Kriege Frankreichs (Ludwig XIV.) gegen Deutschland, besonders um die Pfalz und das Elsaß.

Der Dreißigjährige Krieg

Die Habsburger gehörten zu den Fürsten, die besonders eifrig versuchten, ihr Land wieder katholisch zu machen. In Böhmen gehörten viele Adlige einer Kirche an, die den Protestanten nahestand. Sie hatten das Recht bekommen, eigene Kirchen zu bauen, 5 doch das wollte der Kaiser ihnen entziehen. Als im Mai 1618 in der Prager Burg darüber verhandelt wurde, wurden in der Leidenschaft° *passion, heat* des Streites zwei Statthalter° und ein Geheimschreiber° des Kaisers *governors | private* aus dem Fenster geworfen. Obwohl alle drei unverletzt blieben, war *secretary* diese Tat eine Majestätsbeleidigung und wurde der Anlaß für den 10 Dreißigjährigen Krieg. 1619 wurde nicht Kaiser Ferdinand II. zum König von Böhmen gewählt, sondern der Kalvinist Kurfürst Friedrich V. von der Pfalz. Friedrich V. wird der „Winterkönig" genannt, denn bereits im Jahr 1620 war seine Herrschaft zuende, als die kaiserlichen Truppen ihn in der entscheidenden Schlacht bei Prag be- 15 siegten. Damit begann der eigentliche Krieg. Nacheinander beteiligten sich Dänemark, Schweden und Frankreich auf der protestantischen Seite daran, und Spanien auf der katholischen Seite. Ganz Europa nahm also an dem Krieg teil, doch er spielte sich vorwiegend auf deutschem Boden ab. Die Zivilbevölkerung war ebenso davon 20 betroffen° wie die Soldaten. Der Krieg wurde sehr grausam geführt. **betreffen** *to affect* Städte und Dörfer wurden zerstört, Menschen gefoltert und getötet. In weiten Gegenden kam die Hälfte der Bevölkerung um.

Der bekannteste Heerführer der Protestanten war der schwedische König Gustav Adolf, der 1632 in der Schlacht bei Lützen gegen die 25 kaiserlichen Truppen fiel; bei den Katholiken war es Albrecht von Wallenstein aus Böhmen, später Herzog von Friedland. Wallenstein wurde 1634 in Eger ermordet, als er dabei war, sich mit den Schweden gegen den Kaiser zu verbünden. Friedrich Schiller hat das Ende Wallensteins in einer Dramentrilogie dargestellt.

30 1644 wurden die Friedensverhandlungen in Münster und Osnabrück eingeleitet. Es dauerte jedoch vier Jahre, bis der Friedensschluß° zustande kam und der Dreißigjährige Krieg durch den *conclusion of the peace* Westfälischen Frieden beendet wurde. Die Menschen atmeten auf, *treaty* denn die Heere waren durch das Land gezogen und hatten geplün- 35 dert°; überall herrschte Armut, niemand war seines Lebens sicher. **plündern** *to loot* Endlich, nach dreißig Jahren, sollte man wieder ruhig leben können.

Deutschland im 17. Jahrhundert

Der Friedensschluß war sehr nachteilig für das Deutsche
Reich. Die Landesfürsten erhielten volle Souveränität, so war das
Reich kaum mehr als ein Name. Holland und die Schweiz, seit lan-
gem praktisch unabhängig, lösten sich jetzt auch staatsrechtlich° vom   *constitutionally, officially*
5 Reich. Schweden und Frankreich erzielten bedeutende Gewinne;
auch einige deutsche Landesfürsten kamen gut dabei weg, vor allem
Sachsen, Bayern und Brandenburg. In Brandenburg regierte seit
1640 Friedrich Wilhelm I., der Große Kurfürst. Dieser energische
Hohenzoller richtete eine moderne Verwaltung ein, setzte die Macht
10 des Fürsten gegen Adel und Bürger durch, erwarb Hinterpommern
und Magdeburg, besiegte sogar die Schweden und entwickelte sein
kleines Land zu einem Machtfaktor° in der europäischen Politik.   *power factor*

Die konfessionellen Verhältnisse waren 1648 im wesentlichen die
gleichen wie 1618. Manche Fürsten wie Ludwig XIV. von Frankreich
15 und der Erzbischof von Salzburg verfolgten auch später noch Protestanten; und die Mitglieder von Sekten hatten ein unsicheres Leben, aber die Zeit der großen Religionskriege war vorbei. Es begann
die Zeit der Staatsräson.° Der Fürst beachtete die alten Privilegien und   *reason of state*
Traditionen nur noch wenig; er regierte absolut. Der Adel wurde
20 zum Hofadel° und damit vom Fürsten abhängig.   *court nobility*

Der Dreißigjährige Krieg führte in der europäischen Politik zu einem Gleichgewicht der Mächte. Zu den Großmächten gehörten England, Holland, Frankreich, Spanien, Schweden, während Deutschland als Ganzes keine Rolle mehr spielte. Seine größeren Länder
25 Österreich, Bayern, Hannover, Sachsen und Brandenburg traten
selbständig auf—für oder gegen das Reich, wie es der Vorteil verlangte. Nur bei einer Gelegenheit demonstrierte das Reich seine Einheit: als die Türken 1683 zum letzten Mal Wien belagerten. Den
Österreichern kam außer dem polnischen Heer auch die Reichsar-
30 mee zu Hilfe, und es gelang, nicht nur Wien zu befreien, sondern
auch Ungarn endgültig den Türken zu entreißen°. Weniger einig   **entreißen** *to snatch*
waren sich die deutschen Fürsten bei den dauernden Kriegen gegen   *away*
Frankreich. Während der letzten großen Auseinandersetzung, dem
Spanischen Erbfolgekrieg,° der 1701 bis 1714 dauerte, stand Bayern   *war of succession*
35 auf der Seite Frankreichs gegen den Kaiser.

Barockkultur

Der Tod war der ständige Gedanke vieler Menschen des
17. Jahrhunderts. Ihr Leben war von der Idee erfüllt, daß alles ver-
geht und nichts auf dieser Erde bleiben kann. Während der Mensch
vergänglich° ist, ist Gott jedoch ewig; und Gott hat der Welt eine   *transitory*
5 feste Ordnung gegeben. Für die Gesellschaft war der Fürst Gott; er
regierte absolut; er stand im Mittelpunkt. Die Kunst des 17. Jahrhunderts, deren Stil Barockstil genannt wird, zeigt die Ordnung und
Spannungen° der Gesellschaft. Es ist ein festlicher Stil, der den Glanz   *tensions*
Gottes oder des Fürsten zeigen soll. Die Macht des Fürsten zeigt sich
10 in den Stadtplänen der damals gegründeten Residenzstädte. Sie sind
regelmäßig angelegt, und in ihrem Mittelpunkt steht das Schloß.
Deutsche Beispiele sind Mannheim, Karlsruhe, Erlangen und Lud-
wigsburg. Ebenso regelmäßig und prunkvoll waren die Schlösser, die
die deutschen Fürsten anlegten: Schönbrunn bei Wien, Nymphen-
15 burg bei München und der Zwinger in Dresden sind die bekanntesten. Ihr Vorbild war das Schloß des französischen Königs in Versailles. Ludwig XIV. von Frankreich, der Sonnenkönig, gab in seiner
Lebensweise das Beispiel, das von allen deutschen Fürsten im 17.
Jahrhundert nachgeahmt wurde.

*Residenz des Bischofs von Würzburg, Treppen-
haus von Balthasar Neumann*

20   Nicht nur die Fürsten bauten sich festliche Gebäude, auch Gott wurden große festliche Dome gebaut, wie der Salzburger Dom, die Frauenkirche in Dresden und die Theatinerkirche in München. Und die älteren Kirchen wurden, so weit es ging, im Innern im Barockstil umgestaltet.

25   Auch die Dichtung wurde zum Fürstenlob;° sie diente der Verherrlichung° des Herrschers oder Gottes. Das war ein großer Unterschied zur Literatur des 16. Jahrhunderts, die die kräftige Sprache Luthers benutzt hatte und für das ganze Volk bestimmt war. Typisch waren dafür die „Teufelsbücher"° gewesen, und ganz besonders das
30 1587 erschienene „Volksbuch" vom Doktor Faustus, seinem Teufelspakt° und seinem schrecklichen Ende. Die Humanistenliteratur des 16. Jahrhunderts im „höheren" Stil war durchweg auf Latein abgefaßt. Jetzt im 17. Jahrhundert sollte die deutsche Literatur elegant und „hoffähig"° werden und dadurch Anschluß an die bedeu-
35 tende Nationalliteratur in Frankreich, Italien, Holland und England gewinnen.

   Die Musik war gleichfalls zur Erhöhung des fürstlichen Glanzes bestimmt. Höhepunkt fürstlicher Feste waren Aufführungen von Balletten oder von Opern. Heinrich Schütz (1585–1672), der als
40 Komponist von Kirchenmusik bekannt ist, komponierte 1627 die Musik zur ersten deutschen Oper, „Daphne". Der Textdichter war Martin Opitz (1597–1639), allerdings war sein Text eine Übersetzung aus dem Italienischen. Martin Opitz stammte aus Schlesien. Schlesien gehörte zu Österreich, doch ursprünglich hatte es aus
45 mehreren Ländern bestanden. Die Bevölkerung war konfessionell gemischt; es gab sogar Anhänger verschiedener Sekten. Es hatte einen mächtigen Adel und in den Städten ein selbstbewußtes Bürgertum, denn es war wirtschaftlich wichtig. Da es an der deutsch-polnischen und der deutsch-tschechischen Sprachgrenze lag, bestand
50 viel kultureller Austausch und eigenes Kulturbewußtsein. Die österreichische Regierung versuchte, die Protestanten zu verdrängen oder zu bekehren. Sie hatten zum Beispiel keine eigene Universität im Land; also waren sie gezwungen, im Ausland zu studieren. Wer genug Geld hatte, studierte an der Universität Leiden in Holland,
55 wo die modernen Naturwissenschaften gelehrt wurden, und wo religiöse Toleranz herrschte. Martin Opitz lernte durch diese Kontakte die europäische Literatur kennen. Sein Werk besteht vorwiegend aus Übersetzungen. Damit gab er das Vorbild für eine neue Dichtung in rein deutscher Sprache für ein gebildetes Publikum und zeigte den
60 deutschen Dichtern eine neue Richtung, die zum Anschluß an die europäische Tradition führte.

   Die späteren schlesischen Dichter blieben auf dieser Bahn. Der be-

praise for the prince
glorification

"devil books"

compact with the devil

presentable at court

deutendste unter ihnen ist Andreas Gryphius (1616–1664), der auch
in Leiden studierte, dort sogar Dozent für Naturwissenschaften
65 wurde, dann aber nach längeren Reisen durch Frankreich und Ita-
lien in seine Heimatstadt Glogau zurückkehrte, um als Syndikus° der   *trustee, representative*
Stände für die Protestanten zu kämpfen. Gryphius' wichtigstes
Thema ist die Vergänglichkeit, viele seiner Dichtungen handeln
davon.
70   In der Tradition der volkstümlichen° Literatur steht die größte   *popular*
Dichtung des 17. Jahrhunderts: der Roman „Simplicius Simplicissimus" von Hans Jakob Christoph von Grimmelshausen (1621–1676),
in dem das Leben während des Dreißigjährigen Krieges beschrieben
wird. Der Roman handelt von einem Jungen, der bei Bauern und
75 Einsiedlern aufwächst, dann als Soldat den grausamen Krieg erlebt,
bis er sich am Ende von der Welt zurückzieht und schließlich als
frommer Robinson auf einer Insel bei Ostafrika sein Leben be-
schließt.
     Grimmelshausen hatte viel Erfolg mit diesem Roman und schrieb
80 daher noch mehrere derartige Geschichten, darunter „Die Land-
störtzerin Courasche", deren Namen Bert Brecht für sein Theaterstück „Mutter Courage und ihre Kinder" benutzt hat, das im
Dreißigjährigen Krieg spielt und die Atmosphäre der Bücher Grim-
melshausens wiedergibt.°   **wiedergeben** *to render*

Die Staatsräson

Die Tafelrunde von Sanssouci, Gemälde von Adolf von Menzel

ZEITTAFEL

1701–1714	Spanischer Erbfolgekrieg.
1701	Königreich Preußen.
1717	Eroberung Belgrads durch Prinz Eugen von Savoyen.
1740–1786	Regierung Friedrichs II. in Preußen.
1740–1780	Maria Theresia Kaiserin in Österreich.
1756–1763	Siebenjähriger Krieg.
1781	Immanuel Kant veröffentlicht die „Kritik der reinen Vernunft".
1789	Beginn der Französischen Revolution.

Die Aufklärung°

Enlightenment

Mit dem 18. Jahrhundert fängt die moderne Zeit an. Die Menschen wollten nicht mehr so leben und denken wie ihre Vorfahren; sie wollten die Welt verändern und das Leben verbessern. Das Selbstbewußtsein° der Menschen wuchs. Sie fühlten sich nicht mehr *self-confidence*
5 als reuige° Sünder, sondern als Höhepunkt von Gottes großartiger *repentant* Schöpfung. Diese Würde° ist allen Menschen gemeinsam, dem *dignity* König wie dem Bettler.° *beggar*

Die Tendenzen der Kultur des 18. Jahrhunderts werden gewöhnlich unter dem Begriff „Aufklärung" zusammengefaßt. Das Symbol
10 der Aufklärung war die aufgehende Sonne. Die Vernunft gibt dem Menschen seine Würde, und das Licht der Vernunft sollte möglichst vielen Menschen gebracht werden. Die Menschen sollten gebildet, aufgeklärt werden; sie sollten lernen, ihren eigenen Verstand zu gebrauchen und sich nicht mehr auf Autoritäten zu verlassen. Die
15 Menschen waren überzeugt, daß Gott in seiner Güte und Weisheit den Menschen gut geschaffen hat. Der Mensch ist von Natur gut, nur muß er seine Vorurteile° überwinden. Wenn alle Menschen ver- *prejudices* nünftig handeln, kann ein Paradies auf der Erde entstehen.

In England, Holland und Frankreich stand hinter dieser Säkulari-
20 sierung und Emanzipationsbewegung ein wohlhabendes und mächtiges Bürgertum, das dabei war, die Methoden der modernen Industrie zu entwickeln. Es dachte rational und wollte die Naturwissenschaften für die Wirtschaft ausnutzen. Um sich weiterentwickeln zu können, brauchte man wirtschaftliche und politische Freiheit. In
25 Frankreich, wo am wenigsten von dieser Freiheit vorhanden war, waren die Ideen am radikalsten. Jean-Jacques Rousseau gewann großen Einfluß durch seine Kulturkritik.° Schließlich befreiten sich *criticism of civilization* die Franzosen 1789 durch eine Revolution und proklamierten den Grundsatz, daß alle Menschen frei und gleich sind und Brüder sein
30 sollen.

Das deutsche Bürgertum

In Deutschland lagen die Verhältnisse anders. Das Reich war in über 300 Einzelstaaten zersplittert.° Viele mittelalterliche Le- *fragmented* bensformen hatten sich erhalten. Das Bürgertum war weder wohlhabend noch mächtig. Die Industrialisierung hat in Deutschland erst

5 im 19. Jahrhundert stattgefunden. Politische Freiheit gab es nicht. Nicht einmal eine wirkliche Hauptstadt, wie Paris oder London, war vorhanden.

Um 1700 war die französische Kultur in Deutschland vorherrschend. An den Höfen wurde nur Französisch gesprochen. Es wurde
10 in Frage gestellt,° ob die deutsche Sprache zu einer bedeutenden Literatur geeignet sei. Die Sprache der Universitäten war Latein. Christian Thomasius (1655–1728) erregte großen Unwillen,° als er 1687 in Leipzig eine öffentliche Vorlesung in deutscher Sprache abhielt. Er verließ Leipzig und ging an die neugegründete Universi-
15 tät Halle, wo er seine neuen Ideen leichter durchsetzen konnte.

Der größte deutsche Wissenschaftler und Philosoph dieses Zeitalters, Gottfried Wilhelm Leibniz (1646–1716), schrieb ein gutes Deutsch und setzte sich für den Gebrauch der deutschen Sprache ein; aber auch er mußte seine Hauptwerke auf Latein und Franzö-
20 sisch abfassen. Leibniz war ein Mensch, der alle Wissensgebiete beherrschte: Er war Philosoph, Mathematiker, Sprachwissenschaftler, Naturwissenschaftler, Historiker, Jurist und Theologe. Er war als Diplomat tätig, und er gründete 1700 die Akademie der Wissenschaften in Berlin, um das wissenschaftliche Leben in Deutschland
25 zu entwickeln.

Die neue deutsche Literatur hatte also wichtige gesellschaftliche Aufgaben. Sie sollte die kulturelle Einheit Deutschlands demonstrieren und verstärken, aber auch das Ansehen° der Deutschen in Europa heben und ihnen Selbstvertrauen° geben. Da der Adel als Stand
30 an dieser Aufgabe nicht interessiert war, fiel sie dem Bürgertum zu. Das Bürgertum benutzte dabei seine literarische Bildung auch, um die Standesschranken° zu überwinden. Zwar konnte dieses deutsche Bürgertum nicht daran denken, die Gesellschaft radikal zu verändern und die politische Macht an sich zu reißen, aber es konnte ver-
35 suchen, mehr Freiheit und Gleichberechtigung im Reich des Geistes zu erkämpfen. Handelsstädte mit wohlhabenden und politisch aktiven Bürgern waren die ersten Zentren dieser neuen Literatur, vor allem Hamburg, Zürich und Leipzig.

Leipzig wurde dabei besonders einflußreich. Es hatte eine wichtige
40 Universität, galt als die Stadt der Mode, und war nicht nur das Zentrum der Pelzindustrie, sondern auch des Buchhandels. Zweimal im Jahr reisten die deutschen Buchhändler nach Leipzig, um neue Bücher zu verkaufen und zu kaufen, und um zu erfahren, was es im Reich des Geistes Neues gab. An der Universität lehrte Johann
45 Christoph Gottsched (1700–1766), der nicht nur „Weltweisheit", Philosophie, auf deutsch und gemeinverständlich erklärte, sondern vor allem Lehrbücher für die deutsche Sprache und Literatur schrieb:

in Frage stellen *to question*

indignation

prestige
self-confidence

social barriers

eine Grammatik, eine Redekunst und eine „kritische Dichtkunst". In Zeitschriften vom Typ der „moralischen Wochenschriften" verbrei-
50 tete er Bildung und Muster° für richtiges Verhalten° in einem wei-   *models / behavior*
teren Kreis. Ganz besonders lag ihm das Theater am Herzen. Er versuchte, es nach französischem Muster zu verbessern und ver-
bannte den beliebten Clown, den Hanswurst, von der Bühne.

So sehr Gottscheds Lehren und Regeln Eindruck machten, so
55 wenig überzeugten seine eigenen Dichtungen. Sehr beliebt wurde hingegen ein anderer Leipziger Professor, Christian Fürchtegott Gellert (1715–1769), durch Fabeln, Erzählungen und Gedichte und durch seine praktische Moral. Er wußte lebendig zu schreiben, und er zeigte an einfachen Beispielen, wie der Mensch sich im Leben
60 verhalten soll.

Solche Beispiele wie die von Gottsched und Gellert halfen, die deutsche Sprache bereichern und sie wieder zur Literatursprache entwickeln. Der Fortschritt und die neuen Ideen kamen dabei zuerst in den protestantischen Teilen Deutschlands auf. Dabei spielten die
65 Pfarrhäuser° eine wichtige Rolle. Der Pfarrer im Dorf oder in der   *parsonages*
Kleinstadt war gewöhnlich der einzige Mensch, der Bücher kaufte und las. Seine geistliche° Autorität gab ihm einige geistige Freiheit.   *clerical, ecclesiastic*
Er war zwar selten wohlhabend, hatte aber genug Zeit, sich mit wis-
senschaftlichen oder literarischen Fragen zu beschäftigen. Theologie
70 war das einzige Fach, für das die begabten Söhne armer Eltern Stipendien bekommen konnten. So gab es unter den Pfarrern viele le-
bendige und fortschrittliche Geister.

Allerdings war es nicht leicht, Pfarrer zu werden. Ein Theologe verließ die Universität als „Kandidat". Gewöhnlich begann er sein
75 Berufsleben als Lehrer. Die Dorfschulen und die Gymnasien standen damals unter der Aufsicht der Kirche, und viele Gymnasiallehrer strebten eine Pfarrstelle an. Wer nicht in einer öffentlichen Schule unterrichtete, wurde meistens Hofmeister.° Die Adligen und die   *private tutor*
reichen Bürger ließen nämlich ihre Kinder nicht auf öffentliche
80 Schulen gehen, sondern privat durch Hauslehrer, Hofmeister ge-
nannt, erziehen. Da die Pfarrstellen auf dem Land von den Guts-   *clerical, ecclesiastic*
herren° und die in der Stadt von den reichen und mächtigen Bürgern vergeben wurden, hatte ein Hofmeister gute Aussichten, eine Stellung zu bekommen. Allerdings mußte er dafür hinnehmen, daß er
85 mißachtet und als Bedienter behandelt wurde. Das war für das Selbstbewußtsein vieler intelligenter, unabhängig denkender junger Theologen sehr hart, und es kam zu Konflikten. Das bedeutete gewöhnlich, daß der Hofmeister entlassen wurde. Jedoch waren es nicht nur diese praktischen Schwierigkeiten, die den Weg zum
90 Pfarrberuf versperrten. Obwohl die protestantische Kirche im 18.

Jahrhundert viel Diskussion gestattete und sich in ihren Anschauungen der Aufklärung näherte, hatte ihre Toleranz deutliche Grenzen. Wirklich unabhängige Geister mußten sich anders durchschlagen,° als freie Schriftsteller, Übersetzer, Buchhändler, Journalisten, Leh-
95 rer oder Universitätsdozenten. Wer in diesen unsicheren Berufen kein Glück hatte, mochte gar als Schauspieler oder als Soldat enden—ein klarer sozialer Abstieg.

    Erziehung, Bildung des Menschen, wurde ein entscheidender Punkt der Aufklärung in Deutschland. Durch Bildung kämpften die
100 Aufklärer für eine neue Menschenwürde und Freiheit; Bildung sollte die starren° Standesgrenzen überwinden. Statt der ererbten Privilegien des Geburtsadels° sollten die Verdienste eines geistigen Adels gelten. Die Einteilung der Gesellschaft in Adel, Bürgertum und Bauern mit vielen Unterteilungen sollte durch die Einteilung in
105 „Gebildete" und „Ungebildete" ersetzt werden. Die Gebildeten hatten die Aufgabe, Wohlfahrt und Glückseligkeit° zu verbreiten.

sich durchschlagen *to fight one's way through*

rigid
nobility by birth

happiness

Österreich und Preußen

Unter den deutschen Staaten war Österreich die einzige europäische Großmacht. Wien war die einzige Großstadt im Deutschen Reich. Andere deutsche Fürsten mußten ins Ausland gehen, um größere Macht zu gewinnen. Der Kurfürst von Hannover
5 wurde König von England, der Kurfürst von Sachsen König von Polen. Der Kurfürst von Brandenburg wollte nicht zurückbleiben, und er machte sich 1701 selbst zum König von Preußen. Ostpreußen gehörte zwar zu Brandenburg, aber es lag außerhalb des Deutschen Reiches, und so brauchte der Kurfürst von Brandenburg nicht die
10 Zustimmung des Kaisers zu seiner neuen Würde. Es war das Zeitalter der Staatsräson, in dem die Wünsche der Untertanen wenig galten. Auch von einem nationalen Interesse war nicht die Rede, nur von dem Interesse des Fürsten und seines Staates. Die Großmächte bildeten in Europa ein Gleichgewicht,° und sie achteten darauf, daß
15 keine Macht zu stark wurde. Im Spanischen Erbfolgekrieg von 1701 bis 1714 sorgten Österreich und England dafür, daß Frankreich nicht die Vorherrschaft in Europa bekam. Obwohl Frankreich militärisch besiegt war, endete der Krieg mit einem Kompromiß: Auch Österreich sollte nicht zu stark werden.
20   Der Held dieses Krieges war außer dem englischen Herzog von

balance of power

Marlborough der österreichische Heerführer Prinz Eugen von Savoyen. Prinz Eugen hatte als Nachbar Frankreichs zuerst in die französische Armee eintreten wollen, aber weil er sehr klein, fast ver-
wachsen° war, wurde er in Versailles nicht ernst genommen. So ging   *deformed*
25 er nach Österreich, und er war es dann, der bei Höchstädt, Oude-
naarde und Malplaquet die Franzosen schlug. Später führte er die
österreichische Armee auch gegen die Türken, wobei ihm die Eroberung von Belgrad gelang. In seinem letzten Krieg führte er 1738 am
Oberrhein den späteren Preußenkönig Friedrich II. in die
30 Kriegskunst ein.
     Prinz Eugen baute sich in Wien das Belvedere, eines der schönsten
Schlösser Österreichs. Er war an den neuen Ideen seiner Zeit interessiert; Leibniz zum Beispiel schrieb seine „Monadologie" auf, um
dem Prinzen Eugen eine kurze Zusammenfassung seiner Philosophie
35 zu geben. Auf seinen Gütern versuchte Prinz Eugen, neue Methoden in der Landwirtschaft zu entwickeln.

Friedrich II.

Zwei große Veränderungen fanden während des 18.
Jahrhunderts im europäischen Staatensystem statt: Im Nordischen
Krieg am Anfang des Jahrhunderts schied Schweden als Großmacht
aus, und an seine Stelle trat Rußland. Die zweite Veränderung be-
5 trifft Deutschland. Während der Regierungszeit des Königs Friedrich II. von Preußen (1740–1786) wurde Preußen eine europäische
Großmacht. Preußen war 1740 noch ein eher kleiner and vor allem
armer Staat. Friedrichs Vater, Friedrich Wilhelm I., hatte eine wirk-
same und staatstreue° Verwaltung eingeführt. Er hatte eine große   *devoted to the state*
10 Armee aufgebaut und durch fanatische Sparsamkeit viel Geld in der
Staatskasse gesammelt. Friedrich Wilhelm I. war ein ungebildeter,
naiv gläubiger, dabei brutaler und herrschsüchtiger° Mann. Sein   *domineering*
Sohn Friedrich hingegen war sehr musikalisch; er wurde ein ausge-
zeichneter Flötenspieler und ein guter Komponist. Er sprach und
15 schrieb sehr gut Französisch, ja er hatte großen Ehrgeiz als Schriftsteller. Das Militär schien ihn überhaupt nicht zu interessieren und
die Verwaltung nicht viel mehr. Dem einfachen Christenglauben
seines Vaters stand er sehr früh mit rationalistischer Skepsis gegenüber. Vater und Sohn verstanden sich gar nicht, und es kam zu Kon-
20 flikten, als Friedrich sich gegen den Willen des Vaters mit einer eng-

Friedrich II. der Große

lischen Prinzessin verheiraten wollte. Schließlich versuchte er, aus
Preußen zu fliehen. Die Flucht mißlang ihm, und er wurde gefangen
gesetzt, sein Begleiter Katte sogar hingerichtet.

Jetzt gab der Prinz äußerlich nach. Er arbeitete in der Verwaltung
25 mit, und er akzeptierte die vorgeschlagene Heirat mit Elisabeth von
Braunschweig-Bevern. Der Vater gab ihm die Freiheit wieder, und
der Prinz konnte im Schloß Rheinsberg in der Mark ungezwungen°   *unconstrainted*
seinen eigenen Hof halten. In dieser Zeit schrieb er ein Werk über
den idealen Herrscher. Er schien der Fürst zu sein, den die Aufklä-
30 rung erträumte: Ein Herrscher, der gebildet ist, der Kunst und Wissenschaft fördert, der die Schulen verbessert, der die Wirtschaft
seines Landes entwickelt, der Freiheit der Meinung und der Religion
duldet; kurz, der ein Paradies auf Erden erstrebt—und der keine
Kriege führt.

35 Solch ein Herrscher ist Friedrich nicht geworden. 1740, als er an
die Regierung kam, starb auch der Kaiser Karl VI.; und Friedrich
gehörte sofort zu denen, die der Kaiserin Maria Theresia Schwierigkeiten bereiteten: Er marschierte in Schlesien ein und eroberte es.
Damit erwarb er eine reiche Provinz, die er als Grundlage für eine
40 europäische Politik unbedingt brauchte. Preußen wurde Großmacht,
und es entstand in Deutschland der Dualismus der zwei Länder
Österreich und Preußen, der mehr als hundert Jahre dauerte, näm-
lich bis Österreich im Jahre 1866 aus Deutschland ausschied.° Für   **ausscheiden** *to separate*

Österreich war diese Konkurrenz Preußens unerträglich,° und des-
45 halb folgten diesem ersten schlesischen Krieg noch zwei weitere.
Der letzte dieser Kriege (1756–1763) heißt der Siebenjährige Krieg.
Preußen hatte sich gegen Österreich, Frankreich, Rußland, Sachsen
und Schweden zu wehren; nur England war mit ihm verbündet. Es
war nicht nur ein europäischer Krieg; England und Frankreich
50 kämpften auch um den Besitz von Kanada und von Indien. Friedrich errang bedeutende Siege und erlitt ebenso schwere Niederlagen.° Wirtschaftlich konnte er den Krieg nur durchhalten, weil er
das reiche Sachsen besetzt hielt und Kriegssteuern° erhob. Er wurde
dadurch gerettet, daß die russische Zarin Elisabeth starb und
55 Rußland sich vom Krieg zurückzog. Friedrich behielt Schlesien;
Preußens Stellung war gesichert.

Nach dem Siebenjährigen Krieg beschäftigte sich Friedrich fast
nur noch mit der Verwaltung seines Landes. Diese preußische
Verwaltung wurde bald in anderen Staaten nachgeahmt.° Die
60 preußische Armee war jetzt berühmt und gefürchtet. Friedrich leitete die Reform der Justiz in Preußen ein; er übte religiöse Toleranz
und ließ jeden Untertan „nach seiner Fasson selig werden". Er kümmerte sich um die Preußische Akademie der Wissenschaften; kurzum,
Friedrich betrachtete sich als den „ersten Diener seines Staates". Die
65 Meinungsfreiheit° hatte in seinem Staat allerdings ihre Grenzen:
Nachdem er am Anfang seiner Regierung die Zensur für die Zeitungen aufgehoben hatte, führte er sie bald wieder ein.

Zur Zeit Friedrichs entwickelte sich Berlin zu einem kulturellen
Zentrum, in dem Buchhandlungen, Theater und Schulen einen gu-
70 ten Ruf bekamen. Berlin trat damit an die Seite von Leipzig. Friedrichs Leistungen, die Heldentaten der preußischen Armee, die wirtschaftliche Entwicklung Preußens machten das Land zu einem
Musterland° für das deutsche Bürgertum. Die preußischen Siege
wurden als patriotische Taten gefeiert, obwohl Friedrich ja Gegner
75 des Kaisers und damit eigentlich ein Rebell gegen das Reich war,
und obwohl durch seine Politik das Reich noch mehr auseinander-
fiel. Der Siebenjährige Krieg stärkte das Selbstbewußtsein der
Deutschen. Friedrich „der Große" wurde Hauptfigur vieler Anekdoten, die ihn zu dem erträumten idealen Herrscher machten. Dabei
80 stand Friedrich den Deutschen und besonders der deutschen Kultur
kritisch gegenüber. Er sprach und schrieb Französisch; sein Vorbild
war Voltaire, mit dem er korrespondierte und den er nach Berlin
einlud. Eine klassische Dichtung in deutscher Sprache hielt er für
unmöglich, wie er noch 1780 in einer französischen Streitschrift
85 schrieb.

Friedrichs mangelndes° Verständnis für die deutsche Kultur zeigt

intolerable

defeats
war contributions

nachahmen *to imitate*

freedom of opinion

model country

lacking, missing

Gottfried Wilhelm Freiherr Leibniz

Gotthold Ephraim Lessing

Immanuel Kant

sich an seiner Beziehung zu Gotthold Ephraim Lessing (1729–1781).
Lessing stammte aus Sachsen, ließ sich aber nach dem Studium in
Leipzig in Berlin nieder und trug zusammen mit dem Buchhändler
90 Friedrich Nicolai und dem Philosophen Moses Mendelssohn viel zur
Entwicklung Berlins als Mittelpunkt der Literatur bei. Die schrift-
stellerische Tätigkeit Mendelssohns stellte den Beginn einer folgen-
schweren° Entwicklung dar: Mit ihm begannen auch die jüdischen   *of great consequence*
Einwohner am deutschen Kulturleben teilzunehmen und zwar so-
95 gleich in eindrucksvoller Weise.
　　Obwohl Lessing während des Siebenjährigen Krieges bei der Militärverwaltung in Schlesien tätig war, ignorierte ihn der König vollständig. Die Stelle des Hofbibliothekars° in Berlin ging weder an Les-   *court librarian*
sing noch an Johann Joachim Winckelmann, den Wiederentdecker

100 der griechischen Kunst, der in Preußen geboren war, sondern an
irgendeinen Franzosen. Lessing vollendete Gottscheds Werk. Er
setzte nicht nur als Kritiker und Theoretiker der deutschen Literatur
neue Maßstäbe,° er gab ihr nicht nur eine neue Orientierung im Anschluß an die englische Literatur, er gab auch dem deutschen Thea-
105 ter die ersten Beispiele eines bedeutenden Dramas. Seine Komödie
„Minna von Barnhelm" behandelte aktuelle Probleme nach dem Siebenjährigen Krieg, die Tragödie „Emilia Galotti" stellte despotische
Herrscher dar, und am Ende seines Lebens forderte er in „Nathan
der Weise" die Verwirklichung der Aufklärungsideale der Mensch-
110 lichkeit, der religiösen und gesellschaftlichen Toleranz und der klu-
gen und weisen Regierung zum Wohl der Menschheit. Lessings Leben war eine Kette von Kämpfen und Schwierigkeiten; er lebte am
Ende müde und resigniert im abgelegenen° Wolfenbüttel bei Braunschweig, überzeugt, daß seine Zeit noch nicht reif sei für die Ideale
115 der Aufklärung, aber ebenso sicher, daß die Menschheit einer besseren Zukunft entgegengehe.

Auch im Reich Friedrichs des Großen mußte sich also die Kultur
abseits° von der Regierung oder in Opposition zu ihr entwickeln. Ein
ebenso deutliches Beispiel wie das Leben von Lessing ist das Leben
120 des Philosophen Immanuel Kant (1724–1804). Kant war in Königs-
berg geboren, wo er außer einigen Jahren als Hauslehrer sein ganzes
Leben verbrachte. Obwohl seine Begabung früh bekannt wurde,
mußte er sich mühsam als Privatdozent° und Hilfsbibliothekar
durchschlagen, bis er endlich eine Professur erhielt, die ihm er-
125 laubte, sich mit der Abfassung° seiner Hauptwerke zu beschäftigen.
Seine „Kritik der reinen Vernunft", die 1781 veröffentlicht wurde,
leitete eine neue Epoche der Philosophie ein.

Trotz der wirtschaftlichen Schwierigkeiten, trotz der mangelnden
Hilfe der Fürsten, entwickelte sich diese bürgerliche Kultur
130 außerordentlich schnell; sie führte um das Jahr 1800 zu einem Höhepunkt, zur Goethezeit.

Maßstäbe setzen *to set
standards*

remote

apart

private lecturer

writing

Die Goethezeit

Johann Wolfgang von Goethe

ZEITTAFEL

1749–1832	Johann Wolfgang von Goethe.
1775	Goethe kommt nach Weimar.
1789	Französische Revolution.
1806	Ende des Heiligen Römischen Reiches Deutscher Nation.
1806–1807	Krieg zwischen Frankreich und Preußen, Niederlage Preußens.
1807	Beginn der preußischen Reformen.
1811	Gründung der Universität Berlin.
1813–1815	Befreiungskriege gegen Frankreich.
1814–1815	Wiener Kongreß.

Goethe

Johann Wolfgang von Goethe, 1782 durch Kaiser Joseph II. geadelt, wurde am 28. August 1749 in Frankfurt am Main geboren. Frankfurt, eine der Freien Städte, war die deutsche Krönungsstadt,° und Goethe erlebte als junger Mensch die letzten be- *place of coronation*
5 deutenden Zeremonien des Heiligen Römischen Reiches Deutscher Nation mit. Frankfurt war ein bedeutendes Zentrum des Handels und der Industrie. Im Gegensatz zu anderen deutschen Dichtern dieser Zeit stammte Goethe nicht aus dem Kleinbürgertum,° sondern *petty bourgeoisie* aus einer wohlhabenden Familie. Sein Vater hatte Jura studiert und
10 promoviert, und er hatte die Tochter des Frankfurter Schultheißen° *chief magistrate* geheiratet. Allerdings verhinderten sein Charakter und die Umstände eine berufliche Laufbahn; er hatte den Titel eines Kaiserlichen Rates und beschäftigte sich mit der Verwaltung seines Vermögens und der Erziehung seiner Kinder.
15 Der junge Wolfgang erhielt Privatunterricht und wurde bereits mit sechzehn Jahren nach Leipzig auf die Universität geschickt, um Jura zu studieren. Hier lernte er zeichnen, trieb bei Professor Gellert deutsche Stilistik, bemühte sich um gesellschaftliche Eleganz und veröffentlichte seine ersten Gedichte. Als er drei Jahre später krank
20 nach Hause zurückkehren mußte, hatte er nur wenig Jura gelernt. Das wurde auch auf der Universität Straßburg nicht anders, wo Goethe 1770 bis 1771 studierte. Hier begegnete er Johann Gottfried Herder (1744–1803), der aus Ostpreußen stammte, bei Kant studiert hatte, Theologe und Lehrer war, aber sich vor allem als Literatur-
25 kritiker und Geschichtsphilosoph° einen Namen machte. Herder *philosopher of history* vermittelte° Goethe einen neuen Begriff von der Dichtung, ja vom **vermitteln** *to* Leben überhaupt. Goethe begeisterte sich für Homer, Shakespeare, *communicate* für die dichterischen Vorzüge der Bibel und vertiefte sich in das Zeitalter der Renaissance.
30 Er beendete sein Studium als Lizentiat der Rechte° und begrün- *graduate of law* dete nach dem Wunsch seines Vaters in Frankfurt ein Rechtsanwaltsbüro.° Doch er hatte nur wenig Interesse an seiner Praxis und der *attorney's office, law* Rechtswissenschaft; das änderte sich auch nicht, als der Vater ihn *practice* zur weiteren Ausbildung an das oberste deutsche Gericht, das
35 Reichskammergericht in Wetzlar, schickte. Er dramatisierte die Geschichte des Götz von Berlichingen, und er verfaßte den Briefro- *epistolary novel* man° „Die Leiden des jungen Werthers", der ihm europäischen Ruhm brachte. Die berühmten Männer, ja die Fürsten kamen nach Frankfurt, um Goethe zu besuchen. Unter ihnen war der Herzog
40 Carl August von Sachsen-Weimar. Carl August war etwas jünger als

Goethe, ein ehrgeiziger, weitdenkender° Fürst mit einem kleinen   *far-thinking*
Land von etwa 100.000 Einwohnern, dessen Hauptstadt Weimar
etwa 6.000 Einwohner hatte und dessen Universitätsstadt Jena noch
kleiner war. Carl Augusts Erzieher war der Schriftsteller Christoph
45 Martin Wieland (1733–1813) gewesen, dessen Verserzählungen°   *stories in verse*
Romane das Beispiel eines vorbildlichen deutschen Stils gegeben
hatten. Wieland suchte, wie alle Schriftsteller seiner Zeit, die Hilfe
eines Fürsten, um von der Schriftstellerei leben zu können; denn bei
den kleinen Auflagen° waren die Honorare damals sehr klein. Wie   *editions*
50 Lessing fand Wieland weder in Preußen noch in Österreich eine Stellung; nur das kleine unbedeutende° Sachsen-Weimar bot ihm eine   *insignificant*
Lebensmöglichkeit.

Carl August forderte jetzt Goethe auf, nach Weimar zu kommen.
Goethe folgte 1775 diesem Ruf, und damit wurde Weimar zum
55 Mittelpunkt der deutschen Literatur. Goethe bekam bald als Minister
Carl Augusts eine wichtige Stellung im Lande. Er holte Herder nach
Weimar und half mit bei Berufungen an die Universität Jena.

Die deutsche Klassik und Romantik

Nachdem Goethe mehr als zehn Jahre in der Verwaltung des Herzogtums gearbeitet hatte, brach er im Sommer 1786
heimlich nach Italien auf.° Er brauchte eine neue Anregung,° und   **aufbrechen** *to depart /*
er mußte wieder zur Dichtung zurückkehren. In Italien erlebte   *stimulation*
5 Goethe die Welt der Antike und der Renaissance; er erlebte die klare
Landschaft und die südliche Sonne. Alles das wollte er in der Dichtung auf den deutschen Boden verpflanzen. Goethe lernte Friedrich
von Schiller (1759–1805) kennen, der damals Professor für Geschichte in Jena war und als Dramatiker und Literaturtheoretiker
10 bekannt wurde. 1794 begann die enge Freundschaft dieser beiden
Männer, die bis zum Tod Schillers im Jahre 1805 dauerte. Gemeinsam versuchten die beiden, den Deutschen klassische Werke zu ge-
ben, in denen echte Menschlichkeit in einer vollendeten° Form dar-   *accomplished; perfect*
gestellt werden sollte. Zu Schillers Dramen aus dieser Zeit gehören
15 außer „Wallenstein" auch „Maria Stuart", „Die Jungfrau von Or-
leans" und „Wilhelm Tell". Goethe veröffentlichte seinen Bildungs-
roman° „Wilhelm Meisters Lehrjahre", und er beendete den ersten   *novel of educational development*

Friedrich von Schiller

Teil seines Dramas „Faust". Den zweiten Teil dieses großen Werkes
schloß er erst kurz vor seinem Tod im Jahre 1832 ab.

20   Französischen und englischen Kritikern erscheinen „Faust" und
„Wilhelm Meister" romantisch. Tatsächlich waren die deutschen Romantiker von diesen beiden Werken begeistert. Die deutsche Romantik entwickelte sich zur gleichen Zeit wie die Klassik, und ebenfalls in Jena. Die erste Gruppe von Romantikern, zu denen Friedrich
25 von Hardenberg, genannt Novalis, Friedrich Schlegel und August
Wilhelm Schlegel gehörten, fand sich in Jena zusammen, wo sie studierten. Sie waren eine Generation jünger als Goethe. In Jena trafen
sie zusammen mit den Philosophen, die dabei waren, die Philosophie
Kants zu dem System zu entwickeln, das der „deutsche Idealismus"
30 genannt wird: Johann Gottlieb Fichte (1762–1814), Friedrich Wilhelm Schelling (1775–1854) und schließlich Georg Wilhelm Friedrich Hegel (1770–1831), der zwar älter war als Schelling, aber erst
später seine dialektische Methode und sein idealistisches System ausarbeitete. Schelling und Hegel hatten zusammen in Tübingen stu-
35 diert, und mit ihnen der Dichter Friedrich Hölderlin (1770–1843),
der den Briefroman „Hyperion", große Hymnen und Elegien
schrieb.

    Die Romantik stand im Gegensatz zum beschränkten° Bürgertum   *narrow-minded*
und der Auffassung der Aufklärung, daß der Mensch mit seinem
40 Verstand° die Welt verstehen kann. Was der Verstand begreifen   *intellect*

kann, ist nicht wichtig zu wissen, argumentierten die Romantiker;
gerade was über den Verstand hinausgeht, ist das Entscheidende.
Die Romantiker sahen die ganze Welt im Zusammenhang, in einer
fortwährenden Entwicklung. Auch die Menschheit entwickelt sich zu
45 einer höheren Stufe, und die Romantiker träumten von einer Religion und einer Gesellschaft der Zukunft, die sie schaffen wollten.
Das waren kühne Ideen und Pläne, von denen sich nicht viel ver-
wirklicht hat, aber die Ideen sind bis heute noch wirksam.

Erstaunlich war, daß sich solche Ideen in so engen Verhältnissen
50 entwickeln konnten. Das fiel besonders der französischen Schriftstellerin Germaine de Staël auf, als sie in den ersten Jahren des 19.
Jahrhunderts durch Deutschland reiste und erstaunt diese neue
deutsche Kultur entdeckte. Im Vergleich mit Frankreich schien ihr
das Land eine friedliche Idylle zu sein. Die Wirtschaft war rückstän-
55 dig;° von Militär war—außer in Preußen—nicht viel die Rede; die   *backward*
Städte waren klein und ruhig; die Menschen beschäftigten sich mit
Religion, Philosophie und Dichtung. So jedenfalls stellte sie es in
ihrem vielgelesenen Buch „Über Deutschland" dar, in dem sie
Deutschland das „Land der Dichter und Denker" nennt.

60 Das traf nicht ganz zu, und die Idylle bestand vor allem aus Enge
und Armut und wenig politischer Freiheit. Finanzielle Schwierigkeiten waren das tägliche Brot, nicht nur der Bürger, sondern auch der
Fürsten. Carl August von Sachsen-Weimar konnte den Professoren
in Jena kein ausreichendes Gehalt bezahlen, und so dauerte die Blü-
65 tezeit° der Universität nicht lange. Er gewährte viel Freiheit, und des-   *golden age*
halb kamen so viele Dichter und Gelehrte in sein Land. Anderswo
war die Zensur streng, und die Regierung duldete keine Meinungsfreiheit. Das Bürgertum war nirgendwo an der Regierung beteiligt.
So ist es kein Wunder, daß 1789 viele der gebildeten Deutschen die
70 Französische Revolution begrüßten. Auch sie hatten Voltaire und
Rousseau gelesen; ihre Ideale waren denen der Franzosen ähnlich.
Allerdings schienen ihnen die Methoden nicht immer richtig zu sein;
die Deutschen erhofften sich mehr von friedlichen Reformen als von
einer Revolution. Als die Franzosen ihren König Ludwig XVI. verur-
75 teilten und hinrichteten,° wandten sich in Deutschland die meisten   **hinrichten** *to execute*
Anhänger der neuen Ideen von der Französischen Revolution ab.°   **sich abwenden** *to turn*
                                                                          away
Die strenge Polizei und Zensur in den deutschen Ländern brachte
es mit sich, daß sich die Kultur, besonders Philosophie und Literatur,
ganz verschieden entwickelte. Die katholischen Länder setzten der
80 Aufklärung am meisten Widerstand° entgegen, und an der Klassik   *resistance*
und Romantik hatte Wien wenig Anteil. Wien wurde jedoch die
Hauptstadt der Musik. Hier findet man die neue Form der Kammermusik, die Sonate, die Symphonie als die herrschende Form der

Orchestermusik und die neue Oper. Der erste bekannte Komponist
85 in Wien war Joseph Haydn (1732–1809). Christoph Willibald Ritter
von Gluck (1714–1787), der Begründer eines neuen Stils in der
Oper, wirkte viele Jahre lang in Wien. Das Genie der Wiener Musik
war jedoch der in Salzburg geborene Wolfgang Amadeus Mozart
(1756–1791), ein Wunderkind° und ungemein schöpferischer Geist,   *child prodigy*
90 der auf allen Gebieten der Musik tätig war und besonders durch
seine großen Opern wie „Die Hochzeit des Figaro", „Don Giovanni"
und „Die Zauberflöte" bekannt ist. Nach Wien zog der in Bonn geborene Ludwig van Beethoven (1770–1827), der hier seine neun
Symphonien und seine Oper „Fidelio" komponierte. In Wien ent-
95 stand die musikalische Romantik, besonders mit dem Werk von
Franz Schubert (1797–1828), der vor allem durch seine Lieder bekannt ist, aber auch Symphonien und Kammermusik komponiert hat.

Napoleon und die Freiheitskriege

Seit 1789 stand die deutsche Idylle im Gegensatz zu den
Kämpfen der Französischen Revolution und Napoleons, und die
Ideen der deutschen Klassik und Romantik, ja selbst die Musik der
Zeit bilden eine Auseinandersetzung° mit diesen Ereignissen. Direkt   *critical reaction*
5 berührt wurden die Deutschen jedoch erst durch die Kriege Napo-
leons gegen Österreich, die dazu führten, daß sich das Deutsche
Reich auflöste. 1806 dankte der Kaiser ab,° und das Heilige Rö-   **abdanken** *to abdicate*
mische Reich Deutscher Nation bestand nicht mehr.

Vom Heiligen Römischen Reich hatten die Deutschen selbst nicht
10 viel gehalten, aber ihr Nationalstolz° wurde durch die österrei-   *national pride*
chischen Niederlagen gegen Frankreich getroffen, und noch mehr
durch den Krieg Preußens gegen Frankreich 1806–1807, der nach
der Schlacht bei Jena und Auerstädt mit einer vollständigen Niederlage endete. Napoleon hatte nun nicht nur das Prestige des
15 preußischen Militärs zerstört, er wollte auch Preußen als Machtfaktor
ausschalten.° Preußen mußte denkbar harte Friedensbedingungen   **ausschalten** *to eliminate*
hinnehmen. Kein Wunder, daß Napoleon sich damit keine Freunde
machte.

In dem Widerstand gegen Napoleons Frankreich entdeckten die
20 Deutschen ihre politische Gemeinsamkeit. Sie begannen jetzt, unter
„Vaterland" mehr zu verstehen als Preußen, Sachsen, Hessen-Nassau
oder Schaumburg-Lippe. Deutschland sollte nicht nur kulturell, son-

Die Brüder Wilhelm und Jacob Grimm

dern auch politisch eine Einheit werden. Ein neues Deutsches Reich
wurde zum großen politischen Ziel der progressiven Schichten. Da-
25 bei besann man sich auf die gemeinsame Vergangenheit, und besonders die Romantiker wurden aus Weltbürgern° zu deutschen Patri-   *cosmopolites*
oten, die gegen Frankreich kämpfen wollten. Die Dichter Achim von
Arnim und Clemens Brentano sammelten Volkslieder, die sie in der
Sammlung „Des Knaben Wunderhorn" veröffentlichten; die Brüder
30 Grimm schrieben Volksmärchen auf; Sagen wurden gesammelt, und
man begann die deutsche Geschichte, besonders das Mittelalter, zu
erforschen. Dieser neue Nationalismus des Bürgertums verband sich
mit den fortschrittlichen liberalen Ideen, wie sie der Französischen
Revolution entsprachen,° und so versuchten die Deutschen, eine   **entsprechen** *to agree*
35 Verbindung ihrer alten Traditionen mit der modernen Zeit zu   *with*
schaffen.
   Die fortschrittlichen Nationalisten bekamen nach 1807 die Oberhand in Preußen. Der bedeutendste Politiker dieser Richtung war
der Reichsfreiherr° Karl vom und zum Stein. Er stammte aus Nassau   *baron of the (Holy*
40 und war der Abkömmling° eines Reichsrittergeschlechts mit souve-   *Roman) Empire /*
ränen Rechten. Er studierte Jura an der englisch beeinflußten Uni-   *descendant*
versität Göttingen und trat, angezogen von der großen Persönlichkeit Friedrichs II., in den preußischen Staatsdienst ein. Doch auch
als preußischer Beamter fühlte er sich als ein freier Deutscher
45 und nicht als ein Untertan des Königs. Freiherr vom Stein zeichnete

Karl Reichsfreiherr vom und zum Stein

sich als Finanz- und Wirtschaftsexperte aus.° Er verwaltete die preußischen Teile Westfalens und legte dort den Grund zur späteren Entwicklung des Ruhrgebietes. Er galt als unbequemer° Beamter; doch wegen seiner hervorragenden Sachkenntnis wurde er zum Fi-
50 nanzminister ernannt. Bei der katastrophalen Niederlage Preußens lebte er zurückgezogen in Nassau—seine Anschauungen unterschieden sich zu sehr von denen der anderen Minister. 1807 jedoch war es klar, daß nur radikale Reformen Preußen retten und auf eine spätere Revanche vorbereiten konnten. Freiherr vom Stein wurde zum
55 verantwortlichen Staatsminister berufen, und mit ihm andere vorher kaltgestellte° Reformer: Scharnhorst und Gneisenau für die Armee, Wilhelm von Humboldt für das Schulwesen. Stein konnte nur wenig mehr als ein Jahr als Minister tätig sein, da er zu offen gegen Napoleon konspirierte. In diesem Jahr leitete er die entscheidenden Re-
60 formen ein: Die Erbuntertänigkeit° der Bauern wurde aufgehoben; die Städte erhielten Selbstverwaltung; die Verwaltung wurde modernisiert. Dazu kamen größere Gewerbefreiheit,° bürgerliche Gleichstellung der Juden (1811) und die Reform des Schulwesens. Vorbildlich wurde die 1811 gegründete Universität Berlin, deren
65 erster Rektor Fichte war, und die für eine Elite geplant wurde. Zu ihrem Lehrsystem gehörte die „akademische Freiheit": Freiheit des Forschens, Lehrens und Lernens. Nicht ausgeführt wurde Steins Plan einer Volksvertretung, also eines Parlaments.

sich auszeichnen *to excel*

troublesome

kaltstellen *to remove from power*

serfdom

freedom for private enterprise

Stein war kein Preuße, sondern ein deutscher Patriot. Er hoffte
70 auf einen deutschen Einheitsstaat. Es gab einigen Grund zu dieser
Hoffnung, denn viele deutsche Fürsten waren ja Verbündete Napoleons, und nachdem Napoleon 1813 bis 1815 in den Freiheitskriegen
besiegt worden war, war zu erwarten, daß sie ihre Länder verlieren
würden. Aber es kam anders. Auf dem Wiener Kongreß 1814–1815,
75 wo die europäische Landkarte und gleichfalls die deutsche Landkarte neu gestaltet wurde, wurden die meisten Fürsten wieder in ihre
Rechte eingesetzt. Es gab kein Deutsches Reich, sondern nur einen
„Deutschen Bund", einen Staatenbund° von 39 souveränen Fürsten- *confederation*
staaten und Freien Städten. In diesem Deutschen Bund war Öster-
80 reich die führende Macht, und der österreichische Staatskanzler
Fürst Metternich, auch ein Reichsritter vom Rhein, die beherr-
schende Gestalt. Freiherr vom Stein schied 1815 aus der Politik aus.° **ausscheiden** *to*
Reformer waren nicht mehr erwünscht. Die Fürsten, die vorher eine *withdraw*
liberale Verfassung versprochen hatten, wollten sich jetzt nicht mehr
85 daran erinnern. Nur wenige Fürsten hielten ihr Versprechen. Zu
ihnen gehörte, außer den Herrschern der süddeutschen Staaten
Bayern, Württemberg und Baden, auch wieder Carl August von
Sachsen-Weimar.

Auf die konfliktreiche Zeit der Französischen Revolution und der
90 Befreiungskriege folgte die äußerlich ruhige Epoche der „Restauration". Das europäische Gleichgewicht war wie vor 1789; die Fürsten
regierten; die Menschen schienen ruhig. Aber das täuschte. Die
moderne Zeit ließ sich nicht aufhalten.° **aufhalten** *to stop, to*
retard

Der deutsche Nationalstaat

Bismarck-Denkmal in Hamburg

ZEITTAFEL

1817	Wartburgfest.
1833	Deutscher Zollverein.
1835	Erste deutsche Eisenbahn Nürnberg-Fürth.
1848	Liberale Umsturzversuche, Nationalversammlung in Frankfurt.
1848	Kommunistisches Manifest von Karl Marx und Friedrich Engels.
1862	Otto von Bismarck preußischer Ministerpräsident.
1863	Allgemeiner deutscher Arbeiterverein.
1870–1871	Krieg der deutschen Länder gegen Frankreich.
1871	Gründung des deutschen Kaiserreiches („Zweites Reich") in Versailles, Bismarck Reichskanzler.
1881	Beginn der Sozialgesetzgebung in Deutschland.
1890	Ausscheiden Bismarcks als Reichskanzler.

Das Wartburgfest

1817 war die dreihundertjährige Wiederkehr der Reformation Luthers. Luther wurde als Freiheitskämpfer gefeiert, und wenn die Deutschen den Namen „Luther" aussprachen, so dachten sie an die Gegenwart: an die Fürsten, die keine Verfassung geben
5 wollten; an die Polizei, die jede politische Tätigkeit verfolgte; an die Zensur. Sie dachten daran, daß Deutschland immer noch kein einheitliches Reich geworden war. Die Studenten waren in Verbindungen° zusammengefaßt, die „Burschenschaften" hießen; hier wurden diese Ideen besonders leidenschaftlich diskutiert. Viele dieser Stu-
10 denten und ihre Professoren waren schließlich 1813 freiwillig in den Krieg gezogen! Anläßlich des Jubiläums der Reformation wollten die Studenten wenigstens demonstrieren, welche Gesinnung° sie hatten. Die Studenten in Jena erhielten von Carl August die Erlaubnis, eine Feier auf der Wartburg zu veranstalten, wo Luther das Neue Testa-
15 ment übersetzt hatte. Nach Abschluß der offiziellen Feier zündeten die Studenten ein Feuer an und verbrannten Gegenstände, die den Militär- und Polizeistaat symbolisierten, und außerdem Bücher, die sie verabscheuten.°

Diese Demonstration wurde zum Anlaß genommen, die studen-
20 tischen Burschenschaften zu verbieten, die Universitäten streng zu beaufsichtigen,° die Bücherzensur allgemein einzuführen, ja sogar das Turnen° zu verbieten, das der „Turnvater" Ludwig Jahn nach 1807 in Berlin zur Stärkung der Jugend eingeführt hatte.

Bei einer solchen Unterdrückung der öffentlichen Meinung gab es
25 viele Bürger, die sich in ihr Privatleben zurückzogen. Sie taten ihre Pflicht im Beruf; sie richteten ihre Wohnung schön ein, genossen die Natur, pflegten ihren Garten, gingen ins Wirtshaus und fanden sich mit Freunden in einem Verein° zusammen, zum Beispiel in einem Gesangverein, wo Volkslieder und klassische Chorwerke gesungen
30 wurden.

„Biedermeier" nennen wir diesen Rückzug in die Freuden des Privatlebens, die der Maler Carl Spitzweg (1808–1885) mit hintergründigem° Humor erfaßt hat. Biedermeier-Atmosphäre haben auch die literarischen Werke der späten Romantik, wie die Novelle „Aus dem
35 Leben eines Taugenichts" von Joseph von Eichendorff (1788–1857) oder die Gedichte von Eduard Mörike (1804–1875) aus Württemberg. Auf der anderen Seite gab es viele Dichter und Wissenschaftler, die sich nicht mit den Zuständen in Deutschland zufrieden geben wollten und die für eine bessere Gesellschaft kämpften. Zu ihnen
40 gehörte der Dramatiker Georg Büchner (1813–1837), der nach einer

associations, fraternities

conviction

verabscheuen *to detest*

beaufsichtigen *to supervise* / *gymnastics*

club, society

subtle, profound

Flugblattaktion° aus Hessen fliehen mußte und mit 23 Jahren in der   *campaign by means of*
Emigration in Zürich starb. Einige Schriftsteller dieser Richtung   *leaflets*
sammelten sich in der Gruppe „Das Junge Deutschland". Ihnen
stand Heinrich Heine (1797–1856) nahe. Heine sprach besonders
45 eindrucksvoll das zwiespältige° Lebensgefühl seiner Epoche aus. Die   *ambivalent*
Mitglieder seiner Generation fühlten sich als Erben der Klassik und
Romantik; aber sie waren sich darüber klar, daß sie nicht bloße Epi-
gonen bleiben konnten, sondern neue Ideen, neue literarische Formen und ein neues Lebensgefühl ausdrücken mußten. Heine fühlte
50 diese „Zerrissenheit"° besonders deutlich, da er Jude war und trotz   *contradictions*
der offiziellen Gleichberechtigung der Juden ein Außenseiter° in der   *outsider*
bürgerlichen Gesellschaft blieb, und da er später als Emigrant in
Paris auch zwischen den Nationen stand. In seinen Gedichten, von
denen das „Buch der Lieder" sehr großen Erfolg hatte, drückte
55 Heine die Sehnsucht aus, in den romantischen Gefühlen leben zu
können—und die Gewißheit, daß das nicht mehr möglich war, woraus seine Ironie entstand. Seine Reisebücher beschreiben das Europa
seiner Zeit und nehmen Stellung zu den Tagesfragen. Solche Urteile
waren im damaligen Deutschland unerwünscht, so daß Heine emi-
60 grieren mußte. In den letzten Jahren seines Lebens, als er krank im
Bett lag, entstanden seine bedeutendsten Gedichte.

Industrie und soziale Probleme

1831 starb Hegel, 1832 Goethe. 1835 wurde die erste Ei-
senbahn° in Deutschland zwischen den Städten Nürnberg und Fürth   *railway (line)*
eröffnet. Heine sagte voraus, daß nun ein neues Zeitalter beginne.
Das neue Zeitalter wurde zuerst in der Wirtschaft spürbar. Für die
5 deutsche Industrie war die Frage der Verkehrswege° entscheidend   *traffic routes*
wichtig. So war der Kampf um den Bau von Eisenbahnen ein Kampf
um den Fortschritt der Industrie. Einer der Kämpfer für diesen
Fortschritt war der Nationalökonom Friedrich List (1789–1846), der
wegen seiner Ideen als Professor in Tübingen abgesetzt wurde, als
10 württembergischer Abgeordneter wegen „staatsfeindlicher Aufreizung"° ins Gefängnis kam und nur befreit wurde, weil er versprach,   *instigation*
in die USA auszuwandern. In Amerika kam er zu einigem Wohl-
stand, und 1830 kehrte er als amerikanischer Konsul nach Deutsch-
land zurück, um seine Ideen zu verwirklichen. Er entwarf° ein   **entwerfen** *to devise, to*
15 deutsches Eisenbahnnetz, er kämpfte um den Bau der Linie von   *plan*

Leipzig nach Dresden und um die deutsche Zollunion. List war Nationalist und kritisierte den wirtschaftlichen Liberalismus. Er hatte
wenig unmittelbare Erfolge, und unzufrieden und unglücklich endete er sein Leben durch Selbstmord.°   *suicide*

20   Daß eine moderne Wirtschaftspolitik nötig war, wurde von vielen
deutschen Ländern eingesehen. Man mußte ja noch Zoll bezahlen,
wenn man von einem deutschen Staat in den anderen wollte. So betrieb Preußen ab 1818 eine deutsche Zollunion, die 1833 zum
Deutschen Zollverein wurde, dem so wichtige Länder wie Bayern,
25   Württemberg und Sachsen beitraten. Mit der Entwicklung der Industrie entstanden jedoch gleichzeitig soziale Probleme. Wie in anderen Ländern Europas vermehrte sich auch in Deutschland die Bevölkerung während des 19. Jahrhunderts beträchtlich. Aus knapp 30
Millionen Menschen um 1800 wurden 65 Millionen um das Jahr
30   1900. Dabei ist noch zu berücksichtigen, daß viele Deutsche während
des 19. Jahrhunderts auswanderten, weil sie in Deutschland keine
Arbeit finden konnten. Die meisten von ihnen gingen in die USA,
und es wird geschätzt, daß zwischen 1820 und 1930 6,5 Millionen
Deutsche in die Vereinigten Staaten gekommen sind.
35   In Deutschland vergrößerten sich die Städte, denn die Industrie
lockte viele Bauernsöhne und Landarbeiter an. Die Umstellung° war   *adaptation*

*Deutsche Auswanderer im Hamburger Hafen; Holzschnitt, Harper's
Weekly vom 7. November 1874*

jedoch sehr schwer. Obwohl die deutsche Industrie sich schnell, ja
überstürzt entwickelte, gab es nicht genug Arbeitsplätze. Die Fabrikanten zahlten niedrige Löhne, die Arbeitsstunden waren lang; nicht
40 nur die Männer arbeiteten, auch Frauen und Kinder. Die Konkurrenz der Fabrikanten, erst aus England, dann aus Deutschland,
führte zu einer Krise in der deutschen Hausindustrie.° In den gebir- *home industry*
gigen Gegenden, wo die Menschen nicht von der Landwirtschaft al-
lein leben konnten, wie zum Beispiel in Schlesien, Thüringen und
45 Württemberg, hatten die Bewohner eine Hausindustrie entwickelt:
Sie hatten zu Hause Linnen gesponnen, Stoffe gewebt, Spielzeug gebaut und Holzwaren wie Kuckucksuhren, Möbel und Musikinstru-
mente angefertigt. Die Fabrikwaren waren natürlich billiger, und so
mußten sich auch diese Heimarbeiter umstellen und ihre Waren mit
50 modernen Methoden herstellen.

Die Entwicklung der Industrie führte daher zu Krisen. Die
Menschen mußten sich fragen, ob die liberale Idee, daß unbe-
schränkte Freiheit von selbst zum Fortschritt und Wohlstand führen
würde, richtig sei. Dabei kämpfte das liberale Bürgertum immer
55 noch um diese Freiheit; es hatte sie noch nicht erreicht.

Jeder Umsturzversuch° in Frankreich hatte sofort Folgen in *revolutionary attempt*
Deutschland. Nach kleineren Unruhen um 1830 führte das Jahr
1848 zu vielen Auseinandersetzungen, vor allem in den größeren
Staaten Deutschlands. Die Bürger forderten liberale Verfassungen;
60 in München und Wien wurden nicht nur die Regierungen, sondern
auch die Herrscher selbst gestürzt. Die politische Einheit Deutsch-
lands blieb oberstes Ziel. Eine Nationalversammlung° wurde nach *constitutional assembly*
Frankfurt am Main einberufen, die eine Zentralregierung einsetzen
und eine Verfassung ausarbeiten sollte. Die Nationalversammlung
65 wurde auch „Professorenparlament" genannt, weil in ihr Deutschlands geistige Elite versammelt war. Sie hat die versprochene Verfassung ausgearbeitet, aber nie die Macht gewonnen, eine wirkliche
Zentralregierung zu bilden.

Auf die liberale Revolution folgte sehr schnell die konservative
70 Reaktion. Die liberalen Regierungen in den Einzelstaaten wurden
durch konservative abgelöst; an etlichen Orten sorgte das Militär für
Ruhe und Ordnung. Es waren vor allem preußische Truppen, die
den Versuch einer Republik in Baden und in der Pfalz im Jahr 1849
unterdrückten. Versuche von Preußen, einen „kleindeutschen"
75 Bund mit Ausschluß° von Österreich zu bilden, scheiterten am Wi- *exclusion*
derstand Österreichs. Der Vielvölkerstaat° Österreich-Ungarn hatte *multiethnic country*
eine besonders schwere Krise durchgemacht, denn die Tschechen,
Ungarn und Italiener wollten sich selbständig machen. Der Aufstand in Ungarn wurde mit russischer Hilfe niedergeworfen.

80   Das Frankfurter Parlament bildete die erste Übung in der Demokratie für die Deutschen. Seine Verfassung gab das Vorbild für spätere Reichsverfassungen ab. In Frankfurt bildeten sich auch bereits
Gruppen, aus denen dann politische Parteien entstanden: die Liberalen, die Konservativen und eine Gruppe mit katholischen Interes-
85   sen, die später das Zentrum hieß. Manche der liberalen Führer
mußten das Land verlassen und emigrierten vor allem in die USA.
Hier haben die „Achtundvierziger" einige Jahrzehnte lang als Politiker, Journalisten und Erzieher unter den deutschen Einwanderern
meinungsbildend gewirkt und wirkliches politisches Gewicht beses-
90   sen, vor allem bei der Wahl Lincolns und im Bürgerkrieg. Der bekannteste „Achtundvierziger" war der Journalist, Diplomat, Senator
und Innenminister Carl Schurz.
    1848 waren zum ersten Mal in einem deutschen Land—in Sach-
sen—mehr Menschen in der Industrie beschäftigt als in der Land-
95   wirtschaft. 1848 veröffentlichte Karl Marx zusammen mit seinem
Freund Friedrich Engels „Das Kommunistische Manifest". Die
Ungerechtigkeiten in der neuen Industriegesellschaft führten zu
einer grundsätzlichen Kritik am liberalistischen Wirtschaftssystem,
nämlich zum Sozialismus. Die Arbeiter begannen, um ihre Gleichbe-
100 rechtigung zu kämpfen. 1847 gründete Marx in Brüssel als erste politische Organisation der Arbeiter den „Deutschen Arbeiter-Bil-

Karl Marx

dungsverein". Aus Bildungsvereinen° wurden in den darauffolgenden   *educational societies*
Jahren Gewerkschaften° und 1863 der „Allgemeine deutsche Arbei-   *trade unions*
terverein", die erste sozialistische Partei.

105   Karl Marx (1818–1883), der entscheidende Theoretiker des Sozialismus, verbrachte den größten Teil seines Lebens in der Emigration. Er stammte aus Trier und war Sohn eines Juristen, der vom
Judentum zum Christentum übergetreten° war. Marx studierte in   **übertreten** *to convert*
Berlin, wo die Schüler Hegels ihn beeinflußten und ihn in die dialek-
110 tische Methode einführten. Ludwig Feuerbach (1804–1872), ebenfalls ein Schüler Hegels, beeindruckte ihn durch seinen Materialismus. Marx glaubte nicht mehr an die Macht der Idee. Die
Auseinandersetzungen im Reich des Geistes waren nur der „Über-
bau"° der wirklichen Konflikte in der Geschichte, nämlich der öko-   *superstructure*
115 nomischen. Die Aufgabe des Philosophen war es, diese Prozesse
bewußt zu machen und sich an die Spitze der aufstrebenden, progressiven Klasse, der Proletarier, zu stellen.

   Nach der Niederlage der Liberalen in Deutschland war dort erst
recht kein Platz mehr für Sozialisten. Nach Aufenthalten in Brüssel
120 und Paris blieb Marx im permanenten Exil in London, wo er uner-
müdlich° an dem nie vollendeten Hauptwerk „Das Kapital" schrieb   *tirelessly*
und mit Rat und Tat den Aufbau sozialistischer Parteien förderte.
Er war besonders scharf in der Polemik gegen Sozialisten anderer
Richtungen, aber er war gewiß kein „Marxist", der aus seinen Ge-
125 danken ein geschlossenes Dogma machen wollte. Seine nachge-
lassenen° Papiere zeigen viele „unorthodoxe" Ideen.   *posthumous*

   Während der Sozialismus an den Fortschritt glaubte und den
Kapitalismus und Imperialismus durch soziale Gerechtigkeit und
Weltfrieden überwinden wollte, gab es andere Gegner der Industrie-
130 gesellschaft, die die Entfremdung° von der Natur bedauerten.   *alienation*
Sie beklagten die Entwurzelung° des Menschen in der Großstadt.   *deracination, uprooting*
Ihr Ideal waren die dörfliche Tradition, das Handwerk und die
bäuerliche Gemeinschaft mit ihren festen Regeln, Trachten,° Volks-   *costumes*
bräuchen und Volksdichtung. Diese konservative Kritik an der
135 Industriegesellschaft führte nicht nur zur Gründung von Heimat-
vereinen und zu neuem Interesse an der Volkskunde,° sie drückte
auch gefährliche Ressentiments aus. Die Stadt war böse, das Dorf   *ethnic studies*
hingegen gut. Die konservativen Kritiker wollten nicht sehen,
daß die Entwicklung der Industrie eine Lebensnotwendigkeit° für
140 Deutschland war. Zwar wußten sie sehr wohl, daß die große Bevöl-   *vital necessity*
kerungsdichte bisher Millionen Deutsche zur Auswanderung gezwun-
gen hatte; aber auch dafür gab es eine gefährliche Lösung: die
Schaffung von neuem „Lebensraum"° für die Deutschen in Osteu-   *living space*

ropa. Der aggressive Nationalismus und „Volkstumskampf"° gegen   *ethnic struggle*
145 andere Rassen wurde seit der Industrialisierung ein politischer
Faktor.

Bismarcks Deutsches Reich

Das Deutsche Reich entstand nicht als Ergebnis einer
Revolution, sondern durch die Politik des preußischen Ministerpräsidenten Otto von Bismarck.

Otto von Bismarck, 1815 geboren, aus einem alten Adelsge-
5 schlecht, hatte nach wilden Studentenjahren einsehen müssen, daß
er nicht zum Beamten geeignet war. So wurde er Gutsbesitzer in
Pommern und begann, von hier aus eine Rolle im öffentlichen Leben zu spielen. Er vertrat konservative Ansichten, trat aber 1848 für
einen realpolitisch günstigen Kompromiß ein. Seine diplomatischen
10 Fähigkeiten brachten ihm die Ernennung zum Vertreter Preußens
beim Bundestag° in Frankfurt, später die Ernennung zum Gesand-   *Diet of the German*
ten in Rußland und Frankreich. Bei seiner großen Begabung galt   *Confederation*
Bismarck als schwieriger Mensch mit extremen Ansichten, und

Otto Fürst von Bismarck

König Wilhelm I. berief ihn 1862 nur deshalb zum Ministerpräsiden-
15 ten, weil er keinen Ausweg° mehr aus seinem Konflikt mit dem li-   *way out, solution*
beralen Landtag sah. Das Abgeordnetenhaus° lehnte das vorgeschla-   *House of Representatives*
gene Budget ab, da es eine Modernisierung und Vergrößerung der
Armee vorsah. Bismarck regierte ohne Budget, unterstützt von seinem jüdischen Bankier Bleichröder, der mit der Familie Rothschild
20 eng verbunden war. Außenpolitische Erfolge lösten schließlich das
innenpolitische Problem: Preußen eroberte 1864 zusammen mit
Österreich Schleswig-Holstein von Dänemark zurück, und 1866 besiegte die preußische Armee in einer entscheidenden Schlacht bei
Königgrätz die österreichische Armee. Helmuth von Moltke,
25 Preußens außergewöhnlicher Stratege, der Enthusiasmus der Soldaten und die modernen Waffen brachten den Sieg und überzeugten
die Mehrzahl der liberalen Abgeordneten, daß Bismarcks „Realpoli-
tik" zum Ziel führte. Das wichtigste Ziel war immer noch die Einigung Deutschlands.
30   Der Krieg von 1866, der letzte innerdeutsche Krieg, machte
Preußen zum stärksten Staat Deutschlands. Österreich trennte sich
vom Reich, und der Weg für ein „Kleindeutschland", die Vereinigung der deutschen Länder außer Österreich, war frei. Bismarck bot
jedoch Österreich großzügige Friedensbedingungen an, so daß es
35 schnell wieder Alliierter von Preußen werden konnte. Preußen annektierte in Nord- und Mitteldeutschland Hannover, Hessen-Nassau
und die Freie Stadt Frankfurt. Anderen Gegnern, Bayern, Württemberg, Baden und Sachsen, kam es so weit entgegen, daß alle
deutschen Länder 1870 zusammen gegen Frankreich in den Krieg
40 zogen und Österreich neutral blieb.
    Kaiser Napoleon III. war mit Recht über Preußens Expansion
beunruhigt, und Bismarck tat nichts, um einen Konflikt zu vermeiden, auch wenn er diplomatisch geschickt vorging, um seinen Gegner zu isolieren. Im Krieg von 1870 bis 1871 dauerte es nicht lange,
45 bis Kaiser Napoleon III. seinen Thron verlor. Hartnäckiger war der
Widerstand der dritten französischen Republik, doch die deutsche
Kriegstechnik blieb überlegen.° Im französischen Königsschloß von   *superior*
Versailles wurde am 18. Januar 1871 der preußische König Wilhelm
von den deutschen Fürsten zum Kaiser ausgerufen.° Der Friedens-   **ausrufen** *to proclaim*
50 vertrag mit Frankreich brachte Deutschland die „Reichslande" Elsaß-
Lothringen und eine bedeutende Geldentschädigung.° Der Traum   *monetary compensation*
der Deutschen von einem neuen Deutschen Reich war Wirklichkeit
geworden; aber nicht durch eine Entscheidung des Volkes, sondern
durch militärische Siege, Bismarcks Diplomatie und die Einigung
55 der Fürsten.

Die Verspätete Nation

Es läßt sich ein deutlicher Wandel des Lebensgefühls° *vital consciousness;*
der Zeit vor und nach 1870 feststellen. Nach 1848 hatte das deutsche *attitude toward life*
Bürgertum politisch resigniert; es verfolgte seine wirtschaftlichen
Ziele und nahm seinen Idealismus zurück. Der Pessimismus des Phi-
5 losophen Arthur Schopenhauer (1788–1860) fand Anhänger. In sei-
nen satirischen Bildergeschichten° entwarf Wilhelm Busch (1832– *picture stories, cartoons*
1908) ein wenig schmeichelhaftes Bild des deutschen Bürgers; vor
allem aber hielt er nicht viel von der menschlichen Natur, und Millionen von Lesern müssen ihm seitdem zugestimmt haben. Die Ge-
10 neration der meist vor 1820 geborenen realistischen Schriftsteller
sprach die Angst vor dem Tod und das Unbehagen° vor der moder- *uneasiness*
nen Welt aus, wenn auch mit einem ausgleichenden° Humor. *counterbalancing*
Schriftsteller wie Theodor Storm, Gottfried Keller, Theodor Fontane
und Wilhelm Raabe bevorzugten kleinere Prosaformen wie die No-
15 velle oder schrieben kürzere Romane mit eng begrenzten Schau-
plätzen. Ihre Beschreibungen waren genau und sorgfältig, sie hielten eigene Urteile zurück. Resignation war der Grundton° dieser *basic tenor*

Cosima und Richard Wagner mit Franz Liszt und dem Dirigenten Hans von Wolzogen

Werke, selbst bei Gottfried Keller, der allerdings die Entwicklung der
Schweiz optimistischer beurteilte.

20   Wenn auch viele Werke dieser Schriftsteller erst nach 1870 erschienen, so paßten sie eher in die vorhergehenden Jahre. Im neuen
Reich wurde großes Pathos modern. Der Mensch sollte nicht mehr
Opfer, sondern Held sein. Richard Wagners Opern, die germani-
sches Heldentum zu erneuern schienen, paßten in diese Zeit, ebenso
25   die pompösen Schlösser von König Ludwig II. von Bayern, der das
Mittelalter und das 17. Jahrhundert sichtbar erneuern wollte. Die
Deutschen bekamen Vertrauen in ihre Leistungen, und sie leisteten
in der Tat viel in Naturwissenschaft, Medizin und Technik. Andererseits kann man nicht übersehen, wie künstlich und übertrieben° das   *exaggerated*
30   neue Pathos war. Die Unsicherheit war genau so groß wie die Begeisterung. Der pessimistische Unterton wich nicht mehr aus der
deutschen Kultur.

Bismarck sah, daß diese neue und so dynamische Großmacht
Deutschland das europäische Gleichgewicht erschüttern mußte. Er
35   glaubte an dieses Gleichgewicht, und er sah mit großer Sorge in die
Zukunft. Sein ganzes Streben war von jetzt an darauf gerichtet, den
Frieden in Europa zu erhalten und Deutschland vor einer Einkrei-
sung,° vor einem Zweifrontenkrieg° zu bewahren. Er war der Über-   *encirclement / war on two*
zeugung, daß Frankreich immer Deutschlands Feind bleiben würde.   *fronts*
40   Deshalb bemühte sich Bismarck, Frankreich zu isolieren, um es an
einer Revanche zu hindern. Er schloß Bündnisse mit verschiedenen
Staaten, die untereinander keineswegs Freunde waren: mit Öster-
reich, Italien, Rußland, England. Er bemühte sich, die Eifersucht°   *jealousy*
der älteren Großmächte zu vermeiden, indem er keine Kolonien er-
45   warb—es nützte ihm nichts: Ab 1884 übernahm das Reich mehrere
Gebiete in Afrika und im Pazifik, die deutsche Kaufleute und
Forscher erworben hatten. Immerhin gelang es Bismarck, das labile
Gleichgewicht der Mächte zu erhalten und bei Konflikten eine Vermittlerrolle zu spielen.

50   Innenpolitisch wurde Bismarck der Ausgleich° schwerer. Obwohl   *compromise, balance*
die Mehrheit der Deutschen mit dem Reich einverstanden war, gab
es viele Widerstände. Bismarcks Verfassung von 1871 war ein Kompromiß. Der Bundesrat, das heißt die Versammlung der Fürsten,
hatte die eigentliche gesetzgebende Macht. Daneben stand der
55   Reichstag, ein Parlament, dessen Abgeordnete in freien, gleichen
und geheimen Wahlen gewählt wurden. Die Reichsregierung war jedoch nicht dem Reichstag verantwortlich, sondern dem Kaiser. Der
Reichskanzler wurde vom Kaiser ernannt und nicht vom Parlament.
Bismarck gehörte keiner politischen Partei an. Er arbeitete mit ver-

60 schiedenen Parteien zusammen, am meisten mit den gemäßigten
Liberalen und den gemäßigten Konservativen. Die Liberalen unterstützten ihn, als er die wirtschaftliche Freiheit durchsetzte und neue,
einheitliche Gesetzbücher einführte; die Konservativen waren für
seine Militärpolitik. Starker Widerstand erhob sich, als Bismarck die
65 enge Verbindung zwischen Kirche und Staat lockern, vor allem die
Einrichtungen der katholischen Kirche der Aufsicht° des Staates un- *supervision*
terstellen° wollte. Bismarck führte die Zivilehe° ein; er brachte das **unterstellen** *to*
Schulwesen unter die Aufsicht des Staates; ja er wollte auch die *subordinate / civil*
Priesterausbildung° beaufsichtigen. Das führte zu einer heftigen Op- *marriage / training of*
70 position des katholischen Teils Deutschlands und der katholischen *priests*
Partei, des Zentrums. Der Streit, der „Kulturkampf" genannt wurde,
weil es sich dabei um kulturelle Fragen handelte, war sehr bitter und
zog sich lange hin. Bismarck mußte verschiedene Gesetze widerrufen
und sich mit einem Kompromiß begnügen. Die Industrialisierung
75 brachte ein neues Verhältnis von Adel und Bürgertum. Es fand eine
Annäherung, ja Vermischung des höheren Bürgertums mit dem
Adel statt, so daß eine neue Oberschicht entstand, die sich mit dem
Staat identifizierte. Die Gesellschaft war eine Klassengesellschaft, der
deutsche Staat ein Obrigkeitsstaat.° Deutschland war eine konstitu- *authoritarian state*
80 tionelle Monarchie, in der viel Freiheit, Gerechtigkeit, Wohlstand
und Aufstiegsmöglichkeiten vorhanden waren; aber es war keine Demokratie. Der Reichstag hatte eine Opposition; doch diese Opposition konnte nie damit rechnen, selbst zur Regierung zu kommen.
Der Reichstag kontrollierte nur die Finanzen, nicht die Politik der
85 Regierung. Die staatlichen Organe begünstigten offen die Parteien,
die der Regierung nahestanden, und sie behinderten die Opposition.
Die Gegensätze waren also scharf und oft stärker als die Gemeinsamkeiten.

     Vor allem die Arbeiterklasse stand sozial und politisch im Gegen-
90 satz zum Bürgertum und Adel und damit zur Regierung. Bismarck
versuchte, mit Ausnahmegesetzen° die Arbeit der Sozialdemokra- *emergency laws*
tischen Partei und der Gewerkschaften zu behindern. Als das nichts
nützte, gebrauchte er eine andere Taktik: Er erfüllte einige Forderungen der Sozialisten, indem er ab 1881 eine Reihe von Sozialge-
95 setzen erließ, Gesetze über Krankenversicherung, Unfallversicherung,° Altersversorgung, Sonntagsruhe und Schutz für Frauen und *accident insurance*
Kinder. Mit diesen Gesetzen, von denen das letzte 1891 verabschie-
det wurde, wurde Deutschland der erste Staat mit einer modernen
Sozialgesetzgebung. Wenn Bismarck gedacht hatte, die Arbeiter wür-
100 den jetzt nicht mehr sozialdemokratische Abgeordnete wählen, so
hatte er sich getäuscht; aber da die Sozialdemokraten sahen, daß sie

innerhalb des parlamentarischen Systems Reformen erreichen konnten, begannen sie, ihren revolutionären Sozialismus in einen Reformsozialismus zu verändern.

105   Bismarck hielt mit seiner mächtigen Persönlichkeit das Reich zusammen. Kaiser Wilhelm I. unterstützte ihn dabei, so lange er lebte.
Er starb 1888, und sein Sohn, Kaiser Friedrich III., war todkrank
und lebte nur noch 100 Tage. Ihm folgte der junge, hochbegabte,
aber labile und unreife Wilhelm II. Er wollte selbst entscheiden und
110 nicht mehr dem alten Kanzler folgen. 1890 nahm Bismarck seinen
Abschied. „Der Lotse verläßt das Schiff", sagte damals eine weit verbreitete englische Karikatur.

Bismarck, nun zum Fürstenstand erhoben, zog sich auf sein Gut
Friedrichsruh bei Hamburg zurück. Jetzt, nachdem er aus dem po-
115 litischen Kampf ausgeschieden war, wurde er als „eiserner Kanzler"
ein wirklicher Volksheld,° dessen Bild überall im Wohnzimmer hing,   *popular hero*
von dem Anekdoten erfunden und erzählt wurden. Ähnlich wie
König Friedrich II. wurde er fast eine Sagenfigur.° Die Menschen   *legendary figure*
pilgerten° nach Friedrichsruh, und als er 1898 starb, herrschte all-   **pilgern** *to make a*
120 gemeine Trauer. Sein Reich und sein System des europäischen   *pilgrimage*
Gleichgewichts überlebten ihn nur 20 Jahre.

Weltpolitik

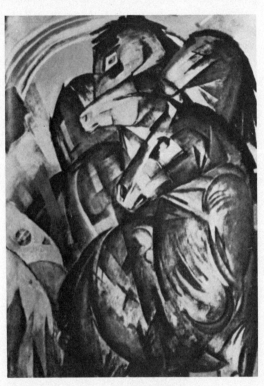

Franz Marc: Der Turm der blauen Pferde

ZEITTAFEL

1885	Auto von Carl Benz.
1888–1918	Regierung Wilhelm II.
1904, 1911	Marokkokrisen.
1905	Relativitätstheorie Albert Einsteins.
1914–1918	Erster Weltkrieg.
1917	Revolution in Rußland.

Made in Germany

Die 26 Jahre, die Kaiser Wilhelm II. bis zum Ausbruch des Ersten Weltkriegs regierte, gehörten äußerlich zu den glanzvollsten Epochen der deutschen Geschichte. Die Naturwissenschaften und Technik kamen der Industrie zugute, die großen Teilen der Be-
5 völkerung wachsenden Wohlstand brachte. Eisenbahnen und Kanäle stellten ein gutes Transportsystem dar. Gas und später Elektrizität wurden für immer neue Zwecke benutzt. Deutsche Erfinder taten sich in der Elektroindustrie hervor, zum Beispiel Werner von Siemens in Berlin, und ebenso in der optischen Industrie. Der Hand-
10 werksmeister Carl Zeiß hatte in Jena mit Hilfe des Professors Ernst Abbe damit angefangen, optische Meßinstrumente° zu verbessern und auf dieser Basis eine Fabrik aufzubauen. Die Erfindung künstlicher, d. h. chemischer Farben trug zur Entwicklung der deutschen chemischen Industrie bei. Carl Benz und Gottlieb Daimler
15 konstruierten, unabhängig voneinander, einen Verbrennungsmotor°, und Carl Benz gelang es 1885, mit einem solchen 1 PS-Motor einen Wagen zu bewegen. Dieses erste Auto steht heute im Deutschen Museum in München. Viele andere historische Automobile kann man im Museum der Daimler-Benz AG in Stuttgart besich-

instruments of measurement

internal combustion engine

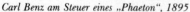

Carl Benz am Steuer eines „Phaeton", 1895

20 tigen—die Fabrik, zu der diese Erfindung geführt hatte; sie baut
heute die „Mercedes"-Wagen.

In ihrer Entwicklung mußte die deutsche Industrie eine schwierige
Phase durchlaufen. Am Anfang wurden in Deutschland die damals
führenden englischen Produkte nachgeahmt, und zwar billiger und
25 schlechter. Das erregte den Zorn der englischen Wirtschaft, die verlangte, daß man ihre soliden Produkte von den deutschen Nachah-
mungen unterscheiden konnte. Die deutschen Produkte hatten dar-
aufhin die Aufschrift° zu tragen: Made in Germany. Jedoch bewies   *inscription, label*
die deutsche Industrie bald, daß man aus einem Schimpfwort° einen   *insult*
30 Ehrennamen machen kann. Nach kurzer Zeit wurde, „Made in Germany" ein Zeichen für gute Qualität. In Deutschland zählte jetzt die
Leistung, und man war ehrgeizig genug, es besser machen zu wollen
als die anderen.

Gesellschaftskritik

Der erfolgreiche deutsche Bürger wurde zu einer beliebten Karikatur, die man heute noch oft genug findet. Der „typische
Deutsche" war in dieser Zeit nicht mehr der weltfremde Dichter und
Denker, sondern der Neureiche.° Dieser Neureiche ißt Wurst und   *nouveau riche*
5 fettes Fleisch mit Sauerkraut, trinkt Unmengen° Bier, ist sehr einge-   *large quantities*
bildet, laut, humorlos und taktlos. Im Dienst oder Geschäft ist er
stets korrekt gekleidet und handelt ebenso korrekt—bis zur Unmenschlichkeit. Außer Dienst will er nichts als „Gemütlichkeit" in
Hemdsärmeln.° Er ist sehr devot gegenüber seinen Vorgesetzten,   *shirt sleeves*
10 dem Militär (und überhaupt jeder Uniform) und der Staatsgewalt.
Seine Untergebenen° beherrscht er wie ein Diktator. Widerspruch   *subordinates*
gibt es nicht. Zu seinen Untergebenen gehören auch Frau und
Kinder. Sie haben zu schweigen und zu gehorchen. Als Lehrer beherrscht er ebenso die Schüler: Sie sitzen stramm auf ihrer Bank und
15 reden nur, wenn sie gefragt werden. Dann aber springen sie auf wie
der Blitz und reden laut und im ganzen Satz.

Das ist eine Karikatur, also eine Übertreibung. Doch daß jedenfalls
um 1900 diese Karikatur der Wirklichkeit nahe kam, beweisen die
vielen Satiren und ebenso verschiedene Reformbewegungen. Die
20 Literatur hatte sich in der Richtung des Naturalismus endlich der
Großstadt und den Problemen der Arbeiter zugewandt. Die jüngeren Schriftsteller sahen ein, daß das Leben in der Großstadt nicht

schön war, und ihnen wurde Wahrheit wichtiger als Schönheit und
Trost. In Deutschland hat der Naturalismus selbst keine großen
25 Werke hervorgebracht, doch er hat neue Ideen und Formen bekannt
gemacht. Die bedeutenden Schriftsteller dieser Zeit haben alle vom
Naturalismus gelernt. Das gilt besonders für den Dramatiker Gerhart Hauptmann (1862–1946), der die Konflikte von Menschen aus
dem Volk ergreifend° darzustellen verstand. Auch die Brüder Hein-   *movingly*
30 rich und Thomas Mann gingen in ihren Darstellungen des
deutschen Bürgertums von den Voraussetzungen des Naturalismus
aus. Heinrich Mann schuf mit seinem Roman „Der Untertan" die
treffendste Satire der deutschen Gesellschaft um 1900. Oft dargestellt wurden die Verhältnisse an den deutschen Oberschulen. Die
35 Erlebnisse im Gymnasium nehmen in Thomas Manns „Budden-
brooks" breiten Raum ein, und Heinrich Manns „Professor Unrat",
später als „Der blaue Engel" verfilmt, machte den Typ des Schultyrannen weltbekannt. Auch Hermann Hesse schilderte in einem seiner ersten Romane, „Unterm Rad", die quälenden Ereignisse der
40 Schulzeit.

Die Gesellschaft hatte ihre glanzvolle Fassade, einen zur Schau
gestellten Optimismus und Reichtum—und dem standen Armut und
ungelöste Konflikte gegenüber. Die großen Bauten der Zeit, durchweg im neuromanischen, neugotischen oder nachgeahmten Renais-
45 sancestil, wirken inzwischen unecht und überladen.° Mehr Verständ-   *florid, overdone*
nis hat die heutige Zeit für den ornamentalen Jugendstil, der sich
neben Architektur und Malerei vor allem in der neuen Kunst der
Plakate durchsetzte. Der Jugendstil brachte viele Neuerungen und
verarbeitete nicht zuletzt außereuropäische Anregungen. Das frühe
50 20. Jahrhundert fand besonderen Geschmack an der fernöstlichen
Kunst.

Die doppelte Moral der herrschenden Schichten wurde nicht nur
von den Sozialisten angegriffen. Der Psychiater Sigmund Freud in
Wien stellte fest, daß viele der seelischen Konflikte und Krankheiten
55 seiner Patienten mit der bürgerlichen Moral zusammenhingen, die
nicht nur unnatürlich war, sondern auch verbot, über viele Themen
zu sprechen, so daß die Menschen mit sich selbst unehrlich wurden.

Freud stellte ebenfalls fest, daß viele Konflikte aus der Kindheit
stammen. Die Erziehung und der Gegensatz der Generationen bil-
60 deten ein Hauptthema dieser Zeit. Vielen jungen Leuten war die
Lebensweise der Väter unerträglich;° sie wollten sich nicht mehr der   *intolerable*
Diktatur des Vaters beugen, und sie wollten eigene Gruppen bilden.
1899 entstand in Berlin die erste Gruppe von „Wandervögeln",° der   *"migratory birds,"*
viele andere folgten. Diese Wanderbewegung der Jugend, die in vie-   *wanderers*
65 lem den Pfadfindern ähnlich war, wird „Jugendbewegung" genannt

Sigmund Freud

und hat bis 1933 die junge Generation in Deutschland sehr beein-
flußt.

    Die jungen Leute wanderten; sie entdeckten die Natur; sie bauten
sich Jugendherbergen;° sie sangen Volkslieder zur Gitarre; sie fühl-   *youth hostels*
70 ten sich als die kommende Elite einer neuen Gesellschaft. Sie hatten
klare moralische und pädagogische Ideen; weniger klar waren ihre
politischen Vorstellungen, zumal viele Jugendliche mit den bürgerlichen Konventionen und Einrichtungen wie der Bürokratie auch die
moderne Welt der Industrie überhaupt ablehnten. Freiheit war die
75 Hauptidee, und so war die Jugendbewegung immer in kleine Gruppen aufgespalten, deren Verbindungen untereinander sehr locker
waren. Selten kam es zu gemeinsamen Aktionen und Demonstrationen; erst kurz vor 1933, als die nationalsozialistische Gefahr akut
wurde, entstand eine festere Organisation.
80   Bedeutenden Einfluß hatte die Jugendbewegung auf die Pädagogik, wo sie mit anderen Reformideen zusammentraf. Die dadurch
entstandene Reformpädagogik wollte aus dem Schultyrannen° den   *school tyrant*
Freund der Schüler machen; Lehrer und Schüler sollten zusammen
eine Lerngemeinschaft° bilden. Ein freier, dem einzelnen Schüler   *learning community*
85 angepaßter Lehrplan sollte den Drill ersetzen. Die Schüler sollten
nicht mehr auswendig lernen, sondern zu einem Verständnis der
Probleme geführt werden. Im staatlichen Schulwesen in Deutschland

setzten sich diese Ideen erst nach 1918 allmählich durch, jedoch gibt
es private Gründungen aus der Zeit vorher, wie die Odenwaldschule,
90 die die neuen Ideen ausprobierten und die bis heute ihre Anziehungskraft bewahrt haben.

Sehr stark war damals der Einfluß der Philosphie von Friedrich
Nietzsche (1844–1900). Nietzsche stammte aus Thüringen. Er wurde
sehr jung als Professor für griechische Sprache und Literatur an die
95 Universität Basel berufen. Auch er träumte vom neuen Deutschen
Reich und nahm 1870 freiwillig als Krankenpfleger° am Krieg teil. *(male) nurse; medic*
Aber das Reich Bismarcks entsprach nicht seinen Erwartungen, und
seine Kritik an Deutschland wurde immer beißender. Er war ein
empfindlicher, kranker Mensch, und er erkannte, wieviel in der Kul-
100 tur und Lebensform seiner Zeit auf Schwäche, Ressentiment und
Krankheit beruhte. Nietzsche pries dagegen die Lebenskraft,° und in *vitality*
seinem Werk „Also sprach Zarathustra", das in einem biblischen Stil
seine Philosophie enthält, schilderte er den „Übermenschen"° der *superman*
Zukunft; und dieser Übermensch, die „blonde Bestie", voll Vitalität
105 und Willenskraft, machte großen Eindruck auf die Zeitgenossen.
Ebenso beeindruckt waren die Menschen von Nietzsches Ruf „Gott
ist tot!" und von seiner Prophezeiung des nihilistischen Zeitalters. Er
schrieb in Aphorismen und in Hymnen; so war es leicht, einige Teile
seiner Philosophie zu isolieren und für jeden beliebigen Zweck zu
110 benutzen. Das taten besonders die Rassenideologen und Antisemiten, allen voran Nietzsches Schwester Elisabeth, die seine Werke her-
ausgab und dabei manche judenfreundliche und antideutsche Be-
merkung wegließ.° Nietzsche fühlte sich mit Heine verwandt und *weglassen to leave out*
hob die kulturelle Bedeutung der Juden hervor—er wurde dennoch
115 zum Propheten der Antisemiten. Thomas Mann, der sich sein Leben
lang mit Nietzsche beschäftigte, hat ihm 1947 im Roman „Doktor
Faustus" eine bedeutende Würdigung° gegeben und Nietzsches Le- *appreciation*
ben mit der Entwicklung Deutschlands in Parallele gesetzt.

Die Moderne

Nach 1900 begann der Lebensrhythmus sich schnell zu
ändern. Die Autos traten an die Stelle der Pferdekutschen;° der *horse carriages*
Mensch verwirklichte den alten Traum zu fliegen. Auf die Erfindung
des Telefons und der Telegrafie folgte die des Radios. Man begann,
5 Häuser aus Beton zu bauen. Die Entdeckung des Radiums, die Re-

Albert Einstein

lativitätstheorie von Albert Einstein und die neuen Atomtheorien
veränderten die Grundbegriffe° der Naturwissenschaften. Bisher un- *basic concepts*
geahnte° Möglichkeiten wurden sichtbar. Zugleich bekamen die *unthought of*
Menschen ein Gefühl der Unsicherheit, der Entfremdung, der Be-
10 drohung, ja der Angst. Die neue Zeit war ihnen unheimlich° wie ein *uncanny*
Ungeheuer.° *monster*
    Die Kunst gestaltete sehr bald dieses neue Lebensgefühl. Nach
1910 stellte die Gruppe des „Blauen Reiters" in München, zu der
Franz Marc, Wassily Kandinsky und Paul Klee gehörten, abstrakte
15 Bilder aus. Arnold Schönberg entwickelte seine „Zwölftonmusik".
Lyriker wie Georg Trakl und Georg Heym schrieben neuartige Gedichte, die den Expressionismus einleiteten, und Franz Kafkas erste
Geschichten entstanden.
    Neue Kunstformen begannen aus den technischen Möglichkeiten
20 zu entstehen, vor allem die Fotografie und der Film. Auf Schallplat-
ten konnte man Musik und Stimmen von Menschen aufnehmen und
aufbewahren.° Die Technik drang also in die Kunst selbst ein. **aufbewahren** *to keep,*
                                                                     preserve
    Das Lebensgefühl kam einer Krise gleich. Man spürte die Bedro-
hung,° man fühlte sich machtlos, ja passiv. Die Menschen sehnten *threat*
25 sich nach der Möglichkeit der großen befreienden Tat. Die Luft war
schwer und drückend; man erhoffte geradezu das gewaltige Unwetter, das die Atmosphäre reinigen sollte. So wirkte der Erste Weltkrieg 1914 zuerst wie eine Befreiung, und viele Menschen zogen ju-

belnd in den Krieg. Sie opferten sich für ihr Land, ohne auch nur
30 nach dem militärischen Wert des Opfers zu fragen. Erst allmählich
wurden sie sich bewußt, daß die Kriegstechnik den Krieg völlig verändert hatte: Nicht mehr der persönliche Heldenmut° entschied die   *bravery*
Schlachten, sondern die technische Vorbereitung und das Kriegsmaterial.

Die große Krise

Kaiser Wilhelm II. war nicht die Persönlichkeit, die ein
Land führen konnte, besonders in einer Zeit der Krise. Er war ein
glänzender° Redner; er wollte überall bewundert werden. Er trug   *brilliant*
gern prächtige Uniformen und reiste viel in der Welt herum. Es
5 klingt wie ein Symbol seiner Herrschaft, wenn man daran denkt, daß
er einen Geburtsfehler hatte, nämlich einen verkrüppelten° Arm,   *crippled*
den er bei jedem öffentlichen Auftreten verstecken mußte. Er war
sehr launenhaft und sagte viele Dinge, die politisch nicht zu verantworten waren. Da die Verfassung ihm sehr viel Macht gab und er
10 das Staatsoberhaupt war, wurden seine Reden im Ausland ernst genommen und brachten Deutschland oft diplomatische Schwierigkeiten. Wilhelm II. hatte weder die Vorsicht noch die klare
außenpolitische Linie Bismarcks; er wollte „Weltpolitik" treiben.
Damit verschlechterte er ständig Deutschlands Position in der Welt;
15 das konnte man bei allen politischen Krisen ab 1900 bemerken. Als
ab 1911 das Türkische Reich wiederholt besiegt wurde, erst von Itali-
en in Libyen, dann auf dem Balkan, begann das europäische Staatensystem zu schwanken. Zwar hatten sich die Diplomaten bereits an
Krisen gewöhnt, und die Ermordung° des österreichischen Thron-   *assassination*
20 folgers° in Sarajewo schien nichts Schlimmeres als die Kriege auf   *successor to the throne*
dem Balkan oder der Kampf um Marokko 1904 und 1911—wo
Deutschland gegenüber Frankreich nachgeben mußte—; aber nun
war niemand mehr zum Kompromiß geneigt, und plötzlich war im
Sommer 1914 ein Weltkrieg ausgebrochen. Obwohl einige Länder,
25 auch Deutschland, imperialistische Absichten hatten, kam der Krieg
dennoch eher durch Zufall und Unachtsamkeit° zustande als mit Ab-   *carelessness*
sicht. Die politische Lage machte ihn jedenfalls nicht notwendig.
   Als der Krieg einmal im Gang war, offenbarte er schnell die
Schwächen des europäischen Herrschaftssystems. Der russische Staat
30 stand auf ebenso schwachen Füßen wie der österreichische. Deutsch-

land, Österreichs Verbündeter, schien hingegen siegreich zu bleiben.
Die Deutschen drangen weit nach Frankreich vor, und sie siegten
gegen die russische Armee. In Frankreich allerdings wurde der
Krieg zu einem Stellungskrieg° ohne entscheidende Schlachten.   *trench warfare*
35 Neue Gegner traten auf: Italien, Rumänien und schließlich die Vereinigten Staaten von Amerika. 1917 brach in Rußland die Revolution
aus, und der Krieg an der Ostfront endete. Aber die Versuche,
durch große Offensiven im Frühjahr 1918 in Frankreich eine
Entscheidung zu erzielen, scheiterten. Im Herbst 1918 wurde es
40 deutlich, daß Deutschland den Krieg militärisch nicht gewinnen
konnte.
    Die ganze Zeit während des Krieges hatte es Friedensversuche ge-
geben. In Deutschland war die öffentliche Meinung geteilt. Die Konservativen verlangten einen „Sieg-Frieden"; sie wollten noch weitere
45 Gebiete Frankreichs annektieren. Die Liberalen und Sozialisten verlangten einen „Verständigungsfrieden",° einen Frieden ohne Sieger   *peace by compromise*
und Besiegte. Die Opposition konnte sich aber nicht durchsetzen. Ja,
nicht einmal die Zivilregierung traf die Entscheidungen, sondern die
militärische Führung, besonders ab 1916, als Paul von Hindenburg
50 Oberbefehlshaber wurde und Erich von Ludendorff sein General-
stabschef.° Der Kaiser trat in den Hintergrund. Die Regierung nä-   *chief of general staff*
herte sich dem Reichstag, und es wurden die ersten Schritte zu einer
Verfassungsreform unternommen, die dem Reichstag mehr Macht
geben sollte. Doch die Reformen kamen zu spät. Als 1918 der Krieg
55 verloren war, streikten die Matrosen auf den deutschen Kriegsschif-
fen. Überall bildeten sich Arbeiter- und Soldatenräte,° wie es in   *workers' and soldiers'*
Rußland der Fall gewesen war. Der Kaiser mußte abdanken. Der So-   *councils*
zialdemokrat Philipp Scheidemann rief in Berlin die Republik aus.
Die Monarchie in Deutschland hatte zu spät an Reformen gedacht
60 und mußte nun verschwinden. Dem Kaiser folgten die Landesfür-
sten.° Unerwartet fiel also plötzlich der Opposition, den Sozialde-   *rulers of a state*
mokraten vor allem, die Macht in die Hände. Und als der letzte Kanz-
ler des Kaisers, Prinz Max von Baden, am 9. November 1918 dem
Vorsitzenden der Sozialdemokratischen Partei, Friedrich Ebert, die
65 Regierung übergab und ihn mit bewegten° Worten bat, Deutschland   *emotional*
zu erhalten, konnte Ebert antworten, daß er ein ebenso guter Patriot
war wie die Fürsten, und daß zwei seiner Söhne für Deutschland
gefallen waren. Ebert hat sein Versprechen gehalten und die Einheit
des Reiches bewahrt.°   **bewahren** *to preserve*

Weimar und Potsdam

Ausrufung der deutschen Republik, November 1918

ZEITTAFEL

9. November 1918	Ausrufung der deutschen Republik.
1919	Nationalversammlung, Weimarer Verfassung.
1919	Friedensvertrag von Versailles.
1923	Inflation, Stresemann Reichskanzler.
1925	Vertrag von Locarno.
1925	Hindenburg Reichspräsident.
1930	Beginn der großen Wirtschaftskrise.
1933	Adolf Hitler Reichskanzler.

Die Nationalversammlung

Die SPD war Ende 1918 nicht mehr die revolutionäre Massenpartei, die sie früher gewesen war. Sie hatte sich in die „Mehrheitssozialisten" unter Eberts Führung, die „Unabhängige Sozialdemokratische Partei Deutschlands" (USPD) und die „Kommu-
5 nistische Partei Deutschlands" (KPD) gespalten. Die SPD erstrebte eine neue Gesellschaftsordnung und soziale Reformen; aber sie wollte die parlamentarische Demokratie erhalten und den Willen der Mehrheit des Volkes respektieren. Ebert ließ eine Nationalversammlung wählen, die die Verfassung ausarbeiten sollte. Die Nationalver-
10 sammlung tagte 1919 in Weimar, und die neue Verfassung des Reiches wurde deshalb oft „Weimarer Verfassung" genannt. Weimar bedeutete gleichfalls die geistige Tradition Deutschlands im Sinn Goethes und Schillers; es bedeutete Humanität und Freiheit.

Die Weimarer Verfassung bemühte sich um möglichst viel Freiheit
15 und Gerechtigkeit. Das Wahlsystem war bisher sehr ungerecht gewesen, denn die Wahlkreise° waren verschieden groß. So wurde das Verhältniswahlrecht° eingeführt, so daß jede Partei genau die Zahl der Sitze im Parlament bekam, die der Zahl der Stimmen entsprach. Die Regierung war dem Parlament verantwortlich. Um die Rechte
20 des einzelnen Menschen zu garantieren, enthielt die Verfassung die Grundrechte.° Die Macht des Reichspräsidenten, der an die Stelle des Kaisers trat, war zwar begrenzt, aber immer noch sehr groß. Vor allem konnte der Reichspräsident in Notzeiten das Parlament zeitweise ausschalten und mit „Notverordnungen"° regieren.

25 Es war nicht nur die Tradition der deutschen Klassik, die die Nationalversammlung nach Weimar brachte. Das Land war in Unordnung. Kommunisten und Rechtsradikale versuchten Aufstände. In Berlin konnte eine Nationalversammlung nicht ruhig und sicher tagen. Die Idee der „Notverordnung" entsprach der Zeit, aus der die
30 Verfassung geboren wurde. Um die Ordnung zu erhalten, verbündete sich die Regierung mit der Armee. Die Armee sorgte für die Ordnung in Deutschland; aber sie tat es nicht, weil sie die Republik schützen wollte. Im Gegenteil, die meisten Offiziere und Generäle der Armee dachten monarchistisch. Sie lebten in der militärischen
35 Tradition Preußens, die in der Soldatenstadt Potsdam bei Berlin entstanden war und jetzt mit dem Wort „Potsdam" bezeichnet wurde. So war die Armee geneigt, gegen kommunistische Revolutionäre viel schärfer vorzugehen als gegen rechtsradikale. Das zeigte sich bei der sinnlosen Ermordung der Kommunistenführer Rosa
40 Luxemburg und Karl Liebknecht im Januar 1919. Das zeigte sich

electoral districts, precincts/ proportional representation system

basic human rights

emergency decrees

Rosa Luxemburg

ebenfalls, als 1920 die Armee bei dem rechtsradikalen „Kapp-Putsch" in Berlin nicht eingriff.° Die Republik wurde durch einen Generalstreik der Arbeiter und Angestellten gerettet. Das Bündnis der Sozialdemokraten mit der Armee war ein Bündnis ungleicher 45 Partner, und es zeigte, wie viele Menschen und Einrichtungen es in Deutschland gab, die die neue Staatsform grundsätzlich ablehnten.

eingreifen *intervene*

Die Inflation

Die Gegner der Republik hatten es nicht schwer, die Schwächen des Systems zu zeigen. Das Verhältniswahlsystem brachte viele kleine Parteien in den Reichstag. Es gab nie klare Mehrheiten, und alle Regierungen von 1919 bis 1933 waren Koalitionsregierun-5 gen, die stets in Gefahr waren, wegen unwichtiger Meinungsver-schiedenheiten° auseinanderzubrechen. Außerdem hatte Deutsch-land den Krieg verloren. Die Deutschen setzten große Hoffnungen auf die „14 Punkte" des amerikanischen Präsidenten Wilson. Aber bei den Friedensverhandlungen in Versailles gab es Gleichberechti-10 gung° und Selbstbestimmung° nur für die Sieger, nicht für die Be-siegten. In Osteuropa wurden auf dem Gebiet von Rußland und

differences of opinion

equal rights /
self-determination

Österreich neue Staaten gebildet: Estland, Lettland, Litauen, Polen,
die Tschechoslowakei, Jugoslawien, Ungarn. Es wurden Abstimmun-
gen° abgehalten, welche deutschen Gebiete sich Dänemark oder Po-   *plebiscites*
15 len anschließen wollten, doch Danzig durfte nicht deutsch bleiben,
und den Deutsch-Österreichern wurde verboten, sich mit Deutschland zu verbinden. Die Deutschen wurden als „schuldig" am Ersten
Weltkrieg erklärt, und sie mußten Reparationen zahlen. Die
deutschen Kolonien und bisher türkische Gebiete wurden als „Man-
20 date" anderer Staaten, vor allem England und Frankreich, übergeben. Die Friedensbedingungen waren also für Deutschland sehr hart
und entwürdigend,° und der Versailler Friede hieß in Deutschland   *degrading*
nur das „Friedensdiktat". Revanche für Versailles wurde in den rechts-
gerichteten Kreisen der erste Programmpunkt.
25   Die deutsche Armee durfte nicht mehr als 100.000 Mann haben.
Schwere Waffen, Flugzeuge und große Kriegsschiffe waren verboten. So erprobte die deutsche Armee verbotene Waffen insgeheim in
der Sowjetunion, und neben der regulären gab es auch eine
„schwarze" Reichswehr. Außerdem zogen „Freikorps" durch das
30 Land, Söldnertruppen, die dort kämpften, wo es Krieg gab: in den
baltischen Staaten, an der deutsch-polnischen Grenze, innerhalb
Deutschlands gegen die Kommunisten. Diese ehemaligen Soldaten
fanden nicht mehr den Weg zurück ins Zivilleben und schon gar
nicht in einen demokratischen Staat; sie wurden militärische Aben-
35 teurer, bereit, für den zu kämpfen, der sie bezahlte, und stets auf
der Suche nach einem neuen Krieg.
    Schwierigkeiten hatte auch die deutsche Wirtschaft. Sie verlor
durch den Friedensvertrag alle ihre Patente, und sie wurde auf dem
Weltmarkt diskriminiert. Gerade jetzt aber war der Export wichtig,
40 denn Deutschland sollte ja Reparationen bezahlen. Das Reich hatte
jedoch viele Rohstoffe verloren, sowohl in den Kolonien als auch in
den verlorenen deutschen Provinzen wie Elsaß-Lothringen und
Oberschlesien. Industriewaren waren aber nicht erwünscht.
    Die deutsche Wirtschaft stagnierte. Der deutsche Staat konnte
45 weder die Kriegsschulden in Deutschland noch Reparationen zahlen,
und so verlor die deutsche Reichsmark an Wert. Die Inflation stieg
bis zu grotesken Höhen, als 1923 die Franzosen den Rhein über-
schritten und als Sanktion für nicht bezahlte Reparationen außer
dem linken Rheinufer auch das Ruhrgebiet besetzten. Die Reichsre-
50 gierung rief zu einem „passiven Widerstand" auf. Das Geld verlor
täglich an Wert; Löhne und Gehälter wurden jeden Tag gezahlt, da
die Menschen sonst nichts mehr für ihr Geld kaufen konnten. Der
deutsche Mittelstand verlor sein Vermögen und sein Selbstver-

trauen; viele kleine Firmen gingen zugrunde. Die Großindustrie al-
55 lerdings profitierte eher von der Geldentwertung.°   *monetary devaluation*

    Die wirtschaftliche Krise hatte unmittelbare politische Auswirkun-
gen.° Eine „Separatistenbewegung" versuchte, das Rheinland vom   *consequences*
Reich zu trennen und rief sogar eine unabhängige rheinische Republik aus. Die deutsche Reichswehr unterdrückte die linksradikalen
60 Parteien und Regierungen in Sachsen, Thüringen und Hamburg.
Ein Putsch der Nationalsozialisten unter Adolf Hitler in München
schlug fehl, weil das Militär auf der Seite der Regierung blieb.

    Im Sommer 1923 hatte Reichspräsident Ebert Gustav Stresemann
zum Reichskanzler berufen. Stresemann, der bedeutendste deutsche
65 Politiker der Zeit, erhielt die Einheit des Reiches, seine parlamentarische Regierungsform und führte am 1. Januar 1924 eine neue Wäh-
rung ein, die „Rentenmark".° Die deutsche Reichsmark wurde im   *monetary unit based*
Verhältnis 1:1 Billion abgewertet. Diese Maßnahmen beendeten die   *on land values*
Zeit der Revolution und Putschversuche und leiteten eine Periode
70 der Ruhe und relativen Stabilität ein. Auf die Politik der Konfrontation mit den Allierten folgte ein Versuch der Versöhnung° mit den   *reconciliation*
ehemaligen Gegnern.

Locarno

    Stresemann blieb bis zu seinem Tod im Jahr 1929
Deutschlands Außenminister. Um eine Verständigung° mit Frank-
reich zu erreichen, akzeptierte er im Westen die in Versailles ge-   *agreement, understanding*
schaffenen Tatsachen und erkannte die neuen Grenzen an. Frank-
5 reich hingegen verzichtete auf weitere Gewaltakte, wie die Besetzung
des Ruhrgebiets, und zog seine Truppen vorzeitig vom linken
Rheinufer zurück. Deutschland wurde als Mitglied in den Völker-
bund° aufgenommen, und neue Abmachungen° über die Repara-   *League of Nations/*
tionszahlungen wurden erreicht. Der Höhepunkt dieser Verständi-   *agreements*
10 gungspolitik war der Vertrag von Locarno 1926. Jetzt schien eine
Epoche der Verständigung, ja der Freundschaft, anzubrechen. Die
Deutschen und Franzosen bemühten sich, ihre Feindschaft zu überwinden.

    Die internationale Anerkennung machte Deutschland wieder kre-
15 ditfähig. Die deutschen Länder und Gemeinden brauchten viel Geld.
Sie wollten nicht nur nachholen, was seit 1914 liegengeblieben war,
sondern viele ehrgeizige Pläne verwirklichen: Neue Straßen für den

Außenminister Stresemann vor dem Völkerbund in Genf, September 1926

modernen Verkehr und Schulen, in denen Lehrer und Schüler in einer neuen Weise zusammenarbeiten konnten. Sie wollten die alten
20 Städte sanieren und statt der „Mietskasernen"° Siedlungen bauen, in   *large tenements*
denen sich die Menschen wohlfühlten. Sie brauchten Altersheime, Ferienheime, Kindergärten. Die Idee des sozialen Staates verband sich mit dem Konzept einer Stadt, in der die Menschen freier und gesünder leben konnten.
25   Das waren große Pläne für ein armes Land wie Deutschland; doch die Länder und Gemeinden borgten in ihrem Optimismus viel Geld, besonders aus den USA. Während sich die Sozialdemokraten in der Reichspolitik nur selten durchsetzen konnten, hatten sie in vielen Ländern und Städten die Mehrheit und konnten ihre kulturpoli-
30 tischen und sozialpolitischen Pläne durchführen. Damit versöhnten sie zwar nicht die Gegner der Republik; aber sie schafften eine größere Stabilität. Wie wenig Vertrauen die Deutschen zu ihrer Republik hatten, zeigte sich 1925, als Reichspräsident Ebert starb und Generalfeldmarschall Paul von Hindenburg zu seinem Nachfolger
35 gewählt wurde. Hindenburg war gewiß kein Demokrat, und er stand der Republik und der parlamentarischen Regierungsform fern. Je-
doch versuchte er, mit preußischer Pflichttreue° sein Amt zu verwal-   *dutifulness*
ten, und damit enttäuschte er vorerst die Gegner der Republik, die gehofft hatten, er würde helfen, die Monarchie wieder einzuführen.

40 Konnte jedoch ein so alter Mann das richtige Staatsoberhaupt° in   *head of state*
einer Krise sein?

Die Goldenen Zwanziger Jahre

Kulturell war die Zeit zwischen 1918 und 1933 eine der
interessantesten Epochen in Deutschland. Im Rückblick ist deshalb
die Bezeichnung „die Goldenen Zwanziger Jahre" üblich geworden.
Bei den vielen politischen und wirtschaftlichen Schwierigkeiten ist
5 die Bezeichnung „golden" eher problematisch. Doch die politische
Freiheit begünstigte kühne und großartige Experimente in allen
Künsten. Im Theater setzte sich die Glanzzeit von vor 1914 fort, ja
sie gipfelte jetzt in vielen neuen Ideen im Zeichen des Expressionismus, die auch auf die neue Kunst, den Film, übertragen wurden.
10 Die Theaterkultur kam gleichfalls dem Rundfunk zugute, der ab
1923 ein regelmäßiges Programm sendete und im Hörspiel° eine ei-   *radio play*
gene literarische Form entwickelte. Auch die Schriftsteller experi-
mentierten mit den Formen, mit den Themen, ja mit der Sprache
selbst. Sie wollten in ihren Dichtungen das neue Lebensgefühl des
15 Menschen in der Großstadt ausdrücken, und sie wollten Visionen

Thomas Mann

Bert Brecht

einer besseren Zukunft und eines neuen Menschen geben. In den
späteren zwanziger Jahren wandten sich die Schriftsteller mehr der
Gegenwart zu und nahmen Stellung zu politischen und sozialen Fragen. Hermann Hesse begeisterte die Jugend mit „Demian" und
20 „Steppenwolf". Alfred Döblin schrieb den Großstadtroman „Berlin
Alexanderplatz"; Thomas Manns „Zauberberg" wurde ein unerwartet großer Erfolg; Bert Brecht gewann durch seine „Dreigroschen-
oper" Weltruhm. Carl Zuckmayer schrieb in seiner Komödie „Der
Hauptmann von Köpenick" eine Satire auf den deutschen Polizei-
25 staat; Erich Kästner schilderte im Roman „Fabian" die moralische
Unordnung seiner Zeit und in seinen Gedichten die Lächerlichkeiten
des Bürgertums. Der Stil dieser Werke wurde „Neue Sachlichkeit"
genannt.
  Nicht nur die Literatur suchte nach neuen Formen. Die Architek-
30 tur entdeckte die vielen Möglichkeiten des Betonbaus. Die bildenden
Künste fanden einen Mittelpunkt im „Bauhaus", einer Schule für
alle bildenden Künste; nicht nur Malerei, Bildhauerei, Architektur,
sondern auch Industrieform,° Weben, Drucken, Innenarchitektur,   *industrial design*
Möbelherstellung. Das Bauhaus betonte den Zusammenhang von
35 Handwerk und Kunst; es bemühte sich um klare, funktionelle Formen und bekämpfte alle überflüssigen° Dekorationen. Das Bauhaus   *superfluous*
hatte viele Gegner, bereits in den zwanziger Jahren, und so mußte
es von Weimar nach Dessau umziehen, und schließlich nach Berlin,

Das Bauhaus bemühte sich um klare, funk-
tionelle Formen.

wo es 1934 aufgelöst wurde. Seine Architekten wie Gropius und
40 Mies van der Rohe emigrierten, ebenso Maler wie Klee und Kandinsky; sie verbreiteten die Ideen und Stilvorstellungen des Bauhauses in der ganzen Welt.

Die Tiefenpsychologie Freuds wurde jetzt angewandt und weiter
entwickelt; in der Philosophie begründeten Karl Jaspers und Martin
45 Heidegger mit dem Existentialismus eine neue Denkrichtung°, die   *philosophical*
erst viel später, auf dem Weg über Frankreich, in das allgemeine   *movement, trend*
Bewußtsein dringen sollte. In der Physik waren Max Plancks Schüler
auf dem Weg zu entscheidenden Fortschritten in der Atomphysik.
Überall war eine starke Dynamik zu spüren.

50 Als 1930 in Deutschland die wirtschaftliche und politische Krise

begann, mußten die Künstler und Wissenschaftler Partei ergreifen.
Die Mehrzahl von ihnen hat nach 1933 Deutschland verlassen und
anderswo, vor allem in den USA, eine neue Heimat gefunden. Man
könnte sagen, daß zwischen 1941 und 1945 Los Angeles der eigent-
55 liche Mittelpunkt der deutschen Literatur war, wo Heinrich und
Thomas Mann, Franz Werfel, Alfred Döblin, Bert Brecht und viele
andere Schriftsteller lebten. In der Architektur, den bildenden Künsten, der Musik und verschiedenen Wissenschaftszweigen hat die
Emigration der Welt manche Anregungen und neue Ideen gebracht.
60 Schwieriger war es im Theater, denn der deutsche Stil paßte nicht
auf den Broadway; manche Emigranten hatten jedoch in Hollywood
Erfolg.

   Mit dieser Emigration ist in Deutschland eine kulturelle Tradition
abgebrochen. Alle Versuche, nach 1945 an die „Goldenen Zwanziger
65 Jahre" wieder anzuknüpfen,° waren umsonst. Die heutige deutsche   **anknüpfen (an)** *to*
Kultur mußte sich neu und aus anderen Voraussetzungen ent-   *renew; to resume*
wickeln.

Das Ende der Republik

Die amerikanische Wirtschaftskrise hatte unmittelbare
Folgen in Deutschland, da viele Kredite gekündigt wurden. Banken
stellten ihre Zahlungen ein, und die Arbeitslosigkeit° wuchs. Politisch   *unemployment*
blieb das Land bis 1930 verhältnismäßig ruhig, da die Parteien eine
5 „große Koalition" gebildet hatten, um eine stärkere Regierung zu
bekommen. 1930 fiel diese Koalition auseinander, und es gab keinen
Staatsmann, der wie Ebert und Stresemann fähig gewesen wäre, die
Krise zu meistern. Bei den Reichstagswahlen von 1930 errangen die
radikalen Parteien große Erfolge, und zwar außer den Kommunisten
10 vor allem die Nationalsozialisten, Hitlers Partei, die bis dahin im
Reichstag eine unbedeutende Splittergruppe° gewesen war. Hitlers   *splinter group*
Ziel war es, zu zeigen, daß das parlamentarische System schlecht war.
Die politischen Auseinandersetzungen wurden zu Straßenkämpfen
und Saalschlachten;° die Regierung hatte Mühe, sich gegen den Ter-   *indoor brawls, battles*
15 ror von links und rechts durchzusetzen. Die Republik mußte um ihre
Existenz kämpfen. Die nationalsozialistische Fraktion im Reichstag
stimmte gewöhnlich gegen die Gesetze, aber brachte selbst keine
positiven Vorschläge; ähnlich machten es oft die Kommunisten, und
so entstanden „negative Mehrheiten", nämlich Mehrheiten, um ein
20 Gesetz abzulehnen, aber ohne eine positive Alternative. Der Reichs-

kanzler Heinrich Brüning von der Zentrumspartei konnte daher nur
mit Notverordnungen regieren. Da der Reichspräsident die Notverordnungen erlassen mußte, wurde Hindenburg zu einer entscheidenden Figur. 1932 war seine Amtszeit zuende, und er schien der
25 einzige, der eine Wahl Hitlers verhindern konnte, also unterstützten
alle demokratischen Parteien von den Sozialdemokraten bis zu den
Konservativen seine Wiederwahl.° Hindenburg wurde in zwei Wahl-
gängen° wiedergewählt. *reelection*
 ballots

 Die Wirtschaftskrise war keineswegs überwunden. Die Regierung
30 Brüning erlitt eine außenpolitische Niederlage, als Frankreich 1931
eine Zollunion von Deutschland und Österreich verhinderte. Die
Zahl der Arbeitslosen stieg auf 7 Millionen. Zwar hätte Brünings Politik der Sparsamkeit auf die Dauer die Wirtschaft sanieren können,
doch die Arbeitslosen merkten nichts davon. Die jungen Leute hat-
35 ten keine Berufschancen und verloren das Vertrauen zur Republik.
So ging es nicht weiter. Vielleicht hatten die Kommunisten recht, die
eine radikale Änderung versprachen, vielleicht die Nationalsozialisten, die von einer „nationalen Revolution" redeten.

 Kurz nach seiner Wiederwahl entließ der Reichspräsident seinen
40 Kanzler Brüning. Damit begann das letzte und turbulenteste Jahr
der Republik. Hindenburg stützte sich jetzt auf die Konservativen,
die seinen Anschauungen am nächsten standen. Aber sie waren noch
weniger imstande die Krise zu meistern als Brüning. Es gab mehrere
Reichstagswahlen kurz hintereinander. Dabei wurden die National-
45 sozialisten zur stärksten Reichstagsfraktion.° Hitler hatte nicht nur *parliamentary group*
die unzufriedenen Massen hinter sich; er verstand auch, einen mo- *of the Reichstag*
dernen Wahlkampf zu organisieren. Viele der konservativen Poli-
tiker und Industriellen, die mit manchen seiner Ideen überein-
stimmten, begannen jetzt zu denken, es sei besser, Hitler in die Re-
50 gierung aufzunehmen, um seine laute Opposition loszuwerden. Nur
dann konnte man hoffen, wieder Ruhe und Ordnung im Land zu
bekommen. Außerdem, so hoffte man, würde der wilde Hitler sich
beruhigen, wenn er einmal in der Regierung sei und Verantwortung
zu tragen habe. Obendrein wußten die Konservativen die Armee auf
55 ihrer Seite. Gemeinsam, durch ihre Politiker, Industriellen, Generäle
und mit der Hilfe des Reichspräsidenten wollten die Konservativen
Hitler kontrollieren. Er sollte das tun, was sie nicht konnten, nämlich
das Volk beruhigen, und im übrigen ihre Politik ausführen. Diese
konservative Richtung, deren Partei die Deutschnationale Volkspar-
60 tei war, erstrebte einen autoritären Staat mit einer aristokratischen
Herrschaft, soweit ihre Anhänger nicht einfach die Monarchie wiederherstellen wollten.

Hitler durchschaute° die Ziele seiner Partner und nutzte sie aus. **durchschauen** *to see*
Er merkte, wie wenige der Politiker die Weimarer Republik ernsthaft *through*
65 verteidigten. Er sagte und schrieb ja immer wieder, daß er das parlamentarische System zerstören wollte, und trotzdem suchte man die
Koalition mit ihm. So fühlte er sich ermutigt, die Verfassung
umzustoßen.° **umstoßen** *to overthrow*

Hindenburg sträubte° sich längere Zeit, Hitler als Reichskanzler zu **sich sträuben** *to resist*
70 berufen. Endlich jedoch, am 30. Januar 1933, übernahm Hitler als
Reichskanzler in einer Koalitionsregierung mit den Deutschnationalen die Regierung. Kaum war er an der Macht, da kümmerte er sich
um seine Partner überhaupt nicht mehr. Alfred Hugenberg, der
Führer der Deutschnationalen, trat nach wenigen Monaten als Mi-
75 nister zurück; Franz von Papen, der zweite prominente Konserva-
tive, verlor schnell alle Macht und wurde als Botschafter kaltgestellt.° *removed from the center*
Die Armee setzte sich nicht gegen Hitler durch. Hindenburg starb *of power*
bereits im August 1934. Die Konservativen hatten Hitler zur Macht
verholfen; aber sie hatten nicht erwartet, daß er in wenigen Monaten
80 eine Diktatur errichten konnte, in der sie selbst machtlos waren. So
mußten die Konservativen den bitteren Weg von der erträumten
Macht zur illegalen Opposition gehen. Unter den Verschwörern° des *conspirators*
20. Juli 1944 waren neben Liberalen, Christen und Sozialisten auch
Konservative.

12

Der Nationalsozialismus

Der Geburtstag des Führers 1939: Die SS-Leibstandarte Totenkopf marschiert an Hitler vorbei.

ZEITTAFEL

30. Januar 1933	Adolf Hitler wird Reichskanzler.
1934	Tod Hindenburgs, Hitler „Führer" und Reichskanzler.
1938	Anschluß Österreichs.
9. November 1938	Kristallnacht.
1939–1945	Zweiter Weltkrieg.
1941	Krieg Deutschlands gegen die Sowjetunion und die USA.
1942	Beginn der „Endlösung" der Judenfrage.
1944	Invasion der Alliierten in Frankreich.
20. Juli 1944	Attentat gegen Hitler, Umsturzversuch.
8. Mai 1945	Kapitulation der deutschen Truppen, Waffenstillstand.

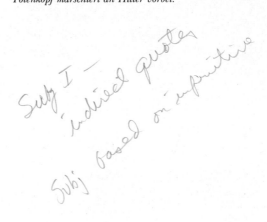

Adolf Hitler

Adolf Hitler, Deutschlands „Führer", wurde 1889 in
Braunau am Inn als Sohn eines österreichischen Zollbeamten° geboren. Hitlers Vater war der uneheliche° Sohn einer Bauernmagd
gewesen; er hatte sich mit bemerkenswerter Energie und Intelligenz
5 zum mittleren Beamten und zu einigem Wohlstand hochgearbeitet.
Dabei half ihm mit, daß er seinen mütterlichen Namen Schickel-
gruber in den seines vermutlichen Vaters Hitler umändern konnte.
Er heiratete dreimal; sein Sohn Adolf stammte aus der letzten Ehe.
Adolf war ein guter Schüler, bis er auf die Realschule in Linz kam,
10 wo der Vater nach seiner Pensionierung lebte. Hier blieb er sitzen°
und mußte schließlich die Schule verlassen. Inzwischen war sein Vater gestorben, und seine Mutter ließ ihm die Freiheit, nichts zu tun
als von gigantischen Opern im Stil Richard Wagners und von gewal-
tigen Städtebauten zu träumen. Adolf Hitler bewarb sich an der
15 Kunstakademie in Wien; aber er wurde abgewiesen. Er hatte das
Ziel, Architekt zu werden, doch dafür fehlte ihm die Schulbildung.
Also blieb er in Wien, ohne einen Beruf zu erlernen. Er lebte erst
vom Erbteil° seiner Familie, dann, als das Geld seiner Mutter und
seiner Tante zuende war, geriet er in Not. Er malte Ansichtskarten,°
20 die von jüdischen Händlern verkauft wurden. Er mußte längere Zeit
in einem „Männerheim"° wohnen. In seinem Buch „Mein Kampf"
hat er später diese Notzeit dramatisch geschildert, ohne allerdings zu
erklären, warum er in Not geraten war.
    In seiner Wiener Zeit las Hitler sehr viel, und zwar besonders
25 Broschüren, die damals von politischen Agitatoren verteilt wurden.
Zum Beispiel gab es einen Mann, der sich Lanz von Liebenfels
nannte, auf einer Burg wohnte und von blonden und blauäugigen
Ariern träumte—solche Schriften haben Hitler beeindruckt. Er bildete sich eine eigene Weltanschauung. Alle Kultur, alles Wertvolle
30 und Positive sei von nordischen Ariern geschaffen worden. Der Tod-
feind° der Arier sei das Judentum, das die Weltherrschaft anstrebe
und die Arier vernichten wolle. Die Juden seien eine negative, zer-
setzende° Rasse. In der Zukunft werde es einen entscheidenden
Kampf zwischen den arischen Lichtmenschen° und den jüdischen
35 Untermenschen geben. Die Arier seien heroisch; sie liebten Kampf,
Krieg und Tod; sie kämpften um ihre Ehre. Die Arier bildeten Ge-
meinschaften, die aus Führer und Gefolgschaft bestehen. Die Führer
seien Ausnahmemenschen° und die Massen, die Gefolgsleute,° seien
verpflichtet, ihnen blind zu folgen. Ihre höchsten Tugenden seien
40 Treue und Gehorsam. Unsere Zeit sei dekadent, und die nordische

customs official
illegitimate

could change

sitzenbleiben *to have
to repeat a grade in
school*

inheritance
picture postcards

asylum for men

*at that
time*

deadly enemy

destructive
"men of light"

*exceptional human
beings / followers*

Loyalty & Obedience

Rasse habe sich mit anderen Rassen gemischt. Das müsse geändert
werden. Die neue Elite der Arier sei bewußt auszuwählen, ja zu
züchten.° Hitler selbst war keineswegs groß, blond und blauäugig,   **züchten** *to breed*
doch er hielt sich ohne Zweifel für den von der Vorsehung auser-
45 wählten Führer, der die Arier zur Weltherrschaft führen und die
Juden vernichten sollte.

    Hitler wollte dem österreichischen Militärdienst entgehen, und so
zog er 1913 nach München. 1914 jedoch, als der Weltkrieg ausbrach,
wurde auch Hitler von der großen Begeisterung ergriffen; er wurde
50 als Freiwilliger in ein bayrisches Regiment aufgenommen. Unter den
Soldaten war er ein Einzelgänger,° verschlossen, humorlos. Er war   *loner*
tapfer und bekam das Eiserne Kreuz 1. Klasse. Führungseigenschaf-
ten° besaß er wohl nicht, denn er wurde nur Gefreiter, nicht einmal   *leadership abilities*
Unteroffizier. Bei Kriegsende lag er, für kurze Zeit erblindet, mit
55 einer Gasvergiftung° im Lazarett. Nach seiner Rückkehr nach   *gas poisoning*
München beschäftigte ihn die Armee in ihrer politischen Abteilung:
Er erstattete Berichte über die vielen politischen Parteien, die damals
neu entstanden. Eine solche Partei war die „Deutsche Arbeiterpartei", eine rechtsradikale Splittergruppe, die vorwiegend aus Hand-
60 werkern bestand. Hitler trat dieser Partei bei; er wurde in den Vorstand gewählt und schließlich ihr Führer. Er organisierte die Partei
um und begann, Massenversammlungen abzuhalten, in denen er
durch seine wilden Reden und durch die Saalschlachten seiner
„Sturm-Abteilungen" (SA) Aufsehen° erregte.   *sensation, stir*

Hitlers Aufstieg zur Macht

    Hitlers Ziel war es, die parlamentarische Demokratie
zu beseitigen. Die Nationalsozialistische Deutsche Arbeiterpartei
(NSDAP), wie sie jetzt hieß, war keine Partei, sondern eine „Bewegung".° Sie hatte eine „Weltanschauung" und benutzte viele religiöse   *movement*
5 Zeremonien und Symbole. Ein Parteiprogramm hingegen hatte die
NSDAP eigentlich nicht. Ganz zu Anfang wurden einmal „20
Punkte" verkündet, die sehr allgemein und vage waren. Aber Hitler
sprach von „Rache für Versailles". Er lockte die Bauern mit der Idee
von „Blut und Boden", das heißt, der bäuerliche Grundbesitz° sollte   *landed property*
10 geschützt werden. Er sprach von einer neuen nordischen Elite. Den
Arbeitern bot er den Satz an: „Gemeinnutz° geht vor Eigennutz";°   *public utility / private use*
die „Arbeiter der Stirn und der Faust" sollten eine Gemeinschaft bil-

den, das heißt, die Klassen der Gesellschaft sollten verschwinden. Außerdem versprach er Ruhe und Ordnung. Er versprach, das
15 „Dritte Reich", das tausend Jahre dauern sollte, herbeizuführen und den Todfeind, die Juden, aus Deutschland zu vertreiben.

In der unruhigen Anfangszeit versuchte es auch Hitler mit einem Putsch. Aber sein Putsch vom 9. November 1923 in München, an dem Erich von Ludendorff teilnahm, brach schnell zusammen. Hit-
20 ler wurde gefangen genommen und verurteilt; jedoch nicht, wie zu erwarten war, als Ausländer ausgewiesen.° Hitler ist übrigens erst **ausweisen** *to expel* 1932 deutscher Staatsbürger geworden. 1925, als Hitler aus dem Gefängnis kam und die Partei neu organisierte, änderte er die Taktik: Er wollte „legal" an die Macht kommen. Die Wirtschaftskrise gab
25 Hitlers Propaganda Glaubwürdigkeit.° Ab 1930 gewann die NSDAP *credibility* in den Reichstagswahlen immer mehr Sitze, und trotz einer Krise im Jahr 1932 blieb sie die stärkste Partei. Hitlers Berufung zum Reichskanzler im Jahr 1933 war nach den Regeln des parlamentarischen Staates richtig. Nur hatte Hitler das demokratische System lediglich
30 benutzt, um es zu zerstören.

In den ersten Monaten seiner Regierung erließ er Gesetze, die der Regierung die Macht gaben, alles zu tun was sie wollte. Er brauchte formell die Weimarer Verfassung nicht aufzuheben. Sie ist auch bis zum Ende von Hitlers Herrschaft in Kraft geblieben, obwohl alle
35 wesentlichen Bestimmungen,° die Grundrechte der Bevölkerung *provisions* und die Teilung der Gewalten, mißachtet wurden.

Die Diktatur

Hitler verbot alle Parteien außer der NSDAP; ebenfalls die Gewerkschaften, an deren Stelle er die „Deutsche Arbeitsfront" setzte. Er sorgte dafür, daß alle Länder in Deutschland nationalsozialistische Regierungen bekamen, und er zentralisierte die Verwal-
5 tung. Er beschäftigte die Massen durch ständige Veranstaltungen: Aufmärsche,° Demonstrationen, Volksabstimmungen, in denen 99% *parades* für die Regierung waren, und seine Reden. Die politischen Gegner wurden durch die Folterungen° der „Gestapo" (Geheime Staatspoli- *tortures* zei) und durch die Einrichtung von Konzentrationslagern terrori-
10 siert. Im Reichstag waren nur noch Abgeordnete der NSDAP. Sie hörten sich Reden an, stimmten mit „Ja" und sangen zum Schluß die deutsche Nationalhymne, weshalb der Reichstag der „teuerste Ge-

sangverein der Welt" genannt wurde. Um die Arbeitslosigkeit zu beseitigen, unternahm die Regierung neue öffentliche Arbeiten.
15 Deutschland kümmerte sich nicht mehr um das internationale Währungssystem und finanzierte mit Krediten ohne viel Sicherheit.
Moore wurden entwässert, Arbeitersiedlungen gebaut, und Hitler
machte Ernst mit dem Bau der Autobahnen, die bereits geplant worden waren. Die erste Strecke zwischen Bonn und Köln war auf Ini-
20 tiative des Oberbürgermeisters von Köln, Konrad Adenauer, fertig-
gestellt worden. Für Hitler waren die Autobahnen nicht nur
Verkehrswege, sondern auch Transportwege für die neue Armee. Er
kümmerte sich nicht mehr um die Bestimmungen des Versailler
Vertrags und begann mit der Wiederaufrüstung° Deutschlands. Da   *rearmament*
25 Hitler in vielen technischen Fragen modern und unvoreingenom-
men° dachte, gefiel ihm auch die Idee des „Volkswagens", eines bil-   *unprejudiced*
ligen Autos für weniger als 1000 Mark, das sich jeder Arbeiter leisten
könnte. Für den Bau dieses Autos wurde eine neue Fabrik und für
die Fabrik eine neue Stadt, Wolfsburg, gebaut. Die Leistungen und
30 Hoffnungen während der ersten Jahre von Hitlers Regierung überzeugten viele Menschen, besonders weil Hitler und sein Propagandaminister Goebbels es verstanden, alle Kommunikationsmittel so zu
manipulieren, daß die Taten der NSDAP dauernd gelobt wurden.
Selbst viele Ausländer waren beeindruckt, als 1936 in Berlin die
35 Olympischen Spiele abgehalten wurden.

Hitler verstand es, die Schwächen seiner außenpolitischen Gegner
ebenso auszunutzen wie die seiner Gegner in Deutschland. In England und Frankreich war das Bewußtsein weit verbreitet, daß der
Friedensvertrag von Versailles nicht gerecht gewesen war. So hin-
40 derte niemand Hitler daran, gegen die Friedensbestimmungen das
entmilitarisierte Rheinland zu besetzen; niemand verhinderte die
Aufrüstung, ja nicht einmal den „Anschluß"° Österreichs an   *joining, annexation*
Deutschland im Jahr 1938, der 1919 verboten worden war. Zu einer
ersten Krise kam es, als Deutschland im Herbst 1938 von der Tsche-
45 choslowakei die Abtretung° der deutschsprachigen Grenzgebiete, des   *cession*
„Sudetenlandes", verlangte. Überall in den Ländern Osteuropas und
Südosteuropas, besonders im früheren Österreich-Ungarn, gab es
deutschsprachige Minderheiten, Volksdeutsche° genannt, da sie   *ethnic Germans*
nicht die deutsche Staatsangehörigkeit besaßen. Auch diese
50 Deutschen waren von Hitlers Versprechungen beeindruckt, denn er
verkündete,° er wolle Großdeutschland errichten und alle Deutschen   **verkünden** *to proclaim*
„heim ins Reich" holen. Da England und Frankreich der Friede
wichtiger war als die Tschechoslowakei, erhielt Hitler das Sudetenland. Bis jetzt konnte er behaupten, daß er nur deutschsprachige
55 Gebiete angliedern wollte. Aber im Frühjahr 1939 besetzte er „Böh-

Die deutschen Truppen rücken im Herbst 1938 im Sudetenland ein.

men und Mähren" und errichtete eine faschistische Diktatur in der
Slowakei. Als Deutschland im September 1939 Polen angriff, erklärten Frankreich und England dem Deutschen Reich den Krieg.

Der Zweite Weltkrieg

Die Deutschen eroberten Polen in einem „Blitzkrieg"°   *"lightning war"*
von wenigen Wochen. 1940 führten sie weitere Blitzkriege gegen
Dänemark, Norwegen, Frankreich, Belgien, Luxemburg und Holland. Es machte Hitler nichts aus, daß alle Länder außer Frankreich
5 neutral gewesen waren. Die Deutschen gewannen jedoch nicht die
Luftschlacht über England, und Hitler wagte keine Invasion Eng-
lands. 1941 eroberten die Deutschen Jugoslawien und Griechenland,
und mit ihren italienischen Verbündeten kämpften deutsche Soldaten in Libyen und Ägypten gegen die Engländer, ohne jedoch ihr
10 Ziel, den Suezkanal, zu erreichen.

1941 griff Deutschland auch seinen bisherigen Verbündeten,° die   *ally*
Sowjetunion, an, und im gleichen Jahr traten die USA nach dem

japanischen Angriff auf Pearl Harbor in den Krieg. Jetzt wurde der
Krieg zum Weltkrieg, in dem Deutschland und Japan versuchten,
15 ihre Kräfte mit den USA und der Sowjetunion zu messen. Die
Deutschen kamen in Rußland bis kurz vor Moskau und Leningrad,
bis an die Wolga und in den Kaukasus. Doch nach der Niederlage
von Stalingrad um die Jahreswende 1942–1943, wo eine deutsche
Armee eingeschlossen und dann zur Kapitulation gezwungen wurde,
20 begann der deutsche Rückzug. Auch in Afrika wurden die
Deutschen geschlagen, und die Alliierten landeten zuerst in Italien
und im Juni 1944 auch in Frankreich.

Der Krieg war nicht nur auf die Fronten beschränkt. Die
Deutschen begannen mit Luftangriffen auf englische Städte, um die
25 Zivilbevölkerung zu erschrecken; die Alliierten antworteten mit immer stärkeren Luftangriffen, bis 1945 fast alle größeren deutschen
Städte weitgehend zerstört waren.

Je länger das Regime Hitlers dauerte, desto schlimmer wurde die
Unterdrückung der innenpolitischen Feinde. Die Judenverfolgun-
30 gen° begannen bereits 1933, aber sie fanden noch einigen Wider-   *persecution of Jews*
stand. Das erste Ziel der Nazis war, die Juden zur Auswanderung zu
zwingen. Die „Nürnberger Gesetze" von 1935 verboten Heiraten
zwischen Juden und Deutschen. Allmählich wurden den Juden im-

Mahnmal im Konzentrationslager Dachau bei München

mer mehr berufliche Beschränkungen auferlegt.° Der Terror begann
35 mit der Zerstörung von Geschäften und Synagogen in der „Kristallnacht"° im November 1938, die wegen des zerbrochenen Glases so
genannt wird. 1941 wurden alle Juden gezwungen, einen gelben
„Judenstern"° zu tragen, und im gleichen Jahr wurde die „Endlösung"° beschlossen, alle europäischen Juden zu töten. In den „Ver-
40 nichtungslagern"° wie Auschwitz wurden dabei Methoden entwik-
kelt, die es möglich machten, in der kurzen Zeit bis 1944 mehr als 6
Millionen Menschen umzubringen. Die Existenz dieser Todeslager
und der Vernichtungsmethoden wurden geheim gehalten; bei den
Deportationen hieß es offiziell, die Juden würden nach Polen „um-
45 gesiedelt".° Der Terror und die Angst vor Denunziationen verhinderten, daß über diese schrecklichen Vorgänge geredet wurde. Auch
was in den anderen Konzentrationslagern wie Buchenwald, Dachau
oder Bergen-Belsen, deren Existenz bekannt war, geschah, wurde
nicht verbreitet. Zudem waren viele dieser Vorgänge so unglaublich,°
50 daß sich Deutsche weigerten zu glauben, daß ihre Landsleute so
etwas tun könnten—bis sie es nach 1945 glauben mußten. In den
Konzentrationslagern kamen politische Gegner Hitlers, Juden, religiöse Gegner, Zigeuner° und Schwerverbrecher° unterschiedslos zusammen. Hier wurden Hunderttausende von Menschen durch Hun-

auferlegen *to impose*

"crystal night"

Star of David
"final solution"
extermination camps

umsiedeln *to resettle*

unbelievable

gypsies / hardened
criminals

*Julius Leber, einer der führenden Widerstandskämpfer gegen Hitler, vor
dem Volksgerichtshof*

55 ger, Folterungen, Hinrichtungen oder diabolische medizinische
Experimente umgebracht.

Die deutsche Polizei unterstand dem Reichsführer der SS, Heinrich Himmler. Die SS (Schutz-Staffel) hatte sich nach 1933 aus der
Leibwache° Hitlers zu einer der mächtigsten Organisationen ent-   *bodyguard*
60 wickelt. Sie wollte die neue Elite erziehen. Sie bildete auch eine eigene Armee, die Waffen-SS, die neben der bisherigen Armee bestand. Sie verwaltete die Konzentrationslager. Ihr Terror machte
jede Opposition in Deutschland aussichtslos, ja fast unmöglich. Zwar
bestanden illegale Gruppen der Kommunisten und Sozialdemokra-
65 ten, doch ihre Wirksamkeit war sehr begrenzt. Nur die Armee
konnte hoffen, die nationalsozialistische Herrschaft zu beseitigen. Im
Lauf des Krieges verstärkte sich der Widerstand in der Armee, wie
auch die Opposition innerhalb der christlichen Kirchen stärker
wurde. Frühere Nationalsozialisten begannen, an ihrer Weltan-
70 schauung und an Hitler zu zweifeln. Schließlich fand sich diese Opposition nach mühseligen° und gefährlichen Vorbereitungen zu ei-   *difficult*
ner Verschwörung zusammen, an der alle politischen Richtungen
beteiligt waren. Das Attentat auf Hitler am 20. Juli 1944 mißlang;
der größte Teil der Verschwörer wurde gefangen und hingerichtet.
75 Obwohl der Krieg verloren war, gaben die Nationalsozialisten
nicht auf, bis ganz Deutschland von den alliierten Truppen besetzt
war. Erst am 8. Mai 1945 wurde die bedingungslose° Kapitulation   *unconditional*
der deutschen Wehrmacht unterzeichnet.

Hitler hatte am 30. April in Berlin Selbstmord begangen, kurz be-
80 vor die sowjetischen Truppen den Führerbunker erreichten. Die
Herrschaft der Nationalsozialisten unter Hitlers Führung dauerte
zwölf Jahre. Sein Traum von Großdeutschland, von der Weltherrschaft des nordischen Menschen und sein Haß gegen andere Rassen
führten die Deutschen in die totale militärische Niederlage, die Zer-
85 störung ihres Landes, und brachten auf absehbare° Zeit das Ende   *foreseeable*
des Deutschen Reiches.

Wie war es möglich?

Noch heute ist die Frage akut: Wie war es möglich? Oft
wird die Frage in dieser Form gestellt: Wie konnte das Volk von
Luther, Kant, Goethe und Beethoven solche Untaten° begehen?   *misdeeds*
Darauf gibt es keine Antwort, denn die Fragestellung° ist falsch. In   *(formulation of the)*
5 ihrer großen Mehrheit glaubten die Deutschen während der Nazi-   *question*

zeit und des Krieges, nur ihre Pflicht zu tun. Als die Alliierten 1945
die Kollektivschuld° aller Deutschen proklamierten, fühlten sich die   *collective guilt*
meisten Deutschen unschuldig. Der erste Bundespräsident Theodor
Heuß sprach statt dessen von „Kollektivscham";° aber gewiß kann   *collective (sense of) shame*
10 weder Scham noch Schuldgefühl befohlen werden. Alle guten Vor-
sätze und Ansätze zur „Bewältigung° der Vergangenheit" sind nach   *overcoming*
1945 schnell vergessen worden. Wichtige Fragen bleiben immer
noch ungeklärt, wie zum Beispiel: Wieviel hat der einzelne Deutsche
wirklich von den Verbrechen seines Volkes gewußt? Lange Zeit be-
15 nutzten die Deutschen Hitler als Alibi: Er sei der Verbrecher gewesen und habe sie verführt. Heute stellt jedoch die junge Generation
in Deutschland ihren Eltern und Großeltern unbequeme Fragen.
Das politische Klima duldet keine Schuldigen in öffentlichen Ämtern. Die „Reinigung" vom Nationalsozialismus ist, jedenfalls in der
20 Bundesrepublik, nicht auf einmal, sondern sehr langsam vor sich gegangen, und erst der Wechsel der Generationen macht das Thema
irrelevant. Jemand, der 1933 für Hitler wählen konnte, ist auf alle
Fälle über 70 Jahre alt, also nicht mehr aktiv im Beruf.

Auch ein Deutscher, der jede Schuld seines Volkes ablehnt, weiß,
25 daß die Stellung Deutschlands in der Welt seit dem Nationalsozialismus völlig anders geworden ist. Es ist nicht ganz leicht, stolz darauf
zu sein, daß man Deutscher ist. Und so hat die Mehrheit der
Deutschen seitdem ihre gesellschaftlichen Werte geändert: Das Privatleben kommt an erster Stelle. Der Staat ist ein notwendiges Übel,
30 man muß ihm mit einigem Mißtrauen begegnen. Man ist nicht mehr
so schnell bereit, für das Vaterland zu sterben. Das kulturelle Leben
Deutschlands steht immer noch im Zeichen der Bewältigung der
Vergangenheit. Die Bundesrepublik hat eine offene, nüchterne, kritische und selbstkritische Gesellschaft hervorgebracht, und die
35 Deutsche Demokratische Republik hätte es auch, wenn ihre Zenso-
ren es zugelassen hätten. Die Frage: „Wie war es möglich?" ist nie
beantwortet worden, so viele Erklärungen und Entschuldigungen
auch vorhanden sind. Gerade deshalb steht die deutsche Gesellschaft
immer noch unter der Devise, daß etwas wie der Nationalsozialismus
40 nie wieder geschehen darf.

Das Wirtschaftswunder

Das Zerstörte Stadtzentrum von Frankfurt am Main mit dem Römer im Jahr 1945

ZEITTAFEL

1945	Potsdamer Konferenz, vier Besatzungszonen, Oder-Neiße-Linie als Ostgrenze.
1948	Währungsreform der Westzonen.
1948–1949	Blockade Berlins, Luftbrücke.
1949	Gründung der BRD und der DDR.
17. Juni 1953	Streiks und Aufstand in der DDR.
1955	Souveränität der BRD, Mitglied der NATO.
1957	Gründung der EWG.
13. August 1961	Bau der Mauer in Berlin.
1970	Verträge der BRD mit Polen und der Sowjetunion.
1972	Grundvertrag zwischen BRD und DDR.
1973	BRD und DDR Mitglieder der UNO.

Wiederaufgebaute historische und moderne Bauten am Römerberg in Frankfurt am Main

Das Jahr Null

Das Jahr 1945 wird in Deutschland auch „das Jahr Null"
genannt, da der Aufbau des Landes in diesem Jahr begann und
ebenfalls eine ganz neue Epoche der deutschen Geschichte.

1918, als der Kaiser abdankte, gab es eine Opposition, die die Regierung übernehmen konnte; 1945 lag die Macht allein bei den Alliierten USA, Großbritannien, Frankreich und Sowjetunion. Die vier
Mächte hatten gemeinsame Ziele: Deutschland sollte daran gehindert werden, jemals wieder eine Gefahr für den Weltfrieden zu werden. So sollte es nicht nur vom Nationalsozialismus „gereinigt" werden, sondern auch vom Militarismus. Außerdem sollte Deutschland
nach Möglichkeit die ungeheuren Kriegsschäden° bezahlen. Wie
diese Ziele zu erreichen seien, und wie Deutschland verwaltet werden sollte, ja über die Grenzen eines zukünftigen Deutschlands gab
es verschiedene Ansichten.

Im Juli und August 1945 trafen die Regierungschefs der USA,
Großbritanniens und der Sowjetunion—Frankreich war nicht vertreten—auf Schloß Cecilienhof bei Potsdam zu einer Konferenz zusammen. Sie beschlossen, Deutschland in vier Besatzungszonen° aufzu-
teilen und innerhalb der Besatzungszonen neue Länder zu bilden.
Preußen wurde aufgelöst.° In Berlin, der Hauptstadt, sollte eine
deutsche Zentralverwaltung eingerichtet werden, die die Anordnungen der gemeinsamen Militärregierung der Alliierten auszuführen
hatte. Berlin sollte deshalb gemeinsam von allen vier Alliierten besetzt werden. Die Grenzen der Besatzungszonen entsprachen° nicht
ganz den Linien, die die einzelnen Armeen erreicht hatten: Die
Amerikaner zogen sich aus Sachsen und Thüringen nach Westen
zurück. Die Volksdeutschen in Ost- und Südosteuropa, so wurde
beschlossen, sollten nach Deutschland umgesiedelt werden, damit
das Minderheitenproblem, das zu Hitlers Zeit viele Probleme
schaffte, endgültig gelöst würde. Diese Umsiedlung hat in den ersten
Nachkriegsjahren, teilweise unter sehr schlechten Bedingungen,
stattgefunden, und es sind viele Menschen dabei umgekommen oder
verschollen,° sicherlich mehr als eine Million. So leben heute kaum
noch Volksdeutsche in Polen, Jugoslawien und der Tschechoslowakei, während Ungarn und Rumänien noch immer deutschsprachige Minderheiten haben.

Die Frage der deutschen Ostgrenzen wurde auf der Konferenz
zwar nicht juristisch, aber doch praktisch entschieden. Die Sowjetunion hatte 1939 als Verbündeter Deutschlands Ostpolen annektiert,

huge

war damages

occupation zones

auflösen *to dissolve*

entsprechen *to
correspond with*

missing

40 jetzt sollte Polen durch deutsche Gebiete entschädigt° werden. Die
Sowjetunion erhielt das nördliche Ostpreußen, Polen das restliche
Ostpreußen und alle Gebiete bis zur Oder und der Lausitzer Neiße,
d. h. die Provinzen Schlesien, Hinterpommern und einen Teil der
Mark Brandenburg. Diese Gebiete, aus denen die meisten deutschen
45 Bewohner ausgewiesen° wurden, stehen bis zu einem Friedensvertrag unter polnischer und sowjetischer Verwaltung. Ein Friedensvertrag ist bis heute noch nicht abgeschlossen worden; doch haben
beide deutschen Staaten die Grenzen inzwischen anerkannt, jedenfalls darauf verzichtet, sie mit Gewalt zu ändern.

entschädigen *to*
recompense

ausweisen *to expel*

Die Teilung Deutschlands

Die Militärregierung der vier Alliierten konnte keine gemeinsame Politik ausarbeiten, da die Regierungen der vier Länder
völlig verschiedene Auffassungen über die Zukunft Deutschlands
hatten. Eine deutsche Zentralverwaltung wurde nicht eingerichtet.
5 Neben den Militärgouverneuren bemühten sich die vier Außenminister in vielen Konferenzen um eine Lösung des Deutschland-
Problems.

Währenddessen regierte jedes Land seine Besatzungszone nach
seinen eigenen Vorstellungen. Viele der noch vorhandenen Indu-
10 strieanlagen wurden als Reparationsleistungen abmontiert und abtransportiert. Die Wirtschaft in Deutschland entwickelte sich gar
nicht. Die Währung,° die Reichsmark, besaß kaum noch Wert. Die
eigentliche Währung war die des Schwarzen Marktes, die „Zigaret-
tenwährung", denn der Wert einer Ware wurde meistens nach der
15 Zahl der Zigaretten berechnet, die man dafür geben mußte. Alle Lebensmittel, Textilien und Haushaltswaren waren rationiert und sehr
knapp; so entwickelte sich ein Schwarzer Markt, auf dem andere
Preise galten, und der meistens als Tauschhandel funktionierte. Die
große Not in Deutschland rief im Ausland, vor allem in den USA,
20 das Mitleid wach: Hilfsprogramme und private Sendungen retteten
viele Menschen.

currency, money

Bereits im Jahr 1945 entstanden wieder politische Parteien, zuerst
in der sowjetischen Zone: die Sozialdemokratische Partei Deutschlands (SPD), die Kommunistische Partei Deutschlands (KPD), die
25 Freie Demokratische Partei (FDP), in der sowjetischen Zone Liberal-
demokratische Partei (LDPD) genannt, da sie die liberale Tradition

fortsetzte, und schließlich die Christlich-Demokratische Union (CDU), eine Partei, die in der Tradition der Zentrumspartei steht, aber nicht rein katholisch ist, sondern mehrere Konfessionen verei-
30 nigt und allgemein eine christliche Weltanschauung vertritt. Rechts-parteien gab es zunächst nicht. In jeder Besatzungszone bildete die Besatzungsmacht neue Länder, und sie ließ Wahlen abhalten; zuerst Gemeindewahlen, dann Landtagswahlen.° Die große Überraschung *state legislature elections* bei diesen Wahlen war der Mißerfolg der KPD. Man hatte erwartet,
35 daß sie eine der stärksten Parteien würde. Am meisten Stimmen be-kamen jedoch die SPD und die CDU. Das war selbst bei den Ge-meindewahlen in der Sowjetzone so, wo die Besatzungsmacht die KPD unterstützte. Da die Sowjetregierung entschlossen war, ihr ei-genes System in ihrer Zone einzuführen, änderte sie ihre Taktik.
40 Zuerst wurden die Arbeiterparteien vereinigt: aus der KPD und SPD entstand die SED, die Sozialistische Einheitspartei Deutschlands. Sie setzte die Politik der „Volksfront"° aus der Zeit des Antifaschismus *popular front* fort, und zwar eindeutig unter der Führung der Kommunisten. Die Wahlen wurden jetzt nach einer Einheitsliste° abgehalten: Es wurde *unified list*
45 vorher festgelegt, wie viele Kandidaten jeder Partei aufgestellt und gewählt würden, und die Wähler konnten nur „Ja" oder „Nein" zu der Liste sagen. So gibt es jetzt noch in der Volkskammer, dem Par-lament der DDR, Abgeordnete der CDU und LDPD und anderer Parteien neben denen der SED; aber die SED bestimmt die Politik.
50 In Berlin, das ja von den vier Alliierten gemeinsam verwaltet wurde, lehnte die SPD die Vereinigung mit der KPD ab, ebenso in den Besatzungszonen der drei Westmächte. Damit endete die Hoff-nung der Russen, ganz Deutschland kommunistisch zu machen, am Widerstand der SPD. Zugleich vertiefte sich jedoch die Spaltung
55 Deutschlands; denn nun entwickelte sich die Sowjetzone ganz anders als die drei westlichen Zonen. Die USA und Großbritannien, unge-duldig über den Stillstand der Verhandlungen mit den Russen und über die katastrophale wirtschaftliche Lage Deutschlands, richteten bereits 1946 eine gemeinsame wirtschaftliche Verwaltung ihrer Zo-
60 nen ein, die den Deutschen übertragen wurde und allmählich mehr Befugnisse° bekam. Schließlich schlossen sich die Franzosen dieser *authority* Verwaltung an. Im Juni 1948 wurde eine neue Währung, die „Deutsche Mark", eingeführt. Die Reichsmark wurde 10:1 abgewer-tet. Jeder Deutsche bekam 40 DM „Kopfgeld", mit dem er neu an-
65 fangen sollte. Der deutsche Wirtschaftsdirektor Ludwig Erhard setzte es durch, daß bald nach dieser Währungsreform° die Rationie- *currency reform* rungen und Produktionsplanungen aufgehoben° wurden; denn er **aufheben** *to lift* war der Ansicht, nur eine freie, nicht vom Staat gelenkte Wirtschaft könne funktionieren. Das Chaos, das die Experten daraufhin erwar-

70 teten, trat nicht ein; es gab weder Inflation noch Hungersnot, sondern im Gegenteil, es begann ein wirtschaftlicher Aufbau, den man
bald das „Wirstschaftswunder" nannte.

    1948 gaben die westlichen Alliierten auch die Zustimmung,° eine   *consent*
Verfassung für einen neuen deutschen Staat auf dem Gebiet ihrer
75 Besatzungszonen auszuarbeiten. Und so tagte in der Pädagogischen
Akademie in Bonn der „Parlamentarische Rat" unter dem Vorsitz
von Konrad Adenauer und verfaßte das „Grundgesetz",° das eine   *"basic law"*
provisorische Verfassung für diesen provisorischen Staat bilden
sollte. Im Mai 1949 wurde diese Verfassung von den Länderparla-
80 menten angenommen, und so konnten am 14. August 1949 die ersten Wahlen zum Bundestag stattfinden. Diese Politik der westlichen
Alliierten und der westdeutschen Politiker stieß auf hartnäckigen
Widerstand im Osten. Berlin, das mitten in der Sowjetzone lag, war
am leichtesten anzugreifen.

85   1948 war ein Jahr der kommunistischen Offensive auf der ganzen
Welt; in China und in der Tschechoslowakei etablierten sich kommunistische Regierungen, in Griechenland kämpften kommunistische Partisanen—und jetzt kam Berlin hinzu. Berlin hatte eine gemeinsame deutsche Verwaltung für alle vier Sektoren; es hatte ein
90 gemeinsames Stadtparlament. Das Rathaus lag im sowjetischen Sektor der Stadt, und die Kommunisten hatten es leicht, die Arbeit des
Parlaments und der Stadtregierung zu behindern. 1948 wurde Ernst
Reuter von der SPD zum Oberbürgermeister gewählt; die SED
wollte seine Wahl nicht anerkennen, denn Reuter hatte verhindert,
95 daß sich die Berliner SPD der SED anschloß. Schließlich zogen die
Abgeordneten außer denen der SED in das Rathaus von Schöneberg
in West-Berlin um, und nun gab es zwei Stadtparlamente in Berlin.
Ähnlich war es an der Universität. Die Humboldt-Universität liegt
im Ostsektor, und als im Sommer 1948 der politische Druck zu stark
100 wurde, zogen Professoren und Studenten aus und gründeten in
Dahlem eine neue, „Freie Universität". Die Währungsreform beant-
worteten die Russen damit, daß alle Zufahrtsstraßen° von Berlin   *access roads*
nach Westdeutschland gesperrt wurden. Daraufhin versorgten die
Amerikaner und Engländer die Stadt neun Monate lang durch die
105 Luft, und die „Luftbrücke"° war so erfolgreich, daß die Russen nach-   *airlift*
geben mußten.

    Die Russen akzeptierten jetzt West-Berlin und den neuen west-
deutschen Staat, die Bundesrepublik. Sie führten ebenfalls eine neue
Währung in ihrer Zone ein, die „Deutsche Mark (Ost)", und am 7.
110 Oktober 1949 wurde die „Deutsche Demokratische Republik",
abgekürzt DDR, gegründet.

1948–1949 wurde Berlin neun Monate lang über die „Luftbrücke" versorgt.

Die deutsche Bevölkerung nach dem Krieg

Die vielen Anforderungen° und Leiden des Krieges   *demands*
waren eine schwere Last für alle Deutschen. Als der Krieg zuende
war, waren die Deutschen erleichtert. Endlich konnte man wieder
ruhig schlafen. Man hatte den Krieg überlebt. Etwa 7 Millionen ha-
5 ben den Krieg oder die Vertreibung nicht überlebt. Es wird oft gesagt, die Deutschen seien 1945 verzweifelt gewesen, ohne Hoffnung.
Das ist nicht wahr. Gewiß, die Nachrichten über die nationalsozialis-
tischen Verbrechen im Namen des deutschen Volkes waren schrecklich. Jeder, der bis zuletzt an den Nationalsozialismus geglaubt hatte,
10 mußte tief enttäuscht sein. Aber viele Deutsche hatten schon vorher
diesen Glauben verloren, auch junge Leute. Sie waren enttäuscht,
erschüttert,° voller Zweifel. Aber das Leben ging weiter. Natürlich   *moved, shaken*
waren die Jahre nach 1945 schwer; aber waren die Kriegsjahre nicht
auch schwer gewesen? Die Deutschen dachten 1945 nicht nur daran,
15 wie man physisch überleben konnte. Gewiß, das war schwierig

genug; denn von den Rationen konnte man nicht existieren. Aber es
fing auch ein neues Leben an. Die Theater, Konzerte und Vorträge
waren voll, in ungeheizten° und oft behelfsmäßigen° Sälen. Es be- *not heated / makeshift*
stand Hoffnung auf eine neue Gesellschaft. Von Politik wollten die
20 meisten Deutschen noch nichts wissen. Sie waren gebrannte Kinder,
und sie trauten den Alliierten nicht. Nur wer vor 1933 schon aktiv
gewesen war, fing an, die alten Parteien aufzubauen. Über einen
Punkt waren sich alle Deutschen einig: nie wieder Krieg, nie wieder
Militär. Da brauchten die Alliierten keine Propaganda der Demilita-
25 risierung in Gang zu bringen.

Die ersten Hoffnungen wurden schnell enttäuscht, jedenfalls in
den westlichen Zonen. Die alten Nazis, die man kannte, wurden
nicht bestraft, die Beamten blieben die gleichen, die Parteien waren
die alten: Kurz, eine Erneuerung des politischen und gesellschaft-
30 lichen Lebens fand nicht statt. Ab 1948 deuteten alle Zeichen auf
„Restauration", auf eine konservative Wiederherstellung alter Zustände. Die Regierung bestand aus alten Männern. Die junge Generation wandte sich von der Politik ab. Jeder sagte sich: Ich will
doch wenigstens mein Privatleben genießen so weit ich kann, und
35 das tun, was mir Spaß macht. Das „Wirtschaftswunder" wurde dadurch vorangetrieben, daß jeder Deutsche das wieder haben wollte,
was er einmal gehabt hatte: Eine schöne Wohnung oder gar ein
Haus, hübsche Möbel, genug Geld zu Ferienreisen. Als er das hatte,
wollte er mehr: Ein Auto, einen Eisschrank und eine Waschma-
40 schine, eine bessere Wohnung. Der deutsche „Materialismus", von
dem viel die Rede ist, hat vor allem zwei Wurzeln: Die Enttäuschung
über die Richtung der deutschen Gesellschaft ab 1948 und das Bestreben,° die Deklassierung durch Krieg, Flucht und Vertreibung *endeavor*
wieder auszugleichen.

45 Die deutschen Schriftsteller haben nach dem Krieg die Stimmung
der deutschen Bevölkerung präzise geschildert. Wer Werke von
Wolfgang Borchert, Heinrich Böll, Wolfgang Koeppen, Gerd Gaiser,
Günter Grass, Martin Walser und Günter Eich liest, bekommt einen
Eindruck von den Zweifeln und Problemen der Bevölkerung. Die
50 Politik der neuen Regierung war zwar sehr erfolgreich, aber sie war
auch demoralisierend. Wie konnte ein Deutscher um 1950 akzeptieren, daß Deutschland wieder eine Armee aufbauen sollte? Wie
konnte er verstehen, daß die alten Nazis besser behandelt wurden als
die Opfer des Nationalsozialismus? Von dem „Mann auf der Straße"
55 her gesehen waren die fünfziger Jahre, die Jahre des Wirtschafts-
wunders, eine Zeit des Zweifels. Man kümmerte sich um seine persönlichen Angelegenheiten und glaubte nicht an den Rest. Es

dauerte bis nach 1960, bevor die Bevölkerung begann, an der Politik
der Bundesrepublik Anteil zu nehmen.

60   Natürlich waren die Verhältnisse in der „Ostzone", der Deutschen
Demokratischen Republik, anders. Hier sollte nun wirklich eine ganz
neue Gesellschaft entstehen. Die alten Nazis, die Kapitalisten und
die Großgrundbesitzer° verloren Macht und Reichtum, die Regie- *large landowners*
rung lag in den Händen von Gegnern der Nationalsozialisten, die
65   aus der Emigration zurückkehrten oder die Konzentrationslager
überlebt hatten. Doch auch hier gab es Schwierigkeiten, die es verhinderten, eine wirklich neue Gesellschaft aufzubauen: Die stalini-
stische Politik erlaubte es nicht, einen eigenen deutschen Weg zum
Kommunismus zu beschreiten.° Unabhängig denkende Kommuni- **beschreiten** *to enter; to*
70   sten gerieten bald in Schwierigkeiten. Die Funktionäre und die rus- *take*
sische Besatzungsmacht machten viele psychologische und taktische
Fehler. Sie gewannen die Masse der Bevölkerung nicht für sich. Und
wer unzufrieden war, „stimmte mit den Füßen ab". Er verließ seine
Heimat und ging in die westlichen Zonen bzw. die Bundesrepublik.
75   Die Umwandlung zum sozialistischen Land führte zur Enteignung° *expropriation*
von Bauern, Unternehmern und Geschäftsinhabern. Warum sollten
sie bleiben? Die Gesamtzahl dieser Flüchtlinge° oder Zuwanderer be- *refugees*
trägt mehr als 3,5 Millionen.

So war der Anfang des neuen Lebens nach 1945 nicht sehr hoff-
80   nungsvoll. Für die deutsche Bevölkerung war das Leben weitergegangen. Aber gab es noch eine „deutsche Nation"? Was sollte die
Orientierung der neuen deutschen Gesellschaft sein?

Der Kalte Krieg in Deutschland

Seit 1949 gibt es also zwei deutsche Staaten, die Bundesrepublik Deutschland (BRD) und die Deutsche Demokratische Republik (DDR). Jeder Staat begann, seine eigene Wirtschaft und Gesellschaftsordnung aufzubauen; beide Staaten integrierten sich in ein
5   anderes Staatensystem. Der „Eiserne Vorhang"° des Kalten Krieges *Iron Curtain*
ging quer durch Deutschland. Die gemeinsame Grenze der Bundesrepublik und der DDR ist die längste und wichtigste für beide Staa-
ten. Diese Grenze war künstlich; sie zerriß° ein Land, das zusammen- **zerreißen** *to tear apart*
gehörte. Aber inzwischen gibt es natürlich viele Unterschiede. Eine
10   Lösung des deutschen Problems, also die Wiedervereinigung, kam

nicht zustande. Österreich, das 1945 auch in vier Besatzungszonen
geteilt worden war, aber immer eine eigene Regierung hatte, erhielt
seine Einheit und erreichte 1955 den Abzug der Besatzungstruppen
gegen das Versprechen, im Ost-West-Konflikt neutral zu bleiben.
15 Eine solche Lösung wurde 1952 von der Sowjetunion für Deutschland vorgeschlagen. Bis 1960 wiederholte die Sowjetunion ihre verschiedenen Vorschläge zur Wiedervereinigung. Der Westen, sowohl
die Alliierten als auch die Bundesregierung, lehnte ab. Sie
mißtrauten dem Konzept der Neutralisierung. Bei den ersten Wah-
20 len zum Bundestag errang überraschenderweise die CDU den Sieg,
und ihr Vorsitzender° Konrad Adenauer wurde Bundeskanzler. Im   *chairman*
Gegensatz zur SPD war Adenauers Politik nicht in erster Linie auf
das Ziel der Wiedervereinigung gerichtet, sondern auf die Versöhnung und Gleichberechtigung mit den westlichen Nationen.
25   Adenauers Politik war erfolgreich. 1955 bekam die Bundesrepublik ihre volle Souveränität. Sie baute eine neue Armee auf, die Bundeswehr, und integrierte ihre Truppen in die NATO. 1957 wurde
sie Mitglied der ursprünglichen EWG, der Europäischen Wirtschaftsgemeinschaft, und anderer europäischer Gremien. Trotz der
30 Vorbehalte° gegen den verabscheuten° Feind von gestern wurde die   *reservations* / **verab-**
Bundesrepublik als Partner akzeptiert. Das geschah natürlich nicht   **scheuen** *to detest*
aus Freundschaft und Menschenliebe, sondern aus politischer Not-

„Der deutsche Zeigefinger“: Ludwig Erhard und Konrad Adenauer

wendigkeit. Der Westen brauchte in Mitteleuropa ein starkes Boll-
werk° gegen den Feind im Osten. *bastion*

35 Unerwarteterweise entwickelte sich nämlich die Bundesrepublik
schnell zu einem Land mit einer starken Wirtschaft, Ludwig Erhard,
Adenauers Wirtschaftsminister, galt als der Vater des Wirtschafts-
wunders. Seine Erfolge verhalfen der CDU zu weiteren Siegen bei
den Bundestagswahlen von 1953 und 1957. Natürlich gibt es kein

40 „Wirtschaftswunder". In der Bundesrepublik half eine Kombination
von günstigen Bedingungen und praktischer Wirtschaftspolitik. Es
gab mehr als genug erfahrene Fachleute° in Deutschland, die nur *specialists*
darauf warteten, wieder arbeiten zu können. Alle waren es gewohnt,
auch mit den schwierigsten Bedingungen fertig zu werden, war es

45 doch seit der Wirtschaftskrise um 1930 nie mehr „normal" in
Deutschland zugegangen. 1944, als die Zerstörungen des Krieges
ihren Höhepunkt erreichten, hatte die industrielle Produktion ihren
höchsten Stand erreicht. In dieser Hinsicht war der Luftkrieg der
Alliierten ein Fehlschlag° gewesen. Jetzt hatten diese Fachleute nicht *failure*

50 nur den Wunsch, das Land wieder aufzubauen, sondern vor allem
Geld zu verdienen, um ihre eigenen Wünsche zu befriedigen. Da
jeder Deutsche sich neu einzurichten wünschte, da Millionen Häuser
und öffentliche Gebäude zu bauen waren, war der Binnenmarkt
denkbar aufnahmefähig. Aber auch die Bedingungen für den Ex-

55 port waren gut. Die deutsche Industrie war gezwungen, sich die
neuesten Anlagen anzuschaffen, denn die alten waren zerstört oder
von den Alliierten demontiert worden. Also produzierte man besser
und billiger. Der Korea-Krieg kam zur rechten Zeit, um der
deutschen Industrie den Zugang zum Weltmarkt zu erleichtern.

60 Das größte Problem hätte das Anfangskapital sein können. Der
deutsche Staat war arm, und der Industrie fehlte es an Geld. Hier
sprangen die USA ein; die Kredite des Marshall-Plans kamen gerade
zur rechten Zeit. Nachdem einmal der Anfang gemacht war, „lief"
die Wirtschaft. Sie erlaubte es dem Staat, die vielen Millionen von

65 Flüchtlingen und Vertriebenen° zu integrieren und zu entschädigen, *expellees*
und ebenfalls Entschädigung für zerstörte Gebäude zu leisten. Die
Bundesrepublik honorierte die deutschen Schulden der Vergangenheit und wurde ein solider und zuverlässiger Partner.

Es ist verständlich, daß die Sowjetunion nicht in gleicher Weise mit

70 ihrem deutschen Staat zufrieden sein konnte. Allerdings hatte sie
viel mehr Fabriken demontiert als die westlichen Sieger, und sie
nahm teilweise nicht nur die Anlagen, sondern auch die Fachleute
mit in die Sowjetunion. Auch mußte die DDR aus der laufenden
Produktion Lieferungen an die Sowjetunion schicken. Die Entwick-

75 lung zum Sozialismus fand nicht überall Zustimmung, und die Wirt-

schaftsplanung und -politik der ersten Jahre war nicht immer
zweckmäßig. Eine Erhöhung der Arbeitsnormen° führte am 17. Juni   *norms for average*
1953 zu Streiks in Ost-Berlin und einem allgemeinen Aufstand, der   *workload*
erst mit Hilfe der Sowjetarmee beruhigt werden konnte. Die guten
80 Verdienstmöglichkeiten in der Bundesrepublik forderten zum Vergleich heraus. Jeder Schritt auf dem Weg zum Sozialismus brachte
eine Fluchtwelle° als Reaktion. So sperrte die DDR ihre Grenze zur   *wave of refugees*
Bundesrepublik mit Stacheldraht, Wachttürmen, Minenfeldern und
einem Niemandsland, um ihre Bevölkerung an der Flucht zu hin-
85 dern. Da die Flucht über Berlin ungehindert weiterging, baute die
DDR hier am 13. August 1961 eine Mauer mit Stacheldraht, und
seitdem ist die Flucht aus der DDR sehr schwierig und mit Lebensgefahr verbunden.

Das deutsch-deutsche Verhältnis auf dem Weg zur Entspannung

Das Jahr 1961 brachte den Beginn einer Neuorientierung der deutschen Politik. Der Bau der Mauer in Berlin machte
deutlich, daß die Politik der Bundesregierung nicht die Wiedervereinigung bringen konnte, wie die Propaganda der CDU es der Be-
5 völkerung erzählt hatte. Die Teilung Deutschlands war unwiderruflich.° Die SPD, die die wichtigen Entscheidungen Adenauers, vor   *irrevocable*
allem die Bundeswehr und Integration in den Westen, abgelehnt
hatte, akzeptierte jetzt die neue Situation. Ihr „Godesberger Programm" machte aus ihr eine moderne, reformistische Volkspartei.
10 Bei den Bundestagswahlen 1961 hieß ihr Kanzlerkandidat Willy
Brandt, der Regierende Bürgermeister von Berlin. Er fand die aktive
Unterstützung vieler Schriftsteller und Professoren und der jungen
Generation. Adenauer gewann die Wahl, aber seine Autorität war in
Frage gestellt. Es gab eine Alternative zur CDU und ihrer Politik.
15 1962 führten Übergriffe° des damaligen Verteidigungsministers   *encroachments,*
Franz-Josef Strauß gegen die Zeitschrift „Der Spiegel" zu den ersten   *illegal actions*
politischen Demonstrationen von Studenten. Adenauer trat 1963 zu-
rück. Sein Nachfolger Ludwig Erhard mußte bereits 1966 aufgeben,
ausgerechnet wegen einer Wirtschaftskrise. Ihm folgte eine „Große
20 Koalition" der CDU und SPD, und 1969 gelang es der SPD, in einer
Koalition mit der FDP die Bundesregierung zu bilden. Der Bundeskanzler hieß Willy Brandt.

Aufstand am 17. Juni 1953: Demonstranten am Potsdamer Platz in Ost-Berlin bewerfen sowjetische Panzer mit Steinen.

„Der Warschauer Kniefall": Bundeskanzler Willy Brandt 1970 am Denkmal des früheren Ghettos in Warschau

Ähnlich wie Adenauers Regierung im Jahr 1949 stellte Brandts
erste Regierung die Weichen° für die folgende Entwicklung. Die In-
25 tegration in den Westen war vollzogen; sie hatte mit zur Entwicklung
der Europäischen Gemeinschaft geführt, der inzwischen außer der
Bundesrepublik auch Frankreich, Belgien, die Niederlande, Luxemburg, Dänemark, Italien, Großbritannien, Griechenland und Irland
angehören, und der sich andere Länder wie Spanien und Portugal
30 anschließen wollen. Sie hatte die Bundesrepublik zum Mitglied der
NATO gemacht. Sie hatte eine Versöhnung mit Frankreich bewirkt
und eine friedliche Lösung des Saarproblems. Das Saarland war
1957 nach einer Abstimmung Bundesland geworden.
Hingegen waren die Beziehungen zum Ostblock rein negativ.
35 1955 war Konrad Adenauer mit einer Delegation nach Moskau gefahren, und die Bundesrepublik hatte diplomatische Beziehungen
zur Sowjetunion aufgenommen. Dafür kamen die restlichen Kriegs-
gefangenen aus der Sowjetunion nach Deutschland zurück. Aber
vorherrschend blieb die „Hallstein-Doktrin". Die Bundesrepublik er-
40 kannte die DDR nicht an. Offiziell war sie nicht vorhanden. Es gab
nur die „sogenannte DDR". Jedes Land, das diplomatische Beziehungen zur DDR aufnahm, wurde von der Bundesrepublik igno-
riert, Wirtschaftshilfe wurde abgeschnitten.° Diese defensive und
negative Politik wurde ab 1966 vorsichtig revidiert, aber erst ab 1969
45 wagte die Regierung Brandt ihre neue „Ostpolitik". Sie schloß 1970
Verträge mit der Sowjetunion und Polen ab, in denen die Bundesrepublik sich verpflichtete, die deutschen Ostgrenzen nicht mit Gewalt zu ändern. Das bedeutete eine faktische Anerkennung der heutigen Staatsgebiete. Diese Anerkennung bedeutete die Grundlage für
50 eine Politik der Entspannung, der Détente. Volksdeutsche aus Polen
und der Sowjetunion konnten jetzt die Erlaubnis bekommen, zu
ihren Angehörigen° in der Bundesrepublik umzusiedeln. Die Verträge sahen bessere wirtschaftliche Beziehungen und kulturellen
Austausch vor. Den diplomatischen Beziehungen zu Polen folgten
55 die zu den anderen Ländern Ost- und Südosteuropas.
Gleichzeitig änderten sich auch die deutsch-deutschen Beziehungen. Eine neue Epoche begann mit dem Grundvertrag von 1972.
Diesem war 1971 ein Vier-Mächte-Vertrag über den Status von Berlin vorausgegangen. Auch hier sollte Entspannung an die Stelle der
60 Konfrontation treten. Es wurden neue Möglichkeiten geschaffen,
daß Bundesdeutsche, und vor allem West-Berliner, nach Ost-Berlin
und in die DDR reisen konnten. Auch hier waren Austausch und
Zusammenarbeit vorgesehen.
Die DDR sah diese neue Politik der Bundesregierung mit gemisch-
65 ten Gefühlen. Immerhin war sie daran interessiert, auf gewisse Be-

die Weichen stellen
*here: to make the basic
decisions*

abschneiden *to cut off*

relatives

Bundeskanzler Helmut Schmidt spricht mit Erich Honecker, Sekretär des Zentralkomitees der SED, auf der Konferenz in Helsinki 1975.

ziehungen einzugehen. Nach 1961 hatten sich die Verhältnisse in der DDR stabilisiert. Die Partei und Regierung waren fest in der Hand von Walter Ulbricht; seit 1957 gab es keine Auseinandersetzungen in der SED mehr. Nach 1961 begann die SED eine neue
70 Wirtschaftspolitik, die zu guten Erfolgen führte. Der Wohlstand wuchs, und die Bevölkerung konnte an private Ziele denken: eine bessere Wohnung, ein Auto, moderne Kücheneinrichtungen, Ferienreisen, ein Wochenendhaus. Die politische Aktivität und die Interessen der Schriftsteller und Intellektuellen verlagerten sich vom
75 Ost-West-Konflikt auf die Probleme beim Aufbau einer sozialistischen Gesellschaft. Seit 1971 begann Erich Honecker Macht zu gewinnen; seit 1976 ist er Sekretär der SED und Vorsitzender des Staatsrates. So hat auch in der DDR wie in der Bundesrepublik eine neue Generation die Gruppe der Gründer abgelöst. Die deutsch-
80 deutschen Beziehungen sind nach wie vor sehr schwierig. Der DDR geht es um volle internationale Anerkennung und in ihren Beziehungen zur Bundesrepublik um Gleichberechtigung und wirtschaftliche Vorteile. Sie fürchtet dabei zu viele westliche Einflüsse auf ihre Bevölkerung. Die Entspannung in Deutschland und die Verträge
85 von Helsinki 1975 haben in der DDR zu vielen Anträgen auf Ausreise in die Bundesrepublik geführt. Der Austausch im Sport und auf kulturellem Gebiet hält sich bis jetzt in engen Grenzen. Immerhin bemühen sich die Regierungen der beiden Staaten, bei allem

Wechsel in der Weltpolitik, praktische Probleme sachlich zu lösen
90 und die Spannungen zu vermindern. Trotz des Grundvertrages haben beide deutschen Staaten auch eine verschiedene Konzeption der
Deutschlandfrage. Für die DDR gibt es zwei deutsche Staaten, und
ihre Bürger haben die Staatsbürgerschaft° der DDR. Für die Bun-   *citizenship*
desrepublik gibt es zwei deutsche Staaten, aber eine deutsche Nation,
95 und ein DDR-Bürger ist ebenso wie ein Bürger der Bundesrepublik
„Deutscher". Bei allen politischen Definitionen fühlen sich die Einwohner der beiden Staaten nach wie vor als „Deutsche", und die Einwohner der DDR, die in einem ziemlich kleinen Land mit geschlossenen Grenzen leben müssen, denken wohl mehr an eine
100 Wiedervereinigung als die wohlhabenden° Bundesdeutschen.   *wealthy*
　　Brandts Reformen betrafen keineswegs nur die Außenpolitik, sondern viele Bereiche der Innenpolitik, ganz besonders die Bildung.
Sie trafen zusammen mit der Studentenbewegung der Zeit, die eine
radikale Umgestaltung° der Universitäten forderte. Auf allen Stufen   *transformation*
105 der Bildung begannen Experimente mit neuen Ideen, oft nicht nur
Experimente, sondern Gesetze. Nicht alles, was im Geist des Fort-
schritts und der Liberalisierung konzipiert wurde, hat sich bewährt.
Obendrein hat der Geist der Reform nicht lange gedauert, und die
Geldknappheit° hat etliche Versuche abgeschnitten. 1974 mußte   *scarcity of funds*
110 Willy Brandt nach einer Spionage-Affäre zurücktreten. Er ist weiter
als Vorsitzender der SPD politisch tätig und international hoch
geachtet. Sein Nachfolger Helmut Schmidt mußte sich vor allem als
Wirtschaftspolitiker bewähren. Die wirtschaftliche Macht und Stabilität der Bundesrepublik zwang ihrer Regierung eine aktivere Rolle
115 in der Weltpolitik auf. Bis dahin hatte es die Bundesrepublik bequem gehabt. Sie hatte sich aus den weltpolitischen Entscheidungen
herausgehalten und beteuert, sie wolle keine Ansprüche erheben,
eine Weltmacht zu sein. Seit 1973 ist sie, wie auch die DDR, Mitglied
der UNO; als „Wirtschaftsriese"° kann sie sich vielen Entscheidun-   *economic giant*
120 gen nicht mehr entziehen. Sie muß in der europäischen Politik oft
ausgleichen und entscheiden, und sie hat eigene, unabhängige Beziehungen zur Sowjetunion und zur Volksrepublik China.
　　Im Herbst 1982 wurde die Koalition der SPD und FDP durch eine
neue Koalition der CDU und CSU mit der FDP abgelöst. Im März
125 1983 bestätigten die Wähler der Bundesrepublik diesen Wechsel und
gaben der Koalition unter dem Bundeskanzler Helmut Kohl von der
CDU eine sichere Mehrheit. Damit war vorläufig ein Ende der von
Brandt begonnenen Reformpolitik erreicht. In manchen Gebieten,
besonders in der Bildungspolitik, zeigten sich konservative Tenden-
130 zen. Auf der anderen Seite jedoch veränderte sich die Lage im Bundestag dadurch, daß eine neue Gruppe, die "Grünen", mehr als 5

Prozent der Stimmen gewann und im Parlament vertreten ist. Seit
langer Zeit ist dies das erste Mal, daß eine neue Partei in den Bundestag gelangt ist. Die Grünen sind allerdings keine Partei im bisher
135 üblichen Sinne. Es ist eine Gruppe, die sich zusammengefunden hat,
um für mehr Demokratisierung im öffentlichen Leben, für Umwelt-
schutz° und den Weltfrieden zu kämpfen. Innerhalb der Gruppen   *environmental protection*
der Grünen gibt es unterschiedliche Vorstellungen von der Gesell-
schaft und sozialen Reformen. Die Abgeordneten der Grünen sollen
140 keine Parteihierarchie bilden, sondern immer mit der Basis der Anhänger verbunden bleiben. Auch wollen die Grünen ihre Abgeordneten in den Parlamenten regelmäßig auswechseln.

Dieses neue Experiment einer „Basisdemokratie" hat seine praktischen Schwierigkeiten. Auch sind die Grünen nicht bereit, in den
145 entscheidenden Punkten Kompromisse zu machen. Etliche ihrer Anhänger sind ehemalige SPD-Mitglieder, die enttäuscht wurden, als
die Reformen Brandts stecken blieben. Es gibt einen Teil der Bevölkerung der Bundesrepublik, der von der Bundesregierung und
dem Bundestag mehr erwartet, als recht und schlecht die Probleme
150 des Tages zu bewältigen und realpolitische Kompromisse zu
schließen.

Aus solchen enttäuschten Idealisten setzten sich die kleinen Gruppen der linksradikalen Terroristen zusammen, die in den 70er Jahren, gut organisiert und finanziert, den Regierungen und der Polizei
155 das Leben schwergemacht haben. Diese Gefahr hat dazu beigetragen, daß die Liberalisierung des öffentlichen Lebens bald wieder eingeschränkt wurde. Die Zunahme der Polizeigewalt° war der Preis für   *police power*
die Verteidigung der Rechtsordnung. Besonders umstritten war das
„Berufsverbot".° Die Regierungen der Bundesrepublik hatten die   *prohibition from entering*
160 gesetzliche Autorität, Bewerber,° die gegen die Verfassung der Bun-   *a career/applicants*
desrepublik politisch aktiv geworden waren, von öffentlichen Äm-
tern auszuschließen. Manchmal genügte dafür die Mitgliedschaft in
bestimmten Organisationen oder die Teilnahme an bestimmten Veranstaltungen.
165 Die Zahl der Bewerber, die deshalb abgewiesen° wurden, war nicht   **abweisen** *to refuse,*
groß; aber es entstand eine Atmosphäre des Mißtrauens und der   *reject*
Überwachung.°   *surveillance*

Inzwischen kämpft die Bundesrepublik mit akuten Problemen der
Arbeitslosigkeit, der Integration der Gastarbeiter und mit den
170 Menschheitsfragen des Umweltschutzes und des Friedens. Es bestehen grundsätzliche Gegensätze in der Frage, ob Umweltschutz oder
Arbeitsplätze wichtiger sind. Ebenso gibt es, nicht nur von den Grünen, eine grundsätzliche Opposition gegen die Politik der NATO, zu
der die Bundesrepublik ja gehört, und gegen die Stationierung im-

175 mer neuer Kernwaffen° auf dem bundesdeutschen Gebiet. Auch in   *nuclear weapons*
der DDR macht sich eine inoffizielle Friedensbewegung bemerkbar.
Es gibt Anzeichen, daß die Deutschen der beiden Staaten, auch ihre
Regierungen, gemeinsame Interessen aller Deutschen im Auge behalten. Trotz der Zugehörigkeit zu verschiedenen Machtblöcken ver-
180 suchen die Deutschen, etwas Gemeinsamkeit zu erhalten. Sie leben
seit 1945 ohne einen offiziellen Friedensvertrag, in einer provisorischen Ordnung. Diese Ordnung war bis jetzt weit stabiler als der
Versailler Vertrag von 1919 oder gar Hitlers „Tausendjähriges
Reich". Eine Wiedervereinigung Deutschlands steht nicht in Aus-
185 sicht. Was täten die Deutschen, wenn sie die Chance bekämen,
wieder zusammenzuleben? Man sollte denken, daß sie es auf jeden
Fall versuchen würden. Aber das ist kein aktuelles Problem.

    Der Teil „Gegenwart" soll einige Antworten auf die Frage geben,
wie es heute in Deutschland aussieht und welche aktuellen Probleme
190 es gibt.

GEGENWART

Skulptur „Lebenskraft" auf dem Rathausplatz der alten Bischofsstadt Mainz

Wie sehen die deutschsprachigen Länder aus, und wie leben die Deutschen heute? Diese Fragen soll der Teil „Gegenwart" beantworten. Er bringt eine Beschreibung der Bundesrepublik, der DDR, Österreichs und der Schweiz. Auch folgt er dem Leben des einzelnen Menschen in der Bundesrepublik und fragt nach seinen Lebensgewohnheiten, seiner Familie, seiner Bildung und Berufsarbeit, seinen Vereinen und Kirchen, seinen Ferien, Festen und seinem Verhältnis zum Staat. Die gleichen Fragen nach dem Leben in der DDR, in Österreich und in der Schweiz führen teilweise zu unterschiedlichen Antworten. Jedes Buch über „die Deutschen" sieht sich vor dem Dilemma, daß Menschen in recht verschiedenen Ländern Deutsch sprechen, aber doch eine gemeinsame kulturelle Herkunft haben. Dieses Buch konzentriert sich auf das Leben in der Bundesrepublik, versucht jedoch, die anderen Länder möglichst einzubeziehen.

1

Die Länder der Bundesrepublik

Erdfunkstelle für Fernmeldeverbindungen über Satellit in Raisting bei München

Die Bundesrepublik besteht aus 10 Ländern und West-Berlin. Die Länder haben verschiedene Größen, verschiedene Traditionen und einen verschiedenartigen Charakter. Sie sollen hier kurz beschrieben werden.

Norddeutschland

Das nördlichste Land der Bundesrepublik ist Schleswig-Holstein. Es grenzt im Norden an Dänemark; im Süden reicht es bis zur Elbe. Im Westen wird es von der Nordsee begrenzt, im Osten

Bundesrepublik Deutschland

von der Ostsee; im Südosten hat es eine Grenze zur DDR, zu Meck-
5 lenburg. Der höchste „Berg" des Landes ist etwa 150 Meter hoch;
das Land ist also eine Ebene. Ganz flach ist die Landschaft bei der
Nordseeküste, Marsch genannt. Man sieht wenig Bäume, fast nur
Wiesen mit Kühen und Pferden. Die Marsch wird vor dem Meer
durch große Deiche° geschützt. Vor der Küste ist das Wattenmeer,°   *dikes / shallow sea,*
10 das bei Ebbe trocken liegt, aber bei Flut überschwemmt wird. Im   *tidelands*
Wattenmeer liegen kleinere und größere Inseln. Die kleinen Inseln
nennt man Halligen. Die größte Insel, ganz im Norden, heißt Sylt;
sie ist eine beliebte Sommerfrische.°   *summer resort*

Im Innern des Landes kommt man zur Geest mit vielen sandigen
15 Flächen und Nadelwäldern. Entlang der Ostsee findet man Hügel,
Seen und schöne Laubwälder. Die größten Städte liegen an der Ostsee: Kiel, die Landeshauptstadt, Universität und Kriegshafen,° zu-   *naval base*
gleich ein Zentrum des Schiffsbaus; Lübeck, die traditionsreiche
Hansestadt, heute wichtig als kultureller Mittelpunkt, Handelshafen
20 und Industrieort; Flensburg, Hafen und Industriestadt an der däni-
schen Grenze; dazu kommt im Innern des Landes die Industriestadt
Neumünster. Die Industrie ist auf die großen Städte beschränkt; der
wichtigste Teil der Wirtschaft ist die Landwirtschaft. Quer durch das
Land verläuft der Nord-Ostsee-Kanal; von Süden nach Norden lau-
25 fen Verbindungsstraßen° nach Skandinavien.   *connecting routes*

Während Lübeck ein Teil von Schleswig-Holstein wurde, haben
zwei andere Hansestädte ihre Unabhängigkeit als Stadtstaaten bewahrt: die beiden Nordseehäfen Hamburg und Bremen. Das heutige
Land Hamburg ist aus mehreren Städten nördlich und südlich der
30 Elbe entstanden, und zwar aus Hamburg, Harburg, Wandsbek und
Altona. Groß-Hamburg erstreckt sich heute, vor allem im Norden,
weit über die Landesgrenzen hinaus. Hamburg ist der wichtigste
deutsche Seehafen, mit vielen Werften° für den Schiffsbau; es beher-   *shipyards*
bergt jedoch noch viele andere Industrien, vor allem Industrien, die
35 importierte Waren verarbeiten, z.B. Gummi oder Tabak. Aus einer
Schule für afrikanische und asiatische Sprachen entwickelte sich am
Anfang unseres Jahrhunderts die Universität; daneben gibt es wichtige Hochschulen. Hamburg macht den Eindruck einer großzügig
angelegten, modernen Stadt; in Bremen ist der mittelalterliche
40 Stadtkern° noch vorhanden, besonders das Rathaus mit der Roland-   *center of town*
säule° davor. Bremen liegt an der Weser. Zum Land Bremen gehört   *statue of Roland (symbol*
neben der alten Stadt auch die Stadt Bremerhaven an der Weser-   *of Imperial rights)*
mündung, Mittelpunkt der Fischindustrie. Die moderne Hafenan-
lage Bremens, nach 1945 neu erbaut, zieht sich nördlich der Stadt
45 an der unteren Weser hin. In Bremen ist die deutsche Kaffee- und

Hamburg

Baumwollbörse; Bremen war der Hafen, durch den im 19. Jahrhundert die meisten Auswanderer nach den USA ihre Heimat verließen.

Den größten Teil Nordwestdeutschlands, von der holländischen Grenze bis zur DDR, nimmt heute das Land Niedersachsen ein.
50 Hauptstadt und wirtschaftlicher Mittelpunkt des Landes ist Hannover, heute bekannt durch seine moderne Städteplanung.° Andere *urban planning*
große Städte im Osten sind Braunschweig, einer der wichtigen Orte im Mittelalter, und die beiden modernen Industriestädte Wolfsburg und Salzgitter; hier ist ein bedeutendes Industriegebiet entstanden.
55 Südlich davon kommt man in den Harz, durch den heute die Grenze mit der DDR läuft. In der Nähe des Harzes liegen die alte Bischofsstadt Hildesheim und die Universitätsstadt Göttingen—seit dem 18. Jahrhundert führend in den Naturwissenschaften. Hildesheim hat jetzt eine neue Universität. Im Westen des Landes war früher das
60 Land Oldenburg mit der Hauptstadt gleichen Namens; an der Nordsee liegt die als Kriegshafen gegründete Stadt Wilhelmshaven. Von dort bis zur holländischen Grenze erstrecken sich weite Moore,° wo *swamps, marshes*
nach Erdöl und Erdgas gebohrt wird. Emden an der Ems, dem Fluß nahe der Grenze mit Holland, hat sich zu einem bedeutenden Hafen
65 entwickelt. Niedersachsen umfaßt vor allem die Tiefebene, doch reicht es auch bis in die Mittelgebirge. Zu Niedersachsen gehören noch die alte Reichsstadt Osnabrück und Hameln an der Weser, die Stadt des Rattenfängers.° *Pied Piper*

Am Rhein

Alle jetzt folgenden Länder, ausgenommen Bayern, liegen in Mittelgebirgslandschaften. Der Rhein ist nicht nur Deutschlands bekanntester Fluß, sondern auch seit dem Mittelalter ein wichtiger Wasserweg für den Verkehr, heute Europas verkehrsreichster
5 Fluß. Am Rhein und seinen Nebenflüssen liegen die wichtigsten Industriegebiete der Bundesrepublik. Nordrhein-Westfalen ist die Zusammenfassung° von zwei früheren preußischen Provinzen. Zu Westfalen mit seiner Hauptstadt Münster gehören heute auch der Teutoburger Wald und andere Teile des Weserberglandes, bekannt
10 wegen ihrer Kurorte und Heilbäder° und heute auch wegen ihrer Industrie, besonders im Umkreis von Bielefeld. „Nordrhein" enthält vor allem das Ruhrgebiet, das bekannte Industriegebiet, das nach einem Nebenfluß des Rheins benannt ist. Heute hat sich die Industrie teilweise von den Steinkohlenbergwerken° entfernt, und so fin-
15 det man von Köln bis zur Lippe eine Kette von Industriegebieten. Im Kern des Ruhrgebiets sind die Städte zusammengewachsen, und es ist manchmal schwer zu sagen, wo eine Stadt aufhört und die andere anfängt. Während der Kohlenbergbau und die Stahlindustrie

combination

spas

pit coal mines

Krupp Stahl AG Rheinhausen am Rhein

im Ruhrgebiet sich im 19. Jahrhundert entwickelten, gab es zu bei-
20 den Seiten des Rheins schon längst vorher Textilindustrie und Eisen-
industrie: um Aachen und Krefeld links des Rheins und an der
Wupper und im Siegerland rechts des Rheins. Die größten Städte
des Ruhrgebiets sind Essen, Dortmund, Bochum, Duisburg, Oberhausen und Recklinghausen.

25   Interessant ist, daß die Industrie in einer reizvollen Mittelgebirgslandschaft liegt, und daß bald hinter den dichtbesiedelten Industriegegenden die einsamen Wälder des Sauerlands und der Eifel beginnen. Nordrhein-Westfalen ist das Land mit der höchsten Einwohnerzahl und dem größten Einkommen. Auf seinem Gebiet liegt
30 die Bundeshauptstadt Bonn. Der Doppelname des Landes entspricht
dem Charakter der Bevölkerung: die ruhigen Westfalen treffen mit
den lebhaften Rheinländern zusammen. Und natürlich hat die In-
dustrie im 19. Jahrhundert viele Zuwanderer° angelockt, besonders   *immigrants*
aus dem Osten, so daß man im Ruhrgebiet häufig polnische Namen
35 findet. Das Gebiet am Niederrhein gehört schon seit dem frühen
Mittelalter zu den wirtschaftlich wichtigsten Deutschlands. Sein traditioneller Mittelpunkt ist Köln, Residenz eines Erzbischofs. Romani-
sche and gotische Dome kontrastieren heute mit modernen Hoch-
häusern und Fabriken. Nordrhein-Westfalen ist ebenfalls das Land,
40 das sich am meisten um den Ausbau der Universitäten bemüht hat:
zu den alten Hochschulen Bonn, Köln und Münster sind Universitäten oder Gesamthochschulen in Aachen, Bochum, Düsseldorf, Bielefeld, Essen, Dortmund, Duisburg, Paderborn, Siegen und Wupper-
tal gekommen. Nordrhein-Westfalen grenzt an Holland und
45 Belgien; Handelsbeziehungen und industrielle Verbindungen sind
eng.

Südlich von Bonn, wo die „romantische" Strecke des Rheins beginnt, fängt ein neues Land an: Rheinland-Pfalz. Während die Pfalz
eine lange Geschichte als eigenes Land hatte, war das Rheinland zu-
50 letzt ebenfalls eine preußische Provinz gewesen. Das Land bildete
den nördlichen Teil der französischen Zone. Die meisten größeren
Städte liegen am Rand des Gebietes: die Soldatenstadt Koblenz am
Rhein; Trier, römische Gründung und Residenz eines Erzbischofs;
Ludwigshafen am Rhein, Zentrum der chemischen Industrie; und
55 die Hauptstadt Mainz, Universitätsstadt, gleichfalls Residenz eines
Erzbischofs, gegenüber der Mündung des Mains in den Rhein. Nur
die Pfalz hat ein Industriegebiet in der Mitte des Landes mit dem
Mittelpunkt Kaiserslautern.

Rheinland-Pfalz vereinigt die meisten berühmten Weinbaugebiete°   *wine-growing regions*
60 Deutschlands, am Rhein, an der Mosel, der Saar, der Nahe, der Ahr

und in den Tälern der Pfalz. Die Landschaft besteht aus Mittelgebirgen mit viel Wald und schönen Flußtälern.

Das Saarland, früher ein Teil der Pfalz, wurde aus wirtschaftlichen Gründen zu einem politischen Problem. Es hat reiche Steinkohlenvorkommen, und so hat sich ein Industriegebiet entlang der Saar enwickelt, dessen Hauptstadt Saarbrücken ist. Im Gegensatz zum Ruhrgebiet haben sich nur wenige Großstädte gebildet. Viele Arbeiter wohnen in den umliegenden Dörfern und Kleinstädten. Zwischen den Industrieanlagen° findet man Landwirtschaft und Weinbau. *industrial plants*

Nach dem Ersten Weltkrieg blieb das Saarland wirtschaftlich und politisch eng mit Frankreich verbunden, bis die Bevölkerung sich 1935 in einer Volksabstimmung für die Rückkehr nach Deutschland entschied. Ähnlich geschah es nach dem Zweiten Weltkrieg. Das Saarland wurde autonom; es hatte eine eigene Regierung, bei enger Verbindung mit Frankreich. 1955 lehnte die Bevölkerung das vorgeschlagene Saarstatut ab; 1956 beschloß der Landtag die Angliederung° an die Bundesrepublik Deutschland. Trotzdem sind die *incorporation* wirtschaftlichen Beziehungen zum benachbarten Lothringen eng geblieben.

Verkehrszentrum und wirtschaftliche Hauptstadt der Bundesrepublik ist Frankfurt am Main, die alte Freie Reichsstadt und jetzt größte Stadt des Landes Hessen. Auch Hessen hat vorwiegend eine Landschaft von bewaldeten Mittelgebirgen und Flußtälern. In den Tälern findet man viel Industrie, wie z.B. im Lahntal, ganz besonders aber am unteren Main zwischen Aschaffenburg und Wiesbaden. Der Kurort Wiesbaden ist die Hauptstadt des Landes. Im Norden hat sich um die alte Residenzstadt° Kassel ein neues Industriegebiet *capital of a prince* gebildet, das sich bereits nach Niedersachsen orientiert. Das heutige Hessen ist aus mehreren früheren Kleinstaaten und preußischen Gebieten zusammengesetzt. Es ist, wie die meisten deutschen Länder, auch konfessionell gemischt. Fulda, dessen Kloster Ausgangspunkt der deutschen christlichen Kultur war, und wo der große Missionar, der heilige Bonifatius, begraben liegt, ist noch ein Mittelpunkt des deutschen Katholizismus. Die alten Universitäten Marburg und Gießen waren protestantisch. Zu diesen sind jetzt außer Frankfurt noch Darmstadt und die Gesamthochschule in Kassel gekommen.

Hessen grenzt im Osten an die DDR. Seine bekanntesten Gebirge sind der Odenwald südlich des Mains, der Spessart am Main an der Grenze nach Bayern, der Taunus im Norden von Frankfurt, der Vogelsberg und die Rhön südlich von Fulda und der Habichtswald bei Kassel.

Süddeutschland

Seit 1815 bestand Süddeutschland aus drei Ländern: Bayern, Württemberg und Baden. Baden und Württemberg wurden 1945 aufgeteilt, da die Grenze zwischen der amerikanischen und der französischen Besatzungszone quer durch die beiden Länder lief.
5   1952 wurden diese Teile nach einer Volksabstimmung° zu dem Land Baden-Württemberg vereinigt. Die Vereinigung fand vor allem im südlichen Teil Badens Widerspruch.

Baden-Württemberg umfaßt den Schwarzwald, den deutschen Teil der oberrheinischen Tiefebene, die Schwäbische Alb, Teile des
10 Stufenlandes zwischen Stuttgart und Nürnberg und die Hochebene von Oberschwaben zwischen der Donau und dem Bodensee. Im Westen grenzt das Land an Frankreich, im Süden an die Schweiz. Die benachbarten Elsässer und Schweizer gehören gleichfalls zum Stamm der Alemannen und sprechen einen ähnlichen Dialekt. Die
15 Grenze bilden der Rhein und der Bodensee, auch das „schwäbische Meer" genannt. Der größte Nebenfluß des Rheins in Baden-Württemberg ist der Neckar. Am Neckar liegen die Hauptstadt Stuttgart, die Universitätsstädte Tübingen und Heidelberg, die Industriestadt Mannheim und Heilbronn. Andere große Städte liegen in der Nähe
20 des Rheins: Karlsruhe, die frühere Haupstadt Badens, Sitz des deutschen Bundesverfassungsgerichts° und Industriestadt, Offenburg und die Universitätsstadt Freiburg im Breisgau.

Das Bodenseegebiet ist eines der traditionsreichsten Kulturgebiete Deutschlands, mit einem milden Klima, Wein- und Obstbau, alten
25 Kirchen, Burgen und Städten, ja sogar Resten von Pfahlbauten° der Menschen aus der Steinzeit. In Konstanz am Bodensee ist eine neue Universität gegründet worden.

Im Schwarzwald entspringt die Donau, die nach Osten fließt. Bei Ulm, der alten Reichsstadt mit dem großen Münster, kommt man an
30 die bayerische Grenze. Baden-Württemberg ist voll von alten Städten und Burgen. Aus Württemberg kamen bekannte Fürstenfamilien, deren Stammburgen° man noch finden kann, wie die der Hohenstaufen und der Hohenzollern. Unter den alten Städten sind den Touristen die an der Grenze von Württemberg und Bayern, nämlich
35 im Frankenland, am besten bekannt: Nördlingen, Dinkelsbühl und Rothenberg ob der Tauber; doch im Schwabenland gäbe es genug andere zu entdecken.

Auch Baden-Württemberg hat, wie andere deutsche Länder, ein mildes Klima in den Tälern und ein rauhes im Gebirge. In den Tä-
40 lern wachsen Wein, Obst, Hopfen,° in der oberrheinischen Hoch-

plebiscite

federal constitutional court

lake dwellings on stilts

family castles

hops

ebene auch Tabak. Um das Einkommen zu verbessern, haben die
Bauern des Schwarzwalds und der Schwäbischen Alb mit Hausindustrie begonnen, die die Grundlage des heutigen Industriegebiets
um Stuttgart herum bildet. Charakteristisch ist die Verarbeitungs-
45 industrie,° z.B. Uhrenindustrie, Schmuckindustrie, Elektroindustrie,   *manufacturing industry*
Kleineisenindustrie, Musikindustrie und Elektronik.

    Bayern, das Land im Südosten der Bundesrepublik, ist der Fläche
nach das größte Bundesland. Es war im Jahr 900 eines der
ursprünglichen fünf deutschen Herzogtümer, hat also eine lange
50 Tradition als Staat. Das heutige Bayern umfaßt neben den von Bayern bewohnten Gebieten wesentliche Teile von Franken mit Nürnberg, Würzburg, Bamberg und Bayreuth und die oberschwäbischen
Gebiete um Augsburg. Hauptstadt des Landes und Mittelpunkt des
eigentlichen Bayern ist München. Es liegt auf der Hochebene, im
55 Alpenvorland, und südlich davon erstrecken sich mehrere Seen, südlich von denen die Bayerischen Alpen beginnen. Der größte See in
Bayern ist der Chiemsee, und die landschaftlich reizvollsten Seen
sind der Königssee bei Berchtesgaden und der Tegernsee. Die Landschaft südlich von München heißt Oberbayern und besteht vorwie-
60 gend aus Hochgebirge. Oberbayern ist im Sommer und Winter eines
der bevorzugten Fremdenverkehrsgebiete° in Deutschland. Nordöst-   *tourist areas*

*Fußgängerzone bei dem Marienplatz in München mit St. Michael und
Frauenkirche*

lich von München beginnt Niederbayern, das Alpenvorland
zwischen der Isar und dem Inn mit alten Städten wie Freising und
Landshut und der Bischofsstadt Passau an der Mündung des Inn in
65 die Donau. Bayern grenzt im Westen an Württemberg, im Süden
und Südosten an Österreich, im Osten an die Tschechoslowakei und
im Norden an Hessen und an Thüringen in der DDR. An der
Grenze zur Tschechoslowakei befinden sich zwei Mittelgebirge: der
Bayerische Wald und das Fichtelgebirge. Mittelpunkt des frän-
70 kischen Bayerns ist Nürnberg, das heute mit der Nachbarstadt Fürth
zu einer Doppelstadt geworden ist. Nördlich von Nürnberg liegt die
Universitätsstadt Erlangen, neben München und Würzburg die
dritte traditionelle bayerische Universität. Universitäten und Gesamthochschulen gibt es inzwischen in Regensburg, Augsburg, Bamberg,
75 Bayreuth, Eichstätt. Bamberg, Würzburg und Eichstätt sind frühere
Bischofsstädte; Regensburg, die römische Gründung an der Donau,
war im Mittelalter die Stadt der Reichstage° des Heiligen Römischen   *Imperial Diets*
Reiches. In Ansbach und Bayreuth—bekannt durch die Opernfest-
spiele von Richard Wagner und seinen Erben—residierten Markgra-
80 fen. Nürnberg war eine Freie Reichsstadt, ebenso wie Regensburg
und Augsburg. Überall in Bayern findet man bedeutende Kirchen
und Schlösser im Barockstil.
   Die Industrie Bayerns ist auf die großen Städte konzentriert. Während früher Augsburg der wirtschaftliche Mittelpunkt südlich der
85 Donau war, ist es heute München. Einen Aufschwung° für die Wirt-   *upsurge*
schaft soll die Vollendung des Rhein-Main-Donau-Kanals bringen.
Im Süden ist die Landwirtschaft vor allem auf Viehzucht und
Milchwirtschaft spezialisiert. In Niederbayern wächst viel Korn,
außerdem im Alpenvorland und in Franken auch viel Hopfen, der
90 zu dem Bier benötigt wird, für das Bayern so bekannt ist. Die Glas-
und Porzellanindustrie an der tschechischen Grenze hat sich seit
1945 erheblich vergrößert.

Berlin

Berlin ist offiziell seit 1945 unter der Verwaltung der
vier Siegermächte des Zweiten Weltkriegs. 1948 begann sich die Verwaltung für die Sektoren der drei westlichen Alliierten, genannt
West-Berlin, von dem östlichen Sektor zu trennen. Die Sowjetunion
5 und die DDR bestehen darauf, daß West-Berlin nicht zur Bundes-

Kaiser-Wilhelm-Gedächtniskirche und Europa-Center in West-Berlin

republik gehört. West-Berlin hingegen hat sich bemüht, die Verbindung zur Bundesrepublik möglichst eng zu halten. West-Berlin hat Abgeordnete im Bundestag und Bundesrat; doch sie haben kein Stimmrecht.° Die Gesetze der Bundesrepublik gelten auch in Berlin, *voting rights*
10 doch das Stadtparlament muß sie noch einmal bestätigen. Westberliner werden nicht zur Bundeswehr eingezogen.

Berlin hatte um 1939 etwa 4,5 Millionen Einwohner. Heute hat es gut 3 Millionen. Davon leben 1,9 Millionen in West-Berlin. Geographisch umfaßt West-Berlin den westlichen Teil der Stadt, und zwar
15 55% des früheren Stadtgebietes. Die Innenstadt mit der Prachtsraße Unter den Linden gehört zu Ost-Berlin. West-Berlin hat eine Technische Universität, mehrere Forschungsinstitute und andere Hochschulen; es hat die Freie Universität aufgebaut, und es bietet kulturelle Veranstaltungen von höchstem Niveau. Allerdings ist es nicht
20 mehr der ständige Sitz der Regierung und des Parlaments. Es ist nicht mehr das Zentrum der deutschen Presse, und seine Industrie ist in einer schwierigen Lage. Alle Rohstoffe müssen aus der Bundesrepublik oder aus dem Ausland bezogen werden, genau wie die meisten Lebensmittel. Die Industrieprodukte, die in Berlin hergestellt
25 stellt werden, zum Beispiel Elektroartikel, Medikamente, Kleidung, Maschinen, werden zum großen Teil wieder über die Bundesrepu-

blik ausgeführt. Der Transport geht durch die DDR und ist nur auf
drei Strecken erlaubt. Gütertransporte° und Reisende müssen dabei   *transports of goods*
hohe Gebühren bezahlen und werden streng kontrolliert. Sie dürfen
30 in der DDR nur an einigen Raststätten halten, müssen auf der einen
Straße bleiben und bestimmte Geschwindigkeiten einhalten.

    Die Berliner leben auf einer Insel. Trotz Erleichterungen durch
die Ostpolitik ist West-Berlin nach wie vor von der Mauer und vom
Stracheldraht umgeben. Man lebt nicht mehr mit dem Gefühl, in
35 einer belagerten° Stadt zu wohnen; aber doch mit dem Bewußtsein,   **belagern** *to besiege*
isoliert, ja abgeschnitten zu sein, auch wenn es jetzt möglich ist, Ta-
gesreisen in die DDR zu unternehmen. Ferienreisen verlangen lange
Fahrten durch die DDR. Die Wirtschaft wird durch Erleichterungen
und Zuschüsse° am Leben erhalten. Berlin lockt zwar viele Touristen   *subsidies*
40 an, aber seine Industrie kann sich kaum weiter entwickeln. Der Anteil der alten Menschen ist besonders hoch, allerdings auch der jungen, begünstigt durch die vielen Hochschulen. Doch die Berufsmöglichkeiten in West-Berlin sind begrenzt. Dabei haben sich die
Berliner sowohl ihren sprichwörtlichen Witz als auch ihre große
45 „Schnauze"° bewahrt. Berlin ist eine großzügig angelegte Stadt, eine   *(big) mouth*
wirkliche Großstadt mit Blick in die Zukunft. Kaum eine andere
Stadt hätte solche verrückten Zustände so lange in so guter Verfassung überlebt. So ist Berlin immer noch eine Reise wert, wie die
Reklame sagt. Wie lange noch, ist die unausgesprochene Frage jedes
50 Besuchers und Bewohners. Doch Berlin zeigt immer wieder eine Vitalität und Fähigkeit zur Erneuerung. Irgendwann werden die Beziehungen zur umgebenden DDR gewiß normaler werden. Bis dahin
versuchen die Berliner, in einer unmöglichen Lage ein möglichst
normales Leben zu führen.

2

Ein Deutscher in der Bundesrepublik

Eine Fußgängerzone in Bonn

Lebensbedingungen

Niemand kann beschreiben, wie „ein Deutscher" heute lebt. Es gibt regionale Unterschiede, verschiedene Gesellschaftsschichten, Einflüsse der Religion, der Herkunft, des Berufs, der politischen Anschauungen. Ein Berliner sieht die Welt anders als ein
5 Münchener, ein Großstädter anders als ein Dorfbewohner. Es gibt jedoch einige allgemeine Punkte, die man für die Bundesrepublik herausheben kann, ebenso wie für die DDR, Österreich und die Schweiz.

Ein eiliger Tourist aus den USA wird feststellen, daß ein
10 Deutscher ganz ähnlich lebt wie ein Amerikaner: die Mode ist ähnlich; die Warenhäuser sehen ähnlich aus; es gibt Supermärkte und
Einkaufszentren;° amerikanische Restaurant- und Hotelketten haben   *shopping centers*
Niederlassungen° gegründet; die Kinos spielen amerikanische Filme;   *establishments, branches*
im Fernsehen laufen sogar bekannte Serien des amerikanischen
15 Fernsehens. Mancher Amerikaner wird dadurch überrascht sein. Er
hatte vielleicht gedacht, daß die deutschen Mädchen blond sind,
lange Zöpfe haben und Volkstrachten° tragen. Das findet man in   *national costumes*
Restaurants, die ausländische Touristen anziehen wollen. In den „romantischen" alten Städten herrscht ein modernes Tempo. Die
20 Menschen müssen schwer arbeiten, bevor sie sich ausruhen können
und gemütlich ihr Bier oder ihren Wein trinken. Karneval und
Oktoberfest finden nur einmal im Jahr statt. Die Studenten in Heidelberg haben ebenso schwere Prüfungen wie anderswo.

Die Bundesrepublik ist ein Industrieland. Sie hat die Lebensbe-
25 dingungen und die Probleme aller Industrieländer. Trotzdem gibt es
Unterschiede zwischen Deutschland und den USA. Die Bundesrepublik ist ein kleines Land, das sehr dicht bevölkert ist. Land ist
knapp. Wer sich ein eigenes Haus kaufen will, muß sehr viel für den
Grund und Boden° ausgeben. Wer sich einmal ein Haus kauft, hat   *real estate*
30 vor, den Rest seines Lebens darin zu wohnen. Die Entfernungen
sind klein, verglichen mit den USA. Mehr als 1.000 Kilometer, das
sind 600 Meilen, kann man gar nicht in einer Richtung fahren, ohne
daß man an eine Grenze kommt. Gewöhnlich kommt man sehr viel
früher an eine Grenze. Kein Deutscher wohnt heute mehr als 200
35 Kilometer, also 120 Meilen, von einer Grenze entfernt. Die Ostgrenze, die Grenze zum anderen Deutschland, ist verschlossen. Die
anderen Grenzen sind offen. Nur spricht man gewöhnlich auf der
anderen Seite der Grenze eine andere Sprache. Die Menschen sind
es also gewohnt, über eine Grenze zu fahren und sich mit Menschen
40 anderer Sprachen zu verständigen. Und sie sind es gewohnt, in
ihrem Land bald an eine Grenze zu stoßen. Wer „unbegrenzte° Mög-   *unlimited*
lichkeiten" sucht, muß ins Ausland gehen—zum Beispiel nach
Amerika.

Die Deutschen, wie übrigens alle Europäer, sind also viel mehr in
45 der Heimat, in ihren Traditionen und Sitten verwurzelt° als die mei-   *rooted*
sten Amerikaner. Schließlich leben sie ja auch soviel länger im selben
Land. Zwar wirkt die Bevölkerung in der Bundesrepublik in ihrem
Lebensstil „moderner", und das heißt meistens „amerikanischer" als
in den anderen deutschsprachigen Ländern, aber trotz aller Ände-
50 rungen seit 1945 ist die Gesellschaft immer noch weniger beweglich
als die amerikanische. Viele ziehen es vor, in der Heimat zu bleiben,

auch wenn sie anderswo bessere Berufschancen hätten. Theoretisch
sind die Menschen gleich, praktisch gesehen sind die Erwartungen
begrenzt. Ein Arbeiter erwartet nicht, daß seine Kinder an der Uni-
55 versität studieren. Die gebotenen Aufstiegsmöglichkeiten° stehen
nicht selten im Widerspruch zu der Einstellung der Menschen und
ihren traditionellen Vorurteilen. Die Gesellschaft orientiert sich nicht
nur an der Zukunft, sondern ebenso—und manchmal noch mehr—
an der Vergangenheit.

chances for promotion,
career

Nationalcharakter

Man spricht manchmal von einem „Nationalcharakter".
Die Frage ist allerdings: Ist dieser Nationalcharakter nur eine Karikatur, die Ausländer erfunden haben, oder umfaßt der Nationalcharakter wirklich die Eigenschaften, die das Vok selbst für wertvoll
5 und positiv hält? Es gibt natürlich viele ausländische Karikaturen
und Vorurteile über die Deutschen, denn die Deutschen haben sich
in zwei Weltkriegen viele Feinde gemacht. Wie sehen sich die
Deutschen selbst?

Sie sehen zuerst ihre eigenen Unterschiede. Ein „Norddeutscher"
10 unterscheidet sich von einem „Süddeutschen". Für einen Hamburger beginnt der Süden allerdings schon im Harz; für den Bayern
ist der Main die Grenze zwischen Süden und Norden. Die Deutschen
unterscheiden sich nach den alten Stämmen,° oder genauer nach
den Dialekten. In Bayern leben Bayern, Schwaben und Franken;
15 Badenser und Württemberger unterscheiden sich sehr; im Ruhrgebiet treffen die lebhaften Rheinländer und die schwerfälligen Westfalen zusammen. Die Deutschen der verschiedenen Gegenden
sprechen nicht nur verschiedene Dialekte; sie haben auch einen verschiedenen Charakter; ja, ihre Art des Humors ist verschieden. Die
20 Deutschen selbst verspotten° einander aus diesem Grund, und sie
schreiben dem anderen bestimmte Eigenschaften zu: Die Bayern
sind—für die anderen Deutschen—grob und sauflustig; die Schwaben ehrgeizig und (zu) fleißig; die Niedersachsen sind langsam und
worktkarg;° die Rheinländer leichtsinnig und unzuverlässig. Beson-
25 ders dort, wo verschiedene Menschentypen zusammenkommen, wie
im Ruhrgebiet, ist solcher Spott beliebt.

Dabei vergessen die Deutschen heute bei allem Partikularismus
nicht ihre Gemeinsamkeit. Was ist also „typisch deutsch"?

tribes, ethnic groups

verspotten *to mock, to*
make fun of

taciturn

Fußgängerzone „Bäckerstraße" in Lüneburg

Der Deutsche liebt ohne Zweifel die Ordnung. Jeder Mensch sollte
30 dort sein, wo er hingehört; jedes Ding hat seinen „richtigen" Platz.
Das gilt auch für die Ordnung der Gesellschaft. Die Gesellschaft besitzt also eine Hierarchie. Die Kehrseite des Ordnungsbewußtseins
ist der Dünkel.° Wer einen höheren Rang erreicht hat, fühlt sich   *conceit*
besser und läßt es die anderen Menschen spüren. Wer ein Recht hat
35 oder zu haben glaubt, macht es geltend—zum Beispiel im Autover-
kehr.

Das Ziel eines Deutschen in seinem Auftreten und seinen Um-
gangsformen° ist es, „korrekt" zu sein und zu handeln. Er tut seine   *manners*
Pflicht und gibt jedem Menschen, was ihm gebührt.° Die Regeln und   **gebühren** *to be due to*
40 Vorschriften werden genau eingehalten.

Während das öffentliche Verhalten Korrektheit verlangt, möchte
der Deutsche in seinem privaten Kreis ungezwungen° sein. Er fühlt   *relaxed*
sich dann nicht mehr als „Beamter",° sondern als „Mensch"; und er   *state official*
sucht dann Gemütlichkeit. Er ist gern mit Freunden zusammen. Er
45 redet frei, achtet nicht zu sehr auf konventionelle Formen und
möchte gern Vertrauen zu den anderen Menschen haben können.
So bildet er einen Freundeskreis, und Freunde sind für ihn etwas
ganz anderes als „Bekannte". Er nennt sie beim Vornamen und duzt
sie, und er bespricht offen seine Sorgen mit ihnen. Bekannten ge-
50 genüber verhält er sich mit einer gewissen Distanz.

Die Gründlichkeit° zeigt sich im Berufsleben. Traditionell unter-   *thoroughness*
scheidet sich der „Beruf" von einem bloßen „Job". Ein Job ist zum
Geldverdienen, einen Beruf hat man gelernt. Man beherrscht sein
Fach, kann gute Arbeit leisten und ist stolz darauf. Die moderne Ar-
55 beitsteilung° und Automatisierung bringt es mit sich, daß ein Arbei-   *division of labor*
ter in den meisten Berufen kein „Werkstück"° mehr anfertigt; er   *independent piece of work*
sieht das Ergebnis seiner Arbeit nicht mehr. Damit ist auch das In-
teresse an der Arbeit gesunken; aber viele Arbeiter sind nicht damit
zufrieden. Das Gefühl, gut gearbeitet zu haben, ist ihnen für ihre
60 Selbstachtung° wichtig. Die moderne Industrie muß sehen, wie sie   *self-respect*
sich die Gründlichkeit, das Pflichtbewußtsein und das Bedürfnis
nach einem „Werk" zunutze machen kann. Eine Zeit, der es um
schnellere Produktion und höhere Profite geht, wird auf diese Charakterzüge weniger Wert legen. So findet man öfter einen gewissen
65 Zynismus, wie: wenn ich sowieso nicht richtig arbeiten kann, ist es
mir egal, wie es wird.

Obwohl der Deutsche im konventionellen Umgang sehr formell
ist, betrachtet er die Höflichkeit nicht als einen großen Wert. Ehrlichkeit, Wahrhaftigkeit sind ihm viel wichtiger. „Deutsch reden" be-
70 deutet frei seine Meinung sagen, selbst wenn diese Meinung dem
anderen Partner unangenehm ist.

Auch die Bildung betont bis jetzt die Hierarchie. Der Universitätsprofessor hat ein hohes Prestige in Deutschland, da er die Spitze
dieser Hierarchie bildet. Ein erfolgreicher Mann ohne Abitur wird
75 sich einem Universitätsabsolventen gegenüber stets unsicher fühlen.
„Bildung" ist dabei traditionell mehr als Wissen oder Tüchtigkeit, es
ist ein Lebensstil, ein Sinn für „geistige Werte". Es ist unverkennbar,
daß die Idee der Bildung nicht mehr den Werten der heutigen Gesellschaft entspricht. Es ist aber ebenso klar, daß die Tradition der
80 Bildung noch immer im kulturellen Leben wirksam ist.

Der Deutsche ist häuslich. Er pflegt seinen Besitz. Ihm liegt an
einer individuellen Wohnungseinrichtung,° er pflegt und putzt sein   *furnishings*
Auto, er hält die Umgebung des Hauses sauber und kümmert sich
um seinen Garten. Jedem Besucher fallen die vielen Blumen in Vor-
85 gärten und Blumenkästen am Fenster auf. Das ist nicht nur Liebe
zur Natur, sondern auch das Bedürfnis, seine Sachen in Ordnung
zu halten. Wer das nicht von selbst tut, kann Schwierigkeiten mit
seinen Nachbarn bekommen. Ganz besonders wer sich ein eigenes
Haus gekauft oder gebaut hat, wird dafür sorgen, daß es auch ein-
90 ladend aussieht. Um den Garten ist ein Zaun oder eine Hecke.° Man   *hedge*
möchte doch nicht, daß einem die Nachbarn in den Garten sehen.

Der Deutsche hat ein starkes Heimatgefühl.° „Heimat" ist dabei   *attachment to one's home*
nicht ganz Deutschland, sondern nur ein bestimmter Teil davon, ge-   *area*

wöhnlich eine bestimmte Landschaft oder vielleicht nur eine be-
95 stimmte Stadt. Leicht ergreift ihn das „Heimweh", wenn er in der
Fremde ist. Er liebt alte Städte und Burgen und hat ein Gefühl für
die Natur. Ebenso stark wie das Heimatgefühl ist in Deutschland die
„Wanderlust", das „Fernweh". Ein Deutscher hat das Gefühl, er
müßte die Welt kennenlernen. Es gibt genug deutsche Abenteurer,
100 die mit dem Fahrrad oder mit dem Motorrad um die Welt fahren,
und die meisten Deutschen reisen und wandern gern. Man kann
diese Wanderlust einen Freiheitsdrang° nennen. Der Deutsche   *thirst for freedom*
schätzt die feste Ordnung und die Tradition, aber er liebt ebenso
seine Unabhängigkeit. Alle jungen Menschen ergreift einmal die
105 Abenteuerlust.° Jedoch erwartet die Gesellschaft in Deutschland von   *desire for adventure*
ihnen, daß sie nach ihren „Wanderjahren" zur Heimat zurückkehren
und sich dort fest niederlassen.

Insgesamt wirken die Deutschen tüchtig, gründlich, zuverlässig,
ernst, aber auch schwerfällig, pedantisch, rechthaberisch.° Ausländer   *stubborn (in one's views)*
110 wünschen ihnen meistens mehr Heiterkeit, mehr Leichtigkeit. Zwar
benutzen die Deutschen jede Gelegenheit zum Feiern und sind gern
lustig; aber auch da fehlt oft genug die leichte Note. Wer hätte sich
nicht schon gewünscht, daß ein Deutscher es auch einmal weniger
genau und weniger ernst nehmen möchte? Die Deutschen sind die
115 ersten, die das sagen; sie geben sich ja Mühe, selbstkritisch zu sein,
aber es fällt ihnen schwer, das Leben leichter zu nehmen.

Ein Deutscher hat das Bedürfnis, Anerkennung zu finden und gut
Freund mit allen Menschen zu sein. Er vermeidet Konflikte, wenn er
kann; denn er weiß, ein Konflikt wird ernst genommen und kann
120 ein Leben ruinieren. So ist es besser, einen Ausgleich oder eine
Synthese zu finden und gut zusammenzuarbeiten.

Solche Charakterzüge sind immer sehr allgemein, und man wird
bei den einzelnen Deutschen viele davon nicht finden. Doch sie geben ein Bild davon, wie die Deutschen sich selbst sehen oder wie sie
125 sein möchten.

Die Situation Deutschlands

So viele Beispiele man in beiden Teilen Deutschlands
auch finden wird, die den traditionellen deutschen Nationalcharakter bestätigen, so ungern werden sich die Deutschen darin erkennen.
Denn in beiden deutschen Staaten ist das Bewußtsein stark verbrei-

5 tet, daß sich die Gesellschaft seit 1945 grundlegend° verändert hat.   *fundamentally*
Die Gesellschaft vielleicht, aber auch die Menschen? Die Deutschen
der Bundesrepublik bemühen sich, weniger „preußisch" zu wirken,
also weniger steif, weniger militärisch, weniger laut. Sie haben mehr
internationale Erfahrung bekommen, sind gewandter geworden, ge-
10 ben sich im Auftreten ungezwungen. Man merkt ihnen an, daß sie
das Mißtrauen gegen den deutschen Nationalismus aus dem Weg
räumen wollen: sie wissen, was Franzosen, Engländer oder Italiener
von einem Deutschen erwarten und wollen anders sein. Sie vermeiden Überheblichkeit° und den deutschen Zeigefinger, so weit die   *arrogance*
15 Selbstkritik reicht. Typischerweise hören die Selbstkritik und die
kühle Vernunft beim Sport auf, vor allem beim Fußball, wo die
Deutschen, wie die anderen Völker, von nationaler Leidenschaft ge-
packt werden.

Wenn sich also Bundesdeutsche möglichst weltgewandt geben und
20 nicht allzu „deutsch" erscheinen möchten, hat sich der preußische
Umgangston,° das zwar korrekte, aber steife und eher unfreundliche   *manners in daily behavior*
Auftreten, in der DDR deutlicher erhalten, jedenfalls bei öffent-
lichen Anlässen und im Umgang mit Beamten. Mit soviel weniger
internationalen Verbindungen ist die Gesellschaft der DDR in ihrem
25 Benehmen konservativer geblieben, obwohl der Sozialismus einen
neuen Menschen erziehen will. Auch hier wird niemand gern zuge-
ben, daß sich in den Lebensgewohnheiten wenig geändert hat.

Es ist deutlich, daß die unbehagliche Erinnerung an den Nationalsozialismus, die vielen politischen und wirtschaftlichen Krisen seit
30 1914, die Spaltung Deutschlands und die heutige politische Situation
die Deutschen zur Selbstkritik, zur Nüchternheit und zur Unsicherheit drängen. Die Deutschen in beiden Ländern haben einen beacht-
lichen Wohlstand erreicht, auf den sie stolz sind. Der Wohlstand ist
relativ größer in der Bundesrepublik, aber ein Deutscher in der DDR
35 kann ebenso auf seine Leistungen hinweisen, zumal wenn er sich mit
anderen Ländern Osteuropas vergleicht. Der Wohlstand, d.h. die
wirtschaftliche Stärke, hat nun jedoch politische Forderungen gebracht: die Bundesrepublik spielt nicht nur eine entscheidende Rolle
in der Europäischen Gemeinschaft, sondern muß auch bei vielen
40 Problemen der Weltpolitik Stellung nehmen. Auch die DDR hat stär-
keres Gewicht im Ostblock bekommen und ist gezwungen, ihren politischen Spielraum° neu zu bestimmen.   *room for action, latitude*

Seit über hundert Jahren sind die Deutschen in Europa ein unbe-
quemer Machtfaktor, manchmal bewundert, oft gefürchtet, immer
45 mit gemischten Gefühlen angesehen. Sie kennen sehr wohl das französische Bonmot, man liebe Deutschland so sehr, daß man lieber
zwei als eines davon haben möchte. Ein wiedervereinigtes Deutsch-

land wäre ein Land mit einem bedrohlich starken Wirtschaftspotential. So wissen die Deutschen, daß auch ihre Partner eigentlich keine
50 Wiedervereinigung wünschen. Die Erziehung zu einem neuen Nationalgefühl als Ostdeutscher oder Westdeutscher, die in der DDR
forciert wird, stößt jedoch auf Schwierigkeiten, jedenfalls bis jetzt.
Andererseits bringen die verschiedenen Gesellschaftssysteme und die
Trennung die Tendenz mit sich, sich „anders" zu fühlen. Die
55 Deutschen leben mit ungelösten Fragen, auf die vielleicht neue Generationen eine neue Antwort finden werden.

3

Die Familie

Die Familie früher und heute

Die durchschnittliche Familie der Bundesrepublik hat ein oder zwei Kinder, mehr als die Hälfte der Frauen arbeiten außerhalb des Hauses. Diese „Klein-Familie", wie die Soziologen sagen, besteht aus den Eltern und den zu Hause lebenden Kindern.
5 Andere Verwandte, die zu der „Groß-Familie"° gehören, Großeltern, Onkel, Tanten etwa, wohnen gewöhnlich nicht im gleichen Haushalt.

    Natürlich waren die Familien nicht immer so klein. Noch bis ins 20. Jahrhundert lebten oft Großeltern und andere Verwandte im
10 gleichen Haus oder im gleichen Haushalt; zumindest aber in der Nachbarschaft. Die Kinder wuchsen mit dem Bewußtsein einer Groß-Familie auf; Großeltern, Onkel, Tanten, Vettern, Kusinen ge-

extended family

hörten ebenso zum täglichen Leben wie Eltern und Geschwister.
Noch immer gibt es ein deutliches Zeichen für die Verbundenheit°   *ties, unity*
15 der Groß-Familie: alle Verwandten duzen sich. Wenn die Schwiegereltern dem zukünftigen Schwiegersohn oder der Schwiegertochter
das „Du" anbieten, so heißt es: jetzt gehörst du zur Familie. 1945, als
die bisherigen gesellschaftlichen und staatlichen Einrichtungen nicht
mehr funktionierten, stellte sich heraus, daß die Familie die stabilste
20 soziale Gruppe ist: Eltern und Kinder hielten in der Not zusammen
und halfen einander zu überleben und eine neue Existenz aufzubauen. Dabei haben sich seitdem, in Deutschland wie anderswo, die
Sitten geändert. Meistens wohnen die Großeltern nicht mehr um die
Ecke, so daß die Kinder sie nicht mehr jeden Tag sehen können. Die
25 Wohnungen sind zu klein für Groß-Familien. Unabhängigkeit ist der
Wunsch der meisten Menschen, und so leben die Generationen für
sich, Mann und Frau verfolgen verschiedene Interessen, die Kinder
bauen sich ihre eigene Welt. Wenn die Mutter berufstätig ist, trifft
die Familie vielleicht nur abends kurz zusammen. Die Deutschen er-
30 leben ihre Variante der heutigen Industrie- und Fernsehgesellschaft.

Mann und Frau

Die deutsche Familie hat eine starke patriarchalische
Tradition. Sie geht auf die Zeit zurück, wo der Haushalt mit dem
Arbeitsplatz verbunden war: das Haus war Werkstatt eines Handwerkers, Geschäft oder Bauernhof. Der Hausherr war gleichzeitig
5 Chef eines Betriebes. Im Hause lebten außer der Familie auch die
Angestellten und „Dienstboten".° Während der Mann am Arbeits-   *servants*
platz regierte, hatte die Frau die „Schlüsselgewalt":° sie beaufsich-   *"power of the keys"*
tigte die Arbeiten im Hause. Es wurde damals noch viel im Hause
selbst hergestellt: Lebensmittel aller Art, Kerzen, Seife; die Frauen
10 spannen, webten, stickten, strickten, nähten.
    Die Industrialisierung des späteren 19. Jahrhunderts brachte die
Wanderung in die neuen Großstädte, wo es kleinere Wohnungen
und wenige Dienstboten gab. Gerade in dieser Zeit aber, besonders
ab 1871, wurde der Mann und Vater besonders autoritär. Er allein
15 entschied, sein Mittagsschlaf war heilig, man durfte sein Arbeitszimmer nicht betreten, er bekam etwas Besseres zum Mittagessen als der
Rest der Familie, wenn das Geld knapp war. Manche dieser Väter,

die im Beruf einem starken Druck ausgesetzt waren, wurden zu Hause „Haustyrannen", die keinen Widerspruch duldeten.

20 Die Reaktion ließ nicht auf sich warten. Es gab bereits im 19. Jahrhundert eine Frauenbewegung, die für bessere Bildungschancen, bessere Bedingungen am Arbeitsplatz und politische Rechte für die Frauen kämpfte. Um 1900 begann man allgemein, den Mädchen den Zugang zum Abitur und damit zur Universität zu eröffnen, na-
25 türlich in eigenen Mädchengymnasien, Lyzeen genannt. Paradoxerweise waren es die beiden Weltkriege, besonders der erste, die die Gleichberechtigung° der Frauen entscheidend gefördert haben. Die *equal rights* Männer waren an der Front, also mußten die Frauen nicht nur zu Hause die Verantwortung übernehmen und allein die Kinder erzie-
30 hen, sondern auch anstelle der Männer ins Büro und in die Fabrik gehen.

Dies gab den Frauen den Geschmack an der Selbständigkeit und Berufstätigkeit. Es handelte sich nicht mehr um die frühere Ausbeutung° der Frauen in der Arbeiterklasse, von welcher die Sozialisten *exploitation*
35 sie befreien wollten; vielmehr sahen die Frauen jetzt ihre Chance, einen Beruf zu lernen und auf eigenen Füßen zu stehen, auch und gerade in den bürgerlichen Schichten. Seit dem Ersten Weltkrieg setzte sich die Ansicht durch, daß Mädchen genau wie die Jungen

Die erste Handwerksmeisterin für Zentralheizungsbau in der Bundesrepublik

eine Berufsausbildung brauchten. Allerdings drängte man die
40 Frauen zuerst in „Frauenberufe": Sekretärin, Kindergärtnerin,
Krankenschwester.

Die Weimarer Verfassung von 1919 gab den Frauen das Wahlrecht. Auch im Familienleben begannen sich Veränderungen zu zeigen. Unter dem Einfluß der Jugendbewegung wurde das Ideal einer
45 Ehe aufgestellt, die nicht von der Autorität des Vaters getragen ist,
sondern von der Freundschaft und Kameradschaft der beiden Partner. Immer noch lag praktisch—und juristisch—die letzte Entscheidung beim Mann.

Die Nationalsozialisten proklamierten, daß die Frau ins Haus und
50 in die Küche gehörte und in erster Linie Mutter sein sollte. Sie wollten viele Kinder, mit denen neue Gebiete im Osten Europas besiedelt werden sollten. Sie gaben hohe Kinderzulagen° und verteilten
„Mutterkreuze"° an Mütter mit vier und mehr Kindern. Aber praktisch führte die Naziherrschaft dazu, daß noch mehr Frauen als vor-
55 her berufstätig wurden, spätestens im Zweiten Weltkrieg. Die Verfassungen der Bundesrepublik und der DDR haben seit 1949
festgelegt, daß Mann und Frau gleichberechtigt sind. Aber es hat
noch lange gedauert, jedenfalls in der BRD, bis diese Garantie praktische Folgen bekommen hat. Erst seit 1977 hat die Frau ihre völlige
60 juristische Gleichstellung erreicht. Jetzt müssen sich die beiden Partner einigen, welchen Namen sie führen wollen und wie sie die Hausarbeit verteilen.

child allowances
"mother's cross"

Wieviel sich in der Bundesrepublik geändert hat, zeigt sich zum
Beispiel daran, daß der Anteil der Studentinnen innerhalb von 20
65 Jahren von einem Fünftel auf zwei Fünftel der gesamten Studentenschaft gewachsen ist. Allmählich verändern sich die Lebensgewohnheiten. Früher wurde eine Frau gewöhnlich nur dann Unternehmerin, wenn sie als Witwe oder Tochter eines Unternehmers einen
Familienbetrieb der Familie für den nächsten männlichen Erben er-
70 halten wollte. Die meisten Frauen arbeiteten in ihrem Beruf nur, bis
sie das erste Kind bekamen, auch in einem akademischen Beruf. Inzwischen gehen die Frauen auf eine eigene Karriere aus, die sie
nicht unterbrechen wollen. So wie alle Frauen mit „Frau" angeredet
werden müssen—und nicht mehr mit „Fräulein"—, ganz gleich ob
75 sie verheiratet sind oder nicht, sind auch unverheiratete Mütter mit
den verheirateten gleichgestellt. Die früher sehr starken Vorurteile
gegen eine unverheiratete Mutter sind im Schwinden.

In der DDR wird die berufliche Laufbahn der Frauen besonders
gefördert, wie auch die Verfassung von 1974 betont; so sehr, daß
80 Frauen manchmal die Gelegenheit zur Beförderung ausschlagen,
damit sie noch Zeit für ihre Familie behalten. Hier gibt es prozentual

Eine Oberstaatsanwältin in Köln

mehr Frauen in führenden Stellungen als in der BRD, die in diesem Punkt konservativer ist—neuerdings auch aus Konkurrenzangst wegen der Arbeitslosigkeit. So gibt es für die Frauenbewegung der
85 Bundesrepublik, die manchmal belächelten „Emanzen", manche Angriffspunkte.

Eltern und Kinder

Dem Kinderreichtum des 19. Jahrhunderts folgten die kleineren Familien des 20. Jahrhunderts, Die Nazipropaganda für viele Kinder hat diesen Trend nur kurz unterbrochen. Seit 1945 sind auf alle Fälle die Familien klein geworden. Heute sinkt trotz
5 großzügiger Kinderzulagen die Bevölkerung der BRD und zeitweise auch die der DDR. Dabei hat in der Bundesrepublik der „Pillenknick"° der sechziger Jahre einen deutlichen Abschnitt gezeigt.   *drop in birthrate because of the pill* Kinder sind jetzt eine bewußte Entscheidung beider Eltern.

Es fällt Ausländern auf, daß die Deutschen trotz ihres Wohlstands
10 keineswegs optimistisch in die Zukunft blicken, sondern eher Skepsis, Unsicherheit, sogar Angst verraten. Zur geringen Zahl der Kinder trägt außer diesem Grund auch die Tatsache bei, daß die Deutschen die Kindererziehung ernst nehmen. Das klingt paradox,

aber deswegen scheut man oft die Verantwortung, und besonders
15 die Frauen sehen eine Alternative zwischen Beruf und Kindererziehung, wobei sie sich dann vielleicht für den Beruf entscheiden. Auch
mag eine Rolle spielen, daß die jungen Erwachsenen von heute noch
zur Nachkriegsgeneration gehören, die mit manchen Ängsten aufgewachsen ist. Manche Erwachsenen wollen einem Kind nicht ihre
20 eigene Kindheit zumuten.°

zumuten to demand; to put somebody through

Das Verhältnis der Eltern zu den Kindern ist dabei im allgemeinen
viel kameradschaftlicher, vielleicht aber auch indifferenter geworden. Vielen Eltern ist es zu anstrengend, ständigen Druck wegen der
Schularbeiten auszuüben; wenn die Eltern auch von den Kindern
25 erwarten, daß sie wenigstens ihre eigene Bildungsstufe erreichen,
also das Abitur schaffen, wenn die Eltern es erreicht haben. Ja, nach
dem Gesetz sind die Eltern sogar verpflichtet, ihren Kindern eine
Bildung zu ermöglichen, die der eigenen entspricht. In diesem
Wunsch spricht sich die Tradition aus, daß die Bildung früher der
30 sozialen Klassentrennung entsprach, eine niedrigere Bildung also
Deklassierung bedeuten konnte. Inzwischen ist das sehr viel weniger
der Fall, und die Jugend empfindet es auch viel weniger so.

Die Beziehung der Generationen zueinander ist seit 1945 durch
mehrere Phasen gegangen. Zuerst sprach man von einer „skep-
35 tischen Generation", die mißtrauisch, abwartend und kühl ihren eigenen Weg ging und wenig mit den Eltern gemeinsam haben wollte.
Auf die skeptische Generation folgte die Generation der Studentenbewegung in den sechziger Jahren, die bereit war, sich gesellschaftlich zu engagieren, und die die bestehenden Zustände verändern
40 wollte. Die siebziger Jahre sahen wieder eine stillere Jugend, die
mehr Schwierigkeiten als Hilfe vom Staat und der Gesellschaft erwartete und meistens zu vorsichtig war, um sich zu engagieren. Inzwischen sind jedoch einige Probleme aufgetaucht, bei denen die
Mehrzahl der jungen Generation eine entschiedene Stellung bezo-
45 gen hat: vor allem die Frage des Weltfriedens und des Umweltschutzes. Die Gefahr eines Atomkriegs ist immer gegenwärtig. Der
Wahlerfolg der Grünen bei den Bundestagswahlen von 1983 ist zu
einem wesentlichen Teil den Jungwählern zu verdanken.

Die Schwierigkeiten bei der Berufswahl und dem Zugang zu Aus-
50 bildungsplätzen° oder Studienplätzen bedeuten eine Belastung° für
die heranwachsende Generation und verhindern eine sorglose Jugend und Studienzeit. Sie drängen die Jugend dazu, pragmatisch zu
denken und vor allem ihre Privatinteressen im Auge zu behalten.
Die Sorge um das Privatleben und der Gedanke an Umwelt und
55 Frieden stehen dabei oft unvermittelt° nebeneinander.

places for training / burden

directly, abruptly

Bei allen diesen Problemen der heutigen Jugend gibt es weder ei-

nen Generationskonflikt mit den Eltern noch ein enges Zusammengehörigkeitsgefühl. Das liegt zum Teil an den veränderten Sitten.
Auch in Deutschland ist vielfach das Fernsehprogramm an die Stelle
60 der Abendunterhaltung° getreten, und die gemeinsamen Wochenend-   *evening conversation*
aktivitäten und Ferien hören in einem bestimmten Alter auf. Man
vermeidet Spannungen und geht seiner Wege. Auch sind die Eltern
nicht traurig, daß die Jugend früher selbständig wird; sie fühlen sich
dann unabhängiger.
65   Einen traditionell hohen Wert besitzt die Freundschaft. Ein
Freund ist etwas ganz anderes als ein „Bekannter", ein „Kollege" im
Betrieb oder ein „Kamerad" in der Schule. Von einem Freund erwartet man Verständnis und Hilfe. Man bespricht seine Sorgen mit
ihm, praktische und psychologische. Ein Freund muß nicht gleichalt-
70 rig sein, für einen Jugendlichen kann auch ein Erwachsener, ein äl-
terer Kollege, ein Jugendleiter,° ein Onkel oder der Vater Freund   *leader in a youth group*
sein. Dasselbe gilt natürlich für Mädchen, die in der Mutter, einer
Verwandten, einer Kollegin Freundinnen finden können. Individuelle Freundschaft ist etwas anderes als der Zusammenhalt einer
75 kleinen Gruppe, der heute häufig zu finden ist.
   In einer schwierigen, anonymen und oft feindlichen Welt suchen
die Menschen individuelle Hilfe und Verständnis. Die junge Generation ist nicht überzeugt, daß das jetzt herrschende Familienleben
ideal ist. Sie sucht Alternativen. Wirkliche Kommunen sind selten
80 geblieben, hingegen gibt es Wohngemeinschaften° verschiedenster   *living communities*
Art. Manche bedeuten nur, daß mehrere Erwachsene zusammen
eine Wohnung oder ein Haus mieten, andere bedeuten verschiedene
Formen des gemeinsamen Zusammenlebens.
   Weiter verbreitet ist es hingegen, daß Mann und Frau erst länger
85 zusammenleben, bevor sie sich entscheiden, ob sie heiraten wollen
oder nicht. Was die Partner dabei eigentlich suchen, wird vielleicht
am besten dadurch ausgedrückt, daß sie meistens von „meinem
Freund" und „meiner Freundin" sprechen. Man sucht einen ver-
ständnisvollen Partner, mit dem man das Leben teilen kann, ohne
90 sich sogleich für das ganze Leben festzulegen.
   Die Familie stellt nach wie vor einen hohen Wert in der Gesellschaft dar. Stark sind aber auch die zentrifugalen Kräfte unserer
Zeit, die das traditionelle Konzept der Familie in Frage stellen. Der
Streß im Beruf, lange Fahrzeiten in der Großstadt, Bedürfnis nach
95 Ruhe und Unabhängigkeit geben den Eltern weniger Lust, die Freizeit mit den Kindern zu verbringen und lockern die Beziehungen.
Die Jugend ist ihrerseits gern unter sich und entwickelt einen eige-
nen Lebensstil, den die älteren Erwachsenen nicht teilen können.
Die Mutter, traditionell der Mittelpunkt der Familie, ist oft durch

100 ihre Berufsarbeit in Anspruch genommen. Formen des Zusammenlebens, die weniger Verantwortung und Verpflichtungen mit sich
bringen, wirken da verlockend. Noch tritt die Familie bei den wichtigen Festen des Jahres, Weihnachten, Ostern zum Beispiel, in den
Mittelpunkt, ebenso bei eigentlichen Familienanlässen, wie Geburts-
105 tagen, Taufen, Hochzeit und Begräbnis. Aber die Zeit ist nahe, wo
die bürgerliche Klein-Familie vielleicht ihre Form wesentlich ändern
könnte. Das würde eine wesentliche Änderung des Lebens bedeuten.
Ist sie vielleicht schon im Gange? Andererseits zeigen sich auch
etliche Symptome, die auf eine Regenerierung der Klein-Familie
110 deuten. Jede Generation, und besonders die Frauen in ihr, wird ihr
Familienleben neu gestalten müssen. Denn eines ist sicher: es ist weit
weniger die Tradition und Konvention, die heute das Familienleben
bestimmt, als die eigene Entscheidung der Ehepartner, die dann zu
Eltern werden.

4

Feste im Jahreslauf

Weihnachtsmarkt auf dem Marienplatz vor dem Rathaus in München

Das Weihnachtsfest

Ein Land mit einer so langen Tradition, mit soviel Verschiedenheiten wie Deutschland hat eine große Zahl von Bräuchen,
an denen die Menschen gern festhalten. In Deutschland hat es nie
eine Trennung von Staat und Kirche gegeben, und das Kirchenjahr
5 spielt im „Festkalender" eine wichtige Rolle. Die Deutschen feiern
ihre kirchlichen Feste länger als die Amerikaner; sie haben mehr
bezahlte Feiertage. Das Weihnachtsfest beginnt nicht nur in der Reklame der Geschäfte lange vor dem 24. Dezember. Der November
ist die Zeit, in der man an die Toten denkt. Die Katholiken
10 schmücken die Gräber° der Familie am 1. November, zu Allerheili-   *graves*
gen.° Für die Protestanten ist der Sonntag vor dem 1. Advent der   *All Saints' Day*

„Totensonntag". Am Mittwoch vor dem 1. Advent ist ihr „Buß- und
Bettag".° In diese Zeit fällt gleichfalls der Gedenktag für die Toten
der Kriege.

15   Zum 1. Advent hat jede Familie einen Adventskranz,° der auf den
Tisch gestellt wird und den vier Kerzen schmücken. Am 1. Advent
wird die erste Kerze angezündet und jeden Adventssonntag eine
weitere. Die Familie sitzt am Sonntagnachmittag zusammen, singt
Advents- und Weihnachtslieder und bereitet sich so auf das kom-
20   mende Fest vor. Am 6. Dezember ist der Nikolaustag. Der Nikolaus
kommt nachts und bringt braven Kindern Geschenke, böse bekommen eine Rute.° Die Kinder stellen am Abend vorher ihre Schuhe
auf die Fensterbank.° Dort wo der Nikolaustag nicht mehr gefeiert
wird, wie zum Beispiel in manchen norddeutschen Gegenden,
25   kommt der Nikolaus trotzdem, und zwar an einem Adventssonntag.
Weihnachten ist das eigentliche Familienfest in Deutschland. Man
bedauert jeden Menschen, der am 24. Dezember, am Heiligen
Abend, nicht bei seiner Familie sein kann. Das eigentliche Weihnachtsfest wird an diesem Abend gefeiert. Man schmückt an diesem
30   Tag den Weihnachtsbaum, auch Christbaum genannt. Zur Freude
des Festes gehört auch, besonders wenn Kinder im Haus sind, die
Überraschung über den schönen Baum. Wenn die Kerzen brennen,
öffnen die Eltern die Tür, die Kinder bekommen ihre Geschenke,
und man öffnet die Geschenkpakete von Verwandten und Freun-
35   den. Draußen ist es ruhig, Geschäfte, Kinos, Restaurants schließen;
alle Leute versuchen, bei ihrer Familie zu sein. Natürlich fehlt es
nicht am Fortschritt der modernen Zeit; man sieht genug Bäume mit
elektrischen Kerzen, ja künstliche Weihnachtsbäume. Dabei bleibt allerdings das Bewußtsein, daß so etwas eigentlich nicht „das Richtige"
40   ist. Natürliche Kerzen sind keineswegs verboten, und man hat nicht
solche Angst vor Feuer wie in den USA, auch wenn natürlich Zim-
merbrände° vorkommen.

Der 25. und 26. Dezember sind volle Feiertage. Am 25. Dezember
ißt man seine Weihnachtsgans, seinen Puter° oder seinen Weihnachts-
45   karpfen,° und man besucht Verwandte und Freunde. Der Karpfen
gehört in diese Jahreszeit; wenn er nicht zu Weihnachten auf den
Tisch kommt, dann sicherlich zu Silvester oder Neujahr.

Die Tage zwischen Weihnachten und Neujahr sind zwar keine
Feiertage, doch wird eigentlich, wenn es geht, nur „mit halber Kraft"
50   gearbeitet. Auf die feierliche Stimmung von Weihnachten folgt die
lustige Stimmung von Silvester. Alle Restaurants sind voll. Viele
Leute feiern bei sich zu Haus. Man will das alte Jahr hinaustanzen
und das neue Jahr mit Prosit und Feuerwerk begrüßen. Man möchte
auch prophezeien, was das kommende Jahr bringt. Eine Art Pro-

*"day of prayer and
penance"*

Advent wreath

switch
windowsill

*fires contained in the
room*
turkey
Christmas carp

55 phezeiung ist das „Bleigießen": man gießt glühendes, flüssiges Blei
in kaltes Wasser und versucht die Formen der Figuren, die dabei
entstehen, zu deuten; daraus prophezeit man, ob sich im kommen-
den Jahr die Wünsche und Hoffnungen erfüllen. Das neue Jahr
wird mit Sekt und „Prosit Neujahr" begrüßt.

60   Die Weihnachtszeit geht bis zum 6. Januar, dem Fest der Heiligen
Drei Könige, auch Erscheinungsfest° genannt. Früher war es üblich,   *Epiphany*
daß sich die Kinder abends in die Heiligen Drei Könige verkleideten,
von Haus zu Haus zogen und um Süßigkeiten baten. Das ist heute
nur noch in einigen ländlichen Gegenden der Brauch, besonders in
65 Bayern.

Ostern

Für die Katholiken besteht die Zeit zwischen Weihnachten und Ostern aus zwei Abschnitten: die Zeit bis zum Karneval und
die Fastenzeit. Der Karneval wird in Südwestdeutschland Fastnacht
und in Bayern Fasching genannt. Die Art, diese Wochen vor der
5 Fastenzeit zu feiern, ist in den verschiedenen Teilen Deutschlands

Das Funkenmariechen auf dem Karneval in Köln

verschieden. In den katholischen Teilen gehört der Karneval zur
Tradition; heute allerdings feiern auch gern die Protestanten mit.
Den Höhepunkt dieser „tollen" Zeit bilden die großen Umzüge.° Am   *processions, parades*
Rhein und in Südwestdeutschland finden sie am Rosenmontag statt,
10 in München am Faschingsdienstag. Die meisten Feste sind Masken-
feste, und bei den Umzügen sind die Masken am wichtigsten. Der
Karneval gibt die Gelegenheit, das Leben zu genießen und die anderen Menschen, auch die Politiker und die Regierung, zu verspot-
ten, ohne daß sie es übelnehmen° dürfen. Der Dienstag ist zugleich   **übelnehmen** *to be*
15 das Ende der fröhlichen Zeit; um Mitternacht beginnt der Ascher-   *offended*
mittwoch und die traurige Fastenzeit, die bis Ostern dauert.
    Zu den Fastnachtsumzügen in Baden und Württemberg gehören
gewöhnlich auch die Hexen mit ihren Besen. Sie fegen bereits den
Winter weg, was sonst erst zu Ostern geschieht. Bei dem Osterfest
20 verbinden sich alte Bräuche im Frühling mit der christlichen Bedeutung. Der Karfreitag wird besonders von den Protestanten als
Trauertag und Fastentag angesehen. Das Osterfest selbst ist ein fröh-
liches Fest, denn der Winter ist nun vorbei. Bei den Katholiken
kommt noch hinzu, daß die Fastenzeit jetzt vorüber ist. Auch in
25 Deutschland kommt der Osterhase, der im Garten oder im Wald
seine Ostereier legt, die die Kinder suchen müssen. Viele Familien
machen einen Spaziergang in den Wald, wenn das Wetter gut genug
ist. Auch das Osterfest, ebenso wie das Pfingstfest dauert zwei Tage,
denn der Montag zählt als Feiertag. Alle diese Feste sind Familien-
30 feste. Zu Pfingsten, wenn das Wetter wirklich schön wird, unternehmen die Leute gern Ausflüge oder weitere Reisen: wenn sie können,
über die Alpen nach Süden, der warmen Sonne entgegen.
    Zwischen Ostern und Pfingsten sind noch mehrere Feste, die den
Alltag angenehm unterbrechen. Zum Kirchenkalender gehört das
35 Himmelfahrtsfest° zehn Tage vor Pfingsten. Der Brauch ist aller-   *Ascension Day*
dings, daß dieser Tag als „Vatertag" gefeiert wird. Die Männer zie-
hen allein los und vergnügen sich. Natürlich wird dabei viel getrunken; doch an diesem Tag darf es nicht einmal eine streitsüchtige
Ehefrau übelnehmen, wenn der Mann sehr spät und ziemlich
40 schwankend heimkehrt.
    Ein bedeutendes katholisches Fest ist Fronleichnam,° zehn Tage   *Corpus Christi*
nach Pfingsten. Mit großen Prozessionen ziehen die Menschen hin-
aus, um dabei zu sein, wenn die Altäre neu geweiht° werden. Die   **weihen** *to consecrate*
ganze Stadt oder das ganze Dorf ist dabei, mindestens als Zuschauer.
45 Die Fenster und Türen der Häuser werden mit grünen Birkenzwei-
gen° geschmückt; auf den Straßen werden schön gestaltete Blumen-   *birch branches*
teppiche ausgelegt. Der Frühling ist die Zeit für mancherlei
Bräuche, die manchmal vorchristlichen Ursprung haben. Die

Bauern umreiten die Felder; sie pflanzen Maibäume auf; Brunnen
50 werden mit Blumen geschmückt und geweiht. Die Nationalsozialisten haben einige dieser Bräuche benutzt und mit einem politischen
Sinn versehen, vor allem das Sonnwendfeuer,° das man am längsten   *solstice fire*
Tag, dem 21. Juni, abends auf Berggipfeln anzuzünden pflegte. Da-
bei wurden Lieder gesungen, Sprüche gesagt—oft satirische—und
55 schließlich sprangen die jungen Leute über das Feuer. Heute sind
diese Sonnwendfeuer wegen dieses politischen Mißbrauches selten
geworden. Im Schwarzwald zündet man sie im Frühling an, um den
Winter zu vertreiben.

Nationalfeiertage

Die uneinheitliche° deutsche Geschichte spiegelt sich   *not unified, discontinuous*
darin, daß es keinen richtigen Nationalfeiertag gibt. Bis 1918 feier-
ten die Deutschen den Tag der Reichsgründung, den Sieg bei Sedan
gegen die Franzosen 1870 und den Geburtstag des Kaisers. Nach
5 1918 hatten sie nicht viel zu feiern. Hitler hingegen führte viele
Feiertage ein, die mit langen Paraden und Zeremonien gefeiert wur-
den: der Tag der Machtübernahme,° sein Geburstag, der 1. Mai als   *coming to power*
„Tag der Arbeit", der 9. November als Tag des Putsches in
München, das Erntedankfest,° die Sonnenwende—es gab kein Ende.   *Thanksgiving for the*
10 Umso weniger hatten die Deutschen nach 1945 Lust, nationale Feste   *harvest*
zu feiern. Der 1. Mai hat sich in Deutschland wie anderswo als Feier-
tag der Arbeiterbewegung° durchgesetzt. In der DDR ist es natürlich   *workers' movement*
ein hoher offizieller Tag mit großen Paraden. In der Bundesrepublik
halten die Gewerkschaften Kundgebungen ab.
15 Der einzige Feiertag, den die Bundesrepublik neu eingeführt hat,
ist der 17. Juni, als Gedenktag an den Aufstand in Ost-Berlin und
der DDR im Jahr 1953 und an die Teilung Deutschlands. Dabei wird
seit einer Reihe von Jahren, ganz besonders seit der Ostpolitik, die
Frage gestellt, welchen Sinn dieser Feiertag haben kann und haben
20 soll.

Im Haus und im Büro

Natürlich gibt es viele Feste im Leben des einzelnen
Menschen: Geburtstag oder Namenstag,° Hochzeit und Hochzeits-   *name day*

tag, Taufe, Konfirmation oder Erstkommunion,° Jubiläum. Die mei- *First Communion*
sten Deutschen feiern gern mit viel gutem Essen und viel Alkohol;
5 sie wollen lustig sein, wenn sie feiern. Sie werden laut; sie lachen
viel; sie sind informell, ungezwungen. Das nennen sie „Gemütlichkeit“, und das ist ihre Vorstellung von einer Feier. Oft gehören Reden und andere Programmpunkte zu einer Festlichkeit, dann gibt es
einen „ernsten“ und einen „heiteren“ Teil. Der heitere Teil fehlt nie.
10 Die öffentlichen Feste, die die Deutschen sich geschaffen haben, sind
alle so, daß es dabei laut und gemütlich werden kann. Laut und gemütlich sind die vielen „Volksfeste“,° die es vor allem im Sommer *fun fairs*
und im Herbst gibt, und die sehr oft mit Erntefesten oder Landwirt-
schaftsausstellungen verbunden sind. Das bekannteste davon ist das
15 Oktoberfest in München, das im September und Oktober stattfindet
und das ziemlich „jung“ ist—es wird erst seit dem Beginn des 19.
Jahrhunderts gefeiert. Typisch für diesen Geschmack der Deutschen
ist auch der „Betriebsausflug“.° Jede Firma, jede Behörde sogar, un- *company's outing*
ternimmt einmal im Jahr einen gemeinsamen Tagesausflug, den der
20 Betrieb bezahlt. Dieser Ausflug endet am Abend mit einem Trinkfest. Natürlich gibt es richtige Trinkfeste, zum Beispiel die Weinfeste
in den Weinbaugegenden, die nach der Weinernte gefeiert werden,
oder die Bierfeste, zum Beispiel in München. Jeder Verein hat ein
Jahresfest; die Studentenverbindungen haben ihre Stiftungsfeste.° *annual conventions*
25 Auf allen diesen Festen essen, trinken, tanzen und lachen die
Menschen, und wer gern nüchtern ist und Ruhe braucht, wird wenig
Geschmack daran finden. Die Deutschen sind richtig ernst, wenn sie
ernst sein müssen, besonders bei der Arbeit—vielleicht zu ernst, wie
manche Ausländer sagen; wenn sie feiern, wollen sie richtig lustig
30 sein. Dabei gibt es keinen Unterschied mehr zwischen Armen und
Reichen, zwischen dem Chef und dem Bürodiener.° Schnell ist man *office boy*
auf du und du. Am nächsten Morgen ist jedoch alles wieder „normal“, höchstens, daß man seinen „Kater“° überwinden muß. Arbeit *hangover*
und Feiern sind zwei streng getrennte Bereiche. „Dienst ist Dienst,
35 und Schnaps ist Schnaps“, hieß es in der deutschen Armee. Allerdings—wer nicht richtig feiern, nicht richtig lustig sein kann, erweckt
Mißtrauen. Wenn es der Chef ist, so muß er damit rechnen, daß ihn
seine Angestellten auch im Dienst nicht ganz akzeptieren und ernst
nehmen.
40 Der Tourist also, der die Deutschen beim Karneval oder beim
Oktoberfest trinken und lachen sieht, sieht nur eine Seite von ihnen.
Andere Seiten entdeckt er erst, wenn er in eine Familie kommt, oder
wenn er die Menschen bei der Arbeit kennenlernt.

Die Schule

Das Schulsystem

Schulwesen

Jedes Land hat sein eigenes Schulsystem, das sich langsam entwickelt hat und das mit den Traditionen des Landes eng zusammenhängt. Das deutsche Schulsystem hat mehrere Eigenheiten, *characteristics* die es von dem System der USA unterscheiden. Es kennt nämlich
5 nicht die Einheitsschule° der USA; es hat sehr wenige Privatschulen; *unified comprehensive school* die Kirche ist nicht vom Staat getrennt; und schließlich werden die Schulen von den einzelnen Ländern verwaltet. *states*

Die Bundesregierung in Bonn hat kein Erziehungsministerium.° *department of education* Jedes einzelne Land hat ein Ministerium, das gewöhnlich den Na- *federal gov't*
10 men trägt: Ministerium für Unterricht und Kultus. Die Schule und

Einheit — unit

die kirchlichen Angelegenheiten werden also vom selben Minister verwaltet, der sich außerdem mit allen anderen kulturellen Angelegenheiten beschäftigt. Alle Kinder haben die Gelegenheit, in der Schule Religionsunterricht zu erhalten, ihrer Konfession entspre-
15 chend. Ein lange dauernder Streit entstand um die Frage, ob die Schüler in den ersten Jahren nach der Konfession getrennt werden sollten. In Bayern war das lange Zeit der Fall: Es gab Klassen für katholische Schüler, Klassen für Protestanten und schließlich Klassen für Kinder mehrerer Konfessionen, die „Gemeinschaftsschule".°
20 Auch in Rheinland-Pfalz und in Niedersachsen gab es Streit um die Konfessionsschule.° Die „Gemeinschaftsschule" hat sich durchgesetzt; in Bayern wurde sie nach einer Volksabstimmung beschlossen. So darf jetzt auch der evangelische Lehrer im Dorf den katholischen Lehrer vertreten. Es muß nicht mehr der katholische Lehrer aus
25 dem nächsten Dorf die Vertretung übernehmen. Die Schulen sind staatlich oder städtisch; der Lehrplan und das Gehalt der Lehrer sind jedoch einheitlich. Die Schulen werden aus den allgemeinen Staatseinnahmen° und nicht aus den Gemeindesteuern° bezahlt. Es gibt einige Privatschulen; außer Klosterschulen und Schulen der An-
30 throposophen,° Waldorfschulen genannt, sind es vor allem Schulen für Kinder, die nicht zu Hause bei den Eltern wohnen können oder die Schwierigkeiten in den öffentlichen Schulen haben.

   Das deutsche Schulsystem hat sich aus zwei Typen entwickelt: Erstens die Volksschule, auch Hauptschule genannt, also die allge-
35 meine Schule für jedermann; sie dauerte früher 8 Jahre, inzwischen 9 und wahrscheinlich bald 10 Jahre. Dann gab es Schulen zur Vorbereitung auf die Universität. Eine solche Schule heißt ein Gymnasium, eine Oberschule, oder eine Höhere Schule, und der Schüler hat insgesamt 13 Jahre bis zum Abschluß. Daneben hat sich
40 schließlich seit dem späteren 19. Jahrhundert die Real- oder Mittelschule entwickelt: eine Schule mit 10 Schuljahren, die für höhere Stellungen im praktischen Leben Voraussetzung° ist. Ein Schüler, dessen Noten schlecht sind, muß das Jahr wiederholen, er „bleibt sitzen". Der Ausdruck stammt aus der Zeit, wo der Schüler im
45 gleichen Klassenzimmer sitzen blieb, während seine Kameraden in das nächste Klassenzimmer umzogen. Wer zu oft sitzen bleibt, kann nicht auf dem Gymnasium oder der Realschule bleiben; er muß „nach unten" wechseln oder ganz die Schule verlassen.

   Dieses Schulsystem, das den traditionellen Gesellschaftsklassen
50 entspricht, schien nach dem Zweiten Weltkrieg nicht mehr zeitgemäß. Die Eltern müssen ja, nachdem das Kind vier Jahre die „Grundschule" besucht hat, zusammen mit der Schule entscheiden, ob das Kind ins Gymnasium, in die Realschule oder in die Haupt-

55 schule gehen soll. Das ist eine Entscheidung für das ganze Leben, und es ist in vielen Fällen verfrüht, sie bereits zu treffen, wenn das Kind erst 10 Jahre alt ist. So gelten jetzt das 5. und 6. Schuljahr als „Orientierungsstufe".° Der strengen Trennung der drei Schultypen sollen „Gesamtschulen"° entgegenwirken, bei denen alle Schularten im gleichen Gebäude zusammen sind, und wo man leichter über-
60 wechseln kann. Theoretisch war es schon immer möglich, daß begabte Kinder auch später von der Hauptschule zur Realschule und zum Gymnasium wechseln konnten. Praktisch war das bei der Verschiedenheit der Lehrpläne sehr schwierig. Die DDR hat die Einheitsschule eingeführt, wo jeder 10 Jahre zur Schule geht, und wo
65 der Zugang zur Universität auch über eine Kombination von Lehre und Schule möglich ist. Die Bundesrepublik tendiert in die gleiche Richtung; wenn einmal alle Schüler 10 Jahre in der Schule bleiben, wird es nur noch zwei Schularten geben. Auch sind neue Möglichkeiten geschaffen worden, den Abschluß des Gymnasiums von der
70 Berufsausbildung her zu erreichen. Das heutige Schulsystem stellt also einen Übergang° dar. Auch zeigen sich Unterschiede in den verschiedenen Bundesländern. Einige Länder waren experimentierfreudiger als andere. Manche Reformen wurden vielleicht allzu schnell und ohne genügend Vorbereitung angefangen, und so gibt
75 es Tendenzen unter Eltern und Lehrern, die das Alte zurückwünschen. Das Ausmaß der Reformen bleibt also ungewiß. Die folgende Beschreibung versucht, den jetzigen Zustand zu erfassen und mögliche Tendenzen in der Zukunft zu kennzeichnen.

Die Grundschule

Seit dem Ende des Ersten Weltkriegs verbringen alle Schüler die ersten vier Jahre zusammen in der „Grundschule", die ein Teil der Hauptschule ist. Die Kindergärten sind bis jetzt noch kein Teil des Schulsystems. Es gibt städtische, kirchliche und private
5 Kindergärten, und meistens dienen sie als Tagesaufenthalt° für Kinder arbeitender Mütter. Zu den geplanten Reformen gehört jedoch auch die Integrierung des letzten Jahres im Kindergarten. Die Schule, das wirkliche Lernen, soll mit 5 Jahren beginnen, anstatt wie bisher mit 6 Jahren. Die Kindergärten nehmen Kinder im Alter von
10 3 bis 6 Jahren.

Bis jetzt beginnt der „Ernst des Lebens" mit dem ersten Schultag im Alter von 6 Jahren. Die Kinder bekommen zu diesem Anlaß eine

große Papptüte mit Süßigkeiten, Schultüte° genannt. Ihre Schulsachen tragen sie in einem Ranzen° auf dem Rücken. Früher fing
das neue Schuljahr nach Ostern an, doch jetzt hat sich die Bundesrepublik den anderen europäischen Ländern angeglichen, und die
Schule beginnt nach den Sommerferien. Schule ist in den meisten
Ländern nur am Vormittag, allerdings auch jeden zweiten Sonn-
abend. Arbeitsgemeinschaften am Nachmittag, besonders für
größere Schüler, sind die Ausnahme. Bei den „ABC-Schützen" der
ersten Klasse beginnt es sehr bald, ernst zu werden. Sie lernen lesen
und schreiben, und sie fangen sofort mit dem Rechnen an.
Außerdem haben sie Religionsunterricht, Sport, Zeichnen und Musik. Die deutsche Rechtschreibung° ist einigermaßen regelmäßig, so
wird von den Kindern erwartet, daß sie nach einem Jahr Schule alle
Wörter, die zu ihrem Wortschatz° gehören, lesen und schreiben können. In der zweiten Klasse bekommen sie also bereits Lesestücke als
Diktate und nicht einzelne Wörter.

In der dritten Klasse lernen die Kinder auch Heimatkunde° und
etwas Naturkunde. Jede Klasse hat einen Klassenlehrer, und die
Kinder haben die meisten Fächer bei ihm. Zu den Ausbauplänen°
gehört zum Beispiel, bereits in der dritten Klasse mit dem Unterricht
einer Fremdsprache zu beginnen.

Die Hauptschule

Knapp die Hälfte der Schüler bleibt in der Hauptschule.
Es sind in der letzten Zeit erhebliche Änderungen in diesen Schulen
vor sich gegangen. Endlich hat man die Dorfschulen durch „Mittel-
punktschulen"° ersetzt, zu denen die Schüler mit Bussen gefahren
werden. Die „einklassigen" Dorfschulen, in denen ein Lehrer Schüler von acht verschiedenen Altersstufen unterrichten mußte, reich-
ten wirklich nicht mehr für die heutigen Bedürfnisse aus. Das Land
Hessen machte den Anfang, und die anderen Länder folgten allmählich.

In der Hauptschule werden die Schüler von Fachlehrern unterrichtet. Sie lernen eine Fremdsprache, Englisch, und sie bekommen
sowohl eine Allgemeinbildung als auch eine Vorbereitung für einen
Beruf. Große Bemühungen sind im Gang, um das Niveau zu heben
und mehr Flexibilität im Lehrplan zu gewinnen, damit die Schüler
ihrer Begabung und ihren Interessen entsprechend lernen können.
Mehr Schüler als früher denken an eine spätere Weiterbildung.°

"school bag" (filled with candy) / satchel

follow

indeed

fundamentals

spelling system regulated

vocabulary

a text for dictation

geography of one's own region

plans for reform

considerable changes

central schools

teach suffice

necessities

follow + dative

professor (1 subject)

general education

endeavors / standard

in progress

talents / corresponding

continuing education

als auch — as well as

heben — raise

damit — so that

Schule in Berlin: Schüler beim Wechseln der Fachbereiche

Wer mit 15 Jahren den Abschluß der Hauptschule erreicht, wird im allgemeinen mit einer Lehre, also mit der Berufsausbildung be-
20 ginnen. Seine Schulpflicht ist allerdings noch nicht zu Ende; sie geht für jeden Deutschen bis zum Alter von 18 Jahren. Nur gehen die Lehrlinge nicht die ganze Woche zur Schule, sondern einen oder zwei Tage. Dieses System der Ausbildung und Berufsbildung soll in Kapitel 7 erklärt werden.

Die Realschule

Die Real- oder Mittelschule hat sich zuerst in Groß-
städten und Industriegegenden entwickelt, wo das Bedürfnis für qualifizierte Fachleute im mittleren Bereich vorhanden war. Nach insgesamt 10 Jahren Schule endet die Realschule mit der „mittleren
5 Reife". Einer mittleren Reife entsprechen auch 6 Jahre am Gymna-
sium. Um bessere Aufstiegsmöglichkeiten° zu schaffen, gibt es heute außer den Gesamtschulen auch Realschulkurse an manchen Hauptschulen.

Die Realschule ist wie die Hauptschule praktisch ausgerichtet; aber
10 sie bietet mehr und verlangt mehr vom Schüler. Er kann außer Englisch auch eine zweite Fremdsprache lernen, z.B. Französisch. In der
Mathematik und den Naturwissenschaften denkt man an die selbständige praktische Verwendung der Kenntnisse. Wer die Realschule
besucht hat, kann die „mittlere Laufbahn" im Staatsdienst einschla-
15 gen; er kann zum Beispiel das Geschäft oder den Handwerksbetrieb
des Vaters übernehmen; er kann auch auf eine Fachschule° gehen
und Ingenieur oder Architekt werden. Die Realschule ist die Vorbereitung für Berufe, in denen eine Kombination von theoretischen
und praktischen Kenntnissen verlangt wird, und die eigene Verant-
20 wortung mit sich bringen. Die Lehrer dieser Schulen haben entweder auf der Universität studiert oder nach der Qualifikation als Lehrer an der Hauptschule besondere Fachexamen abgelegt.

An den Realschulen ist bis jetzt die Zahl der Mädchen größer als
die der Jungen, denn die Realschulen und die mittlere Reife führen
25 zu etlichen „Frauenberufen" wie Kindergärtnerin oder Fürsorgerin.
Darin spiegelt sich die traditionelle Lebenserwartung° vieler Mädchen und ihrer Eltern.

technical school

career expectation

Das Gymnasium

Das Gymnasium ist eine Eliteschule. Es endet mit dem
Abitur (in Österreich Matura genannt), und das Abitur ist der
Schlüssel zu jeder höheren Laufbahn, zum Studium an einer wissenschaftlichen Hochschule, zu höheren Posten im Staat, in der Armee,
5 in der Industrie.

Eltern, die einen Universitätsabschluß oder die eine höhere Stellung haben und sich den höheren Schichten der Gesellschaft zugehörig fühlen, erwarten von den Kindern, daß sie ins Gymnasium
gehen. Für einen Arbeiter hingegen ist das Gymnasium eine fremde
10 Welt; auch denkt er meistens, daß seine Kinder mit 16 Jahren Geld
verdienen sollten. So ist die Zahl der Arbeiterkinder in den Gymnasien nicht sehr hoch. Um die wirklich begabten Kinder zu fördern
und die Klassenschranken zu überwinden, hat man die „Gesamtschulen" eingeführt, in denen Hauptschule, Realschule und Gym-
15 nasium unter einem Dach sind, und wo die Schüler leichter von einem Typ in den anderen wechseln können, je nach Fähigkeit und
Leistung. Bis jetzt gelten die knapp 200 Gesamtschulen als Experi-

mente, aber vielleicht werden sie einmal die traditionellen Gymnasien ersetzen.

20   Wer ins Gymnasium will, muß eine Aufnahmeprüfung° bestehen; auch muß die Grundschule seine Aufnahme empfehlen. Die ersten Jahre am Gymnasium gelten heute als „Orientierungsstufe"; die Schüler, deren Begabung sich erst später zeigt, können auch nach der fünften Klasse ins Gymnasium überwechseln. Umgekehrt, wer

25 das Gymnasium nicht schafft, geht dann auf die Realschule oder Hauptschule. Trotzdem bleibt die Entscheidung für den Schultyp immer noch schwerwiegend;° denn die Eltern bestimmen auf diese Weise über die Zukunft ihrer Kinder, bevor diese selbst verstehen, worum es geht.

30   Der älteste Typ des Gymnasiums ist das humanistische Gymnasium. Manche katholischen humanistischen Gymnasien bestehen seit dem Mittelalter, protestantische seit der Reformation. Im humanistischen Gymnasium lernt der Schüler als erste Fremdsprache Latein, als zweite Griechisch, und erst später kommt eine moderne

35 Fremdsprache, gewöhnlich Englisch, hinzu. Die alten Sprachen und die Geisteswissenschaften werden mehr betont als die Naturwissenschaften.

    Die Zahl der Schüler in den humanistischen Gymnasien ist in der letzten Zeit wesentlich kleiner geworden; die meisten Schüler wählen

40 die modernen Typen des Gymnasiums. Zunächst gibt es das Realgymnasium. Hier beginnt man mit Englisch als erster Fremdsprache, lernt dann auch Latein und später Französisch. In den höheren Klassen kann sich der Schüler entscheiden, ob er statt der dritten Fremdsprache mehr Naturwissenschaft betreiben will.

45   Als modernster Typ des Gymnasiums hat sich aus der Realschule die Oberrealschule entwickelt, die die modernen Sprachen zuerst lehrt und als dritte Sprache Latein, und die besonders die Naturwissenschaften betont. Zu den Oberrealschulen gehören auch die meisten Mädchengymnasien. Mädchenoberschulen, auch Lyzeen ge-

50 nannt, gibt es erst seit der Zeit um 1900. Vorher konnten Mädchen in Deutschland noch kein Abitur machen. Neben den gewöhnlichen Gymnasien für Mädchen gibt es auch „Frauenschulen",° wo außer den üblichen Fächern auch Hauswirtschaft gelehrt wird. Die Mehrzahl der Gymnasien und Realschulen ist immer noch für Jungen

55 und Mädchen getrennt. Ein Mädchen, das auf ein humanistisches Gymnasium will, wird jedoch meistens in eine Jungenschule gehen müssen, weil es normalerweise keine humanistischen Gymnasien für Mädchen gibt.

    Die deutschen Oberschüler—oder Gymnasiasten—haben viele

60 Fächer, und bis zur Oberstufe der Schule sind alle Fächer Pflicht-

---

Margin glosses:

entrance examination

important, weighty

high schools for girls with home economics

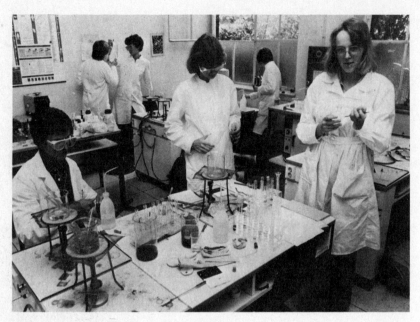

Chemieunterricht am Marie Curie Lyzeum in Neuß

fächer.° Außer zwei oder drei Fremdsprachen haben sie Deutsch, *required subjects*
Geschichte, Geographie, Religion, Mathematik, Sport, Musik, Zeich-
nen und Kunstgeschichte, Biologie, später auch Physik und Chemie.
Die Schüler sind in Klassen eingeteilt. Sie haben ihren Unterricht

65 immer mit der gleichen Gruppe, und die Klassengemeinschaft ist
sehr wichtig für ihr Leben. Die Schule endet mit dem Abitur. Diese
Prüfung, die früher entscheidend und von den Schülern gefürchtet
war, hat inzwischen ihre Bedeutung verloren. Am wichtigsten sind
die Noten der Schüler in den letzten zwei Schuljahren. Die Schulen

70 sollen das gleiche Niveau einhalten. Hingegen unterscheiden sich
Lehrstil und Lehrmethoden in den einzelnen Bundesländern.
Manche Länder sind „moderner", andere eher traditionell, und es ist
ein bekannter Witz, daß man sagt: „Vater versetzt, Kind sitzengeblie-
ben."

75 Aus der älteren Zeit stammen die lateinischen Bezeichnungen für
die Klassen des Gymnasiums: Sexta, Quinta, Quarta, Tertia, Sekun-
da und Prima. Die letzten drei Klassen wurden geteilt, und zwar in
Untertertia und Obertertia, ebenso Untersekunda und Oberse-
kunda, Unterprima und Oberprima. Ein „Primaner" hält sich bereits

80 für etwas Besonderes.

Das Gymnasium ist eine Bastion der Allgemeinbildung. Die Pädagogen haben jedoch einsehen müssen, daß sich heute viele Schüler
bereits im Gymnasialalter spezialisieren, und daß die Schulen auch
neue Fächer, wie ganz besonders sozialwissenschaftliche Fächer, also
85   Volkswirtschaft, Soziologie, Psychologie, lehren müßten. Deshalb hat
in den letzten Jahren eine Umwandlung der letzten zwei oder drei
Schuljahre in eine „Kollegstufe" stattgefunden. Das Modell dafür
war das amerikanische College bzw. die Vorstellung der Deutschen
vom College. Hier haben die Oberschüler weniger Klassen. Sie sind
90   nicht mehr in festen Klassengemeinschaften, was manche Schüler
sehr bedauern. Sie nehmen Kurse, und sie müssen eine bestimmte
Zahl von Punkten erreicht haben, um die Schule zu beenden. Diese
Punkte pro Kurs richten sich nach dem Charakter der Kurse. Es gibt
Pflicht- und Wahlkurse, und die Klassen sind gleichfalls in der
95   Schwierigkeit gestaffelt: es gibt Grundkurse und Leistungskurse,°
das sind Kurse für interessierte und fortgeschrittene Teilnehmer.
Von jedem Typ muß der Schüler eine bestimmte Zahl nehmen,
ebenso ein Minimum auf jedem Gebiet erfüllen: Deutsch, Geisteswissenschaften, Sozialwissenschaften, Naturwissenschaften, Mathe-
100 matik. Auf diese Weise hofft man, den Übergang zur Universität
und zum Fachstudium zu erleichtern. Ebenso glaubt man, Schüler
in ihren speziellen Begabungen besser zu fördern.
   Es ist heute ja auch sehr wichtig, mit welchen Noten ein Schüler
das Gymnasium verläßt. Während im traditionellen deutschen Sy-
105 stem das Abitur die Zulassung° zur Universität bedeutete, ganz
gleich welche Zensuren der Schüler bekommen hatte, ist heute der
Andrang° zu den Universitäten so groß, daß ein „Numerus clausus"
für etliche Fächer eingeführt werden mußte. Die Zulassung zu Fachgebieten wie Medizin, Biologie usw. wurde beschränkt. Dabei spielen
110 die Abiturnoten eine entscheidende Rolle, denn Aufnahmetests oder
-prüfungen an den Universitäten gibt es bis jetzt nicht.
   Durch die Betonung der Zensuren hat das Gymnasium viel an
Reiz verloren. Statt der bisherigen Klassengemeinschaft und gegenseitigen Hilfe der Schüler ist eine Konkurrenzsituation entstanden.
115 Bisher war es wichtig, das Fachgebiet zu beherrschen; heute ist es oft
wichtiger, bestimmte Prüfungen gut zu bestehen und bestimmte
Arbeiten gut zu schreiben. Also lernen die Schüler mehr für die
Prüfungen als auf längere Sicht. Vielleicht ändert sich die Lage wieder, wenn „geburtenschwache"° Jahrgänge herankommen, und die
120 Universitäten nicht mehr überfüllt sind. Jedenfalls sind vorerst zugleich mit den—notwendigen—Reformen Verhältnisse entstanden,
die die traditionelle Schule in besserem Licht erscheinen lassen, und

die die Tendenz verstärken, die Reformen abzubrechen oder gar zu annullieren.

Neue Wege zum Abitur

Es war schon immer ein Problem im deutschen Schulsystem, wie jemand, der nicht zum Gymnasium gehen konnte oder wollte, später sein Abitur nachholen kann. Als erste Möglichkeit wurden Abendgymnasien° eingerichtet, an denen Berufstätige sich
5 abends nach ihrer Arbeit auf das Abitur vorbereiten können, gewöhnlich in zwei Jahren. Inzwischen gibt es auch Abendrealschulen, die zur mittleren Reife führen. Für künstlerisch begabte Kinder hat man in einigen Städten „musische" Gymnasien eingerichtet, die künstlerische Talente fördern und auch auf die Eigenarten solcher
10 Schüler Rücksicht nehmen. Vor allem aber ist in den letzten Jahren der Weg zum Abitur über die Berufsbildung, d.h. eine Verbindung von Berufsausbildung und Schule, viel leichter gemacht worden. Es gibt jetzt Fachoberschulen und -gymnasien, es gibt Berufsoberschulen, und vor allem ist es nicht mehr kompliziert, sich dafür zu qua-
15 lifizieren und solche Schulen zu besuchen. Davon wird im Kapitel 7 genauer die Rede sein.

night schools preparing for the Abitur

Sonderprobleme

Jedes Schulsystem muß sich um körperlich oder geistig behinderte Schüler kümmern. Man findet überall Sonderschulen,° an denen speziell ausgebildete Lehrer unterrichten. Immerhin handelt es sich in der Bundesrepublik dabei um fast 400.000 Schüler.
5 Ein neues Problem, mit dem die Schulen noch nicht immer fertig werden, sind die vielen ausländischen Kinder in der Bundesrepublik. Die „Gastarbeiter"° aus Italien, Spanien, Griechenland, Jugoslawien und der Türkei, die seit Jahren hier arbeiten, haben inzwischen ihre Familien geholt und brauchen eine Schulbildung für ihre Kinder.
10 Die Kinder können in der Sprache der Eltern unterrichtet werden, aber viele gehen in deutsche Schulen. Beides schafft Probleme der Anpassung° und der Zweisprachigkeit, die in Deutschland früher nicht vorhanden waren, aber jetzt gelöst werden müssen.

special education schools

foreign workers

adaptation

*Kinder aus elf Ländern der Heinrich-Zille-Schule in Berlin treffen sich
vor der „Nationenwand" zum Spielen.*

Ein besonderes Problem ergab sich auch durch ausländische Stu-
15 denten. Manche von ihnen brachten nicht die Voraussetzungen für
ein Studium an einer deutschen Hochschule mit, hatten jedoch die
Oberschule ihres eigenen Landes beendet. Für solche Studenten
wurden „Studienkollegs"° eingerichtet, in denen sie Deutsch lernten
und gleichfalls die Kenntnisse erwerben konnten, die ein deutscher
20 Student haben soll, wenn er sein Studium beginnt.

*preparatory courses for
foreign students*

Die Ausbildung der Lehrer

Für die verschiedenen Schultypen sind verschiedene
Lehrer notwendig. Charakteristisch für die deutsche Lehrerausbildung ist die starke Betonung der Praxis. Ein Gymnasiallehrer studiert zwei Hauptfächer an der Universität, er muß ein Staatsexamen
5 bestehen — in manchen Fällen promoviert er auch zum Dr. phil.—,
dann wird er Referendar. Als Referendar ist er im zweiten Stadium
seiner Ausbildung. Er hospitiert und unterrichtet an verschiedenen
Schulen, und er nimmt Fachseminare. Nach zwei Jahren Referen-
darzeit muß er ein zweites Staatsexamen bestehen, das pädagogische,

10 und erst dann kann er fest angestellt werden, zuerst als Studienas-
sessor, dann als Studienrat—oder Assessorin und Studienrätin.

Die Lehrer an Grund- und Hauptschulen besuchen Pädagogische
Hochschulen, die heute durchweg zu pädagogischen Fakultäten von
Universitäten geworden sind. Nach vierjährigem Studium, bei dem

15 Pädagogik und Psychologie besonders betont werden, das aber
gleichfalls zur Spezialisierung als Fachlehrer° führt, geht der Lehrer
in die Praxis. Er muß nach drei Jahren seine zweite Prüfung bestehen, die über seine Anstellung entscheidet.

Realschullehrer qualifizieren sich heute gewöhnlich nach einem

20 Universitätsstudium; es gibt jedoch abgestufte Qualifikationen auf
dem Weg über die pädagogischen Institute.

Der Beruf eines Lehrers an allen Schultypen genießt durchaus Ansehen. Eine Laufbahn als Lehrer verspricht ein gutes Gehalt, eine
feste Stellung, eine gute Pension am Lebensabend° und zufrieden-

25 stellende Arbeitsbedingungen. Männer und Frauen entscheiden sich
für diesen Beruf. Sie sehen ihn als lebenslange° Karriere an und
nicht als vorübergehende° Beschäftigung. So gibt es einen Lehrer-
stand, der stolz auf seinen Beruf ist, ihn ernst nimmt und seine Interessen verteidigt, wenn es nötig ist.

*teacher specialized in a
particular subject*

*old age
lifelong
temporary*

Studium in Deutschland

Universität Konstanz am Bodensee

Die neue Universität

In den letzten fünfundzwanzig Jahren hat sich viel an
den Universitäten der Bundesrepublik geändert. Das zeigt sich bereits an den Studentenzahlen. 1960 besuchten weniger als 300.000
Studenten die Hochschulen und Universitäten aller Art, 1980 waren
es mehr als eine Million, also mehr als dreimal so viele. Besonders
groß war der Andrang an den Fachhochschulen, früher Ingenieur-
schulen, die 1960 von 44.000 Studenten besucht wurden; 1980 hatte
sich die Zahl vervierfacht. Während früher etwa 7% der Schüler
eines Jahrgangs bis zum Abitur kamen, ist es heute fast jeder fünfte.
Gymnasien und Universität haben sich also wirklich aus Einrichtungen für die Elite in allgemeine Institutionen verändert.

vor sich gehen — to take place

Dieser schnelle Wechsel, der das traditionelle Konzept der deutschen Universität umgeworfen hat, ging natürlich nicht ohne Schwierigkeiten vor sich. Noch immer gibt es nicht genug Universi-

15 täten und nicht genug Studienplätze an den Universitäten, um die Abiturienten, die studieren wollen, in den gewünschten Fachrichtungen aufzunehmen. Man hat zwar viele neue Universitäten gegründet, d.h. meistens bestehende Hochschulen zu Universitäten oder Gesamthochschulen° ausgebaut; aber so schnell konnten sich die

20 Länder nicht auf die neue Lage einstellen. Andererseits gibt es inzwischen zu viele Akademiker, jedenfalls in einigen Fachgebieten, und während um 1960 allgemein gewarnt wurde, es würden nicht genug Akademiker ausgebildet, wird inzwischen eher von einem Studium abgeraten.

overthrow
still

integrated colleges
situation / adjust /
on the other hand
was warned

disused

25 Durch den starken Andrang sind aus kleinen Hochschulen mit 3.000 bis höchstens 6.000 Studenten, wo viel persönlicher Kontakt möglich war, Masseneinrichtungen mit zwischen 15.000 und 25.000 Studenten oder mehr geworden. Während es vorher möglich war, dem einzelnen Studenten viel Freiheit zu geben, sind die Studien-

30 gänge° inzwischen genauer festgelegt, und die Studenten haben viele Prüfungen. Damit hat sich die Art des Studiums geändert; aber auch das Studentenleben. Die Universität ist mehr wie eine Schule geworden, die Studenten denken dauernd an Prüfungen und Noten, ganz wie ihre amerikanischen Kollegen. Die Studenten studieren weniger,

35 was sie möchten und wofür sie sich interessieren, als was sie müssen, also was vorgeschrieben ist, um das Diplom zu bekommen.

due to
large institution
previously
individual
curricula / legislated

strictly

continually
colleagues

Diese Entwicklung der deutschen Universität, die nicht nur Anhänger, sondern auch viele Kritiker gefunden hat, ist das Ergebnis tiefgreifender Reformen. Um die heutige Lage zu verstehen, ist ein

40 Blick in die Vergangenheit notwendig, zumal es gar nicht sicher ist, daß die Universitäten so bleiben werden, wie sie jetzt sind. Vielleicht kehren sie doch in der Zukunft wieder zu manchen traditionellen Formen zurück.

sometimes /
look / certain

for reaching

return

Universitätsreform — *write up*

1806/7 wurde Preußen von Napoleons Frankreich in einem kurzen Krieg besiegt, der das deutsche Selbstbewußtsein sehr erschütterte. Preußen unterzog sich einer radikalen Änderung seiner Gesellschaft, um für den nächsten Krieg bereit zu sein. In diesem

5 Zusammenhang wurde auch eine neue Konzeption der Universität

3 Universes —
Self
Society
Space

versucht. Wie in Kapitel 8 des Teiles „Vergangenheit" geschildert, hatten Schriftsteller und Philosophen der deutschen Klassik und Romantik Ideen zur Reform der Universität entwickelt. Wilhelm von Humboldt konnte als zuständiger Beamter bei der Verwirklichung
10 helfen, und 1811 wurde die neue Universität in Berlin gegründet, deren erster Rektor der Philosoph Fichte war.

official implementation.

Die Universität nach den Ideen Humboldts, Schillers, Fichtes und anderer Zeitgenossen beruhte auf dem Prinzip der Selbstverwaltung und der akademischen Freiheit. Der Staat sollte so wenig wie mög-
15 lich in die Angelegenheiten der Universität eingreifen. Den Professoren wird die Freiheit der Lehre und Forschung zugebilligt;° sie lehren nicht nach vorgeschriebenen Lehrbüchern und können die Themen ihrer Kurse frei bestimmen. Ihre Forschung ist gleichfalls frei; der Staat gibt die finanziellen Mittel, hat aber keinen
20 Einfluß auf die Interessen und Spezialisierung eines Professors. Die Studenten bestimmen ihren Studiengang selbst; sie wählen selbst die Vorlesungen,° die sie besuchen wollen, und sie bestimmen selbst, wie lange sie an der Universität bleiben. Sie haben keine Semesterprüfungen oder Zwischenprüfungen,° sondern nur Ab-
25 schlußprüfungen am Ende des gesamten Studiums. Ein Student meldet sich zu dieser Prüfung, wenn er glaubt, genügend vorbereitet zu sein.

contemporaries

zubilligen *to grant*

lecture courses

intermediate examinations

Das Ziel der Universität ist nicht Ausbildung zu einem bestimmten Beruf, damals auch „Brotstudium" genannt, sondern „Bildung". Die
30 Studenten sollen zum Forschen und kritischen Denken angeleitet° werden; nicht Einzelfakten werden betont, sondern die Beherrschung des Fachgebietes insgesamt sowie die Allgemeinbildung. Die Vorlesungen und Seminare der Professoren sollen die Studenten mit neuen Forschungen bekanntmachen, die nicht in Büchern zu finden
35 sind. Während ihrer Universitätszeit sollen die Studenten ihre Persönlichkeit entwickeln, sie sollen selbstverantwortliche „geistige" Menschen werden. Professoren und Studenten bilden eine freie Lehr- und Lerngemeinschaft; die Universität ist frei von politischem und finanziellem Druck.

anleiten *to guide*

40 Dieses ideale Konzept war nicht für alle Universitäten gedacht, sondern für die Bildung einer neuen Elite der Gesellschaft. Jedoch setzte sich das Konzept im 19. Jahrhundert überall in Deutschland durch, wenn auch mit Einschränkungen.° Es gab immer wieder Auseinandersetzungen um die politische Freiheit, und bald zeigte sich
45 eine interne Grenze der freien Gemeinschaft. Unter den Professoren bestand nämlich eine Hierarchie. Neben den ordentlichen Professoren gab es außerordentliche Professoren und Dozenten. Damals waren diese Dozenten sogenannte „Privatdozenten", Dozenten ohne

restrictions

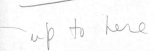

Gehalt, die nur verdienten, was ihre Hörer für ihre Kurse an Ge-
50 bühren° bezahlten. Die Verwaltung der Universität lag allein in den
Händen der ordentlichen Professoren, also der älteren, etablierten
Professoren, die nicht immer aufgeschlossen für moderne Ideen
waren.

Außerdem änderte sich die Gesellschaft in Deutschland. Die In-
55 dustrie verlangte in der zweiten Hälfte des 19. Jahrhunderts immer
mehr Fachleute. Es wuchs nicht nur die Zahl der Studenten an den
Universitäten, auch ihre Interessen waren anders. Und vor allem entwickelten sich neben den Universitäten Technische Hochschulen, die
weniger an Bildung als an einer soliden fachlichen° Ausbildung in-
60 teressiert waren.

Die Ansätze zur Demokratisierung und Modernisierung der Universitäten nach dem Ersten Weltkrieg blieben stecken. Die politische
Tendenz der Mehrheit der Professoren und Studenten ging zur konservativen und nationalistischen Seite. So kamen die Universitäten
65 ohne viel Widerstand in die Abhängigkeit vom Nationalsozialismus;
die jüdischen und demokratischen Professoren mußten emigrieren.
Es war klar, daß nach 1945 eine Reform notwendig war; aber die
Hierarchie der Universitäten und die konservative Richtung der Regierungen verzögerten die notwendigen Änderungen, bis eine neue
70 Studentengeneration sich in den sechziger Jahren die schlechten
Verhältnisse nicht mehr bieten ließ.°

Die wichtigsten Forderungen der Studenten waren: Demokratisierung der Universität, also Abbau° der Hierarchie. Alle Teile der
akademischen Bevölkerung sollten Anteil an der Verwaltung der
75 Universität haben. Die Studenten haben dieses Ziel erreicht. Studenten und Assistenten sind inzwischen Mitglieder des Senats und aller
wichtigen Komitees. Der Senat ist das Gremium, das die wichtigen
Entscheidungen für die Universität trifft. Studenten wirken mit bei
der Verteilung von Forschungsgeldern und bei der Besetzung der
80 Stellen.

Der zweite Punkt der Forderungen war eine bessere Strukturierung des Studienganges. Ein Student, der neu an die Universität
kam, hatte es schwer, sich zu orientieren. Es gab keine Richtlinien
für die Studiengänge, keine Studienberatung, und die meisten Pro-
85 fessoren nahmen keine Rücksicht auf Anfänger. Kein Wunder, daß
viele Studenten ihr Studium wechselten oder ganz aufgaben. Das
Studium war sehr angenehm für sehr begabte Studenten, aber sehr
schwer für weniger begabte. Das sollte sich ändern. Die Studenten
verlangten bessere Einführungskurse,° Zwischenprüfungen und ge-
90 naue Richtlinien. Zwischenprüfungen schienen deshalb praktisch,

dues, tuition

professional

to get stuck

sich bieten lassen *to*
put up with

reduction

introductory courses

weil vorher Studenten nicht selten jahrelang ein Fach studiert hatten, bis sie merkten, daß sie es nicht schafften.

Auch dieses Ziel ist erreicht worden. Der Student nimmt zuerst
Grundkurse seiner Wissenschaft, er hat Prüfungen und Arbeiten im
95 Semester, und er muß nach einigen Semestern eine Zwischenprüfung bestehen, um weiterstudieren zu können. Didaktik wird viel
mehr betont, und neben den Professoren sind „akademische Räte"
angestellt worden, deren Aufgabe nicht eigene Forschung, sondern
Unterricht ist.

100   Drittens wollten die Studenten die Universitäten in die Gesellschaft einbeziehen. Die Vorlesungen sollten gesellschaftlich „rele-
vant" werden. Man erhoffte einen fortschrittlicheren und offeneren
Geist. Die Mittel, um diese Forderung zu erreichen, weckten allerdings nicht überall Sympathie. Vielfach störten Studenten Vorlesun-
105 gen und hinderten die Professoren am Lesen. Besonders um 1970
waren viele Universitäten auf Konfrontation eingestellt. Es stellte
sich eine Polarisierung von linksradikalen und konservativen Gruppen ein, während gemäßigte Gruppen keine Macht zu haben schienen. Nach einigen turbulenten Jahren beruhigte sich das Universi-
110 tätsleben, ohne daß man sagen könnte, das dritte Ziel sei erreicht.

Die Kehrseiten der Reformen sind inzwischen deutlich geworden.
Die Demokratisierung der Universitäten hat ihre unpraktischen Seiten. Professoren, Assistenten und Studenten verbringen lange Stunden in Ausschußsitzungen.° Während die Entscheidungen innerhalb
115 der Universitäten demokratischer geworden sind, haben die Kultus-
ministerien der Länder mehr Einfluß bekommen, so daß die Selbstverwaltung der Universitäten insgesamt weniger wichtig geworden
ist. Die Strukturierung der Studiengänge hat für Professoren und
Studenten eine große Zahl von Examen gebracht, die den Charakter
120 des Studiums verändert haben. Auch hier sind die Bürokraten mächtiger geworden; denn sie sind es, die Vorschriften und Richtlinien
entwerfen. Um bei der Überfüllung° der Universitäten unnötig
lange Studienzeiten zu vermeiden, führten die Ministerien Regelzei-
ten° für das Studium ein, legten also die Zeit fest, die ein Student
125 auf der Universität bleiben darf. Das hat noch einmal zu Studenten-
demonstrationen und -streiks geführt. Auch die Professoren sind
strenger unter der Kontrolle der Ministerien. Ihre Aufgaben sind
genauer festgelegt, ihre Lehrverpflichtungen sind höher geworden,
und die Freiheit ihrer Forschung beschränkt. So hat der Ruf der
130 Studenten nach Freiheit, Demokratie und Fortschritt vorerst in vieler Hinsicht zur „Verschulung",° zur Einschränkung der traditionellen Freiheiten geführt.

committee meetings

autonomy

overcrowding

average times

*turning into a high
school-like institution*

Ist die neue Universität von heute auch die Universität von morgen? Ist die Universität Humboldts tot? Darauf kann bis jetzt noch
135 keine Antwort gegeben werden. Die Idee der Bildung einer Elite ist gewiß nicht mehr zeitgemäß; aber es steht zu erwarten, daß Professoren und Studenten versuchen werden, sich vom Druck allzu vieler Prüfungen zu befreien.

Das Studium

Ein Schüler des Gymnasiums wird auf einer Hochschule zum Studenten. Eine Schülerin wird zur Studentin. Das ist nicht immer ganz einfach. Während es früher genügte, ein Abiturzeugnis vorzuweisen, muß sich der angehende Student heute bei einer Zen
5 tralstelle bewerben, die ihn nach seinen Qualifikationen einstuft und, wenn sie ausreichen, ihn einer der von ihm gewünschten Universitäten zuteilt—oder auch einer anderen, wo noch Plätze frei sind. Das ist jedenfalls in Fächern mit einem „Numerus clausus", mit einer Zulassungsbeschränkung, so. Während früher der Student gewöhnlich
10 ein- oder zweimal die Universität wechselte, ist das heute auch nicht so leicht, und er bleibt dann lieber, wo er ist.

Das Niveau der verschiedenen Hochschulen ist allerdings etwa gleich. Natürlich reden die Studenten über „leichtere" und „Paukuniversitäten",° aber die Unterschiede können nicht sehr groß sein.
15 Wer die Wahl hat, sucht sich die Universität eher nach seinen Freizeitwünschen aus: nahe am Gebirge zum Wandern und Schilaufen, in der Nähe des Meeres, eine Großstadt oder lieber eine Kleinstadt. Mancher möchte zu Hause bleiben, jemand anders möglichst weit weg. Hin und wieder hat ein Student von einem berühmten Profes
20 sor oder einem interessanten Forschungsinstitut gehört, und das bestimmt die Wahl der Universität—wenn man es schafft, dorthin zu kommen.

Ein wichtiges Problem ist die Wohnung. Viele Studenten wohnen noch in der üblichen „Bude"; sie mieten ein Zimmer bei einer Fa
25 milie. Andere finden einen Platz in einem Studentenwohnheim oder tun sich mit Freunden zusammen, um eine Wohnung zu mieten. Es gibt keine Studiengebühren. Alle Universitäten sind staatlich und unterstehen den Ländern. Privatuniversitäten gibt es nicht. Die wichtigsten Kosten sind also für Wohnung und Essen. Die „Mensa" der
30 Universitäten bietet immer noch billiges Essen, aber die Wohnung kann teuer sein. Ein Gesetz von 1971, aus der Zeit der großen Re-

universities known for cramming

formen, hat den Studenten staatliche Beihilfen gegeben, wenn ihre
Eltern nicht genug verdienen, daß sie sich ein Studium leisten können. Der vorher verbreitete Typ des „Werkstudenten", der sich sein
35 Studium selbst verdienen mußte, ist verschwunden. Die Studenten
empfinden es mittlerweile als ein Recht, diese staatliche Unterstützung zu bekommen. Sie kämpften dagegen, daß dieses Bundes-Aus-
bildungsförderungsgesetz (BAFöG) geändert werden sollte. Bei der
Knappheit der staatlichen Mittel reißt natürlich die Diskussion nicht
40 ab, ob diese großzügige Unterstützung nicht gekürzt werden muß,
besonders wenn es viele Akademiker gibt, die keine Stellung in
ihrem Fachgebiet finden können. Während die Vertreter der Studenten einmal optimistisch davon sprachen, daß ein Student während des Studiums ein staatliches Gehalt bekommen sollte, geht es
45 seitdem um die Erhaltung des BAFöG. Die BAFöG-Unterstützung
besteht teilweise aus Zuschüssen und teilweise aus Darlehen° und
richtet sich nach dem Einkommen der Eltern. Etwa ein Drittel der
Studenten erhalten eine solche Unterstützung.

Trotz der Hilfen und Richtlinien ist der Schritt vom Schüler zum
50 Studenten immer noch groß. Der Student muß sich selbst zurechtfinden. Er braucht keine Entschuldigung, wenn er in den Kursen fehlt.
Zwar muß er bestimmte Kurse nehmen und Prüfungen bestehen,
aber die Verantwortung dafür liegt bei ihm. Er wird nicht mehr
abgefragt und kontrolliert. Er lernt nicht mehr, er studiert.
55 Ein Student schreibt sich für eine Fakultät ein. Die alten Fakultäten sind die theologische, juristische, medizinische und philoso-
phische Fakultät. Wenn eine Institution nicht diese vier Fakultäten
hatte, war es keine Universität, sondern eine Hochschule. Inzwischen gibt es viel mehr Fakultäten, vor allem die naturwissen-
60 schaftliche und die sozialwissenschaftliche Fakultät, aber natürlich
auch Fakultäten oder Hochschulen für Spezialisten: forstwissen-
schaftliche, tierärztliche, landwirtschaftliche usw., und neuerdings
sind auch die pädagogischen Fakultäten Teile der Universität.
Technische Hochschulen sind zu „Technischen Universitäten" ge-
65 worden, manche anderen Hochschulen zu „Gesamthochschulen".

Ein Student ist „stud. phil." oder stud. theol., stud. jur., stud. rer.
nat., stud. med., oder stud. med. vet. usw. Er muß herausfinden,
welche Kurse es gibt, die für ihn in Frage kommen. Das steht in
einem gedruckten Vorlesungsverzeichnis;° aber was darin steht, ist
70 nicht immer richtig. Man muß am „Schwarzen Brett"° des betreffen-
den Instituts nachsehen. Kurse beginnen gewöhnlich „c.t.", „cum
tempore", das bedeutet eine Viertelstunde nach der vollen Uhrzeit.
Wenn jemand in Deutschland vom „akademischen Viertel" spricht,
so meint er, daß man eine Viertelstunde zu spät kommt. Wenn der

loans

wenn = if w/ subjunctif

Vorlesung in der Universitätsklinik in Bonn

auditorium

75 Professor den Hörsaal betritt, klopfen die Studenten, ebenso am
Schluß. Klopfen bedeutet Beifall; wenn die Studenten mit den
Füßen scharren, drücken sie ihr Mißfallen aus. Während die Studenten sonst viele Vorlesungen „hörten", wo der Professor „las" und wo
keine Fragen gestellt wurden, gibt es seit den Reformen mehr Kurse
80 nach dem amerikanischen Typ.

approval / applause
disapproval

conclusion

Der Abschluß — *end*

Bis jetzt gibt es nur eine Minimalzahl von Semestern, die
ein Student an der Universität verbringen muß, um seine
Abschlußprüfungen nehmen zu können, keine feste Begrenzung der
Studienzeit. Frei ist er allerdings nicht mehr, es werden Minimallei-
5 stungen verlangt. Alle Studenten betreiben ihr Fachstudium. Es gibt
keinen B.A. im amerikanischen Sinn; wer Medizin oder Jura studiert, fängt gleich nach dem Abitur damit an. Wer an die Universität
geht, soll eine ausreichende Allgemeinbildung besitzen. Seit langem
gibt es eine Zwischenprüfung für die Mediziner, das „Physikum".

10 Das Physikum trennt die vorklinischen von den klinischen Semestern. Zwischenprüfungen in den anderen Gebieten sind neu.

Am Ende des Studiums steht eine große Abschlußprüfung. Um
sich dafür zu qualifizieren, muß man eine bestimmte Zahl von Kursen in seinem Fach oder seinen Fächern mit Erfolg absolviert haben.
15 Man muß also Examen bestanden, Arbeiten geschrieben oder Refe-
rate gehalten haben. In Seminaren besteht noch das System, daß der
Student entweder eine ausreichende (oder gute) Note bekommt oder
gar keine. Der Student besteht den Kurs, oder der Kurs zählt nicht.
Ein „F" gibt es nicht. Heute müssen die Studenten allerdings in einer
20 bestimmten Zeit eine bestimmte Zahl von Noten in ihren Fächern
bekommen haben. Früher konnte ein Student es sich leisten, hin
und wieder zu „bummeln";° er konnte sogar ein ganzes Semester
„verbummeln". Und es gab an allen Universitäten verbummelte Studenten, die nie bis zu einem Examen kamen. Aber das ist inzwischen
25 nicht mehr so leicht. Die Studenten sind fleißiger, und die verbum-
melten Originale sterben aus.

Wer genügend „Scheine"° mit Noten gesammelt hat, kann sich
zum Abschlußexamen melden. Es gibt zwei Typen von Examen:
Staatsexamen und Universitätsgrade. In beiden Fällen genügt es
30 nicht einfach, daß der Student bestimmte Kurse genommen hat: es
wird ein umfassendes Examen abgehalten, gewöhnlich schriftlich
und mündlich. Staatsexamen sind für alle Mediziner und Juristen
erforderlich, aber auch für Studenten anderer Fakultäten, die eine
staatliche Laufbahn einschlagen wollen, z.B. Lehrer, Bibliothekare,
35 Förster. Theologen werden von der Kirche geprüft. Im Staatsexamen besteht die Kommission neben Universitätsprofessoren auch
aus Vertretern des Landes, also des Kultusministeriums. Es wird geprüft, ob der Kandidat sein Fachgebiet beherrscht. Neben Tatsa-
chenwissen° fragt man auch nach der wissenschaftlichen Vorbildung,
40 nämlich, ob ein Student selbständig wissenschaftlich arbeiten könnte.

Dieser Punkt ist bei Universitätsgraden der ausschlaggebende.° An
Universitätsgraden gibt es vor allem das „Diplom", und zwar in den
technischen, naturwissenschaftlichen und sozialwissenschaftlichen
Gebieten. Man wird Diplomphysiker, Diplomingenieur, Diplomar-
45 chitekt, Diplomlandwirt, oder etwa Diplompsychologe. In den Geisteswissenschaften ist neuerdings wieder der Magister, abgekürzt
M.A., eingeführt worden. Während diese Grade erforderlich sind,
wenn man in der Industrie oder sonst in der freien Wirtschaft arbeiten will, ist der begehrteste Grad immer noch der Doktorgrad. Ein
50 Dr. phil., Dr. jur., Dr. med., Dr. rer. nat. usw. hat mehr Prestige; ja,
der Doktortitel wird offiziell zum Teil des Namens und steht im Paß
oder Personalausweis. „Herr Doktor" und „Herr Professor" (natür-

bummeln *to take it
easy, to loaf*

certificates

factual knowledge

decisive

lich auch „Frau Doktor" und „Frau Professor"!) sind die beiden Titel, die offiziell als Anrede benutzt werden. Zur Promotion braucht man vor allem eine Dissertation, eine schriftliche Arbeit, die eine eigene Forschung darstellt. Wenn diese Arbeit von der Fakultät akzeptiert worden ist, muß der Kandidat eine mündliche Prüfung, das „Rigorosum", bestehen.

Wer selbst Professor werden will, muß nach der Promotion noch eine zweite große Arbeit schreiben. Mit dieser Arbeit kann er sich „habilitieren".° Im Zug der Reformen wurde das strenge System der Habilitation etwas gelockert: man konnte die offizielle Habilitierung durch eine gleichwertige Zahl von wissenschaftlichen Veröffentlichungen ersetzen. Inzwischen kehren die Universitäten jedoch zum früheren System zurück. Wer sich habilitieren will, wird gewöhnlich Assistent in einem Institut der Universität. Er darf jedoch nur eine begrenzte Zahl von Jahren Assistent bleiben.

[margin] **sich habilitieren** *to qualify as a professor*

Traditionen des Studentenlebens

Wie überall bei jahrhundertealten Institutionen haben sich in Deutschland bestimmte Formen des Studentenlebens entwickelt. Zu den Traditionen, die einem Besucher an einer deutschen Universität auffallen, gehören vor allem die Studentenverbindungen.° Sie sind zuerst im Mittelalter als Gruppen aus dem Heimatland, als Landsmannschaften, entstanden. Die Studenten wurden damals sogar nach ihrer „Nation" immatrikuliert und eingeteilt. Aus dem liberalen Nationalismus des frühen 19. Jahrhunderts entstanden die „Burschenschaften" und dann die „Turnerschaften". Die Burschenschaften wurden nach 1815 zeitweilig verboten.

[margin] *fraternities*

Heute gelten alle Verbindungen politisch als konservativ. Es gibt unter ihnen noch „schlagende"° Verbindungen, in denen rituelle Duelle gefochten werden, mit einer Gesichtsmaske, so daß niemand gefährlich verletzt werden kann. Manche Verbindungen sind konfessionell, manche traditioneller oder moderner als andere. Studenten von Verbindungen tragen gewöhnlich „Farben", nämlich Mützen und Bänder in bestimmten Farben, besonders bei ihren „Stiftungsfesten",° wo auch die „Alten Herren", die früheren Studenten, zu Besuch kommen. Es gibt keine Verbindungen dieser Art für Studentinnen. Das Gemeinschaftsleben der Verbindungen ist eng und meistens genau geregelt. Oft wohnen die Mitglieder der Verbindungen

[margin] *fighting duels*

[margin] *annual conventions*

Studentenverbindungen

zusammen in einem Wohnheim, das der Verbindung gehört. Die ge-
genseitige Freundschaft und Hilfe dauert das ganze Leben, und Alte
Herren können den Studenten bei ihrer Karriere sehr behilflich sein.
25 Es gibt Fachgebiete, in denen es schwer ist, ohne die „Verbindung"
eine gute Stellung zu bekommen.

Eine Verbindung bietet Hilfe und Schutz, Das ist verlockend, denn
ein Student ist am Anfang an der Universität oft einsam. Er ist nicht
mehr mit seinen Schulfreunden zusammen, er hat vielleicht Schwie-
30 rigkeiten bei der Wohnungssuche. Es dauert eine Weile, bis er eine
Gruppe mit seinen Interessen und Anschauungen findet. Allerdings
sind die Studenten recht ungezwungen in ihrem Umgang. Sie duzen
einander meistens, während es früher am Anfang formell „Herr
Kollege" oder „Herr Kommilitone" hieß. Es gibt Gruppen der ver-
35 schiedensten politischen Richtungen, von rechts bis zur radikalen
Linken, und es gibt viele Interessengruppen: Musik, Theater, Sport,
Hobbies; auch kann man zu Studentengemeinden der verschiedenen
Konfessionen gehören. Typische Studentengruppen sind klein und
entwickeln ein exklusives Gemeinschaftsgefühl. Auch dieses Grup-
40 pengefühl ist ein wichtiger Teil des Studentenlebens.

Der größte Teil der Studentenschaft ist allerdings nicht in solchen
Gruppen organisiert. Die Mehrzahl der Studenten nimmt auch
wenig Anteil an der Selbstverwaltung der Studenten, dem Allgemei-

nen Studentenausschuß (AStA). Die Wahlbeteiligung° bei den AStA-
45 Wahlen ist gering, so daß kleine, gut organisierte Gruppen von
rechts oder links ihre Kandidaten durchbringen° können.

    Viele Studenten empfinden, daß die Verbindungen mit ihren
Trinkzeremonien° und ihrer exklusiven Männlichkeit nicht mehr
zeitgemäß sind. Immerhin sind zwei Fünftel der Studenten inzwi-
50 schen Frauen. Aber es haben sich, obwohl es seit der Zeit nach 1945
Opposition gegen die Verbindungen gibt, keine neuen Gemein-
schaftsformen gebildet, die allgemeine Bedeutung erlangt hätten.

    Das größte Problem der Studenten ist bis jetzt die Stellungssuche
nach dem Abschluß. Viele Akademiker streben eine staatliche Stel-
55 lung an, zum Beispiel als Lehrer. Aber der Staat reduziert die Stellen. Die Unruhe über das „Berufsverbot" ist inzwischen vorerst
verschwunden; aber die Unsicherheit über die allgemeinen Berufschancen ist groß.

    Das Studentenleben war wohl einmal unbeschwerter, als es heute
60 ist. Besonders die Angst vor dem, was anschließend an das Studium
kommt, drückt die Stimmung. Manche Studenten zögern ihren Stu-
dienabschluß hinaus, um die Stellungsuche aufzuschieben. Dabei ist
durch die Lage am Arbeitsmarkt wie im Gymnasium eine Konkurrenzlage entstanden: die Noten des Abschlußexamens sind äußerst
65 wichtig geworden. So ist das Leben des Studenten zwischen der jugendlichen Gruppenatmosphäre, den Sorgen um die Zensuren und
der Unsicherheit über die Zukunft geteilt. Dabei gibt es gewiß in der
Zukunft viele Möglichkeiten der Arbeit für gut qualifizierte Fachleute, doch längst nicht alle Studenten wollen Ingenieure oder Com-
70 puterspezialisten werden. Die Zukunft könnte eine flexiblere Studentengeneration erfordern, die nicht so sehr auf die Sicherheit der
Staatsstellung baut als auf die Chancen in der privaten Industrie.

voter turnout

durchbringen *to push
  through*

drinking ceremonies

7

Berufsausbildung

Meister und Lehrlinge bei Siemens in München

Traditionen

Die Deutschen haben einen anderen Begriff von der Berufsausbildung als die Amerikaner. In Deutschland muß man einen Beruf gelernt haben, ein Zeugnis bekommen haben, ehe man eine Stellung erhält. Die Bezahlung richtet sich oft nicht (nur) nach
5 der Leistung, sondern nach der Vorbildung.° Eine Berufsausbildung   *training, education*
gibt bestimmte Rechte, Schutz und Sicherheit. Jeder Deutsche bemüht sich, einen Beruf zu haben.

Die Berufsausbildung ist theoretisch und praktisch. Wer die Hauptschule oder Realschule beendet hat, erhält eine weitere Aus-
10 bildung. Man kann daher nicht sagen, daß es in den USA 12 Jahre Schulzeit gibt und in der Bundesrepublik nur 9 Jahre. Nach der Ab-

solvierung der Haupt- oder Realschule müssen die jungen Leute auf
eine Berufsschule° gehen, allerdings nur einen Tag oder zwei Tage   *vocational school*
in der Woche. Die anderen Tage sind für praktische Arbeit gedacht.

15   Die Berufsausbildung wird in Deutschland sehr ernst genommen.
In der Berufsausbildung verbinden sich mittelalterliche Traditionen
mit modernen Ideen. Das Mittelalter hatte feste Regeln, wie man
einen Beruf erlernen kann. Diese Regeln haben sich geändert, aber
feste Regeln gibt es noch heute. Manche passen nicht mehr sehr gut
20 in unsere Zeit, und oft arbeitet jemand später in einem anderen
Beruf als dem, den er gelernt hat. Die alten Regeln sind also manchmal ein Hindernis. Auf der anderen Seite hat die gründliche Ausbil-
dung der deutschen Industrie geholfen, ihre tüchtigen Facharbeiter°   *qualified workers*
zu bekommen; und von diesen Facharbeitern hängt die Qualität der
25 Produkte ab.

   Die Idee des erlernten Berufs gehört zum Leben in Deutschland.
Wer einen Beruf gelernt hat, hat viel mehr Prestige als ein Hilfsar-
beiter.° Wer nichts gelernt hat, bleibt sein Leben lang Hilfsarbeiter.   *unskilled worker*
Jede Karriere beginnt damit, daß man einen Beruf lernt. Wer ar-
30 beitslos ist, braucht nicht irgend eine Stellung anzunehmen. Das Ar-
beitsamt° darf ihn nur in seinem eigenen Beruf vermitteln. Er erhält   *employment office*
seine Arbeitslosenunterstützung° so lange, allerdings nicht mehr als   *unemployment*
ein Jahr, bis er eine akzeptable Stelle in seinem Beruf findet, unab-   *compensation*
hängig davon, ob er Mitglied der Gewerkschaft ist oder nicht.

Lehrling, Geselle und Meister

Die Berufsausbildung beginnt mit der Lehrzeit. Der
junge Mensch beginnt als Lehrling. Jedenfalls wird er bei den Handwerkern, den Kaufleuten und in der Industrie so genannt. Heute
vermeidet man manchmal das alte Wort „Lehrling" und „Lehre" und
5 spricht von „Ausbildung". Der Lehrling ist der „Auszubildende".
Auch nach dem Abitur oder nach dem Studium muß man jedoch
eine „Lehrzeit" ableisten. Man heiß dann Referendar, Volontär oder
Praktikant. Der Zweck ist der gleiche. Der Lehrling kommt in den
praktischen Betrieb, und er arbeitet unter der Aufsicht eines Mei-
10 sters. Nur ein Meister kann Lehrlinge ausbilden. Wenn ein Betrieb
keinen Meister hat, darf er keine Lehrlinge anstellen. Größere Fir-

men haben besondere Lehrlingswerkstätten° mit besonders ausgebildeten Meistern, ja sogar ihre eigenen Berufsschulen. In kleineren

15 Firmen wird der Lehrling im normalen Betrieb angelernt.

training workshops

Die Lehrzeit dauert durchschnittlich drei Jahre. Bei Abiturienten
wird sie gewöhnlich auf zwei Jahre verkürzt. Die Lehrlinge bekommen bereits Taschengeld; am Anfang wenig, in jedem Jahr jedoch
mehr. Es gibt besondere Jugendschutzgesetze;° die Arbeitsstunden

20 sind dadurch festgelegt, ebenso die Urlaubszeiten. Die jungen Leute
bekommen mehr Urlaub als die Erwachsenen. Jeder Betrieb ist verpflichtet, die Lehrlinge in die Berufsschule zu schicken und ihnen
für diese Zeit Lohn zu zahlen. Das Ziel der Ausbildung ist in einem
sogenannten „Berufsbild"° festgelegt, nach dem sich der Betrieb und

25 die Berufsschule richten. In der Berufsschule haben die Lehrlinge
Deutsch, Mathematik, Staatsbürgerkunde, manchmal eine Fremdsprache und „Berufskunde". Sie lernen, was für ihren Beruf wichtig
ist. Das hängt natürlich vom Beruf ab. Es kann mit Eletrizität,
Chemie, Volkswirtschaft und Marktforschung oder mit Jura zusam-

30 menhängen. Am Ende der Lehrzeit findet eine theoretische und
praktische Prüfung vor der Handelskammer,° beziehungsweise
Handwerkskammer statt. Handwerker sollen ein „Gesellenstück",°
eine selbständige Arbeit, vorweisen; das ist nicht mehr in allen Berufen möglich. Jedenfalls muß der Handwerker beweisen, daß er

35 selbständig arbeiten kann. Wer diese Prüfung besteht, wird Geselle
oder Gehilfe.

laws for the protection of minors

definition of trade

chamber of commerce
independent piece of work

In früheren Zeiten mußte ein Geselle auf die Wanderschaft gehen.
Er sollte lernen, wie man anderswo arbeitete. Jeder Meister seines
Faches mußte ihn aufnehmen und ihm wenigstens ein Nachtlager

40 bieten, wenn er keine Arbeit hatte. Heute gibt es diese Tradition nur
noch bei den Maurern° und Zimmerleuten.° Sie verpflichten sich,
zwei Jahre auf der Wanderschaft zu bleiben. Es besteht kein Zwang
zur Wanderschaft, aber wer sich verpflichtet, muß die Regeln einhalten. Während ihrer Wanderschaft tragen diese Gesellen beson-

45 dere Trachten. Die Zimmerleute haben schwarze Samtjacken mit
schwarzen Hosen; die Maurer weiße Hosen. Dazu tragen sie
schwarze Hüte.

bricklayers / carpenters

Nicht jeder Geselle oder Gehilfe hat den Ehrgeiz, Meister zu werden. Meister wird vor allem derjenige, der einen eigenen Betrieb

50 eröffnen will. Ein Meister muß mindestens fünf Jahre als Geselle
gearbeitet haben. In manchen Berufen muß er auch eine besondere
Schule besuchen. Nach der Meisterprüfung bekommt er einen
„Meisterbrief"; und diese Meisterbriefe kann man schön einge-
rahmt in jedem Handwerksbetrieb an der Wand hängen sehen.

Drei Jahre und einen Tag auf der Wanderschaft: Handwerksgesellen in der obligaten Tracht

Probleme

Das System der Lehrlingsausbildung paßt für die handwerkliche Arbeit. Es ist jedoch nicht mehr am Platz bei der Fließbandarbeit° oder der Automatisierung in der Industrie. Es müssen neue Wege gefunden werden, um das alte System der heutigen
5 Zeit anzupassen. Auch sind die Lehrlinge nicht mehr so wie früher. Sie sind älter, und sie haben mehr in der Schule gelernt. Vor allem aber sind sie nicht bereit, sich wie früher in den Betrieb einzufügen. Sie sehen nicht ein, wozu es gut ist, wenn sie die Werkstatt ausfegen° müssen. Manche Meister und Geschäftsinhaber benutzen andererseits
10 ihre Lehrlinge als billige Arbeitskräfte. Lehrlinge im letzten Ausbildungsjahr können oft so gut arbeiten wie Gesellen, bekommen aber viel weniger bezahlt. Manche Lehrlinge sagen, sie lernen nicht genug. Es hat Fälle gegeben, in denen Lehrlinge gegen ihren Meister geklagt haben, da sie bei ihm nicht genug gelernt hätten. Und
15 der Lehrvertrag° verpflichtet den Meister, die Lehrlinge so auszubilden, daß sie die Gesellenprüfung bestehen können.

Der Staat ist gezwungen, sich mehr und mehr mit Fragen der Berufsausbildung zu befassen. Die Berufsschulen sind ein wichtiger Teil der Bildungsreform geworden. Auch in den Berufsschulen gibt es

however

assembly-line work

ausfegen *to sweep*

apprenticeship contract

20 nämlich viel zu verbessern. So steht auf dem Programm, das Niveau der Berufsschulen zu heben und einen größeren Teil der Ausbildung von der Werkstatt in die Schule zu verlegen. Ebenfalls wird es leichter gemacht, auf dem Weg über die Berufsausbildung sich für ein Studium an einer Hochschule zu qualifizieren.

25 Der Andrang zu den Universitäten und der Numerus clausus haben es mit sich gebracht, daß mehr Abiturienten als sonst Lehrlinge werden. Auch diese Tatsache führt zu Spannungen in der Lehrlingswerkstatt, denn Abiturienten sind kritischer und anspruchsvoller° als Absolventen der Hauptschule. So erzwingt die längere Schulbildung

30 Verbesserungen in der Berufsausbildung. Eine neue Einrichtung ist das "Berufsgrundbildungsjahr",° in dem vor der eigentlichen Ausbildung Kenntnisse der Berufswelt vermittelt werden.

more demanding

vocational basic preparatory year

Weiterbildung

Es gibt inzwischen eine ganze Reihe von Möglichkeiten zur Weiterbildung. Das deutsche Schulsystem kennt nicht nur die Berufsschulen für Lehrlinge, sondern noch mehrere andere Typen von Fachschulen. Die Berufsfachschulen° sind Schulen, in denen

5 man seine gesamte Berufsausbildung erhält. Sie sind vor allem bei „Frauenberufen" üblich. Es gehören nämlich die Handelsschulen dazu, die Sekretärinnen ausbilden; ebenfalls Haushaltungs- und landwirtschaftliche Schulen; auch Ausbildungsstätten für Krankenschwestern. Es gibt private und öffentliche Berufsfachschulen.

10 Lehrlinge im letzten Jahr oder Gesellen und Gehilfen können eine Berufsaufbauschule° besuchen, entweder dreieinalb Jahre lang neben ihrer Berufstätigkeit oder anderthalb Jahre lang ausschließlich. Hier erwerben sie die „Fachschulreife".

Fachschulen dienen zur Ausbildung von Meistern und für eine be-

15 sondere Spezialisierung. Sie setzen gewöhnlich neben der Berufsausbildung auch Berufserfahrung voraus. Aus den Fachschulen haben sich die Fachhochschulen entwickelt, die vor allem Ingenieure und Architekten ausbilden. Es gibt also neben den Diplomingenieuren der Technischen Hochschulen auch Ingenieure der Fachhochschu-

20 len, die gewöhnlich einen Handwerksberuf erlernt haben und praktische Berufserfahrung mit der theoretischen Ausbildung vereinigen. Zur Reform der Hochschulen gehört es, den Übergang von den Fachhochschulen zu den Technischen Hochschulen zu erleichtern.

vocational schools giving skills for a job

vocational training qualifying for higher skills

Ein Mädchen bei der Montage leichter Motorräder bei Zündapp

Um mehr junge Leute für die Fachhochschulen zu qualifizieren,
25 sind Fachoberschulen eingerichtet worden. Wer die mittlere Reife
besitzt, kann hier in zwei Jahren die „Fachhochschulreife" bekommen. Das ist nach dem Konzept der Regierungen eine Übergangs-
lösung. In der Zukunft sollen diese Fachoberschulen in die anderen
Oberschulen integriert werden. Auch gibt es einige „Technische
30 Gymnasien", die in dreijährigen Kursen den Zugang zu technischen
und naturwissenschaftlichen Hochschulstudien ermöglichen.
Dieses System der Kombination von Berufsausbildung und Schulbildung sieht sehr kompliziert aus; es ermöglicht jedoch vielen Leuten, die verpaßte Realschul- oder Gymnasialbildung nachzuholen
35 und sich für höhere Stellungen zu qualifizieren. Die verschiedenen
Schultypen erfassen etwa 2,3 Millionen Menschen; dazu kommen
dann noch die Studenten der Fachhochschulen, mehr als 160.000.
Knapp 2 Millionen gehören zu den Berufsschulen. Umso wichtiger ist die Reform der Berufsschulen. Der Staat hat die Kontrolle
40 dieser Schulen; aber er hat sie nicht immer ausgeübt. Die Privatindustrie hat bisher viel Geld in die Lehrlingsausbildung investiert. Das
funktioniert, so lange der Betrieb damit rechnet, daß die meisten der
Lehrlinge im eigenen Betrieb bleiben werden, wie es oft in großen
Firmen der Fall ist. Aber der einzelne Handwerksmeister ist natur-

45 gemäß weniger an den Lehrlingen interessiert. Doch der Berufsstand
insgesamt und die Gesellschaft verlangen, daß das Niveau eingehalten
oder erhöht wird.

Die Kombination von Theorie und Praxis ist typisch für die
deutsche Berufsausbildung. Sie findet auch bei akademischen Beru-
50 fen statt. Ein Arzt wird nach dem Examen im Krankenhaus ausgebildet, ein Jurist braucht drei Jahre Praxis bis zu seinem zweiten Examen. Beamte müssen nach einer bestimmten Zeit ebenfalls ein
Examen im Verwaltungsdienst bestehen, bevor sie fest angestellt
werden.

55 Die moderne Industrie hat viele Tätigkeiten, für die man keine
lange Lehrzeit braucht, sondern die man nach kurzer Zeit be-
herrschen kann. Es ist typisch, daß solche „Anlernberufe"° besonders   *positions with on-the-job*
bei den ausländischen „Gastarbeitern" beliebt sind, von denen gut 2   *training*
Millionen in der Bundesrepublik tätig sind. Einige Jahre lang war es
60 schwer, deutsche Arbeiter dafür zu bekommen; nicht weil die Bezahlung schlecht war, sondern weil es eben keine richtigen „Berufe"
waren. Natürlich haben auch viele Deutsche einen solchen „Job"
zum Geldverdienen. Doch selbst jemand, der nicht in seinem erlernten Beruf arbeitet, bleibt stolz darauf, daß er einen Beruf gelernt
65 hat. Das Ideal des deutschen Arbeiters bleibt nach wie vor, bei der
gleichen Firma zu arbeiten, das zu tun, was er gelernt hat, und in
dieser Spezialisierung Anerkennung zu finden. Die Ideale der Handwerker: Gründlichkeit,° Ehrlichkeit, Fachkenntnis sind immer noch   *thoroughness*
wirksam. Sie kommen teilweise der Tendenz der deutschen Industrie
70 entgegen, mehr auf lange Sicht zu planen als an augenblickliche
hohe Profite zu denken, und vor allem Arbeiter heranzubilden, die
mit der Frima verbunden sind. Doch das System der Automatisierung, der Fließbandarbeit und die scharfe internationale Konkurrenz haben auch darin viel geändert. Die Industrie hat bisher viel
75 von der Tradition des deutschen Handwerks profitiert; was davon
nach den notwendigen Modernisierungen übrig bleiben wird, ist ab-
zuwarten.

Berufstätigkeit

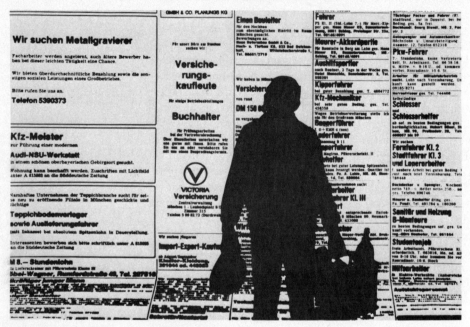

Immer mehr Arbeitsplätze werden gesucht.

Ein Landwirt

Der „normale" Bauer in der Bundesrepublik betreibt
Ackerbau und Viehzucht; das wird auch „Gemischtwirtschaft" genannt. Der Arbeitstag beginnt sehr früh. Die Kühe müssen gemolken, der Stall muß gereinigt werden. Der Bauer hat heute durch-
5 weg viele Maschinen zur Verfügung. Seit dem Zweiten Weltkrieg
ist die Landwirtschaft stark modernisiert worden, besonders mit
Hilfe der „Grünen Pläne" der Bundesregierung in Bonn. Manchmal
allerdings braucht der Bauer seine Maschinen nur für eine kurze
Zeit, und man muß sich fragen, wie rentabel die Anschaffung war.
10 Das ist besonders bei kleineren Höfen und vor allem im Gebirge der
Fall. Maschinen hingegen braucht der Bauer, denn er hat selten

genug Arbeitskräfte. Vieles in der Landwirtschaft ist daher heute
Gemeinschaftsarbeit und Gemeinschaftsbesitz. Für die Milchwirtschaft gibt es überall Genossenschaften,° ebenso für den Weinbau.

15 Die Milch, die der Bauer—in den meisten Fällen elektrisch—gemolken hat, wird abgeholt und zur Genossenschaftsmolkerei° gefahren, mit einem Lastwagen oder sogar noch mit dem Frühzug der
Eisenbahn. Der Bauer hat gewiß auch Hühner, Gänse und Enten,
vielleicht auch Pferde. Pferde sind selten, denn der Traktor über-

20 nimmt viel von ihrer Arbeit. Im Gebirge haben die Bauern oft Och-
sen als Arbeitstiere.

Vom Frühjahr bis zum späten Herbst ist immer etwas auf dem
Feld zu tun. Die Feldarbeit beginnt mit dem Morgengrauen. Manche
Bauern haben ihre Felder direkt bei ihrem Haus. Das ist bei Einzel-

25 höfen der Fall, z.B. in Norddeutschland, oder bei größeren Gütern,
die allerdings in der Bundesrepublik seltener sind als sie es in Ostdeutschland waren. Die meisten Bauern aber leben in Dörfern. In
Teilen von Mitteldeutschland gab es außerdem viele Erbteilungen,
so daß der Landbesitz manchmal aus vielen kleinen Feldern bestand,

30 die nicht leicht zu bewirtschaften waren. Schon die Wege allein ko-
steten viel Zeit. Bei der scharfen Konkurrenz in der Europäischen
Gemeinschaft wurden solche altertümlichen Verhältnisse wirtschaftlich unmöglich. Auch wenn Bauern oft am Alten hängen, so waren
Änderungen einfach notwendig. Insgesamt hat sich die Zahl der

35 landwirtschaftlichen Betriebe in den letzten 25 Jahren sehr vermindert. Kleine Betriebe bis zu 20 Hektar, vor allem solche mit weniger
als 5 Hektar, sind auf weit weniger als die Hälfte zurückgegangen.
Die Zahl der Betriebe mit mehr als 20 Hektar hingegen hat sich vermehrt, vor allem die größten. Auch sind heute nur halb soviel

40 Menschen in der Landwirtschaft tätig wie vor 25 Jahren.

Wenn der Bauer genügend große Felder hat und nicht allzu weit
fahren muß, kann er mit seinem Traktor (auch Trecker genannt)
und seinen anderen Maschinen seine Arbeit einigermaßen schaffen.
Gute Arbeitskräfte sind rar. Bei den Deutschen besteht eine „Land-

45 flucht"°—sie ziehen vom Land in die Stadt. Die vielen Ausländer, die
zur Arbeit in die Bundesrepublik kommen, gehen ebenfalls lieber in
die Industrie als in die Landwirtschaft, da sie mehr Geld in der Industrie verdienen, obwohl die Löhne in der Landwirtschaft höher
geworden sind. Vor allem aber sind die Arbeitsstunden auf dem

50 Land länger, und dann ist das Leben auf dem Dorf langweiliger als
in der Stadt. Daher hat das Land Hessen „Gemeinschaftshäuser" in
den Dörfern eingerichtet, die mehr Abwechslung im kulturellen und
gesellschaftlichen Leben bringen sollen.

Das Leben in den Dörfern in der Nähe von Großstädten hat sich

cooperatives

cooperative dairy

*migration from the rural
areas*

55 sehr geändert. Wer sich ein eigenes Haus bauen will, zieht meistens
aufs Land, da die Preise in der Stadt einfach zu hoch sind. So hat
sich die Tendenz zu „Pendlerdörfern"° verstärkt, Dörfer, in denen *commuter villages*
die meisten Einwohner in der nächsten Stadt arbeiten, und wo es
vielleicht nur noch einen oder zwei Bauern gibt. Während sonst viele
60 Pendler ehemalige Kleinbauern waren, die immer noch einen
großen Garten und vielleicht Felder bestellten, leben inzwischen in *to (order) cultivate*
solchen Dörfern wohlhabende Stadtleute, die nichts mit Landwirt-
schaft zu tun haben. Es gibt zwar noch über 100.000 Kleinbetriebe
bis 2 Hektar; aber die sind viel weniger geworden und werden gewiß
65 immer weniger werden. Man ist in der Bundesrepublik darüber be- *to worry*
sorgt, daß das Land „zersiedelt"° wird: je wohlhabender die Bevöl- **zersiedeln** *to cut up*
kerung, desto mehr. Bei der großen Bevölkerungsdichte kann das *rural areas into small*
ein schwieriges Problem werden. *lots*
    Die neuen Verhältnisse zwingen die Bauern auch immer mehr zur
70 Spezialisierung. Es ist eine Frage der Zeit, wie lange der „normale"
Bauernhof noch normal ist. In der Nähe der Stadt lohnt es sich, *it pays to*
Gemüse zu bauen, vor allem Karotten, Bohnen und Erbsen. Manche
Bauern spezialisieren sich auf Viehhaltung; zum Beispiel gibt es
Hühnerfarmen. Nachdem der Pferdebestand° lange Zeit zurückge- *number of horses*
75 gangen war, ist er in den letzten Jahren wieder angestiegen. Sicher- *had been going down*
lich nicht, weil die Bauern mehr Arbeitspferde brauchen, sondern

Gemüseanbau in der Hamburger Marsch

weil mehr Leute Vergnügen am Reiten finden. Der Wohlstand der
Deutschen drückt sich auch darin aus, daß nur noch halb so viele
Kartoffeln angebaut werden wie früher, hingegen wird mehr Ge-
80 treide produziert, mehr Fleisch und auch mehr Wein. So stellt sich
der Bauer auf die Wohlstandsgesellschaft ein. Manche Bauern benutzen nur organische Düngemittel; ihre höheren Kosten gleichen
sich durch höhere Preise aus. Es gibt Bauern, die sich ganz auf
Touristen spezialisieren. Viele Bauern in landschaftlich schönen Ge-
85 genden nehmen Sommergäste und Wintergäste; manchmal sind die
Touristen die eigentliche Einnahmequelle.° Dann behält der Bauer
seine Kühe, Hühner und Felder nur, damit die Touristen frische
Eier und Milch bekommen, und damit sie denken, auf einem richtigen Bauernhof zu sein.

90   Land ist knapp in Deutschland. Mehr als die Hälfte des Bodens
der Bundesrepublik wird für die Landwirtschaft benutzt, etwa 30%
für Ackerland und gut 20% für Wiesen und Weiden. Weitere 30%
sind Wald. Der Boden wird also sehr in Anspruch genommen. Mono-
kulturen wären kaum möglich. Typisch ist eine bestimmte Reihen-
95 folge im Anbau und eine sorgfältige Dosierung von Natur- und
Kunstdünger, um die Qualität des Bodens zu erhalten. Der Misthau-
fen° des Bauern in der Nähe des Stalles (und Hauses) ist immer
noch, wie im Spaß gesagt wird, „des Bauern Gold“.

     Der deutsche Bauer hat also eine vielseitige Wirtschaft und einen
100 schweren Beruf. Er muß sehr viel wissen: welche Nährstoffe der
Boden braucht, welche Sorten der verschiedenen Pflanzen für seinen
Boden am besten sind. Er muß die Marktlage kennen und im voraus
kalkulieren können, was Geld bringt; er muß auch mit seinen vielen
Maschinen richtig umzugehen wissen und einfache Reparaturen
105 selbst machen können, und schließlich muß er sich mit dem Vieh gut
auskennen. Er muß also viel gelernt haben, mehr als sein Vater ihm
bei der Arbeit beibringen kann. Er lernt das auf einer landwirtschaftlichen Fachschule, wenn er nicht auf eine landwirtschaftliche Hochschule geht und den Grad eines Diplomlandwirts erwirbt. Er muß
110 aber immer „auf dem Laufenden“ sein; also muß er die landwirtschaftlichen Ausstellungen besuchen, neue Geräte und Maschinen
begutachten, Fachzeitschriften und Bücher lesen. Und schließlich
soll seine Buchhaltung in Ordnung sein, damit er keine Schwierigkeiten mit dem Finanzamt, der Steuerbehörde, bekommt. Es gehört
115 also eine gute Ausbildung und Vielseitigkeit dazu, ein guter und erfolgreicher Landwirt zu sein. Die deutsche Landwirtschaft hat große
Konkurrenz aus Italien, Frankreich, Holland und Dänemark, wo
entweder das Klima besser ist oder die Modernisierung leichter.

Schafschur in der Lüneburger Heide

Auch viele deutsche Bauern stellen sich um, wenn sie nicht einfach
120 ihre Höfe verkaufen. Zum Beispiel spezialisieren sie sich.
Spezialisiert sind natürlich die Weinbauern, Hopfenbauern und
Obstbauern. Obst lohnt sich allerdings weniger als früher, während
Weinbau, auch bei teuren Arbeitskräften, ein besseres Geschäft ist.
Manche Bauern spezialisieren sich auf Viehzucht. Nicht überall sind
125 jedoch die Bedingungen für eine solche Spezialisierung günstig. Wer
sich auf Kühe spezialisiert, braucht eine besondere Ausbildung oder
einen besonders ausgebildeten „Schweizer", der weiß, wie die Kühe
mehr und bessere Milch geben und weniger krank werden.
Der Arbeitstag des Bauern ist lang. In der Erntezeit im Sommer
130 und Herbst arbeitet er bis zum Dunkelwerden, und wenn es sein
muß, auch nachts. Im Winter kann er sich heute auch nicht mehr
ausruhen, wenn auch seine Arbeitstage nicht so lang sind. Wieviel
verdient er? Das läßt sich nicht immer sagen. Wer Bauern fragt, wird
selten hören, daß sie mit Gewinn arbeiten. Kosten und Preise ändern
135 sich von Jahr zu Jahr. Viele Bauern lieben ihren Beruf; sie hängen
an ihrem Land, das mehrere Generationen, ja manchmal jahrhundertelang im Besitz der Familie war. Sie betrachten ihre Arbeit also
nicht rein vom wirtschaftlichen Nutzen her. Rechnen muß jedoch
jeder Bauer, und die „Romantik" des Dorflebens gibt es in der Wirk-
140 lichkeit nicht mehr. Die Industriegesellschaft stellt unserem Bauern

viele Arbeitserleichterungen° zur Verfügung, aber sie macht seine   *working aids*
Existenz auch unsicher.

Ein Fabrikarbeiter

Die Sorgen des Bauern hat der Arbeiter nicht. Er bekommt jede Stunde, die er tätig ist, genau nach Tarif bezahlt, und
wenn er Überstunden° macht, am Sonntag oder an Feiertagen arbei-   *overtime*
tet, so bekommt er ebenfalls genau festgelegte Zulagen. Er kann sich
5 genau ausrechnen, wieviel von seinem Verdienst ihm die Steuer
wegnimmt, und ob es sich wirklich lohnt, Überstunden zu machen.
Arbeiter verbringen viel Zeit mit solchen Rechenaufgaben, und so
mancher Arbeiter ärgert sich über die Steuer und arbeitet in seiner
freien Zeit „schwarz", nämlich privat und außerhalb der Firma, ohne
10 es dem Finanzamt mitzuteilen. Das ist natürlich verboten.

Vor dem Ersten Weltkrieg hatte der Arbeiter solche Probleme
noch nicht. Damals arbeitete man durchschnittlich 12 Stunden am
Tag. Die Weimarer Republik nach 1918 setzte den 8-Stunden-Tag

Bergarbeiter beim Verlassen der Zeche

mit 48 Arbeitsstunden in der Woche durch. Heute liegt die Arbeits-
15   zeit bei etwa 40 Stunden pro Woche. Allerdings wird heute auch
intensiver gearbeitet, und in der automatisierten Industrie verlangen
die meisten Tätigkeiten eine dauernde Aufmerksamkeit, damit die
Maschinen laufen. Der Arbeiter ist also vielleicht nach 7 Stunden
Arbeit ebenso müde wie vor 70 Jahren nach 12 Stunden Arbeit.
20   Schichtarbeit° ist weit verbreitet. Aus zwei Schichten sind drei oder   *work in shifts*
gar vier Schichten am Tag geworden. Schichtarbeit wird manchmal
angesetzt, wenn die Firma viele Aufträge hat. Durch die Schichtarbeit kann sich das Leben des Arbeiters sehr ändern. Wochenlang
sieht er seine Freunde nicht, oder höchstens, wenn sie einander am
25   Arbeitsplatz ablösen. Wenn er Spätschicht hat, fallen für ihn alle geselligen und kulturellen Veranstaltungen aus. Auch das Familienleben leidet darunter, wenn der Vater am Tag schlafen muß und seine
Kinder selten sieht. In einer Stadt wie Wolfsburg, wo die meisten
Arbeiter in Schichten tätig sind, muß sich das ganze Leben darauf
30   umstellen.
Der Arbeiter bekommt entweder Stundenlohn oder Akkordlohn.°   *piece wages*
Akkordlohn gibt es in vielen Formen: als Entlohnung für die individuelle Leistung, als Entlohnung für die Leistung einer Arbeitsgruppe oder als Entlohnung für die monatliche Produktion. Wenn
35   die Leistung der Gruppe bezahlt wird, paßt natürlich jeder Arbeiter
auf, daß seine Kollegen schnell genug arbeiten. Solch ein Akkordlohn bringt gewöhnlich höhere Leistungen, ohne daß der Betrieb die
Arbeiter kontrollieren muß, und daher sind die Akkordlöhne weit
verbreitet.
40   Ein Arbeiter verdient zwischen 2.000 und 3.000 DM brutto im
Monat. Vorbei sind die Tage, wo der Wochenlohn in einer „Lohn-
tüte"° ausgeteilt wurde, und wo die Ehefrauen am Zahltag vor den   *(little) bag for wages*
Fabriktoren warteten, um noch einkaufen zu können. Die Arbeiter
haben eine erhebliche Steigerung° ihres Einkommens erreicht.   *increase*
45   Heute versuchen sie zu verteidigen, was sie erreicht haben. Ange-
sichts der Arbeitslosigkeit und der wachsenden Ersetzung° des   *replacement*
Menschen durch Computer, Roboter und Maschinen haben es die
Arbeiter nicht leicht. Die Diskussion geht vor allem darum, wie eine
weitere Verkürzung der Arbeitszeit ohne Verminderung des Ein-
50   kommens erreicht werden kann. Auch wird die Frage diskutiert, ob
es besser ist, die Wochenarbeitszeit zu verkürzen oder die Lebensarbeitszeit d.h. eine frühere Pensionierung anzustreben.
Ebenso wichtig wie der Lohn ist für einen Arbeiter, was er noch
bekommt, also die Sozialleistungen. Außer den Steuern zahlt der Ar-
55   beiter einen Prozentsatz seines Lohnes, meistens zehn Prozent, für
die Krankenversicherung, Unfallversicherung und Altersrente. Der

Arbeiter und seine Familie sind voll versichert; sie haben keine
Arztkosten und keine Krankenhauskosten, ja sie bekommen sogar
eine Kur bezahlt, wenn es nötig ist. Wenn der Arbeiter länger krank
60 ist, bekommt er statt des Lohnes ein „Krankengeld", das 75 bis 85%
seines bisherigen Lohnes beträgt und das sein Arbeitgeber und die
Krankenversicherung zusammen bezahlen müssen.

Wichtig sind auch die freiwilligen Sozialleistungen der einzelnen
Firmen. Viele größere Firmen bauen Werkswohnungen,° also Miet-   *company-owned*
65 wohnungen oder Einzelhäuser, die sie für wenig Geld ihren Ange-   *apartments*
stellten und Arbeitern überlassen—so lange sie bei der Firma sind.
Das hilft beiden Teilen: Der Arbeiter hat eine billige Wohnung, und
die Firma hat einen Arbeiter, der bei dieser Firma bleibt. Die Firmen
geben auch besondere Altersrenten für Arbeiter und Angestellte, die
70 lange genug bei ihnen gearbeitet haben. Auch Naturalleistungen
sind noch weit verbreitet: Die Firmen geben ihren Angestellten besonderen Rabatt bei ihren eigenen Produkten; sie besorgen auch billig Kohlen, Kartoffeln, Holz und andere Lebensmittel. Manche Sozialleistungen der Firmen, die früher wichtig waren, sind heute
75 wenig gefragt: zum Beispiel die Ferienheime.° Die meisten Arbeiter   *vacation homes*
bezahlen lieber selbst ihre Ferienreise, als daß sie umsonst oder für
wenig Geld im Ferienheim der Firma wohnen. Sie möchten gern einmal hinaus aus dem Bereich der Firma.

In vielen Firmen sind die Betriebsangehörigen am Gewinn betei-
80 ligt. Sie bekommen einmal im Jahr, gewöhnlich zu Weihnachten,
eine Summe Geld, die einen bestimmten Prozentsatz des jährlichen
Profits der Firma darstellt. Natürlich geben die Firmen auch Prä-
mien, wenn Arbeiter Vorschläge zur Verbesserung der Arbeit ein-
reichen, die akzeptiert werden.

85 Die Firma gibt meistens den Rahmen für das Leben der Arbeiter
ab. Ihre Freunde und Nachbarn sind Arbeitskollegen. Wenn sie
Sport treiben, so tun sie es im Sportklub der Firma, in Sportanlagen,
die die Firma bezahlt hat. In der Bundesrepublik sind es nicht die
Universitäten, die am meisten Geld für Sport ausgeben, sondern die
90 Industriebetriebe. In den Vereinen wird der Arbeiter gleichfalls Kollegen aus der Firma wiedertreffen.

Viele Arbeiter bleiben bei der gleichen Firma, und sie haben das
Gefühl, daß sie „dazu gehören", ganz gleich, ob es sich um einen
kleinen Familienbetrieb handelt oder um einen großen Konzern. Die
95 Aufstiegschancen eines Arbeiters sind allerdings beschränkt. Wer als
Arbeiter anfängt, bleibt sein Leben lang Arbeiter. Ein gelernter Arbeiter wird vielleicht Vorarbeiter° und schließlich Meister, und unter   *foreman*
den Meistern gibt es mehrere Stufen. Doch wer Verwaltungsange-
stellter oder wer Ingenieur werden will, muß mit einer anderen

100 Schulbildung und Ausbildung anfangen. Die Arbeiter haben daher
ein Klassenbewußtsein. In einer Firma gibt es für den Arbeiter seine
eigene Klasse und „die da oben", nämlich die Ingenieure, die Direk-
toren, also die Leute, die Anordnungen geben. Der Meister steht in
der Mitte. Einmal im Jahr hat die Firma einen Betriebsausflug, bei
105 dem die „Chefs" mit den Arbeitern reden, essen und trinken und
lachen. Sonst sind die Beziehungen recht lose. Der Arbeiter glaubt
nicht, daß er Entscheidungen der Betriebsleitung beeinflussen kann.
Das heißt jedoch nicht, daß die Arbeiter nicht ihre Interessen vertre-
ten. Jeder Betrieb hat einen Betriebsrat,° und bei Konflikten unter- *works council, staff*
110 stützen die Gewerkschaften den Betriebsrat. Die Gewerkschaften *council*
sind mächtige Organisationen und haben seit 1948 viele Erfolge bei
den Tarifverhandlungen gehabt. Ein Arbeiter muß nicht zur Gewerkschaft gehören; die Gewerkschaft verhandelt auch für Nicht-
Mitglieder. Dennoch sind fast 8 Millionen Arbeiter im Deutschen
115 Gewerkschaftsbund zusammengeschlossen. Manche Angestellten
sind in der Deutschen Angestellten-Gewerkschaft (DAG) zusammengefaßt, während die Beamten den Deutschen Beamtenbund (DBB)
haben, der für sie kämpft. Streiks sind allerdings selten, meistens
kommt es zu Kompromissen. Beide Teile, Firmenleitung und Ar-
120 beitnehmer, sehen ihren Vorteil in einer positiven Zusammenarbeit.
Darüber hinaus jedoch haben die Angestellten des Betriebes, darunter die Arbeiter, seit 1976 ein wichtiges Gesetz erreicht. Das Gesetz über die Mitbestimmung° der Arbeitnehmer sieht vor, daß in *codetermination*
Gesellschaften, wo mehr als 2.000 Arbeitnehmer beschäftigt sind, die
125 Hälfte des Aufsichtsrates° aus Arbeitnehmern besteht. Im Vorstand *board of directors*
sind die Arbeitnehmer durch einen „Arbeitsdirektor" vertreten. Die
Vertreter der Belegschaft° im Aufsichtsrat werden von den Ange- *personnel*
stellten selbst gewählt. Eine solche Mitbestimmung, ja oft eine Verwaltung von Betrieben durch die Angestellten statt durch die Be-
130 sitzer des Kapitals, ist auch ohne Bundesgesetz seit 1970 in manchen
Betrieben eingeführt worden.
Neben der Arbeit ist das Privatleben für den Arbeiter wichtig.
Meistens ist es ihm wichtiger als die Arbeit. Ein Arbeiter ist zufrie-
den, wenn er etwas bauen, etwas Neues schaffen kann. Das können
135 heute aber nur noch wenige Arbeiter. Die meisten bekommen wenig
Befriedigung durch ihre Tätigkeit, besonders wenn sie nur einen
Knopf drücken müssen und aufpassen, daß die Maschine läuft.
Daher ist das Hobby, das Privatinteresse, für den Arbeiter so wichtig.
Gewöhnlich hat er ja einen Beruf gelernt, aber oft genug kann er
140 diesen Beruf nicht ausüben, oder er ist in eine Fabrik gegangen, weil
er dort mehr verdient. So beschäftigt er sich in der Freizeit gern mit
dem, was er gelernt hat, aus Liebhaberei° oder auch für das Geld. *hobby*

Ebenso wichtig ist ihm seine Familie. Die Kinder bleiben gewöhnlich
im Elternhaus wohnen, bis sie heiraten, auch wenn sie groß sind und
145 einen Beruf haben. Sie bezahlen dann ihren Anteil am gemeinsamen
Haushalt. Arbeiter, besonders wenn sie lange an einem Ort wohnen,
bilden mit ihren Nachbarn und Arbeitskollegen eine enge Gemeinschaft, bei der man sich hilft und gern zusammen ist, bei der es auch
keine Geheimnisse gibt. Das ist besonders in richtigen Arbeitersied-
150 lungen° so, und die Beziehungen zur Nachbarschaft sind viel enger
als in anderen Schichten der deutschen Gesellschaft, wo man sich
weniger um die Nachbarn kümmert als in den USA.

    Oft genug treten die Kinder in die gleiche Firma ein, bei der der
Vater beschäftigt ist. Sein Ehrgeiz ist dann, daß sie eine höhere Stufe
155 erreichen als er, und dafür ist er bereit, viele Opfer zu bringen. Man
findet daher nicht wenige Ingenieure oder Verwaltungschefs in Firmen, die Arbeiterkinder sind.

    Nach langen Jahren der Vollbeschäftigung haben die siebziger
Jahre Arbeitslosigkeit mit sich gebracht. Das ist paradox, weil die
160 deutsche Wirtschaft gut 2 Millionen ausländische Gastarbeiter beschäftigt, vor allem Türken, Italiener, Griechen, Spanier, Jugo-
slawen. Viele Gastarbeiter haben sich inzwischen in der Bundesrepublik fest angesiedelt und auch ihre Familien geholt. Die Bundesregierung hat sich darum bemüht, die Anwerbung neuer Gastar-
165 beiter zu verhindern, doch die Arbeiter, die bereits in Deutschland
sind, bekommen die gleiche Bezahlung und haben die gleichen An-

workers' quarters (with single houses)

Ausländische Arbeiter im BMW-Werk in München

rechte wie ihre deutschen Kollegen. Inzwischen gibt es zwei Millionen Arbeitslose, andere müssen sich mit Kurzarbeit° zufrieden ge-
ben. Zwar gibt es eine gute Arbeitslosenversicherung, doch bleibt es   *reduced working hours*
170 nicht aus, daß diese Arbeitslosen unzufrieden werden und fragen,
warum Ausländer Arbeit haben und sie nicht. Oft ist das Argument
falsch, denn die Arbeitslosigkeit ist nicht nur eine Folge der schlechten Wirtschaftslage. Sie hat auch mit Veränderungen in der Wirtschaft, z.B. mit der Automatisierung, zu tun. Die Bundesrepublik
175 gibt viel Geld für Umschulung° von Arbeitskräften aus. Aber die Ar-   *retraining*
beitslosigkeit, etwa 2 Millionen von 25 Millionen Erwerbstätigen, also
8%, ist schlimm genug, daß die Deutschen von ihrer Regierung Hilfe
verlangen.

Ein Beamter

Es gibt in Deutschland viele Arten von Beamten. Man
unterscheidet eine untere, eine mittlere, eine „gehobene" und eine
höhere Beamtenlaufbahn. Ein höherer Beamter hat gewöhnlich eine
akademische Vorbildung. Alle Beamten haben etwas gemeinsam:
5 Der Staat stellt einen Beamten auf Lebenszeit an. Der Staat, das ist
die Bundesrepublik, das Land oder die Kommunalbehörde. Der
Staat gibt dem Beamten Sicherheit. Er kann nicht entlassen werden;
er hat mit 65 Jahren eine gute Pension; seine Witwe und seine
Kinder sind versorgt, wenn er stirbt. Er hat ein festes Gehalt und hat
10 ein Anrecht auf bestimmte Gehaltserhöhungen. Sein Gehalt besteht
aus dem Grundgehalt, Familienzulagen° und Wohnungszulagen, so   *family allocations*
daß man darauf Rücksicht nimmt, wie viele Personen er versorgen
muß und wie die Lebenshaltungskosten an seinem Wohnort sind.
Der Beamte kann sich ausrechnen, welchen Rang er auf alle Fälle
15 erreichen wird; sein Leben ist also genau geregelt, gesichert und
festgelegt. Dafür ist der Beamte dem Staat auch besonders verpflichtet. Er vertritt den Staat; er soll ihm dienen und seine Pflicht tun. Er
verdient weniger, als er in einer ähnlichen Stellung in der Privatindustrie verdienen könnte.
20 Neben den Gehaltsbedingungen ist auch die Tätigkeit festgelegt;
ein Beamter hat in einem bestimmten Rang Anspruch auf eine bestimmte Art von Büro und eine bestimmte Art von Tätigkeit.
Dieser deutsche Begriff vom Beamtentum entwickelte sich zuerst
in Preußen. Er beruhte auf einem gegenseitigen Vertrauen zwischen

25 Staat und Staatsdiener. Auch der Minister, Kanzler, ja der König
oder Kaiser fühlten sich als „Diener ihres Staates". Beamte waren
also gleichzeitig Diener der Allgemeinheit und Vertreter der Autorität. Sie fühlten sich als eigene Kaste und hatten ein starkes Berufsbewußtsein. „Als Beamter" waren sie zu manchen Dingen verpflich-
30 tet, die sie „als Mensch" nicht gern taten.

Während des 20. Jahrhunderts ist die Politik mehr und mehr in
die Verwaltung eingedrungen. 1933 wurden Beamte entlassen, weil
sie gegen den Nationalsozialismus waren; 1945 wurde entlassen, wer
aktiver Nationalsozialist war. Dabei ging das Vertrauen zum Staat
35 verloren. Heute gibt es Parteipolitiker als Beamte, und ein Beamter
kann Abgeordneter werden. Die Beamten fühlen sich weniger dem
Staat verpflichtet. Sie stellen Gehaltsforderungen,° ja sie drohen mit   *salary demands*
Streiks, was bis 1914 undenkbar gewesen wäre. Auf der anderen
Seite fühlt sich ein Beamter heute mehr als Diener der Allgemein-
40 heit und weniger als Vertreter der Autorität als früher. Aus dem
„Obrigkeitsstaat" ist die Demokratie geworden.

Die Deutschen lieben die Sicherheit. Beamte gibt es daher in vie-
len Berufszweigen. Die Bundespost und die Bundesbahn° haben als   *federal railway*
staatliche Einrichtungen Beamte. Die Richter sind Beamte. In der
45 Verwaltung findet man Beamte. Die Lehrer bis zu den Universitätsprofessoren sind Beamte. Ja, selbst Musiker und Schauspieler bei
staatlichen oder städtischen Theatern können Beamte werden. Neben den staatlichen Einrichtungen gibt es in Deutschland andere öffentliche Einrichtungen, die für die Allgemeinheit arbeiten und
50 nicht für Profite. Dazu gehören zum Beispiel die Rundfunkanstalten.
Angehörige dieser Institutionen sind Angestellte. Angestellte im öffentlichen Dienst haben zwar weniger Sicherheit als die Beamten,
aber auch sie haben genau festgelegte Rechte und Pflichten, eine
Angestelltenrente als Altersversorgung, und je länger sie bei einer
55 Institution beschäftigt sind, desto schwerer ist es, ihnen zu kündigen. Manche Angestellte werden „Angestellte auf Lebenszeit". Große
Privatfirmen sind in dieser Beziehung den öffentlichen Institutionen
ähnlich.

Von dem Beamten wird auch heute eine bestimmte Lebensweise
60 erwartet, obwohl sein Privatleben viel freier ist als früher, wo er ein
Vorbild für seine Umgebung sein sollte. Aber auch heute gehört
dazu, daß ein Beamter pünktlich ist, seine Arbeit gut erledigt, im
Dienst die Finanzen gut verwaltet und privat nicht zu viele Schulden
hat, daß er unbestechlich ist und daß er bereit ist, auch Überstunden
65 zu machen, wenn es nötig ist. So steht sein Leben immer noch im
Zeichen der Pflicht und ist ein Dienst an der Allgemeinheit.

Freie Berufe

Freie Berufe" heißen selbständige Stellungen ohne ein festes Gehalt. Ein Kaufmann und ein Bauer sind im freien Beruf, wenn sie ihren eigenen Betrieb haben, ebenso ein Arzt, ein Rechtsanwalt, auch ein Schriftsteller oder ein Maler. Der Staat hat allerdings
5 heute seinen Einfluß auch in diesem Bereich. Ein Maler ist vielleicht Professor an einer Kunstakademie und dadurch Beamter; ein Schriftsteller arbeitet bei einer Rundfunkanstalt, also einer öffentlichen Einrichtung, mit.

Wenn wir einen Arzt als Beispiel nehmen, so sehen wir diesen Zu-
10 sammenhang ganz deutlich. Der Arzt macht am Ende seines Medizinstudiums ein Staatsexamen, dann muß er als Assistent in einem Krankenhaus arbeiten. Wenn er Facharzt werden will, muß er noch weitere Jahre der Ausbildung in einem Krankenhaus verbringen. Wenn er dann selbständig sein und eine Praxis eröffnen will, kann
15 er sich als „Facharzt"° bezeichnen, sonst ist er „praktischer Arzt". *medical specialist*
Nun hat dieser Arzt verschiedene Arten von Patienten. Es gibt für die Arbeiter die „Allgemeine Ortskrankenkasse", für bestimmte Angestellte die „Ersatzkasse" und für Leute mit höherem Gehalt private Krankenkassen. Die privaten Kassen sind für den Arzt am besten;
20 denn der Patient zahlt die Rechnung selbst und bekommt dann das Geld (oder einen Teil des Geldes) von der Krankenkasse ersetzt. Von solchen Privatpatienten hat der Arzt meistens nicht allzu viele. Die anderen „Kassenpatienten"° bringen ihm viel weniger Geld, denn *patients for whom the*
die Krankenkassen zahlen nur bestimmte Summen für die Behand- *public insurance pays*
25 lung, ganz gleich, wieviel Zeit der Arzt damit verbringt. Der Arzt braucht also viele Patienten, um genug zu verdienen. Also muß er sehr viel arbeiten. Ein praktischer Arzt verbringt immer noch manche Zeit mit Hausbesuchen. Ein Facharzt hat es im allgemeinen besser. Er wird weniger ins Haus gerufen, und er hat, wenn er be-
30 kannt ist, mehr Privatpatienten. Ein Arzt braucht also die Kassenpatienten, ganz besonders, wenn er anfängt. Die Krankenkassen haben aber nur eine bestimmte Anzahl von Ärzten, die bei ihnen zugelassen sind. Jeder Arzt schreibt an sein Türschild, bei welchen Kassen er zugelassen ist.
35 Natürlich kann ein Arzt auch, wenn er wissenschaftlich begabt ist, an einem Universitätskrankenhaus bleiben, sich habilitieren und Professor werden. Ein Professor kann neben seiner Tätigkeit als Chef des Krankenhauses, als Dozent und bei der Ausbildung der jungen Ärzte auch für teures Geld Privatpatienten behandeln. Er
40 verdient viel Geld dabei, doch für sein Privatleben bleibt ihm kaum

Zeit übrig. Ein durchschnittlicher Arzt hat also weniger Verdienstmöglichkeiten als in einem Land ohne ein solches System der Krankenversicherung. Er muß länger arbeiten, um einen guten Lebensstandard zu erreichen. So sind in Deutschland die Arbeitszeiten für
45 die Arbeiter und Angestellten immer kürzer geworden, für die
Freien Berufe oder für die leitenden Beamten und Angestellten hingegen wird der Arbeitstag immer länger und anstrengender. Seit
1945 hat sich die „Managerkrankheit" verbreitet. „Manager" bedeutet im Deutschen nicht nur einfach „Chef" oder „Direktor", sondern
50 der eilige, überlastete und überhastete Chef in der Wirtschaft, in der
Verwaltung, im kulturellen Leben und in der Politik. Diese Manager
stehen ständig unter Druck und spüren den „Streß" ihres Berufes.
Trotz ihres hohen Gehalts fühlen sie sich nicht selten unzufrieden
und suchen ein weniger anstrengendes Leben. „Streß" ist ein Lieb-
55 lingswort der heutigen deutschen Sprache geworden.

9

Sport in Deutschland

Spannende Szene im Fußball

Sportvereine

Es gibt in der Bundesrepublik 53.000 Sportvereine mit
17 Millionen Migliedern. Sind die Deutschen ein sportliches Volk?
Nicht unbedingt. Bei Befragungen: „Was tun Sie am liebsten in
Ihrer Freizeit?" kommt „Lesen" und „Haus und Gartenarbeit" noch
5 vor dem Sport. Außerdem: die Deutschen unterscheiden genau Frei-
zeitbeschäftigung° von Leistungssport.° Nur wenige haben sport- *leisure-time hobby /*
lichen Ehrgeiz in der Freizeit, die meisten wollen eine angenehme, *competitive sport*
aber nicht zu anstrengende körperliche Betätigung. Der Wohlstand
in der Bundesrepublik hat es mit sich gebracht, daß viele Menschen
10 einen Ausgleichssport° für ihre Gesundheit brauchen, und daß *recreational sport*
etliche Leute sich Sportarten leisten können, die sonst als exklusiv

galten, zum Beispiel Tennis, Segeln oder Reiten. Unter den 17 Millionen Vereinsmitgliedern treiben manche auch nur „Zuschauersport"° und gehen zu Fußballspielen oder ähnlichen Veranstaltun- *"spectator sport"*

15 gen.

Sport hat es natürlich in jeder menschlichen Gesellschaft gegeben. Der moderne Sport in Deutschland fing mit dem „Turnvater" Ludwig Jahn an, der nach 1807 in Preußen Turnübungen° veranstaltete, *gymnastic exercises* um junge Männer körperlich für den Krieg vorzubereiten. Das Tur-

20 nen und die Turnerbünde behielten im 19. Jahrhundert eine politische Bedeutung, auch unter den liberalen Deutschen, die nach 1848 in die USA kamen. Die Turnvereine, wie später die Leichtathletik- und Fußballvereine, waren freiwillige Amateurgruppen. Sie taten mehr als die Schulen und Hochschulen, um den Sport zu för-

25 dern. Gegen Ende des Jahrhunderts war das Interesse an Sport allgemein geworden, und überall gründete man Sportvereine. Wegen dieser langen Tradition des Volkssports ist es den Deutschen schwergefallen, sich auf Berufssport und Hochleistungssport umzustellen, besonders darauf, daß man mit dem Sport Geschäfte macht.

30 Die meisten der 17 Millionen Mitglieder der Sportvereine sind nicht selbst aktiv, es sind „Fans". Sie interessieren sich vor allem für den Fußball. Fußball ist der Volkssport in Deutschland. Die Kinder spielen auf der Straße Fußball; sie sammeln Bilder und Autogramme der Fußballspieler. Die Fußballspiele haben die größten Zuschauer-

35 zahlen; für die Fußballspiele werden die großen Stadien gebaut. Bei sehr wichtigen Fußballspielen müssen auch die Bundestagssitzungen° ausfallen. Jeder Ort hat seinen Fußballverein. Es gibt viele klei- *sessions of the Bundestag* nere und größere Fußball-Ligen; es gibt Jugendmannschaften und Mannschaften der „Alten Herren". Eines hat der Fußball mit den

40 anderen Sportarten gemein: Überall gibt es Wettkämpfe und Meisterschaften in den kleineren und größeren Bezirken, durchweg mit großer Beteiligung der Bevölkerung. Die Schulen haben Turnunterricht für alle Kinder; hingegen ist an den Hochschulen der Sport für die Allgemeinheit unwichtig. Der einzelne Student weiß kaum, ob

45 seine Universität eine Fußballmannschaft hat. Es sind hingegen die Vereine, die die Talente im Sport fördern.

Berufssportler und Amateure

Die Deutschen haben lange gezögert, bis sie im Fußball den Schritt zum Berufssport machten. Jetzt gibt es zwei Regionalli-

gen, deren Spieler „Vertragsspieler" sind, die einen anderen Beruf
haben, aber Geld als Entschädigung bekommen dürfen, und darüber
5 die Bundesliga mit richtigen Berufssportlern. Das deutsche System
sieht vor, daß in jeder Liga die beiden schlechtesten Vereine in die
niedrigere Liga „absteigen", und daß die besten Vereine in die höhere Liga „aufsteigen". Die besten Mannschaften der Regionalligen
ermitteln untereinander die beiden besten Mannschaften, die in die
10 Bundesliga kommen. Aber es wird schwierig, wenn eine Bundesligamannschaft absteigt. Was geschieht mit den Berufsspielern? Können sie bei dem Verein bleiben und hoffen, daß die Mannschaft im
nächsten Jahr wieder aufsteigt? Es ergeben sich gleichfalls Schwierigkeiten aus der Struktur der Vereine. Traditionell sind sie „gemein-
15 nützige"° Einrichtungen, die nicht für Profit arbeiten. Ihre Leitung   *nonprofit*
bestand aus gewählten und ehrenamtlich° tätigen Mitgliedern. Die   *not salaried*
Bundesligavereine haben inzwischen Riesenumsätze° und nicht sel-   *giant turnovers*
ten Millionen Schulden; sie brauchen professionelle Finanzmanager
ebenso wie professionelle Trainer und Spieler. Fußballspieler verdie-
20 nen große Summen, und alle europäischen Vereine, sogar Vereine
aus Amerika, konkurrieren miteinander um die besten Spieler. Das
Geld für die Spieler bestimmt weitgehend das Bild der Bundesliga
im Fußball.

Der einzelne Deutsche nimmt zwar an diesen Problemen teil, denn
25 die Zeitungen berichten darüber; aber er ist vor allem daran interessiert, gute Fußballspiele zu sehen, und er möchte im „Fußball-
Toto"° gewinnen, wo man jede Woche wetten kann, welche Mann-   *soccer pool*
schaften gewinnen oder verlieren. Die Fußballspiele finden nur am
Sonntag oder an Feiertagen statt, und am Montag werden überall in
30 der Straßenbahn und am Arbeitsplatz die Sportergebnisse heftig diskutiert.

Spiele wie Baseball oder Football gibt es in Deutschland nicht,
auch wenig Rugby und kein Kricket. Eishockey jedoch ist sehr beliebt, besonders in Bayern. Es ist Berufssport, aber auch nur in der
35 höchsten Liga, unter der andere Ligen sind.

Zu den Berufssportarten gehören noch Boxen, Ringen, Autorennen, Motorradrennen und der Fahrradsport. Radrundfahrten sind
allerdings viel weniger volkstümlich als in Frankreich oder Italien.
Sehr populär waren hingegen die sogenannten „Sechstagerennen",
40 Radrennen in der Halle, wo sich die Fahrer des gleichen Teams
ablösten, so daß das Rennen sechs Tage und Nächte dauern konnte,
und wo es außer dem Schlußgewinn noch viele einzelne Preise gab.

In anderen Sportarten, wie dem Schilaufen oder dem Eiskunstlau-
fen, haben die Deutschen die gleichen Probleme wie andere Länder,
45 einen Weg zwischen den Amateurbestimmungen° und der Reklame   *amateur sport regulations*
zu finden.

Leistungssport und Freizeitbeschäftigung

In vielen Sportarten gibt es keine Berufssportler. Bei dem Mannschaftssport gehören vor allem Hockey (im Unterschied zum Eishockey) und Handball dazu, der in Deutschland etwa die Rolle spielt wie Basketball in den USA, aber kein Berufssport ist. Er
5 kann in der Halle und draußen gespielt werden.

Ein reiner Amateursport ist auch die Leichtathletik geblieben. Durch die internationalen Meisterschaften und die Olympischen Spiele hat sich die Leichtathletik zu einem Leistungssport entwickelt, der dem Berufssport nahekommt. In der Bundesrepublik ist die
10 staatliche Unterstützung bisher gering; das Interesse der Öffentlichkeit jedoch groß. Meisterschaften oder Länderkämpfe sind immer gut besucht. Läufer, die bei den Olympiaden Medaillen erringen, werden leicht zu Helden für die Jugend. Ebenso beliebt ist der Reitsport, obwohl viele Deutsche keine Gelegenheit haben, selbst zu
15 reiten. Natürlich gibt es Pferderennen mit Wetten, doch die Öffentlichkeit ist mehr an Dressurreiten und Springen interessiert.

Es wird auch sehr viel Wintersport getrieben. Schlittenfahren und Eislaufen ist die Winterbeschäftigung der Jugend, und das Schilaufen ist in den letzten Jahrzehnten sehr beliebt geworden. Die großen
20 Schispringen locken Tausende von Zuschauern herbei. Die Bayern haben einen besonderen Wintersport, das Eisstockschießen.° *curling*

Im Wassersport hat das Rudern° eine besondere Tradition. Es *rowing*

Skateboard-Paradies in München

wird bereits an vielen Gymnasien geübt, und es gibt überall Ruder-
25 klubs und ebenfalls Segelklubs. Während das Rudern als Leistungssport betrieben wird, betrachten die meisten Segler ihre Segelfahrten
nicht als sportliches Ereignis. Ebenso ist es beim Schwimmen: Die
Schwimmbäder, vor allem die Freibäder° im Sommer, sind stark be-   *open-air pools*
sucht; doch kaum jemand betrachtet das Schwimmen als Leistungs-
30 sport.

Das trifft auch für die Turner zu. Turnen wird vor allem in den
Schulen sehr geübt; bei Erwachsenen ist das Turnen nicht mehr so
verbreitet wie früher. Die traditionellen Turnvereine lehnen den
modernen Leistungssport bewußt ab; sie haben sogar die Olym-
35 pischen Spiele boykottiert. Golf sieht man im allgemeinen in
Deutschland kaum als Sport an. Es gibt nicht viele Golfplätze. Die
Golfklubs sind sehr exklusiv und gelten auch als exklusiv. Sie sind
daher gesellschaftlich wichtig, aber kaum sportlich. Anteilnahme an
Golfmeisterschaften gibt es wenig, da die meisten Menschen die Re-
40 geln nicht kennen. Tennis ist viel weiter verbreitet, aber noch mehr
das Tischtennis, das viele Leute zu Hause spielen können, und das
auch in den Sportvereinen betrieben wird.

Wie in so vielen Ländern verbindet sich auch in der Bundesrepublik der Nationalstolz mit internationalen Sportwettkämpfen. Ganz
45 besonders wichtig sind das Abschneiden der deutschen Fußballmannschaft bei den Weltmeisterschaften und die Medaillen in
den Olympischen Spielen.

Der letzte Punkt ist nicht zuletzt wegen der großen Erfolge der
DDR wichtig geworden. So gibt es seit 1967 die „Stiftung Deutsche
50 Sporthilfe", die sich bemüht, den Leistungssport in der Bundesrepublik zu unterstützen und vor allem Geld für Sportanlagen und
Trainingshilfen zusammenzubringen.

Breitensport und Wandern

Die Deutschen setzen ihren Stolz daran, international im
Sport gut abzuschneiden. Auch sehen sie gern gute Sportveranstal-
tungen. Doch eigentlich gefallen ihnen Geschäfte mit dem Sport
nicht besonders. In ihrem eigenen Leben betrachten sie Sport eher
5 als Freizeitbeschäftigung oder als gut für die Gesundheit. Leistungsdruck bei ihrer eigenen Betätigung liegt ihnen weniger. Mit dem
guten Essen und Trinken kam auch die Notwendigkeit, einen Aus-

„Trimm dich": Bewegung ist gut für die Gesundheit.

gleichssport zu treiben. Das Autofahren ersetzte auch in der Bundesrepublik das Gehen; also wurde es nötig, sich Bewegung zu ver-
10 schaffen, z.B. das Wandern. So kam eine „Trimm dich"°-Bewegung   *reduce your weight*
zustande, mit Gruppenwanderungen, Gruppenläufen und Gruppen-
schwimmen. In vielen Gegenden gibt es „Trimm-dich-Pfade" zum
Laufen und Wandern.

Inzwischen können sich viele Leute einen Sport leisten, der Geld
15 kostet. Segeln zum Beispiel oder Reiten, Schifahren natürlich auch,
obwohl Schifahren schon immer ein Volkssport war. Jagen ist immer
noch wenigen Leuten vorbehalten, denn es kostet nicht nur viel Geld
und ist erst nach Kursen und einer Jägerprüfung erlaubt, sondern
man bekommt nur sehr schwer ein Revier, wo man jagen kann. Viel
20 weniger verbreitet als in den USA ist das Angeln und Fischen.

Wanderungen sind eine deutsche Tradition; nicht nur Wanderungen zu Fuß, sondern auch Wanderungen auf dem Wasser mit einem
Paddelboot oder Schiwanderungen im Winter. Hier hat die Motori-
sierung viel geändert. Immer noch gibt es jedoch überall gut mar-
25 kierte Wanderwege, in den Gebirgen findet man „Hütten", wo man
billig übernachten kann, und für die Jugend gibt es viele Jugendherbergen.° Allerdings brauchen die Jugendherbergen immer größere   *youth hostels*
Parkplätze.

Die Deutschen haben immer noch die Gewohnheit, spazierenzu-
30 gehen, besonders am Sonntag. So leere Straßen wie in den Vororten
der USA findet man in Deutschland selten. Die Möglichkeiten der
sportlichen Betätigung sind in den letzten Jahren immer größer ge-

worden, denn die Gemeinden und Schulen haben viele Sportanlagen
gebaut. Es gibt sehr viel mehr Schwimmbäder als früher, besonders
35 Hallenbäder,° und Fremdenverkehrsorte können es sich nicht lei-   *indoor swimming pools*
sten, kein Hallenschwimmbad zu haben. Die Ferien sind bei den
Deutschen gewöhnlich für körperliche Betätigung gedacht, wenn
auch mit Maßen. Entsprechend suchen sie ihre Ferienziele. Sonst
gibt es natürlich die gleichen Moden wie anderswo, etwa Aerobics,
40 wobei rhythmische Gymnastik schon lange geübt wurde. Die
Deutschen sind ein sportinteressiertes Volk, aber in den meisten
Sportarten ist die Bundesrepublik eher das Land des Breitensports
als des Hochleistungssports.

Ein anderes Verhältnis zum Sport besteht allerdings in der DDR,
45 die den Sport zu einer nationalen Angelegenheit gemacht hat. Die
staatlichen Stellen fördern nicht nur den Breitensport und sorgen
für Sport in der Schule, sie sind auch besonders darauf aus, talen-
tierte Sportler in frühem Alter herauszufinden und ihnen die besten
Möglichkeiten zum Training zu geben. Die Erfolge in internationa-
50 len Wettkämpfen sind dementsprechend groß, und das regt auch die
Bundesrepublik immer wieder zu Bemühungen im Leistungssport
an, allerdings nicht mit dem gleichen Erfolg.

Sydne Rome kurbelt die Aktion „Trimming 130" an.

⑩

Urlaubsreisen

Ballonflug über die Allgäuer Alpen südlich von Oberstdorf

Die Tradition

Nicht alle Leute pflegten im Urlaub oder in den Ferien eine Reise zu machen. Wenn sie es taten, so hatten sie folgende Auswahl: Die Familie konnte zur Großmutter oder zu Verwandten aufs Land fahren. Gewöhnlich gab es eine solche Großmutter oder einen
5 Onkel, was heutzutage in Deutschland kaum mehr der Fall ist.

Manche Familien, besonders wohlhabendere, hatten ihr Ferienhaus,° vor allem am Meer oder in den Bergen. Dort verbrachte man dann den ganzen Urlaub, und die Kinder blieben die ganzen Sommerferien dort. Wer es sich leisten konnte und kein eigenes Fe-
10 rienhaus hatte, ging in eine Familienpension.° Oder man ging zu Bauern oder anderen Einheimischen, die Sommergäste aufnahmen.

vacation home

boarding house for families

Schließlich gab es Ferienhäuser, die man mieten konnte. Durchweg war es Sitte, jedes Jahr an den gleichen Ort zu fahren.

Daneben gab es natürlich auch richtige Reisen. Die Jugend be-
15 gann sich ab 1900 für das Wandern zu interessieren. Man übernach-
tete bei Bauern, und falls es sie gab, in den Jugendherbergen. Manche Gruppen hatten Zelte bei sich. Dann gingen sie zu einem Bauern und fragten, ob sie nicht auf seiner Wiese zelten konnten.

Und natürlich unternahmen manche Leute größere Reisen, um
20 etwas von der Welt zu sehen. Die beliebtesten Ziele waren dabei Ita-
lien und Frankreich, vor allem Paris, wenn man nicht im eigenen Land blieb, was noch häufiger war. Diese Reisen waren meistens „Bildungsreisen".° Man bereitete sich darauf vor; man arbeitete ei- *educational trips*
nen Reiseplan aus; man beschäftigte sich mit Geschichte und Kunst-
25 geschichte, und man lernte die Sprache, wenn man ins Ausland fuhr.

Heutzutage unternehmen viele der Deutschen eine Urlaubsreise. Die Reiseziele und Gewohnheiten haben sich geändert. Wie sieht es jetzt aus?

Das Camping

Nach dem Zweiten Weltkrieg begann die Jugend, viel mehr als vorher zu reisen, zuerst mit dem Fahrrad, dann mit dem Motorrad, schließlich mit dem Auto. Übernachtet wurde im Zelt. Zuerst schlug man das Zelt einfach im Wald auf oder beim Bauern
5 auf der Wiese. Als zu viele Leute kamen, begann der Bauer, Geld zu nehmen, und die Wiese wurde zum Campingplatz. Seitdem haben sich viele Familien daran gewöhnt, mit dem Zelt oder Wohnwagen° *house trailer*
zu reisen. Es gibt große und bequeme Zelte zu kaufen, Camping-
möbel und was man sonst braucht, so daß es eigentlich praktischer
10 ist, mit dem Zelt zu reisen. Mit dem Wohnwagen hat man nämlich nicht nur das Problem, daß man seine Reiseroute gut planen muß—manchmal kann man Schwierigkeiten auf engen Straßen oder bei Ortsdurchfahrten° haben—, sondern vor allem, daß man nicht weiß, *passages through a town*
wo man den Wohnwagen den Rest des Jahres lassen soll. Nur wenige
15 Leute haben Platz für einen Wohnwagen, also lassen sie ihn auf einem anderen Campingplatz in der Nähe ihrer Stadt. Das kostet natürlich Miete, er kann jedoch als Wochenendhaus° dienen. *weekend home*

Campingplätze sind gewöhnlich hübsch angelegt und werden sauber gehalten. Wer gern Gesellschaft hat, wird auf dem Camping-

Gemeinschaftsleben auf dem Campingplatz

20 platz gewiß auf seine Kosten kommen. Wer gern für sich allein
bleibt, wird das Camping bald aufgeben, denn gewöhnlich sind die
Zelte oder Wohnwagen sehr dicht nebeneinander. Aber solche Eigen-
brötler° sind wohl selten. Typischerweise fahren die Leute in den   *eccentric individualists*
Ferien zu einem bestimmten Campingplatz, wo sie sich vorher an-
25 gemeldet haben, und bleiben dort zwei oder drei Wochen, am liebsten am Meer, und das Meer bedeutet für die Deutschen vor allem
das Mittelmeer.°   *Mediterranean Sea*

Die Urlaubsziele

Mehr als die Hälfte der Einwohner der Bundesrepublik
über 14 Jahre unternimmt mindestens eine Urlaubsreise im Jahr.
Bei fünf oder sechs Wochen bezahltem Urlaub lohnt es sich, die Ferien in Sommer- und Winterreisen zu teilen. Es ist immer noch das
5 Übliche, an einen Ort zu fahren und dort zu bleiben, sofern man
nicht andere Kontinente erforschen will. Die Deutschen zieht es vor
allem ins Gebirge oder ans Meer, und da sie sonnenhungrig° sind,   *hungry for sunshine*

lockt am meisten das Mittelmeer. Österreich ist immer noch das be-
liebteste Reiseland, gefolgt von Italien und Spanien; aber andere
10 Länder am Mittelmeer sind gleichfalls begehrt: Jugoslawien, Griechenland, Frankreich, die Türkei, Tunesien. Wer es sich leisten
kann, kauft sich an der Mittelmeerküste ein Ferienhaus.

Auch manche Länder in Ost- und Südosteuropa sind attraktive
Reiseziele geworden: der Strand am Schwarzen Meer in Rumänien
15 und Bulgarien, der Plattensee in Ungarn oder bestimmte Gegenden
in Polen. Hier verbindet sich die Ferienreise manchmal mit dem
Wunsch, die alte Heimat der Familie wiederzusehen.

Während man im allgemeinen den Wunsch hat, sich gründlich zu
entspannen, zu baden oder zu wandern, gut zu essen, ein paar
20 Bücher zu lesen, in einer angenehmen Umgebung zu sein, folgen
manche Leute bestimmten Interessen: sie wollen segeln, Tennis spielen, reiten, eine Fremdsprache üben oder alte Kirchen studieren.
Hin und wieder möchte man auch etwas ganz Neues erleben. Man
fährt nach Indien, Japan, Mexiko, quer durch die Sahara oder gar
25 mit der Transsibirischen Bahn durch die Sowjetunion; neuerdings
sind die USA als Reiseland attraktiv geworden, nur meistens zu
teuer. Hier braucht man oft die Hilfe eines Reisebüros, oder es sind
Gruppenfahrten,° bei denen das Programm mehr oder weniger fest- *group trips, guided*
gelegt ist. *tours*
30 Inzwischen zieht es auch manche Deutsche nach dem Norden; Dä-

Schihang am Kreuzeck mit Blick auf die Alpspitze

nemark ist beliebt, aber auch Reisen nach Norwegen, Irland und
dem nördlichen Großbritannien finden Interessenten.

Neben dem Sommerurlaub nimmt man gern einen Winterurlaub,
den die meisten Deutschen zum Schifahren in den Bergen benutzen,
35 besonders gern wieder in den Alpen.

Gesellschaftsreisen

Wer für zwei oder drei Wochen nach Italien oder Jugoslawien ans Meer will, kann sich nicht darauf vorbereiten wie auf
eine Bildungsreise. Er fährt auch meistens an einen unbekannten
Ort. Natürlich möchte er keine Schwierigkeiten haben und ein gutes
5 Hotel finden; er möchte sich nicht mit Sprachschwierigkeiten herumschlagen. Daher verläßt er sich gewöhnlich auf ein Reisebüro.
Reisebüros vermitteln individuelle Reisen, aber sie helfen auch
bei Gesellschaftsreisen.° Es gibt in der „Reiseindustrie" richtige   *guided group tours*
Reisegesellschaften, die Gruppenfahrten organisieren. Bei den
10 Ferienreisen macht gewöhnlich eine Gruppe von Menschen die
Hin- und Rückfahrt gemeinsam, in Bussen oder in Sonderzügen. Die
Gesellschaft garantiert für die Qualität der Unterkunft. Bei Sprach-
schwierigkeiten findet man Dolmetscher. Der Pauschalpreis dieser
Reisen ist niedriger als bei einer individuellen Reise. Kein Wunder,
15 daß diese Gesellschaftsreisen sehr beliebt sind. Sie bringen manchen
Deutschen ins Ausland, der ohne Hilfe die vielen Schwierigkeiten
scheuen würde. Daneben gibt es auch Gesellschaftsfahrten, wo die
Gesellschaft ein festes Programm bietet.

Bildungsreisen

Heute wird die Tradition der Bildungsreise auch in der
Form von Gesellschaftsreisen und Gruppenfahrten weitergeführt.
Wieviel Bildung die Teilnehmer dabei wirklich erwerben, ist natürlich sehr verschieden. Manche Reisende nehmen die Bildung nur als
5 Vorwand; andere Gruppen meinen es ernst. Dazu gehören zum
Beispiel Reisegruppen von Volkshochschulen,° die sich gewöhnlich   *adult education*
vorher in einem Kurs auf die Reise vorbereiten. Und es gibt natür-   *institutions*

lich Studienfahrten von Studentengruppen. Den deutschen Bildungs-
idealen° entsprechend sind die traditionellen Ziele solcher Bildungs-   *educational ideals*
10 reisen vor allem Italien und das klassische Griechenland und an
dritter Stelle Frankreich. Anderen Menschen fällt auf, daß diese
deutschen Bildungsreisenden es wirklich ernst meinen—manchmal
zu ernst; dann vergessen sie vor Kirchen, Tempeln und Museen das
Leben der Gegenwart.
15   Wer die herkömmlichen Bildungsreisen hinter sich hat, möchte
etwas anderes und Neues sehen. Ihn reizt eine Reise nach Israel,
nach Mexiko, nach Japan, nach Nepal—wo immer es etwas zu sehen
und zu studieren gibt.

Deutschland als Reiseland

Viele Deutsche fahren ins Ausland; aber viele Ausländer
kommen nach Deutschland. Die meisten von ihnen allerdings, Skandinavier, Holländer und Engländer zum Beispiel, benutzen Deutschland nur als „Durchreiseland",° um nach dem Süden zu kommen.   *country one passes*
5 Deutschland bietet ja kein besonders angenehmes Klima, aber es bie-   *through*
tet schöne Landschaften, alte Städte und Burgen und alte Bräuche.
Das gilt im Ausland gewöhnlich als „romantisch", und dazu gehören
der Kölner Dom, die Rheinlandschaft mit der Lorelei, Heidelberg,
Rothenburg ob der Tauber, München und sein Hofbräuhaus, Ober-
10 ammergau und die Schlösser des Bayernkönigs Ludwig II. im All-
gäu. Das sind gewöhnlich Objekte für eilige Touristen, die sich
schnell besichtigen und fotografieren lassen. Zu diesen Touristen gehören besonders Reisende aus den USA, rund 2 Millionen pro Jahr.
   Wer eher an einen Ferienaufenthalt denkt als an eine Reise, sucht
15 gewöhnlich entweder die Küste auf oder die Gebirgslandschaft im
Süden, die Bayrischen Alpen, den Schwarzwald oder die Gegend um
den Bodensee. Natürlich gibt es viele andere reizvolle Gegenden in
der Bundesrepublik, und Ausländer wie Deutsche kommen dann
und wann auf die Idee, etwas Unbekanntes zu entdecken. Es kann
20 viel angenehmer sein, dorthin zu fahren, wo nicht so viele Touristen
sind. Die Gäste werden nicht nur aufmerksamer bedient, sondern sie
können auch mehr vom Leben der Menschen kennenlernen. Es gibt
eine ganze Reihe von alten Burgen und Schlössern, die zu Hotels
geworden sind, und es gibt Dorf- und Kleinstadtgasthöfe, in denen
25 man gern bleibt. Jeder Ort hat seine eigene Atmosphäre und seine
Sehenswürdigkeiten.°   *sights*

Deutschland, das Durchreiseland, das Land für eilige Touristen, ist also gleichzeitig das Land, in dem es sich lohnt, sich Zeit zu lassen und abseits der Autobahn kleinere Orte und reizvolle Landschaften
30 zu entdecken. Natürlich braucht man dazu Zeit. Und so sehr die Deutschen jede Gelegenheit benutzen, ihre Fremdsprachenkenntnisse zu zeigen, es lohnt sich bei solch einer Reise, Deutsch zu können.

Wenn auch Touristen oft nicht die besten Vertreter ihrer Kultur
35 sind, so haben doch die vielen Ferienreisen auf die Dauer die Europäer einander näher gebracht. Wer regelmäßig in ein Land oder gar an denselben Ort fährt, fühlt sich dort schließlich ein wenig zu Hause. Das Programm der „Schwesterstädte"° in Europa hat solche   *"sister cities"* Kontakte noch weiter gefördert. Es hat besonders Menschen aus
40 kleineren Ortschaften miteinander in Beziehung gebracht. So haben die Ferienreisen ihren Teil dazu getan, daß die Europäer mehr und mehr ihren Kontinent als eine Einheit betrachten.

Das kulturelle Leben in Deutschland

Symphoniekonzert der Berliner Philharmoniker

In einer mittelgroßen Stadt

Eine Stadt von 100.000 Einwohnern gilt in Deutschland als eine „Großstadt". Von solchen Städten gibt es 68. Nun hat die Bundesrepublik neben etwa 80 Privattheatern rund 200 öffentliche Theater. Es gibt etwa 40 Symphonieorchester. Eine Stadt von über
5 100.000 Einwohnern hat also wahrscheinlich ihr städtisches Symphonieorchester. Die Musiker spielen außer in ihren Konzerten auch

in der Oper; denn das Stadttheater bietet neben dem Drama auch
Oper und Operette. Regelmäßig finden Kammermusikabende° statt *concerts of chamber music*
mit bekannten Solisten oder Ensembles von auswärts. Die Stadt hat
10 ein heimatgeschichtliches,° ein naturkundliches und ein Kunstmu- *for local history*
seum. Das Kunstmuseum ist vielleicht nicht groß, und es hat nicht
viele Meisterwerke, aber es stärkt das Interesse an Kunst, und es veranstaltet regelmäßig besondere Ausstellungen, vor allem moderner
Kunst. Es gibt mehrere Chorvereinigungen,° darunter eine große, *choral societies*
15 die mit dem Symphonieorchester Oratorien aufführt. Die Stadt hat
auch Kirchenchöre, die Konzerte geben, und in den Kirchen finden
Orgelkonzerte statt. Wenn die Stadt keine Hochschule hat, bestehen
wenigstens einige wissenschaftliche Gesellschaften: eine naturkund-
liche Gesellschaft, eine Gesellschaft für Heimatgeschichte, vielleicht
20 eine geographische Gesellschaft. Diese Gesellschaften veranstalten
Vorträge und Exkursionen. Daneben gibt es die Volkshochschule,
oder Volksbildungswerk genannt, die außer den Kursen auch Vorträge und Bildungsreisen veranstaltet.

Das Angebot ist also vielseitig. Man müßte ja noch die Kinos hin-
25 zurechnen und eine Reihe von Amateurveranstaltungen: Schulkon-
zerte und -aufführungen, Volkstheater im Dialekt, Hauskonzerte
und die eigentlichen Liebhabervereine.° Heute kommt vor allem das *hobby groups*
Fernsehen dazu, das dem Kino so heftige Konkurrenz macht.

Ein solches Angebot beruht auf einer Tradition. Zur kulturellen
30 Tradition in Deutschland gehört der Föderalismus. Bis um das Jahr
1800 bestand Deutschland aus mehr als 300 Staaten, und jeder Staat
hatte seinen eigenen kulturellen und politischen Mittelpunkt. Viele
kleine Residenzstädte entwickelten ein reiches kulturelles Leben, und
manche von ihnen haben diese Tradition bewahren können: Bay-
35 reuth hat heute seine Richard-Wagner-Festspiele; das kleine Donaueschingen hat jedes Jahr seine Tage der modernen Musik; Kassel
veranstaltet die „Documenta", eine der wichtigsten Ausstellungen
für moderne Kunst; eine mittelgroße Stadt wie Darmstadt hat eine
Künstlerkolonie und eine beachtliche Theatertradition. Das beste
40 Beispiel ist natürlich Weimar, das es fertigbrachte, Mittelpunkt der
literarischen Kultur Deutschlands zu werden. Es waren nicht nur die
Fürsten, die sich für die Kultur eingesetzt haben; auch die Bürger
haben Interesse daran gezeigt, wie man an der Geschichte von Hamburg oder Nürnberg sehen kann.

45 In der zweiten Hälfte des 18. Jahrhunderts kam das deutsche Bürgertum zu neuer Bedeutung, nachdem es im 17. Jahrhundert ver-
armt und herabgesunken war. Das Bürgertum von 1750 strebte nach
einer deutschen Nationalkultur. Es wollte sich bilden, und es wollte

die deutsche Kultur heben. Sein Kampf war erfolgreich. Die
50 deutsche Kultur hatte in der „Goethezeit" vor und nach 1800 einen
Höhepunkt, und „Bildung" wurde ein entscheidender Faktor des
deutschen Lebens. In der ersten Hälfte des 19. Jahrhunderts wurden
Musikvereine gegründet, und die Orchester und Chöre gaben regelmäßige öffentliche Konzerte. Das Theater hatte vorher ein sehr
55 niedriges Niveau gehabt. Jetzt, dank Lessing, Goethe und Schiller,
gab es klassische Dramen; der Schauspielerstand° wurde gehoben; *actors' profession*
aus den Wandertruppen° wurden feste Theater. Kunstsammlungen *traveling theaters*
wurden öffentlich zugänglich, und so entstanden die Museen. In
ihrer freien Zeit trieben viele Bürger Hausmusik. Liederabende
60 waren häufig, ebenso Rezitationen.

In dieser Zeit, im frühen 19. Jahrhundert, bekamen die Deutschen
von den Ausländern, zuerst von Madame de Staël in ihrem Deutschlandbuch, den Namen „das Volk der Dichter und Denker", und darauf waren sie sehr stolz. Die Literatur spielte eine große Rolle, und
65 das kulturelle Leben wurde ernst genommen. Es stand unter dem
Zeichen der Bildung. Das hat sich bis heute erhalten. Das kulturelle
Leben wird nicht mehr von bürgerlichen Mäzenen finanziert, sondern von den Gemeinden und den Ländern; aber auch heute ist
„Bildung" der Grund, wenn die Städte und Länder viele Millionen
70 als Zuschuß für ihre Theater geben.

Als im späteren 19. Jahrhundert die Arbeiter selbsbewußter wurden, bildeten sie „Arbeiterbildungsvereine", aus denen die sozialistischen Parteien hervorgingen. Die „Freie Bühne" in Berlin, ein
solcher Bildungsverein, hat den Naturalismus auf dem deutschen
75 Theater durchgesetzt.

Ein Stadttheater

Jede größere Stadt in der Bundesrepublik hat also ein
Theater. Die meisten Theater sind städtische Theater. Es gibt einige
„Staatstheater" in den Großstädten, die vom Land finanziert werden,
und natürlich gibt es Privattheater, und zwar von zweierlei Art: ent-
5 weder Theater für „leichte Unterhaltung", also Operetten und Mu-
sicals oder Komödien, mit bekannten Schauspielern und Sängern;
oder kleine Avantgarde-Theater, meistens „Kellertheater",° die sel- *basement theater*
ten mehr als hundert Plätze haben. Während die berühmten Schauspieler nur in den Hauptstädten auftreten, gibt es Kellertheater oder

Cuvilliés-Theater in München

10 Zimmertheater auch in kleineren Orten, vor allem in Universitäts-
städten.

Was aber bringt ein Stadttheater? Nur in Städten wie München,
Stuttgart, Düsseldorf oder Hamburg sind Schauspiel, Oper und Operette getrennt. Sonst bietet ein Stadttheater einen gemischten Spiel-
15 plan. Auch in jeder Abteilung versucht es, eine Mischung, oder
einen Querschnitt, zu bringen. Es bringt ernste und heitere Stücke,
Klassiker und moderne Autoren, Deutsche und Ausländer. Das Pu-
blikum ist sehr verschieden. Das Theater gibt nämlich Abonnements°   *subscriptions*
aus. Solche Abonnements werden auch von den Gewerkschaften als
20 „Volksbühne" verkauft. Manche Firmen besorgen Abonnements für
ihre Angestellten, und in manchen Gegenden werden Theaterfahr-
ten für die Bauern organisiert. Schüler und Studenten bekommen
verbilligte Karten.

Natürlich geht nicht jeder aus Interesse ins Theater, sondern weil
25 er nun einmal die Abonnementkarte hat, weil andere Leute hinge-
hen, und weil mancher in seiner Jugend mitbekommen hat, man
sollte eigentlich ins Theater gehen. Die Idee der Bildung wird allerdings in Frage gestellt. Das sieht man deutlich an den Klassikerauf-
führungen. Von einem Stadttheater wird ja erwartet, daß es re-
30 gelmäßig Klassiker spielt, zu denen außer etwa Lessing, Goethe und
Schiller vor allem auch Shakespeare gehört. Die Frage ist wie. Und

so bemühen sich die Theater seit einigen Jahren, Klassiker so zu
bringen, daß der Zuschauer eine Beziehung zu ihnen findet, also wie
moderne Stücke. Moderne Stücke erscheinen in großer Zahl in den
35 Spielplänen, und die Zahl der kleinen Avantgardetheater vermehrt
sich. Das Publikum geht mehr aus Interesse ins Theater und weniger
aus Tradition, und das kommt den Spielplänen zugute.

Auch ist die Qualität der Stadttheater gestiegen. Das hängt vor
allem damit zusammen, daß die Kritiker und Zuschauer bessere Ver-
40 gleichsmöglichkeiten haben. Das Fernsehen bringt gute Theateraufführungen, und bei den kurzen Entfernungen ist es nicht schwer,
zur nächsten Großstadt zu fahren und dort erstklassiges Theater zu
sehen. Das Publikum ist also anspruchsvoller geworden, ebenso die
Kritik. Auch kommen Kritiker der großen Zeitungen in eine kleinere
45 Stadt, wenn es dort Uraufführungen oder sonst interessante Ereignisse gibt.

Wenn ein Stadttheater experimentieren will, richtet es eine „Studiobühne" ein, denn es hat gewöhnlich neben seiner großen Bühne
noch einen kleinen Saal, der sich für solche Versuche eignet. Doch
50 Experimente sind in der letzten Zeit eher die Regel geworden; das
bürgerliche Bildungstheater verschwindet. An seine Stelle rückt ein
gesellschaftlich engagiertes Theater, das versucht, einen wirklichen
Faktor im Leben des Landes zu bilden. Daher gibt es auch viel mehr
Kontroversen und politische Auseinandersetzungen, die das Theater
55 betreffen. Eines ist gewiß gelungen: das deutsche Theater ist nicht
langweilig.

Die Mischung des Alten und Neuen im Theater zeigt sich an den
Zuschauern. Man pflegte sich für das Theater gut anzuziehen; doch
heute sieht man ein Gemisch jeder Art Kleidung. Die Zuschauer
60 pflegten sich auf einen Theaterbesuch vorzubereiten; auch darin
findet man eine bunte Mischung. Immer noch gibt es in manchen
Opernhäusern besondere Plätze, wo jemand die Partitur° mitlesen   *musical score*
kann, und in Konzerten findet man Hörer mit Partituren. Die Theater rechnen mit Kennern unter ihren Zuschauern und Kritikern.

Das Fernsehen

Das Kino ist in Deutschland nie zu einer „Bildungseinrichtung" geworden. Im Kino braucht man nicht den Mantel abzugeben,
und man geht in Alltagskleidung dorthin. Als sich in Deutschland

das Fernsehen ausbreitete, gingen die Leute weiter ins Theater und
5 ins Konzert; aber sie gingen viel weniger ins Kino. Für den
Deutschen besteht ein großer Unterschied zwischen „Kino" und
„Theater", und obwohl sich Kinos gern „Filmtheater" nennen,
würde es einem Deutschen nie einfallen zu sagen, „ich gehe ins Theater", wenn er das Kino meint. Das Fernsehen verursachte ein „Ki-
10 nosterben",° viele Vorstadtkinos mußten schließen. Nur die Kinos,   *closing of film theaters*
die Erstaufführungen bringen, und die meistens im Stadtzentrum
liegen, haben genug Publikum. So hat denn das Fernsehen den
Spitznamen „Pantoffelkino" bekommen, weil man sich einen Film in
Hausschuhen° ansehen kann.   *slippers*
15   Das Fernsehen bringt allerdings nicht nur Filme, keineswegs. Die
Rundfunkanstalten° sind in der Bundesrepublik keine Privatfirmen.   *radio networks*
Es sind aber auch keine staatlichen Einrichtungen. Es sind „Anstalten des öffentlichen Rechts". Die meisten Länder haben ihre eigene
Rundfunkanstalt. Die Rundfunkanstalt arbeitet selbständig und im
20 öffentlichen Interesse. Sie ist also unabhängig von der Regierung,
aber sie macht keine Profite. Jeder Radiohörer und Fernsehbesitzer
zahlt eine monatliche Gebühr.° Dadurch ist der Rundfunk finanziell   *fee*
unabhängig. Er bringt zwar auch Reklame, doch er ist finanziell
nicht allein auf sie angewiesen. Jede Rundfunkanstalt hat Aufsichts-
25 gremien, in denen die Öffentlichkeit vertreten ist. Neben den politischen Parteien haben auch die Kirchen, die Gewerkschaften und
andere Interessengruppen ihre Vertreter darin. Die deutschen
Rundfunkanstalten betreiben zwei Fernsehprogramme gemeinsam.
Das „1. Programm" hat außer einigen lokalen Sendungen abwech-
30 selnd Sendungen von den verschiedenen Stationen: Hamburg, Köln,
München, Berlin u.a. Das „2. Programm" wird von allen Rundfunkanstalten gemeinsam finanziert, hat aber eigene Studios und eine
eigene Verwaltung in Mainz. Außerdem haben die einzelnen Stationen als „3. Programm" jede für sich ein Bildungsfernsehen ent-
35 wickelt. Das Programm beginnt im allgemeinen erst am Nachmittag
und endet vor Mitternacht. Es enthält außer Sendungen wie sie
das amerikanische Fernsehen kennt, und die zum Teil aus den
USA übernommen werden, auch regelmäßig Opern, Theaterstücke,
Fernsehspiele und Vorträge. Und natürlich auch viel Sport:
40 Fußballspiele, Wintersport, Reiten, Leichtathletik vor allem. Die Reklame kommt nie innerhalb der einzelnen Sendungen, sondern in
bestimmten Reklamesendungen, die eine Viertelstunde dauern können. Wer keine Reklame sehen will, kann abschalten, ohne etwas
anderes zu verpassen. Die meisten Zuschauer schalten ihr Fernseh-
45 gerät nur an, um bestimmte Sendungen anzusehen. Das Fernsehen

fühlt sich also verpflichtet, neben der Unterhaltung und Information auch zum kulturellen Leben beizutragen.

Es spielen selbstverständlich politische Sendungen und Dokumentarfilme eine große Rolle. Das Fernsehen soll politisch neutral und
50 unparteiisch° sein. Oft sind jedoch die politischen Parteien und die   *nonpartisan*
Regierung mit der Berichterstattung unzufrieden. Besonders die CDU hat immer wieder über das „linke" Fernsehen geklagt.

Das Fernsehen ist sehr teuer. Bevor es das Fernsehen gab, konnte der Rundfunk sehr viel billiger wirtschaften. Er hatte nicht nur be-
55 sonders gute Musikgruppen, Symphonieorchester, Unterhaltungsorchester und Jazzbands, er bezahlte auch gut für Beiträge° von   *contributions*
Schriftstellern, Kritikern und Wissenschaftlern. Dabei hatten die Rundfunkanstalten regelmäßig Überschüsse° und konnten soziale   *surplus*
Hilfe leisten und auch als Mäzen auftreten und kulturelle Einrich-
60 tungen unterstützen: Privatorchester, Privattheater, Museen. Das müssen inzwischen die Städte, der Staat oder große Firmen tun. Rundfunk und Fernsehen sind ein höchst wichtiger kultureller Faktor, aber kein Mäzen mehr—sie können es sich nicht leisten.

Musik

Ein Regisseur und ein Schauspieler können sich manchmal darüber ärgern, daß ihr Publikum nicht sachverständig° genug   *expert*
ist. Bei der Musik ist das anders. Jedes Symphoniekonzert, jede Kammermusik, jede Opernaufführung findet ein Publikum mit Ken-
5 nern. Man merkt das bei der Oper. Das Publikum einer Großstadt, z.B. München, nimmt ein mittelmäßiges° Bühnenbild und eine mit-   *mediocre*
telmäßige Inszenierung hin, aber nicht mittelmäßige Sänger und ein schlechtes Orchester. Auch die moderne Musik wird weithin akzeptiert, wenigstens diskutiert. Dabei findet Musik aus allen Zeitaltern
10 ihre Hörer und Liebhaber.

Auffallend ist die Vorliebe° der Deutschen für Kammerorchester   *predilection*
und Kammermusik. Das Streichquartett ist nicht nur im Konzertsaal beliebt, sondern auch als Hausmusik. Allerdings haben Rundfunk und Schallplatten° die Hausmusik in Deutschland erheblich redu-   *records*
15 ziert; aber immer noch gibt es das „stillvergnügte Streichquartett" von Dilettanten; und Kammermusik ist der Traum jedes Orchestermusikers.

Das Chorsingen ist bis jetzt weniger von der modernen Zeit beein-

trächtigt als die Kammermusik. Alle Chöre, bis auf die Knabenchöre,
20 sind Liebhabervereinigungen. Die Männerchöre, die so typisch für
das 19. Jahrhundert waren, sind inzwischen weniger geworden; man
zieht die gemischten Chöre vor.

Nicht leicht hatte es der Jazz, sich in Deutschland durchzusetzen.
Die deutsche Unterhaltungsmusik, Schlager und Tanzmusik, neigt
25 gewöhnlich zur Sentimentalität, und so ist sie vom Jazz ziemlich weit
entfernt. Immerhin hat sich in Deutschland eine eigene Schule des
Jazz herausgebildet.

Wie überall begeistert sich die junge Generation für Rock und hat
neben den internationalen Lieblingen auch ihre deutschen Stars, die
30 nicht selten englisch singen.

Und wie steht es mit dem Volkslied? Wer Volkslieder kennt, hat
sie auf der Schule oder in einem Gesangverein gelernt. In einigen
Gegenden, zum Beispiel in Bayern, gibt es auch Volksmusikgrup-
pen, die die Tradition des Volksliedes fortsetzen.

Die Buchhandlung

Ein Buch kauft man in Deutschland nicht in der Drogerie und im Lebensmittelgeschäft, sondern in der Buchhandlung.
Buchläden gibt es überall. Wer Buchhändler werden will, muß den
Beruf lernen; er ist drei Jahre Lehrling in einer Buchhandlung, an-
5 schließend geht er auf die Buchhändlerschule, um sich für die Prüfung vorzubereiten. Jedes Jahr im Herbst findet in Frankfurt/Main
(früher in Leipzig) die Buchmesse° statt, wo die Buchhändler die   *book fair*
Neuerscheinungen sehen und bestellen können. Durch die große
Zahl der Buchhändler in Deutschland ist diese Buchmesse eine in-
10 ternational wichtige Angelegenheit geworden.

Eine Buchhandlung ist nicht nur ein Geschäft, sondern auch eine
kulturelle Einrichtung. Ein Buchhändler soll imstande sein, seine
Kunden zu beraten; er soll versuchen, den Geschmack seiner Kun-
den zu beeinflussen, sie auf Neuerscheinungen° aufmerksam zu   *new publications*
15 machen. Es gibt viele große Buchhandlungen, die Vorträge und Dich-
terlesungen veranstalten, ja einzelne sogar Konzerte. Buchhandlungen haben gewöhnlich ein großes Lager; sie bieten etwas aus allen Gebieten und für jeden Geschmack—vielleicht nicht für den
ganz bescheidenen Geschmack; dafür gibt es vor allem die Bahn-
20 hofsbuchhandlungen und manchmal die Warenhäuser.

Wieviel die Deutschen lesen, ist natürlich schwer festzustellen. Irgend jemand muß die bis zu 67.000 neuen Bücher oder Neuaufla-
gen pro Jahr kaufen. Besonders reichhaltig ist das Angebot an Ta-
schenbüchern° aller Arten und Qualitäten. Man kann sagen, daß   *paperbacks*
viele Deutsche den Wunsch haben, eine eigene Büchersammlung zu
besitzen. Man schenkt sich Bücher, die man gelesen haben muß;
25 man redet über Bücher. Auch Lokalzeitungen bringen regelmäßig
Buchbesprechungen.°   *book reviews*

Zwar haben auch in Deutschland fast die Hälfte der Einwohner
keine Bücher zu Hause; andererseits sagen 30%, daß sie in ihrer
Freizeit am liebsten lesen. Sie lesen gewiß nicht nur Zeitungen und
30 Zeitschriften, sondern auch Bücher. Die Buchhändler erfüllen also
eine wichtige Funktion.

Viele Leute bestellen ihre Bücher nicht in der Buchhandlung. Sie
sind Mitglied einer Buchgemeinschaft.° Es gibt Buchgemeinschaften   *book club*
für jeden Geschmack; die meisten Mitglieder hat der Bertelsmann-
35 Lesering, der gute Unterhaltung und leichtfaßliche° Literatur bietet   *easily understood*
und durch seine hohen Auflagen sehr billig sein kann.

Denkmäler und Ausstellungen

Moderne Kunst wird in der Bundesrepublik viel gefördert. Ein junger Maler hat es natürlich nicht ganz leicht, sich durchzusetzen. Er wird daher meistens versuchen, eine feste Stelle zu bekommen: als Lehrer in einem Gymnasium, als Dozent an einer
5 Kunstschule oder Kunsthochschule—oder er versucht es mit der „angewandten" Kunst, der „Gebrauchsgraphik".° Er arbeitet dann   *industrial art* für die Reklame; er entwirft Plakate;° er zeichnet Buchillustrationen.   *posters* Vielleicht kann er auch eine private Galerie dafür interessieren, eine Ausstellung von seinen Bildern zu veranstalten. Wenigstens möchte
10 er mit einigen Bildern in Sammelaustellungen° vertreten sein, und   *collective exhibitions* er versucht, einen Preis für junge Künstler zu gewinnen, der ihm nicht nur Geld bringt, sondern der ihn auch bekannt macht. Dann kommt vielleicht die Zeit, wo ein städtisches Museum eine Ausstellung von ihm veranstaltet, und wo nicht nur Privatleute, sondern
15 auch Museen Bilder von ihm kaufen.

Für einen Bildhauer ist das nicht ganz so einfach. Seine Plastiken sind größere und teurere Objekte, und eine Ausstellung bekommt er nicht so schnell. Hingegen hat ein Bildhauer die Möglichkeit, daß seine Werke in Innenhöfen von Gebäuden, vor einem öffentlichen
20 Gebäude oder auf einem Platz und in einem Park aufgestellt werden. Auf Plätzen stehen meistens Denkmäler, und es gibt Bildhauer, die vor allem Denkmäler geschaffen haben. Eine Gemeinde, eine Kirche oder ein Verein, die Denkmäler aufstellen, möchten sich nicht gern lächerlich machen und gegen den herrschenden Geschmack ver
25 stoßen. Dieser Geschmack ist seit 1945 schon ziemlich modern geworden.

Besonders wichtige Auftraggeber° für die bildende Kunst sind im   *customers* mer noch die Kirchen. Seit 1945 hat sich nicht nur eine moderne Kirchenarchitektur in Deutschland entwickelt, sondern auch eine
30 neue Art der Ausstattung° dieser Kirchen: moderne Glasmalerei,   *decoration* moderne Fresken und moderne Skulpturen vor allem.

Der Geschmack der Künstler ist nicht nur auf die Kunst im engeren Sinn beschränkt. Als in der 2. Hälfte des 19. Jahrhunderts sich die Industrie so rasch entwickelte, waren ihre Produkte billig, aber
35 meist häßlich. Das führte zu einer Reformbewegung, die versuchte, auch Industrieformen schön aussehen zu lassen. Diese Bewegung gipfelte im „Bauhaus", der Kunstschule nach 1918, wo nicht nur Malerei, Skulptur und Architektur betrieben wurden, sondern wo neue Möbelformen und neue Formen für Gebrauchsgegenstände°   *objects of daily use*
40 entwickelt wurden. Nach 1945 hat die „Hochschule für Gestaltung"

August Macke: Vier Mädchen, Bonner Kunstmuseum

in Ulm einen gewissen Einfluß gehabt. Jedenfalls versucht die Industrie, nicht nur praktische Gegenstände herzustellen, sondern
ihnen auch schöne und moderne Formen zu geben. Damit hat
die Industrie die Tradition des Handwerks übernommen. Ein
45 Handwerker in der Zeit vor der Industrialisierung wollte mit jedem
Werk, das er baute, eine Art Kunstwerk schaffen, wie man an den
alten Möbeln und an altem Geschirr sehen kann. Heute fehlen dazu
Zeit und Geld, aber es gibt noch das „Kunsthandwerk":° Tischler,   *artistic crafts*
die Einlegearbeiten machen können; Goldschmiede und Juweliere;
50 Schmiede, die aus Eisen schöne Gitter und Schlösser° herstellen;   *locks*
Hersteller von Musikinstrumenten, wie die Geigenbauer° in Mitten-   *violin makers*
wald; ja selbst manche Spielzeugmacher. Auch die Glasbläserei und
die Porzellanmalerei gehören zu diesen Berufen. Dieses Kunsthandwerk ist nicht nur eine Tradition; es bekommt neue Aufgaben, und
55 Künstler und Kunsthandwerker arbeiten gewöhnlich eng zusammen. Die Künstler lernen von den Handwerkern technische Fertig-
keiten, und die Handwerker bekommen Anregungen für neue Formen.
     Eine sehr aktive Rolle im Kunstleben spielen die Museen. Sie sind
60 nicht nur der Ort, wo ältere Kunst zu sehen ist, sondern sie versuchen bewußt, die heutige Kunst zu fördern. Ein aktiver Museumsdirektor kann daher auch in einer kleineren Stadt interessante Ausstellungen bringen. Er kann außerdem damit rechnen, daß die
Kritiker der bekannten Zeitungen zu diesen Austellungen kommen,

65 und daß so der Name seines Museums bekannt wird. Das wiederum
bringt bekannte Künstler dazu, bei ihm auszustellen.

Der deutsche Film

Der deutsche Film hat seine „neue Welle" gehabt ebenso
wie der französische. Filmregisseure wie Volker Schlöndorff, Werner
Herzog, Wim Wenders, Hans Jürgen Syberberg, Margareta von
Trotta und der verstorbene Rainer Werner Fassbinder sind überall
5 bekannt. Es ist nichts Ungewöhnliches mehr, wenn deutsche Filme
internationale Preise bekommen. Man kann sich kaum noch vorstellen, daß es um 1960 keine nennenswerten deutschen Filme gab, und
daß man damals wehmütig an die große Zeit des deutschen Films in
der Weimarer Republik dachte. Allerdings haben ab 1933 viele be-
10 deutende Filmschauspieler und -regisseure Deutschland verlassen,
und der Film der Nazizeit wurde vielfach zu politischer Propaganda.

Autor Günter Grass und Hauptdarsteller David Bennent während der Dreharbeiten von
Volker Schlöndorffs Verfilmung des Romans „Die Blechtrommel"

Nach 1945 gab es bemerkenswerte Ansätze,° aber eine Filmindustrie *beginnings*
mit einer soliden finanziellen Grundlage kam nicht zustande. So
mußte der künstlerische Film sozusagen aus dem Nichts beginnen.
15 In einem „Manifest" bei den Kurzfilmfestspielen° in Oberhausen *short-film festivals*
1962 verlangten die jungen Filmmacher Hilfe von der Bundesregie-
rung. Sie hatten bis dahin nur Dokumentar- und Werbefilme drehen
können. Die Hilfe kam, und in der Tat begann damit eine neue
Epoche des deutschen Films.
20   Die meisten der neuen Filme sind allerdings nicht oft zu sehen.
Die gut 3.000 Kinos der Bundesrepublik zeigen weit mehr amerikanische als deutsche Filme. Das liegt zum Teil an den Verleihfirmen,° *distributors*
die offensichtlich amerikanische Filme bevorzugen. Es hängt aber
auch mit dem Charakter der deutschen Filme selbst zusammen. Sie
25 sind in der Mehrzahl gesellschaftskritisch, sie haben einen langsa-
men Rhythmus und eine distanzierte Perspektive. Sie sollen nicht so
sehr Spannung erregen als zum Nachdenken bringen. Immerhin
sind Filme wie „Die Blechtrommel" von Schlöndorff oder „Lili Marleen" von Fassbinder auch Publikumserfolge° gewesen. *popular successes*
30   Das häufigste Thema dieses neuen deutschen Films ist immer
noch die Nazizeit und ihre Folgen, gefolgt von den Fragen und Konflikten der heutigen Gesellschaft der Bundesrepublik, die auch auf
die Nazivergangenheit zurückgehen können. Besonders erfolgreich
waren auch Filme nach wichtigen Werken der Literatur, „Effi Briest"
35 von Fassbinder, „Woyzeck" von Herzog, Schlöndorffs „Der junge
Törless" und „Die verlorene Ehre der Katharina Blum", oder

Rainer Werner Fassbinder

Hanna Schygulla singt das Lied „Lili Marleen" in Fassbinders gleichnamigem Film.

auch Fassbinders langer Fernsehfilm über „Berlin Alexanderplatz".
Fassbinder neigte zum Melodramatischen, Schlöndorff ist oft aggres-
siv, Herzog arbeitet mehr Stimmungen heraus, ganz besonders in
40 seinem Kaspar Hauser-Film „Jeder für sich und Gott gegen alle".
Gegenüber dem Ernst und Engagement ist bisher Spiel und Komödie eher in den Hintergrund getreten.

Festspiele

Das kulturelle Leben hat seine Höhepunkte. Das sind gewöhnlich die „Festspiele". Richard Wagner baute in Bayreuth ein
Festspielhaus, um seine Opern im richtigen Rahmen aufführen zu
können, und seit 1876 finden in Bayreuth die Wagner-Festspiele
5 statt. In Österreich hat Salzburg jeden Sommer seine Festspiele.
München lockt die Besucher im Sommer mit Opern-Festspielen, bei
denen „Münchener" Komponisten, wie Richard Strauß und Carl
Orff, besonders im Mittelpunkt stehen. Berlin hat im Juni seine
Filmfestspiele; Mannheim und Donaueschingen haben ihre Tage
10 der modernen Musik.

Einen festlichen Rahmen haben auch die Freilichtspiele° im Som- *open-air theaters*
mer, die die Deutschen sehr lieben, obwohl es oft draußen kalt wird
und nicht selten regnet. In Oberammergau, wo nach einem Ge-
lübde° aus dem 17. Jahrhundert alle zehn Jahre Passionsspiele statt- *vow*
15 finden, sitzen die Zuschauer in einer Halle. In Hersfeld bei Fulda
werden Theaterstücke in der alten Klosterruine aufgeführt, die nur
noch Mauern, aber kein Dach mehr hat. In Schwäbisch Hall spielen
die Schauspieler auf einer großen Treppe, die zur Kirche hinauf-
führt. In Jagsthausen findet Goethes „Götz von Berlichingen" in der
20 Burg statt, in der der historische Götz gewohnt hat, und die noch
heute den Herren von Berlichingen gehört.

Kulturelle Veranstaltungen im Sommer gehören zu den beliebtesten Darbietungen. Es gibt ja so viele alte Städte, Schlösser, Burgen,
Parks und Freilichtbühnen, bei denen sich historische Bauten oder
25 schöne Landschaften mit dem Inhalt und Charakter des dargestell-
ten Stückes oder der Musik verbinden können. Festspiele und Frei-
lichtaufführungen sind Attraktionen für Touristen. Gleichzeitig
bieten Sommertheater und Sommerkonzerte den Künstlern gute
Gelegenheiten, in einer anderen Umgebung ihre Talente zu zeigen.

Berühmte Namen

Allerdings ist auch gerade im kulturellen Bereich die
Frage zu stellen: Was ist „deutsch"? Wer ist „Deutscher"? Ein
Schriftsteller, der in der deutschen Sprache schreibt, kann Staatsbür-
ger° von vier verschiedenen Staaten sein. Peter Handke, einer der *citizen*
5 meistdiskutierten deutschsprachigen Schriftsteller der jüngeren Generation, kommt aus Österreich. Die international wohl bekanntesten deutschsprachigen Dramatiker nach Bert Brecht sind zwei
Schweizer, Max Frisch und Friedrich Dürrenmatt. Es ist sogar noch
komplizierter, da einige der bekanntesten Autoren der Nachkriegs-
10 zeit Emigranten waren, die in keinem deutschsprachigen Land lebten: Peter Weiss, Dramatiker und Erzähler, in Schweden, der Lyriker
Erich Fried in England, der Lyriker Paul Celan in Paris. Die bekanntesten in der Bundesrepublik und West-Berlin lebenden Schriftsteller gehören der mittleren bis älteren Generation an: die Erzähler
15 Heinrich Böll, der 1972 den Nobelpreis für Literatur erhalten hat,
Günter Grass und Martin Walser; der Lyriker und politische Essayist
Hans Magnus Enzensberger. Die Liste kann natürlich beliebig ver-

längert werden. Mehr als zweitausend Autoren können als „Schriftsteller" bezeichnet werden; doch nur knapp hundert haben für die
20 Literatur Bedeutung. Und wenige Namen sind überall bekannt.

In der Musik etwa wird heute vor allem der Name Karlheinz
Stockhausen geläufig° sein, der seit langem Aufsehen und oft genug   *current*
auch Skandale hervorgerufen hat. In der älteren Generation ist wohl
Hans Werner Henze am bekanntesten.

25 In der bildenden Kunst hat man sich lange auf die Klassiker der
Moderne, die letzten Überlebenden der neuen Kunst vom Anfang
des Jahrhunderts, wie Otto Kokoschka und Josef Albers, berufen.
Die deutsche Malerei hat nach 1945 die Einflüsse der deutschen
Emigranten und der Ausländer aufgenommen. Sie stand vor allem
30 unter der Wirkung der Werke von Willi Baumeister. Obgleich die
deutsche Malerei und Plastik international beachtet wird, ist es eher
willkürlich, einzelne Namen herauszuheben. Am meisten Aufsehen
erregt wohl Joseph Beuys; bekannte Maler sind Horst Antes, Horst
Janssen und unter den jüngeren vielleicht Konrad Klapheck. In der
35 Skulptur kennt man am ehesten die Namen von Norbert Kricke und
Erich Hauser.

Auch in der Architektur und Städteplanung stand die Zeit nach
dem Zweiten Weltkrieg lange im Schatten der großen Namen des
Bauhauses, wie Gropius und Mies van der Rohe. Bekannte Bauten
40 und Konzeptionen der Nachkriegszeit stammen unter anderem von

Joseph Beuys in seinem Düsseldorfer Atelier

Egon Eiermann, Ernst May, Sep Ruf und Friedrich Wilhelm Krae-
mer.

Man kann solche Listen kurz halten oder beliebig verlängern. Bekannte oder berühmte Künstler sind Exponenten der Kultur, einer
45 Kultur, deren Grundlage das allgemeine Leben und Interesse ist, wie
es dieses Kapitel zu beschreiben versuchte.

Vereine in Deutschland

Geselligkeit

Die Deutschen sind im allgemeinen gesellige Menschen.
Sie leben nicht nur in der eigenen Familie. Zur Familie kommt der
Freundeskreis hinzu. Und meistens ist ein Deutscher noch Mitglied
einer weiteren Gruppe: eines Vereins. Die Vereine spielen eine bedeutende Rolle im gesellschaftlichen Leben in Deutschland. In allen
Bereichen sind sie zu finden: im Sport, in der Wirtschaft, bei den
Bildungseinrichtungen. Menschen gleicher Herkunft bilden einen
Heimatverein; ehemalige Soldaten haben ihre Vereine. Liebhaber-
gruppen bilden ihre Vereine: Gesangvereine, Bienenzüchterver-
eine,° Kleingärtnervereine, Schützenvereine,° Wandervereine, Vereine für Vogelkunde, Turnvereine. Wer alle Vereine aufführen will,
braucht dazu ein ganzes Buch.

*beekeeper clubs / rifle
associations*

Vereine sind im Vereinsregister eingetragen. Hinter dem Namen
der Gruppe steht deshalb „e.V."; das bedeutet: „eingetragener Ver-
15 ein". Ein Verein muß eine Mindestzahl von Mitgliedern haben; er
braucht außerdem einen Vorstand.° Der Vorstand besteht minde-   *executive committee*
stens aus dem Vorsitzenden, auch Präsident genannt, dem Kassen-
wart und dem Schriftführer; gewöhnlich hat er einen zweiten Vorsitzenden und einige Beisitzer. Der Verein hat ordentliche Mit-
20 glieder, außerdem Ehrenmitglieder und manchmal fördernde°   *sustaining*
Mitglieder. Fördernde Mitglieder sind Geldgeber, die sich nicht aktiv
beteiligen; Ehrenmitglied wird man durch viele Jahre Arbeit für den
Verein, durch besondere Förderung seiner Ziele oder überhaupt
durch Verdienste um den Zweck des Vereins. Ein Verein hat ge-
25 wöhnlich Ehrennadeln für solche Verdienste und lange Mitgliedschaft.

Der Verein hat regelmäßige Sitzungen und eine Jahresversammlung, bei der der Vorstand die Mitglieder über die wichtigsten Ereignisse informiert und das Geld abrechnet. Die meisten Vereine sind
30 „gemeinnützig";° sie arbeiten nicht auf kommerzieller Basis, sondern   *nonprofit*
für das öffentliche Interesse. Sie brauchen daher keine Steuern zu
bezahlen. Vereine gehören gewöhnlich zu einem Bundesverband,°   *federal association*
der auch eine Jahresversammlung oder eine Jahresveranstaltung
hat, zum Beispiel eine Ausstellung, ein Sängerfest oder ein Turnfest;
35 er gibt gewöhnlich eine Zeitschrift für die Mitglieder heraus. In
ihrem Vereinsleben sind jedoch die örtlichen Gruppen ganz frei und
unabhängig.

Eine Zusammenkunft des Vereins besteht gewöhnlich aus zwei
Teilen. Der erste Teil ist der „ernste Teil", mit einem Vortrag, einer
40 Geschäftssitzung, einer Vorführung oder einer Diskussion. Bei Mu-
sikvereinen sind das die Proben.° Ein Verein tagt meistens in einem   *rehearsals*
Gasthof, in seinem „Vereinslokal", wo manche Vereine ihr besonderes Zimmer haben. Nach dem Ende der Sitzung oder Probe folgt
das „gemütliche Beisammensein",° der „heitere Teil". Man trinkt,   *being together*
45 man lacht, man spielt Karten, man unterhält sich. Viele Vereinsmitglieder sind auf „du und du"; sie kennen sich gut; sie haben Vertrauen zueinander; sie benehmen sich ungezwungen; sie fühlen sich
wie zu Hause. Während der Deutsche sich in der Öffentlichkeit gern
bemüht, „korrekt" zu erscheinen und zu handeln, fühlt er sich hier
50 im Verein „als Mensch". Vereinsmitglieder kommen oft von verschiedenen Berufen, wenn es sich nicht um reine Berufsgruppen
handelt, und so werden natürlich dabei auch Geschäftsverbindungen
angeknüpft. Wichtiger aber ist die Geselligkeit selbst. Man hat eine
Gruppe von gleichgesinnten° Menschen, man kommt regelmäßig zu-   *like-minded*
55 sammen und fühlt sich in der Gruppe wohl.

Die Vereinstradition

Die Vereinstradition, so wie sie heute noch vorhanden ist, entstand im frühen 19. Jahrhundert. Die Bürger hatten sich emanzipiert; sie fühlten sich unabhängig; sie hatten genug Geld und Freizeit, um ihren Liebhabereien nachzugehen; und so gründeten
5 sie eigene Gruppen. Die Gruppen waren klein, denn die Städte waren noch klein; außerdem lebte man in einem Polizeistaat, wo Politik verboten war, und wo man deshalb kleine geschlossene Gruppen bildete, die harmlos aussahen. Der Verein war ein Mittel, sich von der großen Gesellschaft abzuschließen. Aber es gab auch andere
10 Vereine. Bildungsvereine, besonders Arbeiterbildungsvereine, waren Gruppen mit starkem politischem Interesse, und je mehr die Politik das Leben erfaßte, desto mehr Vereine mit politischer Bedeutung gab es.

Vereine waren durchweg Männersache. Die Männer waren unter
15 sich, und das bestimmte den Ton. Es war gut, einmal nicht mehr Autorität in der Familie sein zu müssen und die häuslichen Sorgen zu vergessen. Außerdem hat ein Verein Posten zu vergeben. Ein Mann, der sonst im Leben nicht viel erreicht hat, kann dabei sein Selbstgefühl entwickeln. Er wird zum „Vereinsmeier",° der im Ver- *"joiner," club fanatic*
20 ein und für den Verein lebt und stirbt. Solche Vereinsmeier gibt es in jeder Gruppe. Man lächelt manchmal über sie, aber sie tun die Arbeit, die notwendig ist, damit der Verein funktioniert.

Vereinsleben heute

Auch Gruppen, die keine eigentlichen Vereine sind, sehen oft wie Vereine aus: die örtlichen Gruppen der politischen Parteien zum Beispiel, die Gewerkschaften, oder auch die Handels- und Handwerkskammern. Man trifft sich, erledigt die Geschäfte, hört
5 Vorträge, diskutiert, und anschließend folgt der „gemütliche Teil". Man kennt einander gut, und man fühlt sich in diesem Kreis zu Hause.

Trotzdem gibt es Veränderungen im Vereinsleben. Viele Vereine oder Bundesverbände von Vereinen sind Interessengruppen° gewor- *pressure groups*
10 den, die bei der Bundesregierung in Bonn und beim Bundestag bestimmte Ziele durchsetzen wollen. Fußballvereine werden durch den Berufssport zu Geschäftsunternehmen, in denen für Vereinsmeier

kein Platz mehr ist. Aus den Bildungsvereinen werden Abendschu-
len oder Anstalten zur Fachausbildung und Weiterbildung oder
15 auch wissenschaftliche Gesellschaften. Viele Mitglieder sind nicht
mehr so sehr an der „Gemütlichkeit" interessiert, und der Verein ist
nicht mehr die kleine intime geschlossene Gruppe, die er war. Viele
Einrichtungen und Gruppen, die sich „Verein" nennen, sind gar
keine Vereine in diesem Sinne. Sie benutzen die juristische Form des
20 Vereins, weil sie bequem ist; und die Mitglieder spielen dabei keine
wichtige Rolle. So umfaßt der Begriff „Verein" ganz verschiedene
Gruppen, doch alle stehen sie zwischen dem einzelnen Menschen
und der Gesellschaft im allgemeinen.

Der Bürger und sein Staat

Atomwaffengegner demonstrieren in Bonn.

Die Verwirrungen der Politik

1976 feierten die USA 200 Jahre staatlicher Kontinuität
unter einem System, mit einer Verfassung und den gleichen Leit-
ideen° trotz der enormen sozialen und wirtschaftlichen Veränderun-   *main ideas*
gen. Die deutsche Geschichte hingegen zeichnet sich durch den
5 Mangel an Kontinuität aus, und mehr als alles die Geschichte des 20.
Jahrhunderts. Am Anfang des Jahrhunderts war Deutschland ein
Kaiserreich. 1914 zogen Millionen Soldaten für Kaiser und Vaterland in den Krieg. Nach einem grausamen Krieg und einer demüti-

genden Niederlage fanden die Rückkehrer ihr Land im Aufruhr.° Es *revolt*
10 wurde eine Republik, mit der niemand richtig einverstanden war,
obwohl sie eine freiheitliche Verfassung und eine vom Volk gewählte
Regierung bot. Ihre Geschichte war nicht nur durch politische Unruhen gekennzeichnet, sondern auch durch Wirtschaftskrisen, die
dem Mittelstand seine wirtschaftliche Sicherheit wegnahmen. In dem
15 Wunsch nach Ruhe und Ordnung und der Sehnsucht nach einem
starken Deutschland wählten die Deutschen einen Führer, der alles
versprach. Deutschland begann eine aggressive Expansion und verursachte schließlich einen zweiten Weltkrieg, der das ganze Land zu
einem Militärlager° machte und mit einer totalen Niederlage endete. *military camp*
20 Was manche Deutsche gewußt oder geahnt hatten, aber nicht hatten
wahrhaben wollen, kam jetzt ans Tageslicht: furchtbare Verbrechen,
der Mord von Millionen Menschen im Namen des deutschen Volkes.
Darüber hinaus brachte die Niederlage Zerstörung und Hungersnot.
Das Deutsche Reich existierte nicht mehr. Deutschland war von den
25 Siegermächten besetzt.

Diese Ereignisse im Verlauf eines Menschenlebens sind nicht dazu
geeignet, Vertrauen in irgend ein staatliches System zu erwecken.
Wer in der Weimarer Republik aktiv tätig war, mußte nach 1933
leiden, wer 1933 Hitler gefolgt war, hatte es 1945 schwer. War es
30 nicht besser, sich ganz aus der Politik herauszuhalten?° Aber das war **sich heraushalten** *to*
auch nicht so einfach. Zuerst verlangten die Alliierten, die *stay aloof from*
Deutschen sollten friedliebend und demokratisch werden; sie sollten
nicht nur den Nationalsozialismus und Militarismus verdammen,
sondern auch ihre Großindustrie. Dann aber gab es plötzlich wieder
35 deutsche Regierungen, und in der Bundesrepublik war die
Großindustrie das Rückgrat° der wirtschaftlichen und politischen *backbone*
Stabilität. Darüber hinaus sollten die Deutschen die Demokratie
nicht nur lieben, sondern auch mit der Waffe verteidigen. Kein
Wunder, daß nicht wenige junge Leute sagten: ohne mich!
40 Die erste Zeit der Bundesrepublik brachte also ein demokratisch-
parlamentarisches System ohne wirkliches Vertrauen der Bevölkerung in die Demokratie. Die Bürger gingen zu den Wahlen, sie
informierten sich in der Zeitung, am Radio und später am Fernsehen, und sie warteten ab, was kommen würde. Sie lasen am liebsten
45 Zeitungen, die sich „überparteilich und unabhängig" nannten, und
sie wählten die Partei, die ihnen am meisten wirtschaftliche und
gesellschaftliche Stabilität zu versprechen schien. Die Zahl der politisch aktiven Staatsbürger war klein, ganz besonders in der jungen
Generation. Der typische Deutsche blieb politisch passiv und
50 mißtrauisch.

Auf diese Weise hat sich ein demokratisches System entwickelt, an das sich die Bevölkerung gewöhnt hat. Die junge Generation der sechziger Jahre nahm die Idee der freiheitlichen Demokratie ernst; sie wollte sich beteiligen. Viele der jungen Leute fanden jedoch kei-
55 nen Platz in den führenden Parteien der Bundesrepublik. Sie kritisierten die herrschende Wirtschaftsordnung und die autoritären Strukturen der Gesellschaft. So kam es zur Bildung einer „radikalen" Linken, einer „außerparlamentarischen Opposition". Einige der Kritiker des Systems traten in die SPD ein und versuchten, das System
60 von innen zu reformieren. Andere gaben es auf. Wieder andere zogen den Schluß, die Gesellschaft müsse radikal verändert werden, und das gehe nur mit Gewalt. Aus dieser Gruppe kamen die Terroristen, die ihre Ziele mit Entführungen,° Morden und Bombenanschlägen° verfolgten.

kidnappings
bomb attacks

65 Die Zahl der Terroristen war sehr klein, aber ihre Aktivität führte zu einer Krise der Demokratie, weil sie mehr Polizeigewalt° provozierte. Die Abwehr der Terroristen im Namen der demokratischen Freiheit führte zu einer Einschränkung° dieser demokratischen Freiheit und zu einem Klima der Verdächtigung, das Ähnlichkeit
70 mit der Kommunistenjagd in den USA nach dem Zweiten Weltkrieg hatte. Aus dieser Atmosphäre entstand das „Berufsverbot". Es schloß diejenigen Bewerber von Staatsstellungen aus, die an verfassungsfeindlichen° Aktivitäten teilgenommen hatten oder zu gegen die Verfassung gerichteten Organisationen gehörten. Dabei wurden
75 zahlreiche Bewerber untersucht und überwacht, und eine Teilnahme an einer Demonstration konnte den Grund zur Ablehnung bilden. Es war mehr das Klima des Mißtrauens, das schädlich war, als die tatsächliche Zahl der Ablehnungen. Noch immer tendieren staatliche Organe in der Bundesrepublik dazu, mit starker Macht auf jede Pro-
80 vokation zu reagieren. Die letzten Jahre haben viele Demonstrationen und Auseinandersetzungen um Fragen des Umweltschutzes und des Friedens gebracht. 1983 hat die Bundesregierung versucht, durch ein neues Demonstrationsrecht der Polizei mehr Macht für die Auflösung von Demonstrationen zu geben. So ist immer noch der
85 Gegensatz vorhanden zwischen dem Bedürfnis° nach Ruhe und Ordnung und dem Recht der Bürger, auch außerhalb der Parlamente und der Parteien für ihre Überzeugungen zu kämpfen. Der Mehrheit der Bevölkerung in der Bundesrepublik liegt ohne Zweifel in erster Linie an wirtschaftlicher und sozialer Sicherheit und an Ruhe
90 und Ordnung. Aber es wächst die Zahl derer, die die Freiheiten des Grundgesetzes ernst nehmen, und die ihre oft von der Regierung prinzipiell verschiedenen Ansichten auf jede mögliche Weise gewalt-

police power

restriction

anticonstitutional

need

los zum Ausdruck bringen wollen. Ein Problem, das dabei akut geworden ist: die traditionellen Parteien bieten nicht immer Platz für
95 diese wachsende Zahl von Staatsbürgern. Diese wollen eine Demokratie mit weniger Parteienhierarchie, die dem Volke nahe bleibt,
eine „Basisdemokratie".° Die Abgeordneten folgen gewöhnlich der
Parteidisziplin und stimmen mit ihrer Partei ab. Daher haben die
Wähler eines Wahlkreises weniger Einfluß auf ihren Abgeordneten
100 als in den USA. Sie wünschen sich also Vertreter, die wirklich für die
Ideen der Bevölkerung kämpfen, und die wissen, was den Leuten
not tut. Eine solche Idee von Basisdemokratie ist natürlich sehr
schwer zu verwirklichen; die feste Bindung an die Partei ist einer der
Nachteile des parlamentarischen Systems. Das demokratische System
105 der Bundesrepublik funktioniert: es gibt ein frei gewähltes Parlament auf der Bundesebene und ebenso frei gewählte Landtage und
Gemeindevertretungen, das Land hat eine freie Presse, ein von der
Regierung unabhängiges Fernsehen, politisch unabhängige Gerichte
und alle Rechte und Freiheiten in der Verfassung, die notwendig
110 sind. Aber seit 1949 war ein mühsamer Prozeß nötig, um aus Untertanen Staatsbürger und aus einem autoritär denkenden Staat demokratische Institutionen zu machen. Immer noch kommt es zu
extremen Handlungen und zu Intoleranz von beiden Seiten. Auto-
ritäre Maßnahmen begegnen dann einem Radikalismus. Aber
115 demokratische Lebensformen haben sich durchgesetzt.

Die Bundesrepublik besteht inzwischen über eine Generation, weit
länger als die Weimarer Republik und das Regime Hitlers zusammen. Sie hat sich auch als weitaus haltbarer° erwiesen. Dabei unterscheidet sich die deutsche Demokratie von der amerikanischen—und
120 wird sich auch immer von ihr unterscheiden. Nicht nur, weil sie ein
parlamentarisches System hat, sondern auch, weil die Deutschen
eine andere Mentalität haben. Sozialismus bedeutet für die
Deutschen etwas ganz anderes als in den USA; die Deutschen haben
eine andere Art des Debattierens. Selbst im Wahlkampf klingt die
125 Debatte wie eine Diskussion von Professoren. Prinzipielle Fragen
bleiben immer wichtig, nicht nur praktische Lösungen, so praktisch
und realistisch die deutschen Politiker auch zu sein versuchen.
Lange Zeit hat das Ausland ängstlich nach Anzeichen eines neuen
Nationalsozialismus und Antisemitismus in der Bundesrepublik ge-
130 sucht. Natürlich gibt es rechtsradikale Gruppen und eine latente Ju-
denfeindlichkeit. Darin ist die Bundesrepublik keine Ausnahme. Be-
drohungen für die jetzige Form der Demokratie, wenn sie kommen,
werden sicherlich aus anderen Richtungen kommen. Bis jetzt aber
steht das System auf festen Beinen.

democracy arising from
the basis

more durable

Die Verfassung

Die Verfassung der Bundesrepublik heißt „Grundgesetz". Es ist eine vorläufige Verfassung für einen Teil Deutschlands. So hat man auch das Wort „Verfassung" vermieden. Das Grundgesetz ist außerdem eine nüchterne, vorsichtige, mißtrauische und eine

5 kurze Verfassung. Es beginnt damit, daß es die Grundrechte° definiert, die der einzelne Staatsbürger hat: Freiheit des Glaubens und der Religionsausübung, Meinungsfreiheit, Versammlungsfreiheit, Freiheit der Berufswahl, Postgeheimnis, Freizügigkeit° innerhalb der Bundesrepublik, Gleichheit aller Bürger, auch Gleichheit von Mann

10 und Frau, Schutz des Eigentums und der Familie, Recht auf Staatsangehörigkeit, vor allem aber das Recht auf die freie Entfaltung der Persönlichkeit. Ein Deutscher hat das Recht, Kriegsdienst zu verweigern; er muß allerdings statt dessen einen zivilen Ersatzdienst leisten. Das Grundgesetz definiert nicht nur die Grundrechte, sondern

15 es bestimmt auch, daß diese Grundrechte nicht aufgehoben werden dürfen. Ebenso stellt das Grundgesetz fest, daß politische Parteien, deren Ziel die Zerstörung der Demokratie ist, verboten werden können. In diesen Bestimmungen spiegelt sich die Erfahrung des Nationalsozialismus, doch können sie ebenso gut gegen linksradikale

20 Parteien und Gruppen benutzt werden.

Das Grundgesetz definiert die Bundesrepublik als einen demokratischen und sozialen Staat, und es gibt ihm eine föderalistische Struktur. Das Parlament besteht aus zwei Häusern, dem Bundestag und dem Bundesrat.° Der Bundestag ist ein gewähltes Abgeordneten-

25 haus; der Bundesrat jedoch besteht aus den Vertretern der Länder. Diese werden von den Länderregierungen bestimmt, also indirekt durch die Landtagswahlen in den einzelnen Ländern. Das Grundgesetz enthält nicht das Wahlgesetz. Es versucht aber, drei Gefahren zu bekämpfen, die der Weimarer Republik schädlich geworden sind:

30 einen zu starken Präsidenten, eine zu schwache Regierung und ein Parlament ohne klare Mehrheiten.

Der Bundespräsident hat nicht die politische Macht. Er ist das Staatsoberhaupt° und repräsentiert den Staat; die politische Macht aber liegt beim Bundeskanzler. Der Bundeskanzler „bestimmt die

35 Richtlinien der Politik", sagt das Grundgesetz. Der Bundeskanzler wird vom Bundestag gewählt. Wenn der Bundestag dem Bundeskanzler das Mißtrauen ausspricht, also ihn stürzt, muß der Bundestag sofort mit absoluter Mehrheit einen neuen Kanzler wählen, sonst ist das Mißtrauensvotum° ungültig. Das heißt das „konstruktive

basic rights

free movement

upper house of Parliament, representing the Länder

head of state

vote of no-confidence

40 Mißtrauensvotum". Der Bundestag ist also gezwungen, sich klar für
oder gegen die Regierung zu entscheiden; er kann nicht einfach eine
„negative Mehrheit" haben, die alles blockiert.

Um darauf zu achten, daß die Verfassung nicht verletzt wird, sieht
das Grundgesetz ein besonderes Gericht vor, das „Bundesverfas-
45 sungsgericht".° Das Bundesverfassungsgericht entscheidet, ob eine   *constitutional court*
politische Partei verboten werden kann; es entscheidet bei Streitig-
keiten zwischen dem Bund und den Ländern; es entscheidet, wenn
Grundrechte verletzt werden und ebenfalls, ob ein Gesetz verfassungsgemäß ist.

50 Alle diese Bestimmungen sollen dafür sorgen, daß das politische
Gleichgewicht erhalten bleibt, und daß Ruhe und Ordnung nicht
gestört werden. Das ist auch der Zweck des Wahlgesetzes. Das Wahlsystem ist eine Kombination von Mehrheitswahl und Verhältnis-
wahl.° Jeder Wähler hat zwei Stimmen. Der Kandidat mit den mei-   *proportional*
55 sten Erststimmen wird gewählt. Im Bundestag wird nur die Hälfte   *representation*
der Abgeordneten, nämlich 248, direkt gewählt. Für die anderen
Abgeordneten zählt man die Zweitstimmen, und die Parteien bekommen nach dem Verhältnis der Stimmen weitere Abgeordnetensitze.
Aber nur eine Partei, die drei Direktmandate errungen oder die
60 mindestens 5% aller Stimmen in der Bundesrepublik bekommen hat,
ist im Bundestag vertreten. Die „Splitterparteien"° werden nicht ge-   *splinter groups*
zählt. Das Grundgesetz hat der Bundesrepublik geholfen, einen sta-
bilen Staat aufzubauen. Ebenso hat das Wahlsystem bisher für klare
Mehrheiten gesorgt. Der erste Bundestag von 1949 enthielt noch 11
65 Parteien und unabhängige Abgeordnete, diese Zahl ging bald auf 3
zurück. Ein Zwei-Parteiensystem mit Mehrheitswahl wird von den
Wählern allerdings abgelehnt. Das Wahlgesetz macht die Bildung
neuer Parteien schwierig, aber 1983 schafften die Grünen den Ein-
zug in den Bundestag. Damit ist eine Gruppe neuer Art ins System
70 eingedrungen.°   **eindringen** *to penetrate*

Die Autorität des Bundespräsidenten hängt vor allem von seiner
Persönlichkeit ab. Er kommt zwar von einer Partei, soll aber in seinem Amt das ganze Volk vertreten. Der erste Bundespräsident
Theodor Heuß erwarb sich das Vertrauen des Volkes, und nach ihm
75 vor allem Gustav Heinemann und Walter Scheel. Die Verfassung begünstigt, ja verlangt einen starken Bundeskanzler. Konrad Adenauer, Kanzler von 1949 bis 1963, nutzte den Spielraum seines
Amtes voll aus. Internationalen Ruf erwarben nach ihm vor allem
Willy Brandt (1969–1974), der den Nobelpreis für seine Bemühun-
80 gen um den Frieden erhielt, und Helmut Schmidt (1974–1982). Seit
1982 heißt der Bundeskanzler Helmut Kohl.

Eine wichtige Institution ist das Bundesverfassungsgericht gewor-

Bundeskanzler Helmut Kohl auf der Wahlparty seiner Partei

den, das als oberstes Gericht in politischen Fragen wichtige Entscheidungen getroffen und die konkrete Anwendung des Grundge-
85 setzes mitbestimmt hat. Es hat die „Kulturhoheit" der Länder be-
kräftigt, zum Beispiel, als es der Bundesregierung 1960 untersagte,
ein eigenes Fernsehprogramm aufzubauen. Es hat radikale Parteien
verboten, und es hat in Fragen der Polizeigewalt und Bekämpfung
von Terroristen mäßigend gewirkt. Insgesamt hat das Bundesverfas-
90 sungsgericht vermieden, politische Entscheidungen für Regierung
und Parlament zu treffen, sondern sich darauf beschränkt, die Verfassung zu interpretieren und zu schützen.

Die politischen Parteien

Eine der beiden großen Parteien ist die Christlich-
Demokratische Union (CDU), die in Bayern eine eigene Organisation hat und dort Christlich-Soziale Union (CSU) heißt. Die CDU
entstand 1945 als Partei für Christen aller Konfessionen. Dadurch

5 unterschied sie sich von einer früheren christlichen Partei, dem Zentrum, das nur die Katholiken vertrat. Während der Zeit des Nationalsozialismus zeigte es sich, daß die Gemeinsamkeiten der Konfessionen wichtiger sind als ihre Unterschiede. Die CDU entschied sich
für eine liberale Wirtschaftspolitik. Ludwig Erhard wurde Bundes-
10 wirtschaftsminister, und er setzte seine Politik der „sozialen Marktwirtschaft" durch. In dieser Marktwirtschaft hat der Staat lediglich
die Aufgabe, dafür zu sorgen, daß alle Wirtschaftspartner gleiche
Chancen haben. Der Staat soll also z.B. verhindern, daß eine Firma
ein Monopol bekommt, und er soll zwischen den verschiedenen In-
15 teressen ausgleichen.

In der CDU/CSU ist der „linke" Flügel, der zu einem christlichen
Sozialismus tendierte, schwächer geworden. Die Partei zieht konservative und auf Stabilität ausgerichtete Wähler an. „Keine Experimente" war einer ihrer wirksamsten Wahlsprüche.

20 Eine liberale Partei, die Staat und Religion mehr getrennt halten
will, ist die Freie Demokratische Partei (FDP). Sie hat besonders
Wähler in Gegenden mit starker liberaler Tradition, wie z.B. Württemberg; im ganzen hat sie gewöhnlich bei den Bundestagswahlen
zwischen 6 und 12% der Stimmen erreicht. Da die beiden großen
25 Parteien oft nahezu gleiche Zahlen bekommen, wird die FDP dann
zum „Zünglein an der Waage".° Von 1969 bis 1982 war sie in der   *"tongue of the balance"*
Bundesregierung und in den meisten Landesregierungen in der
Koalition mit der SPD. Auch die FDP hat einen „rechten" und einen
„linken" Flügel. Insgesamt sind die heutigen Parteien viel weniger
30 ideologisch festgelegt als die Parteien vor 1933. So haben die CDU
und die FDP die konservativen Wähler absorbiert, und es ist keine
Partei entstanden, die als Nachfolgerin der Deutschnationalen Volkspartei angesehen werden könnte. Die Deutsche Partei (DP), die in
der CDU aufgegangen ist, vertrat starke regionale Interessen in
35 Niedersachsen.

Es hat verschiedene Versuche zu rechtsradikalen Parteien gegeben. 1952 wurde die Sozialistische Reichspartei (SRP) als verfassungs-
widrig verboten. Die Deutsche Reichspartei (DRP) hatte wenig Erfolg. Am meisten Aufsehen erregte die Nationaldemokratische Partei
40 Deutschlands (NPD), die ab 1966 Gewinne bei Landtagswahlen er-
zielte. 1969 erreichte sie die für den Bundestag nötigen 5% nicht
und ist seitdem aus dem politischen Leben verschwunden.

Die zweite große Partei der Bundesrepublik ist die Soziademokra-
tische Partei Deutschlands (SPD). Die Tradition der SPD geht bis
45 zum „Allgemeinen Deutschen Arbeiterverein" von 1863 zurück, und
so ist sie die einzige deutsche Partei mit einer fortlaufenden Geschichte von mehr als hundert Jahren. Die SPD hat sich seit 1945
aus einer Arbeiterpartei zu einer Volkspartei entwickelt; sie tritt für

Sozialgesetze und ein fortschrittliches Bildungssystem ein, und sie
50 vertritt eine Außenpolitik der Entspannung. Ihre bekanntesten
Führer nach 1945 waren Kurt Schumacher; Ernst Reuter, der Bürgermeister von West-Berlin war; Willy Brandt, Berliner Bürgermeister
und Bundeskanzler von 1969 bis 1974; und Helmut Schmidt, sein
Nachfolger. Die SPD hat inzwischen einen rechten und einen linken
55 Flügel, der mehr Sozialisierung verlangt, vor allem aber im Umweltschutz und in der Außenpolitik neue Wege verlangt. 13 Jahre, von
1969 bis 1982, war die SPD die große Regierungspartei. In dieser
Zeit sind manche ihrer Anhänger enttäuscht worden und zu anderen
Gruppen gegangen, zum Beispiel zu den Grünen. In der Opposition
60 versucht die SPD, neue Positionen für die dringenden Probleme der
Zeit zu finden. Sie bleibt ihrer Tradition treu, eine Partei zu sein, die
die Wohlfahrt des Volkes im Auge hat und die „kleinen Leute" vertritt. Sie steht jedoch vor wichtigen Alternativen, wie: ist die Erhaltung von Arbeitsplätzen, wie es die Gewerkschaften wollen, wichtiger
65 als der Umweltschutz? Wie stark ist ihr Engagement für den Frieden
und den Kampf gegen Atomwaffen, und wie stark hält sie am
NATO-Bündnis fest? In der SPD gibt es einen Konflikt der Generationen: Eine ältere Tradition der Arbeiterbewegung steht in der Auseinandersetzung mit neuen Ideen für eine zukunftsgerichtete Volks-
70 partei im Interesse aller Menschen, die von ihrer Arbeit leben.

Die Kommunistische Partei Deutschlands (KPD) trennte sich nach
dem Ersten Weltkrieg von der SPD, weil die SPD für die parlamentarische Regierungsform war. Sie vereinigte sich 1946 in der Sowjetischen Besatzungszone mit der SPD zur Sozialistischen Einheitspar-
75 tei Deutschlands (SED). In der Bundesrepublik bekam die KPD 1953
bei den Bundestagswahlen 2% der Stimmen und hatte keine
Abgeordneten mehr im Bundestag. 1956 wurde sie verboten. 1968
entstand in der Bundesrepublik eine neue Partei, die Deutsche Kommunistische Partei (DKP).
80 Neben der DKP und der SPD gibt es jedoch noch andere sozialistische Gruppen, vor allem unter den Studenten. Diese Gruppen
suchen einen Weg zwischen dem Reformismus der SPD und der
dogmatischen Linie der DKP. Sie glauben, daß Sozialismus mit indi-
vidueller Freiheit verbunden werden kann, und daß darin die wahre
85 Lehre von Karl Marx besteht. In der praktischen Politik haben diese
Gruppen bisher keine Bedeutung erlangt.

Sie sind jedoch insofern von Bedeutung, als sie potentielle Füh-
rungskräfte der Gesellschaft umfassen. Außerdem tragen sie die Idee
eines „dritten Weges" zwischen dem Westen und dem Osten weiter,
90 die Idee einer „dritten Kraft" zwischen Kapitalismus und sowjetrus-
sischem Marxismus. Vorstellungen einer solchen dritten Kraft sind
auch unter den „Grünen" lebendig, die zu einer neuen politischen

Die drei gleichberechtigten Sprecher der Grünen: Reiner Trampert, Marion Maren-Giesebach und Wilhelm Knabe

Kraft in der Bundesrepublik geworden sind. Die Partei der Grünen begann als Gruppierung der Umweltschützler. Sie hat inzwischen
95 Menschen verschiedener Anschauungen in sich vereinigt. Neben dem Umweltschutz und der Ablehnung der Atomkraft° kämpfen die *nuclear power* Grünen für die Abrüstung° und eine allmähliche Neutralisierung *disarmament* Mitteleuropas. Die gesellschaftlichen Ideen der Grünen sind unterschiedlich; sie reichen von konservativen und industriefeindlichen
100 Vorstellungen bis zu einem konsequenten Sozialismus. In der Organisation ihrer Gruppen vertreten die Grünen das Prinzip der Basisdemokratie. Sie wollen ständigen Dialog der Abgeordneten mit der Basis und keine Hierarchie. Die Abgeordneten sollen alle zwei Jahre abgelöst° werden. Diese Organisationsform hat natürlich ihre un- **ablösen** *to replace*
105 praktischen Seiten. „Unpraktisch" sind die Grünen ebenfalls in ihrer Politik. In zwei Landtagen, in Hamburg und Hessen, bildeten sie das Zünglein an der Waage; aber sie lehnten es ab, beispielsweise mit der SPD eine Koalition einzugehen, wenn die SPD nicht ihren prinzipiellen Forderungen zustimmte. Sie wollen keine Kompromisse in
110 Grundsatzfragen. Es ist daher ungewiß, wie lange die Grünen in der jetzigen Form als politische Gruppe bestehen bleiben. Viel hängt davon ab, wie produktiv ihre Arbeit im Bundestag ist, in den sie 1983 mit etwas mehr als 5% der Stimmen gewählt wurden. Aber auch wenn sie scheitern sollten, wird ihre Organisationsform und ihre

115 ideologische Richtung sicherlich weiter das politische Leben der
Bundesrepublik beeinflussen.

Die Mitarbeit der Bürger

Jeder Staat braucht die Mitarbeit seiner Bürger. Die
Bürger haben außer ihren Rechten auch Pflichten: sie müssen
Steuern zahlen; sie müssen Kriegsdienst oder Ersatzdienst leisten; sie
müssen besondere Pflichten übernehmen, als Vormund z.B. oder als
5 Geschworener.° Schwurgerichte gibt es im deutschen Rechtssystem   *juror*
allerdings nur bei Mord und bei Totschlag, so daß solche Pflichten
selten sind.

Hingegen sind längst nicht alle Deutschen damit einverstanden,
daß sie Kriegsdienst leisten sollen. Die Wehrpflicht ist in der Bun-
10 desrepublik gar nicht populär. Es gibt Kriegsdienstverweigerer,° die   *conscientious objectors*
den Kriegsdienst ablehnen. Das ist eines der Grundrechte des
Grundgesetzes. Die meisten Kriegsdienstverweigerer haben keine religiösen, sondern Gewissensgründe. Sie müssen ihre Gründe vor einem Ausschuß verteidigen, der nicht selten die Anerkennung
15 ablehnt. Immerhin leisteten 1976 mehr als 40.000 junge Männer
„Ersatzdienst".° Wer nämlich vom Kriegsdienst befreit wird, muß   *substitute service*
statt dessen einen Ersatzdienst leisten, vor allem in Krankenhäusern,
aber auch z.B. in Altersheimen. Es sind so viele Bewerber für den
Ersatzdienst vorhanden, daß es nicht immer genug Stellen für sie
20 gibt.

Traditionell nehmen die Bürger der Bundesrepublik mehr Anteil
an der Gemeindeverwaltung als an der Landes- und Bundespolitik.
Hier hat es in der letzten Zeit viele Kontroversen gegeben. Die Länder haben sich nämlich entschlossen, im Interesse der Wirtschaftlich-
25 keit kleine Gemeinden zusammenzulegen. Aus mehr als 24.000 Gemeinden im Jahr 1968 sind inzwischen 10.000 geworden und
werden schließlich etwa 8.000 werden. Dabei handelt es sich oft um
Orte, die seit vielen Jahrhunderten einen eigenen Charakter entwickelt haben. Auch ist es unvermeidlich, daß die Verwaltung eines
30 größeren Ortes unpersönlicher wird, auch wenn sie finanziell gün-
stiger und fachlich besser sein mag. So hat die Modernisierung der
Gemeindeverwaltung ihren Preis. Trotzdem bleiben immer noch
viele Gelegenheiten zur Mitarbeit im Gemeindebereich, die die Einwohner auch wahrnehmen.
35 Ganz besonders betroffen fühlen sich die Bewohner der Bundes-

republik von Fragen der Bildungspolitik, insbesondere der Schulpolitik. Auf diesem Gebiet findet man die meisten Initiativen von Gruppen außerhalb der Parteien. Neuerdings sind ebenfalls Fragen des
Umweltschutzes akut geworden, und auch die Deutschen beginnen,
40 sich gegen zu hohe Steuern aufzulehnen.

   Das Verhältnis der Bürger zum Staat ist in der Bundesrepublik
schon deshalb anders als in den USA, weil es viel weniger Wahläm-
ter° gibt. Polizeichefs oder Richter sind ausnahmslos Beamte. Es gibt   *elective offices*
viel mehr Beamte, die auf ihre Weise Mitarbeiter des Staates sind,
45 und es gibt weniger politische Posten oder freiwillige Mitarbeit. Anders gesagt: der „Staat" greift stärker in das Leben der Menschen
ein, aber die Politik weniger oder jedenfalls weniger direkt. So gibt
es weniger Gelegenheit zu politischer „Bürgerinitiative". Auch die
Wahlen sind eher Wahlen einer Partei als eines bestimmten
50 Abgeordneten. Der Deutsche bemüht sich, seine Pflicht zu tun, was
die hohe Wahlbeteiligung zeigt; aber er fühlt sich nur selten ver-
anlaßt, persönlich in die Politik einzugreifen.

Wie informiert sich der Deutsche?

Die Deutschen, so wurde bereits gesagt, möchten gern
unparteiisch informiert werden. Welche Möglichkeiten haben sie
dazu?

   Die Deutschen sind die eifrigsten Zeitungsleser in Europa; 4 von
5 5 Deutschen lesen eine Tageszeitung. Dabei haben sie mehrere Typen von Zeitungen zur Auswahl. Sie haben zuerst einmal die „Lokalzeitung", die man gewöhnlich im Ambonnement bezieht, und die
morgens ins Haus geliefert wird. Diese Zeitung bringt auf den ersten
Seiten die Berichte über die wichtigsten Ereignisse im In- und Aus-
10 land, dazu Leitartikel und Kommentare; sie bringt Berichte aus der
Wirtschaft, einen Sportteil, Reportagen, das „Feuilleton",° d.h. Kri-   *cultural section*
tiken über kulturelle Ereignisse und andere Berichte über das gei-
stige Leben, den Fortsetzungsroman und schließlich den Lokalteil,
also die Berichte über die Ereignisse in der Stadt.

15   Der Text überwiegt die Reklame, auch bemüht man sich, wenige
oder keine Anzeigen auf den Textseiten zu bringen. Diese Lokalzeitungen haben gewöhnlich eine lange Tradition, aber nicht unbedingt eine hohe Auflage. So sind die meisten von ihnen heute nur
noch „Kopfblätter".° Sie haben ihren eigenen Namen behalten, also   *local papers affiliated*
with a larger paper

20 den „Kopf", sie bringen einen eigenen Lokalteil, aber die ersten Seiten werden ihnen von einer größeren Zeitung geliefert, zu der sie
gehören. Es gibt etwa 1.250 Ausgaben von Zeitungen, die insgesamt
eine Auflage von fast 20 Millionen Exemplaren haben. Im allgemeinen rechnet man mit gut 400 Tageszeitungen, dazu etwa 50 Wo-
25 chenzeitungen. Jedoch bestehen nur etwa 120 „Vollredaktionen". So
hat die wirtschaftliche Konzentration auch in der Bundesrepublik
um sich gegriffen, ohne daß der Zeitungsleser es richtig gemerkt hat.
Neben den Lokalzeitungen, die wirklich oder scheinbar selbständig sind, stehen die größeren Tageszeitungen. Bis 1945 war Berlin
30 das Zentrum der deutschen Presse. Das ist es heute nicht mehr.
Wichtige Zeitungen erscheinen vor allem in Hamburg, Frankfurt
und München. Es gibt keine Zeitung, die gleichmäßig in ganz
Deutschland gelesen wird, hingegen gibt es „überregionale Zeitungen". Dazu gehören die „Frankfurter Allgemeine Zeitung", „Die
35 Welt", die in Hamburg erscheint, die „Süddeutsche Zeitung" in
München und vielleicht noch die „Frankfurter Rundschau". Diese
Zeitungen haben Auflagen zwischen 250.000 und 400.000, während
eine Lokalzeitung selten mehr als 100.000 Exemplare erreicht. Es
gibt allerdings auch regionale Zeitungen mit sehr viel höheren Auf-
40 lagen wie die „Westdeutsche Allgemeine" oder die „Rheinische
Post". Auch die überregionalen Zeitungen bezieht der Leser gewöhnlich im Abonnement. Sie haben die gleiche Einteilung wie die
Lokalzeitungen; aber sie bringen mehr Berichte aus dem Ausland,
denn sie können sich eigene Korrespondenten leisten, und ihre
45 Kommentare spielen eine wichtige Rolle für die Meinungsbildung in
Deutschland. Alle Kommentare und die meisten Berichte sind von
Mitgliedern der eigenen Redaktion geschrieben. So hat jede Zeitung
ihr Büro in Bonn, um über die Bundespolitik zu berichten.
Auf dem Weg zur Arbeit kann der Deutsche sich am Kiosk noch
50 andere Tageszeitungen kaufen, die man gewöhnlich „Boulevardblät-
ter"° nennt. Es sind leicht geschriebene Blätter, die Sensationen zu   *tabloids*
bringen versuchen. Skandale von Schauspielern, Politikern und dem
Adel sind beliebt; ebenso Verbrechen, Sportnachrichten, Unfälle;
kurz, alles, was einen Menschen aufregen kann. Am erfolgreichsten
55 ist die „Bild-Zeitung" geworden, die eine Auflage von fast 6 Millionen erreicht hat. Dazu gibt es eine Reihe von anderen Blättern, die
gewöhnlich „Morgenpost" oder „Abendpost" heißen.
Die meisten Zeitungen sind in der Hand von privaten Zeitungsver-
legern. Es gibt auch einige Zeitungen, die politischen Parteien ge-
60 hören. Vor allem die SPD besitzt eine gewisse Zahl von Tageszeitungen und Wochenzeitungen. Unter den Verlegern hat sich Axel
Springer in Hamburg einen Namen gemacht. Er ist ein „Zeitungs-

könig" geworden, und er besitzt große Marktanteile, so daß man ein
Monopol von ihm befürchtet. Das ist deshalb auffällig, weil er be-
65 stimmte politische Ansichten durch seine Blätter verbreiten will. So
ist er stark antikommunistisch, durchweg konservativ in seinen Ansichten und versucht, den deutschen Patriotismus zu beleben. Natürlich bleiben diese Ansichten nicht ohne Wirkung bei den 6 Millionen Lesern der Bild-Zeitung.
70   Im allgemeinen ist die Presse gemäßigt. Lokalzeitungen neigen
eher nach rechts; von den bekanntesten Zeitungen ist die „Frankfurter Allgemeine" betont unparteiisch, „Die Welt" gehört zum
Springer-Konzern, während die „Süddeutsche Zeitung" linksliberal
genannt werden kann. Es gibt also einige Gegengewichte gegen
75 Springer.
    Ein solches Gegengewicht ist die Wochenzeitung „Der Spiegel",
die „Time" und „Newsweek" nachgebildet ist, aber vor allem ihre
Aufgabe darin sieht, das zu schreiben, was andere Zeitungen und die
Politiker verschweigen wollen. „Der Spiegel" ist dabei sehr erfolg-
80 reich, und er reizt dadurch oft den Zorn der Politiker. Franz-Josef
Strauß, damals Bundesverteidigungsminister, war 1962 so gereizt,
daß er eine Polizeiaktion gegen den „Spiegel" veranlaßte. Die Chef-
redakteure wurden verhaftet; das Redaktionsgebäude wurde von der
Polizei besetzt und durchsucht. Der Anlaß waren Berichte über
85 NATO-Manöver und die Bundeswehr. Alle anderen Zeitungen,
auch die Zeitungen Axel Springers, waren sich einig im Protest gegen diese Aktion. Professoren und Studenten demonstrierten. Nach
einer heftigen Debatte im Bundestag mußte Strauß zurücktreten.
Die Auflage des „Spiegel" stieg beträchtlich. Die Anklagen gegen die
90 Redakteure wurden fallengelassen. In der Bundesrepublik wird die
„Spiegel-Affäre" als ein Sieg der Presse angesehen.
    Neben dem „Spiegel" gibt es eine Reihe von Wochenzeitungen,
die sich in ihren Berichten und Kommentaren besonders an infor-
mierte und anspruchsvolle Leser wenden. Dazu gehört vor allem
95 „Die Zeit", die auch im Ausland gedruckt wird, außerdem die
„Deutsche Zeitung" und „Der Rheinische Merkur", die erste protestantisch, die zweite katholisch orientiert, ferner die traditionsreiche
SPD-Zeitung „Vorwärts". Springer hat mit seinem „Bild am Sonntag" und der „Welt am Sonntag" in Deutschland die Sonntagszeitung
100 durchgesetzt, während es vorher nur Wochenendausgaben der Tageszeitungen gab, die mehr Unterhaltungsseiten und vor allem mehr
Inserate° enthalten.   *advertisements*
    Es ist geschildert worden, daß der Rundfunk und also auch das
Fernsehen nicht privaten Besitzern gehören. Daher sind die Rund-
105 funkanstalten verpflichtet, politisch unparteiisch zu informieren. Die

politischen Parteien, die Kirchen und die Gewerkschaften achten
darauf, daß die Berichte und Kommentare nicht einseitig werden.
Schwierigkeiten gab es bisher vor allem, wenn Berichte zu sehr gegen die Regierungspolitik gerichtet schienen. In den letzten Jahren
110 haben die Rundfunkanstalten allerlei Angriffe auf ihre politischen
Berichte und Kommentare hinnehmen müssen. Es sind vor allem
Länderregierungen der CDU, die sich über die Fernsehprogramme
ärgern. Zwar kann der Rundfunk kein Instrument des Staates werden, auch nicht das einer Partei; aber bei großem Druck kann die
115 politische Kritik gemildert oder ganz ausgeschaltet werden. Der erste
Bundeskanzler Konrad Adenauer, der sich sehr über die Fernsehprogramme ärgerte, wollte kurzerhand ein eigenes Bundesfernseh-
programm einrichten, aber auf Antrag der SPD-Länderregierungen
stellte das Bundesverfassungsgericht fest, daß ein solches Bundes-
120 fernsehen gegen das Grundgesetz sei. So hat seit 1960 die Bundesregierung solche Versuche nicht mehr unternommen. Auch der Versuch Axel Springers, ein privates, also kommerzielles Fernsehen
einzurichten, hatte keinen Erfolg. Trotz aller Angriffe bleibt damit
das Fernseh-und Rundfunkprogramm ohne direkten Einfluß von
125 Regierung und Interessengruppen.

Ein neues und sehr umstrittenes Gebiet ist das Kabelfernsehen, bei
dem die Privatindustrie einsteigen will. Die CDU ist dafür, die SPD
dagegen. Die Angst vor politischer Propaganda durch Privatleute ist
in der Bundesrepublik größer als die Angst vor Regierungspropa-
130 ganda. Die Bürger der Bundesrepublik wollen die Möglichkeit haben, sich ihr eigenes Urteil zu bilden.

Eine wichtige, wenn auch unbeabsichtigte politische Funktion hat
das Fernsehen der Bundesrepublik: es kann in großen Teilen der
DDR empfangen werden und bringt dadurch Informationen und
135 das Bild des westlichen Lebens in den anderen deutschen Staat.

14

Die Kirchen und ihre Rolle in der Gesellschaft

Wallfahrtskirche in Neviges bei Düsseldorf

Kirche und Staat

1517 begann Martin Luthers Reformation. Seitdem gibt es in Deutschland mehrere christliche Konfessionen. 1555 bestimmte der Religionsfriede von Augsburg, daß die Untertanen die Konfession des Herrschers annehmen mußten. Staat und Kirche waren also
5 eng verbunden. Es gab keine Staatskirche für das gesamte Deutsche Reich, wohl aber Landeskirchen für die einzelnen Länder. Das war besonders stark in den evangelisch-lutherischen und evangelisch-reformierten Ländern, während die Katholiken im Papst eine Autori-

tät über ihren Fürsten hatten. Bis zum 18. Jahrhundert gab es auf
10 diese Weise kaum Länder mit Einwohnern von mehreren Konfessionen, sondern katholische und protestantische Länder. Brandenburg-
Preußen, das Einwanderer brauchte, begann zuerst eine Politik der
religiösen Toleranz, und der Preußenkönig Friedrich II. prägte das
historische Wort: „In meinen Staaten kann jeder nach seiner Fasson
15 selig werden." Dennoch lockerten sich die Bestimmungen erst um
1800 durch die Wirkungen der Französischen Revolution. Erst dann
konnte auch ein protestantischer Bäckermeister in München einen
Laden eröffnen.

Kirche und Staat blieben dabei eng verknüpft.° Die Kirche hatte   **verknüpfen** *to tie*
20 die Aufsicht über das Schulwesen, und der Staat hatte die Aufsicht   *together*
über die Kirche. Die Schule befreite sich von diesem Einfluß, doch
die Verbindung von Staat und Kirche blieb. Noch heute heißen die
Eziehungsminister der Länder „Kultusminister", und sie behandeln
kirchliche Fragen neben den kulturellen. Wer einer Konfession an-
25 gehört, zahlt eine Kirchensteuer, die der Staat einzieht, und die gewöhnlich einen Prozentsatz seiner Lohnsteuer beträgt. In allen Schulen erhalten die Schüler Religionsunterricht, entsprechend ihrer
Konfession. Wer nicht zu einer Kirche gehört, braucht nicht teilzunehmen. Die Universitäten, die ja staatlich sind, haben theologische
30 Fakultäten. In manchen Ländern richtete man die Volksschule als
Konfessionsschule ein. Es zeigte sich jedoch, daß dieses System oft
unpraktisch ist, und außerdem war die Mehrheit der Bevölkerung
dagegen, so daß es schließlich auch in Bayern nach einer Volksabstimmung abgeschafft wurde.
35 Seit 1918 verwalten sich die Kirchen selbst, ohne Aufsicht oder
Einmischung des Staates. Umgekehrt haben die Kirchen immer
noch ein wichtiges Wort in den öffentlichen Angelegenheiten. Die
CDU ist immerhin eine christliche Partei; die Kirchen sind in den
Rundfunkgremien vertreten; sie sind sozusagen zu Interessengrup-
40 pen geworden.

Das Verhältnis der Konfessionen

Seit 1815 hatten alle größeren deutschen Länder Einwohner verschiedener Konfessionen. Die Minderheit wurde toleriert,
doch das Mißtrauen zwischen den Konfessionen blieb groß. Dasselbe
geschah im Deutschen Reich nach 1871. Etwa zwei Drittel der
5 Deutschen sind Protestanten, ein Drittel Katholiken. Die Regierung

Bismarcks war protestantisch, und die Katholiken fühlten sich als Minderheit und bildeten ihre Oppositionspartei, das Zentrum. Die Teilung Deutschlands nach 1945 brachte es mit sich, daß die DDR fast ausschließlich von Protestanten bewohnt ist, während in der
10 Bundesrepublik die Zahl der Protestanten und Katholiken fast gleich ist. Beim Widerstand gegen Hitler entdeckten die Konfessionen ihre Gemeinsamkeiten. Die CDU vertritt nicht mehr eine Konfession, sondern alle Christen. Innerhalb der CDU besteht ein konfessionelles „Proporz-System": die Zahl der Protestanten in den hohen
15 Ämtern soll der der Katholiken entsprechen. Wenn der Bundespräsident katholisch ist, soll der Kanzler evangelisch sein, der Präsident des Bundestages wieder katholisch usw. Das geht nicht immer, doch im allgemeinen wird es beachtet.

Da sich keine Konfession mehr als Minderheit fühlen muß und
20 keine dem Staat näher steht als die andere, ist die Zusammenarbeit der Kirchen freier geworden. Die Flüchtlinge und Vertriebenen leben oft in Gebieten, wo vorher Menschen einer anderen Konfession waren, so ist heute Deutschland konfessionell ganz gemischt. Die Zahl der „Mischehen"° ist dadurch viel größer geworden als früher.   *mixed marriages*
25 Es gilt inzwischen als normal, daß manche Kirchen von mehreren Konfessionen zusammen benutzt werden; Geistliche der verschiedenen Konfessionen diskutieren miteinander, ja sie helfen oft einander. Die Unterschiede bestehen nach wie vor; doch der Wille zur Zusammenarbeit ist größer als das Mißtrauen.

Das Leben einer Gemeinde

Das kirchliche Leben in Deutschland unterscheidet sich sehr von dem in den USA. Der größte Teil der Deutschen gehört zu den großen „offiziellen" Kirchen. Das sind die römisch-katholische, die evangelisch-lutherische und die evangelisch-reformierte Kirche,
5 wobei in manchen Ländern „unierte" protestantische Kirchen bestehen, in denen die Lutheraner und die Reformierten zusammengeschlossen sind. Etwa 10% aller Deutschen, einschließlich DDR, gehören zu keiner Religionsgemeinschaft, 0.2% gehören zu einer anderen Religion als der christlichen. Von den über 50%, die Prote-
10 stanten sind, gehören auch manche Deutsche zu den „Freikirchen",°   *free churches*
doch das sind wenige, etwa 1%, und die Deutschen sprechen von diesen Freikirchen als „Sekten". Das Gemeindeleben in diesen Sekten ist sehr intensiv, ganz im Gegensatz zur offiziellen Kirche. In der

offiziellen Kirche wählt man nicht die Gemeinde, zu der man ge-
15 hören möchte, sondern man gehört zur Gemeinde seines Wohnbe-
zirks. Die Pfarrer werden von der Kirchenverwaltung eingesetzt und
bezahlt. Der Einfluß des Gemeindemitglieds auf seine Kirche ist gering. Die Pfarrer haben große Gemeinden und daher viele Pflichten
und Verwaltungsarbeiten; persönlichen Kontakt haben sie nur mit
20 den Gemeindemitgliedern, die regelmäßig den Gottesdienst besuchen. Niemand interessiert sich dafür, ob sein Nachbar regelmäßig
zur Kirche geht, jedenfalls besteht keinerlei sozialer Druck, kirchentreu zu sein. Hingegen ist es konventionell üblich, seine Kirchen-
steuern zu zahlen, die Kinder taufen zu lassen, sie zur Konfirmation
25 oder Erstkommunion zu schicken und sich kirchlich trauen zu lassen. Auch gehen viele Menschen an den hohen Feiertagen in die
Kirche. Die Regeln der katholischen Kirche verlangen regelmäßigen
Kirchenbesuch, während es bei den Protestanten vollständig dem
einzelnen Menschen überlassen ist, wie er sich zur Kirche und zum
30 Glauben verhält. So predigen die Pfarrer in den großen Domen oft
vor leeren Bänken.

Die Kirchen haben eingesehen, daß sie neue Wege gehen müssen,
um die nominellen Christen zu erreichen. Es gibt in jeder Gemeinde
eine Gruppe von treuen Mitgliedern, die regelmäßig zum Gottes-
35 dienst gehen und an Vortragsabenden° und anderen Veranstaltun- *evening lectures*
gen teilnehmen. Aber was tut man für die vielen indifferenten Christen? Beide Kirchen, die katholische und die evangelische, bemühen
sich, die Laien mit an der Kirchenverwaltung zu beteiligen. Das in-
tellektuelle Leben der Kirchen ist sehr lebendig. Es konzentriert sich
40 ganz besonders in den „Akademien". Es gibt mehrere evangelische
und katholische Akademien, die Tagungen über alle Arten von Themen durchführen, und die ihre Gebäude auch gern für andere
Organisationen zur Verfügung stellen. Einige dieser Tagungen sind
für einen kleinen Kreis gedacht, andere wenden sich an die Öffent-
45 lichkeit.

Daneben hat sich die Kirche ganz besonders mit den seelischen
Schwierigkeiten des modernen Menschen beschäftigt. Einfache dog-
matische Antworten helfen oft nicht mehr. Die Seelsorge° ist eine *ministry*
außerordentlich wichtige Angelegenheit geworden. Das zeigt zum
50 Beispiel der Erfolg der „Telefonseelsorge":° man kann zu jeder Zeit *telephone answering line*
eine bestimmte Telefonnummer anrufen, und diese Einrichtung hat
schon vielen Menschen, die in Schwierigkeiten waren, geholfen.

So bemüht sich die Kirche, kleinere Gemeinden zu bilden, kleinere
Kirchen zu bauen, in denen sich die Gemeinde mehr zu Hause
55 fühlen kann; vor allem bemüht sie sich, die Menschen zu verstehen
und in ihrer Sprache zu ihnen zu sprechen.

Die katholische Kirche

Etwa 45% der Einwohner in der Bundesrepublik sind
Katholiken, 11% der Einwohner der DDR. Die katholische Kirche
hat ihre feste Organisation und ihre Hierarchie. Sie bietet dem Gläubigen glanzvolle Feste, wie die Fronleichnamsprozession; sie hat
5 durch die Beichte eine regelmäßige Verbindung mit dem einzelnen
Gläubigen. Am Sonntag sind die katholischen Messen gut besucht;
der Einfluß der katholischen Geistlichen auf die Gläubigen kann
sehr nachhaltig sein. Die Kirche ist in Bistümer und Erzbistümer eingeteilt, die eine glanzvolle Vergangenheit haben. Ihr Verhältnis zu
10 den einzelnen deutschen Ländern ist in Verträgen, Konkordate genannt, festgelegt.

Die katholische Kirche hat durch diese Organisation eine Macht,
die die Protestanten mit Mißtrauen erfüllte. Da sich die moderne
deutsche Kultur in den protestantischen Teilen des Landes entwik-
15 kelte, blieb ihrerseits die katholische Kirche skeptisch gegen viele
Neuerungen und neigte zu einer konservativen Haltung. Dadurch
kommt es, daß im Verhältnis zu ihrem Anteil an der Bevölkerung
viel weniger Katholiken auf Gymnasien und auf den Universitäten

Katholikentag in Düsseldorf

sind. Und daher ist es manchmal schwer, qualifizierte katholische
20 Bewerber für höhere Posten zu finden. Die Kirche sieht es heute als
ihre Aufgabe an, diesen „Bildungsrückstand"° der Katholiken aufzuholen und dafür zu sorgen, daß sich die Kirche mit dem modernen
Leben auseinandersetzt. Dabei hat sich der höhere Klerus als besonders fortschrittlich erwiesen und hat mit seinen Anordnungen und
25 seinem Einfluß viele Änderungen erwirkt. Der Diskussion aktueller
Probleme dienen die Veranstaltungen der Akademien und die
deutschen Katholikentage, die regelmäßig alle zwei Jahre stattfinden.

educational "lag"

Die evangelische Kirche

Viel weniger einheitlich ist die evangelische Kirche. Sie
besteht aus Landeskirchen, die sich bis heute noch nicht auf ein gemeinsames Bekenntnis geeinigt haben. Da die evangelische Konfession den Gläubigen nicht in die Kirche zwingen kann, muß sich die
5 Kirche besonders intensiv mit der modernen Zeit auseinandersetzen.
Neben der Arbeit in den Akademien haben auch die evangelischen
Kirchentage, auf denen Pfarrer und Laien in Arbeitskreisen diskutieren, und die außerdem Massendemonstrationen des evangelischen
Glaubens mit sich bringen, besondere Bedeutung bekommen. Die
10 evangelische Kirche ist heute politisch in eine besondere Lage gekommen. 81% der Einwohner der DDR sind evangelisch und 45%
der Deutschen in der Bundesrepublik. Die Kirche gehörte also lange
Zeit zu den wenigen Institutionen, die noch in ganz Deutschland tätig waren. Im Herbst 1969 hat sich jedoch die Kirche in der DDR als
15 eine getrennte Organisation abgespalten. In der DDR geriet die
Kirche in einen Gegensatz zum kommunistischen Staat, und während Luther verlangte: „Sei untertan der Obrigkeit",° kann ein Pfarrer ein atheistisches Regime kaum als „Obrigkeit" anerkennen. Die
Kirche bekommt keine Unterstützung vom Staat, sondern sie erfährt
20 Widerstand. Wie zur Zeit des Nationalsozialismus finden dabei
manche Menschen zu einem echten Christentum zurück, und es
scheiden sich die nominellen Christen von den wirklichen Christen
ganz deutlich. Die Kirche ist dadurch zu einer verfolgten, zu einer
kämpfenden Institution geworden.
25   Es gibt Menschen, die das sogar begrüßen. Sie finden das offizielle
Christentum in der Bundesrepublik zu konventionell; sie suchen
statt dessen einen innerlichen Glauben für den einzelnen Menschen,

authority

wie sie ihn bei Luther oder bei manchen Pietisten finden. Ihnen ist
der Glaube wichtiger als die äußere Organisation der Kirche und
30 ihre politische Macht. Der Nationalsozialismus rief als Widerstand
die „Bekennende Kirche" hervor, und ihre Vertreter waren bereit,
ins Konzentrationslager zu gehen, wie zum Beispiel Martin Nie-
möller und einer ihrer bedeutendsten Theologen, Dietrich Bonhoef-
fer, der 1945 im Konzentrationslager gestorben ist. Neben der Tra-
35 dition der Staatskirche lebt im deutschen Protestantismus die
Tradition des Widerstandes, und sie bestimmt heute mehr den Geist
der Kirche als die Verbindung mit dem Staat.

Dieser Geist des Widerstandes macht sich besonders in der heutigen Friedensbewegung bemerkbar. Die Kirchentage der evange-
40 lischen Kirche werden zu Friedensdemonstrationen, unter lebhafter
Beteiligung der Jugend. In der DDR stützt sich die inoffizielle Friedensbewegung mit ihrem Motto „Schwerter zu Pflugscharen"° auf   *plowshares*
die Kirche.

Eine neue Aufgabe ist allen Kirchen durch die ausländischen Gast-
45 arbeiter erwachsen. Die Kirchen müssen nicht nur Sozialhilfe organisieren, sondern vor allem Toleranz predigen und zeigen. Sie
kämpfen gegen die „Ausländerfeindlichkeit" und versuchen, Verständnis für Menschen zu erwecken, die aus einer ganz anderen Kultur und Religion kommen, wie vor allem die Türken. Die Türken
50 haben den Islam nach Deutschland mitgebracht, so daß in vielen
Städten, zumal in Großstädten, Moscheen° zu finden sind.   *mosques*

Besuch in der Deutschen Demokratischen Republik

Berlin Alexanderplatz

Schwierige Bedingungen

Die Einteilung der vier Besatzungszonen Deutschlands im Jahr 1945 sollte nur vorübergehend sein. Als sich jedoch 1949 aus den drei Besatzungszonen der westlichen Alliierten die Bundesrepublik Deutschland gebildet hatte, wurde am 7. Oktober 1949 die
5 „Deutsche Demokratische Republik", abgekürzt DDR, gegründet, die das Gebiet der Sowjetischen Besatzungszone umfaßt. Bis 1972 der Grundvertrag zwischen der Bundesrepublik und der DDR abgeschlossen wurde, sprach man in der Bundesrepublik gern von der

Deutsche Demokratische Republik

„Zone"; offiziell hieß die DDR „SBZ" (= Sowjetische Besatzungs-
10 zone) oder „Mitteldeutschland". „Ostdeutschland", der gewöhnliche
Name der DDR im Ausland, war das Gebiet östlich der Oder und
Neiße, das „bis zum Abschluß eines Friedensvertrages" in den Händen von Polen und der UdSSR ist. Die DDR hat zuerst ihre Ostgrenze als endgültig anerkannt; in den Verträgen der Bundesrepu-
15 blik mit der UdSSR und Polen hat diese ebenfalls faktisch den Grenzen zugestimmt. Sie hat sich nämlich verpflichtet, keine Gewalt an-
zuwenden, um diese Grenzen zu verändern.

Das alles ist mehr als ein Streit um Worte und um juristische For-
meln. Es zeigt, daß die DDR ein Staat ist, dessen Existenz von An-
20 fang an in Frage gestellt wurde, und dessen Grenzen umstritten
waren. Die längste Grenze der DDR ist die mit der Bundesrepublik;
die anderen Grenzen sind mit der Tschechoslowakei und Polen, früheren Feinden, die trotz offizieller Bündnisse den deutschen Nachbarn mit Mißtrauen betrachteten. Als 1968 die Truppen des War-
25 schauer Paktes in die Tschechoslowakei einmarschierten, um sie zu
„schützen", richteten sich gegen die Truppen der DDR besonders
bittere Gefühle, und die Tschechen erinnerten sich an den
deutschen Einmarsch° im Jahr 1939.

invasion

Schwierig war auch der Aufbau der Wirtschaft. Das nördliche Ge-
30 biet hatte keinen Hafen an der Ostsee, denn Lübeck lag in der Bundesrepublik, und Stettin wurde polnisch. So mußte erst mit großen
Kosten in Rostock ein neuer Hafen gebaut werden. Brandenburg,
das mittlere Gebiet der DDR, verlor seinen wirtschaftlichen Mittelpunkt, Berlin. Jedenfalls war es sehr schwer, den Verkehr um West-
35 Berlin herumzuleiten.° Nur das Industriegebiet von Sachsen und

herumleiten *to direct
around / economic
region*

Thüringen bildete einen geschlossenen Wirtschaftsraum°. Die beiden großen Flüsse der DDR, die Elbe und die Oder, haben ihre
Mündung außerhalb des Landes. Die Wirtschaft der DDR hatte in
enger Verbindung mit der Wirtschaft in anderen Teilen Deutsch-
40 lands gestanden. Steinkohle und Eisen kamen vor allem aus dem
oberschlesischen Industriegebiet, und das war jetzt polnisch. Es
fehlte die Schwerindustrie. Die DDR mußte diese Schwerindustrie
zum Teil ganz neu aufbauen; sie hat dazu neue Städte gegründet,
wie die „Eisenhüttenstadt" an der Oder, die polnische Bodenschätze
45 verarbeitet. Schwierig war schließlich, daß die Bevölkerung der DDR
keinen kommunistischen Staat wollte. Die Gemeindewahlen von
1946 zeigten, daß die SPD die Mehrheit bekam, und so wurden SPD
und KPD zur Sozialistischen Einheitspartei Deutschlands (SED) vereinigt. Aber die Bevölkerung war nicht immer einverstanden. Die
50 Sozialisierung und Verstaatlichung stieß auf Hindernisse. Viele Einwohner der DDR flohen nach der Bundesrepublik. Die DDR mußte

Das Rathaus, Ost-Berlin

die Grenze zwischen den beiden Teilen Deutschlands schließen; sie
baute Wachttürme° und Stacheldrahtzäune; sie legte Minenfelder   *watchtowers*
an, und das Gebiet an der Grenze wurde zum „Niemandsland".° Die   *no-man's land*
55 Grenze zwischen Ost-Berlin und West-Berlin blieb offen, denn Berlin galt als Einheit, und die DDR konnte nicht den Zugang nach Ost-
Berlin, ihrer Hauptstadt, versperren. So viele Menschen flohen über
West-Berlin in die Bundesrepublik, daß die DDR am 13. August
1961 die Mauer quer durch Berlin baute, um auch diese Grenze ab-
60 zusperren.

Seitdem ist es fast unmöglich, aus der DDR in den Westen zu fliehen. Rentner° dürfen vier Wochen im Jahr in den Westen fahren.   *retired persons*
Wenn sie nicht zurückkehren, hätte ja das Land keinen Schaden. Seit
dem Grundvertrag gibt es auch einige Kontakte im Sport und auf
65 kulturellem Gebiet, und Bürger der DDR dürfen zu wichtigen Fa-
milienangelegenheiten in die Bundesrepublik fahren. Die Verträge
von Helsinki sehen vor, daß alle Menschen auf eigenen Wunsch ihr
Land verlassen dürfen. Offenbar wurden viele Anträge auf Auswanderung aus der DDR gestellt. So ist die Unsicherheit immer noch
70 nicht vorbei. Die DDR einschließlich Ost-Berlin hat etwa 16,7 Millionen Einwohner. 3,5 Millionen Menschen sind insegesamt aus der
DDR in die Bundesrepublik gegangen.

Ost und West

Die DDR hat lange gebraucht, bis sie allgemeine internationale Anerkennung erreichte. Lange Zeit wurde sie daran durch die Bundesrepublik und ihre westlichen Alliierten gehindert. Die Bundesrepublik befolgte die „Hallstein-Doktrin", benannt nach Wal-
5 ter Hallstein, einem der maßgeblichen° Berater Konrad Adenauers.   *influential*
Diese Doktrin besagte: die Bundesrepublik unterhält diplomatische Beziehungen nur zu den Staaten, die die DDR nicht anerkennen. So brach sie z.B. die diplomatischen Beziehungen mit Jugoslawien ab. Die Drohung der Bundesrepublik hatte für viele Länder Gewicht,
10 weil sie mit wirtschaftlichen Sanktionen verbunden war.
Seit der „Ostpolitik" Willy Brandts ist diese Politik nicht mehr gültig. Die Bundesrepublik hat diplomatische Beziehungen zu fast allen Staaten Osteuropas. Seit 1973 sind die Bundesrepublik und die DDR Mitglieder der UNO, und die DDR ist in den wichtigen westlichen
15 Staaten vertreten. Immer noch gibt es Unterschiede in der Deutschlandpolitik der beiden Staaten. Die DDR befolgt seit spätestens 1960 die Doktrin, daß beide deutsche Staaten völlig getrennt seien. Sie hat 1967 die getrennte Staatsbürgerschaft der DDR eingeführt und betrachtet offiziell Bundesdeutsche als Ausländer. Die Bundesrepublik
20 erkennt die DDR als getrennten Staat an, aber betrachtet beide deutsche Staaten immer noch als eine „Nation". Daher hat ein DDR-Bürger automatisch das Recht auf die Staatsbürgerschaft der Bundesrepublik. Die deutsch-deutschen Beziehungen sind also komplizierter als die zwischen Deutschland und anderen Staaten. Immerhin
25 hat sich seit 1972 einige Zusammenarbeit entwickelt, wobei die DDR ganz besonders an wirtschaftlichen Vorteilen interessiert ist, während die Bundesrepublik sich für mehr Austausch und engere Beziehungen der Bevölkerung einsetzt.
1945 und auch 1949 gab es sehr viele Gemeinsamkeiten.
30 Schließlich war Deutschland ein Land, und die Grenze war zufällig. Allerdings besteht die DDR ganz aus „Kolonialland", aus Gebieten, in die die Deutschen im Mittelalter eingewandert sind, während die Bundesrepublik überwiegend „altes" Land umfaßt. Der Westen Deutschlands neigte eher zu Westeuropa als der Osten. Im ganzen
35 war Deutschland das Land der Mitte. Innerhalb Deutschlands aber waren die Schulen, die Kirchen, die Vereine, die politischen Parteien, die Eisenbahn, die Post gleich organisiert. Inzwischen hat sich jeder Teil Deutschlands in seiner Weise entwickelt. Die Kinder in der Bundesrepublik haben keine Vorstellung mehr von Dresden, Leip-
40 zig, vom Thüringer Wald oder der Insel Rügen in der Ostsee, wo ihre Vorfahren die Ferien verbrachten.
Deutsche aus der Bundesrepublik können noch Verwandte in der

DDR besuchen und auch dorthin in die Ferien fahren. Aber natürlich ist es leichter und bequemer, nach Österreich oder Italien zu
45 reisen. Immerhin sind die persönlichen Kontakte eng genug, daß die
offiziellen Stellen der DDR sie mit einiger Sorge betrachten.

Der einzige Ort, wo einem diese Trennung Deutschlands und ihre
Probleme voll bewußt werden, ist Berlin. West-Berlin hat die
gleichen Lebensverhältnisse wie die Bundesrepublik, aber trotzdem
50 sieht die Welt von dorther anders aus: nicht nur, weil Berlin eine
„Insel" in der DDR ist, sondern weil es so lebhaft an das frühere
Deutsche Reich und an die Einheit Deutschlands erinnert.

Thüringen

Die DDR hat die föderalistische Struktur, die in Deutschland Tradition ist, aufgegeben. Aus den fünf Ländern, die 1945
darin gebildet wurden, sind inzwischen 15 Verwaltungsbezirke geworden. Die hier gebrauchten Namen sind daher nicht mehr die of-
5 fiziell gebrauchten Bezeichnungen. Thüringen ist eine der schönsten
Mittelgebirgslandschaften Deutschlands. Man nennt es „das grüne
Herz" Deutschlands. Thüringen bestand bis 1918 aus vielen Klein-

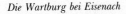

Die Wartburg bei Eisenach

staaten, doch diese Kleinstaaten haben eine besondere Bedeutung
für die deutsche Geschichte gehabt. In Thüringen steht die Wart-
10 burg, die seit dem Mittelalter berühmt ist. Martin Luther übersetzte
hier das Neue Testament ins Deutsche. Außerdem fand hier 1817
der erste Studentenprotest statt. Die größte Stadt Thüringens ist Erfurt, wo Luther studierte, bekannt als die Stadt der Blumenfelder.°   *fields of flowers*
Die heutige Universität Thüringens ist Jena, 1547 als eine der ersten
15 protestantischen Universitäten gegründet. In Jena entstanden aus
der Zusammenarbeit eines Handwerkers und eines Universitätspro-
fessors die Zeiß-Werke für optische Apparate. Jena war vor allem um
1800 eine der wichtigsten deutschen Universitäten, als das nahe Weimar der Mittelpunkt der deutschen Literatur war. Thüringen ist
20 eines der „musikalischen" Länder Deutschlands. Hier hat sich die
protestantische Kirchenmusik entwickelt. Die Familie Bach stammt
aus Thüringen. Johann Sebastian Bach war zu Beginn seiner Laufbahn in Weimar tätig.

Thüringen ist genau wie Württemberg, wie das Erzgebirge in
25 Sachsen und die Sudeten an der Grenze von Schlesien und der
Tschechoslowakei ein Land mit traditioneller Hausindustrie. Die
Bauern im Gebirge wollten durch die Hausindustrie ihr geringes
Einkommen verbessern. Daraus haben sich Industriezweige entwik-
kelt, die noch heute für Thüringen typisch sind: Bau von Musikin-
30 strumenten, von Spielzeugen, Schmuckanfertigung und Kleineisenindustrie.

Sachsen

In Sachsen und in Thüringen regierte bis 1918 die
gleiche Fürstenfamilie, die Wettiner. Während Thüringen jedoch ein
Konglomerat von Kleinstaaten wurde, blieb Sachsen ein geschlossenes Gebiet und spielte in der deutschen Politik eine wichtige Rolle.
5 Der Kurfürst von Sachsen war im 17. und 18. Jahrhundert König
von Polen. Sachsen war ein wirtschaftlich fortschrittliches, ja wohlhabendes Land, und selbst die Extravaganzen seiner Fürsten und die
Kriege des 18. Jahrhunderts brachten nur eine vorübergehende° Ar-   *temporary*
mut. 1848 wurde Sachsen das erste deutsche Land, in dem mehr
10 Menschen in der Industrie als in der Landwirtschaft beschäftigt
waren.

Das wirschaftliche Zentrum Sachsens ist Leipzig. Die Stadt, die

heute 563.000 Einwohner hat, war seit dem Mittelalter eines der wichtigsten deutschen Handelszentren. Leipzig hat den größten
15 deutschen Bahnhof. Es wurde zur Universitätsstadt, als 1409 die deutschen Studenten aus Prag auszogen.° Diese Universität wurde ein Mittelpunkt der protestantischen Theologie, der Philosophie und der Philologie. Im 18. Jahrhundert wurde Leipzig der Mittelpunkt der deutschen Literatur. Es war bereits damals die Stadt des
20 deutschen Buchhandels. Bis 1945 war es der Sitz vieler bekannter Verlage, und jedes Jahr fanden die Buchmessen in Leipzig statt. Leipzig war außerdem eine Stadt der Mode. Die Pelzindustrie hatte hier ihren Mittelpunkt, und zu Goethes Zeit war es ein „Klein-Paris". Schließlich wurde es die erste deutsche Stadt mit einer repräsenta-
25 tiven Industriemesse, und heute ist die Leipziger „Muster-Messe" das Schaufenster der Wirtschaft in der DDR.

    Leipzig war vor allem eine Bürgerstadt; die Hauptstadt Dresden jedoch war eine Residenzstadt. Im 17. und 18. Jahrhundert schmückten die Kurfürsten die Stadt mit vielen prachtvollen Bauten,
30 und sie galt deswegen und wegen ihrer schönen Lage an der Elbe als eine der schönsten deutschen Städte. Im Februar 1945, kurz vor dem Ende des Zweiten Weltkriegs, wurde Dresden fast vollständig durch einen Luftangriff zerstört. Es war der schlimmste Luftangriff in Deutschland, mit Ausmaßen,° die sich bereits Hiroschima näher-
35 ten. Inzwischen ist Dresden wieder aufgebaut worden. Man kann sein berühmtes Kunstmuseum besuchen, und seine Technische Hochschule, die sich aus einer Technischen Schule aus dem Jahr 1828 entwickelt hat, hat sich stark erweitert. Dresden ist vor allem als Kunststadt bekannt. Neben dem Museum hat es eine Kunstaka-
40 demie; es hat eine berühmte Oper, ein ebenso bekanntes Symphonieorchester und den „Kreuzchor", einen Knabenchor. Noch berühmter als Musikstadt ist Leipzig, wo Johann Sebastian Bach, Felix Mendelssohn und Robert Schumann tätig waren, und wo der „Thomaskantor", der Nachfolger Bachs, heute noch einer der besten
45 deutschen Organisten sein soll. Leipzig hat einen noch bekannteren Knabenchor, die „Thomaner".

    Sehr wichtige Industriegebiete sind im Westen Sachsens. Die größte Stadt heißt heute Karl-Marx-Stadt und hieß früher Chemnitz. Sie war das Zentrum der deutschen Strumpfindustrie. Textilindu-
50 strie war überhaupt neben der Metallindustrie in Sachsen sehr wichtig.

    Durch die Kriege im 18. und 19. Jahrhundert haben sich die Grenzen Sachsens mehrmals geändert. 1815 kam der Norden Sachsens zu Preußen und wurde „Provinz Sachsen" genannt und mit einigen
55 früheren preußischen Gebieten vereinigt. Die größte Stadt dieses Gebietes ist Halle an der Saale, das seinen Namen von Salz-

ausziehen *to leave*

dimensions

bergwerken hat. Heute wird in diesem Gebiet vor allem Braunkohle
abgebaut. Die Braunkohle läßt sich zu künstlichem Gummi und vielen chemischen Produkten verarbeiten, und an der Saale südlich von
60 Halle sind die Leunawerke, ein umfangreicher Industriekomplex,
entstanden. Zwischen Halle und Weimar liegt die alte Stadt Naumburg mit ihrem Dom.

Zur Provinz Sachsen gehört die alte sächsische Universität Wittenberg an der Elbe, wo Martin Luther Professor war und die Refor-
65 mation begann. Die Universität, lange Zeit das geistige Zentrum des
Protestantismus, verlor im 18. Jahrhundert an Bedeutung und
wurde schließlich mit der neuen Universität Halle vereinigt. Westlich
von Wittenberg liegt Dessau, alte Residenzstadt und Hauptstadt des
kleinen Landes Anhalt. Heute ist dieses Gebiet vor allem seiner In-
70 dustrie wegen wichtig.

Die Mark Brandenburg

Die Mark Brandenburg war der Mittelpunkt des Staates
Preußen. Die Landschaft ist charakteristisch durch ihre Fichten-
wälder,° ihre sandigen Flächen, ihre Seen und Flüsse und durch die   *spruce forests*
mittelalterlichen Städte wie Brandenburg und Havelberg, aus denen
5 festungsartige Kirchen mit großen roten Ziegeldächern hervorragen.
Westlich der Elbe liegt die Altmark und die Magdeburger Börde,
landwirtschaftlich sehr wichtige Gebiete, in denen Zuckerrüben angebaut werden. Magdeburg ist eine traditionsreiche Stadt, die für die
deutsche Besiedelung des Ostens eine wichtige Rolle gespielt hat,
10 und die heute ein bedeutendes Wirtschaftszentrum ist. Zwischen
Magdeburg und dem Harz liegen alte Bergbaugebiete, wo heute
noch Kupferbergwerke und Salzbergwerke sind, und alte Städte, wie
Halberstadt und Quedlinburg. Der höchste Berg des Harzes, der
Brocken, ist noch auf dem Gebiet der DDR. Dieses Gebiet, lange mit
15 Brandenburg-Preußen verbunden, war seit 1815 Teil der „Provinz
Sachsen", später des Landes Sachsen-Anhalt.

Der Norden

Nördlich von Berlin geht die Mark Brandenburg über in
die Landschaft Mecklenburgs und Vorpommerns. Das südliche
Mecklenburg wird von einer Seenplatte durchzogen, in der die frü-

here Residenzstadt Neustrelitz liegt. Auch die Hauptstadt Schwerin
5 liegt an einem großen See. Die Ostseeküste hat schönen Strand und
ist eine Sommerfrische für die DDR, ganz besonders die Insel Rügen
mit ihren Kreidefelsen.° An der Ostsee liegen zwei Universitäts-   *chalk cliffs*
städte, Greifswald und Rostock. Rostock ist jetzt ein bedeutender
Hafen geworden. Eine andere alte Hafenstadt ist Stralsund.
10 In der DDR stehen ganz verschiedene Menschentypen einander
gegenüber: Im Norden wohnen die ruhigen, wortkargen, oft lang-
samen Mecklenburger und Pommern mit ihrem breiten Nieder-
deutsch; im Süden leben die lebhaften, gefühlsbetonten und musikalischen Thüringer, nahe bei ihnen die schnellen, geistig
15 interessierten Sachsen.

Die einzige wirkliche Weltstadt der DDR ist Ost-Berlin. Das Land
ist klein, die Reisemöglichkeiten sind begrenzt, und die Bewohner
der DDR leben in einem kleinen und recht traditionellen Lebenskreis. Gegenüber westlichen Städten wirken ihre Orte eher grau und
20 farblos. Man sieht, daß viel gearbeitet und geleistet wird. Man spürt
weniger, daß die Menschen Freude am Leben haben.

Staat und Bevölkerung

Die DDR hat fünf politische Parteien; außer der SED die
Demokratische Bauernpartei Deutschlands (DBD), die CDU, die Li-
beraldemokratische Partei (LDPD) und die Nationaldemokratische
Partei Deutschlands (NDPD). Die CDU und die LDPD haben keine
5 Verbindung mit den entsprechenden Parteien der Bundesrepublik.
Das Parlament heißt „Volkskammer". In der Volkskammer haben
außer diesen Parteien auch „Massenorganisationen", wie die Gewerkschaften, die Jugendorganisation „Freie Deutsche Jugend"
(FDJ), der Demokratische Frauenbund und der Deutsche Kultur-
10 bund, Abgeordnete. Es werden Volkskammerwahlen abgehalten,
doch entscheiden sich die Wähler nicht für Parteien. Sie bekommen
die Liste der „Nationalen Front" vorgelegt, die sie annehmen oder
ablehnen müssen. Fast alle Wähler nehmen die Liste an. Sie können
allerdings Kandidaten, die inkompetent scheinen, abwählen und er-
15 setzen lassen. Die Zahl der Abgeordneten für jede Partei ist also vorher festgelegt. Der Ministerrat führt die Beschlüsse der Volkskammer aus. Sein Präsidium bestimmt die Politik des Landes. Das
wichtigste Organ ist der „Staatsrat", der die Gesetze macht, wenn die
Volkskammer nicht tagt. Erster Vorsitzender des Staatsrates ist Erich

20 Honecker, der auch der Führer der SED ist. Da die SED die Entscheidungen in der Volkskammer bestimmt, sind die Beschlüsse
ihrer Parteitage entscheidend.

Die DDR hat sich auf allen Gebieten des Lebens in die Richtung
einer „sozialistischen" Gesellschaft entwickelt. Der Bau der Mauer in
25 Berlin im Jahr 1961 war dabei ein wichtiges Datum. Seit der Zeit
haben sich die Bewohner der DDR darauf konzentriert, sich ein
möglichst gutes Leben zu schaffen. Die Regierung war klug genug,
ab 1963 den Wirtschaftsexperten mehr Freiheit bei der Planung und
Lenkung der Wirtschaft zu geben. Sie verstanden es besser als die
30 Parteifunktionäre, wie man rentabel arbeiten und bessere Qualität
produzieren konnte. So ist die DDR zu einem der wirtschaftlich
wichtigsten und wohlhabendsten Länder des Ostblocks geworden.

Wer die DDR mit der Bundesrepublik vergleicht, bekommt ein ir-
reführendes Bild. Die DDR ist vor allem ein sozialer Staat, der dafür
35 sorgt, daß alle Bewohner vollständige Sicherheit und gleiche Berufschancen haben. Es gibt keine Arbeitslosen; Krankenversicherung
und Altersversorgung sind geregelt. Arbeitende Mütter bekommen
jede denkbare Hilfe und Sicherheit. Die Geburtsrate ist niedrig, und
das Land fördert den Nachwuchs.° Im Gegensatz zur Bundesrepu- *new generation, children*
40 blik hat die DDR die Einheitsschule eingeführt. Allerdings trennen
sich in den letzten Jahren die Wege. Nach 10 Schuljahren gehen
viele Jugendliche in die Lehre, statt nach 12 Jahren das Abitur zu
machen. Jedoch ist „polytechnischer" Unterricht die Regel. Die
Schule wird mit einer praktischen Ausbildung verbunden. Auch die
45 Lehrlinge können ihre Berufsausbildung mit Weiterbildung in der
Schule verbinden und nach drei Jahren Lehrzeit gleichzeitig das Abitur bestehen. Begabte Schüler und Studenten werden gefördert.
Schulgeld gibt es auch an den Universitäten nicht. Allerdings kann
nicht jeder junge Mensch das lernen oder studieren, was er möchte.
50 Der Staat hat den Bedarf in jedem Fachgebiet berechnet und daher
für die Studienfächer Quoten festgesetzt. Außerdem werden die
Bewerber untersucht, ob sie geistig und körperlich für den gewünschten Beruf geeignet sind. Einige Bewerber haben auch politische
Schwierigkeiten und werden deshalb nicht zu einem Studium zuge-
55 lassen.

Auch in der Wirtschaft werden die Prioritäten in der Produktion
von der Regierung bestimmt. Immerhin ist der Druck von der Bevölkerung groß, mehr Konsumgüter zur Verfügung zu stellen. Man
unterscheidet zwischen Lebensnotwendigkeiten und „Luxus". Le-
60 bensnotwendige Güter, wie die wichtigsten Lebensmittel und Arbeits-
kleidung, auch die Wohnungsmieten und Eisenbahnfahrten sind
sehr billig. „Luxuswaren" wie modische Kleidung, Autos, Küchen-

geräte oder Eisschränke sind ziemlich teuer. Aus dem Ausland ein-
geführte Lebensmittel gibt es nicht immer. Öfter gibt es noch
65 Schwierigkeiten in der Versorgung, nicht mit Lebensmitteln oder
Kleidung, aber zum Beispiel mit Ersatzteilen° für Autos und Maschi- *spare parts*
nen. Schlangen vor Geschäften sind selten, man findet sie vor allem
bei Läden mit solchen Ersatzteilen.

Die Bevölkerung ist jedoch nicht ganz zufrieden mit ihrem Le-
70 bensstandard. Wer gut verdient, hat meistens mehr Geld, als er sinn-
voll ausgeben kann. Wer sich ein Auto kaufen will, muß oft jahrelang warten, bis er an der Reihe ist. Die Ziele der Familie sind die
gleichen wie überall: eine schöne Wohnung oder ein eigenes Haus
mit allen Bequemlichkeiten, ein Auto, ein Wochenendhaus, Ferien-
75 reisen. Was man nicht im eigenen Laden kaufen kann, gibt es im
„Intershop", dem Laden für westliche Touristen, wo nur westliche
Währung genommen wird. Wer von Verwandten und Freunden von
„drüben" D-Mark oder andere westliche Währung bekommen hat,
kann sich im Intershop kaufen, was ihm fehlt. Ein Handwerker ar-
80 beitet lieber für westliches als für einheimisches Geld. Doch dieser
geborgte° Kapitalismus schafft Ungleichheit und Neid und Ärger in **borgen** *to borrow*
der Bevölkerung. So gern die Regierung das Geld nimmt, mit dem
sie westliche Güter für die Industrie einführen kann, so sehr ist sie
in Unruhe über die Intershops.
85 Die junge Generation von heute ist ganz in der DDR und ihrem
System des Sozialismus aufgewachsen. Sie findet die dortigen Verhältnisse „normal". Das heißt nicht, daß sie keine Wünsche hat. Sie
sucht zum Beispiel einen Freiraum, wo sie ohne zuviel Bevormun-
dung ihr eigenes Leben gestalten kann. Der Schriftsteller Ulrich
90 Plenzdorf hat Anfang der siebziger Jahre in dem sehr erfolgreichen
Theaterstück und Roman „Die neuen Leiden des jungen W." das
Dilemma der Jugend in der DDR beschrieben. Etwas Möglichkeit zu
freierer Entfaltung bieten die Kirchen, die der Jugend Räume für
ungeplante Aktivitäten zur Verfügung stellen. Die Kirchen waren
95 auch der Ort, wo sich eine inoffizielle Friedensbewegung in der DDR
bildete.

Vor allem aber sehnt sich die Jugend nach der Möglichkeit zu reisen. Ihr sind nur wenige Länder in Osteuropa zugänglich, und so
wünscht sie sich, einmal die Welt zu sehen, andere Kontinente, und
100 vor allem den bisher unzugänglichen Westen. Die westliche Frage,
wieviele Bewohner des Landes „gegen das Regime" sind, läßt sich
nicht beantworten. Selbst wenn die Menschen ehrlich und offen reden könnten, gäbe es keine einfache Antwort auf eine solche Frage.
Es gibt immer wieder Menschen, die einen besseren Sozialismus
105 wünschen als der ist, den sie haben. Sie verlangen vor allem mehr

Freiheit, Freiheit im persönlichen Bereich und mehr Spielraum für
politische Diskussionen. Auch ist der Wunsch der Bevölkerung nach
engerer Verbindung zur Bundesrepublik offenbar stark. Die Idee,
daß in der DDR und der Bundesrepublik Deutsche wohnen, die ei-
110 gentlich zusammengehören, ist durchaus lebendig. Natürlich möchte
niemand die stabilen wirtschaftlichen Verhältnisse und die perfekte
soziale Sicherheit gegen ein ungewisses kapitalistisches System ein-
tauschen. Wer Ehrgeiz in seinem Beruf hat, muß sich mit der SED
arrangieren. Fachleute in den Naturwissenschaften, in der Medizin
115 und Technik werden noch am wenigsten nach ihrer Aktivität in der
Partei gefragt. Ein Lehrer, ein Dozent an der Hochschule und ein
Schriftsteller hat viel weniger Spielraum. Er muß positiv zum Sozialismus stehen, ja, er muß aufmerksam die Parteilinie verfolgen,
um zu wissen, was die Richtung ist, und welchen Raum an Divergenz
120 die Partei zur Zeit zuläßt. Perioden relativer Toleranz und Freizügigkeit wechseln oft mit solchen einer strengeren Ausrichtung ab. So
sind es gerade Professoren in den Geisteswissenschaften und
Schriftsteller, die dazu neigen, die Grenze des Erlaubten zu über-
schreiten. Manche Bücher von Schriftstellern der DDR erscheinen
125 nur im Westen oder in der DDR nur in einer kleinen Auflage. Prominente Schriftsteller und Geisteswissenschaftler sind ausgewiesen
worden oder umgezogen.

Kritiker der Parteilinie sind nicht unbedingt Kritiker des Sozialismus. Sie sind nicht immer begeistert von der Bundesrepublik, wenn
130 sie dort leben. Der „dritte Weg" bleibt der geheime Traum: Sozialismus verbunden mit der Freiheit des Westens.

Besuch in Österreich

Das Neue Wiener Rathaus

Deutsch-Österreich und der Vielvölkerstaat

Österreich ist ein kleines Land. Es umfaßt knapp 84.000 Quadratkilometer, also 32.000 Quadratmeilen, und es hat nur etwa 7,5 Millionen Einwohner. Wer in die Hauptstadt Wien kommt, muß sehr verwundert sein. Wie kommt es, daß dieses Land eine so große

5 Hauptstadt hat mit so großartiger Architektur? 1,6 Millionen Österreicher leben in Wien. Wien ist eine Weltstadt, und es war jahrhundertelang Hauptstadt eines großen Reiches. Bis 1806 hatte der Kaiser des Deutschen Reiches in Wien seine Residenz. Wien war die größte Stadt des „Heiligen Römischen Reiches Deutscher Nation".

10 Österreich war dabei nicht nur Teil Deutschlands, sondern ein be-

deutendes Reich für sich selbst. Es besaß Nord- und Mittelitalien, Ungarn, das nördliche Jugoslawien, das westliche Rumänien, die Tschechoslowakei und das südliche Polen. 1866 schied Österreich aus dem Deutschen Bund aus und trennte sich von Deutschland.

15 Jetzt wurde es wirklich ein „Vielvölkerstaat", eine „Doppelmonar-chie",° denn der Kaiser von Österreich war König von Ungarn. Das Land hatte zwei Regierungen. Die italienischen Besitzungen, bis auf Triest und seine Umgebung, gingen allerdings im 19. Jahrhundert verloren. Immerhin hatte Österreich noch ein Gebiet von mehr als

20 300.000 Quadratkilometern (116.000 Quadratmeilen). Wien war eine internationale Stadt, der kulturelle, wirtschaftliche und poli-tische Mittelpunkt Südosteuropas. Nachdem Österreich jahrhunder-telang gegen die Türkei gekämpft hatte, wurden die Beziehungen im 19. Jahrhundert freundlicher, und der Handel wurde intensiver.

25 Der Erste Weltkrieg brach aus, als der österreichische Thronfolger von einem serbischen Nationalisten ermordet wurde. Österreich ver-lor zusammen mit Deutschland diesen Krieg. Das Land brach aus-einander, die Gebiete wurden—mehr oder weniger—nach dem Na-tionalitätenprinzip aufgeteilt. Die Deutschösterreicher wollten sich

30 nach dem Prinzip der Selbstbestimmung an Deutschland an-schließen; aber die Siegermächte verhinderten es. Sogar eine Zoll-union, die Deutschland und Österreich 1931 planten, scheiterte am Veto der Alliierten. Hitler jedoch fand keinen Widerstand, als er 1938 den „Anschluß" Österreichs erzwang. Die Österreicher be-

35 grüßten in ihrer Mehrheit die Vereinigung mit Deutschland, aber sie hatten sich die Vereinigung anders vorgestellt. Österreich wurde zur deutschen „Ostmark"; es verlor seine Selbstregierung.° 1939 begann der Zweite Weltkrieg, und die Österreicher mußten als deutsche Sol-daten in den Krieg ziehen.

40   1945 wurde Österreich wie Deutschland von den Alliierten besetzt und in vier Besatzungszonen aufgeteilt. Wien, die Hauptstadt, be-stand aus vier Sektoren, ähnlich wie Berlin. Jedoch betrachteten die Alliierten Österreich nicht als besiegtes, sondern als befreites Land, als das erste Opfer der Nazis. Es wurde sogleich eine österreichische

45 Regierung gebildet, und 1955 willigte die Sowjetunion in einen Staatsvertrag.° Daraufhin zogen alle Besatzungstruppen ab. Öster-reich verpflichtete sich, an keinem Militärbündnis teilzunehmen und seine Armee klein zu halten. Es ist „neutral". Seine Regierungsform ist die einer parlamentarischen Demokratie. Das Parlament besteht

50 aus zwei Häusern, dem Nationalrat und dem Bundesrat. Es hat meh-rere Parteien, von denen die Österreichische Volkspartei (ÖVP) und die Sozialistische Partei Österreichs (SPÖ) die wichtigsten sind. Der Regierungschef ist der Bundeskanzler, das Staatsoberhaupt der Bun-

dual monarchy

self-government

state treaty

despräsident. Es hat eine föderalistische Struktur; die neun Bundes-
55 länder haben eigene Regierungen und Landtage. Die „zweite Republik" hat in ihrem Aufbau also viel Ähnlichkeit mit der Bundesrepublik. Österreich ist in seiner Staatsform und seinem Lebenstil
„westlich", aber bleibt dennoch politisch neutral. Es kann daher oft
der Ort von internationalen Konferenzen und speziell Ost-West-Ver-
60 handlungen werden und spielt nicht selten die wichtige Rolle des
Vermittlers.°   *mediator*

   So hat sich eine österreichische Kultur und Lebensweise entwik-
kelt. Auf der Grundlage der deutschen Sprache und Tradition hat
sie viele Einflüsse aufgenommen und verarbeitet: italienische, spani-
65 sche, slawische, ungarische, orientalische. Alle diese Einflüsse haben
die Kultur bereichert, so daß trotz der politischen Grenzen Österreich nach wie vor weltoffen geblieben ist und einen Mittelpunkt
großer kultureller Strömungen darstellt.

Wien

W ien ist nicht nur Bundeshauptstadt. Österreich ist ein
Bundesstaat mit neun Ländern, und Wien ist eines davon. Wien ist
sogar noch das Verwaltungszentrum des Bundeslandes Niederösterreich. Man sieht es an den repräsentativen Gebäuden, daß man sich
5 in einer Hauptstadt und einer ehemaligen Kaiserstadt befindet.
Wien ist eine römische Gründung, aber aus der römischen Zeit sind
keine Gebäude erhalten; aus dem Mittelalter stammt der gewaltige
gotische Stephansdom mit seinem hohen Turm, wo viele Kaiser begraben sind. Die „Burg", das Stadtschloß der Kaiser, ist großenteils
10 im Renaissancestil gebaut. Das Sommerschloß des Kaisers in Schönbrunn, umgeben von einem ausgedehnten Park, das Schloß Belve-
dere des Prinzen Eugen, die Karlskirche, die Jesuitenkirche und
viele andere Kirchen und Paläste stammen aus dem 17. und 18.
Jahrhundert und sind im Barockstil gebaut. Im 19. Jahrhundert
15 wurden die Befestigungen der Stadt entfernt, und man legte die
prachtvollen Ringstraßen an, in deren Nähe weitere repräsentative
Gebäude stehen: das klassizistische Parlament, die im Renaissance-
Stil gebaute Oper und das neugotische Rathaus. Wien wurde am
Ende des Zweiten Weltkrieges schwer beschädigt, inzwischen aber
20 wieder aufgebaut.

   Wien ist ein wichtiges Wirtschaftszentrum. An der blauen
Donau—die keineswegs immer blau ist—hat es einen Binnenhafen.

Der Stephansdom in Wien

In seiner Industrie spielt der Luxus eine große Rolle. Schmucksachen werden in Wien hergestellt, und seine Textilindustrie hat vor
25 allem mit der Mode zu tun. Wien ist eine der Städte in Europa, wo
die Mode gemacht wird. Es hat auch eine Modeschule, und es exportiert nicht nur modische Kleidung, sondern auch—Mannequins.°   *models*
Wien hat gleichfalls eine Hochschule für Welthandel. Überhaupt ist
die Liste seiner Hochschulen lang. Die Universität wurde bereits
30 1365 gegründet; es war die zweite Universität in Mitteleuropa nach
Prag. Wien hat daneben noch eine Technische, eine Agrarwissen-
schaftliche und eine Tierärztliche Hochschule. Es hat gleichfalls
Hochschulen für Musik und für die bildenden Künste. Die Hochschulen zeigen, welch bedeutende Rolle die Kultur in dieser Stadt
35 spielt. Berühmt ist mit Recht die Wiener Oper; berühmt sind Wiens
Symphonieorchester; berühmt sind die Theater, besonders das
Burgtheater und das Theater in der Josefsstadt. Wien ist als Theaterstadt und Musikstadt im deutschsprachigen Gebiet nicht nur deshalb berühmt, weil gute Qualität geboten wird, sondern weil es einen
40 bestimmten, unverwechselbaren° Wiener Stil gibt. Und dieser Wie-   *unmistakable*
ner Stil zeigt eine Mischung von Traditionen aus der Volkskunst der
Alpen, aus Einflüssen von Italien, aus dem Osten Europas und aus
Spanien. Man ist sich bewußt, daß hier eine hohe Kultur an einem
Knotenpunkt von Handelsstraßen entstanden ist.
45   Es ist klar, daß solche großartige Architektur, solche Musik- und

Joseph Haydn

Theatertradition schöpferische Talente nötig hat und fördert. Jedermann kennt die großen Namen der klassischen Musik in Wien:
Joseph Haydn, Willibald Ritter von Gluck, Wolfgang Amadeus Mozart, Ludwig van Beethoven, Franz Schubert. Aber Wien wurde auch
50 die Stadt von Anton Bruckner und Johannes Brahms, von Gustav
Mahler, Arnold Schönberg, Alban Berg und Anton von Webern, es
wurde die Stadt von Johann Strauß und seinen Walzern, die Stadt
der Operette. Ab Ende des 19. Jahrhunderts ist es eines der Mittelpunkte der deutschsprachigen Literatur gewesen. Hier lebten Hugo
55 von Hofmannsthal und Arthur Schnitzler, hier schrieben Robert
Musil und Heimito von Doderer ihre großen Romane, um nur einige Namen zu nennen, und neuerdings hat vor allem Peter Handke
von sich reden gemacht. Wien war gleichfalls einer der Orte, wo die
moderne Malerei sich entwickelte. Hier lebten Gustav Klimt und
60 Egon Schiele. Aus Österreich kam auch Otto Kokoschka.
   Mit einer so starken Tradition zu leben ist nicht immer leicht.
Aber wenn auch konservative Strömungen sehr stark sind, so haben
sich doch in Österreich sehr beachtliche Gruppen moderner Künstler, Musiker und Schriftsteller gebildet, und es gibt genug Beispiele
65 wichtiger moderner Architektur. Österreich ist kein Museum, sondern eines der Zentren großer kultureller Aktivität.
   Der Charme der Stadt Wien, ihre Atmosphäre beruhen aber nicht

Wolfgang Amadeus Mozart

allein auf der Pracht des Stadtbildes und den kulturellen Veranstaltungen. Die Lebenskunst der Wiener gibt dieser Stadt ihren Charakter. In Wien kann man das Leben genießen, und die Menschen sind davon überzeugt, daß das der Zweck des Lebens ist. Natürlich ist es kein Zufall, daß der Wiener von Schönheit umgeben ist. Nicht nur die Stadt ist schön, auch die Landschaft, in der sie liegt. Sie liegt zwischen der Donau und dem Gebirge, dem Wienerwald, und man kann leicht schöne Spaziergänge machen; oder man kann sich vergnügen, und dazu hat man zum Beispiel den Prater, den großen Vergnügungsplatz mit dem berühmten Riesenrad.° Vielleicht spielt es auch eine Rolle, daß Wien in einer Landschaft liegt, wo guter Wein wächst.

giant ferris wheel

Ein Fremdenverkehrsland

Nach dem Zweiten Weltkrieg, besonders nach 1955, ist Österreich mehr zum Industrieland geworden, als es je vorher war. Es hat Wasserkraftwerke in den Alpen gebaut; durch Tirol führt die Ölleitung von Triest nach Ingolstadt; in Niederösterreich findet man

5 Erdöl und Erdgas, und in der Steiermark gibt es Eisenerzvorkommen. Die wichtigste Einnahmequelle des Landes bleiben jedoch immer die Feriengäste, die Ausländer, die jedes Jahr, im Sommer und
im Winter, zur Erholung° und zum Wintersport ins Land kommen. *recreation*
Neben der schönen Landschaft sind es die Freundlichkeit der
10 Menschen, die gute Küche, die kulturellen Ereignisse und die günstigen Preise, die die Fremden anziehen.

Außer Wien sind es vor allem drei Länder Österreichs, zu denen
die meisten Fremden reisen; Kärnten, Tirol und Salzburg. Kärnten
ist das südlichste Land Österreichs; seine Hauptstadt Klagenfurt und
15 der Wörther See liegen südlich der Alpen und haben daher ein
mildes, warmes Klima. Östlich von Kärnten schließt sich die Steiermark an, deren Hauptstadt Graz auch eine Universität hat, und wo
man vom Rand der Alpen sozusagen in die Ebenen von Ungarn und
Jugoslawien hinüberblicken kann. Das Burgenland, das östlichste
20 Land Österreichs, gehört nur zur Hälfte zum heutigen Land Österreich; die andere Hälfte kam 1918 zu Ungarn. Die ethnischen Grenzen konnte man hier wie anderswo nicht ganz beachten, da in den
Grenzbezirken die verschiedenen Nationalitäten gemischt waren. So
kommt es, daß noch einige Ungarn und etliche tausend Slowenen in
25 Österreich wohnen, und Tausende von Deutschen in Ungarn und
Jugoslawien blieben.

Im Südwesten Österreichs liegt das Land Tirol. Westlich von Tirol
ist nur noch das kleine Land Vorarlberg, das bis an den Bodensee
reicht, und wo man vom Pfänder, dem Berg bei Bregenz, über die
30 weite Fläche des Sees nach Westen blicken kann. In Bregenz finden
jeden Sommer auf einem Floß im See Theaterfestspiele statt, mit
Schauspielern und Sängern aus Wien.

Tirols Hauptstadt heißt Innsbruck. Es liegt, wie der Name sagt,
am Inn und ist von hohen Bergen umgeben. Es ist einer der Mittel-
35 punkte des Wintersports, und so war es kein Zufall, daß in Innsbruck
zweimal die Olympischen Winterspiele stattfanden. An der Grenze
von Tirol, Kärnten und der Steiermark ziehen sich die Hohen und
Niederen Tauern hin. In den Hohen Tauern ist der höchste Berg
Österreichs, der Großglockner, 3.680 Meter hoch. Durch das Inntal
40 geht die Straße von Deutschland nach Italien, also von Nordeuropa
nach Südeuropa. Ganz gleich, ob man die Alpenreise bei Mitten-
wald, bei Kufstein oder bei Salzburg anfängt, man kommt bei Innsbruck vorbei und steigt von dort nach Süden den Brenner-Paß empor, der heute die Grenze zwischen Österreich und Italien bildet. An
45 dieser Straße liegen Burgen, deren Herren früher den durchreisenden Kaufleuten Zoll abnehmen wollten, und reiche Städte, wo die
Reisenden übernachten konnten. Die heutige Grenze nach Italien

Die Herzog Friedrich-Straße in Innsbruck

entspricht nicht der Sprachgrenze; diese verläuft weiter südlich. Neben dem österreichischen Tirol gibt es ein italienisches Südtirol, das
50 1918 zu Italien kam und seitdem „Alto Adige" (= die obere Etsch)
genannt wird. Seine größten Städte sind Bozen und Meran.

Es gab nach 1945 heftige Auseinandersetzungen um die Rechte
der deutschsprachigen Bevölkerung, bei denen Österreich zu ver-
mitteln versuchte. Schließlich kam es zu einem Ausgleich,° der den   *compromise*
55 deutschsprachigen Südtirolern Zweisprachigkeit° und bestimmte   *bilingualism*
Rechte garantierte. Es war paradox, daß diese heftigen Nationalitä-
tenkämpfe in einer Gegend stattfanden, die wegen ihrer schönen
Landschaft und ihres milden Klimas viele Touristen anzieht, und die
obendrein eine der wichtigsten Durchgangsstraßen Europas ist. So
60 haben jetzt mehrere Länder zusammen eine Autobahn über den
Brenner gebaut, die „Europastraße Nr. 1".

Salzburg

Die Länder Österreichs, durch die die Donau fließt,
heißen Niederösterreich und Oberösterreich. Hier ist der eigentliche
Kern Österreichs. Linz, die Hauptstadt von Oberösterreich, ist die

drittgrößte Stadt des Landes. Wenn man von Linz mit dem Schiff
5 donauabwärts fährt, kommt man auf die Straße, auf der nach der
Nibelungensage die Burgunder nach Ungarn gezogen sein sollen.
Der kleine Ort Pöchlarn heißt in der Sage „Bechlarn". Auf der anderen Seite der Donau liegt heute auf einem Hügel der Wallfahrtsort Mariataferl. Wenig später kommt man zu dem berühmten Be-
10 nediktinerkloster Melk, mit einem imposanten Gebäude im Barockstil und einer berühmten Bibliothek; bald darauf beginnt die Wa-
chau. Das ist eine Landschaft, wo Weintrauben und Obst wachsen
und wo berühmte Burgen und Burgruinen stehen.

Die bekannteste Stadt Österreichs außer Wien ist gewiß Salzburg.
15 Salzburg ist die Hauptstadt des Bundeslandes mit dem gleichen Namen. Die Stadt hat ihren Namen nicht ohne Grund: in der Nähe der
Stadt sind viele Salzbergwerke. Salz war ein wichtiger Handelsartikel
im Mittelalter; das Salzburger Salz wurde weit nach Deutschland
transportiert. Der Erzbischof von Salzburg war deshalb ein reicher
20 und ein mächtiger Herr. Er konnte sich eine große Stadt mit Schlössern bauen, und auch seine Bürger lebten nicht schlecht, wie man
heute noch in der Altstadt sehen kann. Bevor das Erzbistum zur Zeit
Napoleons aufgelöst wurde und zu Österreich kam, hatte es eine kulturelle Blütezeit. Der Erzbischof stellte den bekannten Musiker Leo-
25 pold Mozart an, dem hier 1757 ein Sohn geboren wurde: Wolfgang

Mozarts Geburtshaus in Salzburg

Amadeus, ein Wunderkind und einer der genialsten Komponisten
der Welt. Wolfgang geriet zwar in Streit mit dem Erzbischof und zog
nach Wien; aber man bewahrt sein Andenken in Salzburg. Die Salzburger Musikhochschule heißt „Mozarteum"; Mozarts Geburtshaus
30 kann man besichtigen. Und als Leute wie der Dichter Hugo von
Hofmannsthal und der Regisseur Max Reinhardt Salzburg als einen
Ort für Festspiele im Sommer wählten, spielte der Name Mozart
eine große Rolle.

Die Universität in Salzburg, die 1620 gegründet wurde, aber ab
35 1810 nur als theologische Hochschule weiter existierte, ist heute
wieder zu einer vollen Universität ausgebaut worden. Salzburg ist
nicht nur eine schöne Stadt mit einer bezaubernden Lage; es ist ein
idealer Ausgangspunkt für Alpenreisen. Es hat eine gute Verkehrslage und ist mit Wien durch die längste Autobahn in Österreich ver-
40 bunden. Nach dem Westen fährt man auf der Autobahn nach
München weiter. Von Salzburg aus fährt man gern ins Salzkammer-
gut, eine Berglandschaft mit vielen Bergseen, zum Beispiel dem
Wolfgangsee und dem Mondsee. Man kann von dort aus auch zum
Dachstein, dem höchsten Berg der Alpen in dieser Gegend, hinauf-
45 fahren.

Deutschland und Österreich sind heute zwei verschiedene Länder.
Von einem „Anschluß" ist nicht mehr die Rede. Die gemeinsamen
Traditionen und die gemeinsame Sprache verbinden die beiden
Länder jedoch eng miteinander. Es gibt, besonders seit hundert Jah-
50 ren, eine besondere österreichische Eigenart in der deutschen Kultur, und in der Musik wie in der Literatur hat Österreich die
deutschsprachige Kultur außerordentlich bereichert. Das war besonders deshalb möglich, da Österreich fähig war, aus so vielen fremden
Einflüssen und Richtungen etwas ganz Eigenes zu bilden. Und heute
55 noch ist dieses Land mit dem kleinen Flächeninhalt kulturell groß
geblieben. Sein kultureller Raum ist ganz Europa, vor allem das südliche Europa, von Spanien bis zur Türkei.

Besuch in der Schweiz

Grindelwald im Berner Oberland

Die Eidgenossenschaft°

Die politische Geschichte Deutschlands zeigt viele Widersprüche und die Wirkungen des Partikularismus. Österreich wurde als Kaiserreich und Vielvölkerstaat geformt. Die Schweiz lebt aus ihrer starken demokratischen Tradition. Diese Demokratie stammt
5 aus dem Mittelalter; sie hat sich seitdem oft gewandelt, aber sie trägt noch manche altertümlichen° Züge.

Das gesamte Land hat über 5 Millionen Schweizer Einwohner, dazu mehr als 1 Million ausländische Gastarbeiter. Es umfaßt 43.000 Quadratkilometer, das sind knapp 16.000 Quadratmeilen; aber es ist
10 in nicht weniger als 26 Länder geteilt, die Kantone heißen, und die eine weitgehende Autonomie besitzen. Der jüngste Kanton ist das

confederation

ancient, archaic

westliche französischsprachige Juragebiet, das sich nach einer Volksabstimmung vom Kanton Bern getrennt hat.

Die große Zahl der Kantone läßt sich aus der Geschichte erklären.
15 1291 erklärten die „Urkantone" Schwyz, Uri und Unterwalden, alle
am Vierwaldstätter See gelegen, ihre Reichsunmittelbarkeit.° Sie   *direct allegiance to the*
wollten nur dem deutschen Kaiser untertan sein und sich selbst re-   *emperor*
gieren. Damit war das Haus Habsburg nicht einverstanden, das in
der Schweiz große Besitzungen hatte. Die Habsburger beherrschten
20 bald Österreich, später auch Burgund; und die Schweizer Bauern
mußten immer wieder ihre Freiheit gegen Österreich und Burgund
verteidigen. Die Sage von Wilhelm Tell berichtet von diesen Kämpfen. Diese Kämpfe wurden berühmt, weil sie zeigten, daß
Fußtruppen° militärisch stärker sein konnten als Ritterheere. Die   *infantry*
25 Schweizer begannen, mit dem Krieg Geld zu verdienen. Sie verdingten sich als Söldner° an andere Länder und führten deren Kriege.   *mercenaries*
Dabei sorgten sie dafür, daß die Schweizer Kantone nach Möglichkeit neutral blieben.

Zu den drei ersten Kantonen kamen immer neue hinzu. Die Re-
30 formation hatte in der Schweiz ihre eigene Richtung, die sich mit
der lutherischen nicht einigen konnte. In der nördlichen Schweiz
vertrat sie Ulrich Zwingli, in Genf Jean Calvin. Die Schweiz war damals eigentlich ein Bund von selbständigen Kantonen, und so konnte
jeder Kanton seine eigene Verfassung, Konfession und Sprache ha-
35 ben. Es gab protestantische und katholische Kantone, Kantone mit
deutscher, französischer und italienischer Sprache, Kantone mit einer
richtigen Volksregierung, mit einer Regierung von Aristokraten oder
von Bürgern. Es gab Kantone mit strengen Sitten und Gesetzen, und
andere, die freiheitlicher und toleranter waren.

1648 schied die Schweiz nominell aus dem Deutschen Reich aus.
40 Praktisch war sie schon lange vorher unabhängig. Anders als die
Niederlande, die zur gleichen Zeit das Reich verließen, löste die
deutschsprachige Schweiz ihre kulturelle Verbindung mit Deutschland nicht. Hochdeutsch blieb die Verwaltungs- und Literatursprache, während die Holländer ihren niederfränkischen Dialekt zur
45 offiziellen Sprache entwickelten. Das „Schwyzerdütsch", das sich beträchtlich von der hochdeutschen Sprache unterscheidet, ist die
mündliche Umgangssprache der Schweizer, aber nicht mehr. Die
politische Trennung und der Einfluß der anderen Schweizer
Sprachen haben allerdings auch in der offiziellen Sprache zu einigen
50 Besonderheiten geführt, doch Orthographie, Grammatik und offizielle Aussprache sind gleich.

Zürich wurde von der Mitte des 18. Jahrhunders an ein Mittelpunkt der deutschen Literatur, begünstigt durch die politische und

Am Limmatquai in Zürich

55 geistige Freiheit. Die Schweizer Literatur hat ihre starke Eigenart.
Gleichzeitig steht sie in Verbindung mit der deutschen Literatur,
und sie hat zeitweise stark in Deutschland gewirkt. Das war im 19.
Jahrhundert so, mit Schriftstellern wie Gottfried Keller, Jeremias
Gotthelf und Conrad Ferdinand Meyer. Das ist auch heute so, mit
60 Schriftstellern wie Max Frisch und Friedrich Dürrenmatt. In der Zeit
des Nationalsozialismus wurde Zürich zu einem entscheidenden
deutschen Kulturzentrum; das Züricher Theater bewahrte die
deutsche Theatertradition.

    Nach der Französischen Revolution wurde die Schweiz, zusammen
65 mit den anderen Ländern Europas, in viele Kriege und Umwälzun-
gen° verwickelt. Es war ja nicht zuletzt der Schweizer Jean-Jacques   *radical changes*
Rousseau gewesen, dem die Revolution ihre Ideen verdankte. Auch
die Schweiz versuchte nach dem Wiener Kongreß von 1815 zu ihrem
alten Zustand zurückzukehren; doch das ging nicht mehr. Es kam zu
70 heftigen Auseinandersetzungen zwischen den Parteien und 1847 so-
gar zu einem Bürgerkrieg, dem „Sonderbundskrieg",° der mit dem   *separate confederation's*
Sieg der liberal-demokratischen Mehrheit endete. Die Verfassung   *war*
von 1848, die 1874 revidiert wurde, machte die Schweiz zu einem
demokratisch regierten Bundesstaat, der jedoch im Vergleich zu an-

Max Frisch

75 deren Bundesstaaten die Befugnisse° der Bundesregierung und des   *authority*
Parlaments, Bundesversammlung genannt—bestehend aus National-
rat und Ständerat—sehr eingeschränkt hat.
    Im 20. Jahrhundert hat es die Schweiz verstanden, ihre Neutralität
zu wahren. Sie versuchte stets, eine starke und moderne Armee
80 zu haben, um jeden Angreifer—auch Hitler—abzuschrecken. Die
Schweiz als „neutrales" Land wurde ein bevorzugter Ort für internationale Institutionen und Verhandlungen. Genf ist der Sitz des Internationalen Roten Kreuzes; Genf war nach 1918 Sitz des Völker-
bundes. In Genf haben heute noch mehrere internationale Gremien
85 ihren Sitz.

Die Schweiz als Reiseland

    Im späten 18. Jahrhundert entdeckten die Reisenden die
Schönheit der Alpenlandschaft. Die Engländer waren die ersten. Die
Schweiz wurde das erste europäische Land, das sich auf Touristen
einstellte. Das Schweizer Hotelgewerbe wurde vorbildlich. Noch
5 heute sind Schweizer Hoteliers und Küchenchefs auf der ganzen
Welt tätig. Später entdeckte man noch, daß das Gebirgsklima

für gewisse Krankheiten gut ist. Davos hat sich als Kurort und
Heilstätte für Lungenkrankheiten einen Ruf in der ganzen Welt
erworben.

10 Der Reiz der Schweizer Landschaft besteht in der Verbindung von
Seen und Gebirge. Bekannte Seen gibt es in allen Teilen des Landes,
vom Bodensee an der nördlichen Grenze über den Züricher, den
Vierwaldstätter, Thuner, Bieler und Neuenburger See bis zum Lago
Maggiore und Genfer See im Süden. Von den Seen aus sieht man
15 die bekannten Alpenketten, die Berner, Walliser, Glarner und die
Rhätischen Alpen mit ihren Gletschern, Bergspitzen, Kurorten und
Wintersportplätzen—das alles ist bekannt genug. Weniger bekannt
ist die Landschaft der nördlichen und westlichen Schweiz außerhalb
der Alpen, wo viele kleine alte Städte liegen.

20 Wer durch die Schweiz reist, staunt über die vielen Verschiedenheiten. Seit mehr als 150 Jahren war die Schweiz in keinen internationalen Konflikt verwickelt, und doch sieht man selten so viele Soldaten wie in der Schweiz. Jeder männliche Schweizer ist einsatz-
bereit.° Selbst ein Schweizer, der im Ausland wohnt, muß seine Mili-   *ready for action*
25 tärsteuern zahlen, und seine Militärausrüstung wartet auf ihn im
Zeughaus,° wenn er zurückkehrt. Die Schweiz hat nicht nur Frieden   *armory*
mit anderen Ländern gehalten, sie hat auch ein friedliches Zusammenleben ihrer Bevölkerung entwickelt, die vier verschiedene
Sprachen spricht. Das Rhätoromanische wird vor allem in Graubün-
30 den gesprochen; die italienischen Schweizer wohnen vorwiegend im
Tessin; französische Kantone sind Genf, Neuenburg, Wallis, Waadt
und Jura. Der Kanton Freiburg ist zweisprachig, deutsch und französisch. Die übrigen Kantone sind deutschsprachig. Rund drei Viertel der Schweizer sprechen Deutsch, 20% Französisch, etwa 4% Ita-
35 lienisch und 1% Rhätoromanisch. Mehr als 40% der Bevölkerung
sind katholisch, 56% protestantisch. Die Konfessionsgrenzen stimmen nicht mit den Sprachgrenzen überein. Die deutschsprachigen
Schweizer wohnen vor allem im Norden und Osten, die „welschen"
Schweizer südlich und westlich der Alpen. Eine der bekanntesten
40 Städte der deutschen Schweiz ist Zürich, neben Genf eine „Weltstadt", bekannt durch seine Banken, seine Industrie, seine Kultur.
Basel, an der Grenze von Deutschland und Frankreich, hat eine
lange Tradition von schweizerischer Eigenart und europäischem
Charakter. In der Ostschweiz liegt die alte Stadt St. Gallen mit dem
45 berühmten Kloster, heute eine wichtige Industriestadt. Bern, die
Bundeshauptstadt, ist schon in ihrem Stadtbild „typisch schweizerisch". Sie liegt in der Mitte der Schweiz und ist weniger „international" als Genf oder Zürich.

Die Wirtschaft

Was dem Reisenden gleichfalls auffällt, wenn er durch
die Schweiz fährt, ist der solide Wohlstand des Landes. Niemand
braucht seinen Wohlstand zu zeigen, und dennoch ist er überall
sichtbar. Die Straßen sind breit und sauber; die Häuser sind groß
5 und gut gebaut; die Menschen haben ein ruhiges, sicheres Auftreten.

Der Wohlstand kommt keineswegs allein vom Fremdenverkehr.
Die Schweiz hat früh damit begonnen, sich zu industrialisieren. Genf
ist das Zentrum der Uhrenindustrie und wird manchmal die „Uh-
10 renstadt" genannt. Die Nahrungsmittelindustrie exportiert nicht nur
den „Schweizer Käse" aus dem Emmental, sondern auch die gute
Schokolade und den Nescafé. Früher hat in der deutschsprachigen
Schweiz die Textilindustrie eine entscheidende Rolle gespielt; heute
ist die Maschinen- und Elektroindustrie wichtiger. Die Schweiz hat
15 die Wasserkraft in den Alpen für die Industrie ausgenutzt. Stauseen°   *reservoirs*
und Wasserkraftwerke sind häufig. Überall sieht man die Masten der
Elektrizitätsleitungen; die Eisenbahn fährt elektrisch; die Industrie

Wochenmarkt vor dem Bundeshaus in Bern

arbeitet auf der Grundlage der Elektrizität; ja, die Schweiz exportiert Elektrizität.

20 Die Landwirtschaft in der Schweiz hat allerdings die gleichen Probleme wie die in allen europäischen Ländern: der Mangel an Arbeitskräften zwingt zur Mechanisierung; die scharfe Konkurrenz erlaubt keine kleineren Betriebe, so daß die Zahl der Bauernhöfe abnimmt. Da die Schweiz traditionell ein Bauernland ist, bedeutet es 25 eine große Umschichtung der Bevölkerung. Inzwischen ist mehr als die Hälfte der Bevölkerung städtisch geworden, d.h. sie lebt in Orten mit mehr als 10.000 Einwohnern. Die Schweiz muß daher einen Mittelweg zwischen den wirtschaftlichen Notwendigkeiten und dem Wunsch, den Bauernstand zu schützen, finden.

30 International wichtig ist die Schweiz durch ihre Banken, als Zentrum der Geldwirtschaft; und die außerordentliche Stabilität des Landes, in dem es kaum Inflation gibt, hat den Schweizer Franken zu einer der begehrtesten Währungen gemacht.

Volk der Schulmeister

Die Schweizer werden manchmal ein „Volk der Schulmeister" genannt, und sie hören es nicht ungern. Berühmte Pädagogen, wie Rousseau und Heinrich Pestalozzi, waren Schweizer. Die Pädagogik ist ein Charakterzug des Volkes. Die Schweiz hat besonders 5 ders gute Schulen. Nicht immer sind die berühmten Mädchenpensionate der französischen Schweiz, in denen die Töchter besserer Familien Fremdsprachen und gutes Benehmen lernen sollen, auch gute Schulen. Sprachen spielen natürlich in der Schweiz eine wichtige Rolle, und so haben Genf und Zürich bekannte Dolmetscherin- 10 stitute. Die deutschsprachigen Universitäten sind in Basel, Zürich und Bern, französischsprachige in Genf, Lausanne, Neuenburg und Freiburg. Schulen und Universitäten sind Angelegenheiten der einzelnen Kantone—die auch nicht immer die Prüfungen im Nachbarkanton anerkennen. Es gibt nur zwei Hochschulen, die der Bund 15 eingerichtet hat: die berühmte Eidgenössische Technische Hochschule in Zürich und seit 1969 auch die Technische Hochschule in Lausanne.

Die Bevölkerung nimmt an der Schulpolitik wie an allen Angelegenheiten des öffentlichen Lebens starken Anteil. Neue Schulbauten 20 muß die Bevölkerung durch eine Volksabstimmung genehmigen.°   **genehmigen** *to approve*

Das Reformationsdenkmal in Genf: Guillaume Farel, Jean Calvin, Théodore de Bèze und John Knox

So allgemein und lebendig diese Demokratie ist, so altertümlich ist sie auch: Erst 1971 gab eine Volksabstimmung den Frauen das Wahlrecht auf der Bundesebene. Angefangen mit den französisch-sprachigen Kantonen, hat sich allmählich das Wahlrecht für die
25 Frauen bei kantonalen und Gemeindewahlen durchgesetzt. Doch die Zahl der Frauen, die gewählt werden, ist besonders klein. Zwar sind in der Schweiz ebenso viele Frauen berufstätig wie anderswo, doch das Denken ist immer noch recht patriarchalisch geblieben. Die Schweizer sind weltoffen. Sie stellen sich auf die moderne Zeit um;
30 aber sie beharren auf ihren vielen alten Traditionen. So wird man-chem jungen Schweizer sein Land zu eng, und er wandert aus— nicht, weil ihn wirtschaftliche Notwendigkeit dazu zwingt, sondern weil er Abenteuer sucht und den festen, ja starren Formen des Le-bens entfliehen möchte. Die meisten der berühmten Schweizer
35 waren einmal Rebellen. Ihnen war ihr Land zu eng, und seine Tra-ditionen waren ihnen zu starr. So lehnten sie sich auf. Rousseau ging nach Frankreich, der Dichter Gottfried Keller nach Deutschland. Keller ist ein Beispiel dafür, wie ein Rebell später in die Heimat zu-rückkehrt und für die Gesellschaft tätig wird.
40　　Das Heimweh des Schweizers ist ebenso groß wie sein Fernweh. Eines der bekanntesten deutschen Volkslieder ist die Geschichte vom

Schweizer Soldaten, der „in Straßburg auf der Schanz" Wache steht
und das Alphorn blasen hört. Das Heimweh ergreift ihn so mächtig,
daß er über den Rhein schwimmen will, um in seine Heimat zurück-
45 zukehren.

Die Schweiz ist noch kein Mitglied der Vereinten Nationen; sie ist
an keinem Wirtschaftsblock oder Militärbündnis beteiligt. Sie tut
alles, um zu verhindern, daß das Land „überfremdet"° wird: es ist   *controlled by foreigners*
sehr schwer, Schweizer Staatsbürger zu werden. Man muß nicht nur
50 lange dort gelebt haben, sondern vor allem auch eine große Summe
Geld bezahlen, und das bedeutet: wohlhabend sein. Ja, die Schweiz
hat es für notwendig erachtet, Ausländern die Möglichkeit, Landbesitz zu erwerben, zu beschränken. Andererseits ist die internationale
Verflechtung der Wirtschaft nicht zu vermeiden. Wie wird es der
55 Schweiz gehen, wenn sie einer Europäischen Gemeinschaft gegenü-
bersteht, die wirklich ein Land geworden ist, mit einem europäischen
Parlament, das Gesetze macht und Beschlüsse faßt? Die Zeit der Iso-
lierung und der Nationalstaaten ist in Europa vorbei. So wird auch
die Zeit kommen, wo die Schweizer Bürger schwerwiegende Ent-
60 scheidungen treffen müssen. Vielleicht wird dann auch die Schweiz
nach so vielen Jahrhunderten wieder zu einer größeren politischen
Organisation gehören. Daß sich die Lebensart und Tradition der Bevölkerung wesentlich ändern, ist auch dann nicht zu erwarten.

ÜBUNGEN

GEOGRAPHIE

A. Beantworten Sie folgende Fragen:

1. In welchem Teil Europas liegt Deutschland?
2. Welche Stadt liegt auf dem gleichen Breitengrad wie Frankfurt am Main?
3. Welche Nachbarn hatte Deutschland vor dem Zweiten Weltkrieg?
4. Wie groß ist die Bundesrepublik Deutschland?
5. Wieviel Gebiet vom früheren Deutschen Reich umfaßt die Bundesrepublik und wieviel die DDR?
6. Wieviele Menschen leben in der Bundesrepublik auf einem Quadratkilometer?
7. Wieviele Menschen leben in den beiden Teilen Deutschlands?
8. Welche Landschaftsformen lassen sich in Deutschland unterscheiden?
9. In welcher Richtung fließen die meisten großen Flüsse in Deutschland?
10. Wie hoch sind die höchsten Gipfel der Mittelgebirge?
11. Was für ein Klima hat Deutschland?
12. In welchen Gegenden Deutschlands ist es am wärmsten?
13. Wo ist es in Deutschland am kältesten?
14. Wie kann man die Landschaft in Deutschland bezeichnen?
15. Was für eine Wirtschaft haben die meisten Bauern?
16. Welche Getreidesorten werden in Deutschland angebaut?
17. Wo wird Wein angebaut? Warum?
18. Wo gibt es in Deutschland Steinkohle?
19. Welche Bodenschätze kommen in Deutschland vor?
20. Wo sind die wichtigsten Industriegebiete der Bundesrepublik?
21. Welche Kanalverbindungen sind am wichtigsten?
22. Welche Kanalverbindung wird gerade fertig?
23. Was sind die wichtigsten deutschen Häfen?
24. Welche Stadt in der Bundesrepublik ist der wichtigste Verkehrsknotenpunkt?
25. Wieviele der Einwohner der Bundesrepublik leben in Großstädten?
26. Welche Städte gelten in Deutschland als Großstädte?
27. Welche deutschen Städte sind Millionenstädte?
28. Aus welchem Zeitalter stammen viele deutsche Städte?
29. Wieviele Gemeinden hat die Bundesrepublik?
30. Wohnen viele Bauern auf Einzelhöfen?

B. Stellen Sie zusammen:

1. Die wichtigsten Daten über Größe und Klima.
2. Angaben zu Wirtschaft und Verkehr: Landwirtschaft, Bodenschätze, Industriegebiete, Verkehr.
3. Angaben zur Bevölkerung: Einwohnerzahl, Bevölkerungsdichte, Stadt und Land.

C. Vergleichen Sie die Maßsysteme in Deutschland und in den USA.

D. Welche Wörter passen zur Beschreibung von Deutschland?

1. Das Land: groß, klein, abgeschlossen, offen, heiß, kühl, Urwald, Kulturlandschaft, Wüste, Wald.
2. Die Wirtschaft: Reis, Mais, Roggen, Milchwirtschaft, Pferdezucht, Holz, Steinkohle, Gold, Erdöl, Salz, Industriegebiet, Flußhafen, Furt, Autobahn.
3. Die Bevölkerung: Einzelhof, Dorf, Großstadt, dünn besiedelt, dicht besiedelt, alte Städte, moderne Gründungen, Minderheiten.

E. Nehmen Sie eine Landkarte!

1. Wie fährt man auf der Autobahn von München nach Köln? Welche Orte berührt man? Wie weit ist es?
2. Ich fahre mit dem Boot von Stuttgart nach Bremen. Durch welche Gewässer fahre ich, an welchen Städten geht es vorbei, und wie weit ist es?
3. Ich fahre von München nach Freiburg mit dem Auto. Wie kann ich fahren, und durch welche Landschaften komme ich?
4. Wie weit ist es von Emden nach Lauenburg, von Kleve nach Wolfsburg, von Trier nach Bebra?
5. Wie weit ist es von Flensburg nach Garmisch-Partenkirchen?

F. Anwendung:

1. Ich will im September durch die Bundesrepublik reisen. Was für Kleidung soll ich mitnehmen?
2. Ich fahre mit dem Auto von Freiburg nach Fulda. Wie soll ich fahren und wieviel Zeit muß ich rechnen?
3. Ich suche eine einsame Mittelgebirgslandschaft für die Ferien. Wohin soll ich fahren?
4. Womit muß ich rechnen, wenn ich an die Nordsee fahre?

VERGANGENHEIT

1 Der Beginn der deutschen Geschichte

A. Beantworten Sie folgende Fragen:

GERMANEN UND RÖMER

1. Was beschrieb Tacitus in seinem Buch?
2. Wie lebten die Germanen zu seiner Zeit?
3. Welche Erfahrung hatte Arminius mit den Germanen gemacht?
4. Was dachten die Germanen über Hermann nach seinem Sieg?
5. Was war der Limes, und zu welchem Zweck diente er?
6. Welche Einrichtungen hatten die Römer in ihren Städten?
7. Warum wählten die Germanen in der Völkerwanderungszeit Herzöge?

DAS REICH KARLS DES GROSSEN

8. Was erreichte Chlodwig?
9. Was geschah mit den römischen Städten zu Chlodwigs Zeit?
10. Was war die Bedeutung der Klöster für die Zeit?
11. Welche heutigen Länder gehörten zum Reich Karls des Großen?
12. Was war die Bedeutung der Kaiserkrönung Karls des Großen?

DIE TEILUNG DES REICHES

13. Warum wollten die Enkel Karls des Großen das Reich teilen?
14. Warum schworen die Brüder die Straßburger Eide in verschiedenen Sprachen?
15. Wie vollzog sich die Spaltung des Frankenreiches?
16. Aus welchen Herzogtümern bestand Deutschland?

B. Schreiben Sie einen Aufsatz über folgende Themen:

1. Römische Städte auf deutschem Boden.
2. Das Wort „deutsch".
3. Die Bedeutung der Klöster in der Zeit der Karolinger.

C. *Wie heißt der Mann, der* _____ *ist?*

1. römisch
2. christlich
3. germanisch
4. deutsch

5. burgundisch
6. arabisch
7. katholisch
8. spanisch

D. *Wie heißt das Land und das Adjektiv von:*

1. Bayer
2. Franke
3. Franzose
4. Friese
5. Niedersachse

6. Alemanne
7. Lothringer
8. Schweizer
9. Italiener
10. Holländer

E. *Setzen Sie ins Passiv:*

BEISPIEL: Tacitus beschrieb Mitteleuropa.
   Mitteleuropa wurde von Tacitus beschrieben.

1. Die Römer bildeten Arminius aus.
2. Ein Verwandter ermordete Arminius.
3. Die Römer legten südlich der Donau Städte an.
4. Man nannte das Stadttor die Porta Nigra.
5. Germanische Stämme eroberten Teile des römischen Reiches.
6. Chlodwig besiegte die Nachbarstämme.
7. Die Deutschen benutzten die römischen Bauten als Steinbrüche.
8. Die Karolinger lösten die Merowinger in der Herrschaft ab.
9. Die Mönche erklärten dem Volk die Grundbegriffe des Glaubens.
10. Karl der Große unterwarf in langen Kämpfen die Sachsen.

Setzen Sie jetzt diese Passivsätze ins Perfekt:

BIESPIEL: Mitteleuropa wurde von Tacitus beschrieben.
   Mitteleuropa ist von Tacitus beschrieben worden.

F. Setzen Sie die richtigen Präpositionen mit Artikel und Endungen ein:

BEISPIEL: Die Germanen waren sehr _____ ihr_____ Unabhängigkeit bedacht.
Die Germanen waren sehr auf ihre Unabhängigkeit bedacht.

1. Die Grenze sollte bis _____ _____ Elbe vorgeschoben werden.
2. Der größte Teil Deutschlands blieb _____ _____ römisch_____
   Kultur.
3. Die Römer sorgten _____ fließend_____ heiß_____ und kalt_____
   Wasser.
4. Die germanischen Stämme gingen _____ _____ Wanderung.
5. Chlodwig übernahm viel_____ _____ römisch_____ Einrichtungen.
6. Karl der Große heißt _____ _____ Franzosen Charlemagne.
7. Der Frankenherrscher teilte sein Land _____ sein_____ Söhne.
8. Die Herrschaft ging _____ ander_____ Familien über.
9. Das Wort „deutsch" hatte _____ _____ Mönche eine weitere Bedeutung.
10. Deutschland war ein Land _____ viel_____ Verschiedenheiten.

G. Bilden Sie Sätze aus den folgenden Elementen:

BEISPIEL: bedacht sein auf / mein Freund / seine Ruhe
Mein Freund ist auf seine Ruhe bedacht.

1. verzichten auf / die Franzosen / die Eroberung Amerikas
2. anschließen / der Abgeordnete / die Partei
3. beeinflussen / das Wetter / die Landwirtschaft
4. sich streiten um / die Söhne / das Geld
5. bestehen aus / das Volk / viele Gruppen
6. bemerken / die Grenzbewohner / viele Verschiedenheiten

H. Wir spielen eine Szene:

1. Ein Germane kommt nach Trier und spricht mit einem Römer
   über das Leben in der Stadt.
2. Ein Reisender will in einem Kloster übernachten und fragt einen
   Mönch nach dem Leben in diesem Kloster.
3. Zwei römische Soldaten sprechen über die Schlacht im Teutoburger Wald.

I. Wir schlagen im Lexikon oder im Geschichtsbuch nach:

1. Die Sage von den Nibelungen.
2. Theoderich der Große.
3. Die Sage von Roland.
4. Karl der Große und die Sachsenkriege.

Ein Student berichtet der Klasse, was er/sie gefunden hat.

J. Welche Verben gehören zu diesen Wörtern? Bilden Sie Sätze.

BEISPIEL: eine Einheit
   Die Germanenstämme bildeten keine politische Einheit.

1. Mißtrauen
2. auf die Wanderung
3. in Unordnung
4. als Unterkunft
5. Entscheidungen
6. eine Rolle

K. Definieren Sie die folgenden Ausdrücke durch einen Satz:

1. die Grenzfestung
2. die Heldensage
3. der Steinbruch
4. die Währung
5. die Zufluchtsstätte
6. die Lateinschule
7. die Erbteilung
8. die Mundart
9. die Sprachgemeinschaft

2   Die Ungarnschlacht

A. Beantworten Sie folgende Fragen:

DIE GRENZEN IM OSTEN UND WESTEN

1. Mit wem hatte Heinrich I. Schwierigkeiten?
2. Was lehrte Heinrich I. die deutschen Grenzbewohner im Osten?
3. Wen setzte Otto I. zu Herzögen ein?
4. Was richteten die Deutschen im Osten ein?
5. Bis zu welcher Zeit dauerte die Kolonisation des Ostens?

DAS LEHENSSYSTEM

6. Wo wohnte der deutsche König?
7. Warum waren die Geistlichen eine große Hilfe für den König?
8. Worauf beruhte das Feudalsystem?

ITALIEN

9. Wo begann die Reformbewegung in der Kirche?
10. Wie stand Heinrich III. zur Kirchenreform?
11. Was versteht man heute unter einem Canossa-Gang?
12. Was bedeutete das Wormser Konkordat für den Kaiser?

DAS RITTERTUM

13. Wo lernten die deutschen Ritter die neuen Kunstformen?
14. Wie soll sich ein richtiger Ritter verhalten?
15. Was entstand in Palästina während der Kreuzzüge?

B. Schreiben Sie einen Aufsatz über folgende Themen:

1. Das Lehenssystem.
2. Die Lebensweise und Kultur der Ritter.
3. Der Kaiser und die Fürsten.

C. Setzen Sie die passenden Modalverben ein:

BEISPIEL: Heinrich I. _____ dauernd in den Krieg ziehen.
   Heinrich I. mußte dauernd in den Krieg ziehen.

1. Otto _____ sich nicht gegen die Ungarn wehren, weil er gegen die deutschen Fürsten kämpfen _____ .
2. Ungetreuen Gefolgsleuten _____ der König ihre Lehen entziehen.
3. In Italien _____ der deutsche König Kaiser werden und damit mehr Autorität gewinnen.
4. Die Reformer in Cluny _____ das geistliche Leben reinigen.
5. Jetzt endlich _____ das Zölibat streng durchgeführt werden.
6. Um Macht zu gewinnen, _____ Heinrich IV. den Papst zwingen, ihn loszusprechen.

7. Die Ritter lebten in der Welt, und ihre Kultur ＿＿ weltlich sein.
8. Die Epen geben Beispiele, wie sich ein richtiger Ritter verhalten ＿＿ .
9. Der Kaiser ＿＿ sich auf die Geistlichen am meisten verlassen.
10. In Italien ＿＿ der Kaiser Steuern erheben.

Setzen Sie diese Sätze ins Perfekt.

D. Verbinden Sie die Sätze durch einen Infinitiv:

BEISPIEL: Es bereitete ihm Mühe. / Er schützte die Grenzen.
   Es bereitete ihm Mühe, die Grenzen zu schützen.

1. Er versuchte es damit. / Er setzte die Herzöge ab.
2. Es war für den Kaiser schwer. / Er zwang die Fürsten zu Diensten.
3. Die Partner verpflichteten sich. / Sie halfen einander.
4. Der Papst versuchte. / Er setzte die Reformideen durch.
5. Die Fürsten halfen dem Papst. / Er bekämpfte den Kaiser.
6. Heinrich zwang den Papst. / Er löste ihn vom Bann.
7. Die Ritter verbrachten ihre Zeit damit. / Sie bereiteten sich auf die Kriege vor.
8. Es ist die Pflicht eines Ritters. / Er hilft den Schwachen.
9. Es ist heute üblich. / Man nennt die Haltung „ritterlich".
10. Es gelang den Kreuzfahrern nicht. / Sie eroberten Palästina auf die Dauer.

E. Welche Präpositionen kommen nach diesen Verben?

1. sich verbünden
2. beruhen
3. denken
4. aufrufen
5. sich vermischen
6. bestehen
7. stammen
8. schützen

Bilden Sie Sätze mit diesen Verben.

F. Setzen Sie ein Verb mit einem **be-** *Präfix ein:*

BEISPIEL: Er antwortete auf meine Frage.
Er beantwortete meine Frage.

1. Heinrich kämpfte gegen die slawischen Wenden.
2. Otto siegte schließlich über die Ungarn.
3. Der Fürst wohnte in einer Burg.
4. Die Verwandten drohten dem Kaiser.
5. Die Geistlichen achteten nicht auf die Regeln.
6. Die Dichter schrieben von dem Leben der Ritter.

G. Bilden Sie die Sätze mit einem Reflexivverb um:

BEISPIEL: Die Einwanderung vermehrt die Bevölkerung.
Die Bevölkerung vermehrt sich durch die Einwanderung.

1. Die Kolonisation verschob die Grenze nach Osten.
2. Die Pest verminderte die Bevölkerung Deutschlands.
3. Das Lehen verpflichtete den Adeligen zu Diensten.
4. Die Missionare verbreiteten das Christentum.
5. Die Ritter entwickelten die Dichtung in der Nationalsprache.
6. Die Kreuzzüge veränderten die mittelalterliche Kultur.

H. Definieren Sie die folgenden Ausdrücke durch einen Satz:

1. die Mark
2. der Geldumlauf
3. der Stand
4. die Naturalwirtschaft
5. der Bann
6. das Turnier
7. die Pfalz
8. das Privileg
9. der Kreuzzug

I. Wir spielen eine Szene:

1. Ein Berater Kaiser Heinrichs IV. überzeugt ihn, daß er zum Bußgang nach Canossa gehen muß. Er lehnt zuerst ab.
2. Ein Italiener versteht nicht, warum der deutsche Kaiser nach Italien kommt. Ein Deutscher erklärt es ihm.
3. Ein Ritter erklärt seinem Sohn, wie sich ein richtiger Ritter verhalten soll.

J. Wir schlagen im Lexikon oder im Geschichtsbuch nach:

1. Kaiser Heinrich III.
2. Das Kloster Cluny und seine Bedeutung.
3. Kaiser Heinrich IV.
4. Die Kolonisation des deutschen Ostens.

Ein Student berichtet, was man in den Büchern finden kann.

3 Barbarossa

A. Beanworten Sie folgende Fragen:

DER KYFFHÄUSER

1. Was ist der Kyffhäuser und wo liegt er?
2. Warum wurden die beiden Kaiser „Barbarossa" genannt?

DIE KULTUR DER STAUFERZEIT

3. Was für ein Leben hatte Walther von der Vogelweide?
4. Wo soll ein Sängerkrieg stattgefunden haben?
5. In welchem Stil bauten die Kaiser ihre Dome?

DIE HOHENSTAUFEN UND IHRE FEINDE

6. Wer war der größte Feind des Kaisers?
7. Welche Länder beherrschte Heinrich der Löwe?
8. Wie schlichtete Kaiser Friedrich den Streit um Bayern?

FRIEDRICHS HERRSCHAFT

9. Was versuchte Barbarossa mit Mailand?
10. Warum beklagten sich andere Fürsten über Heinrich den Löwen?
11. Was wollte Barbarossa in Palästina erreichen?

DIE SPÄTEREN STAUFER

12. Wie schaffte sich Friedrich II. in Deutschland Ruhe?
13. Was geschah mit dem letzten Hohenstaufen?

14. Was wurde durch die Verfassung Deutschlands erleichtert?
15. Welche deutschen Staaten begannen, im späteren Mittelalter eine Rolle zu spielen?

B. Schreiben Sie einen Aufsatz über folgende Themen:

1. Friedrich Barbarossa und Heinrich der Löwe.
2. Die Kultur der Stauferzeit.
3. Kaiser und Papst in der Zeit der Hohenstaufen.

C. Wählen Sie aus den hier aufgeführten Ausdrücken den jeweils passenden aus:
   das Kaiserreich (*pl.* -e)
   das Königreich (*pl.* -e)
   das Herzogtum (*pl.* ¨er)
   die Grafschaft (*pl.* -en)
   das Fürstentum (*pl.* ¨er)
   das Bistum (*pl.* ¨er)
   die Abtei (*pl.* -en)

Deutschland war viele Jahrhunderte lang ein ⸺ (Land eines Kaisers) und zugleich ein ⸺ (Land eines Königs). Es hatte zu Beginn fünf ⸺ (Länder von Herzögen), später wurden es mehr. Die Fürsten, die den König wählten, hießen Kurfürsten, und ihre Länder ⸺. Außer den weltlichen Fürsten gab es geistliche, zum Beispiel Bischöfe. Manche ⸺ waren sehr groß. Auch manche ⸺ (Länder von Äbten) waren bedeutend. Ein Graf, der sein Land an der Grenze hatte, hieß manchmal Markgraf. Brandenburg war eine solche ⸺, später war es ein ⸺ (Land eines Kurfürsten) und noch später Teil eines ⸺ (Land eines Königs).

D. Setzen Sie die Sätze ins Präteritum und Perfekt:

BEISPIEL: In der Höhle sitzt Barbarossa.
   In der Höhle saß Barbarossa.
   In der Höhle hat Barbarossa gesessen.

1. Die Sage läßt Barbarossa hier auf das neue Reich warten.
2. Die deutschen Dichter gestalten viele Sagenstoffe.
3. Der Minnesänger trägt das Lied den Rittern vor.
4. In Frankreich setzt sich der neue Baustil durch.
5. Walther nimmt aktiv an den Kämpfen teil.

6. Diese Mischung kennzeichnet auch die Politik.
7. Zwei Familien rivalisieren miteinander.
8. Friedrich belehnt Otto von Wittelsbach mit Bayern.
9. Die Normannen lassen sich in Sizilien nieder.
10. Friedrich zieht wieder nach Italien.

E. Wie lautet der Superlativ?

BEISPIEL: Heinrich der Löwe baute einen großen Dom.
Heinrich der Löwe baute den größten Dom.

1. Die Zugspitze ist ein hoher Berg in den bayerischen Alpen.
2. Das Nibelungenlied ist ein bekanntes Epos aus dem Mittelalter.
3. Walther von der Vogelweide hatte ein abenteuerliches Schicksal.
4. Bayern war ein wichtiger Streitpunkt.
5. Mailand war eine reiche und mächtige Handelsstadt.
6. Friedrichs Verwaltung in Sizilien war damals eine moderne Verwaltung.
7. Die Stauferzeit war eine glanzvolle Epoche des Kaisertums.
8. Österreich und Sachsen wurden bedeutende Staaten in Deutschland.

F. Ergänzen Sie die Sätze:

1. Die Phantasie des Volkes versetzte Barbarossa in ＿＿ ＿＿.
2. Auf der Wartburg trafen mehrere Sänger zu ＿＿ ＿＿ zusammen.
3. Die romanischen Dome zeugen von ＿＿ ＿＿ ＿＿.
4. Der französische König wollte unabhängig von ＿＿ ＿＿ sein.
5. Barbarossa zog mit ＿＿ ＿＿ nach Italien.
6. Der Papst suchte bei ＿＿ ＿＿ Hilfe gegen den Kaiser.
7. Der Kaiser konnte Deutschland nicht zu ＿＿ ＿＿ entwickeln.
8. Das Mittelalter erzählte viele Geschichten über ＿＿.

G. Verbinden Sie die beiden Sätze mit als:

BEISPIEL: Barbarossa wachte auf. / Die Not war groß.
Barbarossa wachte auf, als die Not groß war.

1. Die Deutschen dachten an Barbarossa. / Sie kämpften um die nationale Einheit.

2. Walther dichtete viele Lieder. / Er zog im Land umher.
3. Friedrich schlichtete die Streitigkeiten. / Er wurde Kaiser.
4. Das deutsche Heer war in Rom. / Die Pest brach aus.
5. Friedrich besiegte Heinrich den Löwen. / Er kam aus Italien zurück.
6. Heinrich VI. starb mit 33 Jahren. / Er wollte zu einem Kreuzzug aufbrechen.
7. Friedrich II. gab den Fürsten Privilegien. / Er kam nach Deutschland.
8. Die Herrschaft der Hohenstaufen endete. / Konradin wurde in Neapel enthauptet.

Beginnen Sie mit dem **als-** *Satz:*

BEISPIEL: Als die Not groß war, wachte Barbarossa auf.

H. Definieren Sie die folgenden Ausdrücke durch einen Satz:

1. die Sagengestalt
2. der Spielmann
3. die Buchmalerei
4. der Landadel

5. der Gegenkönig
6. der Nationalstaat
7. der Einheitsstaat
8. der Kanzler

I. Wir spielen eine Szene:

1. Friedrich Barbarossa versucht Heinrich den Löwen zu überreden, mit ihm nach Italien zu ziehen. Heinrich der Löwe lehnt ab.
2. Ein zurückkehrender Kreuzfahrer wird gefragt, was er alles im Heiligen Land gesehen und erlebt hat.
3. Ein Ritter und ein Geistlicher streiten über die Macht des Papstes und des Kaisers.

J. Wir schlagen im Lexikon oder im Geschichtsbuch nach:

1. Herzog Heinrich der Löwe.
2. Die Normannen in Süditalien.
3. Die Kreuzzüge von Friedrich I. und Friedrich II.
4. Kaiser Friedrich II.

Ein Student berichtet der Klasse, was man finden kann.

4 Der Totentanz

A. Beantworten Sie folgende Fragen:

ENTWICKLUNG DER STÄDTE

1. Welcher neue Stand kam jetzt zur Gesellschaft hinzu?
2. Warum bekam das Bürgertum in Italien schneller Bedeutung als in Deutschland?
3. Was gehörte zum Plan einer mittelalterlichen Stadt?
4. Welches Ziel hatten die Städte bei ihrem Kampf gegen die Fürsten?
5. Welches Vorbild hatten die deutschen Städte in ihrer Verfassung?
6. Wodurch bekamen die Städte größere Macht?

DAS WIRTSCHAFTLICHE LEBEN IM MITTELALTER

7. Wodurch war das wirtschaftliche Leben im Mittelalter geregelt?
8. Wie waren die Handwerker eingeteilt?
9. Warum waren die Handelsgüter im Mittelalter teuer?
10. Für welche Zeit brauchte man viele Fische?

ADEL UND BÜRGERTUM

11. Was hat Götz von Berlichingen geschildert?
12. Wann fanden in den Städten Theateraufführungen statt?
13. Was wurde in der „Goldenen Bulle" festgelegt?
14. Wann und wo wurde die erste Universität im Reich nördlich der Alpen gegründet?
15. Was ist oft am Hauptportal einer gotischen Kirche dargestellt?

B. Schreiben Sie einen Aufsatz über folgende Themen:

1. Die Laufbahn eines Handwerkers im Mittelalter.
2. Der mittelalterliche Handelsverkehr.
3. Die Kultur des mittelalterlichen Bürgertums.

C. Setzen Sie das jeweils richtige Wort ein:

1. Eine Stadt, die sich selbst regierte und nur dem Kaiser untertan war, hieß eine ——.
2. Das Recht, Geld zu prägen, heißt das ——.
3. Aachen war berühmt wegen seiner ——.
4. Ein Handwerker, der sein eigenes Geschäft hat und Lehrlinge ausbildet, ist ein ——.
5. Die reichen Kaufleute und Bankiers hießen auch ——.
6. Der Spitzname der Kaufleute im Mittelalter war ——.
7. Ritter, die Kaufleute überfielen und ausraubten, hießen ——.
8. Die Häuser, in denen die Verwaltung der Stadt untergebracht ist, heißen ——.

D. Setzen Sie war *oder* wurde *(mit der richtigen Endung) ein:*

1. Die Heilquellen in Aachen —— schon lange berühmt.
2. Frankfurt —— jetzt als Stadt angelegt.
3. Der Bürgermeister —— ein tatkräftiger Mann.
4. Einige der italienischen Patrizier —— Fürsten.
5. Je mehr sich die Wirtschaft entwickelte, desto wichtiger —— die Städte.
6. Die meisten Verträge —— mündlich abgeschlossen.
7. Die Kaufleute —— auch in Gruppen eingeteilt.
8. Der Konkurrenz —— enge Grenzen gesetzt.
9. Nur sehr wichtige Güter —— transportiert.
10. Die Gewürze —— damals sehr teuer.

E. Bilden Sie von diesen Substantiven Adjektive mit der Endung -ig *oder* -lich:

1. Bürger
2. Kraft
3. Fürst
4. Macht
5. Wirtschaft

6. Vertrag
7. Kirche
8. Adel
9. Abenteuer
10. Gott

Ersetzen Sie die schräggedruckten Worte durch eines dieser Adjektive:

1. die Kultur *der Bürger*
2. die Sicherung *durch einen Vertrag*

3. die Herkunft *aus dem Adel*
4. die Gnade *Gottes*
5. ein junger Mann *voll Kraft*
6. eine Krise *der Wirtschaft*
7. ein Leben *voll von Abenteuern*
8. die Verwaltung *der Kirche*
9. ein Trinkgeld *wie von einem Fürsten*
10. ein Herrscher *voll Macht*

F. Bilden Sie Sätze aus diesen Elementen:

    BEISPIEL: berühmt sein wegen / Bier
           Milwaukee ist wegen seines Biers berühmt.

1. rechnen müssen mit / Gegner
2. das Gegengewicht bilden / Opposition
3. das Leben schwer machen / Studenten
4. verantwortlich sein / Regierung
5. sich lustig machen über / die Kinder
6. sichtbar machen / die Unruhen
7. beitragen zu / die Unordnung des Landes
8. Gelegenheit geben / das Stipendium

G. Bilden Sie Relativsätze:

    BEISPIEL: Italien entwickelte sich schneller. / Es hatte die römische Stadt-
           kultur erhalten.
           Italien, das die römische Stadtkultur erhalten hatte, entwik-
           kelte sich schneller.

1. Heinrich der Löwe bekam München. / Es war gerade gegründet worden.
2. Die reicheren Leute regierten die Stadt. / Sie waren Kaufleute
   oder Bankiers.
3. Die Hanse war sehr mächtig. / Ihre wichtigste Stadt war Lübeck.
4. Eine Stadt konnte Märkte abhalten. / Ihr wurde das Marktrecht
   gegeben.
5. Ein Geselle übernahm das Geschäft. / Sein Vater war Meister.
6. Die Zahl der Lehrlinge war festgelegt. / Der Meister konnte sie
   nehmen.

7. Alle Städte wurden reich. / Die Salzfahrer mußten ihnen Zoll zahlen.
8. Die Möbel wurden viel teurer. / Sie waren vorher einfach und billig.
9. Götz von Berlichingen war ein Raubritter. / Wir kennen ihn durch seine Autobiographie.
10. Die Maler hatten einen realistischen Stil. / Wir kennen heute noch ihre Werke.

H. Aus welchen Verben sind die folgenden Substantive gebildet?

1. Bedeutung	6. Kleidung
2. Kolonisierung	7. Stellung
3. Entwicklung	8. Dichtung
4. Siedlung	9. Darstellung
5. Niederlassung	10. Veränderung

Bilden Sie einen Satz mit jedem dieser Verben.

I. Wir spielen eine Szene:

1. Ein Gespräch zwischen einem durchreisenden und einem einheimischen Kaufmann.
2. Ein Raubritter überfällt einen reisenden Kaufmann. Er will ihn auf seine Burg bringen und Lösegeld verlangen.
3. Ein Student kommt in seine Heimat und wird nach dem Leben an der Universität gefragt.

J. Wir schlagen im Lexikon oder im Geschichtsbuch nach:

1. Die Hanse.
2. Albrecht Dürer.
3. Kaiser Karl IV.
4. Romanischer und gotischer Stil.

Ein Student berichtet der Klasse und antwortet auf Fragen der anderen Studenten.

5   Die Reformation

A. Beantworten Sie folgende Fragen:

MARTIN LUTHER

1. Mit welchem Ereignis begann die Reformation in Deutschland?
2. Aus welchem Land stammte Luthers Vater?
3. Wer waren die Humanisten?
4. Welches Fach studierte Luther an der Universität?
5. Bei welchem Anlaß stieß Luther mit der Kirche zusammen?

ZEITALTER DES UMBRUCHS

6. Was tat Luther mit der päpstlichen Bulle?
7. Warum war Luther in Worms in großer Gefahr?
8. Welchen Vorteil hatte Luther bei der Verbreitung seiner Lehre?
9. Wie wurde Luthers Zeitalter auch genannt?
10. Wie wurde Luthers Lehre von der Masse des Volkes aufgefaßt?
11. Welche Haltung nahm Luther im Bauernkrieg ein?

DER ALTE UND DER NEUE GLAUBE

12. Was sagte Karl V. von seinem Reich?
13. Mit welchem Frieden endete der Schmalkaldische Krieg?
14. Wozu dienten die Theateraufführungen der Jesuiten?
15. Wie wirkte die Entdeckung Amerikas auf die deutsche Wirtschaft?

B. Schreiben Sie einen Aufsatz über folgende Themen:

1. Das Leben Martin Luthers.
2. Die deutsche Gesellschaft um 1500.
3. Luthers Bibelübersetzung und die Entwicklung der deutschen Sprache.

C. Bilden Sie Adjektive mit den Endungen -lich, -ig, -isch *oder* -haft:

1. Legende
2. Volkstum

3. Akademie
4. Historie

5. Geschichte
6. Vorteil
7. Literatur
8. Gesellschaft
9. Welt
10. Zorn

11. Luther
12. Latein
13. Wirtschaft
14. Beruf
15. Franzose

D. Ergänzen Sie die Endungen:

1. Luthers Vater kam zu groß＿＿ Wohlstand.
2. Für intelligent＿＿ jung＿＿ Leute gibt es gute Möglichkeiten.
3. Luther wurde von stark＿＿ Zweifel＿＿ gequält.
4. Ein Mensch mit tief＿＿ Glauben akzeptierte das nicht.
5. Der Kaiser bemühte sich um neu＿＿ Gesetze.
6. Das damalige Zeitalter war interessiert an technisch＿＿ Wissen.
7. Luther stand vor schwer＿＿ Entscheidungen.
8. In einigen katholisch＿＿ Länder＿＿ wohnten auch Protestanten.

E. Bilden Sie einen neuen Satz mit dem Verb in Klammern:

BEISPIEL: Der Kranke befolgte alle Vorschriften. (folgen)
Der Kranke folgte allen Vorschriften.

1. Luther plante nicht die Gründung einer neuen Kirche. (denken an)
2. Luther kämpfte kräftig für seine Lehre. (verteidigen)
3. Kopernikus beschrieb das Planetensystem. (schreiben über)
4. Moritz von Sachsen fiel vom Kaiser ab. (verraten)
5. Friedrich der Weise unterstützte den Reformator. (helfen)
6. Luther erlebte ein heftiges Gewitter. (geraten in)
7. Luther ermahnte die Fürsten. (sich wenden an)
8. Bei den Theateraufführungen benutzten die Jesuiten Lichteffekte. (arbeiten mit)

F. Setzen Sie die richtigen Modalverben ein:

1. Luthers Vater sagte, daß der Sohn Jura studieren ＿＿.
2. Luther fragte sich: Wie ＿＿ der Mensch ein Gott wohlgefälliges Leben führen?

3. Er gelobte, daß er Mönch werden _____.
4. Nur Gottes Gnade _____ den Menschen erlösen.
5. Einen Menschen wie Luther _____ der Ablaßhandel empören.
6. Das Ziel der Kirche war, daß Luther widerrufen _____.
7. Als Luther die Bannbulle verbrannte, _____ der Kaiser eingreifen.
8. Um sich verständlich zu machen, _____ Luther eine einheitliche deutsche Sprache schaffen.
9. Wer die Gesellschaft verändern _____, hoffte auf Luther.
10. Luther _____ nur von den Fürsten Schutz erhalten.

G. *Setzen Sie die Sätze ins Passiv:*

BEISPIEL: Man faßt die positiven Folgen ins Auge.
   Die positiven Folgen werden ins Auge gefaßt.

1. Man baut immer noch die Mansfelder Kupfervorkommen ab.
2. Man hatte vorher kein Griechisch gelehrt.
3. Man achtete einen Doktortitel sehr hoch.
4. Man hat Luther als Abgesandten des Ordens nach Rom geschickt.
5. Man konnte sich die Befreiung von den Sünden erkaufen.
6. Man wird den spanischen König zum Kaiser wählen.
7. Man kann Luthers Sprache auch heute noch leicht verstehen.
8. Man hat die neuen Methoden auch in der Wirtschaft angewendet.
9. Man besiegte und unterdrückte die aufständischen Bauern.
10. Man hat der deutschen Wirtschaft nicht durch die neuen Entdeckungen geholfen.

H. *Bilden Sie Sätze aus diesen Elementen:*

1. auffordern zu / Reformen
2. eintreten in / die Firma
3. sich vertiefen in / das Problem
4. führen zu / der Erfolg
5. sich verbreiten in / die ganze Welt
6. erzwingen / die Unabhängigkeit
7. sich bekennen zu / die neue Auffassung
8. erziehen / die Kinder

I. Definieren Sie die folgenden Wörter durch einen Satz:

1. die Disputation
2. das Kupfervorkommen
3. der Jurist
4. die Schutzpatronin
5. das Konzil
6. die Exegese

7. der Ablaßhandel
8. die Bulle
9. der Kurfürst
10. das Flugblatt
11. die Landeskirche
12. die Gegenreformation

J. Wir spielen eine Szene:

1. Martin Luther vor dem Kaiser auf dem Reichstag in Worms.
2. Friedrich der Weise überredet einen anderen Kurfürsten, Karl V. zum Kaiser zu wählen.

K. Wir schlagen im Lexikon oder Geschichtsbuch nach:

1. Die Wiedertäufer.
2. Die Sage von Doktor Faustus.
3. Paracelsus.
4. Die Jesuiten in Deutschland.

Ein Student berichtet, die anderen Studenten fragen.

L. Wir diskutieren: Positive und negative Folgen der Kirchenspaltung.

6 Fenstersturz von Prag

A. Beantworten Sie folgende Fragen:

DER DREISSIGJÄHRIGE KRIEG

1. In welchem Land begann der Dreißigjährige Krieg?
2. Warum wurde Friedrich V. der Winterkönig genannt?
3. Wer waren die bekanntesten Heerführer im Dreißigjährigen Krieg?

DEUTSCHLAND IM 17. JAHRHUNDERT

4. Warum war das Reich nach 1648 kaum mehr als ein Name?
5. Welche Zeit begann jetzt, politisch gesehen?
6. Bei welcher Gelegenheit zeigte das Reich seine Einheit?

BAROCKKULTUR

7. Welcher König war das Vorbild für die deutschen Fürsten?
8. Wie wurden die neuen Residenzstädte angelegt?
9. Wer schrieb und wer komponierte die erste deutsche Oper?
10. Welchen Charakter hatte die deutsche Dichtung des 16. Jahrhunderts gehabt?
11. Wo studierten viele protestantische Schlesier?
12. Was für ein Werk ist der „Simplicissimus"?

B. Schreiben Sie einen Aufsatz über folgende Themen:

1. Die Ergebnisse des Westfälischen Friedens.
2. Der Barockstil.
3. Die deutsche Literatur im 17. Jahrhundert.

C. Setzen Sie das richtige Wort ein:

1. Im Krieg nennt man die Menschen, die nicht zur Armee gehören, _____.
2. Ein Drama in drei Teilen heißt _____.
3. Staaten, die ganz unabhängig sind, haben ihre volle _____.
4. Der am Hof des Fürsten lebende Adel hieß _____.
5. Kleine religiöse Gruppen, die nicht zu den offiziellen Kirchen gehören, heißen _____.
6. In Europa hatten die großen Staaten ungefähr gleich viel Macht. Es bestand also ein _____ der Mächte.
7. Die Stadt, in der der Fürst sein Schloß hat und wo er wohnt, ist seine _____.
8. Da alle Menschen, Tiere und Pflanzen sterben oder vergehen, spricht man von der _____ des irdischen Lebens.
9. Ein Mensch, der allein auf einer Insel wohnt, wird ein _____ genannt.

D. Bilden Sie Relativsätze:

BEISPIEL: Dreißig Jahre dauerte der Krieg. / Alle europäischen Länder
waren daran beteiligt.
**Dreißig Jahre dauerte der Krieg, an dem alle europäischen
Länder beteiligt waren.**

1. Wallenstein wurde in Eger ermordet. / Schiller schrieb ein
   Drama über ihn.
2. Die Adligen mußten dem Fürsten folgen. / Sie waren von ihm
   abhängig.
3. Der Spanische Erbfolgekrieg dauerte 13 Jahre. / Bayern war in
   ihm mit Frankreich verbündet.
4. Die Naturwissenschaften entwickelten sich sehr. / Die Schlesier
   kamen mit ihnen in Leiden in Berührung.
5. Die Vergänglichkeit war das Hauptthema von Gryphius. / Der
   Krieg erinnerte ihn ständig daran.
6. Es war ein festlicher Stil. / Der Glanz Gottes wurde dadurch gezeigt.
7. Grimmelshausen schrieb den „Simplicissimus". / Das Leben während des Krieges wird darin beschrieben.
8. Opitz verfertigte viele Übersetzungen. / Die deutschen Dichter
   haben viel aus ihnen gelernt.

E. Bilden Sie einen neuen Satz; verwenden Sie das Gegenteil des schräg-
gedruckten Wortes:

BEISPIEL: Alle drei waren *verletzt*.
Alle drei waren unverletzt.

1. Die Schweiz war vom Reich *abhängig*.
2. Die Sekten hatten ein *sicheres* Leben.
3. Deutschland spielte eine *große* Rolle.
4. Schlesien war ein *armes* Land.
5. Die Städte sind *unregelmäßig* angelegt.
6. Die spanische Dichtung war sehr *bedeutend*.
7. Simplicius *begann* sein Leben als Einsiedler.
8. Der „Simplicissimus" war ein *Mißerfolg*.

F. Beginnen Sie mit einem Kausalsatz mit da:

BEISPIEL: Seine Herrschaft war bald zuende, denn die kaiserlichen Truppen besiegten ihn.

Da ihn die kaiserlichen Truppen besiegten, war seine Herrschaft bald zuende.

1. Die Menschen hatten viel zu leiden, denn die Heere zogen plündernd durch das Land.
2. Der Friedensschluß war schlecht für das Reich, denn die Fürsten bekamen ihre volle Selbständigkeit.
3. Die Fürsten bauten prachtvolle Schlösser, denn sie wollten Versailles nachahmen.
4. Opitz hatte großen Einfluß, denn seine Lehren und Übersetzungen zeigten den deutschen Dichtern eine neue Richtung.
5. Es gab keine protestantische Universität in Schlesien, denn die Regierung war katholisch.
6. Simplicissimus lebte als Einsiedler, denn die Menschen waren unmoralisch.

G. Setzen Sie das passende Verb ein:

BEISPIEL: Der Kaiser wollte den Adligen das Recht auf Kirchenbau _____.

Der Kaiser wollte den Adligen das Recht auf Kirchenbau entziehen.

1. Der Dreißigjährige Krieg wurde sehr grausam _____.
2. Schiller hat Wallensteins Ermordung in einem Drama _____.
3. Deutschland als Ganzes _____ keine Rolle mehr.
4. Der Große Kurfürst hat eine moderne Verwaltung _____.
5. In Holland _____ religiöse Toleranz.
6. Opitz' Werk _____ vor allem aus Übersetzungen.
7. Die deutsche Dichtung wollte Anschluß an die europäische Tradition _____.
8. Simplicissimus mußte zuletzt von der Welt _____.

Bilden Sie einen anderen Satz mit diesen Verben.

BEISPIEL: **Die Verordnung entzieht den Besitzern das Recht, hier eine Fabrik zu bauen.**

H. Wir spielen eine Szene:

1. Ein Augenzeuge beschreibt einem Prager Bekannten, der ihn fragt, den Fenstersturz.
2. Ein fliehender Bauer berichtet den Nachbarn im nächsten Dorf über eine Plünderung von Soldaten im Dreißigjährigen Krieg.

I. Wir schlagen nach und besprechen in der Klasse:

1. Wallenstein.
2. Der Westfälische Friede 1648.
3. Grimmelshausen.
4. Der Große Kurfürst.

J. Wir diskutieren: Der Absolutismus—Vorzüge und Nachteile.

7   Die Staatsräson

A. Beantworten Sie folgende Fragen:

DIE AUFKLÄRUNG

1. Unter welchem Begriff werden die Tendenzen des 18. Jahrhunderts zusammengefaßt?
2. Welcher Überzeugung war man in bezug auf die Natur des Menschen?
3. Wer stand in England, Frankreich und Holland hinter der Emanzipationsbewegung der Aufklärung?

DAS DEUTSCHE BÜRGERTUM

4. Welche Sprache wurde um 1700 an den deutschen Höfen gesprochen?
5. Auf welchen Gebieten war Leibniz tätig?
6. Welche Stadt bildete nach 1700 einen wichtigen kulturellen Mittelpunkt?
7. Worin bestand Gottscheds Bedeutung?
8. Für welches Fach an der Universität konnten Söhne armer Eltern Stipendien bekommen?

9. Warum hatte ein Hofmeister gute Aussichten, Pfarrer zu werden?

ÖSTERREICH UND PREUSSEN

10. Was tat der Kurfürst von Brandenburg im Jahr 1701?
11. In welchem Krieg wurde Prinz Eugen berühmt?

FRIEDRICH II.

12. Um welche Provinz kämpften Preußen und Österreich?
13. Wie beurteilten viele Deutsche die preußischen Siege im Siebenjährigen Krieg?
14. Um welchen Posten in Berlin bemühte sich Lessing?
15. Welche Schwierigkeiten hatte der Philosoph Kant?

B. *Schreiben Sie einen Aufsatz über folgende Themen:*

1. Das deutsche Bürgertum im 18. Jahrhundert.
2. Preußen unter Friedrich II.
3. Die deutsche Literatur von Gottsched bis Lessing.

C. *Verbinden Sie die beiden Sätze; beginnen Sie den ersten Satz mit* **wo:**

BEISPIEL: Es war am wenigsten Freiheit vorhanden. / Die Ideen waren am radikalsten.
Wo am wenigsten Freiheit vorhanden war, waren die Ideen am radikalsten.

1. Das Bürgertum war nicht wohlhabend. / Es konnte nicht politisch führend sein.
2. An den Höfen wurde nur Französisch gesprochen. / Die deutsche Literatur konnte sich nicht entwickeln.
3. Vater und Sohn verstanden einander nicht. / Es mußte zu Konflikten kommen.

Beginnen Sie den ersten Satz mit **wie:**

4. Man sollte sich richtig verhalten. / Man konnte (es) in Gellerts Dichtungen lesen.

5. Die preußische Armee kämpfte im Siebenjährigen Krieg. / (Es) erweckte die Bewunderung vieler Deutscher.
6. Er stellte sich den idealen Herrscher vor. / Friedrich II. schrieb (es) in seiner Zeit als Kronprinz.

Beginnen Sie den ersten Satz mit wenn:

7. Alle Menschen handeln vernünftig. / Ein Paradies auf der Erde entsteht.
8. Das Bürgertum wollte Erfolg haben. / Es mußte seine geistige Freiheit erkämpfen.
9. Ein Theologe verließ die Universität. / Er mußte Hofmeister werden.
10. Die Fürsten gingen ins Ausland. / Sie konnten mehr Macht gewinnen.

D. Verbinden Sie die beiden Sätze mit um - zu:

BEISPIEL: Das Bürgertum brauchte wirtschaftliche Freiheit. / Es wollte sich entwickeln.
Das Bürgertum brauchte wirtschaftliche Freiheit, um sich zu entwickeln.

1. Thomasius ging nach Halle. / Er wollte seine neuen Ideen durchsetzen.
2. Gottsched schrieb ein Lehrbuch über die Dichtung. / Er wollte der Literatur eine neue Richtung geben.
3. Viele junge Leute wählten Theologie. / Sie wollten ein Stipendium bekommen.
4. Viele Theologen wurden freie Schriftsteller. / Sie mußten nicht Pfarrer werden.
5. Prinz Eugen ging nach Österreich. / Er wollte Offizier werden.
6. Friedrich korrespondierte mit Voltaire. / Er wollte sein Französisch verbessern.
7. Friedrich eroberte Schlesien. / Er wollte Preußen zu einer Großmacht erheben.
8. Lessing schrieb sein letztes Drama. / Er wollte seine Ideen über die Religion ausdrücken.

E. Bilden Sie Sätze aus diesen Elementen:

1. Leibniz / sich einsetzen für
2. der Adel / interessiert sein an
3. der Pfarrer / sich befassen mit
4. Friedrich II. / übereinstimmen mit
5. Prinz Eugen / sorgen für
6. Maria Theresia / sich zurückziehen von

F. Vervollständigen Sie die Sätze mit dem Objekt im Dativ oder Akkusativ:

BEISPIEL: Das Licht der Vernunft wird _____ gebracht. (die Menschen)
Das Licht der Vernunft wird den Menschen gebracht.

1. Die Würde ist _____ gemeinsam. (alle Leute)
2. Der Mensch muß _____ überwinden. (seine Vorurteile)
3. Das Bürgertum wollte _____ schaffen. (ein neuer Adel)
4. Die Eroberung von Belgrad gelang _____. (der Prinz Eugen)
5. Die Aufklärung erträumte _____. (ein gebildeter Herrscher)
6. Friedrich bereitete _____ Schwierigkeiten. (die Kaiserin)
7. Andere Staaten ahmten _____ nach. (die preußische Verwaltung)
8. Die Professur gab _____ mehr freie Zeit. (der Philosoph)

G. Wie heißen die Verben zu folgenden Substantiven?

1. der Bettler
2. die Entwicklung
3. der Gebrauch
4. der Kampf
5. der Bediente
6. die Diskussion
7. die Bildung
8. die Sparsamkeit
9. die Flucht
10. die Heirat

Bilden Sie je einen Satz mit diesen Verben.

H. Definieren Sie diese Wörter durch einen Satz:

1. die Schöpfung
2. die Säkularisierung
3. die Kulturkritik
4. das Stipendium
5. der Hofmeister
6. der Journalist
7. die Staatskasse
8. die Toleranz
9. die Zensur
10. der Privatdozent

I. Wir spielen eine Szene:

1. Ein aufgeklärter Pfarrer diskutiert mit seinem Gutsherrn über die Ideale der Aufklärung.
2. Ein Streit zwischen einem Hofmeister und seinem Herrn.

J. Wir schlagen nach und und besprechen in der Klasse:

1 Gotthold Ephraim Lessing.
2. Immanuel Kant.
3. Kaiser Joseph II.
4. Prinz Eugen von Savoyen.

K. Wir diskutieren: Die Ideale der Aufklärung und ihre Bedeutung für die heutige Zeit.

8 Die Goethezeit

A. Beantworten Sie folgende Fragen:

GOETHE

1. Was erlebte Goethe als junger Mensch mit?
2. An welchen Universitäten studierte Goethe?

DIE DEUTSCHE KLASSIK UND ROMANTIK

3. Was versuchten Goethe und Schiller?
4. Wo fand sich die erste Gruppe der Romantiker zusammen?
5. Was kritisierten die Romantiker an der Aufklärung?
6. Als was stellte Madame de Staël Deutschland dar?
7. Welche Formen entwickelten sich in der Musik?

NAPOLEON UND DIE FREIHEITSKRIEGE

8. Was verstanden die Deutschen zu dieser Zeit unter „Vaterland"?
9. Wodurch entstand der Nationalismus in Deutschland?
10. Auf welchen Gebieten der Verwaltung hatte sich der Freiherr vom Stein ausgezeichnet?

11. Was waren die wichtigsten Reformen in Preußen?
12. Welche Universität wurde in Deutschland vorbildlich?
13. Welche Verfassung bekam Deutschland 1815?
14. Welche deutschen Staaten waren am fortschrittlichsten?
15. Wie wurde die Zeit nach 1815 genannt?

B. Schreiben Sie einen Aufsatz über folgende Themen:

1. Die deutsche Klassik und Romantik.
2. Carl August von Sachsen-Weimar und die deutsche Kultur.
3. Deutschland und die Französische Revolution.

C. Ergänzen Sie folgende Sätze:

1. Eine Stadt, in der der König gekrönt wird, heißt _____.
2. Ein Philosoph, der die Gesetze der Geschichte bestimmt, ist ein _____.
3. Das oberste deutsche Gericht in Wetzlar hieß _____.
4. Die Zahl von Exemplaren eines Buches, die der Verlag auf einmal druckt, ist eine _____ des Buches.
5. Ein Stellenangebot an einen Professor nennt man eine _____.
6. Die wichtigste Form der Orchestermusik wurde zur Zeit Haydns die _____.
7. Ein Lied, dessen Dichter nicht bekannt ist und das vom Volk gesungen wird, ist ein _____.
8. Ein Mensch, dem der Fortschritt in der Welt wichtiger ist als sein Vaterland, ist ein _____.

D. Setzen Sie die Adjektivendungen ein:

1. Goethe erlebte als jung_____ Mensch wichtig_____ Ereignisse im Heilig_____ Römisch_____ Reich Deutsch_____ Nation.
2. Goethe stammte aus einer wohlhabend_____ Familie und hatte zu höher_____ Kreisen Zugang.
3. Der jung_____ Mann bemühte sich um gesellschaftlich_____ Eleganz und schrieb die erst_____ Gedichte.
4. Viele groß_____ Männer kamen nach Frankfurt, um den berühmt_____ Verfasser der „Leiden des jung_____ Werthers" zu sehen.
5. Wielands Romane hatten das Beispiel eines vorbildlich_____ deutsch_____ Stils gegeben.

6. Goethe wollte die südlich___ Sonne und die rein___ Schönheit der griechisch___ Kunst auf den deutsch___ Boden verpflanzen.
7. Französisch___ Kritiker sehen den „Faust" als eine romantisch___ Dichtung an.
8. Hegel entwickelte in Jena seine dialektisch___ Methode und sein idealistisch___ System.
9. Im Vergleich zu dem fortschrittlich___ Frankreich war Deutschland ein rückständig___ Land, und es sah aus wie eine friedlich___ Idylle.
10. Der Herzog konnte kein ausreichend___ Gehalt bezahlen, und so hatten viele jünger___ Professoren ständig___ finanziell___ Schwierigkeiten.

E. Ersetzen Sie den Relativsatz durch eine Wendung mit dem Partizip:

BEISPIEL: Nach Wien zog Beethoven, der in Bonn geboren war.
Nach Wien zog der in Bonn geborene Beethoven.

1. Goethe, der aus einer wohlhabenden Familie stammte, wurde Minister in Weimar.
2. Herder, der als Literaturkritiker bekannt war, begeisterte Goethe für Shakespeare.
3. Die deutschen Schriftsteller, die damals von Unterstützungen abhingen, hatten ein schweres Leben.
4. So begann die Freundschaft der beiden, die bis zum Tod Schillers dauerte.
5. Goethe, der von Italien zurückgekehrt war, fand wenig Verständnis für seine neuen Ideen.
6. Madame de Staël stellte die deutsche Kultur in einem Buch dar, das damals viel gelesen wurde.
7. Die Entwicklung, die zum deutschen Nationalismus führte, begann mit der Niederlage Preußens.
8. Die Universität, die von Humboldt in Berlin gegründet worden war, wurde zum Vorbild für die Universitätsreform.

F. Bilden Sie Sätze aus diesen Elementen:

1. stammen aus / der Adel
2. sich vertiefen in / die Bibel
3. helfen bei / die Verwaltung

4. bestehen aus / viele kleine Länder
5. sich abwenden von / die Politik
6. hoffen auf / der einheitliche Staat
7. sich verbinden mit / der wirtschaftliche Fortschritt
8. eintreten in / die Armee

G. Wie heißen die Adjektive zu folgenden Substantiven?

BEISPIEL: Politik—**politisch**

1. Bedeutung
2. Beruf
3. Gesellschaft
4. Dichter
5. Ehrgeiz
6. Möglichkeit

7. Menschlichkeit
8. Dialektik
9. Frieden
10. Armut
11. Kultur
12. Musik

*Welche Substantive können diese Adjektive ergänzen? Geben Sie zwei
Beispiele für jedes Adjektiv.*

BEISPIEL: politisch— **die politische Einheit**
            die politische Versammlung

H. Wir spielen eine Szene:

1. Carl August von Weimar besucht Goethe in Frankfurt und fragt
   ihn nach seinem bisherigen Leben.
2. Ein Anhänger und ein Gegner der Reformen in Preußen streiten
   miteinander.

I. Wir schlagen nach und besprechen in der Klasse:

1. Georg Friedrich Wilhelm Hegel.
2. Wolfgang Amadeus Mozart.
3. Die Befreiungskriege.
4. Fürst Metternich.

J. Wir diskutieren: Der deutsche Nationalismus.

9 Der deutsche Nationalstaat

A. Beantworten Sie folgende Fragen:

DAS WARTBURGFEST

1. Warum zogen die Studenten 1817 auf die Wartburg?
2. Welche Themen hat Carl Spitzweg gemalt?
3. Warum verließ Georg Büchner Hessen?

INDUSTRIE UND SOZIALE PROBLEME

4. Welches Problem war in der deutschen Wirtschaft besonders akut?
5. Wieviele Deutsche wanderten in die USA aus?
6. Wodurch hatten die Dorfbewohner in den Gebirgen Geld verdient?
7. Wo tagte die Nationalversammlung?
8. Was war die erste politische Organisation der deutschen Arbeiter?

BISMARCKS DEUTSCHES REICH

9. Welche Posten hatte Bismarck bis 1862?
10. Was war Bismarcks außenpolitisches Ziel bis 1871?

DIE VERSPÄTETE NATION

11. Wie war das Lebensgefühl der Deutschen nach 1871?
12. Was war Bismarcks Außenpolitik nach 1871?
13. Welches Ziel hatte Bismarck bei dem Kulturkampf?
14. Was wollte Bismarck durch die Sozialgesetze erreichen?
15. Warum nahm Bismarck seinen Abschied?

B. Schreiben Sie einen Aufsatz über folgende Themen:

1. Die deutsche Literatur im 19. Jahrhundert.
2. Die Industrialisierung in Deutschland und ihre Kritiker.
3. Die Nationalversammlung und die politischen Parteien.
4. Bismarcks Lebenslauf.
5. Die innenpolitischen Probleme des Deutschen Reiches nach 1871.

C. *Definieren Sie durch einen deutschen Satz:*

1. die Burschenschaften
2. das Biedermeier
3. der Zollverein
4. der Deutsche Bund
5. die Nationalversammlung
6. das Zentrum

7. die Zivilehe
8. die Sozialistengesetze
9. die Sonntagsruhe
10. die Gewerkschaft
11. das Sozialgesetz
12. der Reichstag

D. *Setzen Sie in die indirekte Rede:*

BEISPIEL: Heine sagte: „Es beginnt ein neues Zeitalter."
Heine sagte, daß ein neues Zeitalter beginne.
Die Studenten fragten: „Dürfen wir die Feier abhalten?"
Die Studenten fragten, ob sie die Feier abhalten dürften.

1. Marx forderte: „Die Philosophie soll die Welt verändern."
2. Die Sozialisten fragten: „Kann der Kapitalismus durch eine fortschrittlichere Idee überwunden werden?"
3. Die Gegner der Industrie sagten: „Die Stadt ist böse, das Dorf ist gut."
4. Bismarck sagte: „Ich will Deutschland unter der Führung Preußens vereinigen."
5. Napoleon III. forderte: „Kein preußischer Prinz darf König von Spanien werden."
6. Man dachte oft nicht daran: „Kann dieses Pathos wirklich echt sein?"
7. Bismarck dachte: „Die neue Großmacht wird das europäische Gleichgewicht erschüttern."
8. Bismarck fragte sich: „Kann ich Deutschland vor einer Einkreisung bewahren?"
9. Die Katholiken dachten: „Bismarck greift die katholische Kirche an."
10. Bismarck fragte sich: „Bleiben die Arbeiter Sozialdemokraten, wenn sie ein besseres Leben bekommen?"

E. *Verbinden Sie die Sätze durch einen Infinitiv:*

BEISPIEL: Die Studenten erhielten Erlaubnis. / Sie veranstalteten eine Feier.
Die Studenten erhielten die Erlaubnis, eine Feier zu veranstalten.

1. Diese Tat war der Anlaß. / Man führte die Zensur ein.
2. List versprach. / Er wanderte nach Amerika aus.
3. Die Menschen hatten viele Schwierigkeiten. / Sie gewöhnten sich in der Stadt ein.
4. Der König entschloß sich nur sehr schwer. / Er berief Bismarck zum Ministerpräsidenten.
5. Bismarcks Plan war. / Man brachte den Krieg schnell zuende.
6. Die Deutschen glaubten jetzt. / Sie müßten viel nachholen.
7. Das Ziel dieser Bündnisse war. / Er erhielt den Frieden in Europa.
8. Bismarck versuchte. / Er unterband die Arbeit der Gewerkschaften.
9. Die Sozialdemokraten bemühten sich. / Sie setzten Reformen durch.
10. Die Studenten forderten die Füsten auf. / Sie hielten ihre Versprechen.

F. Setzen Sie die Modalverben ein:

1. Nach 1815 _____ die meisten Fürsten keine Verfassung geben.
2. Nach einem Revolutionsversuch _____ Georg Büchner fliehen.
3. Wenn man von einem deutschen Land ins andere reisen _____, _____ man Zoll bezahlen.
4. Viele Leute wanderten aus, weil sie keine Arbeit finden _____.
5. Die Kritiker erkannten nicht, daß Deutschland nicht mehr von der Landwirtschaft allein leben _____.
6. Bismarck _____ nur einen Teil von Lothringen, aber er _____ den Generälen nachgeben.
7. Bismarck sah, daß Deutschland als Großmacht das Gleichgewicht in Europa erschüttern _____.
8. Die Gewerkschaften sahen, daß sie Reformen erreichen _____.

G. Ergänzen Sie diese Sätze:

BEISPIEL: Als Heine krank im Bett lag, . . .
   Als Heine krank im Bett lag, schrieb er seine bedeutendsten Gedichte.

1. Daß eine moderne Wirtschaftspolitik nötig war, . . .
2. Obwohl die Industrie sich schnell entwickelte, . . .
3. Wenn in Frankreich ein Umsturz versucht wurde, . . .
4. Weil König Wilhelm I. keinen Ausweg mehr wußte, . . .

5. Als Napoleon III. erreicht hatte, daß kein deutscher Prinz König von Spanien wurde, . . .
6. Obwohl die meisten Deutschen mit dem Reich einverstanden waren, . . .
7. Als Bismarck die freie Wirtschaft durchsetzte, . . .
8. Nachdem Bismarck aus dem politischen Kampf ausgeschieden war, . . .

H. Schreiben Sie eine Geschichte unter Verwendung dieser Elemente:

Student / Demonstration / teilnehmen
Studentenverbindungen / Ideen / diskutieren
Polizei / Studenten / zusammenstoßen
Student / Gefängnis / kommen
Gefängnis / befreien
Amerika / auswandern
Industrie / arbeiten
Fabrikant / hohe Löhne / zahlen
Wohlstand / kommen
konservative Anschauungen / bekommen
liberale Ideen / kritisieren
Sohn / Studentenverbindung / eintreten
Demonstration / teilnehmen
Gefängnis / kommen
Vater / Resignation / enden

I. Wir spielen eine Szene:

1. Ein Student hält eine Rede bei der Feier auf der Wartburg.
2. Ein Arbeiter versucht seine Arbeitskollegen zum Streik zu überreden.
3. Ein Katholik, der gegen Bismarck ist, diskutiert mit einem Bismarck-Anhänger.

J. Wir schlagen nach und besprechen in der Klasse:

1. Georg Büchner.
2. Die deutschen "Achtundvierziger" in Amerika.
3. Helmuth von Moltke.
4. Richard Wagner.

K. Wir diskutieren: Vorzüge und Nachteile des Sozialstaates.

10 Weltpolitik

A. Beantworten Sie folgende Fragen:

MADE IN GERMANY

1. Welche Zweige der deutschen Industrie wurden um 1900 wichtig?
2. Was erregte den Zorn der englischen Wirtschaft?

GESELLSCHAFTSKRITIK

3. Was war die Karikatur eines typischen Deutschen?
4. Welches Thema kehrte oft in der Literatur wieder?
5. Was stellte Sigmund Freud fest?
6. Auf welchem Gebiet hatte die Jugendbewegung großen Einfluß?

DIE MODERNE

7. Was änderte sich im Lebensrhythmus nach 1900?
8. Welche Kunstformen entstanden aus der Technik?
9. Warum zogen die Menschen 1914 jubelnd in den Krieg?

DIE GROSSE KRISE

10. Welchen körperlichen Geburtsfehler hatte Kaiser Wilhelm II.?
11. Was war das politische Ziel von Wilhelm II.?
12. Wann wurde deutlich, daß Deutschland den Krieg militärisch nicht gewinnen konnte?
13. Wann begann in Deutschland die Verfassungsreform?
14. Wem fiel 1918 die Macht in die Hände?

B. Schreiben Sie einen Aufsatz über folgende Themen:

1. Der Generationskonflikt um 1900.
2. Das Lebensgefühl vor 1914 und die moderne Kunst.
3. Deutschland im Ersten Weltkrieg.
4. Kaiser Wilhelm II.

C. Erklären Sie die folgenden Begriffe durch einen Satz:

1. der Erfinder
2. der Handwerksmeister
3. der Naturalismus
4. die Jugendbewegung
5. der Krankenpfleger

6. der Aphorismus
7. der Expressionismus
8. der Geburtsfehler
9. der Stellungskrieg
10. der Verständigungsfrieden

D. Setzen Sie die Adjektive in die jeweils angegebene Steigerungsstufe:

II = Komparativ: z.B. größer; III = Superlativ: z.B. der größte

Die Zeit von Wilhelm II. war eine der glanzvoll_____ (III) Epochen der deutschen Geschichte. Die Eisenbahnen fuhren immer schnell_____ (II). Es gab immer viel (II) _____ groß_____ (II) Städte in Deutschland. Die Industrie produzierte billig_____ (II), aber schlecht_____ (II) Waren als die englische Industrie, die solide_____ (II) arbeitete. Die neu_____ (III) Erfindung war das Flugzeug, die umwälzend_____ (III) Theorie die Relativitätstheorie. Die deutsche Politik hatte hohe_____ (II) Ziele als vorher, aber eine wenig_____ (II) klare Linie. Der Kaiser hielt die glänzend_____ (III) Reden, aber er war der schlecht_____ (III) Diplomat.

E. Lassen Sie bei den Substantiven mit Adjektiven den Artikel weg und achten Sie dabei auf die Adjektivendungen:

BEISPIEL: Die Menschen lebten in dem großen Wohlstand.
Die Menschen lebten in großem Wohlstand.

1. Die Erfindung der künstlichen Farben war sehr wichtig.
2. Die englischen Produkte waren damals besser.
3. Dieser Neureiche ißt das fette Fleisch und trinkt das starke Bier.
4. Damals entstanden die verschiedenen Reformbewegungen.
5. Die vielen jungen Leute waren damals von Nietzsches Philosophie beeindruckt.
6. Die Postämter sind in dem neugotischen Stil gebaut.
7. Gerhart Hauptmann stellte die Konflikte der einfachen Menschen dar.
8. Nietzsche schilderte den Übermenschen in dem biblischen Stil.
9. Damals wurde viel über die neuen Theorien diskutiert.
10. Die Menschen warteten auf das große Unwetter.

F. Bilden Sie Relativsätze:

1. Carl Zeiss in Jena baute eine Fabrik auf. / Er verbesserte optische Meßinstrumente.
2. Das gilt für Gerhart Hauptmann. / Er stellte das Volk ergreifend dar.
3. Viele Krankheiten hingen mit der Moral zusammen. / Sie hatte viele Tabus.
4. 1899 entstand in Berlin die erste Gruppe. / Ihr folgten viele andere.
5. Es war eine Wanderbewegung der Jugend. / Ihr sind die Pfadfinder ähnlich.
6. Sie waren in viele Gruppen geteilt. / Ihre Verbindung war locker.
7. Es gab einige Privatschulen. / Ihr Lehrplan ist noch heute fortschrittlich.
8. Thomas Mann hat einen Roman über Nietzsche geschrieben. / Er hat sich mit ihm sein Leben lang beschäftigt.
9. Wilhelm II. war ein seltsamer Mann. / Die Ausländer waren sehr über ihn beunruhigt.
10. Heerführer waren Hindenburg und Ludendorff. / Viele Menschen erwarteten von ihnen Wunder.

G. Verändern Sie die Sätze mit man in Sätze mit einer Infinitivkonstruktion:

BEISPIEL: Man kann diese Karikatur jetzt noch finden.
   Diese Karikatur ist jetzt noch zu finden.

1. Man kann die alten Autos im Museum in Stuttgart sehen.
2. Man konnte die deutschen Produkte nicht von den englischen unterscheiden.
3. Man konnte viele Konflikte auf die Kindheit zurückführen.
4. Man hatte den Schultyrannen an den Gymnasien finden können.
5. Man hat vom neuen Reich viel erwarten können.
6. Man kann leicht einige Aussprüche Nietzsches isolieren.
7. Man konnte eine Veränderung erhoffen.
8. Man wird jetzt nicht mehr an Reformen denken können.

H. Schreiben Sie eine Geschichte:

1. Ein Erfinder wird zum Millionär.
2. Ein deutscher Handwerker wandert im 19. Jahrhundert aus Deutschland aus.

I. Wir spielen eine Szene:

1. Benz erklärt einem Freund das Prinzip seines Autos.
2. Ein Student aus der Jugendbewegung diskutiert mit seinem autoritären Vater.

J. Wir schlagen nach und besprechen in der Klasse:

1. Sigmund Freud.
2. Friedrich Nietzsche.
3. Die Jugendbewegung.
4. Franz Kafka.

K. Wir diskutieren: Disziplin oder Freiheit in der Schule.

11   Weimar und Potsdam

A. Beantworten Sie folgende Fragen:

DIE NATIONALVERSAMMLUNG

1. Warum tagte die Nationalversammlung in Weimar?
2. Mit wem verbündete sich die SPD-Regierung?
3. Wodurch bekam der Reichspräsident Macht?

DIE INFLATION

4. Warum gab es viele Parteien im Reichstag?
5. Was waren 1918 die Ideale, nach denen die Grenzen der Staaten bestimmt werden sollten?
6. Welche Beschränkungen gab es für die deutsche Armee nach 1919?
7. Welche Maßnahmen leitete Stresemann als Reichskanzler ein?

LOCARNO

8. Was war die Bedeutung des Vertrags von Locarno?
9. Welche Pläne hatten viele deutsche Gemeinden?
10. Was zeigte die Wahl Hindenburgs zum Reichspräsidenten?

DIE GOLDENEN ZWANZIGER JAHRE

11. Für welchen Bereich gilt die Bezeichnung „die Goldenen Zwanziger Jahre"?
12. Wo war zwischen 1941 und 1945 der eigentliche Mittelpunkt der deutschen Literatur?

DAS ENDE DER REPUBLIK

13. Ab wann begann die politische Krise in Deutschland?
14. Warum wirkte sich die amerikanische Wirtschaftskrise in Deutschland so stark aus?
15. Wie mußte Heinrich Brüning regieren?
16. Was hofften die Konservativen, als Hitler Reichskanzler wurde?

B. Schreiben Sie einen Aufsatz über folgende Themen:

1. Die deutsche Kultur in den zwanziger Jahren.
2. Gustav Stresemann und seine Politik.
3. Die große Krise und ihre Folgen für Deutschland.

C. Setzen Sie das jeweils richtige Wort ein:

1. Die Versammlung von Abgeordneten, die 1919 die neue Verfassung ausarbeitete, nannte man _____.
2. Ein Gesetz, das der Reichspräsident in einer Zeit der Not erließ, ohne die Zustimmung des Reichstags zu erhalten, hieß in der Weimarer Verfassung _____.
3. Das Wahlsystem, in dem die Sitze nach dem Verhältnis der Stimmen und nicht nach der Mehrheit in den Wahlkreisen verteilt werden, nennt man _____.
4. Ein allgemeiner Streik der Arbeiter und Angestellten, meistens aus politischen Gründen, ist _____.
5. Eine Regierung, in der mehrere politische Parteien vertreten sind, heißt _____.
6. Deutschland sollte den Schaden des Weltkriegs dadurch ersetzen, daß es Rohstoffe und Waren lieferte; es mußte _____ bezahlen.
7. Die internationale Organisation, die nach 1918 gegründet wurde, hieß _____.
8. Die Richtung der Psychologie, die Freud begründet hat, wird die _____ genannt.

9. Eine politische Partei, die nur wenig Anhänger und wenig Abgeordnete im Parlament hat, nennt man eine _____.
10. Wer keine Arbeit bekommen kann, ist ein _____.

D. *Verbinden Sie die beiden Sätze mit* um - zu:

BEISPIEL: Die Verfassung enthielt die Grundrechte. / Sie wollte die Rechte des einzelnen Menschen garantieren.
Die Verfassung enthielt die Grundrechte, um die Rechte des einzelnen Menschen zu garantieren.

1. Die Regierung setzte die Armee ein. / Sie wollte die Ordnung erhalten.
2. Die deutsche Industrie mußte exportieren. / Sie wollte die Reparationen zahlen.
3. Die Reichsmark mußte 1 : 1 Billion abgewertet werden. / Man wollte eine stabile Währung erhalten.
4. Die deutschen Städte nahmen Kredite auf. / Sie wollten die Straßen modernisieren.
5. Die Schriftsteller schrieben in einem neuen Stil. / Sie wollten das neue Lebensgefühl ausdrücken.
6. Hitler zerstörte die Demokratie. / Er wollte eine Diktatur errichten.
7. Manche Parteien vereinigten sich zu negativen Mehrheiten. / Sie wollten ein Gesetz ablehnen.
8. Hindenburg berief Hitler zum Reichskanzler. / Er wollte Ruhe und Ordnung wieder herstellen.

Beginnen Sie die Sätze mit um - zu.

E. *Setzen Sie die Sätze ins Passiv:*

1. Man griff bei dem Kapp-Putsch in Berlin nicht ein.
2. Man setzte große Hoffnungen auf den amerikanischen Präsidenten.
3. Man hielt in vielen Gebieten Abstimmungen ab.
4. Man verbot den Österreichern, sich an Deutschland anzuschließen.
5. Man erprobte verbotene Waffen insgeheim in der Sowjetunion.
6. Man akzeptierte jetzt die neuen Westgrenzen.
7. Man konnte viele sozialpolitische Ideen verwirklichen.

8. Auch in der Kultur konnte man viel Neues ausprobieren.
9. Man muß die Emigration sehr bedauern.
10. Man mußte unbedingt viele Arbeitsplätze schaffen.

F. Bilden Sie Sätze aus diesen Elementen:

1. große Hoffnungen setzen / die Bevölkerung
2. in Gang kommen / das Programm
3. Partei ergreifen / vorsichtige Menschen
4. Verantwortung tragen / der Firmenchef
5. in Gefahr sein / die Menschen am Nordpol
6. Stellung nehmen / der Präsident

G. Schreiben Sie eine Geschichte aus folgenden Elementen:

Soldat / Krieg / heimkehren / Schwierigkeiten / Weg ins Zivilleben finden / arbeitslos / Kameraden besuchen / armen Leuten helfen / Altersheim aufbauen / Schulen / neue Methoden / Interesse bekommen / umziehen / neues Leben anfangen

H. Wir spielen eine Szene:

1. Jemand will während der Inflation etwas kaufen und erfährt vom Verkäufer, daß die Ware schon wieder sehr viel teurer geworden ist.
2. Zwei Anhänger der Konservativen diskutieren, ob Hitler Reichskanzler werden sollte.

I. Wir schlagen nach und besprechen in der Klasse:

1. Wilsons 14 Punkte.
2. Paul von Hindenburg.
3. Hermann Hesse.
4. Das Bauhaus.
5. Existenzialismus.

J. Wir diskutieren: War Hitlers Herrschaft unvermeidlich?

12 Der Nationalsozialismus

A. Beantworten Sie folgende Fragen:

ADOLF HITLER

1. Warum war die Laufbahn von Hitlers Vater beachtlich?
2. Wie lange war Hitler ein guter Schüler?
3. Wovon lebte Hitler in seiner Notzeit?
4. Warum zog Hitler 1913 nach München?

HITLERS AUFSTIEG ZUR MACHT

5. Wie ging der Putsch am 9. November 1923 aus?
6. Wann wurde das nationalsozialistische Programm glaubwürdig?
7. Wie lange ist die Weimarer Verfassung formell gültig geblieben?

DIE DIKTATUR

8. Warum nannte man den Reichstag zu Hitlers Zeit einen „Gesangverein"?
9. Wie beseitigte die nationalsozialistische Regierung die Arbeitslosigkeit?
10. Was verkündete Hitler als sein außenpolitisches Ziel?

DER ZWEITE WELTKRIEG

11. Was hatten die Nazis zuerst mit den Juden versucht?
12. Was bedeutete die „Endlösung"?
13. Was war die SS ursprünglich?
14. Wer nahm am Aufstand des 20. Juli 1944 teil?
15. Wohin führte die nationalsozialistische Herrschaft?

B. Schreiben Sie einen Aufsatz über folgende Themen:

1. Hitlers Leben bis 1933.
2. Die Ideologie des Nationalsozialismus.
3. Die Verfolgung der Juden und der politischen Gegner des Nationalsozialismus.

C. Definieren Sie die folgenden Wörter durch einen Satz:

1. die Kunstakademie
2. der Einzelgänger
3. die Splittergruppe
4. die Volksabstimmung
5. die Autobahn
6. der Volksdeutsche
7. der Blitzkrieg
8. die Luftschlacht
9. der Judenstern
10. die Verschwörung
11. Großdeutschland
12. die Kapitulation

D. Setzen Sie die richtigen Präpositionen mit Artikel ein:

1. Hitler stammte _____ _____ letzten Ehe seines Vaters.
2. Hitler lebte lange _____ _____ Erbteil seiner Familie.
3. Die Gemeinschaft der Arier besteht _____ Führer und Gefolgschaft.
4. Er galt _____ _____ Soldaten als typischer Einzelgänger.
5. Er lag _____ ein_____ Gasvergiftung im Lazarett.
6. Hitler versuchte es am Anfang _____ ein_____ Putsch.
7. Später wollte er legal _____ _____ Macht kommen.
8. Deutschland kümmerte sich nicht mehr _____ _____ internationale Währungssystem.
9. Niemand hinderte Hitler _____ _____ Besetzung des Rheinlandes.
10. Die Deutschen begannen _____ Luftangriffen auf englische Städte.

E. Setzen Sie Pronomen oder Adverb ein:

BEISPIEL: Die Postkarten wurden von den Händlern verkauft.
Die Postkarten wurden von ihnen verkauft.
Er wußte nichts von den Postkarten.
Er wußte nichts davon.

1. Er befaßte sich mit Berichten über Parteien.
2. Hitler sprach von Rache für Versailles.
3. Hitler sprach zu den Massen.
4. Hitler sorgte für die Gleichschaltung der Länder.
5. Viele Broschüren wurden von politischen Agitatoren verteilt.
6. Niemand hinderte Hitler, gegen die Bestimmungen des Vertrages von Versailles zu arbeiten.
7. Es war sehr schwer, gegen die Regierung zu opponieren.

8. Die Deutschen kämpften mit den Verbündeten zusammen in Afrika.
9. Der Krieg blieb nicht auf die Frontkämpfe beschränkt.
10. Alle Parteien waren an der Verschwörung beteiligt.

F. Setzen Sie die Sätze in die indirekte Rede; beginnen Sie mit:

„Es wird berichtet, daß . . .“

1. Hitler wollte dem Militärdienst entgehen.
2. Hitler trat dieser rechtsradikalen Partei bei.
3. Er erregte Aufsehen durch seine wilden Reden.
4. Der bäuerliche Grundbesitz sollte geschützt werden.
5. Hitler wurde gefangen genommen und verurteilt.
6. Er brauchte die Weimarer Verfassung formell nicht aufzuheben.
7. Es wurden Moore entwässert und Arbeitersiedlungen gebaut.
8. Hitler verstand, die Schwächen seiner Gegner auszunutzen.
9. Hitler wollte nur deutschsprachige Gebiete angliedern.
10. Die deutsche Armee kam bis an die Wolga und in den Kaukasus.

G. Verbinden Sie die Sätze mit je - desto:

BEISPIEL: Das Regime dauerte lange. / Die Unterdrückung der Feinde wurde schlimm.
Je länger das Regime dauerte, desto schlimmer wurde die Unterdrückung der Feinde.

1. Hitler ging lange in die Schule. / Er bekam schlechte Noten.
2. Es gab viele Arbeitslose. / Hitler hatte viel Erfolg.
3. Hitler annektierte viele Gebiete. / Die anderen Länder wurden mißtrauisch.
4. Die Zeit ist dekadent. / Die Menschen sind schwach.
5. Hitler redete laut. / Die Menschen glaubten ihm viel.
6. Die Vorgänge sind unerklärlich. / Die Beschäftigung damit dauert lange.

H. Wir schreiben eine Geschichte:

1. Ein Gegner der Nazis entkommt aus dem Konzentrationslager.
2. Was wäre geschehen, wenn jemand Hitler im Jahre 1939 ermordet hätte?

I. Wir spielen eine Szene:

1. Zwei Arbeiter, die 1933 wieder Arbeit gefunden haben, diskutieren, ob der Nationalsozialismus gut ist.
2. Ein Sohn fragt nach 1945 seinen Vater, warum er nicht gegen Hitler war.

J. Wir schlagen nach und besprechen in der Klasse:

1. Volksdeutsche Minderheiten.
2. Die Nürnberger Gesetze.
3. Die SS.

K. Wir diskutieren: Menschen in einem Terrorregime.

13   Das Wirtschaftswunder

A. Beantworten Sie folgende Fragen:

DAS JAHR NULL

1. Was war der Unterschied zwischen der politischen Lage in Deutschland 1918 und 1945?
2. Welche gemeinsamen Ziele hatten die Alliierten 1945?
3. Welche Probleme wurden auf der Potsdamer Konferenz nur „vorläufig" entschieden?

DIE TEILUNG DEUTSCHLANDS

4. Warum wurde keine deutsche Zentralverwaltung eingerichtet?
5. Wie wurde auf dem Schwarzen Markt der Wert einer Ware berechnet?
6. Welche politischen Parteien wurden 1945 gegründet?
7. Wodurch wurde die Luftbrücke nach Berlin notwendig?

DIE DEUTSCHE BEVÖLKERUNG NACH DEM KRIEG

8. Was hofften viele Deutsche im Jahr 1945 und was dachten sie 1949?

9. Was wollten die meisten Deutschen vom Wirtschaftswunder?
10. Warum war die Bevölkerung der DDR gegen das neue System?

DER KALTE KRIEG IN DEUTSCHLAND

11. Was war das Hauptziel von Konrad Adenauers Außenpolitik?
12. Was trug vor allem zu den Wahlsiegen der CDU bei?
13. Was war der Grund des Aufstandes am 17. Juni 1953 in der DDR?
14. Warum mußte die DDR die Grenze zur Bundesrepublik sperren?

DAS DEUTSCH-DEUTSCHE VERHÄLTNIS AUF DEM WEG ZUR ENTSPANNUNG

15. Was bedeutete die „Hallstein-Doktrin"?
16. Was erreichte Willy Brandt mit der „Ostpolitik"?
17. Seit wann haben sich die Verhältnisse in der DDR stabilisiert?
18. Welche schwierigen innenpolitischen Probleme muß die Bundesrepublik lösen?
19. Welche neue politische Gruppe ist seit 1983 im Bundestag?
20. Warum ist die Bundesrepublik an vielen weltpolitischen Entscheidungen beteiligt?

B. Schreiben Sie einen Aufsatz über folgende Themen:

1. Die Beschlüsse und Folgen der Potsdamer Konferenz.
2. Die Etappen der Teilung Deutschlands.
3. Die deutsche Bevölkerung nach 1945 und die Politik.
4. Die Entwicklung der DDR.
5. Die Lage Berlins im Lauf der Jahre.

C. Setzen Sie die richtigen Wörter ein:

1. Die vier Alliierten besetzten Deutschland. Sie teilten das Land in vier _____.
2. Deutsche Industrieanlagen wurden als _____ abmontiert und abtransportiert.
3. Wahlen für die Selbstverwaltung der Gemeinden sind _____.
4. Die Menschen konnten nur bestimmte Mengen Lebensmittel kaufen; die Lebensmittel waren _____.

5. Nach der Währungsreform bekam jeder Deutsche 40 DM, das wurde das _____ genannt.
6. Ein für einen bestimmten Beruf ausgebildeter und spezialisierter Arbeiter ist ein _____.
7. Ein Mensch, der aus einem Land in ein anderes flieht, ist ein _____.
8. Der Regierungschef in der Bundesrepublik heißt der _____.
9. Der Vertrag zwischen den beiden deutschen Staaten heißt der _____.
10. Das Ende der Teilung Deutschlands wäre die _____.

D. *Verwandeln Sie den Satz in einen Satz mit* lassen *(reflexiv!):*

BEISPIEL: Man kann 1945 nicht mit 1918 vergleichen.
    1945 läßt sich nicht mit 1918 vergleichen.

1. Man konnte keine Einigung über Deutschlands Ostgrenzen erreichen.
2. 1948 war klar, daß man keine Einigung über Deutschland erzielen konnte.
3. Das schwierige Saarproblem konnte freundschaftlich gelöst werden.
4. Man kann den Sieg der CDU durch die günstige Entwicklung der Wirtschaft erklären.
5. Man kann die Wahlen auch nach einer Einheitsliste abhalten.
6. Man konnte Berlin durch die Luft versorgen.
7. Man konnte unter diesen Bedingungen die Fabriken wieder aufbauen.
8. Die Flucht der Einwohner konnte nur durch die Mauer in Berlin verhindert werden.

E. *Wie heißen die Substantive zu folgenden Verben?*

1. hungern	5. abschließen	9. drücken	13. vereinigen
2. schreiben	6. senden	10. bedürfen	14. bauen
3. erzählen	7. gründen	11. siegen	15. fliehen
4. teilnehmen	8. wählen	12. morden	

Bilden Sie Sätze mit den Substantiven.

F. Ersetzen Sie das präpositionale Objekt durch das Pronomen.

BEISPIEL: Er denkt oft an die Wiedervereinigung.
    Er denkt oft daran.

1. Der Wert der Waren wurde nach den Zigaretten berechnet.
2. Es gibt viele Parteien in der Volkskammer.
3. Das Grundgesetz bildete die Verfassung für diesen Staat.
4. Die Enttäuschung über die Restauration war groß.
5. Der Westen brauchte ein Bollwerk gegen den Feind.
6. Viele Leute warteten auf diese Gelegenheit.
7. Das führte zu einer Beschränkung der Freiheit.
8. Es geht der DDR um internationale Anerkennung.

G. Wir spielen eine Szene:

1. Ein Deutscher handelt nach 1945 mit einem Amerikaner auf dem Schwarzen Markt.
2. Ein Flüchtling aus der DDR beschreibt die Gründe, weshalb er geflohen ist.

H. Wir schreiben eine Geschichte:

1. Eine Familie in West- und in Ost-Berlin.
2. Ein Kind wächst in der Zeit zwischen 1945 und 1955 auf.
3. Jemand hat Deutschland 1948 verlassen und besucht es 1983. Was erlebt er?

I. Wir diskutieren: Wirtschaftliches Wachstum und Umweltschutz.

WIEDERHOLUNGSAUFGABEN ZUR DEUTSCHEN GESCHICHTE

A. Beantworten Sie folgende Fragen:

1. Seit wann kann man von „Deutschland" sprechen?
2. Von wann bis wann bestand das Heilige Römische Reich?
3. Welche Kaiser hatten besondere Bedeutung für die deutsche Geschichte? Wie kann man diese Bedeutung in einem Satz ausdrücken?

4. Wann hatte die deutsche Kultur ihre Höhepunkte? Wie kann man jeden Höhepunkt kurz charakterisieren?
5. Wann hatte das deutsche Bürgertum seine größte Bedeutung?
6. Was waren die wichtigsten Folgen der Reformation in Deutschland?
7. Wann begann und wie entwickelte sich der deutsche Nationalismus?
8. Unter welchen Umständen ging die Industrialisierung in Deutschland vor sich?
9. Welche Gestalten der deutschen Geschichte haben am meisten die Phantasie des Volkes beschäftigt?
10. Unter welchen Regierungsformen hat ein Deutscher, der heute 80 Jahre alt ist, gelebt?

B. Definieren Sie die folgenden Ausdrücke:

1. das Lehen
2. der Dialekt
3. die Freie Stadt
4. der Kurfürst
5. die Mark
6. das Privilegium
7. die Zunft
8. die Landeskirche
9. der Barock
10. die Aufklärung
11. der aufgeklärte Absolutismus
12. die Freiheitskriege
13. das Biedermeier
14. die Reichsarmee
15. die Nationalversammlung
16. die Notverordnung
17. „Blut und Boden"
18. die Nürnberger Gesetze
19. das Wirtschaftswunder
20. die Luftbrücke

C. Schreiben Sie einen Aufsatz über folgende Themen:

1. Der deutsche Partikularismus.
2. Deutschland und Osteuropa.
3. Deutschland und Frankreich.
4. Die Entwicklung der deutschen Städte.
5. Die Geschichte der deutschen Literatur.

GEGENWART

1 Die Länder der Bundesrepublik

A. Beantworten Sie folgende Fragen:

1. Welche deutschen Länder haben wichtige Industriegebiete und wo liegen diese?
2. Welche Länder haben Weinbaugebiete?
3. Welche Länder liegen im norddeutschen Tiefland?
4. Wo sind wichtige Fremdenverkehrsgebiete?
5. Welche Länder grenzen an die DDR?

B. Schreiben Sie einen kurzen Absatz über folgende Themen:

1. Die deutsche Nordseeküste.
2. Industrie und Landwirtschaft in den Flußtälern der Mittelgebirge.
3. Die Lage West-Berlins.
4. Das Saarland seit dem Ersten Weltkrieg.
5. Der Rhein und seine Nebenflüsse.

C. Schreiben Sie einen Brief und erzählen Sie:

1. Eine Fahrt auf dem Rhein.
2. Eine Universitätsstadt in Deutschland.
3. Ein Aufenthalt in München.
4. Ferien in den Bergen.

D. Sie möchten zwei Monate in einem Ort in der Bundesrepublik verbringen. Welchen Ort suchen Sie sich aus, aus welchen Gründen, und was möchten Sie dort tun?

E. Setzen Sie das Adjektiv ein:

BEISPIEL: Die Länder der Bundesrepublik haben Traditionen. (verschieden)

Die Länder der Bundesrepublik haben verschiedene Traditionen.

1. In Schleswig-Holstein gibt es keinen Berg. (hoch)
2. Lübeck ist als Mittelpunkt wichtig. (kulturell)
3. Die Universität entwickelte sich aus einer Schule für Sprachen. (afrikanisch)
4. Hannover ist bekannt durch seine Stadtplanung. (modern)
5. Erdöl wird in den Mooren im Nordwesten gebohrt. (weit)
6. Nordrhein-Westfalen ist die Zusammenfassung von zwei Provinzen. (preußisch)
7. Das Industriegebiet liegt in einer Mittelgebirgslandschaft. (reizvoll)
8. Ludwigshafen am Rhein ist das Zentrum der Industrie. (chemisch)
9. Hinter den Industriegegenden beginnen die einsamen Wälder. (dichtbesiedelt)
10. Das Saarland wurde aus Gründen zu einem politischen Problem. (wirtschaftlich)

F. Setzen Sie die passenden Präpositionen und Endungen ein:

BEISPIEL: Die Marsch wird _____ _____ Meer _____ groß_____ Deiche geschützt.

Die Marsch wird vor dem Meer durch große Deiche geschützt.

1. Die Industrie ist _____ _____ groß_____ Städte beschränkt.
2. Zum Land Bremen gehört _____ _____ alt_____ Stadt auch Bremerhaven _____ _____ Wesermündung.
3. Man kommt südlich davon _____ _____ Harz, _____ _____ die Grenze zur DDR verläuft.
4. Die Universität Göttingen war _____ 18. Jahrhundert führend _____ _____ Naturwissenschaften.
5. Weite Moore erstrecken sich _____ _____ Kriegshafen _____ zu_____ holländisch_____ Grenze.
6. Das Weserbergland, bekannt _____ sein_____ Kurorte, gehört heute _____ _____ Land Westfalen.
7. _____ Ruhrgebiet gab es viele Zuwanderer _____ _____ Osten.
8. _____ _____ umliegend_____ Dörfern _____ _____ Industrieanlagen findet man Landwirtschaft und Weinbau.

G. Bilden Sie Sätze mit:

1. traditionsreich
2. die Unabhängigkeit
3. die Bischofsstadt
4. früher
5. teilweise
6. aufhören

7. die Stahlindustrie
8. anlocken

9. die Residenz
10. benachbart

H. Wie heißen die Adjektive zu folgenden Substantiven?

1. Unabhängigkeit
2. Wirtschaft
3. Ruhe
4. Tradition

5. Konfession
6. Wald
7. Nachbar
8. Landschaft

Mit welchen Wörtern passen diese Adjektive zusammen?

1. die Lage
2. das Fest
3. das Gebirge
4. die Schönheit

5. der Staat
6. die Mischung
7. das Dorf
8. der Mann

Bilden Sie Sätze damit.

I. Wir spielen eine Szene:

1. Ein Fremdenführer erklärt ein berühmtes Bauwerk, z.B. das Heidelberger Schloß oder den Kölner Dom. Die Touristen stellen Fragen.
2. Ein amerikanischer Tourist wird gefragt, was er in der Bundesrepublik gesehen hat. Er erzählt.

J. Was möchtest du? Studenten fragen einander, was sie gern in der Bundesrepublik sehen oder tun möchten und warum.

2   Ein Deutscher in der Bundesrepublik

A. Beantworten Sie folgende Fragen:

LEBENSBEDINGUNGEN

1. Was wird ein eiliger Tourist in Deutschland denken?
2. Was ist der wichtigste Unterschied zwischen Deutschland und den USA?

NATIONALCHARAKTER

3. Woran merken die Deutschen regionale Unterschiede?
4. Wie tritt der Deutsche oft in der Öffentlichkeit auf?
5. Wie möchte der Deutsche in seinem Privatleben sein?
6. Was ist der Unterschied zwischen einem Beruf und einem „Job"?
7. Welcher Beruf hat in Deutschland ein hohes Prestige?
8. Wie steht der Deutsche zu seinem Besitz?
9. Wie wirken die Deutschen insgesamt?

DIE SITUATION DEUTSCHLANDS

10. Welches Bewußtsein ist in Deutschland weit verbreitet?
11. Worauf sind die Deutschen in beiden Staaten stolz?
12. Was wissen die Deutschen von ihren Partnern?

B. Schreiben Sie einen Aufsatz über folgende Themen:

1. Unterschiede zwischen den USA und der Bundesrepublik.
2. Der deutsche Nationalcharakter.
3. Die Folgen der Teilung Deutschlands für das Leben in der Bundesrepublik.

C. Setzen Sie das passende Modalverb ein:

BEISPIEL: Man _____ die Beantwortung dieser Frage versuchen.
Man kann die Beantwortung dieser Frage versuchen.

1. Die Menschen _____ schwer arbeiten, bevor sie gemütlich ihr Bier trinken _____.
2. Man _____ nicht 1.000 Kilometer fahren, ohne an eine Grenze zu kommen.
3. Der Deutsche _____ gern Vertrauen zu anderen Menschen haben können.
4. Wenn der Deutsche etwas herstellt, _____ es gut und dauerhaft sein.
5. Ein Deutscher hat das Gefühl, er _____ die Welt kennenlernen.
6. Sein Wunsch ist: Auch sein eigenes Leben _____ in einem größeren Zusammenhang stehen.
7. Der Deutsche _____ gern gut Freund mit allen Menschen sein.

8. Wenn die deutschen Probleme nicht gelöst werden, _____ ein Mißtrauen gegen die Alliierten entstehen.

D. *Verwandeln Sie den schräggedruckten Satzteil in einen Infinitivsatz:*

BEISPIEL: Die Menschen sind *die Fahrt über die Grenze gewohnt.*
Die Menschen sind es gewohnt, über die Grenze zu fahren.

1. Das Ziel des Deutschen ist *die Korrektheit des Auftretens.*
2. Man kann trotzdem *die Beantwortung dieser Fragen* versuchen.
3. *Die Veränderung solcher Verhältnisse* ist nicht leicht.
4. *Der Spott über andere Dialekte* ist in Deutschland weit verbreitet.
5. Der Junge hat sich *die Weltreise* in den Kopf gesetzt.
6. Sie haben nicht mehr den Wunsch *nach einer Rolle in der Weltpolitik.* (spielen)
7. Sie warten *auf die Verwirklichung der politischen Ziele.*
8. *Die Unsicherheit der Deutschen* ist verständlich. (sein)

E. *Verbinden Sie die Sätze mit* **daß** *oder* **ob:**

1. Er hatte nicht gedacht. / Deutschland ist ein Industrieland.
2. Es ist fraglich. / Es gibt einen Nationalcharakter.
3. Es ist selten. / Ein Arbeiterkind studiert an der Universität.
4. Zum Beruf gehört. / Man kann gute Arbeit leisten.
5. Der Deutsche will. / Der Garten sieht hübsch aus.
6. Die Ausländer fragen sich. / Ein Deutscher kann es auch weniger ernst nehmen.
7. Es ist ungewiß. / Es gibt ein „ostdeutsches" Nationalbewußtsein.
8. Die Deutschen wissen. / Ihre Partner wollen nicht die Wiedervereinigung.

Beginnen Sie diese Sätze mit **daß** *bzw.* **ob.**

F. *Setzen Sie das richtige Wort ein:*

1. Traditionelle Kleidung, vor allem in ländlichen Gegenden, nennt man _____.
2. Feste Ansichten und Urteile über etwas, ohne es selbst genau zu kennen, sind _____.

3. Viele Deutsche sprechen nicht nur Hochdeutsch, sondern auch den _____ ihrer Gegend.
4. Sehnsucht nach der Heimat nennt man _____, Sehnsucht nach der Ferne _____.
5. Junge Menschen haben das Bedürfnis, etwas zu sehen und zu erleben; das wird oft zu einer _____.
6. Die Deutschen wünschen in ihrer Mehrheit die _____ des geteilten Landes.

G. Was ist das Gegenteil von folgenden Begriffen?

1. wertvoll
2. ähnlich
3. dünn bevölkert

4. privat
5. formell
6. die Heimat

7. normal
8. wiedervereinigt

H. Wir schreiben:

1. Junge Amerikaner und Deutsche schreiben: „Wie stelle ich mir mein Leben vor?"
2. Regionale Unterschiede in Deutschland und den USA.

I. Wir spielen eine Szene:

1. Ein deutscher Hausbesitzer will seinem Nachbarn klarmachen, daß er seinen Garten besser pflegen soll.
2. Ein Bremer kommt nach Köln und wundert sich, daß die Leute so ganz anders sind.

J. Wir diskutieren: Wie möchte ich leben, und was ist für mich wichtig?

3 Die Familie

A. Beantworten Sie folgende Fragen:

DIE FAMILIE FRÜHER UND HEUTE

1. Woraus besteht die heutige Klein-Familie?
2. Wer lebte früher oft mit im gleichen Haushalt?

3. Wie kann man feststellen, wen ein Deutscher als seinen Verwandten betrachtet?

MANN UND FRAU

4. Auf welche Zeit geht die patriarchalische Tradition zurück?
5. In welcher Epoche wurde der Vater besonders autoritär? Wie nannte man ihn?
6. Wofür setzte sich die Frauenbewegung des 19. Jahrhunderts ein?
7. Wodurch wurde die Gleichberechtigung der Frau gefördert?
8. Welches Ideal der Ehe setzte sich nach dem Ersten Weltkrieg durch?
9. Was sagen die Verfassungen der BRD und der DDR über die Rechte von Mann und Frau?

ELTERN UND KINDER

10. Welche Gründe gibt es, warum die Deutschen wenige Kinder haben?
11. Welche Phasen kann man bei der jungen Generation seit 1945 beobachten?
12. Welche Schwierigkeiten belasten die Jugendlichen heute am meisten?
13. Was erwartet ein Deutscher von einem Freund?
14. Was kommt heute viel öfter vor als früher?
15. Welche Faktoren der heutigen Zeit stellen das traditionelle Konzept der Familie in Frage?

B. Schreiben Sie einen Aufsatz über diese Themen:

1. Die Autorität des Vaters in der Familie.
2. Die Rolle der Frau in der Gesellschaft.
3. Die Einstellung der Jugend zur Gesellschaft.

C. Bilden Sie Relativsätze:

BEISPIEL: Das Wohnhaus war damals sehr groß. / Es war mit der Werkstatt verbunden.

Das Wohnhaus, das mit der Werkstatt verbunden war, war damals sehr groß.

1. Es gab damals Haustyrannen. / Sie duldeten keinen Widerspruch.

2. Die Frauenbewegung hatte Erfolge. / Sie kämpfte für Gleichberechtigung.

3. Es war der Krieg. / Von ihm wurde die Gleichberechtigung gefördert.

4. Die Nazis brauchten viele Menschen. / Mit ihnen wollten sie Osteuropa besiedeln.

5. 1977 trat ein Gesetz in Kraft. / Dadurch bekamen die Frauen gleiche Rechte.

6. Es gibt viele Frauen. / Ihnen ist ihre Karriere wichtiger als die Familie.

7. Die Erwachsenen wollen keine Kinder. / Ihre Kindheit war schlecht.

8. Mit einem Freund bespricht man alles. / Man vertraut ihm.

D. Setzen Sie die richtigen Präpositionen und Endungen ein:

BEISPIEL: Die Klein-Familie besteht _____ d_____ Eltern und
   Kinder_____.
   Die Klein-Familie besteht aus den Eltern und Kindern.

1. Die Kinder wuchsen _____ d_____ Bewußtsein der Groß-Familie auf.

2. Der Schwiegersohn gehört jetzt _____ Familie.

3. Die Männer waren _____ d_____ Front.

4. Die Frauen wollen _____ eigen_____ Füße_____ stehen.

5. Der Anteil der Studentinnen ist _____ ein_____ Fünftel _____ zwei Fünftel gewachsen.

6. Die Vorurteile _____ ein_____ unverheiratet_____ Mutter sind schwächer geworden.

7. Die Deutschen sind _____ ihr_____ Wohlstand_____ nicht optimistisch.

8. Die Eltern sind _____ d_____ Gesetz_____ d_____ Hilfe verpflichtet.

9. _____ dies_____ Fragen bezieht die Jugend Stellung.

10. Man bespricht seine Sorgen _____ ein_____ Freund.

E. Verneinen Sie die Sätze mit nicht *oder* kein:

1. Diese Familie hat Kinder.
2. Man wohnt im gleichen Haus.
3. Man durfte das Arbeitszimmer betreten.
4. Die Reaktion ließ auf sich warten.
5. Es gab damals eine Frauenbewegung.

6. Mädchen brauchten eine Berufsausbildung.
7. Die Frau gehört in die Küche.
8. Die Frauenemanzipation hat Fortschritte gemacht.
9. Die Frau hat ihre Gleichstellung erreicht.
10. Es gibt jetzt Arbeitslosigkeit.

F. Erklären Sie die Verwandtschaftsbeziehungen bei den folgenden Bezeichnungen:

BEISPIEL: mein Schwager
              der Mann meiner Schwester — oder: der Bruder meiner Frau

1. Onkel
2. Vetter
3. Neffe
4. Nichte

5. Schwiegersohn
6. Schwiegertochter
7. Schwiegervater

8. Geschwister
9. Kusine
10. Schwägerin

G. Wir schreiben eine Geschichte:

1. Ich erinnere mich an meine Großeltern.
2. Ein Streit zwischen Vater und Sohn.

H. Wir spielen eine Szene:

1. Der Sohn will ein Problem besprechen, während der Vater eine Fernsehsendung ansehen will.
2. Die Tochter fragt die Mutter, warum sie ihre Karriere aufgegeben hat.

I. Wir diskutieren: Wie müßte das Verhältnis der Eltern zu größeren Kindern sein?

4 Feste im Jahreslauf

A. Beantworten Sie folgende Fragen:

DAS WEIHNACHTSFEST

1. An welchem Tag wird das Weihnachtsfest gefeiert?
2. Was tun viele Leute zu Silvester?
3. Mit welchem Fest geht die Weihnachtszeit zu Ende?

OSTERN

4. Welche Art von Festen sind zur Karnevalszeit beliebt?
5. Was geschieht am Fronleichnamsfest?
6. Wie wurde früher der 21. Juni gefeiert?

NATIONALFEIERTAGE

7. Worin spiegelt sich die wechselvolle deutsche Geschichte?
8. Wie feiert man den 1. Mai in der DDR und in der Bundesrepublik?

IM HAUS UND IM BÜRO

9. Aus welchen beiden Teilen bestehen oft Feierlichkeiten?
10. Was wird von jeder Firma einmal im Jahr erwartet?
11. Wie feiern die Deutschen gern?
12. Wie soll sich ein Chef bei einem Fest benehmen?

B. Schreiben Sie einen Aufsatz über folgende Themen:

1. Das Weihnachtsfest in Deutschland.
2. Deutsche Familienfeste.

C. Setzen Sie das richtige Wort ein:

1. Der _____ bringt den braven Kindern am 6. Dezember Geschenke.
2. Der Fisch, den man zu Weihnachten gern ißt, heißt _____.
3. Um zu prophezeien, was das kommende Jahr bringt, versucht man zu Silvester das _____.
4. Die Fastenzeit beginnt am _____.
5. Die Ostereier legt der _____.
6. Am 1. Mai halten die _____ Kundgebungen ab.
7. Im Sommer und Herbst haben die Deutschen viele _____.
8. Nach der Weinernte kommt ein _____.

D. Setzen Sie wenn, wann *oder* als *ein:*

1. _____ der Nikolaus kam, schliefen die Kinder.
2. Alle Leute sind lustig, _____ das neue Jahr beginnt.

3. _____ das Wetter gut ist, machen viele Familien einen Spaziergang in den Wald.
4. Man muß im Kalender nachsehen, _____ Ostern ist.
5. Das ganze Dorf war dabei, _____ die Altäre neu geweiht wurden.
6. _____ sie den Krieg verloren hatten, hatten die Deutschen nicht mehr viel zu feiern.
7. Die Firma schlägt vor, _____ der Betriebsausflug stattfindet.
8. _____ der Betriebsausflug stattfindet, ist auch der Chef lustig.

E. Setzen Sie die schräggedruckten Verben in die drei Vergangenheiten und das Futur:

1. In diese Zeit *fällt* der Gedenktag für die Toten.
2. Es *wird* nur mit halber Kraft *gearbeitet.*
3. Man *will* das alte Jahr *hinaustanzen.*
4. Die Kinder *verkleiden sich* abends als die Heiligen Drei Könige.
5. Bei den Katholiken *kommt* das Ende der Fastenzeit *hinzu.*
6. Die Feste *unterbrechen* angenehm den Alltag.
7. Sie *zünden* abends Feuer auf den Berggipfeln *an.*
8. Das Oktoberfest *findet* im September und Oktober *statt.*
9. Die Angestellten *akzeptieren* nur einen Chef mit Humor.
10. Man *lernt* die Menschen dabei richtig *kennen.*

F. Wählen Sie aus Absatz 2 jeweils einen Ausdruck, der zu einem in Absatz 1 genannten Ausdruck paßt:

1. Weihnachten   Betriebsausflug   Allerheiligen
   Silvester   1. Mai   Hitlers Geburtstag
   Karneval   Fronleichnam

2. Prozession   Sekt   Maskenball
   Parade   Kundgebung   Biertrinken
   Gans   Friedhof

Bilden Sie je einen Satz mit den beiden zusammenpassenden Wörtern.

G. Wählen Sie das jeweils passende Adjektiv zu folgenden Begriffen:

Fasching, Totensonntag, Hochzeit in der Kirche, Jubiläum, Weihnachtsabend

besinnlich, gemütlich, feierlich, lustig, traurig

H. Schreiben Sie über folgende Themen:

1. Ein Kind schreibt einen Wunschzettel an den „Weihnachtsmann".
2. Ein junger Mann schreibt seiner Freundin einen Brief über einen Betriebsausflug zu einem Wirtshaus in den Bergen mit der Besichtigung einer alten Burg; er hat beim Preistanzen eine Schallplatte gewonnen, die er ihr schenkt.

I. Wir spielen eine Szene:

1. Freunde feiern Silvester zusammen und wollen wissen, was das kommende Jahr bringt.
2. Der Chef spricht mit dem Lehrling auf dem Oktoberfest.

5 Die Schule

A. Beantworten Sie folgende Fragen:

DAS SCHULSYSTEM

1. Wer hat in der Bundesrepublik die Verantwortung für die Schulen?
2. Aus welchen zwei Schultypen hat sich das deutsche Schulsystem entwickelt?
3. Welche Entscheidung müssen die Eltern nach vier Schuljahren für das Kind treffen?
4. Wie unterscheidet sich das Schulsystem der DDR von der deutschen Tradition?

DIE GRUNDSCHULE

5. Welchen Charakter haben bis jetzt die Kindergärten?
6. Was wird von den Kindern nach einem Jahr Schulunterricht erwartet?

DIE HAUPTSCHULE

7. Welche Arten von Schulen gab es früher auf den Dörfern?
8. Was sollen die Schüler in der Hauptschule bekommen?
9. Was wird ein Schüler gewöhnlich nach der Hauptschule tun?

DIE REALSCHULE

10. Zu welchem Abschluß führt die Realschule?
11. Worin unterscheidet sich die Realschule von der Hauptschule?
12. Für welche Art von Stellungen bereitet die Realschule vor?

DAS GYMNASIUM

13. Welche Fremdsprachen lernen die Schüler im humanistischen Gymnasium?
14. Welche Oberschultypen betonen die Naturwissenschaften?
15. Wie sieht heute die Oberstufe des Gymnasiums aus?

NEUE WEGE ZUM ABITUR

16. Wie können Berufstätige das Abitur nachholen?
17. Was ist der Zweck der musischen Gymnasien?

SONDERPROBLEME

18. Was hat man für ausländische Studenten eingerichtet?

DIE AUSBILDUNG DER LEHRER

19. Was ist charakteristisch für die deutsche Lehrerausbildung?
20. Was sind die Stadien der Ausbildung eines Lehrers an der Hauptschule und am Gymnasium?
21. Welche Vorteile haben die Lehrer als Beamte?

B. Schreiben Sie einen Aufsatz über folgende Themen:

1. Die drei Schultypen nach der Grundschule und ihre Ziele.
2. Die deutschen Gymnasien.
3. Die Ausbildung der Lehrer für die verschiedenen Schulen.

C. *Erklären Sie die folgenden Begriffe durch einen deutschen Satz:*

1. die Gemeinschaftsschule
2. die Grundschule
3. die Schultüte
4. die Rechtschreibung
5. die Mittelpunktschule

6. die Schulpflicht
7. die Hochschule
8. die Oberstufe
9. die Frauenschule
10. das Abendgymnasium

D. *Wie lauten die Adjektive von:*

1. Staat
2. Stadt
3. Tradition
4. Katholik

5. Kirche
6. Protestant
7. Theorie

8. Hauswirtschaft
9. Zukunft
10. Praxis

Setzen Sie das jeweils passende von diesen Adjektiven in die folgenden Sätze ein:

Ich finde die _____ Kindergärten besser als _____ Kindergärten, denn die Stadtverwaltung macht keinen Unterschied zwischen den Konfessionen. Ihr ist es gleich, ob es _____ Kinder sind oder ob sie es mit _____ Kindern zu tun hat. Kirche und Staat sind nicht ganz getrennt; die Trennung von _____ und _____ Einrichtungen ist _____ nicht üblich, wird aber heute von vielen Menschen verlangt. _____ behandeln Staat und Stadt die Konfessionen gleich, aber _____ gibt es doch Unterschiede; Theorie und Praxis kommen selten ganz zusammen. Jedenfalls nicht früher und nicht heute; in einer _____ Gesellschaft wird das vielleicht anders.

E. *Was ist die jeweilige Bezeichnung für folgende Personen?*

Jemand der . . .

1. (a) die Hauptschule, (b) das Gymnasium, (c) die Tertia besucht.
2. (a) Biologie, (b) Geographie, (c) Mathematik, (d) Chemie, (e) Naturwissenschaften studiert hat?
3. in der Realschule unterrichtet?

F. *Setzen Sie die folgenden Sätze ins Passiv:*

BEISPIEL: Man beschloß nach einer Volksabstimmung die Gemeinschaftsschule.
**Nach einer Volksabstimmung wurde die Gemeinschaftsschule
beschlossen.**

1. Man bezahlt die Schulen nicht aus den Gemeindesteuern.
2. Man fährt die Schüler der Oberstufe mit Bussen zu einer Mittelpunktschule.
3. Man hat von den Kindern große Leistungen erwartet.
4. Man glich das Schuljahr an das der anderen europäischen Länder
an.
5. Man wird in diesen Berufen große theoretische Kenntnisse verlangen.
6. Man hatte die Realschule für das aufstrebende Bürgertum geschaffen.
7. Im humanistischen Gymnasium lernt man als erste Fremdsprache
Latein.
8. Man teilte die Schüler in Klassen ein.

G. Vervollständigen Sie die Sätze:

BEISPIEL: Das Schulsystem hängt _____ zusammen.
**Das Schulsystem hängt mit den Traditionen des Landes zusam-
men.**

1. Bisher mußte der katholische Lehrer aus _____ kommen.
2. Das Gymnasium endet mit _____.
3. Wer in dem Gymnasium sitzenbleibt, kann in _____ überwechseln.
4. Die Kindergärten sind für _____ gedacht.
5. Die Kinder in der Grundschule haben die meisten Fächer bei
_____.
6. Durch die neunjährige Schulpflicht verkleinert sich der Unterschied zwischen _____.
7. Manche protestantischen Gymnasien bestehen seit _____.
8. Die Schüler sind in Klassen eingeteilt. Sie haben den Unterricht
immer mit _____.
9. Ein Weg zum Abitur geht über _____.
10. Die zukünftigen Gymnasiallehrer studieren an _____.

*H. Lesen Sie die nachfolgenden Einzelheiten über Karl-Heinz, einen Un-
tersekundaner, im Realgymnasium:*

Sein Stundenplan:

	Mo.	Di.	Mi.
1. Stunde	Englisch	Latein	Geschichte
2.	Deutsch	Geographie	Chemie
3.	Physik	Deutsch	”
4.	”	Biologie	Musik
5.	Geschichte	Turnen	Latein
6.	Religion	”	Mathematik

	Do.	Fr.	Sa.
1. Stunde	Deutsch	Turnen	Deutsch
2.	Englisch	”	Mathematik
3.	Geschichte	Latein	Englisch
4.	Mathematik	Englisch	Geographie
5.	Kunsterziehung	Biologie	Religion
6.	“		Musik (Chor)

In seiner Mappe hat er folgende Schulsachen:
Englisch: Jack London *The Scarlet Plague*
Deutsch: Gottfried Keller *Kleider machen Leute*
Latein: Julius Caesar *Bellum Gallicum*
Geschichte: Das 18. Jahrhundert   Mathematik: Logarithmentafel
Geographie: Nordamerika   Turnen: Schwimmzeug

Er spielt Fußball in der Jugendmannschaft des SV Phönix, und er ist Mitglied in einem englisch-deutschen Freundschaftsklub.

Schreiben Sie:

1. Einen Brief an einen amerikanischen „Brieffreund" über die Schule.
2. Einen Brief über seine Interessen und seinen Tageslauf.
3. Einen Antwortbrief des amerikanischen Freundes über seine Schule.

I. Wir spielen eine Szene:

1. Die Eltern sprechen mit dem Klassenlehrer darüber, ob ihre Tochter ins Gymnasium oder in die Realschule gehen soll.
2. In einer Elternversammlung wird diskutiert, welche Vorteile und Nachteile die neue Form der Oberstufe des Gymnasiums hat.

J. Wir diskutieren: Welche guten und weniger guten Seiten hat das deutsche Schulsystem, verglichen mit dem amerikanischen?

6 Studium in Deutschland

A. Beantworten Sie folgende Fragen:

DIE NEUE UNIVERSITÄT

1. Was waren die wichtigsten Veränderungen an den deutschen Universitäten in der letzten Zeit?
2. Wie war der Studiengang eines Studenten früher und wie ist er jetzt?

UNIVERSITÄTSREFORM

3. Auf welchem Prinzip beruhte die Universität Humboldts?
4. Für wen war Humboldts Idee der Universität gedacht?
5. Was entwickelte sich im späteren 19. Jahrhundert?
6. Welche Forderungen stellten die Studenten in den sechziger Jahren?
7. Was sind die Kehrseiten der letzten Universitätsreformen?

DAS STUDIUM

8. Was bestimmt die Wahl einer Universität?
9. Wie drücken die Studenten im Hörsaal ihr Mißfallen aus?

DER ABSCHLUSS

10. Welche zwei Typen von Abschlußexamen gibt es?
11. Was muß der tun, der Professor werden will?

TRADITIONEN DES STUDENTENLEBENS

12. Was sind die Vorteile, wenn man in eine Verbindung eintritt?
13. Welchen Charakter haben studentische Gruppen meistens?
14. Was sieht ein Student heute als seine wichtigsten Lebensprobleme an?
15. Was kann man über das Studentenleben von heute und von früher sagen?

B. Schreiben Sie einen Aufsatz über folgende Themen:

1. Universitätsreform im 19. und im 20. Jahrhundert.
2. Probleme und Erwartungen eines heutigen Studenten.
3. Studentengruppen früher und heute.

C. Setzen Sie die richtigen Wörter ein:

1. Am Ende des Studiums meldet sich der Student zu einer _____.
2. Professoren und Studenten sollen eine freie _____ bilden.
3. Die Industrie braucht viele akademisch gebildete _____.
4. Nach 1945 war eine umfassende _____ nötig geworden.
5. Die Studenten nennen ihr Zimmer gewöhnlich _____.
6. Der Student muß sich bei der Einschreibung für eine _____ entscheiden.
7. Ein Dozent, der nur die Gebühren der Studenten und kein Gehalt bekam, hieß ein _____.
8. Alle Mediziner und Juristen müssen ein _____ ablegen.
9. Studenten, die sich ihr Studium selbst verdienen müssen, heißen _____.
10. Viele Verbindungen tragen „_____".

D. Betonen Sie das Subjekt, indem Sie mit Es ist . . . bzw. Es sind . . . beginnen:

BEISPIEL: Die Studenten verlangen Änderungen.
Es sind die Studenten, die Änderungen verlangen.

1. Nicht viele Schüler kommen bis zum Abitur.
2. Die Selbständigkeit macht das Studentenleben zugleich schwer und interessant.
3. Die neue Elite sollte an der Universität Berlin herangebildet werden.
4. Die Naturwissenschaften entwickelten sich im späteren 19. Jahrhundert am meisten.
5. Die Studenten wurden in die Politik hineingezogen.
6. Die Verbindungen bewahren frühere Traditionen.
7. Kleine Gruppen sind typisch für das Gemeinschaftsleben der Studenten.
8 Die linksradikalen Gruppen bemühen sich, die Gesellschaft zu verändern.

E. *Verwandeln Sie den Nebensatz in eine Wendung mit einem* -ung *Wort:*

BEISPIEL: Da die Universität überfüllt ist, vermeidet man lange Studienzeiten.
Bei der Überfüllung der Universität vermeidet man lange Studienzeiten.

1. Humboldt half dabei, die neue Universität zu verwirklichen.
2. Die Idee der Universität beruhte darauf, daß sie sich selbst verwaltete.
3. Der Staat hat keinen Einfluß darauf, wie sich ein Professor spezialisiert.
4. Das Ziel der Universität war nicht, zu einem bestimmten Beruf auszubilden.
5. Der Versuch, die Universitäten zu modernisieren, blieb stecken.
6. Die Studenten wirken dabei mit, die Forschungsgelder zu verteilen.
7. Daß die Studiengänge strukturiert worden sind, hat viele Prüfungen mit sich gebracht.
8. Die Reform hat dazu geführt, die traditionellen Freiheiten einzuschränken.

F. *Verbinden Sie die beiden Sätze durch eine der temporalen Konjunktionen* seit, bis, während:

BEISPIEL: Wir warteten bei meinem Freund. / Die Nachricht vom Autounfall kam.
Während wir bei meinem Freund warteten, kam die Nachricht vom Autounfall.

1. Alle neuen Universitäten sind fertig. / Einige Zeit wird noch vergehen.
2. Man ist an der Oberschule. / Man hat wenig Freiheit.
3. Die Universität Berlin war gegründet worden. / Das Lehrsystem der Universitäten änderte sich nach und nach.
4. Die Industrialisierung hat begonnen. / Man braucht viele Fachleute in den Naturwissenschaften.
5. Manche Studenten nehmen das Studium nicht ernst. / Sie stehen kurz vor der Abschlußprüfung.
6. Die Studenten sind an der Universität. / Sie können sich ihre Zeit selbst einteilen.
7. Der Student beendet sein Studium. / Er braucht oft 12 Semester.

8. Die Nachkriegsgeneration ist auf die Universität gekommen. /
Die Studenten sind wieder politisch aktiv geworden.

G. Erklären Sie die Unterschiede zwischen:

1. Hochschule—höhere Schule
2. Fakultät—Dozent
3. Schüler—Student
4. Universität—Hochschule
5. Bildung—Ausbildung
6. Lehrer—Dozent

H. Wir schreiben:

1. Ein amerikanischer Student schreibt einen Brief über seine Eindrücke von dem deutschen Universitätsleben.
2. Eine deutsche Studentin spricht mit ihrem Großvater über das
heutige und frühere Studentenleben.

I. Wir spielen eine Szene:

1. Ein deutscher und ein amerikanischer Student diskutieren über
ihr Studium.
2. Wieviel Freiheit und wieviel Vorschriften sollte eine Universität
haben?

J. Wir diskutieren: Was ist Bildung, und wie könnte die Universität
sie vermitteln?

7 Berufsausbildung

A. Beantworten Sie folgende Fragen:

TRADITIONEN

1. Was gibt einem Deutschen die Berufsausbildung?
2. Was müssen die jungen Leute nach der Haupt- und Realschule
noch tun?

LEHRLING, GESELLE UND MEISTER

3. Womit beginnt die Berufsausbildung?
4. Wer darf Lehrlinge ausbilden?
5. Wie lange dauert die Lehrzeit gewöhnlich?
6. Wer will Meister werden?

PROBLEME

7. Warum stellen Meister manchmal Lehrlinge ein?
8. Inwiefern sind die Lehrlinge heute anders als früher?

WEITERBILDUNG

9. Wozu dienen Fachschulen?
10. Was für Tätigkeiten gibt es in der heutigen Industrie oft?
11. Was sind die Ideale der Handwerker?
12. Warum ist eine Reform der Berufsschulen wichtig?

B. *Schreiben Sie einen Aufsatz über folgende Themen:*

1. Die Laufbahn bis zum Meister.
2. Möglichkeiten der Weiterbildung für einen Handwerksgesellen.

C. *Definieren Sie folgende Begriffe durch einen deutschen Satz:*

1. die Berufsschule
2. der Facharbeiter
3. der Hilfsarbeiter
4. das Arbeitsamt
5. die Gewerkschaft
6. die Handwerkskammer
7. der Zimmermann
8. der Meisterbrief
9. die Fachhochschule
10. der Anlernberuf
11. das Berufsbild
12. die Arbeitslosenunterstützung

D. *Setzen Sie die Sätze ins Perfekt und Futur:*

BEISPIEL: Der Lehrling beweist seine Kenntnisse.
Der Lehrling hat seine Kenntnisse bewiesen.
Der Lehrling wird seine Kenntnisse beweisen.

1. Der Lehrling besucht die Berufsschule.
2. Es besteht kein Zwang zur Wanderschaft.

3. Der Meister eröffnet einen neuen Betrieb.
4. Man erhält seine Ausbildung in der Fachschule.
5. Das deutsche System beruht auf diesen Idealen.
6. Man erlernt den Beruf gründlich.

E. *Bilden Sie Sätze mit den folgenden Elementen:*

BEISPIEL: annehmen / eine Stellung
   Ein Facharbeiter braucht nicht jede Stellung anzunehmen.

1. ableisten / ein Praktikum
2. anlernen / der Betrieb
3. festlegen / die Arbeitszeit
4. einhalten / die Regeln
5. ausbilden / die Fachschule
6. einführen / die Beamten

F. *Bilden Sie aus dem Subjekt einen Satz mit* **wer:**

BEISPIEL: Der Realschulabsolvent muß auf die Berufsschule gehen.
   Wer die Realschule absolviert hat, muß auf die Berufsschule gehen.

1. Der Arbeitslose braucht nicht irgend eine Stellung anzunehmen.
2. Ein Meister kann Lehrlinge ausbilden.
3. Ein Fachstudent muß ein erfahrener Praktiker sein.
4. Ein Arbeiter außerhalb des Berufs verdient manchmal mehr Geld.
5. Ein gelernter Arbeiter hat mehr Prestige als ein Hilfsarbeiter.
6. Die Firmen, die Lehrlinge ausbilden, müssen viel Geld investieren.

G. *Worin besteht die Arbeit folgender Personen?*

1. ein Architekt
2. ein Automechaniker
3. ein Maurer
4. ein Zimmermannslehrling
5. ein Elektrikermeister
6. ein Gerichtsreferendar
7. eine Sekretärin
8. ein Hilfsarbeiter

H. Wir schreiben:

1. Ein Lehrling beschwert sich über seinen Meister.
2. Einen Brief an eine Zeitung, daß die Lehrlingsausbildung verkürzt werden sollte.

I. Wir spielen eine Szene:

1. Ein arbeitsloser Facharbeiter auf dem Arbeitsamt.
2. Ein Berufsberater erklärt einem Amerikaner die verschiedenen Typen der Berufs- und Fachschulen.

J. Wir diskutieren: Wie sollte die Ausbildung zu einem praktischen Beruf aussehen?

8 Berufstätigkeit

A. Schreiben Sie einen Aufsatz über folgende Themen:

1. Der Arbeitstag des Bauern.
2. Beruf und Privatleben eines Arbeiters.
3. Die Stellung eines Beamten
4. Die Tätigkeit eines praktischen Arztes.

B. Beantworten Sie folgende Fragen (so ausführlich wie nötig):

EIN LANDWIRT

1. Welche Kenntnisse und Eigenschaften braucht ein Bauer?
2. Warum gibt es in Deutschland eine „Landflucht"?

EIN FABRIKARBEITER

3. Welche Vorteile hat ein Arbeiter, der lange bei der gleichen Firma bleibt?
4. Warum interessieren sich viele Arbeiter nicht sehr für die Arbeit? Wodurch kann man das ändern?

EIN BEAMTER

5. Was erwartet der Staat von einem Beamten?
6. Was erwartet der Beamte vom Staat?

FREIE BERUFE

7. Welche Folgen haben die Krankenkassen für den Arzt und für die Patienten?
8. Was ist „frei" an einem Freien Beruf?

C. *Welche der schräggedruckten Feststellungen ist die jeweils richtige?*

1. Die meisten deutschen Bauern wohnen *auf Einzelhöfen—in Dörfern*
2. Maschinen sind *auf allen* Höfen rentabel—*nur bei den größeren*
3. Die Bauern *sind nicht leicht bereit,* die Höfe zu arrondieren—*sehen die Notwendigkeit sofort ein*
4. Die Zahl der Höfe in Deutschland *ist gleich geblieben—wird immer kleiner*
5. Der Bauer *braucht viel Dünger, denn er kann sich kein Brachland leisten—spart lieber den Dünger und läßt das Land brach liegen*
6. In der Weimarer Republik arbeitete man *8 Stunden am Tag* in den Fabriken—*12 Stunden am Tag*
7. Schichtarbeit *hat keinen Einfluß auf das Gemeinschaftsleben—ändert das Zusammenleben der Menschen entscheidend*
8. Alle Arbeiter bekommen *außer dem Lohn Sozialleistungen, teils vom Staat, teils von den Firmen—nur soziale Leistungen von den Firmen, wenn sie Mitglieder der Gewerkschaft sind*
9. Die Beamten *gehen mit 65 Jahren in Pension—bekommen nur Pension, wenn sie 30 Jahre lang tätig gewesen waren*
10. Beamte gibt es *auch in privaten Firmen—nur beim Staat und bei Kommunalbehörden*
11. Ein Arzt *ist gar nicht von öffentlichen Einrichtungen abhängig— braucht die öffentlichen Krankenkassen, um genug Patienten zu haben*
12. Ein Chef hat heute *einen kürzeren Arbeitstag* als ein Arbeiter— *einen längeren Arbeitstag*

Ergänzen Sie die richtige Antwort durch einen Kausalsatz mit weil *und geben Sie dabei die Begründung für Ihre Antwort.*

D. *Welchen Satzteil sollte man an den Anfang des zweiten Satzes stellen,*
   damit die Sätze richtig aufeinander folgen?

   BEISPIEL: Heute überlegt sich der Arbeiter genau, wieviele Überstunden er
   macht.
   Der Arbeiter hatte for fünfzig Jahren solche Probleme noch
   nicht.
   Heute überlegt sich der Arbeiter genau, wieviele Überstunden
   er macht.
   Vor fünfzig Jahren hatte der Arbeiter solche Probleme noch
   nicht.

1. Auf großen Höfen in der Ebene lohnt sich die Anschaffung von
   vielen Maschinen. Der Bauer kann im Gebirge seine Maschinen
   oft nicht genug ausnutzen.
2. Die Bauern haben vor allem Getreide und Kartoffeln. Es lohnt
   sich, in der Nähe der Stadt Gemüse zu bauen.
3. Viele Leute arbeiten in Schichten. Ihr Leben ändert sich dadurch
   sehr.
4. Der Arbeiter bekommt einmal in der Woche Lohn. Die Lokale
   sind an diesen Zahltagen voll.
5. Jeder Betrieb hat einen Betriebsrat. Die Gewerkschaften unterstützen den Betriebsrat bei Konflikten.
6. Der Beamte hat ein festes Gehalt und Familienzulagen. Seine Tätigkeit ist neben den Gehaltsbedingungen auch festgelegt.
7. Im 20. Jahrhundert ist die Politik in die Verwaltung eingedrungen. Beamte wurden 1933 aus politischen Gründen entlassen.
8. Die Privatpatienten zahlen am besten. Der Arzt hat meistens nicht
   viele solche Privatpatienten.

   Wie kann man die so gebildeten Sätze verbinden, mit und *oder* aber?

   BEISPIEL: **Heute überlegt sich der Arbeiter genau, wieviele Überstunden**
   er macht, aber vor fünzig Jahren hatte er solche Probleme noch
   nicht.

E. *Verbinden Sie die Sätze mit* je - desto:

   BEISPIEL: Ein Dorf ist nahe der Stadt. / Viele Städter siedeln sich dort an.
   Je näher ein Dorf der Stadt ist, desto mehr Städter siedeln sich
   dort an.

1. Die Landwirtschaft ist intensiv. / Viele Arbeitskräfte sind notwendig.

2. Die landwirtschaftlichen Hilfskräfte sind knapp. / Die Maschinen sind rentabel.
3. Die Konkurrenz wird scharf. / Der Bauer muß sich in seinem Beruf gut auskennen.
4. Eine Firma gibt hohe Sozialleistungen. / Die Arbeiter bleiben lange bei ihr.
5. Die Arbeit ist mechanisch. / Sie interessiert den Arbeiter wenig.
6. Ein Angestellter ist lange in einer Firma. / Es ist schwer, ihm zu kündigen.
7. Ein Facharzt ist bekannt. / Er hat viele Privatpatienten.
8. Die Stellung ist verantwortungsvoll. / Man muß lange arbeiten.

F. Lernen Sie folgende Fremdwörter:

arrondieren—Arrondierung
konkurrieren—die Konkurrenz—der Konkurrent
reparieren—die Reparatur—der Reparateur
sich spezialisieren—Die Spezialisierung—der Spezialist
automatisieren—die Automatisierung (Automation)
produzieren—die Produktion—der Produzent
organisieren—die Organisation—der Organisator
sich habilitieren—die Habilitation

Bilden Sie das Verb in diesen Sätzen zu einem Substantiv um:

BEISPIEL: Man muß den Hof arrondieren.
   Die Arrondierung des Hofes ist notwendig.

1. Man muß die Heizung reparieren.
2. Man muß die Fabrik automatisieren.
3. Er muß sich auf dieses Gebiet spezialisieren.
4. Man muß billiger produzieren.

Bilden Sie das Partizip:

BEISPIEL: ein Hof (arrondieren)—**ein arrondierter Hof**

1. ein Dozent (habilitieren)
2. ein Streik (organisieren)
3. eine Fabrikanlage (automatisieren)
4. eine Ärztin (spezialisieren)

G. *Geben Sie jedem dieser Leute drei passende Adjektive:*

1. der „Manager"
2. der Beamte
3. der Arbeiter am Ende der Schicht
4. der Bauer, der seinen Hof aufgibt

H. *Wie verläuft der Arbeitstag folgender Personen?*

1. Briefträger (Die Briefe werden einmal am Tag ausgetragen.)
2. Lebensmittelhändler (Die Gesetze bestimmen, daß er seinen Laden abends zu einer bestimmten Zeit schließt, meistens 18.30 oder 19 Uhr. Am Sonntag sind alle Läden geschlossen.)
3. Meister (Er bildet Lehrlinge zu Automechanikern aus.)

I. *Wir spielen eine Szene:*

1. Ein Sohn erklärt seinem Vater, der Kaufmann ist, warum er Beamter werden will.
2. Ein Arzt ist in ein Dorf gezogen. Ein Bauer unterhält sich mit ihm über ihre Tätigkeit.

J. *Wir diskutieren:* Was ist wichtiger im Beruf, Sicherheit oder viele Chancen; viel Freizeit oder viele Verdienstmöglichkeiten?

9 Sport in Deutschland

A. *Beantworten Sie folgende Fragen:*

SPORTVEREINE

1. Was ist der Volkssport in Deutschland?
2. Wo werden die Talente im Sport vor allem gefördert?

BERUFSSPORTLER UND AMATEURE

3. Was für Unternehmen sind die Sportvereine?
4. Welche Berufssportarten gibt es in Deutschland?

LEISTUNGSSPORT UND FREIZEITBESCHÄFTIGUNG

5. An welchen Sportarten sind viele Deutsche interessiert?
6. Bei welchen Sportwettkämpfen ist der Nationalstolz im Spiel?

BREITENSPORT UND WANDERN

7. Zu welchem Zweck wandert man heute manchmal?
8. Was für einen Sport treiben wohlhabendere Leute heute?
9. Wo können junge Wanderer billig übernachten?
10. Worauf weisen die Fremdenverkehrsorte heute hin?

B. Schreiben Sie einen Aufsatz über folgende Themen:

1. Fußball in Deutschland.
2. Das Wandern.
3. Amateursport und Berufssport.

C. Setzen Sie in den folgenden Sätzen das richtige Wort ein:

1. Fußball ist der _____ in Deutschland.
2. Die höchste Fußballiga heißt _____.
3. Am Ende der Saison müssen die beiden schlechtesten Vereine einer Liga „_____".
4. Nicht alle Deutschen spielen Fußball, aber die meisten spielen im _____.
5. Beliebte Radrennen in der Halle waren die _____.
6. Der besondere Wintersport der Bayern ist das _____.
7. Für die wandernde Jugend gibt es viele _____, wo man übernachten kann.
8. In den letzten Jahren haben sich in Fremdenverkehrsorten die _____ vermehrt.

D. Bilden Sie Infinitivsätze mit um - zu:

BEISPIEL: Turnvater Jahn begann das Turnen. / Er wollte die jungen Leute für den Krieg vorbereiten.
Turnvater Jahn begann das Turnen, um die jungen Leute für den Krieg vorzubereiten.

1. Die Städte bauen große Fußballstadien. / Sie wollen Platz für die vielen Zuschauer haben.

2. Viele Deutsche wetten im Fußball-Toto. / Sie wollen über Nacht reich werden.
3. Manche Leute spielen Golf. / Sie wollen gesellschaftliche Anerkennung finden.
4. Viele Leute laufen Schi. / Sie wollen die Natur erleben.
5. Man braucht eine besondere Ausrüstung. / Man will steile Felswände erklimmen.
6. Manche Leute haben keine Zeit. / Sie wollen regelmäßig an Wettkämpfen teilnehmen.
7. Ehrenamtliche Mitglieder haben nicht genug Zeit. / Sie wollen einen großen Sportverein leiten.
8. Die Vereine kämpfen verzweifelt. / Sie wollen nicht in die niedrigere Liga absteigen.

E. Ergänzen Sie die Sätze unter Verwendung der passenden Präpositionen:

1. Die Leichtathletik entwickelt sich / der Leistungssport
2. Jeder sechste Deutsche interessiert sich / das Turnen
3. Bundestagssitzungen fallen aus / wichtige Fußballspiele
4. Die Universitäten befassen sich wenig / die Förderung des Nachwuchses
5. Es ergeben sich Schwierigkeiten / die Struktur der Vereine
6. Dasselbe trifft zu / die Turner
7. Die Prospekte weisen hin / die schönen Wanderwege
8. Fußball hat etwas gemeinsam / andere Sportarten

F. Wie lauten die Adjektivendungen?

1. viele wichtig_____ Fußballspiele
2. die meisten deutsch_____ Turner
3. ein erfolgreich_____ Kurzstreckenläufer
4. gut_____ sportlich_____ Leistungen
5. dieser bekannt_____ Fremdenverkehrsort
6. manche_____ jung_____ Wanderer
7. drei neu_____ Jugendherbergen
8. ein besonder_____ Interesse
9. dieser erfolgreich_____ Schiläufer
10. das Gehalt dieses bekannt_____ Fußballspielers

Bilden Sie Sätze mit diesen Wendungen.

G. *Vervollständigen Sie die Sätze mit* kennen, wissen *oder* können:

1. Die meisten Deutschen _____ nicht die Regeln des Golfsports.
2. Ein ehrenamtliches Mitglied _____ dem Verein nicht viel Zeit widmen.
3. Nicht viele Deutsche _____ reiten.
4. Jedermann _____ die besten Fußballspieler.
5. Niemand _____, wie man Baseball spielt.
6. Ich _____ gut segeln, aber ich _____ nicht, wie das Wetter wird.

H. *Lesen Sie den folgenden Absatz und beantworten Sie die darunter stehenden Fragen:*

Zwei Bundesligamannschaften spielen 3:1, Halbzeit 1:0. Das eine Gegentor wurde durch einen Elfmeter erzielt. Die drei Tore fielen nach einer rechten Ecke durch den Mittelstürmer, durch den Rechtsaußen nach Vorlage des Mittelläufers und durch den Halbrechts nach einer Flanke des Rechtsaußen. Die erste Mannschaft hätte viel höher gewonnen, wenn nicht der Torwart der zweiten Mannschaft einen überragenden Tag gehabt hätte.

1. Welche Halbzeit war wahrscheinlich interessanter?
2. Welche Mannschaft hat die bessere Stürmerreihe?
3. Was sind die beiden besten Spieler auf dem Platz?
4. Welche beiden Spielerreihen waren in der ersten Mannschaft am meisten beschäftigt, und welche in der zweiten: Torwart, Verteidiger, Läufer, Stürmer?
5. Der linke Verteidiger muß den Rechtsaußen abwehren. Was hat der Trainer der zweiten Mannschaft nach dem Spiel zu seinem linken Verteidiger gesagt? Und zu seinem Rechtsaußen?

I. *Wir spielen eine Szene:*

1. Zwei Fußballfans diskutieren über das letzte Spiel Bayern München gegen HSV.
2. Ein Amerikaner erklärt einem Deutschen Golf und warum es ein interessanter Sport ist.

J. *Wir diskutieren:* Ist Sport als Geschäft noch Sport?

10 Urlaubsreisen

A. *Schreiben Sie einen kurzen Absatz, etwa 100 Wörter, zur Beantwortung folgender Fragen:*

1. Wie war früher eine typische Ferienreise?
2. Wie entstand in Deutschland das Camping?
3. Wohin fahren heute die Deutschen im Urlaub?
4. Was sind die Vorteile einer Gesellschaftsreise?
5. Was ist der Zweck einer Bildungsreise?
6. Warum kommen Ausländer in ihren Ferien nach Deutschland?

B. *Definieren Sie die folgenden Ausdrücke durch einen deutschen Satz:*

1. der Wohnwagen
2. das Ferienhaus
3. der Pauschalpreis
4. die Erholung
5. das Reisebüro
6. der Sonderzug
7. die Reiseindustrie
8. der Ferienaufenthalt

C. *Infinitiv mit* zu *oder ohne* zu?

1. Damals pflegte man in sein Ferienhaus ――― fahren.
2. Die Familie konnte auch die Ferien bei der Großmutter ――― verbringen.
3. Nach dem Zweiten Weltkrieg begann die Jugend bald wieder ――― reisen.
4. Die Deutschen wollten möglichst viel von der Welt ――― sehen.
5. Manche Leute lassen sich vom Reisebüro einen Reiseplan vor―――bereiten.
6. Die deutschen Touristen hoffen etwas Neues ――― entdecken.
7. Die Touristen lernen immerhin neue Länder und Menschen ――― kennen.
8. Die Reiseindustrie fing an, sich ――― entwickeln.

Setzen Sie die Sätze ins Perfekt (mit Ausnahme von Satz 1).

D. Setzen Sie die Passivsätze in die Aktivform:

BEISPIEL: Es wurde ein Reiseplan ausgearbeitet.
Man arbeitete einen Reiseplan aus.

1. Es wurde dort der ganze Urlaub verbracht.
2. Es kann mit dem Zelt gereist werden.
3. Der Urlaub wird von den meisten Menschen zur Erholung gebraucht.
4. Es wird besonders gern in die Alpen gefahren.
5. Viele Gruppenfahrten sind von Reisegesellschaften organisiert worden.
6. Die Hin- und Rückreise wird dabei von der Gruppe gemeinsam gemacht.
7. Solche Objekte können von eiligen Touristen schnell besichtigt werden.
8. Bei manchen Reisen wird die Bildung nur als Vorwand genommen.

E. Verwandeln Sie das Objekt in einen Infinitivsatz:

BEISPIEL: Manche Bauern verdienten damals mit Sommergästen. (aufnehmen)
Manche Bauern verdienten damals damit, Sommergäste aufzunehmen.

1. Wir sprachen von unserem Urlaub in Jugoslawien. (verbringen)
2. Der Angestellte beschäftigt sich mit Reiseplänen. (ausarbeiten)
3. Die Erholungssuchenden hoffen auf einen versteckten Winkel. (finden)
4. Viele Familien haben sich an den Wohnwagen gewöhnt. (reisen)
5. Die Reisebüros helfen bei der Reise. (planen)
6. Die Ferienreisenden haben Vorteile von einem kleinen Ort. (fahren)

F. Setzen Sie als *oder* wenn *ein:*

1. _____ man damals wieder reisen konnte, nutzten viele Leute es sofort aus.
2. _____ die Familie auf Urlaub fuhr, hatte sie mehrere Möglichkeiten.
3. _____ man ins Ausland fuhr, lernte man vorher die Sprache.

4. _____ die Bauern merkten, daß viele Leute kamen, nahmen sie Geld.
5. Heute freut man sich, _____ man einen stillen Winkel findet.
6. Der Dolmetscher mußte mir helfen, _____ ich ein anderes Hotelzimmer wollte.
7. _____ man Schwierigkeiten hat, hilft der Dolmetscher.
8. _____ man die bayerischen Königsschlösser besichtigen will, braucht man nicht sehr viel Zeit.

G. Schreiben Sie über folgende Themen:

1. Ein Gebirgsdorf an einem See möchte Touristen für die Sommerferien anlocken. Wie würde ein Prospekt aussehen,
   a) wenn man deutsche Touristen interessieren möchte,
   b) für amerikanische Touristen?
   Was würde man über Hotels, Lage und die anderen Möglichkeiten, die der Ort bietet, schreiben?
2. Sie arbeiten einen Reiseplan für eine Gesellschaftsreise einer Studentengruppe durch Deutschland aus. Sie haben drei Wochen Zeit. Wie sieht Ihr Plan aus? Was können Sie tun, um die Gruppe vorzubereiten?

H. Wir spielen eine Szene:

1. Zwei Deutsche treffen sich auf einem Campingplatz an der französischen Mittelmeerküste und fragen sich gegenseitig nach ihrer Reise.
2. Ein Amerikaner erzählt seinen Freunden von seiner Deutschlandreise. Er war zwei Wochen dort.

I. Wir diskutieren: Wozu macht man Ferien?

11 Das kulturelle Leben in Deutschland

A. Schreiben Sie einen Aufsatz über folgende Themen:

1. Was gehört in Deutschland zum kulturellen Leben einer mittelgroßen Stadt?

2. Wie sieht der Spielplan eines Stadttheaters aus?
3. Festspiele in Deutschland.
4. Welchen Charakter hat eine deutsche Buchhandlung?
5. Wie und auf welchen Gebieten arbeiten Kunst und Handwerk zusammen?

B. Beantworten Sie folgende Fragen in einem kurzen Absatz:

1. Warum bemühen sich viele Stadtverwaltungen um das kulturelle Leben?
2. Was ist die Rolle eines privaten Kellertheaters?
3. Warum schadete das Fernsehen mehr den Kinos als den Theatern?
4. Welche Vorteile und welche Nachteile bringt es, wenn das Fernsehen nicht auf die Einnahmen aus der Reklame angewiesen ist?
5. Warum ist das Theaterpublikum in der letzten Zeit kritischer geworden?
6. Wie kann sich ein junger Maler bekannt machen?
7. Spielt die bildende Kunst eine Rolle im Alltagsleben? Wodurch vor allem?
8. Warum hat der Film in Deutschland nach 1945 so viele Schwierigkeiten gehabt?
9. Wie entstand der neue deutsche Film?
10. Warum kommen viele Leute zu Festspielen?
11. Was sind die Reize einer Freilichtaufführung?
12. Warum ist es schwer, von der „deutschen" Literatur zu sprechen?

C. Bilden Sie aus dem zweiten Teil jeweils einen Relativsatz:

BEISPIEL: Es gibt mehrere Kirchen. / In ihnen werden Konzerte gegeben.
Es gibt mehrere Kirchen, in denen Konzerte gegeben werden.

1. Es waren nicht nur die Fürsten. / Für sie war die Kunst wichtig.
2. Die Deutschen bekamen den Namen eines Volkes der Dichter und Denker. / Auf ihn waren sie sehr sehr stolz.
3. Das Stadttheater hat eine Studiobühne. / In ihr werden Experimente gemacht.
4. Es gab viele kulturelle Einrichtungen. / Für sie wurde der Rundfunk zum Mäzen.
5. In Deutschland gibt es Musikgruppen. / Von ihnen haben wir schon gehört.

6. Die neuen Bücher sieht man auf der Messe. / Auf ihr treffen sich die Buchhändler.
7. Der Maler veranstaltete eine Ausstellung. / Zu ihr kamen viele Leute.
8. Viele Leute gehen in einen Film. / Sie müssen bei ihm nicht nachdenken.

D. *Setzen Sie* **seit** *oder* **seitdem** *ein:*

1. _____ haben einige junge Filmregisseure Erfolg gehabt.
2. _____ der Zeit des Bauhauses hat man sich viel mit Industrieform befaßt.
3. _____ geben die Städte viel Geld für ihre Theater aus.
4. _____ sich das Fernsehen in Deutschland verbreitet hat, gehen viel weniger Leute ins Kino.
5. _____ dem Zweiten Weltkrieg sind die Rundfunkanstalten Körperschaften des öffentlichen Rechts.

Setzen Sie **außer** *oder* **außerdem** *ein:*

6. _____ den Gesellschaften gibt es noch die Volkshochschule.
7. _____ veranstaltet die Volkshochschule Vorträge und Bildungsreisen.
8. Die Stadt hat _____ dem Stadttheater auch ein privates Kellertheater.

Setzen Sie **nach** *oder* **nachdem** *ein:*

9. _____ dem Theater gehen manche Leute gern in ein Lokal, um sich zu unterhalten.
10. _____ das Fernsehen sich entwickelt hatte, hörten weniger Leute Radio.
11. _____ viele Schauspieler und Regisseure emigriert waren, ging der deutsche Film zurück.
12. _____ dem Krieg wurden einige gute Filme gedreht.

E. *Bilden Sie Sätze aus diesen Elementen:*

1. Konkurrenz machen / Fernsehprogramme
2. ernst nehmen / Bildung
3. in Kauf nehmen / moderne Musik

4. angewiesen sein auf / Geldspenden
5. zur Notiz nehmen / moderne Malerei
6. eine Rolle spielen / Männerchöre
7. Einfluß haben / die Kirchen
8. Aufmerksamkeit erregen / Theaterstücke

F. Setzen Sie das passende Wort oder die passenden Worte ein:

1. Man spielt auch _____ im Dialekt.
2. Für das Theater kann man ein _____ kaufen.
3. Die Rundfunkanstalten sind nicht staatlich, aber Anstalten _____.
4. Das dritte Programm im Fernsehen ist ein _____.
5. Auffallend bei der Musik ist die Liebe der Deutschen für _____ und _____.
6. Eine Buchhandlung veranstaltet manchmal auch _____ und _____.
7. Unter den Handwerkern gibt es viele Arten von _____.
8. Die _____ bevorzugen amerikanische Filme.
9. In Oberammergau finden alle zehn Jahre _____ statt.
10. In Burgen, Schlössern und Parks gibt es _____.

G. Wir schreiben:

1. Das Stadttheater hat eine Aufführung von Mozarts „Don Juan" gebracht. Die Aufführung war mittelmäßig. Der Kritiker einer großen Zeitung schreibt eine Kritik; er fand die meisten Sänger schlecht, ebenso das Bühnenbild und die Regie. Er schlägt vor, daß das Theater seine Oper aufgibt und nur noch Operetten spielt. Schreiben Sie einen Leserbrief an die Zeitung, warum die Oper erhalten bleiben soll.
2. Ein amerikanischer Student sieht Goethes „Götz von Berlichingen" in Jagsthausen. Die Bühne sah sehr „romantisch" aus, aber die Holzbänke waren hart, und er hatte keine Wolldecke mitgenommen wie die anderen Leute, also war ihm sehr kalt. Aber hinterher im Gasthof hatte er noch einen lustigen Abend. Jetzt schreibt er einen Brief an seine Eltern darüber.

H. Wir spielen eine Szene:

1. Ein Deutscher kommt in eine amerikanische Stadt und erkundigt sich nach dem kulturellen Leben dort.

2. Hans kauft für Tante Amalie ein Buch als Weihnachtsgeschenk, aber er weiß nicht richtig was. Er spricht mit der Verkäuferin in der Buchhandlung.

I. Wir diskutieren: Film und Fernsehen im kulturellen Leben eines Landes.

12 Vereine in Deutschland

A. Beantworten Sie folgende Fragen:

GESELLIGKEIT

1. Was braucht ein Verein?
2. Woraus besteht gewöhnlich der Vorstand eines Vereins?
3. Wann ist ein Verein gemeinnützig?
4. Aus welchen beiden Teilen besteht gewöhnlich eine Vereinssitzung?

DIE VEREINSTRADITION

5. Warum gehen viele Leute in einen Verein?
6. Wozu dienten manche Vereine im 19. Jahrhundert?
7. Was ist ein Vereinsmeier, und wie denken die anderen Mitglieder über ihn?

VEREINSLEBEN HEUTE

8. Welche Gruppen sehen oft wie Vereine aus?

B. Schreiben Sie einen Aufsatz über folgende Themen:

1. Welchen Charakter hat der Verein oft als Gruppe der Gesellschaft?
2. Warum entwickelten sich die Vereine gerade im 19. Jahrhundert?

C. Ein Sportverein hat seine Jahresversammlung. Wie sieht das Programm der Versammlung aus?

D. Was geschieht bei den Sitzungen folgender Vereine?

1. Gesangverein
2. Schützenverein
3. Bienenzüchterverein
4. Verein für Heimatgeschichte

E. Setzen Sie die passenden Formen von **sein** oder **werden** *ein:*

1. Vereine _____ in allen Bereichen zu finden.
2. Verdiente Mitglieder _____ zu Ehrenmitgliedern ernannt.
3. Vereine _____ im Vereinsregister eingetragen.
4. Manche Vereine sind heute Interessengruppen _____.
5. Manches Vorstandsmitglied _____ zum Vereinsmeier.
6. Im 19. Jahrhundert _____ die Vereine Männersache.
7. Die Vorträge _____ wichtig genommen.
8. In der Öffentlichkeit _____ man korrekt gekleidet.

F. Bilden Sie das Präteritum und das Perfekt:

BEISPIEL: Zur Familie kommt der Freundeskreis hinzu.
   Zur Familie kam der Freundeskreis hinzu.
   Zur Familie ist der Freundeskreis hinzugekommen.

1. Ich trage ihn in die Liste ein.
2. Der Vorstand besteht aus fünf Mitgliedern.
3. Der Kassenwart rechnet das Geld ab.
4. Der Bundesverband gibt eine Zeitschrift heraus.
5. Wir tagen in einem Gasthof.
6. Sie knüpfen natürlich auch Geschäftsverbindungen an.
7. Die Bürger emanzipieren sich.
8. Wir wollen einmal die häuslichen Sorgen vergessen.
9. Ich kenne die anderen Mitglieder gut.
10. Viele Gruppen nennen sich Vereine.

G. Setzen Sie die passenden Wörter ein:

1. Der Verein hat ordentliche Mitglieder und außerdem _____.
2. Für langjährige Verdienste bekommen Mitglieder _____.
3. Einmal im Jahr findet eine _____ statt.

4. Ein Verein tagt gewöhnlich in seinem _____.
5. Viele Vereine sind heute _____ geworden.
6. Im 19. Jahrhundert lebte man in einem _____, wo Politik verboten war.

H. Wir spielen eine Szene:

1. Der Vorsitzende eines Kleingartenvereins teilt mit, daß die Stadt, der das Land gehört, die Pacht für die Gärten erhöhen will. Die Mitglieder beschließen zu protestieren.
2. Der Vorsitzende eines Bienenzüchtervereins verleiht Ehrennadeln an verdienstvolle Mitglieder. Eines der Mitglieder antwortet und bedankt sich.

I. Wir machen eine Umfrage in der Klasse: Wofür würden Sie einen Verein gründen und wie sähe er aus?

13 Der Bürger und sein Staat

A. Beantworten Sie folgende Fragen:

DIE VERWIRRUNGEN DER POLITIK

1. Was für ein System hatte die Bundesrepublik am Anfang?
2. Wie kam es zur Bildung einer „außerparlamentarischen Opposition"?
3. Was verstand man unter dem „Berufsverbot", und wie kam es dazu?
4. Welche Probleme stehen im Mittelpunkt der heutigen Auseinandersetzungen?

DIE VERFASSUNG

5. Mit welchen Begriffen definiert das Grundgesetz die Bundesrepublik?
6. Welche Grundrechte hat ein Deutscher?
7. Aus welchen zwei Häusern besteht das Parlament, und wie werden die Abgeordneten bestimmt?

8. Welche Macht hat der Bundespräsident und welche hat der Bundeskanzler?
9. Wodurch wird die Stabilität der Bundesregierung garantiert?
10. Welche Instanz interpretiert und schützt die Verfassung?

DIE POLITISCHEN PARTEIEN

11. Wie entstand die CDU?
12. Als was fungiert die FDP öfter?
13. Welche Parteien sind in der Bundesrepublik verboten worden?
14. Welche Flügel hat die SPD?
15. Welche Partei ist seit 1983 im Bundestag und was will sie?

DIE MITARBEIT DER BÜRGER

16. Welche Pflichten hat ein Bürger dem Staat gegenüber?
17. Mit welcher Bürgerpflicht sind viele Deutsche nicht einverstanden?

WIE INFORMIERT SICH DER DEUTSCHE?

18. Welche Typen von Zeitungen findet man in der Bundesrepublik?
19. Wer ist Axel Springer?
20. Was geschah bei der Spiegel-Affäre?
21. Wer besitzt noch Zeitungen außer den privaten Verlegern?

B. Schreiben Sie einen Aufsatz über folgende Themen:

1. Welche Regierungssysteme hat ein Deutscher, der heute 80 Jahre alt ist, erlebt, und wie wirkt das auf seine Einstellung zur Politik?
2. Die politischen Parteien in der Bundesrepublik.
3. Das Wahlsystem und der Charakter des Bundestags.
4. Die deutsche Presse.

C. Charakterisieren Sie durch drei Adjektive:

1. die Einstellung des älteren Bürgers zum Staat
2. der Charakter des Grundgesetzes
3. die politische Einstellung vieler Tageszeitungen

4. die politische Einstellung Axel Springers
5. Wie sollten die Deutschen nach 1945 werden?
6. Wie sollten die Deutschen 1933 sein?

D. *Ergänzen Sie die Sätze:*

BEISPIEL: Er hat kein Vertrauen zu ———. (Staat)
Er hat kein Vertrauen zu dem Staat.

1. Es gab einen Reichspräsidenten statt ———. (Kaiser)
2. Deutschland kämpfte gegen ———. (Länder)
3. Jeder Deutsche hat Freizügigkeit innerhalb ———. (Bundesrepublik)
4. Die CDU unterscheidet sich darin von ———. (Zentrum)
5. Die FDP hat Wähler in Gebieten mit ———. (Tradition)
6. Die SPD hat sich inzwischen zu ——— entwickelt. (Volkspartei)
7. Die Bürger haben Pflichten außer ———. (Rechte)
8. Es handelt sich dabei um ———. (Schule)
9. Die großen Zeitungen bringen viele Berichte aus ———. (Ausland)
10. Strauß trat nach ——— zurück. (Debatte)

E. *Setzen Sie das Verb jeweils ins Präteritum oder Plusquamperfekt. Beachten Sie dabei die hier angegebene Reihenfolge der Ereignisse:*

BEISPIEL: I: Revolution / II: Heimkehr der Soldaten
Als die Soldaten ——— (heimkehren), eine Revolution ——— (stattfinden).
Als die Soldaten heimkehrten, hatte eine Revolution stattgefunden.

1. I: aktive Demokraten / II: Schwierigkeiten nach 1933
Wer vor 1933 aktiver Demokrat ——— (sein), ——— (bekommen) nach 1933 große Schwierigkeiten.
2. I: Adenauers Rücktritt / II: Erhard Bundeskanzler
Ludwig Erhard ——— (werden) Bundeskanzler, nachdem Konrad Adenauer ——— (zurücktreten).
3. I: Zentrum rein katholisch / II: CDU vereinigt christliche Konfessionen
Während das Zentrum rein katholisch ——— (sein), ——— (vereinigen) die CDU die christlichen Konfessionen in einer Partei.

4. I: DNVP kompromittiert / II: 1945 keine Nachfolgepartei
Da sich die DNVP 1933 _____ (kompromittieren), _____ (finden)
sie 1945 keine konservative Partei als Nachfolgerin.

5. I: Deutsche mißtrauisch gegen Propaganda / II. keine Parteizeitungen
Da die Deutschen mißtrauisch gegen Propaganda _____ (werden),
_____ (wollen) sie keine parteigebundenen Zeitungen mehr.

6. I: Polizei besetzte das Redaktionsgebäude des „Spiegel" / II: Es
wurde heftig protestiert
Nachdem die Polizei das Redaktionsgebäude des „Spiegel" _____
(besetzen), _____ (sich erheben) von allen Seiten heftiger Protest
gegen diese Aktion.

F. *Verändern Sie den Relativsatz in eine Konstruktion mit dem Partizip:*

    BEISPIEL: Sie wählten einen Führer, der ihnen Ruhe und Ordnung versprach.

        Sie wählten einen ihnen Ruhe und Ordnung versprechenden Führer.

1. Die Nazis wandten sich an die Generation, die zu dieser Zeit heranwuchs.
2. Die Polizei fotografierte die Studenten, die an den Demonstrationen teilnahmen.
3. Es wächst die Zahl der Leute, die die Freiheiten des Grundgesetzes ernst nehmen.
4. In den Bestimmungen des Grundgesetzes spiegeln sich die Erfahrungen, die vorher von den Deutschen gemacht worden waren.
5. Der Bundestag kann keine negative Mehrheit bilden, die die Arbeit der Regierung blockiert.
6. Populär wurde Ludwig Erhard, der die soziale Marktwirtschaft einführte.
7. Schwierigkeiten hatte die KPD, die vom Bundesverfassungsgericht verboten wurde.
8. Die Grünen haben viele Anhänger, die verschiedene Ansichten vertreten.

G. *Wir schreiben:*

1. Einen Brief an die „Süddeutsche Zeitung" gegen den Bau eines
neuen Flugplatzes bei München; dadurch wird ein Naturschutz-

gebiet zerstört. Ebenfalls eine Antwort auf diesen Brief, warum dieser Flugplatz notwendig ist.

2. Einen Vorschlag, an den Bundestag gerichtet, für die Einrichtung von Nationalparks.

H. Wir spielen eine Szene:

1. Ein Politiker der CDU diskutiert mit Studenten über Friedenspolitik.
2. Der Stadtrat diskutiert, was die Stadt tun soll für die Eingliederung ausländischer Gastarbeiter. Was kann man tun, um ihre Beziehungen zu den Deutschen zu verbessern?

I. Wir diskutieren: Hat das Konzept der „Basisdemokratie" Sinn, oder braucht man Berufspolitiker im Parlament?

14 Die Kirchen und ihre Rolle in der Gesellschaft

A. Beantworten Sie folgende Fragen in einem kurzen Absatz:

1. Wie zeigt sich die Verbindung des Staates mit den Kirchen heute?
2. Wie war die Entwicklung der religiösen Toleranz?
3. Was ist die Rolle der Gemeinde in den offiziellen Kirchen und in den kleineren Religionsgemeinschaften?
4. Welche Rolle spielen die evangelischen und katholischen Akademien?
5. Welche Schwierigkeiten hat ein evangelischer Pfarrer in der DDR?
6. Wie kann man den Unterschied der Organisation der katholischen und der evangelischen Kirche definieren?

B. Schreiben Sie einen Aufsatz über folgende Themen:

1. Die öffentliche Rolle der Kirchen und ihre Bedeutung im Privatleben des einzelnen Menschen.
2. Das kirchliche Leben in Deutschland und in den USA—ein Vergleich.

C. Setzen Sie das jeweils passende Wort ein:

1. Die Erziehungsminister in der Bundesrepublik heißen heute noch ＿＿＿.
2. Die katholische Kirche verlangte, daß die Kinder in den Hauptschulen nach Konfessionen getrennt unterrichtet werden; das nennt man ＿＿＿.
3. In der CDU besteht ein konfessionelles ＿＿＿.
4. Ehen von Protestanten mit Katholiken nennt man in Deutschland oft ＿＿＿.
5. Jedes Mitglied einer Kirche zahlt ＿＿＿, die der Staat einzieht.
6. Man kann einen Geistlichen anrufen und ihn um Rat fragen; das nennt man ＿＿＿.
7. Der Vertrag zwischen der katholischen Kirche und dem deutschen Staat über die gegenseitigen Beziehungen heißt ＿＿＿.
8. Die Katholiken in Deutschland versuchen, einen ＿＿＿ aufzuholen.
9. Die Opposition in der evangelischen Kirche gegen Hitler hieß die ＿＿＿.
10. Neben den wirklichen Christen gibt es in den Kirchen immer viele ＿＿＿ Christen.

D. Erweitern Sie die Apposition zu einem Relativsatz:

BEISPIEL: Man bezahlt Kirchensteuer, *gewöhnlich 1% des Gehalts.* (betragen)

Man bezahlt Kirchensteuer, die gewöhnlich 1% des Gehalts beträgt.

1. Es gibt manche Gemeindemitglieder *regelmäßig beim Gottesdienst.* (sein)
2. Die Telefonseelsorge hat vielen Menschen *in Schwierigkeiten* geholfen. (sein)
3. Die Beziehungen sind in Verträgen, *Konkordaten,* festgelegt. (nennen)
4. Die Kirchentage, *Massendemonstrationen des evangelischen Glaubens,* haben eine besondere Bedeutung bekommen. (sein)
5. Der Religionsunterricht ist für alle Kinder *einer der Konfessionen.* (gehören)
6. Der Papst, *Oberhaupt der gesamten Kirche,* konnte die katholischen Fürsten beeinflussen. (sein)

E. Verbinden Sie die beiden Teile mit der richtigen Präposition. Beachten Sie den Fall nach der Präposition:

1. Es gab keine Staatskirche / das gesamte Reich
2. Die Kirche hatte die Aufsicht / die Schule
3. Die Kirchen haben ein wichtiges Wort / die öffentlichen Angelegenheiten
4. Das kirchliche Leben in Deutschland unterscheidet sich / das in den USA
5. Nur wenige Protestanten gehören / die Freikirchen
6. Viele Leute gehen in die Kirchen / die hohen Feiertage
7. Evangelische Pfarrer predigen oft / leere Bänke
8. Die Kirche beschäftigt sich / die seelischen Schwierigkeiten der heutigen Menschen

F. Bilden Sie entsprechende Adjektive:

BEISPIEL: die Aufsicht des Staates
    die staatliche Aufsicht

1. die Fakultät für Theologie
2. die Partei von Christen
3. das Proporz-System der Konfessionen
4. die Antwort aus dem Dogma
5. der Bewerber mit Qualifikationen
6. die Unterdrückung durch die Nationalsozialisten
7. die Tradition des Protestantismus
8. die Einstellung in der Tradition

Bilden Sie Sätze mit diesen Wendungen.

G. Wir schreiben:

1. Der Tageslauf eines evangelischen Pfarrers. Wir benutzen folgende Wörter: Städtisches Bauamt: Kirchenreparaturen / Verwaltungsarbeit / Hochzeit / Altersheim / Konfirmandenunterricht / Diskussion in der Jugendgruppe: Ausländerfeindlichkeit.
2. Ein Brief eines katholischen Pfarrers an seinen evangelischen Amtsbruder; er fragt, ob er während der Reparatur der katholischen Kirche die evangelische benutzen darf, und bietet Zusammenarbeit an.

H. Wir spielen eine Szene:

1. Ein Radiointerview mit einem Amerikaner über seine Eindrücke vom kirchlichen Leben in Deutschland.
2. Ein Telefongespräch bei der Telefonseelsorge mit einem jungen Mann, der nicht mehr weiter weiß und droht, sich das Leben zu nehmen.

I. Wir diskutieren: Die Kirchen und Politik.

15 Besuch in der Deutschen Demokratischen Republik

A. Beantworten Sie die Fragen in einem kurzen Absatz:

SCHWIERIGE BEDINGUNGEN

1. Welche Namen gab man bis 1972 der DDR und was bedeuten sie?
2. Welche Schwierigkeiten ergaben sich aus der Wirtschaftsgeographie der DDR?
3. Wie sieht die Grenze zwischen der DDR und der Bundesrepublik aus?

OST UND WEST

4. Welche Unterschiede gibt es in der Deutschlandpolitik der beiden deutschen Staaten?
5. Woran erinnert Berlin vor allem?

THÜRINGEN

6. Welche traditionelle Struktur hat die DDR aufgegeben?
7. Welche Ereignisse fanden auf der Wartburg statt?

SACHSEN

8. Was war die Bedeutung Leipzigs für die deutsche Kultur?
9. Woher kommt der Name „Halle"?

DIE MARK BRANDENBURG

10. Was ist typisch für die Landschaft der Mark Brandenburg?
11. Was für Bergwerke gibt es im Harz?

DER NORDEN

12. Was ist die bekannteste Sommerfrische am Meer?
13. Welche Menschentypen gibt es in der DDR?

STAAT UND BEVÖLKERUNG

14. Wie gehen Wahlen in der DDR vor sich?
15. In welcher Hinsicht ist die DDR ein sozialer Staat?
16. Wie ist das Schulsystem der DDR?
17. Was sind die Ziele einer Familie in der DDR?
18. Was wünschen die Menschen in der DDR in der Politik?

B. Beschreiben Sie in ca. 100 Worten die Länder:

1. Thüringen
2. Sachsen
3. Mecklenburg

C. Erklären Sie durch einen deutschen Satz:

1. das Niemandsland
2. der Verwaltungsbezirk
3. die Hausindustrie
4. die Pelzindustrie
5. die Seenplatte

6. der Kreidefels
7. die Straßenbeleuchtung
8. die Volkskammer
9. die Einheitsschule
10. die Mittelpunktschule

D. Setzen Sie die Sätze ins Passiv:

BEISPIEL: Man mußte einen neuen Hafen bauen.
Es mußte ein neuer Hafen gebaut werden.

1. Man soll die neuen Ostgrenzen anerkennen.
2. Man mußte die Grenze nach der Bundesrepublik schließen.

3. Man kann jetzt die Wiedervereinigung nicht erreichen.
4. Man mußte das geringe Einkommen durch Hausindustrie verbessern.
5. Man muß die vorgeschlagene Liste annehmen oder ablehnen.
6. Man sollte die Linie der Partei vertreten.

Setzen Sie die Passivsätze ins Perfekt.

BEISPIEL: **Es hat ein neuer Hafen gebaut werden müssen.**

E. Setzen Sie den Text in die indirekte Rede:

1. *Seite 281:* „Schwierig war auch der Aufbau . . ." *bis:* „ . . . in anderen Teilen Deutschlands gestanden."
   Beginnen Sie mit: Der Minister sagte, daß . . .
2. *Seite 284:* „Die DDR hat die föderalistische . . ." *bis:* „ . . . bekannt als die Stadt der Blumenfelder."
   Beginnen Sie mit: Nach den Berichten habe . . .
3. *Seite 288:* „Es werden Volkskammerwahlen abgehalten . . ." *bis:* „ . . . die Volkskammer nicht tagt."
   Beginnen Sie mit: Der Lehrer erklärte uns, daß . . .

F. Verkürzen Sie den Relativsatz zu einer Partizipialkonstruktion:

BEISPIEL: Nicht viele Deutsche erwarten, daß Ostpreußen, das heute von Russen und Polen bewohnt wird, wieder deutsch wird.
Nicht viele Deutsche erwarten, daß das heute von Russen und Polen bewohnte Ostpreußen wieder deutsch wird.

1. Eisenhüttenstadt, das die polnischen Erze verarbeitet, liegt an der Oder.
2. Die DDR hat die föderalistische Struktur, die in Deutschland herkömmlich ist, aufgegeben.
3. Thüringen und Sachsen sind nicht mehr die Bezeichnungen, die offiziell gebraucht werden.
4. Die Wartburg bot Zuflucht für Luther, der vor dem Kaiser floh.
5. Sachsen war das erste deutsche Land, das weitgehend industrialisiert war.
6. Dresden, das kurz vor dem Ende des Zweiten Weltkriegs fast vollständig zerstört worden ist, ist heute wieder eine schöne Stadt.

7. Die Universität Wittenberg, die lange Zeit das geistige Zentrum des Protestantismus bildete, wurde mit Halle vereinigt.
8. Die Liberalisierung, die in der Tschechoslowakei versucht wurde, würde vielen Einwohnern der DDR gefallen.

G. *Wir schreiben:*

1. Einen Aufsatz eines Schülers in der DDR: „Was ich der SED verdanke."
2. Einen Brief an die Zeitung in der DDR, wo sich eine Frau beklagt, daß sie im Restaurant schlecht bedient worden ist.

H. *Wir spielen eine Szene:*

1. Ein Deutscher aus der Bundesrepublik besucht seinen Vetter in der DDR. Sie sprechen über ihre 18jährigen Söhne, ihre Interessen und ihre Probleme.
2. Ein Wissenschaftler aus der DDR war auf einer Konferenz in New York. Seine Freunde fragen ihn nach seiner Rückkehr über Amerika aus.

I. *Wir diskutieren:* Was würde in der DDR geschehen, wenn es eine Wiedervereinigung Deutschlands gäbe?

16 Besuch in Österreich

A. *Beschreiben Sie in ca. 100 Worten:*

1. die Stadt Wien
2. das Land Salzburg
3. Tirol

B. *Beantworten Sie folgende Fragen in einem kurzen Absatz:*

1. Welchen Charakter hatte Österreich zwischen 1866 und 1918?
2. Warum ergab sich nach 1918 die Frage des „Anschlusses" an Deutschland?

3. Was suchen und finden die Touristen in Österreich?
4. Erklären Sie das Problem „Südtirol".
5. Unter welchen Bedingungen erreichte Österreich den Staatsvertrag?

C. Schreiben Sie einen Aufsatz über folgende Themen:

1. Eine dreiwöchige Sommerreise durch Österreich.
2. Die Geschichte Österreichs seit dem Mittelalter.

D. Setzen Sie die passenden Modalverben ein:

1. Nach dem Ersten Weltkrieg _____ sich die Deutschösterreicher an Deutschland anschließen.
2. Österreich _____ sich 1955 zur Neutralität verpflichten.
3. In Wien _____ man sein Leben genießen.
4. Vom Pfänder bei Bregenz _____ man über die weite Fläche des Bodensees blicken.
5. Die Südtiroler verlangen mehr Autonomie, als ihnen die italienische Regierung geben _____.
6. Der Erzbischof von Salzburg _____ sich große und schöne Schlösser bauen.

E. Setzen Sie das jeweils passende Adjektiv ein:

1. groß—klein
   Österreich ist ein _____ Land mit einer _____ Hauptstadt.
   Die Bundesrepublik ist ein _____ Land mit einer _____ Hauptstadt.
2. gotisch—barock
   Wien hat einen _____ Dom und viele _____ Schlösser.
   In Bayern gibt es manche _____ Kirchen mit einer _____ Innenausstattung.
3. berühmt—alt
   Während der _____ Festspiele ist die _____ Stadt Salzburg voll von Menschen.
   Die _____ Stadt Pöchlarn ist _____ durch das Nibelungenlied.
4. schön—gut
   Die _____ Landschaft und die _____ Abfahrten bringen die Schiläufer nach Tirol.

Die _____ Küche und die _____ Mädchen machen das Leben angenehm.

F. *Setzen Sie* als *oder* nachdem *ein:*

1. _____ sich Österreich von Deutschland getrennt hatte, wurde es wirklich ein Vielvölkerstaat.
2. _____ Hitler den Anschluß Österreichs bewirkte, fand er keinen Widerstand in England oder Frankreich.
3. _____ Österreich 1955 wiedervereinigt wurde, mußte es verschiedene Bedingungen akzeptieren.
4. _____ die Wirtschaft wieder in Gang gekommen war, wurde Wien schnell aufgebaut.
5. _____ Südtirol zu Italien gekommen war, kämpften die deutschsprachigen Einwohner um ihre Autonomie.
6. _____ Salzburg für die Festspiele gewählt wurde, spielte der Name Mozart eine Rolle.

Beginnen Sie die obigen Sätze mit dem Hauptsatz und ändern Sie das Subjekt entsprechend:

BEISPIEL: Als Salzburg selbständig war, war es sehr reich.
Salzburg war sehr reich, als es selbständig war.

G. *Wir schreiben:*

1. Eine amerikanische Studentin, die an der Hochschule in Wien Musik studiert, schreibt einen Brief an ihre Eltern über ihr Leben in Wien und die musikalischen Ereignisse dort.
2. Ein Tourist beschreibt in einem Brief ein Schispringen in Innsbruck.

H. *Wir spielen eine Szene:*

1. Ein Tourist erkundigt sich im Hotel nach den Sehenswürdigkeiten von Salzburg.
2. Ein Fremdenführer erklärt in Schönbrunn das Schloß und die österreichische Geschichte.

I. *Wir diskutieren:* Österreichs Neutralität.

17   Besuch in der Schweiz

A. Beantworten Sie folgende Fragen in einem kurzen Absatz:

1. Worin kann man die alte demokratische Tradition der Schweiz sehen?
2. In welcher Beziehung unterscheiden sich die einzelnen Kantone der Schweiz?
3. Wie ist die Schweizer Armee aufgebaut und für welchen Zweck wird sie ausgebildet?
4. Welche Industriezweige sind in der Schweiz vorherrschend? Wie nutzt die Wirtschaft die Wasserkraft aus?
5. Welche Probleme gibt es in der Landwirtschaft?
6. Wie steht es mit dem Wahlrecht der Frauen?
7. Was ist die Haltung der Schweiz gegenüber dem Ausland? Wie kann man das sehen?
8. Welche schwerwiegenden Entscheidungen wird die Schweiz einmal treffen müssen? Warum?

B. Schreiben Sie einen Aufsatz über folgende Themen:

1. Die Geschichte der Schweiz.
2. Die Schweiz als Reiseland.
3. Die kulturelle Eigenart der Schweiz.
4. Ein Vergleich der Schweiz mit Österreich.

C. Verneinen Sie die folgenden Sätze mit nicht *oder* kein:

1. Man kann das aus der Geschichte erklären.
2. Damit war das Haus Habsburg einverstanden.
3. Die Schweiz war damals ein Bundesstaat.
4. Es gab Kantone mit einer richtigen Volksregierung.
5. Die Schweiz löste die Verbindung mit Deutschland.
6. Die Literatur hat ihre starke Eigenart.
7. Die Engländer waren die ersten Touristen.
8. Die deutschsprachigen Schweizer wohnen im Westen.

D. *Bilden Sie aus dem schräggedruckten Satzteil einen Nebensatz mit einem Fragepronomen:*

BEISPIEL: *Das dem Fremden Auffallende* ist die starke Verschiedenheit.
Was dem Fremden auffällt, ist die starke Verschiedenheit.

1. *Das den Krieg Entscheidende* waren die Fußtruppen.
2. *Das die Schweiz zum Reiseland Machende* war die Schönheit der Landschaft.
3. *Das die Schweizer Außenpolitik Kennzeichnende* ist die Neutralität.
4. *Der durch die Schweiz Reisende* genießt die guten Hotels.
5. *Der aus der Schweiz Auswandernde* hat selten wirtschaftliche Gründe.
6. Auch *der im Ausland Lebende* muß Militärsteuer bezahlen.

E. *Setzen Sie* **als** *oder* **wie** *ein:*

1. Fußtruppen konnten stärker sein _____ Ritterheere.
2. Die Schweiz ist in mehr Länder eingeteilt _____ die Bundesrepublik.
3. Nichts ist so gut _____ das Gebirgsklima.
4. Man sieht selten so viele Soldaten _____ in der Schweiz.
5. Heute ist die Maschinenindustrie wichtiger _____ die Textilindustrie.
6. Niemand hat Fernweh und Heimweh _____ ein Schweizer.

F. *Setzen Sie die passenden Wörter ein:*

1. 1291 erklärten die Urkantone ihre _____.
2. Die Schweizer verdingten sich als _____ an andere Länder.
3. 1847 kam es zum _____, einem _____.
4. Die Militärausrüstung des Schweizers ist im _____.
5. Genf wird manchmal die _____ genannt.
6. Die Schweiz nutzt die _____ für ihre Industrie aus.
7. Die Bevölkerung muß neue Bauten durch eine _____ genehmigen.
8. Der Soldat in Straßburg hört das _____ blasen.

G. *Wir spielen eine Szene:*

1. Ein Schweizer erklärt einem Amerikaner, warum es so viele Kantone in der Schweiz gibt.

2. Ein amerikanischer Student bespricht in einem Schweizer Reisebüro die Reise einer Studentengruppe durch die Schweiz von
   zwei Wochen Dauer.

H. Wir schreiben:

1. Ein Schweizer schreibt einen Brief an die Zeitung, daß es so viele
   Ausländer in der Schweiz gibt, die dort leben und Land kaufen
   wollen.
2. „Die Schweiz"—ein Vortrag für Amerikaner.

I. Wir diskutieren: Die Zukunft der Schweiz.

ALLGEMEINE AUFSATZTHEMEN

1. Die deutschsprachigen Länder—ein Vergleich.
2. Föderalismus in den deutschsprachigen Ländern und in den
   USA.
3. Gemeinsame kulturelle Traditionen der deutschsprachigen
   Länder.
4. Das Leben mit langen Traditionen.
5. Die Sicherheitspolitik der deutschsprachigen Länder.
6. Eine Reise durch Mitteleuropa.
7. Die Kirchen und die Gesellschaft im Osten und Westen.
8. Die Lage der Frau in den deutschsprachigen Ländern.
9. Die wirtschaftliche Bedeutung der deutschsprachigen Länder.
10. Die USA und Mitteleuropa.

VOKABULAR

For each noun, gender and plural forms are indicated, if the plural is used.

Plural endings:

die **Schule, -n**	die Schulen
der **Abenteurer**	die Abenteurer (same as singular)
der **Abiturient, -en**	die Abiturienten
das **Abonnement, -s**	die Abonnements
der **Abschluß, ¨sse**	die Abschlüsse
das **Land, ¨er**	die Länder

For strong and irregular verbs, the three forms (infinitive, past tense and past participle) are indicated.

ab   off, from

der **Abbau**   mining, reduction

abbauen   to work a mine; remove or demolish (a building)

abbrechen, brach ab, abgebrochen   to interrupt, break off

abdanken   to abdicate, resign

das **Abendgymnasium, -gymnasien**   night school preparing for secondary school diploma

das **Abendland**   Occident

abendländisch   occidental

die **Abendrealschule, -n**   evening school for the middle school diploma

abends   in the evening

die **Abendschule, -n**   night school for adults

die **Abendunterhaltung, -en**   evening entertainment

abenteuerlich   adventurous, strange, romantic

die **Abenteuerlust**   quest for adventure

der **Abenteurer, -**   adventurer

die **Abfahrt, -en**   departure

abfassen   to write, compose

die **Abfassung, -en**   writing, composition, style

sich **abfinden (mit), fand ab, abgefunden**   to come to terms with, put up with

abfragen   to inquire, bring out by questioning, ask questions about the homework

die **Abgabe, -n**   tax, tribute, fee

abgeben, gab ab, abgegeben   to give, share, deliver

abgelegen   remote, distant

der **Abgeordnete, -n**   deputy, representative, member of parliament

das **Abgeordnetenhaus**   house of representatives

der **Abgeordnetensitz, -e**   seat in the house of representatives

der **Abgesandte, -n**   envoy, ambassador

abhalten, hielt ab, abgehalten   to hold, organize, deliver (a speech), give (lessons)

abhängen (von), hing ab, abgehangen   to be dependent on

abhängig   dependent on, subject to

das **Abitur**   final secondary school examination

in Germany qualifying for university
studies

der **Abiturient, -en**   graduate of German
secondary school

das **Abiturzeugnis, -se**   secondary school
diploma

der **Abkömmling, -e**   descendant

abkürzen   to abbreviate, shorten, abridge

der **Ablaßhandel**   selling of indulgences

ablehnen   to decline, refuse

die **Ablenkung, -en**   distraction, entertainment

ablösen   to relieve, replace

sich **ablösen**   to alternate, succeed in turn

die **Abmachung, -en**   agreement, settlement,
arrangement

abmontieren   to take to pieces (machinery),
dismantle

abnehmen, nahm ab, abgenommen   to take
away, decrease

das **Abonnement, -s**   subscription

die **Abonnementskarte, -n**   season ticket

abrechnen   to settle accounts

die **Abrüstung**   disarmament

abschaffen   to abolish

abschalten   to switch off, turn off

der **Abschied, -e**   discharge, dismissal, farewell,
resignation

der **Abschlag, ⁼e**   advance against wages

abschließen, schloß ab, abgeschlossen   to
lock, seclude, sign or close an agreement

sich **abschließen (von)**   to seclude oneself

der **Abschluß, ⁼sse**   end, conclusion, settlement

die **Abschlußprüfung, -en**   final examination

abschneiden, schnitt ab, abgeschnitten   to
cut off, come off

der **Abschnitt, -e**   segment, period of time, par-
agraph

abschütteln   to shake off, get rid of

absehbar   foreseeable, visible

abseits   aside, aloof

absetzen   to depose, drop, set down

die **Absicht, -en**   intention

absolut   absolute

der **Absolvent, -en**   graduate

absolvieren   to complete (studies)

sich **abspalten (von)**   to separate, split

absperren   to lock off, separate, isolate, barricade

sich **absperren (gegen)**   to isolate oneself

sich **abspielen**   to take place

absteigen, stieg ab, abgestiegen   to descend,
dismount; be relegated into a lower league
(sport)

abstellen   to put down, abolish, remedy,
turn off

abstimmen   to vote

die **Abstimmung, -en**   voting, suffrage

abstrakt   abstract

die **Abteilung, -en**   division, separation, classification

abtransportieren   to move, ship

die **Abtreibung, -en**   abortion

die **Abtretung, -en**   cession, surrender, ceding

abwarten   to wait (and see)

abwartend   cautious, on the fence, wait-and-
see, sceptical

abwechselnd   alternate, in turns

die **Abwechslung**   change, variety, distraction

abwehren   to fight off, ward off

abweisen, wies ab, abgewiesen   to reject,
refuse, repel

sich **abwenden (von), wandte ab, abgewandt**   to
turn away from

abwerten   to devaluate

der **Abzug, ⁼e**   departure; deduction

die **Achse, -n**   axle, axis

achten (auf)   to regard, esteem, pay attention to

die **Achtung**   esteem, respect, attention

der **Adel**   nobility

der **Adlige, -n**   nobleman

adeln   to raise to nobility, ennoble

das **Adelsgeschlecht, -er**   noble family

der **Adelstitel, -**   patent, title of nobility

der **Adventskranz, ⁼e**   advent wreath

der **Adventssonntag, -e**   Advent Sunday

Afrika   Africa

agrarwissenschaftlich   agronomic

Ägypten   Egypt

ähnlich   similar

die **Akademie, -n**   academy

akademisch   academic

der **Akkordlohn, -̈e,** piece wages
aktiv active
akut acute
die **Aktion, -en** action, drive
akzeptabel acceptable
akzeptieren to accept
der **Alkohol** alcohol, liquor
allein alone, single, only
allerdings however, indeed, rather
das **Allerheiligen** All Saints' Day, 1st of
November
allgemein general, overall, universal
die **Allgemeinbildung** general education
alliiert allied
der **Alliierte, -n** ally
alljährlich annual, every year
allmählich gradual, by degrees
der **Alltag, -e** weekday, working day
die **Alltagskleidung, -en** everyday dress
das **Alltagsleben** ordinary everyday life
allzu much too
die **Alpen** *(pl.)* Alps
die **Alpenkette, -n** Alpine mountain chain
die **Alpenreise, -n** trip through the Alps
das **Alpenvorland** highland plain north of the
Bavarian Alps
das **Alphorn, -̈er** alpenhorn
alt old
das **Alte** old things or ideas
der **Altersgenosse, -n** person of the same age,
peer
das **Altersheim, -e** home for old people
die **Altersrente, -n** old-age pension, annuities,
social security payments
die **Altersversorgung** old-age pension plan, old
age insurance
altertümlich ancient, antique
altfranzösisch old French
althochdeutsch old high German
die **Altstadt, -̈e** city, center of town which is
older than the suburbs
der **Amateursport** nonprofessional sport
die **Amateurveranstaltung, -en** show, game or
match by amateurs
Amerika America
amerikanisch American

das **Amt, -̈er** office, post, appointment, agency,
public function
der **Amtsbruder, -̈** colleague, brother clergyman
die **Amtszeit, -en** term of office
der **Anbau** cultivation
anbauen to cultivate
anbieten, bot an, angeboten to offer,
propose
anbrechen, brach an, angebrochen to
dawn, begin
das **Andenken, -** memory, souvenir
ändern to change
sich **ändern** to change (oneself)
anderswo elsewhere
der **Andrang** crowd, rush, pressure
androhen to menace, threaten
die **Anekdote, -n** anecdote
annerkennen, erkannte an, anerkannt to
recognize, appreciate, accept
die **Anerkennung, -en** recognition, acceptance
der **Anfang, -̈e** beginning
anfangen, fing an, angefangen to begin,
start
der **Anfänger** beginner
das **Anfangskapital, -ien** opening capital
die **Anfangszeit, -en** first period, starting time
anfertigen to make, manufacture
die **Anforderung, -en,** demand
das **Angebot, -e** offer
angehören to belong to, be affiliated with
die **Angelegenheit, -en** matter, concern,
business
das **Angeln** fishing
der **Angelsport** sport of fishing
angesehen respected
der **Angestellte, -n** employee
die **Angestelltenrente, -n** old-age pension for
employees
angewiesen (auf) dependent on
sich **angleichen, glich an, angeglichen** to adjust,
assimilate
angliedern to annex, affiliate
die **Angliederung, -en** annexation, incorporation
die **Anglistik** English studies (at university)

angreifen, griff an, angegriffen to attack, seize

der **Angreifer, -** aggressor

der **Angriff, -e** attack

die **Angst, ⁼e** fear, anxiety

ängstlich fearful, anxious

der **Anhänger, -** follower

die **Anhäufung, -en** accumulation, conglomerate

die **Anklage, -n** accusation

anknüpfen to resume, tie

die **Anlage, -n** installation, plan, layout, investment

der **Anlaß, ⁼sse** occasion, cause

anlegen to found, plant, invest

anleiten to guide, train, instruct

der **Anlernberuf, -e** profession requiring on-the-job training

anlocken to allure, attract, entice

die **Annäherung, -en** approach

annehmen, nahm an, angenommen to accept, adopt, embrace

annektieren to annex

die **Annektion, -en** annexation

die **Anordnung, -en** directives, order, regulation, arrangement

anpassen to adjust

die **Anpassung, -en** adjustment, adaptation

das **Anrecht, -e** title, claim, privilege

die **Anregung, -en** suggestion, stimulation

anrufen, rief an, angerufen to phone, call

sich **ansammeln** to accumulate, gather

der **Ansatz, ⁼e** start, trend

anschalten to turn on, switch on

die **Anschauung, -en** idea, view, perception

anschlagen, schlug an, angeschlagen to post

anschließen, schloß an, angeschlossen to add, annex

sich **anschließen (an)** to join, follow

anschließend afterwards, following

der **Anschluß, ⁼sse** joining, connexion

ansehen, sah an, angesehen to regard, consider; **sich etwas ansehen** to visit, inspect something

ansehnlich considerable, good looking

ansetzen to schedule, fix

die **Ansicht, -en** view, opinion

die **Ansichtspostkarte, -n** picture postcard

der **Anspruch** claim; **in Anspruch nehmen** to claim, pretend to

anspruchsvoll pretentious, exacting

die **Anstalt, -en** institution

die **Anstellung, -en** employment, job

anstreben to aspire to

anstrengend strenuous, trying, hard

die **Anstrengung, -en** effort, strain

der **Anteil, -e** share, part

der **Anthroposoph, -en** anthroposophist, theosophist

antideutsch anti-German

antik antique, ancient

die **Antike** antiquity

antikommunistisch anticommunist

antiquiert dated, antiquated

der **Antisemit, -en** anti-Semite

antisemitisch antisemitic

die **Antwort, -en** answer, reply

antworten to answer, reply

anwenden, wandte an, angewandt to apply, use

die **Anwendung, -en** application, use

das **Anzeichen, -** symptom

die **Anzeige, -n** advertisement

anziehen, zog an, angezogen to attract, pull, dress

sich **anziehen** to dress

die **Anziehungskraft, ⁼e** attraction, attractive power

anzünden to light, set on fire

der **Apparat, -e** apparatus

arabisch Arabic

die **Arbeit, -en** work, job, labor

arbeiten to work

der **Arbeiter, -** laborer, worker

die **Arbeiterbewegung, -en** working-class movement

der **Arbeiterbildungsverein, -e** Workers' Educational Association

das **Arbeiterkind, -er** worker's child

die **Arbeiterklasse** working class

die **Arbeiterpartei, -en** labor party

der **Arbeiterrat, ⁼e** Workers' Council

die **Arbeitersiedlung, -en** housing project for
   workers

der **Arbeiterverein, -e** workmen's club

der **Arbeitgeber, -** employer

der **Arbeitnehmer, -** workman, employee

das **Arbeitsamt, ⁻er** labor office, employment
   bureau

die **Arbeitsbedingungen** *(pl.)* working conditions

die **Arbeitserleichterung, -en** facilities of the
   workplace (e.g. machines)

die **Arbeitsfront** German labor organization
   (1933–45)

die **Arbeitsgruppe, -en** group of workers,
   working team

der **Arbeitskollege, -n** colleague

die **Arbeitskraft, ⁻e** manpower, workman, hand

der **Arbeitskreis, -e** work team, discussion
   group

   arbeitslos unemployed

der **Arbeitslose, -n** unemployed

die **Arbeitslosenunterstüzung, -en** unemployment benefit

die **Arbeitslosigkeit** unemployment

die **Arbeitsnorm, -en** standard set for a
   worker's daily performance

der **Arbeitsplatz, ⁻e** job, post, place of employment

die **Arbeitsstunde, -n** man-hour

der **Arbeitstag, -e** working day

das **Arbeitstier, -e** workhorse, hard working
   person

das **Arbeitszimmer, -** study

der **Architekt, -en** architect

die **Architektur** architecture

   argumentieren to argue, debate

der **Arier, -** Aryan

   arisch Aryan

   aristokratisch aristocratic

   arm poor

die **Armee, -n** army

die **Armut** poverty

sich **arrangieren (mit)** to come to an agreement
   with

   arrondieren to round off

die **Art, -en** kind, manner, style, species

der **Artikel,-** article, commodity

der **Arzt, ⁻e** physician

die **Arztkosten** *(pl.)* costs of medical treatment

der **Aschermittwoch** Ash Wednesday

der **Assessor, -en** assessor, associate judge

der **Ästhetiker, -** aesthete, scholar who does research in aesthetics

   atheistisch atheistic

die **Atmosphäre** atmosphere

das **Atomkraftwerk, -e** atomic (nuclear) power
   plant

die **Atomphysik** atomic physics

die **Atomtheorie, -n** atomic theory

das **Attentat, -e** assassination attempt

   aufatmen to breathe again

der **Aufbau** reconstruction

   aufbauen to build up, establish

   aufbewahren to preserve, deposit

   aufbrechen, brach auf, aufgebrochen to
   start, set out; break open

der **Aufbruch, ⁻e** start, departure

der **Aufenthalt, -e** stay, residence

   auferlegen to impose

   auffallen, fiel auf, aufgefallen to strike,
   occur to

   auffällig striking

   auffassen to conceive, interpret

die **Auffassung, -en** conception, view, interpretation

   auffordern to invite, summon

   aufführen to perform

die **Aufführung, -en** performance

die **Aufgabe, -n** task, job; abandonment

   aufgeben, gab auf, aufgegeben to give up,
   abandon

   aufgehen, ging auf, aufgegangen to rise
   (sun)

   aufgehen (in) to be merged in, absorbed
   in

   aufgeschlossen open-minded

   aufhalten, hielt auf, aufgehalten to delay,
   stop

   aufheben, hob auf, aufgehoben to abolish,
   annul, repeal; raise, keep

   aufholen to catch up

   aufhören to stop, cease

   aufklären to enlighten

der **Aufklärer, -** enlightener

die **Aufklärung, -en** enlightenment; also: sex education

die **Auflage, -n** edition, circulation

sich **auflehnen (gegen)** to rebel, resist

auflösen to dissolve, disband

der **Aufmarsch, ⸚e** parade, deployment

die **Aufmerksamkeit, -en** attention

aufnahmefähig receptive

die **Aufnahmeprüfung, -en** entrance examination

aufnehmen, nahm auf, aufgenommen to accept, admit, receive, absorb

aufpassen to watch, be attentive

aufpflanzen to set up

aufregen to excite

die **Aufreizung, -en** incitement, instigation

aufrufen, rief auf, aufgerufen to call, summon

die **Aufrüstung, -en** armament

die **Ausfchrift, -en** inscription

der **Aufschwung, ⸚e** boom, upward development

das **Aufsehen** sensation

die **Aufsicht, en** supervision, inspection

das **Aufsichtsgremium, -gremien** supervising authority or board

der **Aufsichtsrat, ⸚e** board of directors

aufspalten to separate, divide

aufspringen, sprang auf, aufgesprungen to jump up

der **Aufstand, ⸚e** revolt, insurrection

aufständisch rebellious

aufsteigen, stieg auf, aufgestiegen to rise, take off

aufstellen to set up, nominate, mount

der **Aufstieg, -e** ascent, rise

die **Aufstiegschance, -n** chance for promotion

die **Aufstiegsmöglichkeit, -en** chance for promotion

aufstrebend aspiring

aufteilen to divide, parcel

der **Auftrag, ⸚e** order, commission

der **Auftraggeber, -** customer, employer

auftreten, trat auf, aufgetreten to occur, appear, proceed

das **Auftreten** behavior, appearance, occurrence

aufwachen to wake up

aufwachsen, wuchs auf, aufgewachsen to grow up

aufzählen to enumerate

das **Auge, -n** eye

der **Augenzeuge, -n** eyewitness

ausarbeiten to compose, draft, elaborate

der **Ausbau** extension, completion, development

ausbauen to develop, complete, expand

der **Ausbauplan, ⸚e** plan for expansion, development

die **Ausbeutung, -en** exploitation

ausbilden to train, educate

die **Ausbildung, -en** training, instruction

ausbrechen, brach aus, ausgebrochen to break out, happen

ausbreiten to spread, propagate

der **Ausbruch, ⸚e** outbreak; escape

der **Ausdruck, ⸚e** expression, term

ausdrücken to express; squeeze out

auseinanderbrechen, brach auseinander, auseinandergebrochen to break apart, separate

die **Auseinandersetzung, -en** confrontation, argument, discussion

ausfallen, fiel aus, ausgefallen to fail to take place; turn out

der **Ausflug, ⸚e** excursion, outing

ausführen, to execute, implement; export

ausführlich detailed

der **Ausgangspunkt, -e** starting point

ausgedehnt extended

ausgehen, ging aus, ausgegangen to take a walk, end, turn out

ausgezeichnet excellent

der **Ausgleich, -e** compensation, compromise

ausgleichen, glich aus, ausgeglichen to balance, compensate

der **Ausgleichssport** recreational sport to balance a sedentary job

sich **auskennen, kannte aus, ausgekannt** to be an expert, be at home

auskommen (mit), kam aus, ausgekommen to make do with, get along with

das **Ausland** foreign countries

der **Ausländer, -** foreigner

die **Ausländerfeindlichkeit** hostility toward foreigners

ausländisch foreign

auslegen to lay out, display; interpret

ausmachen to matter; arrange; **es macht mir etwas aus** it matters to me, it makes a difference to me

das **Ausmaß, -e** extent, dimension

die **Ausnahme, -n** exception

das **Ausnahmegesetz, -e** emergency law

der **Ausnahmemensch, -en** exceptional person

ausnutzen to utilize, take advantage of

ausprobieren to sample, try out

ausrauben to rob

ausrechnen to calculate, compute

ausreichen to be sufficient, adequate

ausrichten (auf) to orient toward, adjust

ausrufen, rief aus, ausgerufen to proclaim, exclaim

sich **ausruhen** to rest

ausschalten to turn off, eliminate

ausscheiden, schied aus, ausgeschieden to eliminate, withdraw, drop out, separate

ausschlagen, schlug aus, ausgeschlagen to turn out; to decline, refuse

ausschließlich exclusive

der **Ausschuß, ⸗sse** committee

die **Ausschußsitzung, -en** committee meeting

der **Außenminister, -** foreign minister, Secretary of State

die **Außenpolitik** foreign policy

außenpolitisch referring to foreign policy

der **Außenseiter, -** outsider

außerdem besides, moreover

außerhalb outside

äußerlich external, outward

außerordentlich extraordinary

außerparlamentarisch outside of parliament

die **Aussicht, -en** prospect, view, outlook

aussichtslos hopeless, without chance of success

die **Aussöhnung, -en** reconciliation

aussprechen, sprach aus, ausgesprochen to pronounce, articulate, express

die **Ausstattung, -en** outfit, furniture, equipment

ausstellen to exhibit

die **Ausstellung, -en** exhibition

aussterben, starb aus, ausgestorben to die out, become extinct

aussuchen to choose, select

der **Austausch, -e** exchange, interchange, barter

austauschen to exchange, substitute

ausüben to exercise, practice

die **Auswahl** choice, selection

auswählen to select, choose

der **Auswanderer, -** emigrant

auswandern to emigrate

die **Auswanderung, -en** emigration

auswärts outwards, abroad

auswechseln exchange

der **Ausweg, -e** way out, expedient

ausweisen, wies aus, ausgewiesen to expel, deport, banish

auswendig by heart; outside

auswirken to effect, result

sich **auszeichnen** to distinguish oneself

ausziehen, zog aus, ausgezogen to leave, march out, move (from)

das **Auto, -s** car

die **Autobahn, -en** expressway, superhighway

die **Autobiographie, -n** autobiography

das **Autogramm, -e** autograph

die **Autoindustrie, -n** automobile industry

automatisieren to automate

der **Automechaniker, -** mechanic

die **Autonomie, -n** autonomy, self-government

das **Autorennen, -** car race

autoritär authoritarian

die **Autorität, -en** authority

die **Autoschlange, -n** backed-up line of cars

der **Autounfall, ⸗e** car accident

das **Avantgardetheater, -** avant-garde theater (stage)

backen to bake

der **Bäckermeister** master baker

die **Bäckerstraße** Baker Street

das **Bad, ⸗er** bath

baden to bathe

der **Badenser** inhabitant of Baden

die **Bahn, -en** course, path, road; railway
der **Bahnhof, ⸚e** railway station
die **Bahnhofsbuchhandlung, -en** bookstore at the railway station
das **Ballett, -e** ballet
baltisch Baltic (referring mainly to Estonia, Latvia and Lithuania)
das **Band, ⸚er** ribbon, tie
die **Bank, ⸚e** bench
die **Bank, -en** bank
der **Bankier, -s** banker
der **Bann** excommunication, ban, curse
barock baroque
die **Barockkultur** culture of the period of baroque
der **Barockstil** baroque style
der **Bart, ⸚e** beard
die **Basis, Basen** basis, base
die **Basisdemokratie** democracy controlled by the population at large (instead of by the establishment)
der **Bau, -ten** construction, building
der **Bauarbeiter, -** construction worker
bauen to build
der **Bauer, -n** farmer
bäuerlich rural
der **Bauernhof, ⸚e** farm, farm buildings
der **Bauernkrieg, -e** Peasants' War (1524–25 in Germany)
die **Bauernmagd, ⸚e** maid servant on a farm
der **Bauernsohn, ⸚e** son of a farmer
der **Bauernstand, ⸚e** farmers' class, peasantry
das **Bauhaus** influential art school in Germany (1919–1934)
die **Baukunst, ⸚e** architecture
das **Bauwerk, -e** building
die **Baumwolle** cotton
der **Baustil, -e** style of architecture
Bayern Bavaria
beachten to notice, pay attention to
beachtlich noticeable, noteworthy
der **Beamte, -n** official, officer, civil servant
die **Beamtenlaufbahn** civil service career
beanspruchen to claim, pretend
beantworten to answer
bearbeiten to cultivate; handle, work on (something)

beaufsichtigen to inspect, supervise, control
bedacht sein (auf) to cherish, be intent on
bedauern to regret, deplore
bedecken to cover
bedeuten to mean, signify
bedeutend important, considerable
die **Bedeutung, -en** importance, signification, meaning
der **Bediente, -n** servant, lackey
die **Bedingung, -en** condition, terms
bedingungslos unconditional
bedrohen to menace, threaten
die **Bedrohung, -en** menace
das **Bedürfnis, -se** need, necessity
beeinflussen to influence
beeinträchtigen to impair, prejudice
beenden to terminate, bring to an end
beengend confining
sich **befassen (mit)** to handle, deal with, engage in
das **Befehlen** ordering, commanding
befestigen to fortify; attach
die **Befestigung, -en** fortress, fortification
der **Befestigungswall, ⸚e** rampart
befolgen to follow, observe, obey
die **Beförderung, -en** promotion, transport
die **Befragung, -en** poll
befreien to liberate
die **Befreiung, -en** liberation
die **Befriedigung, -en** satisfaction
die **Befugnis, -se** authority
befürchten to fear, apprehend
begabt talented, smart
die **Begabung, -en** talent
begegnen to meet, happen
begehen, beging, begangen to commit (mistakes, etc.); celebrate; walk around
begehrt in demand
begeistern to inspire
begeistert enthusiastic
die **Begeisterung** enthusiasm
der **Beginn** beginning, origin
beginnen, begann, begonnen to begin
begleiten to accompany, escort
der **Begleiter, -** companion
sich **begnügen (mit)** to be satisfied with, content oneself with

begraben, begrub, begraben to bury
das **Begräbnis, -se** burial, funeral
begreifen, begriff, begriffen to understand
begrenzen to limit; **begrenzt werden (von)** to be bordered by
begrenzt limited, narrow
der **Begriff, -e** notion, concept, idea
der **Begründer, -** founder
begrüßen to salute, welcome
begünstigen to favor, encourage
begutachten to give an opinion on, evaluate
behalten, behielt, behalten to keep, retain
behandeln to treat, handle
beharren (auf) to persist, persevere, stick to
behaupten to affirm, maintain, hold one's ground
behelfsmäßig makeshift
beherrschen to rule, govern
behindern to hamper, hinder
die **Behörde, -n** authority, office
beibringen, brachte bei, beigebracht to forward, produce, teach
beide both
die **Beihilfe, -n** subsidy, aid
das **Beisammensein** meeting, being together
der **Beisitzer, -** assessor, committee member
das **Beispiel, -e** example
beißend biting, poignant, pungent
der **Beitrag, ⁻e** contribution
beitragen, trug bei, beigetragen to contribute
beitreten, trat bei, beigetreten to join, agree
bekämpfen to combat, fight against
bekannt well-known
der **Bekannte, -n** acquaintance
bekehren to convert
bekennen, bekannte, bekannt to confess, admit
das **Bekenntnis, -se** confession
beklagen to deplore, lament, complain
bekommen, bekam, bekommen to get, obtain
belagern to besiege
belasten to burden, load

die **Belastung, -en** burden, load, stress
beleben to animate
belegen to sign up for, reserve, inflict
die **Belegschaft, -en** personnel
belehnen to invest with a fief, enfeoff
die **Beleidigung, -en** insult, affront
Belgien Belgium
beliebig as one likes, any
beliebt popular, favorite
bemerken to notice, observe
bemerkenswert remarkable
die **Bemerkung, -en** remark, observation
sich **bemühen** to take pains, exert oneself
die **Bemühung, -en** trouble, endeavor
benachbart neighboring
das **Benediktinerkloster, ⁻** Benedictine monastery
der **Benediktinerorden** Benedictine order
das **Benehmen** behavior, conduct
benennen, benannte, benannt to name, term
benutzen to make use of
bequem convenient, comfortable
beraten, beriet, beraten to advise, counsel
der **Berater, -** advisor
berechnen to calculate, compute
der **Bereich, -e** scope, field, range
bereichern to enrich
bereit ready, prepared
bereiten to prepare
bereits already
der **Berg, -e** mountain
das **Bergbaugebiet, -e** mining area
der **Berggipfel, -** summit of a mountain
der **Berghang, ⁻e** mountain slope
die **Berglandschaft, -en** mountain scenery
der **Bergmann, -leute** miner
der **Bergrücken, -** mountain ridge or range
der **Bergsee, -n** lake in the mountains
die **Bergspitze, -n** mountain peak
das **Bergsteigen** mountaineering
das **Bergwandern** mountain tours, hiking in the mountains
das **Bergwerk, -e** mine
die **Bergwerkindustrie, -n** mining industry
der **Bergwerksort, -e** mining town
der **Bericht, -e** report

die **Berichterstattung, -en** reporting, information

berücksichtigen to take into consideration, respect

der **Beruf, -e** job, occupation, profession

berufen, berief, berufen to appoint, call, convoke

beruflich professional, vocational

die **Berufsarbeit, -en** professional work

die **Berufsaufbauschule, -n** type of vocational school

die **Berufsausbildung** vocational training

die **Berufsaussicht, -en** career prospects

der **Berufsberater** vocational counselor

das **Berufsbewußtsein** pride in belonging to a particular profession

das **Berufsbild, -er** definition of the necessary skills and knowledge for a certain profession

die **Berufsfachschule, -n** type of vocational school

das **Berufsgrundbildungsjahr** a year for basic vocational preparation

die **Berufsgruppe, -n** professional group

die **Berufskunde** theoretical knowledge necessary for a trade

das **Berufsleben, -** professional life

die **Berufsmöglichkeiten** *(pl.)* opportunities, career possibilities

die **Berufsschule, -n** type of vocational school

der **Berufssport** professional sport

die **Berufssportart, -en** type of professional sport

der **Berufssportler, -** professional in sports

die **Berufstätigkeit, -en** employment, professional activities

das **Berufsverbot, -e** prohibition to enter into the civil service (for political reasons)

die **Berufswahl** choice of a profession

der **Berufszweig, -e** trade, branch of a profession

die **Berufung, -en** appointment, appeal

beruhen (auf) to be based on, depend on

beruhigen to calm, appease

berühmt famous

berühren to touch, mention

die **Berührung, -en** contact

die **Besatzung, -en** occupation, garrison

die **Besatzungsmacht, ¨e** occupying forces

die **Besatzungszone, -n** occupation zone

beschäftigen to occupy, employ

sich **beschäftigen (mit)** to be occupied with, deal with

die **Beschäftigung, -en** occupation

beschenken to present

beschließen, beschloß, beschlossen to decide, conclude

beschränken to confine, limit

beschränkt limited, dull

die **Beschränkung, -en** restriction, limitation

beschreiben, beschrieb, beschrieben to describe

die **Beschreibung, -en** description

beschreiten, beschritt, beschritten to enter, walk on

beschützen to protect, defend

sich **beschweren** to complain

beschwören, beschwor, beschworen to swear, take an oath

beseitigen to remove

die **Beseitigung, -en** removal

der **Besen, -** broom

besetzen to occupy, staff, fill

die **Besetzung, -en** occupation (of a country)

besichtigen to visit, inspect, view

besiedeln to settle, colonize

die **Besiedelung, -en** colonization

besiegen to overcome, beat, conquer

der **Besiegte, -n** vanquished, conquered

sich **besinnen (auf), besann, besonnen** to remember, reflect

der **Besitz** possession, holding

besitzen to own, possess

die **Besitzung, -en** possession, estate

das **Besondere: etwas Besonderes** something particular, peculiar

besonders particularly, separately

besprechen, besprach, besprochen to discuss, talk over, review

bessern to improve

der **Bestand, ¨e** stock; stability; duration

bestätigen to approve, confirm, sanction

bestehen, bestand, bestanden to be, exist;

bestehen (auf) to insist upon; **bestehen**

(aus) to consist of

die **Bestie, -n** beast, brute

bestimmen to define, determine, fix

die **Bestimmung, -en** regulation, definition, vocation

das **Bestreben** exertion, effort

besuchen to visit

die **Betätigung, -en** activity

sich **beteiligen (an), beteiligt sein (an)** to participate in, have a share

beteiligt participating, interested, (party) concerned

die **Beteiligung, -en** participation, partnership

beteuern to protest, assure

der **Beton** concrete

der **Betonbau, -ten** concrete building

betonen to stress, emphasize

betrachten to view, consider

beträchtlich considerable

betreffen, betraf, betroffen to concern

betreiben, betrieb, betrieben to pursue, operate

betreten, betrat, betreten to enter

der **Betrieb, -e** business, plant, workshop

der **Betriebsausflug, ⸚e** firm's outing

die **Betriebsleitung, -en** management of a company

der **Betriebsrat, ⸚e** staff committee

das **Bett, -en** bed

der **Bettler, -** beggar

sich **beugen** to submit to

beurteilen to judge, criticize

bevölkern to populate

die **Bevölkerungsdichte** density of population

der **Bevölkerungszuwachs** population growth, increase

bevor before

bevorzugt popular, favorite

bewahren to preserve, keep, protect

bewaldet wooded

die **Bewältigung** surmounting, overcoming, accomplishment

beweglich movable, active, versatile

die **Bewegung, -en** movement, agitation, emotion

beweisen, bewies, bewiesen to prove, demonstrate

sich **bewerben** to apply for

der **Bewerber, -** candidate, applicant

bewilligen to grant

bewirtschaften to cultivate, manage

bewohnen to inhabit

der **Bewohner, -** inhabitant

bewundern to admire

bewußt conscious, aware

das **Bewußtsein** consciousness

bezahlen to pay

die **Bezahlung, -en** pay, payment

bezaubernd enchanting

bezeichnen to designate, denote

die **Bezeichnung, -en** designation, term

bezeugen to testify, prove

die **Beziehung, -en** relation, connexion

beziehungsweise respectively

der **Bezirk, -e** district, precinct

der **Bezirksausschuß, ⸚sse** precinct committee

die **Bibel, -n** bible

die **Bibelauslegung, -en** exegesis, interpretation of the Bible

die **Bibelübersetzung, -en** translation of the Bible

die **Bibliothek, -en** library

biblisch biblical

der **Bienenzüchterverein, -e** association of bee-keepers

das **Bier, -e** beer

das **Bierbrauen** brewing of beer

das **Bierfest, -e** beer festival

bieten, bot, geboten to offer

das **Bild, -er** picture, image

bilden to form, shape, cultivate, educate

die **Bildergeschichte, -n** picture story

bilderreich flowery, full of images or pictures

der **Bildhauer, -** sculptor

die **Bildhauerei** sculpture

die **Bildungschance, -n** chance for education

die **Bildungseinrichtung, -en** educational institution

das **Bildungsfernsehen** educational television

das **Bildungsideal, -e** concept of education, educational ideal

die **Bildungspolitik** educational policies

die **Bildungreise, -n** educational journey

der **Bildungsroman**, -e   educational novel
der **Bildungsrückstand**, ⁼e   educational "lag"
die **Bildungsstufe**, -n   level of education
der **Bildungsverein**, -e   association for adult
 education
 billig   cheap, fair
die **Billion**, -en   trillion
der **Binnenhafen**, ⁼   inland port
der **Binnenmarkt**, ⁼e   domestic market, inner
 market
der **Birkenzweig**, -e   branch of the birchtree
der **Bischof**, ⁼e   bishop
die **Bischofsstadt**, ⁼e   episcopal see, residence of
 a bishop
 bisher   till now, so far
 bisherig   hitherto
das **Bistum**, ⁼er   bishopric
 bitten, bat, gebeten   to request, entreat
 blasen, blies, geblasen   to blow, sound
die **Blasmusik**, -en   brass band
 blau   blue
 blauäugig   blue-eyed
das **Blei**   lead
das **Bleigießen**   casting of lead (to predict the
 future)
 bleiben, blieb, geblieben   to stay, remain
der **Blick**, -e   view, look; **einen Blick werfen**   to
 take a look
der **Blitz**, -e   lightning
der **Blitzkrieg**, -e   lightning war, blitzkrieg
 blockieren   to obstruct, blockade
 bloß   only; bare, naked
die **Blume**, -n   flower
das **Blumenfeld**, -er   field of flowers
der **Blumenkasten**, ⁼   flower box
der **Blumenteppich**, -e   carpet of flowers
das **Blut**   blood
die **Blütezeit**, -en   prime, golden age, peak
der **Boden**, ⁼   soil, ground
die **Bodenschätze** *(pl.)*   mineral resources
die **Bodenspekulation**, -en   financial speculation
 with real estate
 Böhmen   Bohemia
 böhmisch   Bohemian
die **Bohne**, -n   bean
 bohren   to drill, bore
das **Bollwerk**, -e   bastion

der **Bombenanschlag**, ⁼e   bomb attack
das **Bootfahren**   boating
die **Börde**   fertile plain (particularly west of
 Magdeburg)
 borgen   to borrow
 böse   bad, evil
der **Botschafter**, -   ambassador
die **Böttcherstraße**   Cooper Street
das **Boulevardblatt**, ⁼er   tabloid
das **Boxen**   boxing
 boykottieren   to boycott
 brach   unploughed, unused
das **Brachland**   fallow, unploughed land
der **Brand**, ⁼e   fire, burning
der **Brauch**, ⁼e   custom, tradition, usage
 brauchen   to use, need
die **Braunkohle**, -n   lignite, brown coal
das **Braunkohlenlager**, -   layer of lignite
das **Braunkohlevorkommen**, -   lignite deposit
der **Breitengrad**, -e   latitude
der **Breitensport**   mass sport
 brennen, brannte, gebrannt   to burn
der **Brieffreund**, -e   penpal
der **Briefroman**, -e   epistolary novel, letter novel
 bringen, brachte, gebracht   to take, bring
die **Broschüre**, -n   pamphlet, folder
das **Brot**, -e   bread
das **Brotstudium**, -en   study for the sole
 purpose of gaining a livelihood
die **Brücke**, -n   bridge
der **Bruder**, ⁼   brother
das **Buch**, ⁼er   book
der **Buchdruck**   book printing
die **Bücherzensur**   book censorship
die **Buchgemeinschaft**, -en   book club
die **Buchhaltung**, -en   bookkeeping
der **Buchhandel**   book trade
der **Buchhändler**, -   bookseller
die **Buchhändlerschule**, -n   vocational school
 for training booksellers
die **Buchhandlung**, -en   bookstore
die **Buchillustration**, -en   book illustration
der **Buchladen**, ⁼   bookshop, bookstore
das **Büchlein**, -   small book, booklet
die **Buchmalerei**   manuscript or book illumi-
 nation
die **Buchmesse**, -n   book fair

die **Bude,-n** stall, booth
das **Bühnenbild, -er** scenery, setting (stage)
die **Bulle, -n** bull
    bummeln to loaf, cut classes
der **Bund, ⁻e** alliance, league, tie, federation
die **Bundesbahn** federal railways (Federal Republic of Germany)
die **Bundesebene** federal level
das **Bundesfernsehen** television program operated by a federal agency
die **Bundeshaupstadt** capital of the federation
der **Bundeskanzler, -** federal chancellor, head of government in the Federal Republic of Germany or Austria
das **Bundesland, ⁻er** federal state
die **Bundesliga, -ligen** professional soccer league (Germany)
die **Bundesligamannschaft, -en** team of the professional soccer league
die **Bundespolitik** federal politics
die **Bundespost** federal post office
der **Bundespräsident, -en** president of the Federal Republic
der **Bundesrat** federal council, upper house of parliament in the Federal Republic of Germany
die **Bundesregierung, -en** federal government
die **Bundesrepublik, -en** federal republic
der **Bundesstaat, -en** federal state, state of a federation
der **Bundestag** federal diet, lower house of parliament
die **Bundestagssitzung, -en** session of parliament
die **Bundestagswahl, -en** Bundestag election
der **Bundesverband, ⁻e** association, union on the federal level
das **Bundesverfassungsgericht** supreme court for constitutional questions
die **Bundesversammlung** federal parliament (Switzerland), assembly to elect a president (Federal Republic)
der **Bundesverteidigungsminister, -** Federal Minister of Defense
die **Bundeswehr** federal armed forces
der **Bundeswirtschaftsminister, -** federal minister of economy

das **Bündnis, -se** alliance
die **Burg, -en** castle
der **Bürger, -** citizen, townsman, bourgeois
der **Bürgerkrieg, -e** civil war
    bürgerlich civil, bourgeois
die **Bürgerschaft, -en** citizens, citizens' council
die **Bürgerstadt, ⁻e** middle class town, commercial town, town without a prince or nobility
das **Bürgertum** middle class, citizenship
die **Burgruine, -n** ruined castle
    burgundisch Burgundian
das **Büro, -s** office
der **Bürodiener, -** office boy
die **Bürokratie, -n** bureaucracy, red tape
die **Burschenschaft, -en** students' association, fraternity
das **Bußgewand, ⁻er** attire of a penitent
der **Buß- und Bettag** day of atonement and prayer

die **Campingmöbel** *(pl.)* camping furniture
der **Camping-Platz, ⁻e** camping place
der **Campingreisende, -n** camping traveller
der **Charakter, -e** character
    charakteristisch characteristic
der **Charakterzug, ⁻e** characteristic feature, trait of character
der **Charme** charm
der **Chef, -s** boss, head
der **Chefredakteur, -e** chief editor
    chemisch chemical
die **Chemie** chemistry
    chirurgisch surgical
der **Chor, ⁻e** choir, chorus
das **Chorsingen** choral singing
die **Chorvereinigung, -en** choir, choral society
das **Chorwerk, -e** composition for choir
der **Christbaum, ⁻e** Christmas tree
der **Christenglaube** Christian faith
das **Christentum** Christianity
die **Christianisierung** Christianization
    christlich Christian

    dabei in doing so; near by
das **Dach, ⁻er** roof

damalig of that time, then
daneben next to it, besides
Dänemark Denmark
dänisch Danish
dank thanks to, owing to
darstellen to represent, perform, exhibit
darunter among them
das **Dasein** existence, life, presence
die **Dauer** duration, permanence
dauerhaft durable, permanent, sound
das **Dauerhafte** something solid or durable
dauern to last, continue, take (time)
definieren to define
der **Deich, -e** dike, dam
dekadent decadent, declining, corrupt
die **Deklassierung, -en** lowering of social status
die **Dekoration, -en** decoration, setting (stage)
die **Demokratie, -n** democracy
demokratisch democratic
das **Demonstrationsrecht** law concerning political demonstrations
demonstrieren to demonstrate
demontieren to dismantle, dismount
demütigend humiliating
die **Demütigung, -en** humiliation
denken, dachte, gedacht to think, guess
der **Denker, -** thinker, philosopher
das **Denkmal, -̈er** monument, memorial
die **Denkrichtung, -en** philosophical or ideological orientation
das **Denksystem, -e** philosophical system
die **Denunziation, -en** denunciation
derartig such, of such a kind, to such a degree
deuten to interpret, explain, point out
deutlich clear, distinct
deutsch German
der **Deutsche, -n** German
das **Deutsche Reich** German "Reich" (empire)
Deutschland Germany
das **Deutschlandbuch, -̈er** book about Germany
deutschnational nationalistic German, term for a type of nationalist conservatism; name of a conservative party before 1933
der **Deutschösterreicher, -** German-speaking Austrian

deutschsprachig German-speaking
die **Devise, -n** motto, device; foreign currency
devot devout, subservient
diabolisch diabolic
der **Dialekt, -e** dialect
dialektisch dialectic
dicht tight, compact, dense
dichtbesiedelt densely populated
die **Dichte** density
dichten to write poetry, compose
der **Dichter, -** poet
dichterisch poetic
die **Dichterlesung, -en** reading by a poet of his own works
die **Dichtung, -en** poetry, poem, work of fiction
dick fat, big, thick
dienen to serve
der **Dienst, -e** service
der **Dienstbote, -n** domestic servant
das **Diktat, -e** dictation
die **Diktatur, -en** dictatorship
der **Dilettant, -en** dilettante, amateur
das **Ding, -e** thing, object
das **Diplom, -e** diploma, patent, (academic) degree
der **Diplomarchitekt, -en** architect with an academic degree
die **Diplomatie, -n** diplomacy
diplomatisch diplomatic
der **Diplomchemiker, -** chemist with an academic degree
der **Diplomingenieur, -e** engineer with an academic degree
der **Diplomphysiker, -** physicist with an academic degree
direkt direct
das **Direktmandat, -e** direct mandate, direct election of a candidate
der **Direktor, -en** manager, boss, director
diskriminieren to discriminate
die **Diskussion, -en** discussion
diskutieren to discuss
die **Disputation, -en** (academic) debate
disputieren to debate
die **Dissertation, -en** dissertation

die **Distanz, -en** distance
der **Doktorgrad, -e** doctor's degree, Ph.D., doctorate
der **Doktortitel, -** doctorate, title of Ph.D.
die **Doktrin, -en** doctrine
der **Dokumentarfilm, -e** documentary film
der **Dolmetscher, -** interpreter
das **Dolmetscherinstitut, -e** school for interpreters
der **Dom, -e** cathedral
dominieren to dominate
donauabwärts downstream on or along the Danube
die **Doppelmonarchie** dual monarchy (Austria-Hungary)
der **Doppelname, -n** compound name
die **Doppelstadt** twin city
doppelt double
das **Dorf, ̈-er** village
die **Dorfbevölkerung, -en** village population
das **Dorfleben** country life
dörflich villagelike, rustic
die **Dorfschule, -n** village school
dorther from there
der **Dozent, -en** lecturer, university instructor or professor
der **Dramatiker, -** dramatist
dramatisch dramatic
dramatisieren to dramatize
die **Dramentrilogie, -n** trilogy (of plays)
drehen to turn, roll, revolve, shoot (film)
dreißigjährig thirty years (old)
die **Dreiteilung, -en** partition in three parts, tripartite structure
das **Dressurreiten** dressage, type of horse show
der **Drill, -s** drill, mechanical learning, military discipline
dringen, drang, gedrungen to penetrate, reach, press forward
dringend urgent
das **Drittel, -** third
die **Drogerie, -n** drugstore
drohen to menace, threaten
der **Druck, -e** pressure, hardship, compression; print
drucken print

das **Drucken** printing
drücken to press, squeeze
drückend heavy, oppressive
der **Dualismus, Dualismen** dualism
das **Duell, -e** duel
dulden to tolerate, endure, suffer
der **Dünger** fertilizer, manure, dung
der **Dünkel, -** arrogance, conceit
das **Dunkelwerden** nightfall
durchbringen, brachte durch, durchgebracht bring up; squander
durcheinandergehen, ging durcheinander, durcheinandergegangen to be in confusion, mixed up, in disorder
durchführen to implement, perform, carry out
das **Durchgangsland, ̈-er** country in the path of many transit routes
durchhalten, hielt durch, durchgehalten to pull through, endure, carry on to the end
durchmachen to experience, go through
das **Durchreiseland, ̈-er** country of transit
durchreisen to travel through, pass through
durchschauen to see through, penetrate, find out
sich **durchschlagen, schlug durch, durchgeschlagen** to fight one's way through, scrape through
durchschnittlich average, on the average
durchsetzen to pull off, put into effect, succeed in
durchsuchen to search
durchweg throughout, usually
durchziehen, durchzog, durchzogen to traverse
dürfen, durfte, gedurft to be allowed to
der **Durst** thirst
duzen to call (someone) "du" (familiar form)
die **Dynamik** dynamics, energy, dynamism
dynamisch dynamic(al)

die **Ebbe** low tide, ebb, decline
eben even; exactly

die **Ebene, -n** plain, plane
ebenfalls likewise, also
ebenso . . . (wie) likewise, just as. . .
echt genuine, true, real
die **Ecke, -n** corner; cornerkick (penalty kick from the corner in soccer)
die **Ehe, -n** marriage, matrimony, married life
die **Ehefrau, -en** wife
ehemalig former, late
der **Ehemann, ¨er** husband
eher rather, sooner
die **Ehescheidung, -en** divorce
die **Ehre, -n** honor
ehrenamtlich honorary
das **Ehrenmitglied, -er** honorary member
die **Ehrennadel, -n** medal or pin to honor certain merits
der **Ehrenname, -n** name of honor
die **Ehrensache, -n** matter of honor, point of honor
der **Ehrgeiz** ambition
ehrgeizig ambitious
die **Ehrlichkeit** honesty, frankness, fairness, sincerity
die **Eidgenossenschaft** (Swiss) confederation
die **Eifersucht** jealousy
eifrig keen, eager, ardent
eigen own, particular, peculiar
die **Eigenart, -en** particularity, peculiarity
der **Eigenbrötler, -** eccentric person, individualist
die **Eigenheit, -en** peculiarity, oddity
der **Eigennutz** self-interest
die **Eigenschaft, -en** quality, attribute, characteristics
eigentlich exactly, really, proper
das **Eigentum, ¨er** property
sich **eignen (für)** to be suitable for
die **Eignung, -en** aptitude, qualification
eilig hasty, urgent
einander each other, one another
der **Einband, ¨e** binding, cover (book)
einbeziehen, bezog ein, einbezogen to include
einbringen, brachte ein, eingebracht to bring (money, profit), yield
eindeutig unequivocal

eindringen, drang ein, eingedrungen to penetrate, enter into
der **Eindruck, ¨e** impression
eindrucksvoll impressive
einfach simple, single
einfallen, fiel ein, eingefallen to invade, interrupt; collapse; **es fällt mir ein** it occurs to me
der **Einfluß, ¨sse** influence
einflußreich influential
einführen to introduce, import, initiate
die **Einführung, -en** introduction, importation
der **Einführungskurs, -e** introductory course
die **Eingliederung, -en** incorporation, adaptation
eingreifen, griff ein, eingegriffen to intervene, interfere
einhalten, hielt ein, eingehalten to observe (rules)
einheimisch local, native
der **Einheimische, -n** native
die **Einheit, -en** unit, unity
einheitlich uniform
die **Einheitsliste, -n** standard list (naming all political candidates)
die **Einheitspartei, -en** unified party, party of unity
die **Einheitsschule, -n** unified school for all children
die **Einheitssprache, -n** common language
der **Einheitsstaat, -en** unified, centralized state
einig united
einige some, a few
einigermaßen to some extent, somewhat, rather, more or less
die **Einigung, -en** agreement, unification
das **Einkaufszentrum, -en** shopping center
einkehren to put up, enter
einklassig (Schule) village (school) with all children in one classroom and taught by one teacher
das **Einkommen, -** income
die **Einkreisung, -en** encirclement
einladend attractive, inviting
die **Einlegearbeit, -en** inlaid work
einleiten to introduce
einmarschieren to enter, march in, invade

die **Einnahmequelle, -n**   source of revenue
einnehmen, nahm ein, eingenommen   to take (position), occupy; receive; **von sich eingenommen sein**   to be conceited
einrichten   to arrange, organize, regulate
die **Einrichtung, -en**   establishment, arrangement, furniture
einsam   lonely, solitary
einsatzbereit   ready for action (army)
einschlagen, schlug ein, eingeschlagen   to go in a certain direction, drive in, break in
einschließen, schloß ein, eingeschlossen   to encircle, surround, lock in, enclose
sich **einschreiben (für), schrieb ein, eingeschrieben**   to enroll, register
die **Einschreibung, -en**   enrollment, registration
einsehen, sah ein, eingesehen   to under--stand, perceive
einsetzen   to appoint, institute, begin
sich **einsetzen (für)**   to stand up for, plead for
der **Einsiedler, -**   hermit
sich **einstellen (auf)**   to set one's mind on
die **Einstellung, -en**   attitude, mentality; engagement; suspension
einstufen   to classify, place
einteilen   to divide, classify
die **Einteilung, -en**   classification, distribution
eintragen, trug ein, eingetragen   to register, enter
eintreten, trat ein, eingetreten   to enter, join
eintreten (für)   to stand up for, intercede for
einverstanden sein   to agree
der **Einwanderer, -**   immigrant
einweichen   to soak
der **Einwohner, -**   inhabitant
die **Einwohnerzahl, -en**   total population
der **Einzelberg, -e**   single mountain, isolated mountain
das **Einzelfaktum, -en**   detail, single fact
der **Einzelgänger, -**   individualist, loner
das **Einzelhaus, ⁻er**   detached house
die **Einzelheit, -en**   detail, item
der **Einzelhof, ⁻e**   isolated farm
einzeln   single, particular, individual
der **Einzelstaat, -en**   single state

einziehen, zog ein, eingezogen   to draft, call in; collect (taxes); move in
einzig   only, sole, unique
die **Eisenbahn, -en**   railway
der **Eisenbahnknotenpunkt, -e**   railroad junction
das **Eisenbahnnetz, -e**   network of railroads
das **Eisenbahnsystem, -e**   railroad system
das **Eisenerz, -e**   iron ore
das **Eisenerzvorkommen, -**   iron ore deposit
der **Eisengehalt, -e**   amount of iron in the ore, ferruginous content
die **Eisenklammer, -n**   iron clamp
das **Eisenvorkommen, -**   deposit of iron (ore)
eisern   iron, hard
das **Eishockey**   (ice) hockey
das **Eislaufen**   ice skating
der **Eisschrank, ⁻e**   ice box, refrigerator
das **Eisstockschießen**   curling
die **Eiszeit, -en**   glacial epoch
die **Eleganz**   elegance
die **Elegie, -n**   elegy
elektrisch   electric
die **Elektrizität**   electricity
die **Elektrizitätsleitung**   electric line
der **Elektroartikel, -**   electric appliance, apparatus
die **Elektroindustrie, -n**   electrical industry
die **Elfenbeinschnitzerei, -en**   ivory carving
der **Elfmeter, -**   penalty in soccer
die **Eliteschule, -n**   school for the elite
Elsaß-Lothrigen   Alsace-Lorraine
die **Eltern** *(pl.)*   parents
der **Elternbeirat ⁻e**   parents' advisory council (to the school)
das **Elternhaus**   home, house of one's parents
die **Emanze, -n**   emancipated woman (slang)
die **Emanzipation, -en**   emancipation
die **Emanzipationsbewegung, -en**   emancipation movement
emigrieren   to emigrate
empfindlich   sensible, sensitive, touchy
empirisch   empirical
sich **emporarbeiten**   to work one's way up
empören   to anger, excite
sich **empören**   to get angry, revolt, rebel
emporsteigen, stieg empor, emporgestiegen   to rise, ascend

das **Ende, -n**   end, conclusion
enden   to end, come to an end, terminate
endgültig   final, definitive
endlich   final, ultimate, finite
die **Endlösung, -en**   final solution (term used for the murdering of the Jews during World War II)
die **Endung, -en**   ending
energisch   dynamic, energetic
eng   narrow, tight
sich **engagieren**   to engage oneself, get involved
die **Enge**   narrowness
der **Engel, -**   angel
der **Engländer, -**   Englishman
der **Enkel, -**   grandchild, grandson, descendant
das **Ensemble, -s**   cast, ensemble
entdecken   to discover
die **Entdeckung, -en**   discovery
die **Ente, -n**   duck
die **Enteignung, -en**   expropriation
die **Entfaltung, -en**   unfolding, expansion, development
entfernen   to remove, take out
die **Entfernung, -en**   distance, removal
entfliehen, entfloh, entflohen   to escape, flee
die **Entfremdung, -en**   alienation, estrangement
die **Entführung, -en**   kidnapping, abduction
entgegenkommen, kam entgegen, entgegengekommen   meet halfway
entgegenkommend   obliging
entgegensetzen   to oppose
entgegentreten, trat entgegen, entgegengetreten   to meet, oppose
entgehen, entging, entgangen   to escape, avoid
enthaupten   to decapitate
enthüllen   to reveal, unveil
entlassen, entließ, entlassen   to dismiss, discharge, fire
die **Entlohnung, -en**   pay, wage
entmilitarisiert   demilitarized
entnehmen, entnahm, entnommen   to take from
enträtseln   to unriddle, decipher
entreißen, entriß, entrissen   to snatch from
entschädigen   to compensate, indemnify

entscheiden, entschied, entschieden   to decide
sich **entscheiden**   to decide, to make up one's mind
das **Entscheidende**   crucial point
die **Entscheidung, -en**   decision
die **Entspannung, -en**   relaxation, detente
entsprechen, entsprach, entsprochen   to correspond, meet
entsprechend   corresponding, appropriate
entspringen, entsprang, entsprungen   to spring, come from
das **Entstehen**   origin, formation
entstehen, entstand, entstanden   to come into being, originate
enttäuschen   to disappoint
die **Enttäuschung, -en**   disappointment
entwässern   to drain
entweder . . . oder   either . . . or
entwerfen, entwarf, entworfen   to devise, sketch
entwickeln   to develop
die **Entwicklung, -en**   development, evolution
entwürdigend   degrading
der **Entwurf, ̈e**   plan, project, design, sketch
die **Entwurzelung, -en**   uprooting, eradication
entziehen, entzog, entzogen   to take away, withdraw, deprive
der **Epigone, -n**   imitator or imitative successor
der **Epiker, -**   epic writer
die **Epoche, -n**   era, epoch, period
das **Epos, Epen**   epic poem
der **Erbe, -n**   heir
der **Erbfolgekrieg, -e**   war of succession
die **Erbin, -nen**   heiress
erblinden   to grow blind
die **Erbschaft, -en**   inheritance
die **Erbse, -n**   pea
die **Erbsünde, -n**   original sin
das **Erbteil**   inheritance, heritage
die **Erbteilung, -en**   partition of an inheritance
die **Erbuntertänigkeit, -en**   hereditary subjection, serfdom
die **Erde, -n**   earth, ground
das **Erdgas, -e**   natural gas
das **Erdöl, -e**   mineral oil
das **Ereignis, -se**   event, occurrence, happening

erfahren, erfuhr, erfahren to experience, learn

die Erfahrung, -en experience

erfassen to comprehend, catch, express

erfinden, erfand, erfunden to invent

die Erfindung, -en invention

der Erfolg, -e success

erfolglos unsuccessful

erfolgreich successful

erforschen to investigate, do research

erfüllen to accomplish, fulfill

ergänzen to complete, supplement

ergattern to pick up, get

sich ergeben, ergab, ergeben (aus) to result from

das Ergebnis, -se result, score

ergreifen, ergriff, ergriffen to seize; choose (profession)

ergreifend touching, impressive

erhalten, erhielt, erhalten to keep, preserve, obtain

erheben, erhob, erhoben to raise

erheblich considerable

erhoffen to hope for, expect

die Erholung, -en recreation, recovery

sich erinnern (an) to remember, recollect

erkaufen to buy

erkennen, erkannte, erkannt to recognize, learn, know

erklären to declare, explain

die Erklärung, -en explanation, declaration

sich erkundigen (nach) ask for, inquire

erlangen to obtain, get, reach

erlassen, erließ, erlassen to enact (laws), publish, issue; dispense with

erlauben to allow, permit

die Erlaubnis, -se permission, authority

erleben to see, experience, live

das Erlebnis, -se experience, adventure, event

erledigen to execute, dispatch

erleichtern to make easy, relieve, facilitate

erleiden, erlitt, erlitten to suffer, endure

erlernen to learn

die Erlösung, -en redemption, deliverance

ermahnen to exhort, admonish

ermorden to murder, assassinate

die Ermordung, -en assassination

ermutigt encouraged

ernennen, ernannte, ernannt to appoint, nominate

die Ernennung, -en appointment, nomination

erneuern to renew

die Erneuerung, -en renewal

erneut again, once more, renewed

ernst earnest, serious; ernst nehmen to take seriously

ernsthaft serious

die Ernte, -n harvest, crop

das Erntedankfest, -e harvest festival, Thanksgiving

der Ernteeinsatz, ¨e required or forced work to bring in the harvest

das Erntefest, -e harvest festival

erobern to conquer

die Eroberung, -en conquest

eröffnen to open, inaugurate

erproben to test, try

erregen to excite, stir up

erreichbar within reach, attainable

erreichen to reach, attain

errichten to erect, establish

erringen, errang, errungen to win, achieve, gain

der Ersatz compensation, substitute, replacement

der Ersatzdienst, -e service done by a conscientious objector in substitution for military service

die Ersatzkasse, -n medical insurance for middle income employees

das Ersatzteil, -e spare part

erscheinen, erschien, erschienen to appear, come out, be published

das Erscheinungsfest, -e Epiphany

die Erscheinungsform, -en outward form, species, expression

erschrecken to terrify, frighten

erschüttern to shake, move

erschweren to aggravate, make more difficult

ersetzen to replace, make up for, repair

erstatten to compensate, refund

die Erstaufführung, -n opening night, premiere

erstaunen to astonish, be astonished
erstaunlich amazing, astonishing
erstens firstly, first
der **erstere** the former
die **Erstkommunion, -en** first communion
erstreben to strive after
sich **erstrecken** to extend
der **Ertrag, ⁻e** produce, output, returns
ertäumen to dream of
ertrinken, ertrank, ertrunken to drown
erwachen to awake
der **Erwachsene, -n** adult
erwähnen to mention
erwarten to expect, wait for
die **Erwartung, -en** expectation
erwecken to awaken, rouse
sich **erweisen (als), erwies, erwiesen** to prove, turn out
erweitern to expand, broaden
erwerben, erwarb, erworben to earn, acquire, gain
erzählen to tell, narrate
die **Erzählung, -en** story, narration
der **Erzbischof, ⁻e** archbishop
das **Erzbistum, ⁻er** archbishopric
erziehen, erzog, erzogen to bring up, educate, train
der **Erzieher.-** educator, teacher, tutor
die **Erziehung, -en** education
das **Erziehungsministerium, -ministerien** ministry or department of education
erzielen to obtain
erzwingen, erzwang, erzwungen to force, extort from
essen, aß, gegessen to eat
Estland Estonia
ethnisch ethnic
etliche some, a few
etwa about, around, perhaps
der **Europagedanke** idea of a unified Europe
die **Europastraße, -n** highway through and built by several European countries
evangelisch evangelical, Protestant
evangelisch-lutherisch Lutheran
evangelisch-reformiert Reformed church (Calvinistic)
das **Evangelium, -ien** gospel

ewig eternal
die **Exegese, -n** exegesis, bible interpretation
das **Exemplar, -e** specimen, copy (book)
das **Exil, -e** exile
die **Existenz, -en** existence
der **Existenzialismus** extentialism
exklusiv exclusive
die **Exkursion, -en** excursion
experimentieren to experiment
der **Experte, -n** expert
Expressionismus expressionism
die **Extravaganz, -en** extravagance
extrem extreme

die **Fabel, -n** fable, tale, plot
die **Fabrik, -en** plant, factory
der **Fabrikarbeiter, -** factory worker
das **Fabriktor, -e** factory gate, entrance
die **Fabrikware, -n** machine-made article
das **Fach, ⁻er** subject (school); branch (business); drawer
der **Facharbeiter, -** skilled or specialized worker
der **Facharzt, ⁻e** medical specialist
die **Fachausbildung, -en** professional training
das **Fachexamen, -** (final) examination to qualify for a profession
das **Fachgymnasium, -gymnasien** technical highschool
die **Fachhochschule, -n** engineering college for students with practical experience
die **Fachkenntnis, -se** competence, special knowledge
der **Fachlehrer, -** teacher qualified for teaching a particular subject
der **Fachmann, ⁻er** or **Fachleute** (pl.) expert, specialist
die **Fachoberschule, -n** technical highschool
die **Fachschule, -n** professional school leading to specialization or higher qualification in one's field
das **Fachseminar, -e** seminar in a specialized field
der **Fachstudent, -en** student specializing in a certain field
die **Fachzeitschrift, -en** professional journal
fähig capable, qualified, able
die **Fähigkeit, -en** ability, capacity, skill

fahren, fuhr, gefahren to go, drive, travel
das **Fahrrad, -er** bicycle
der **Fahrradsport** competitive cycling sport
die **Fahrt, -en** ride, drive, trip, journey
der **Faktor, -en** factor
das **Faktum, Fakten** fact
die **Fakultät, -en** division of university, faculty
der **Fall, -e** case, fall
falls in case, if
fallen, fiel, gefallen to fall, drop; die in battle; **fallenlassen** to drop
das **Faltboot, -e** folding boat
die **Familie, -n** family
der **Familienangehörige, -n** family member
der **Familienanlaß, -sse** family occasion
der **Familienbetrieb, -e** family enterprise, family-owned firm
die **Familienbindung, -en** family tie
der **Familienerbe, -n** family heir
das **Familienfest, -e** family celebration
die **Familienkrise, -n** family crisis
das **Familienleben** family life
das **Familienministerium** ministry for family affairs
die **Familienpension, -en** hotel, boarding house catering mainly to families (with children)
die **Familienzulage, -n** family allocation
fanatisch fanatic
fangen, fing, gefangen to catch
die **Farbe, -n** color
der **Fasching** carnival (in Bavaria)
die **Fassade, -n** façade, front
fassen to seize, conceive, understand
die **Fasson** manner, kind
die **Fastenzeit** Lent
die **Fastnacht** carnival (in the Southwest of Germany)
die **Faust, -e** fist
das **Faustrecht** law of the jungle
die **Faustsage, -n** legend of Dr. Faustus
fechten, focht, gefochten to fight, fence
fegen to sweep
der **Fehlschlag, -e** failure, miss
fehlschlagen, schlug fehl, fehlgeschlagen go wrong, fail
die **Feier, -n** celebration, ceremony, festival

feiern to celebrate
der **Feiertag, -e** holiday
der **Feind, -e** enemy
die **Feindschaft, -en** hostility, enmity, animosity
das **Feld, -er** field, ground
die **Feldarbeit, -en** agricultural labor, work in the fields
die **Felswand, -e** precipice, steep side of a rock
das **Fenster, -** window
die **Fensterbank, -e** window sill
der **Fenstersturz, -e** throwing a person out of the window, defenestration
die **Ferien** *(pl.)* (school) vacation
der **Ferienaufenthalt, -e** holiday, vacation stay
der **Feriengast, -e** paying guest, tourist
das **Ferienhaus, -er** holiday house, vacation home
das **Ferienheim, -e** vacation home
die **Ferienreise, -n** vacation trip
fern far, distant
fernhalten, hielt fern, ferngehalten to keep away from
fernöstlich East Asian, Far Eastern
der **Fernsehbesitzer, -** owner of a television set
das **Fernsehen** television
das **Fernsehgerät, -e** television set
das **Fernsehprogramm, -e** television program or channel
das **Fernsehspiel, -e** television play
das **Fernweh** wanderlust, longing for faraway places
fertig ready, finished; **fertig werden** to get ready
fertigbringen, brachte, fertig, fertiggebracht to manage to
die **Fertigkeit, -en** skill
fertigstellen to produce, achieve, complete
fest firm, solid, fixed
das **Fest, -e** festival, feast
festgefügt solidly structured, built
festgelegt fixed, settled
festhalten, hielt fest, festgehalten to hold fast, stick to
festigen to secure, establish firmly
der **Festkalender** calender of special events
festlegen to settle, fix
festlich festive, solemn

die Festlichkeit, -en   festivity
das Festspiel, -e   festival (theatrical)
das Festspielhaus, ⸚er   festival theater
     feststellen   to establish, confirm, fix
die Festung, -en   fortress
     festungsartig   like a fortress
     fett   fat, fertile
das Feuer, -   fire
die Feuerwehr, -en   fire department
das Feuerwerk, -e   fire works
das Feuilleton, -s   cultural section of a news-
     paper
der Fichtenwald, ⸚er   pine or spruce forest
die Figur, -en   figure, character
die Filmakademie, -n   cinematic arts school,
     film academy
die Filmfestspiele (pl.)   film festival
die Filmförderung   support of film production
     (by the government)
die Filmindustrie   film industry
die Filmkunst   cinematographic art
die Filmleute (pl).   movie makers
der Filmregisseur, -e   film director
der Filmschauspieler, -   film actor
das Filmtheater, -   movie theater, cinema
das Finanzamt, ⸚er   internal revenue office
die Finanzen (pl.)   finances
     finanziell   financial
     finanzieren   to finance
die Finanzierung, -en   financing
     Finanzminister, -   minister of finance, sec-
     retary of the treasury
     finden, fand, gefunden   to find
die Firma, Firmen   firm, company
der Firmenchef, -s   manager, principal, owner
     of the firm
die Firmenleitung, -en   management of the
     firm
der Fisch, -e   fish
die Fischindustrie, -n   fishing industry
die Fläche, -n   plain, surface; plane
der Flächeninhalt, -e   area
die Flanke, -n   flank, side; kick from the side to
     the middle (soccer)
das Fleckchen, -   little place, spot
das Fleisch   meat, flesh
     fleißig   hard working, industrious, assid-
     uous

     fliehen, floh, geflohen   to flee, escape
die Fließbandarbeit, -en   assembly line work
     fließen, floß, geflossen   to flow, run
das Floß, ⸚e   raft, float
der Flötenspieler, -   flutist, flute player
die Flucht, -en   flight, escape
der Flüchtling, -e   refugee, fugitive
die Fluchtwelle, -n   wave of flight, escape
das Flugblatt, ⸚er   pamphlet
der Flügel, -   wing
der Flugplatz, ⸚e   airport
das Flugzeug, -e   airplane
der Fluß, ⸚sse   river, stream
der Flußhafen, ⸚   inland harbor
     flüssig   liquid, fluid
das Flußtal, ⸚er   river valley
der Flußübergang, ⸚e   place to cross a river
die Flut, -en   flood, high tide, inundation
der Föderalismus   federalism
die Folge, -n   consequence, continuation, series
     folgen   to follow, succeed
     folgenschwer   momentous, weighty
     foltern   to torture
die Folterung, -en   torture
     forcieren   to force, urge forcibly
     fördern   to promote, sponsor, advance,
     help
die Forderung, -en   demand, claim
die Förderung, -en   assistance, advancement,
     promotion
die Formel, -n   formula
     formell   formal
     formulieren   to formulate, define
     forschen   to investigate, search, do research
der Forscher, -   investigator, scholar, researcher
die Forschung, -en   research, investigation
das Forschungsinstitut, -e   research institute
der Förster, -   forest ranger, game-keeper
die Forstwirtschaft   forestry
     forstwissenschaftlich   referring to the
     science of forestry
     fortgeschritten   advanced
     fortlaufend   continuous
     fortleben   to live on
     fortnehmen, nahm fort, fortgenommen   to
     take away
der Fortschritt, -e   progress
     fortschrittlich   progressive

fortsetzen to continue

der Fortsetzungsroman, -e serial novel, seri-
alized novel

fortwährend continual

die Fotografie, -en photography, photograph

fotografieren to take pictures, photograph

die Frage, -n question

fragen to ask, question

die Fragestellung, -en (formulation of a)
question, problem

das Fragezeichen, - question mark

fraglich doubtful, questionable

die Fraktion, -en parliamentary group (of one
party)

der Franke, -n Franconian

Frankreich France

der Franzose, -n Frenchman

französich French

französischsprachig French-speaking

die Frau, -en woman

der Frauenberuf, -e women's profession

die Frauenbewegung, -en women's movement

der Frauenbund, ⁻e women's league

die Frauenemanzipation emancipation of
women, feminist movement

die Frauenschule, -n girl's secondary school
with emphasis on home economics

die Frauenverehrung, -en admiration of ladies

frei free, independent, frank, vacant

das Freibad, ⁻er open air swimming pool

freigebig generous, liberal

die Freiheit, -en freedom, liberty

freiheitlich liberal, freedom loving

der Freiheitsdrang thirst or desire for freedom

der Freiheitskämpfer, - fighter for freedom or
independence

der Freiheitskrieg, -e war of liberation or independence

die Freikirche, -n free church

freilassen, ließ frei, freigelassen to set free,
release

die Freilichtspiele (*pl.*) open-air theater

freisprechen, sprach frei, freigesprochen to
absolve, acquit

freiwillig voluntary, spontaneous

der Freiwillige, -n volunteer

die Freizeit, -en spare time, leisure

die Freizeitbeschäftigung, -en hobby

freizügig open(-minded), free to move

die Freizügigkeit freedom of movement

fremd strange, foreign

die Fremde abroad, foreign countries

das Fremdenverkehrsgebiet, -e tourist area,
resort country

das Fremdenverkehrsland, ⁻er tourist or resort
country

der Fremdenverkehrsort, -e tourist resort

die Fremdsprache, -n foreign language

die Freske, -n fresco

fressen, fraß, gefressen to eat, devour (by
animals)

der Freund, -e friend

der Freundeskreis, -e circle or group of friends

die Freundlichkeit, -en friendliness

die Freundschaft, -en friendship

freundschaftlich friendly, amicable

das Freundschaftsgefühl, -e feeling of
friendship

der Freundschaftsklub, -s friendship club

das Freundschaftsverhältnis, -se friendship,
friendly relationship

der Freundschaftsvertrag, ⁻e treaty of
friendship

der Friede peace

die Friedensbedingung, -en terms or conditions of peace

die Friedensbewegung, -en peace movement

die Friedensbestimmung, -en terms of a peace
treaty

das Friedensdiktat, -e dictated peace

der Friedensschluß, ⁻sse conclusion of a peace
treaty

die Friedensverhandlung, -en peace negotiation

der Friedensversuch, -e attempt to make peace

der Friedensvertrag, ⁻e peace treaty

friedlich peaceful

friedliebend peace-loving

froh happy, glad

fröhlich joyful, happy

fromm pious

die Frömmigkeit, -en piety

der Fronleichnam Corpus Christi (Day)

die Fronleichnamsprozession, -en procession at
Corpus Christi Day

fruchtbar fertile, fruitful

früh early, in the morning
früher prior, former, sooner, earlier
das Frühjahr, *or* der Frühling, -e spring
frühzeitig early, in good time, premature
der Frühzug, ⸚e early morning train
fühlen to feel, perceive
führen to lead, guide, conduct
der Führer, - leader, conductor, guide
die Führung, -en leadership, guidance, direction
die Führungseigenschaft, -en ability to be a leader, charisma
die Führungskraft, ⸚e member of the management
das Fünftel, - one fifth
die Funktion, -en function
funktionell functional
funktionieren function, work
furchtbar terrible, tremendous, formidable
fürchten to fear
furchterregend dreadful, horrifying, frightful
die Fürsorgerin, -nen social worker
der Fürst, -en sovereign, prince
die Fürstenfamilie, -n dynasty, princely family
das Fürstenlob praise of the ruler
der Fürstenstand princely rank
fürstlich princely
der Fuß, ⸚e foot, base
der Fußball, ⸚e soccer
die Fußballliga, -ligen soccer league
das Fußballspiel, -e soccer match, game of soccer
der Fußballspieler, - soccer player
das Fußball-Toto soccer pool
der Fußballverein, -e soccer club
der Fußgänger, - pedestrian
die Fußgängerstraße, -n pedestrian zone
die Fußtruppe, -n infantry
der Fußweg, -e footpath, sidewalk
die Futterrübe, -n feeding turnip

die Galerie, -n gallery, art shop
der Gang, ⸚e walk, motion; narrow alley; **in Gang kommen** start, develop, come into operation

die Gans, ⸚e goose
ganz entire, whole
gar nicht not at all, by no means
garantieren to guarantee warrant
die Garderobe, -n cloak room
der Garten, ⸚ garden
die Gartenarbeit, -en gardening, work in the garden
der Gartenbau horticulture
der Gast, ⸚e guest, customer, visitor
der Gastarbeiter, - foreign worker
der Gasthof, ⸚e inn, restaurant
die Gasvergiftung, -en gas poisoning
das Gebäude, - building
geben, gab, gegeben to give
das Gebiet, -e area, territory, district
gebildet well-educated, cultivated
gebirgig mountainous
das Gebirgsklima, -s *or* -te mountain climate
der Gebirgszug, ⸚e mountain range
geboren born
der Gebrauch, ⸚e usage, use
gebrauchen to use, employ
der Gebrauchsgegenstand, ⸚e commodity
die Gebrauchsgraphik advertising art, commercial art
die Gebühr, -en duty, fee, dues
gebühren to owe to, be due to
gebunden sein (an) to be tied, bound to
die Geburt, -en birth
geburtenschwach with a low birth rate
der Geburtsadel inherited nobility, nobility by birth
der Geburtsfehler, - congenital defect
das Geburtshaus, ⸚er birth place, house where somebody was born
die Geburtsrate, -n birth rate
der Geburtstag, -e birthday
der Gedanke, -n thought, idea
gedeihen, gedieh, gediehen to grow, thrive, prosper
der Gedenktag, -e day of commemoration
das Gedicht, -e poem
geeignet suitable, fit
die Geest dry, sandy land (Schleswig-Holstein)
die Gefahr, -en danger, risk
gefährlich dangerous

gefallen, gefiel, gefallen to please; **sich etwas gefallen lassen** to consent to, agree to, submit to

gefangen nehmen to capture, take prisoner

das **Gefängnis, -se** prison, jail

das **geflügelte Wort** slogan, quotation

die **Gefolgschaft, -en** following, followers; personnel

die **Gefolgsleute** *(pl.)* followers

der **Gefreite, -n** lance-corporal, private first class

das **Gefühl, -e** feeling, sensation, emotion

gefühlsbetont emotional, sentimental

die **Gegend, -en** region, country

das **Gegengewicht, -e** counterbalance, counterpoise

der **Gegenkönig, -e** rival king

der **Gegenpapst, ̈e** rival pope

die **Gegenreformation** Counter-Reformation (16th and 17th centuries)

der **Gegensatz, ̈e** opposition, contrast, antithesis

gegenseitig reciprocal, mutual

der **Gegenstand, ̈e** object, topic

das **Gegenteil, -e** opposite, contrary, reverse

das **Gegentor, -e** goal for the other team (sports)

gegenüber opposite, face to

gegenüberstehen, stand gegenüber, gegenübergestanden to contrast, be in opposition

die **Gegenwart** present time, presence

der **Gegner, -** opponent, adversary

das **Gehalt** salary

die **Gehaltsbedingung, -en** salary scale

die **Gehaltserhöhung, -en** salary raise or increase

die **Gehaltsforderung, -en** demand for salary raise

geheim secret, clandestine

das **Geheimnis, -se** secret, mystery

der **Geheimschreiber, -** private secretary

gehen, ging, gegangen to go, walk; **es geht** it works, it is all right

der **Gehilfe, -n** assistant; in some professions: trained workman

gehorchen to obey

gehören (zu) to belong to

der **Gehorsam** obedience

der **Geigenbauer, -** violin maker

der **Geist, -er** mind, intellect; ghost

die **Geisteswissenschaften** *(pl.)* humanities

geistig intellectual, mental, spiritual

geistlich clerical, ecclesiastic, spiritual

der **Geistliche, -n** clergyman, minister, priest

die **Geistlichkeit** clergy, church, priesthood

gelangen to get to, arrive at

geläufig customary; fluent

gelb yellow

das **Geld, -er** money

die **Geldentschädigung, -en** monetary compensation

die **Geldentwertung, -en** devaluation of money, inflation

der **Geldgeber, -** sponsor, financial backer

die **Geldknappheit** scarcity of money

die **Geldschwierigkeit, -en** financial difficulty, lack of money

die **Geldspende, -n** donation

der **Geldumlauf** money circulation

das **Geldverdienen** earning, making money

der **Geldverdienst, -e** income, salary

die **Geldwirtschaft, -en** economy based on money

die **Gelegenheit, -en** opportunity, occasion

der **Gelehrte, -n** scholar, learned man

das **Geleit** escort; **freies Geleit** safe conduct

gelingen, gelang, gelungen to succeed

geloben to promise, vow

gelten, galt, gegolten to mean, be valid, have influence

das **Gelübde, -** vow, solemn promise

das **Gemälde, -** painting, picture

gemäßigt moderate, temperate

gemein haben (mit) to have in common with

die **Gemeinde, -n** community, parish

das **Gemeindeleben** parish life, community life

das **Gemeindemitglied, -er** parishioner

die **Gemeindesteuer, -n** municipal tax

die **Gemeindevertretung, -en** city council, municipal representation

die **Gemeindeverwaltung, -en** municipal administration, local government

die **Gemeindewahl, -en** municipal election

der **Gemeinnutz** public need or utility
gemeinnützig nonprofit, for the benefit of the public
gemeinsam common, joint
die **Gemeinsamkeit, -en** community, mutuality
die **Gemeinschaft, -en** community, association, club, team
die **Gemeinschaftsarbeit, -en** cooperation, team work
der **Gemeinschaftsbesitz** joint property (of a group)
das **Gemeinschaftshaus, ⁻er** recreation center of a village
das **Gemeinschaftsleben** community life, life in a group
die **Gemeinschaftsschule, -n** coeducational school; school for children of all religious denominations
gemischt mixed
die **Gemischtwirtschaft, -en** farm economy with both cattle-breeding and field crops
das **Gemüse, -** vegetables
der **Gemüsebau** vegetable gardening or farming
die **Gemütlichkeit, -en** comfort, comfortableness, ease
genau exact, accurate
genehmigen to grant, approve, license
geneigt inclined, disposed
der **Generalfeldmarschall, ⁻e** field marshall
der **Generalstabschef, -s** chief of general staff
der **Generalstreik, -s** general strike
das **Generationsproblem, -e** generation gap
das **Genie, -s** genius
genießen, genoß, genossen to enjoy
die **Genossenschaft, -en** cooperative
die **Genossenschaftsmolkerei, -en** cooperative dairy
genug enough, sufficient
genügen to be enough
die **Geographie** geography
geographisch geographical
gerade even, straight, just (now)
geradezu straight on, downright
das **Gerät, -e** tool, set, appliance, gear
geraten, geriet, geraten to come into, get into, fall into

der **Gerber, -** tanner
die **Gerberstraße, -n** Tanners' Street
die **Gerechtigkeit, -en** justice
der **Gerettete, -n** someone saved
das **Gericht, -e** court of justice, judgment
der **Gerichtsreferendar, -e** law graduate getting practical training
gering little, small
geringfügig insignificant, trifling
der **Germane, -n** German, Teuton
germanisch Germanic, Teutonic
gern willingly, with pleasure
die **Gerste** barley
die **Gesamthochschule, -n** college offering courses in many fields, admitting students from technical high schools
die **Gesamtschule, -n** unified school combining all German school types
der **Gesandte, -n** envoy, minister
der **Gesangverein, -e** choral society
das **Geschäft, -e** shop, business, affair, transaction
die **Geschäftssitzung, -en** business meeting
die **Geschäftsverbindung, -en** business connection
geschätzt respected, estimated
geschehen, geschah, geschehen to happen, take place, occur
die **Geschichte, -n** history, story
der **Geschichtsphilosoph, -en** philosopher of history
der **Geschichtsschreiber, -** historian
geschickt skillful
das **Geschirr** china, crockery, tools
das **Geschlecht, -er** family, generation, species, sex
die **Geschlechtskrankheit, -en** venereal disease, V.D.
der **Geschmack, ⁻er** taste, flavor
die **Geschwindigkeit, -en** speed, velocity, quickness
die **Geschwister** *(pl.)* brothers and sisters
der **Geschworene, -n** juror
der **Geselle, -n** journeyman, skilled worker; fellow

das **Gesellenstück, -e** object made by an apprentice at completion of his training period

gesellig sociable, social

die **Geselligkeit, -en** sociability, social events

die **Gesellschaft, -en** society, company

gesellschaftlich social

die **Gesellschaftsfahrt, -en** conducted group tour

die **Gesellschaftskritik** social criticism

gesellschaftskritisch critical of (current) social conditions

die **Gesellschaftsordnung, -en** social order, social system

die **Gesellschaftsreise, -n** conducted group tour

die **Gesellschaftsschicht, -en** social class

das **Gesetz, -e** law, statute

das **Gesetzbuch, ̈er** code, law book

gesetzgebend legislative

die **Gesichtsmaske, -n** face mask

gesinnt disposed, -minded

die **Gesinnung, -en** conviction, opinion, sentiment

die **Gestalt, -en** shape, form, figure

gestalten to form, shape, arrange

die **Gestaltung, -en** formation, creation

gestatten to allow, grant

das **Gestein, -e** rock, stone, ground

das **Getränk, -e** drink, beverage

das **Getreide, -** grain, cereals

die **Getreideart, -en** kind of grain, cereal

die **Getreidesorte, -n** kind of grain

gewagt risky

gewähren to grant, give

die **Gewalt, -en** power, force, violence, authority

der **Gewaltakt, -e** act of violence

gewaltig powerful

gewaltsam forcible, violent

die **Gewalttat, -en** act of violence

das **Gewerbe, -** trade, business

die **Gewerbefreiheit** freedom of trade

die **Gewerbekrankheit, -en** occupational disease

die **Gewerkschaft, -en** trade union

das **Gewicht, -e** weight

der **Gewinn, -e** profit, gain, prize

die **Gewinnbeteiligung, -en** profit sharing (of employees)

gewinnen, gewann, gewonnen to win, gain

gewiß certain, sure

das **Gewissen, -** conscience

der **Gewissensgrund, ̈e** reason of conscience

die **Gewißheit, -en** certainty

das **Gewitter, -** thunderstorm

sich **gewöhnen (an)** to get used, accustomed to

gewöhnlich usual, ordinary

gewohnt sein to be used to

das **Gewürz, -e** spice

das **Gift, -e** poison

gigantisch gigantic

der **Gipfel, -** summit, peak

gipfeln to culminate

die **Gitarre, -n** guitar

das **Gitter,-** iron fence, lattice

der **Glanz** brightness, splendor, brilliance

glänzend bright, brilliant, splendid

glanzvoll brilliant

die **Glanzzeit, -en** climax, most brilliant period, days of glory

das **Glas, ̈er** glass

das **Glasblasen** glass blowing

die **Glasbläserei** art of glass blowing, workshop for glass blowing

die **Glasindustrie** glass industry

die **Glasmalerei** glass painting

der **Glaube** faith, belief

glauben to believe, guess; have faith in

der **Glaubenskrieg, -e** religious war

die **Glaubenslehre, -n** religious doctrine

die **Glaubensregel, -n** dogma

der **Glaubenszweifel, -** scruple in religious matters, scepticism

gläubig believing, faithful

der **Gläubige, -n** believer

die **Glaubwürdigkeit** credibility

gleich equal, like

gleichberechtigt having equal rights

die **Gleichberechtigung** equality of rights

gleichfalls also, likewise

gleichgesinnt like-minded, having the same convictions

das **Gleichgewicht, -e** balance, equilibrium

die **Gleichheit, -en** equality, likeness
die **Gleichschaltung** unification, coordination
 gleichsetzen to equalize; identify
die **Gleichstellung** equalization
 gleichzeitig simultaneous, contemporary, at
 the same time
der **Gletscher, -** glacier
das **Glück** good luck, fortune, happiness
die **Gnade, -n** grace, favor, mercy
die **Goethezeit** age of Goethe (1770-1830)
der **Goldschmied, -e** goldsmith
die **Goldschmiedekunst, ̈e** art of the goldsmith
 or jeweler
die **Golfmeisterschaft, -n** golf championship
der **Golfplatz, ̈e** golf course
der **Golfstrom** Gulf Stream
 gotisch gothic
der **Gott, ̈er** god, deity
 Gott God
der **Gottesdienst, -e** church service
das **Grab, ̈er** grave, tomb
die **Grammatik, -en** grammar
 grausam cruel
die **Grausamkeit, -en** cruelty, atrocity
das **Gremium, Gremien** committee, board
der **Grenzbezirk, -e** frontier district, border
 land
die **Grenze, -n** frontier, border, boundary, limit
 grenzen to border
die **Grenzfestung, -en** frontier fortress
das **Grenzgebiet, -e** frontier area
der **Grenzkampf, ̈e** border fight, border war
der **Grenzwall, ̈e** rampart, border fortification
die **Greueltat, -en** atrocity, horrible deed
 Griechenland Greece
 griechisch Greek
 groß tall, great, big, large; **im großen und
 ganzen** by and large, on the whole
 großartig grand, grandiose, magnificent
 Großdeutschland Greater Germany (in-
 cluding Austria)
die **Größe, -n** size, height, quantity, largeness
die **Großeltern** *(pl.)* grandparents
 großenteils largely, to a great extent
die **Groß-Familie** extended family
der **Großstädter, -** big city dweller

der **Großgrundbesitzer, -** owner of a large
 estate
die **Großindustrie, -n** major industry
die **Großmacht, ̈e** major power
 Großstadt, ̈e big city
 großziehen, zog groß, großgezogen to
 bring up, raise
 großzügig generous, liberal, broad-
 minded
 grotesk grotesque
 grün green
der **Grund, ̈e** ground, bottom; reason
der **Grundbegriff, -e** basic principle, concept
der **Grundbesitz** real estate, landed property
 gründen to found, establish
das **Grundgehalt, ̈er** basic salary
das **Grundgesetz** constitution of the Federal
 Republic of Germany
der **Grundkurs, -e** basic course
die **Grundlage, -n** foundation, basis
 grundlegend basic, fundamental
 gründlich thorough, solid, profound
die **Gründlichkeit, -en** thoroughness, solidity
das **Grundrecht, -e** fundamental human right
der **Grundsatz, ̈e** principle, axiom
 grundsätzlich on principle, fundamental
die **Grundschule, -n** elementary school (first 4
 years)
die **Grundstufe, -n** beginner's level, lower
 grades in the school
der **Grundton** keynote, dominant factor
die **Gründung, -en** foundation, establishment
der **Grundvertrag, ̈e** basic treaty (between the
 FRG and the GDR)
die **Gruppe, -n** group
die **Gruppenfahrt, -en** group trip
das **Gruppengefühl** feeling of a group; being
 part of a group
die **Gruppierung, -en** grouping, arrangement
das **Gummi, -s** rubber, gum
 günstig favorable
 gut, besser, am besten good, better, best
das **Gut, ̈er** estate, property
die **Güte** goodness, kindness, quality
der **Gütertransport, -e** transport of goods,
 freight traffic

der **Gutsbesitzer, -** landowner, owner of a large estate, lord of the manor

der **Gutsherr, -en** lord of the manor, land-owner

der **Gymnasiallehrer, -** teacher at a *Gymnasium*

das **Gymnasium, Gymnasien** secondary school, high school

haben, hatte, gehabt to have, possess

sich **habilitieren** to qualify as a lecturer or pro-fessor at a university by a thesis and an ex-amination

der **Hafer** oats

halb half

der **Halbrechts** forward (soccer), second from the right

die **Halbzeit, -en** half-time, interval

die **Hälfte, -n** half

die **Halle, -n** hall, lounge

die **Hallig, -en** small island in the North Sea not protected by dikes

halt machen to stop, halt

haltbar durable, tenable

halten, hielt, gehalten to hold, keep, support, contain

die **Haltung, -en** attitude, poise, bearing

die **Handarbeit, -en** manual labor; handicraft, needle work

der **Handel** trade, commerce, bargain

handeln to act, trade, deal, bargain

der **Handelsartikel, -** trading goods, mer-chandise

die **Handelsbeziehungen** *(pl.)* commercial rela-tions, trade between two countries

das **Handelsgut, ⁻er** merchandise

der **Handelshafen, ⁻e** commercial port

die **Handelskammer, -n** chamber of commerce

die **Handelsschule, -n** commercial school, sec-retarial school

die **Handelsstadt, ⁻e** commercial town

die **Handelsstraße, -n** trade route

der **Handelsvertrag, ⁻e** commercial treaty

das **Handelszentrum, -zentren** commercial center

die **Handfertigkeit, -en** manual skill, dexterity

der **Händler, -** dealer, trader

das **Handwerk, -e** trade, handicraft

der **Handwerker, -** craftsman, skilled worker, artisan

der **Handwerksbetrieb, -e** workshop

die **Handwerkskammer, -n** chamber of trades

der **Handwerksmeister, -** master craftsman, foreman

hängen, hing, gehangen to hang, suspend; **an etwas hängen** to cling to something, be attached to

der **Hanswurst, -e** clown, buffoon

harmlos harmless, inoffensive

hart hard

hartnäckig obstinate

die **Hartnäckigkeit** obstinacy

der **Haß** hatred

der **Hauptfach, ⁻er** main or major subject

die **Hauptfigur, -en** protagonist, main char-acter

die **Hauptidee, -n** main idea, central idea

das **Hauptportal, -e** main gate, entrance

hauptsächlich chiefly, principal

die **Hauptschule, -n** type of secondary school

der **Hauptschullehrer** teacher at a *Hauptschule*

die **Hauptstadt, ⁻e** capital

das **Hauptthema, -themen** main theme, topic

das **Hauptwerk, -e** principal work, masterpiece

das **Hauptziel, -e** main goal

das **Haus, ⁻er** house, home; **nach Hause gehen** to go home; **zu Hause** at home

die **Hausarbeit, -en** home work, chores, indoor work

der **Hausbesuch, -e** house call (doctor)

das **Häuserbauen** construction of houses

der **Haushalt, -e** household

die **Haushaltsmaschine, -n** household ap-pliance

die **Haushaltsware, -n** goods for the household, esp. hardware

die **Haushaltungschule, -n** school for home economics

der **Hausherr, -en** master of the house

die **Hausindustrie, -n** home industry

das **Hauskonzert, -e** house concert

der **Hauslehrer, -** private tutor
häuslich domestic, home-keeping
die **Hausmacht** territorial power base (of the emperor)
die **Hausmusik** chamber music played at home
der **Hausschuh, -e** slipper
der **Haustyrann, -en** domestic tyrant
hauswirtschaftlich referring to home economics
die **Haut, ¨e** skin, hide
die **Hecke, -n** hedge
das **Heer, -e** army, multitude
der **Heerführer, -** commander-in-chief, general
heftig violent, vehement
das **Heilbad, ¨er** spa
heilig holy, sacred
der **Heilige, -n** saint
die **Heilquelle, -n** medicinal spring
die **Heilstätte, -n** place to get medical treatment to recover, spa
heim home
der **Heimarbeiter,-** home worker
die **Heimat** native place, homeland
das **Heimatgefühl** attachment to one's native place or country
die **Heimatgeschichte** local history
heimatgeschichtlich referring to local history
die **Heimatkunde** geography of one's home district
das **Heimatland, ¨er** native country
die **Heimatstadt, ¨e** birth place, home town
der **Heimatverein -e** association, club to further interest in the native country or town
heimlich clandestine, furtive, secret
das **Heimweh** homesickness
die **Heirat, -en** marriage
heiraten to marry
heiß hot
heißen, hieß, geheißen to be called, mean; command
heiter cheerful, serene
der **Hektar, -e** hectare
der **Held, -en** hero
die **Heldensage, -n** heroic legend
die **Heldentat, -en** heroic deed
das **Heldentum** heroism

helfen, half, geholfen to help, assist, aid
hell bright, light, fair
der **Hemdsärmel, -** shirt sleeve
herabsinken, sank herab, herabgesunken to sink down, be degraded
heranwachsen, wuchs heran, herangewachsen to grow up
sich **herausbilden** to develop, form
herausfinden, fand heraus, herausgefunden to find out, discover
herausgeben, gab heraus, herausgegeben to publish, issue, hand out
heraushauen to extricate; carve out
der **Herbst** fall, autumn
die **Herkunft, ¨e** origin, provenance
heroisch heroic
der **Herr, -en** master, lord, gentleman
der **Herrenhof, ¨e** manor; feudal estate
die **Herrschaft, -en** rule, government, mastery
der **Herrscher, -** ruler, sovereign
herrschsüchtig ambitious, domineering
herstellen to produce, restore
der **Hersteller, -** producer
die **Herstellung, -en** production
herumleiten to lead, conduct around
sich **herumschlagen (mit), schlug herum, herumgeschlagen** to trouble with, deal with
heruntergehen, ging herunter, heruntergegangen to lower, come down
hervorgehen (aus), ging hervor, hervorgegangen to result (from)
hervorheben, hob hervor, hervorgehoben to stress, call special attention to
hervorragend outstanding, prominent, excellent
hervorrufen, rief hervor, hervorgerufen to cause, call forth
hervortreten, trat hervor, hervorgetreten to step forward, become visible, become apparent
das **Herz, -en** heart
der **Herzog, ¨e** duke
das **Herzogtum, ¨er** duchy, dukedom
das **Heu** hay
heute today
heutig today's, present
heutzutage nowadays

die **Hexe, -n** witch, sorceress
die **Hierarchie, -n** hierarchy
die **Hilfe, -n** help, assistance, relief
hilflos helpless
der **Hilfsarbeiter, -** unskilled worker, assistant
der **Hilfsbibliothekar, -e** assistant librarian
das **Hilfsprogramm, -e** relief program
der **Himmel, -** heaven, sky
Himmelfahrt Ascension (Day)
hinabstoßen, stieß hinab, hinabgestoßen to throw down, push downward
hinauffahren, fuhr hinauf, hinaufgefahren to mount, drive up
hinausgehen, ging hinaus, hinausgegangen to exceed, go beyond; go out
hinaustanzen to dance out of a room
hinausziehen, zog hinaus, hinausgezogen to march out, go out
hindern to prevent, hinder
das **Hindernis, -se** obstacle, hindrance
die **Hinfahrt, -en** trip to a place
hingegen on the contrary
hingehören to belong to
hinnehmen, nahm hin, hingenommen to suffer, put up with, take
hinrichten to execute, put to death
die **Hinrichtung, -en** execution
sich **hinsetzen** to sit down
hintereinander one after the other
der **Hintergrund, ̈e** background
hintergründig cryptic, subtle, obscure
der **Hinterhof, ̈e** backyard
hinüberblicken to look across
sich **hinziehen, zog hin, hingezogen** to draw on, drag on
hinzukommen, kam hinzu, hinzugekommen to be added
der **Historiker, -** historian
historisch historical
hoch high, tall, noble
sich **hocharbeiten** to work one's way up, rise through the ranks
hochbegabt highly talented, gifted
die **Hochebene, -n** elevated plain, tableland
das **Hochgebirge, -** high mountain chain
das **Hochhaus, ̈er** highrise, skyscraper

hochkommen, kam hoch, hochgekommen to climb, get up
der **Hochleistungssport** highly competitive sport
die **Hochschule, -n** college, university, academy
höchstens at best, at the most
der **Höchststand, ̈e** maximum output, maximum level
die **Hochzeit, -en** wedding, marriage
der **Hof, ̈e** court, courtyard
der **Hofadel** courtiers, nobility at court
der **Hofbibliothekar, -e** court librarian
hoffähig presentable at court
der **Hofmeister, -** private tutor, steward
hoffen to hope, trust, expect
die **Hoffnung, -en** hope
die **Höflichkeit, -en** politeness, courtesy
die **Höhe, -n** height, altitude
der **Höhepunkt, -e** highest point, culmination, highlight
die **Höhere Schule** secondary school
die **Höhle, -n** cave, cavern
holen to get, go for, fetch
der **Holländer, -** Dutchman
der **Höllenrachen,-** jaws of hell
das **Holz** wood
der **Holzschnitzer, -** wood carver
die **Holzware, -n** wooden article
das **Honorar, -e** fee, royalty
der **Hopfen** hop, hops
der **Hopfenbauer, -n** hop farmer
der **Hörer, -** listener, hearer, auditor, student (university)
das **Hörgeld, -er** (university) tuition fees
der **Hörsaal, -säle** lecture room, auditorium
das **Hörspiel, -e** radio play
hospitieren to sit in on (classes), practice (teaching)
das **Hotelgewerbe** hotel industry
der **Hotelier, -s** hotel owner
der **Hügel, -** hill
das **Huhn, ̈er** hen, chicken
humanistisch humanistic
humorlos without any sense of humor
die **Hungersnot, ̈e** famine
der **Hut, ̈e** hat
die **Hymne, -n** hymn

der **Idealismus** idealism
idealistisch idealistic
die **Idee, -n** idea, notion
sich **identifizieren (mit)** to identify (with)
die **Idylle, -n** idyl
ignorieren to ignore
ihrerseits in her turn, in their turn
illegitim illegitimate
sich **immatrikulieren** to enroll, matriculate, register
immer always, for ever
immerhin still, yet
imposant impressive, imposing
imstande able, capable
Indien India
indirekt indirect
individualistisch individualistic
individuell individual
industrialisieren to industrialize
die **Industrialisierung, -en** industrialization
die **Industrie, -n** industry
die **Industrieanlage, -n** industrial plant
die **Industrieform** industrial design
das **Industriegebiet, -e** industrial area
die **Industriegegend, -en** industrial area
die **Industriegesellschaft, -en** industrial society
der **Industriekomplex, -e** industrial complex
das **Industrieland, ¨er** industrial country
der **Industrielle, -n** manufacturer, industrialist
die **Industriemesse, -n** industrial fair, exhibition
der **Industrieort, -e** industrial town
die **Industriestadt, ¨e** industrial town
die **Industrieware, -n** industrial products, manufactured goods
der **Industriezweig, -e** branch of industry
informell informal
sich **informieren** to get informed
der **Ingenieur, -e** engineer
die **Ingenieursschule, -n** engineering school, type of *Fachschule*
die **Innenarchitektur** interior design, decoration
die **Innenausstattung, -en** furnishings
der **Innenhof, ¨e** patio, courtyard
der **Innenminister, -** secretary of the interior
innenpolitisch referring to domestic politics

die **Innenstadt, ¨e** center of town, inner city
das **Innere** interior, inside
innerhalb within, inside
innerlich inward, internal
die **Innerlichkeit** inwardness, inner life
das **Inntal** valley of the (river) Inn
die **Insel, -n** island
die **Insellage** situation corresponding or analogous to that of an island
das **Inserat, -e** ad, advertisement
insgeheim secretly
insgesamt altogether
die **Inszenierung, -en** (stage) production
sich **integrieren** to integrate
intellektuell intellectual
die **Intelligenz** intelligence
der **Intendant, -en** manager, head (theater, radio station)
intensiv intensive
interessant interesting
das **Interesse, -n** interest
die **Interressengruppe, -n** pressure group, group with common interests
sich **interessieren (für), interessiert sein (an)** to take an interest in, be interested in
die **Interzonenstrecke, -n** route across the GDR from the FRG to Berlin
die **Intimsphäre, -n** area of privacy
investieren to invest
inzwischen meanwhile, in the meantime
die **Ironie, -n** irony
irreal unreal
irreführen to mislead, lead astray
isolieren to isolate
Italien Italy
italienisch Italian

die **Jagd, -en** hunting, shooting
das **Jagen** hunting
die **Jägerprüfung, -en** examination for a hunter's license
das **Jahr, -e** year
das **Jahresfest, -e** anniversary, annual meeting, festival
der **Jahreslauf** course of the year
die **Jahresveranstaltung, -en** annual convention

die **Jahresversammlung, -en** annual meeting, business meeting
das **Jahrhundert, -e** century
jahrhundertealt centuries old
jahrhundertelang for centuries
das **Jahrzehnt, -e** decade
jahrzehntelang for decades
der **Januar** January
japanisch Japanese
die **Jesuitenkirche, -en** Jesuit church
jetzig present, actual
jetzt now, at present
jubeln to rejoice, shout with joy
das **Jubiläum, Jubiläen** jubilee, anniversary
der **Jude, -n** Jew
judenfreundlich philosemitic
der **Judenstern, -e** Star of David
das **Judentum** Jewry, Judaism
die **Judenverfolgung, -en** persecution of Jews, Jew-baiting
jüdisch Jewish
die **Jugend** young people, youth
die **Jugendbewegung** youth movement
die **Jugendherberge, -n** youth hostel
der **Jugendleiter, -** youth leader, organizer of youth activities
der **Jugendliche, -n** youth, teenager
die **Jugendmannschaft, -en** junior team
die **Jugendorganisation, -en** youth organization
das **Jugendschutzgesetz, -e** law for the protection of minors
Jugoslawien Yugoslavia
jung young
der **Junge, -n** boy
die **Jungfrau, -en** maiden, virgin
das **Jüngste Gericht** Last Judgment, Doomsday
der **Jungwähler, -** young voter
der **Junker, -** squire, junker
der **Jurist, -en** lawyer
juristisch juridical, legal
Jus *or* **Jura** law (as subject of studies)
die **Justiz** justice, administration of justice
der **Juwelier, -e** jeweller

das **Kabelfernsehen** cable television
die **Kaffeebörse, -n** coffee exchange

kahl bare, naked
der **Kaiser, -** emperor
die **Kaiserhalle, -n** imperial hall
die **Kaiserkrone, -n** imperial crown
kaiserlich imperial
die **Kaiserpfalz, -en** imperial castle
das **Kaiserreich, -e** empire
die **Kaiserstadt, ⸚e** imperial city, residence of the emperor
der **Kalender, -** calendar
das **Kalisalzlager, -** potash deposit
kalkulieren to calculate, plan
kalt cold
kaltstellen to put on ice, shelve, remove from a place of power
der **Kalvinist, -en** Calvinist
kalvinistisch calvinistic
der **Kamerad, -en** comrade, fellow, buddy
der **Kämmerer, -** chamberlain
die **Kammermusik** chamber music
der **Kammermusikabend, -e** evening concert of chamber music
das **Kammerorchester, -** chamber orchestra
der **Kampf, ⸚e** fight, combat, contest, struggle
kämpfen to fight, struggle
das **Kampfesjahr, -e** year of struggle, revolutionary year
der **Kanal, ⸚e** canal, channel
die **Kanalisation, -en** sewer system
das **Kanalsystem, -e** canal system
die **Kanalverbindung, -en** canal connecting two rivers
der **Kandidat, -en** candidate
der **Kanton, -e** canton (name of states in Switzerland)
der **Kantor, -en** organist, leader of a church choir
der **Kanzler, -** chancellor
die **Kanzlerschaft** chancellor's term of office
die **Kapazität, -en** capacity
der **Kapitalismus** capitalism
das **Kapitel, -** chapter
die **Kapitulation, -en** capitulation
der **Karfreitag** Good Friday
die **Karikatur, -en** caricature, cartoon
der **Karneval** carnival

die **Karnevalszeit** carnival season
die **Karotte, -n** carrot
der **Karpfen, -** carp
die **Karriere, -n** career
die **Kartoffel, -n** potato
der **Kassenpatient, -en** patient whose expenses are paid by a medical insurance
der **Kassenwart, -e** treasurer
die **Kaste, -n** caste
kastastrophal catastrophic
die **Katastrophe, -n** catastrophe
die **Kathedrale, -n** cathedral
der **Katholik, -en** (Roman) Catholic
der **Katholikentag, -e** general meeting of Catholic priests and laymen in Germany
katholisch Catholic
der **Kauf, ⸚e** purchase, buy; **in Kauf nehmen** to put up with, tolerate
kaufen to buy, purchase
der **Kaufmann, -leute** merchant
kaum hardly, scarcely
die **Kehrseite, -n** reverse (side)
keinerlei of no sort, none
keinesfalls not at all, by no means
keineswegs by no means
das **Kellertheater, -** (avant-garde) theater in a basement
keltisch Celtic
kennen, kannte, gekannt to know, be acquainted with
der **Kenner, -** expert, connoisseur
kennzeichnen to mark, earmark
der **Kern, -e** core, essence, gist, center
die **Kernwaffe, -n** nuclear weapon
die **Kerze, -n** candle
die **Kette, -n** chain
der **Ketzer, -** heretic
der **Kilometerfresser, -** driver who tries to cover long distances in a record time without any practical purpose
kilometerlang miles long
das **Kind, -er** child
die **Kindererziehung** education of children
der **Kinderreichtum** large numbers of children
die **Kinderzulage, -n** family allowance according to the number of children
die **Kindheit** childhood

das **Kino, -s** cinema, movie theater
das **Kinosterben** going out of business of movie theaters (because of television)
der **Kiosk, -e** newsstand
die **Kirche, -n** church
die **Kirchenarchitektur** church architecture
der **Kirchenbesuch, -e** church attendance
der **Kirchenchor, ⸚e** church choir
das **Kirchenjahr, -e** ecclesiastical year
der **Kirchenkonflikt, -e** church conflict
die **Kirchenmusik** sacred music, music for the church service
die **Kirchenreparatur, -en** church repairs
die **Kirchenskulptur, -en** skulpture for a church
die **Kirchenspaltung, -en** schism, separation within the church
die **Kirchensteuer, -n** church tax
der **Kirchenstuhl, ⸚e** pew
der **Kirchentag, -e** annual meeting of clerical and lay representatives of the church
kirchentreu orthodox, faithful to the church
die **Kirchenverwaltung, -en** church administration
kirchlich ecclesiastical, referring to the church
klar clear, bright, pure
die **Klasse, -n** class, grade (school)
die **Klassenarbeit, -en** class work, test
die **Klassengemeinschaft, -en** group identity of a school class
die **Klassengesellschaft** class society
der **Klassenlehrer, -** homeroom teacher, teacher responsible for a class
die **Klassentrennung, -en** separation of (social) classes
das **Klassenzimmer, -** classroom
die **Klassik** classicism, classic art and literature
der **Klassiker, -** classic author
klassisch classic
klassizistisch classicist
kleiden to dress, clothe
die **Kleidung** clothing, dress
klein small, little
das **Kleinbürgertum** lower middle class, petty bourgeoisie

kleindeutsch German (excluding Austria)

die **Kleineisenindustrie, -n** hardware manufacturing, small iron industries

die **Klein-Familie, -n** nuclear family, parents and children

der **Kleingärtnerverein, -e** amateur gardening club

der **Kleinkrieg, -e** irregular warfare, guerilla warfare

der **Kleinstaat, -en** minor state

die **Kleinstadt, ⸚e** small town

das **Klima, -te** *or* **-s** climate

klingen, klang, geklungen to sound, ring

klinisch clinical

klopfen to knock, rap

das **Kloster, ⸚e** monastery, convent, cloister

die **Klosterruine, -n** ruined building of a monastery

die **Klosterschule, -n** monastery or convent school

der **Knabe, -n** boy

der **Knabenchor, ⸚e** boys' choir

knapp tight, scarce, concise

der **Knecht, -e** farm servant, agricultural laborer, farm hand

das **Knie, -** knee

der **Knopf, ⸚e** button

der **Knotenpunkt, -e** junction

die **Koalition, -en** coalition

die **Koalitionsregierung, -en** coalition government

die **Kohle, -n** coal

der **Kohlenbergbau** coal mining

der **Kollege, -n** colleague

die **Kollegstufe, -n** last years of high-school ("college level")

die **Kollektivscham,** collective (sense of) shame

die **Kollektivschuld** collective guilt

das **Kolloquium, Kolloquien** colloquy, conference, conversation

der **Kolonialboden, ⸚** colonial territory

das **Kolonialland, ⸚er** colonial territory

die **Kolonie, -n** colony

die **Kolonisation, -en** colonization

die **Kolonisierung, -en** colonization

die **Kombination, -en** combination

kommen, kam, gekommen to come

der **Kommentar, -e** commentary

kommentieren to comment

der **Kommilitone, -n** fellow student

die **Kommission, en** commission, committee

die **Kommunalbehörde, -n** municipal administration

das **Kommunikationsmittel, -** communication media, mass media

der **Kommunist, -en** communist

der **Kommunistenführer, -** communist leader

kommunistisch communist

die **Komödie, -n** comedy

kompliziert complicated

komponieren to compose

der **Komponist, -en** composer

der **Kompromiß, -sse** compromise

der **Kompromißkandidat, -en** compromise candidate

sich **kompromittieren** to compromise oneself

die **Konferenz, -en** conference

die **Konfession, -en** confession, creed

konfessionell confessional

die **Konfessionsschule, -n** school divided according to religious adherences

der **Konfirmandenunterricht** confirmation class, lessons

die **Konfirmation, -en** confirmation

der **Konflikt, -e** conflict

konfliktreich full of conflicts

das **Konglomerat, -e** conglomerate

der **Kongreß, -sse** congress, convention

der **König, e** king

das **Königsschloß, ⸚sser** royal castle

das **Konkordat, -e** concordat, treaty with the Pope on matters of the Roman Catholic church

die **Konkurrenz, -en** competition

die **Konkurrenzangst** fear of competition

der **Konkurrenzkampf, ⸚e** competition

die **Konkurrenzlage** competitive condition, situation

die **Konkurrenzsituation, -en** situation leading to competition

können to be able to, can

konsequent consistent

konservativ conservative

der **Konservative, -n** conservative

konspirieren   to conspire
konstitutionell   constitutional
konstruieren   to construct, construe
konstruktiv   constructive
der Konsul, -n   consul
der Kontakt, -e   contact
kontinental   continental
der Kontrast, -e   contrast
kontrollieren   to verify, check, control
die Konvention, -en   convention, custom, eti-
    quette
konventionell   conventional
die Konzentration, -en   concentration
das Konzentrationslager, -   concentration camp
konzentrieren   to concentrate
das Konzept, -e   concept, first draft
der Konzern, -e   trust, corporation, combine
das Konzert, -e   concert
der Konzertsaal, säle   concert hall
das Konzil, -ien   council (of the Roman Catholic
    church)
der Kopf, -e   head, top
das Kopfblatt, -er   local newspaper affiliated
    with and reprinting material of a news-
    paper chain
die Körperschaft (des öffentlichen Rechts)
    non-profit public corporation, institution
korrekt   correct, conventional
die Korrektheit, -en   correctness
der Korrespondent, -en   correspondent,
    newsman
korrespondieren   to correspond
kostbar   valuable, precious, costly
kosten   to cost; taste
die Kosten (pl.)   costs
kräftig   strong, vigorous
krank   sick, ill
das Krankengeld, -er   sick benefit
das Krankenhaus, -er   hospital
die Krankenhauskosten (pl.)   costs of treatment
    in a hospital
die Krankenkasse, -n   medical insurance, med-
    icare
die Krankenpflege   nursing
der Krankenpfleger, -   (male) nurse
die Krankenversicherung, -en   medical in-
    surance

die Krankheit, -en   disease, sickness, illness
die Krankheitsepidemie, -n   epidemic
der Kredit, -e   credit
kreditfähig   solvent, sound (company)
der Kreidefelsen, -   chalk cliff
der Kreis, -e   circle
das Kreuz, -e   cross
der Kreuzzug, -e   crusade
der Krieg, -e   war
kriegerisch   martial, warlike
der Kriegsdienst, -e   military service
der Kriegsdienstverweigerer, -   conscientious
    objector
das Kriegsende, -n   end of war
der Kriegsgegner, -   enemy (in war); pacifist
der Kriegshafen, -   naval port
das Kriegshandwerk   military profession
die Kriegskunst, -e   strategy, art of war
das Kriegsmaterial, -ien   war material
der Kriegsschaden, -   war damage
das Kriegsschiff, -e   warship, man-of-war
die Kriegsschuld   war guilt, responsibility for
    the outbreak of a war
das Kriegsspiel, -e   war game
die Kriegssteuer, -n   war tax
die Kriegstechnik, -en   technology of warfare
der Kriegsteilnehmer, -   combatant, service-
    man
die Kriegszeit, -en   period of war
der Kriegszug, -e   campaign, expedition
die Krise, -n   crisis
die Kristallnacht   "crystal night," "night of
    broken glass" (demolition of Jewish stores
    by Nazis in 1938)
die Kritik, -en   criticism
der Kritiker, -   critic
kritisch   critical
die Krone, -n   crown
krönen   to crown
die Krönungsstadt, -e   place of coronation
der Kuchen, -   cake
der Küchenchef, -s   head cook
die Kuckucksuhr, -en   cuckoo clock
kühl   cool, fresh
der Kühlschrank, -e   refrigerator
kühn   bold, daring
die Kultur, -en   culture, civilization

das **Kulturbewußtsein** awareness of one's own culture

der **Kulturbund, ⁼e** cultural association (mass organization in the DDR)

kulturell cultural

das **Kulturgebiet, -e** cultural area, area of a (high or old) civilization

der **Kulturkampf** struggle of Bismarck's Prussian government against the Catholic church after 1873

die **Kulturkritik** cultural pessimism, criticism of civilization

die **Kulturlandschaft, -en** countryside extensively cultivated by man

der **Kulturpolitiker, -** politician concerned with cultural affairs

kulturpolitisch referring to politics concerned with cultural affairs

das **Kulturzentrum, -zentren** cultural center

der **Kultus** cult, religious ceremonies

der **Kultusminister, -** cabinet minister in charge of education and cultural affairs

sich **kümmern (um)** to care for, care about

der **Kunde, -n** customer, client

die **Kundgebung, -en** demonstration, manifestation

kündigen to give notice, dismiss, resign

die **Kunst, ⁼e** art, skill

die **Kunstakademie, -n** academy of fine arts, school of fine arts

der **Kunstdünger** artificial fertilizer

die **Kunstform, -en** art form

die **Kunstgeschichte** art history

das **Kunsthandwerk, -e** arts and crafts

die **Kunsthochschule, -n** school of fine arts

das **Kunstleben** cultural life

der **Künstler, -** artist

künstlerisch artistic

die **Künstlerkolonie, -n** artists' colony

künstlich artificial

das **Kunstmuseum, -museen** art museum

die **Kunstsammlung, -en** art collection

die **Kunstschule, -n** art school

die **Kunststadt, ⁼e** city which is a center for the arts

das **Kupfer** copper

das **Kupferbergwerk, -e** copper mine

das **Kupfervorkommen, -** copper deposit

die **Kur, -en** cure, treatment in a spa

der **Kurfürst, -en** elector

der **Kurfürstentitel, -** title of an elector

der **Kurort, -e** spa, health resort

der **Kurs, -e** course; class; rate of exchange

kurz short, brief

die **Kurzarbeit** short-shift work

das **Kurzfilmfestival, -s** festival for short films

der **Kurzstreckenläufer, -** sprinter

kurzum in short

labil unstable

die **Laborübung, -en** lab course, practice in the lab

lachen to laugh

die **Lächerlichkeit, -en** ridiculousness

der **Laden, ⁼** store, shop

das **Ladengeschäft, -e** retail store

die **Lage, -n** position, situation

das **Lager, -** camp; warehouse, stock

der **Laie, -n** layman

die **Lampe, -n** lamp

das **Land, ⁼er** land, country

der **Landadel** landed gentry

der **Landarbeiter, -** agricultural laborer

der **Landbesitz** landed property, real estate

die **Landbevölkerung, -en** rural population

landen to land, disembark

der **Länderkampf, ⁼e** competition of national teams

das **Länderparlament, -e** state parliament

die **Länderregierung, -en** state government

der **Landesfürst, -en** sovereign, ruler

die **Landeshauptstadt, ⁼e** state capital

der **Landesherr, -en** ruler, sovereign

die **Landeskirche, -n** regional organization of the church (Lutheran); official church of a country

die **Landessprache, -n** native language, vernacular

der **Landesteil, -e** province, part of the country

die **Landflucht** migration from the country to the cities

der **Landgraf, -en** landgrave

die **Landkarte, -n**   map
ländlich   rural, country-style
die **Landschaft, -en**   landscape, scenery
landschaftlich   referring to scenery
die **Landschaftsform, -en**   form or type of landscape
der **Landsmann, -leute**   compatriot, fellow countryman
die **Landsmannschaft, -en**   association of people from the same region, type of fraternity
der **Landtag, -e**   state parliament, congress
die **Landtagswahl, -en**   election for state congress
der **Landwirt, -e**   farmer, agriculturalist
die **Landwirtschaft**   agriculture, farming
landwirtschaftlich   agricultural
die **Landwirtschaftsausstellung, -en**   agricultural exhibition
lang   long, tall
lange   a long time
der **Längengrad, -e**   degree of longitude, meridian
längst   long ago, long since
sich **langweilen**   to be bored
lassen, ließ, gelassen   to let, leave, permit, make
die **Last, -en**   burden, load
der **Lastwagen, -**   truck
das **Latein**   Latin
lateinisch   Latin
die **Lateinschule, -n**   grammar school, Latin school
der **Laubwald, ⁼er**   forest of deciduous trees
der **Lauf, ⁼e**   course, run
die **Laufbahn, -en**   career
laufen, lief, gelaufen   to run; **auf dem Laufenden sein** to be informed (about the latest developments
der **Läufer, -**   runner, half-back (soccer)
launenhaft   capricious, moody
laut   loud, aloud, noisy
das **Lazarett, -e**   military hospital
leben   to live, be alive
das **Leben**   life, existence
lebendig   alive, lively, living
der **Lebensabend**   old age
die **Lebensanschauung, -en**   conception of life, philosophy of life

die **Lebensarbeitszeit**   total of the working years of a person
die **Lebensart, -en**   life style, behavior, manners
die **Lebensbedingungen** *(pl.)*   conditions of life
die **Lebensform, -en**   type or way of life
die **Lebensgefahr, -en**   danger to life
das **Lebensgefühl**   vitality, vital consciousness
die **Lebensgewohnheit, -en**   habit
die **Lebenshaltungskosten** *(pl.)*   cost of living
die **Lebenskraft, ⁼e**   vital energy
die **Lebenskreis, -e**   surrounding, environment
die **Lebenskunst**   art of living
lebenslang   lifelong
die **Lebenslust**   love of life
die **Lebensmittel** *(pl.)*   food, groceries
das **Lebensmittelgeschäft, -e**   grocery store
die **Lebensmöglichkeit, -en**   possibility to exist, capacity to live
die **Lebensnotwendigkeit, -en**   vital necessity, necessaries of life
der **Lebensraum, ⁼e**   living space
der **Lebensrhythmus, -rhythmen**   rhythm of life
der **Lebensstandard, -s**   standard of living
der **Lebensstil, -e**   life style
die **Lebensverhältnisse** *(pl.)*   living conditions
die **Lebensweise, -n**   habits, manner of living
die **Lebenszeit, -en**   lifetime
lebhaft   lively
lediglich   merely, solely, only
leer   empty
legen   to lay, put, place
die **Legende, -n**   legend (particularly about saints)
legitim   legitimate
das **Lehen, -**   fief, fee
das **Lehenssystem, -e**   feudal system
das **Lehrbuch, ⁼er**   textbook
die **Lehre, -n**   teaching, doctrine, lesson; apprenticeship
lehren   to teach, instruct
der **Lehrer, -**   teacher
die **Lehr- und Lerngemeinschaft, -en**   community of teachers and students (ideal of the reform movement of the early 20th century)
das **Lehrjahr, -e**   year of apprenticeship, year of learning
der **Lehrling, -e**   apprentice

die **Lehrlingsausbildung** training of apprentices

der **Lehrlingsvertrag, ̈e** contract for an apprenticeship

die **Lehrlingswerkstatt, ̈en** workshop for training apprentices

der **Lehrplan, ̈e** curriculum

der **Lehrstuhl, ̈e** professor's chair, professorship

das **Lehrsystem, -e** method of teaching, educational system

die **Lehrverpflichtung, -en** teaching load

die **Lehrweise, -en** teaching method

die **Lehrzeit, -en** period of apprenticeship

die **Leibwache, -n** body guard

leicht light, easy, slight

die **Leichtathletik** athletics, track and field sports

leichtfaßlich popular, easily understood

leichtsinnig frivolous, careless

das **Leid, -en** grief, sorrow, misfortune

das **Leiden** suffering

leiden, litt, gelitten to suffer, bear; **nicht leiden können** to dislike (somebody)

die **Leidenschaft, -en** passion

leidenschaftlich passionate

leihen to lend, borrow

leisten to achieve, accomplish, perform, produce; **sich etwas leisten** to afford something

die **Leistung, -en** achievement, accomplishment

der **Leistungsdruck** pressure to achieve

die **Leistungsfähigkeit, -en** capacity, efficiency

der **Leistungskurs, -e** advanced course (high-school)

der **Leistungssport** competitive sport

der **Leitartikel, -** leading article, editoral

leiten to lead, guide, run, manage

die **Leitidee, -n** main idea

die **Lektion, -en** lesson

der **Leninismus** Leninism

lenken to direct, drive, guide, rule

lernen to learn, study

die **Lerngemeinschaft, -en** study team (cf. *Lehr- und Lerngemeinschaft*)

lesen, las, gelesen to read

der **Leserbrief, -e** letter to the editor

das **Lesestück, -e** text (in a reader)

die **Lesung, -en** reading, recitation

Lettland Latvia

letzt last, final

leuchten to shine, beam, emit light

die **Leute** (*pl.*) people, persons

liberaldemokratisch liberal-democrat (party name in the GDR)

der **Liberale, -n** liberal

Libyen Libya

das **Licht, -er** light, candle

der **Lichteffekt, -e** light effect

der **Lichtmensch, -en** racially superior person, Aryan (Nazi Germany)

lieben to love, like

das **Liebeslied, -er** love song

der **Liebhaber, -** lover; amateur

die **Liebhaberei, -en** hobby, fancy

die **Liebhabergruppe, -n** group of amateurs, hobby club

der **Liebhaberverein, -e** club or association of amateurs

der **Lieblingsautor, -en** favorite author

das **Lieblingswort, ̈er** favorite word, saying

das **Lied, -er** song, tune

der **Liederabend, -e** *Lieder* recital evening

der **Liederdichter, -** song writer

liefern to supply, furnish

liegen, lag, gelegen to lie, be situated; **es liegt mir daran** it is important for me

die **Linie, -n** line

link, links left

linksgerichtet leftist, with leftist tendencies

linksradikal radical leftist

das **Linnen** linen (cloth)

die **List, -en** cunning, trick

die **Liste, -n** list, roll

Litauen Lithuania

literarisch literary

die **Literatur, -en** literature

der **Literaturkritiker, -** literary critic

der **Literaturpreis, -e** literary prize or award

die **Literatursprache, -n** literary language

der **Literaturtheoretiker, -** literary theorist

der **Lizentiat, -en** licentiate, graduate

das **Lob** praise, eulogy

loben to praise, commend

locken to allure, attract, bait

locker loose, light

lockern   to loosen, relax
sich **lockern**   to relax
der **Lohn, ⸚e**   wage, reward, recompense
sich **lohnen**   to be worth while
der **Lohnkampf, ⸚e**   struggle about wages, strike
die **Lohntüte, -n**   little bag or envelope containing a week's wages
das **Lokal, -e**   pub, inn; locality
der **Lokalteil, -e**   local news (newspaper)
die **Lokalzeitung, -en**   local newspaper
lose   loose
loswerden, wurde los, losgeworden   to get rid of
das **Lösegeld, -er**   ransom
lösen   to loosen, untie, solve
der **Lößboden, ⸚**   loess (fine loam)
lossprechen, sprach los, losgesprochen   to absolve, free
die **Lösung, -en**   solution
der **Lotse, -n**   pilot (boat)
der **Löwe, -n**   lion
die **Luft, ⸚e**   air, breeze
der **Luftangriff, -e**   air raid
die **Luftbrücke**   air lift (Berlin 1948-49)
die **Luftlinie, -en**   airline
die **Luftschlacht, -en**   air battle
die **Lüge, -n**   lie, falsehood
die **Lungenkrankheit, -en**   pulmonary disease
die **Lust, ⸚e**   pleasure, desire; **Lust haben (zu)** to have a mind to, feel like
lustig   gay, merry
lutherisch   Lutheran
der **Luxus**   luxury
die **Luxusware, -n**   fancy articles
der **Lyriker, -**   lyric poet
das **Lyzeum, Lyzeen**   high school for girls

machen   to make, do, produce
die **Macht, ⸚e**   power
der **Machtblock, ⸚e**   power block
der **Machtfaktor, -en**   power factor
mächtig   powerful
machtlos   powerless, weak
die **Machtübernahme**   coming into power (e.g. Hitler 1933)

das **Mädchenpensionat, -e**   boarding school for girls
die **Magd, ⸚e**   female farmhand
der **Magister, -**   Master of Arts (M.A.)
der **Maibaum, ⸚e**   maypole
majestätisch   majestic
die **Majestätsbeleidigung, -en**   lese majesty, offense against the sovereign
malen   to paint
das **Malen**   painting
der **Maler, -**   painter
die **Malerei, -en**   painting, art of painting
die **Managerkrankheit**   manager disease
manchmal   sometimes
das **Mandat, -e**   mandate
mangeln   to be in want of
das **Manifest, -e**   manifesto
manipulieren   to manipulate
der **Mann, ⸚er**   man; husband
das **Mannequin, -s**   model, mannequin
der **Männerchor, ⸚e**   men's choir
das **Männerheim, -e**   home for single men
die **Männersache, -n**   men's business
männlich   masculine, male, manly
die **Mannschaft, -en**   team, crew
der **Mannschaftssport**   team sport
das **Manöver, -**   maneuver
der **Mantel, ⸚**   coat, overcoat
die **Mappe, -n**   briefcase, portfolio, schoolbag
maritim   maritime
die **Mark, -en**   marches, territorial border or frontier
der **Markt, ⸚e**   market (place)
der **Marktanteil, -e**   share of the market
die **Marktforschung**   marketing (research)
die **Marktlage, -n**   market situation
der **Marktplatz, ⸚e**   marketplace
das **Marktrecht, -e**   market privilege, right of holding a market
die **Marktwirtschaft**   market economy
Marokko   Morocco
die **Marsch, -en**   marsh, low grassland near the North Sea
der **Marxismus**   Marxism
die **Maschine, -n**   machine, engine
die **Maschinenindustrie, -n**   machine industry
das **Maskenfest, -e**   masked ball, costume party

das **Maß, -e** measure, proportion
die **Masse, -** mass, multitude
die **Massendemonstration, -en** mass demonstration
die **Masseneinrichtung, -en** mass institution
die **Massenorganisation, -en** mass organization
die **Massenpartei, -en** political party for the masses, popular party
die **Massenveranstaltung, -en** mass meeting or rally, show for the masses
maßgeblich standard, decisive
die **Maßnahme, -n** measure, provision
der **Maßstab, ⸚e** measure, scale
das **Maßystem** system of measures
der **Materialismus** materialism
die **Mathematik** mathematics
der **Mathematiker, -** mathematician
der **Matrose, -n** seaman, sailor
die **Matura** final secondary school examination in Austria
die **Mauer, -n** wall
der **Maurer, -** mason, bricklayer
der **Mäzen, -e** Maecenas, donator of money, sponsor
der **Mechaniker, -** mechanic
die **Medaille, -n** medal
das **Medikament, -e** medicine, drug, medication
die **Medizin, -en** medicine, medication
der **Mediziner, -** physician, medical student
medizinisch medical
das **Medizinstudium** medical studies
das **Meer, -e** sea, ocean
die **Mehrheit, -en** majority; plurality
die **Mehrheitswahl, -en** majority vote, election
die **Mehrzahl, -en** majority; plural
die **Meile, -n** mile
die **Meinung, -en** opinion, view
die **Meinungsbildung, -en** formation of opinion
die **Meinungsfreiheit** freedom of opinion, right to dissent
die **Meinungsverschiedenheit, -en** difference of opinion, disagreement
meistens usually, mostly
der **Meister, -** master, foreman, boss; champion
der **Meisterbrief, -e** diploma of a master in the trade

meistern to master
die **Meisterprüfung, -en** examination to become a master
die **Meisterschaft, -en** championship, mastery
das **Meisterwerk, -e** masterpiece, main work
die **Melancholie** melancholy
sich **melden** to report
melken, molk, gemolken to milk
die **Melodie, -n** melody, tune
der **Mensch, -en** man, human being
das **Menschenleben, -** human life, a man's lifetime
die **Menschenliebe** philanthropy
der **Menschentyp, -en** human type
der **Menschenverächter, -** cynic, misanthrope
die **Menschenwürde** human dignity
die **Menschheit** mankind, humanity
die **Menschheitsfrage, -n** problem concerning humanity as a whole
die **Menschlichkeit, -en** humaneness, humanity
merken to note, perceive
die **Messe, -n** mass; trade fair
massen, maß, gemessen to measure
das **Meßinstrument, -e** instrument of measurement
die **Metallindustrie, -n** metallurgical industry
metaphysisch metaphysical
die **Methode, -n** method
mieten to rent, hire
die **Mietskaserne, -n** large tenement house, cheap housing for the poor
die **Mietswohnung, -en** lodging, rented apartment
die **Milchwirtschaft** dairy (industry)
das **Militär** military, army
die **Militärausrüstung, -en** military equipment
das **Militärbündnis, -se** military alliance
der **Militärdienst** military service
der **Militärgouverneur, -e** military governor
militärisch military
der **Militarismus** militarism
das **Militärlager, -** military camp
die **Militärpolitik** military policy
die **Militärregierung, -en** military government
der **Militärstaat, -en** military state
die **Militärsteuer, -n** military tax

die **Militärverwaltung, -en** military administration

der **Millionär, -e** millionaire

die **Minderheit, -en** minority

das **Minderheitenproblem, -e** minority problem

mindestens at least

die **Mindestzahl, -en** minimum number or amount

das **Minenfeld, -er** mine field

der **Minister, -** cabinet minister, secretary

das **Ministerium, Ministerien** ministry, department

der **Ministerpräsident, -en** president of the council, prime minister, head of the government, premier

der **Ministerrat** cabinet council

das **Minnelied, -er** minnesong

der **Minnesänger, -** minnesinger

die **Mischehe, -n** mixed marriage (racially or religiously)

die **Mischung, -en** mixture

mißachten to disregard, neglect

die **Mißachtung, -en** disregard, disrespect

mißbrauchen to misuse, abuse

der **Mißerfolg, -e** failure, fiasco

das **Mißfallen** dislike, disapproval

mißlingen, mißlang, mißlungen to fail, flop

das **Mißtrauen** suspicion, distrust

das **Mißtrauensvotum** vote of no confidence

mißtrauisch suspicious, sceptical, distrustful

der **Misthaufen, -** dung hill

die **Mitarbeit** cooperation, collaboration

der **Mitbesitzer, -** joint owner, co-owner

mitbestimmen to codetermine

die **Mitbestimmung** codetermination

mitbringen, brachte mit, mitgebracht to bring along, bring

das **Mitglied, -er** member

die **Mitgliedschaft, -en** membership

das **Mitleid** pity, compassion

mitlesen, las mit, mitgelesen to read together with others or at the same time

mitmarschieren to march along

der **Mittagsschlaf** nap after lunch, siesta

die **Mitte, -n** middle, center

das **Mittel, -** means, expedient, remedy

das **Mittelalter** Middle Ages

Mittelamerika Central America

mitteldeutsch Middle German

Mitteldeutschland Central Germany (between north and south); name used in the FRG for the GDR

Mitteleuropa Central Europe

das **Mittelgebirge, -** uplands; medium high mountain ranges of Central Germany

die **Mittelgebirgslandschaft, -en** scenery of *Mittelgebirge*

mittelgroß of medium size or height

mittelhochdeutsch Middle High German

mittelmäßig mediocre, indifferent

das **Mittelmeer** Mediterranean Sea

die **Mittelmeerküste, -n** Mediterranean coast

der **Mittelpunkt, -e** center, hub

die **Mittelpunktsschule, -n** central school for a rural district

der **Mittelschulabsolvent, -en** graduate of the *Mittelschule*

die **Mittelschule, -n** type of secondary school not leading to the *Abitur*

der **Mittelschullehrer, -** teacher at a *Mittelschule*

das **Mittelseminar, -e** intermediate grade seminar

die **Mittelsperson, -en** mediator, go-between

der **Mittelstand, -̈e** middle class

der **Mittelstürmer, -** center forward (soccer)

die **Mitternacht** midnight

mittlerweile meanwhile

die **Möbel** *(pl.)* furniture

die **Möbelform, -en** design of furniture

die **Möbelherstellung** manufacture or production of furniture, cabinet making

die **Mode, -n** fashion

das **Modell, -e** model

modern modern, fashionable, up to date

die **Moderne** modern culture (early 20th century)

modernisieren to modernize

die **Modernisierung, -en** modernization

die **Modeschule, -n** fashion school

modisch fashionable

die **Möglichkeit, -en** possibility

die **Monarchie, -n** monarchy

monarchistisch monarchist

der **Monat, -e** month
monatlich monthly
der **Mönch, -e** monk
der **Mönchsorden, -** monastic order
das **Monopol, -e** monopoly
das **Moor, -e** swamp, marsh
die **Moorgegend, -en** marshy or swampy region
die **Moral** morality, morals, morale
moralisch moral, ethical
der **Mord, -e** murder
das **Morgengrauen** dawn
die **Moschee, -n** mosque
der **Motor, -en** engine, motor
das **Motorrad, ̈er** motor-cycle
das **Motorradrennen, -** motor-cycle race
müde tired, weary
die **Mühe, -n** trouble, pains
mühsam troublesome, difficult
mühselig troublesome, difficult
die **Mundart, -en** dialect
münden to flow into (river)
mündlich oral, verbal
die **Mündung, -en** river mouth
das **Münster, -** cathedral
die **Münze, -n** coin
das **Münzrecht** right of coinage
das **Museum, Museen** museum
der **Museumsdirektor, -en** director of a museum
die **Musik** music
musikalisch musical
die **Musikaufnahme, -n** recording of music
der **Musiker, -** musician
die **Musikgruppe, -n** group of musicians, band, ensemble
das **Musikinstrument, -e** musical instrument
der **Musikverein, -e** musical society
musisch artistically talented, art loving
das **Muster, -** model, pattern
das **Musterland, ̈er** model country
die **Mustermesse, -n** sample fair, trade fair
mutig brave, courageous
die **Mutter, ̈** mother
das **Mutterkreuz, -e** Nazi decoration for mothers with many children

mütterlich motherly
die **Mütze, -n** cap
der **Mystiker, -** mystic

nachahmen to imitate, copy
die **Nachahmung, -en** imitation
der **Nachbar, -n** neighbor
der **Nachbarkanton, -e** neighboring canton (states in Switzerland)
die **Nachbarschaft, -en** neighborhood
die **Nachbarstadt, ̈e** neighboring city
der **Nachbarstamm, ̈e** neighboring tribe
nachbilden to imitate, copy
das **Nachdenken** reflection, thinking
der **Nachfolger, -** successor, follower
die **Nachfrage, -n** demand, inquiry
nachgeben, gab nach, nachgegeben to yield, give in
nachholen to recover, make up for
die **Nachkriegsgeneration, -en** post-war generation
nachlassen, ließ nach, nachgelassen to abate, cease, diminish, let up
der **Nachteil, -e** disadvantage
nachteilig disadvantageous, detrimental
das **Nachtlager, -** lodging or accommodation for the night
der **Nachwuchs** young generation; new growth
der **Nadelwald, ̈er** coniferous forest, pine forest
die **Nähe** proximity, neighborhood
nahekommen, kam nahe, nahegekommen to come near, approximate, approach
nähen to sew
nahestehen, stand nahe, nahegestanden to stand near, be closely connected with, be close to
der **Nährstoff, -e** nutrient, nourishment
die **Nahrungsmittelindustrie, -n** food industry
naiv naive, ingenuous
der **Namenstag, -e** name day
nämlich namely, that is; same
der **Narr, -en** fool, jester
der **Nationalcharakter, -e** national character
der **Nationalfeiertag, -e** national holiday
das **Nationalgefühl** patriotism, nationalism

die **Nationalhymne, -n** national anthem
der **Nationalismus** nationalism
der **Nationalitätenkampf, ⸚e** clash of national-
    ities living in the same country
das **Nationalitätenprinzip, -ien** right to self-de-
    termination, principle of each nationality
    having its own state
die **Nationalkultur, -en** national culture or civi-
    lization
der **Nationalökonom, -en** political economist
der **Nationalrat** one house of parliament
    (Austria, Switzerland)
der **Nationalsozialismus** National Socialism
der **Nationalsozialist, -en** National Socialist
    nationalsozialistisch National Socialist
die **Nationalsprache, -n** national language
der **Nationalstaat, -en** nation state, country in-
    habited by one nationality
der **Nationalstolz** national pride
die **Nationalversammlung, -en** National As-
    sembly (1848 and 1919, for drafting a con-
    stitution)
die **Natur, -en** nature
der **Naturalismus** naturalism
die **Naturalleistung, -en** wages in kind
die **Naturallieferung, -en** payment in kind
die **Naturalwirtschaft** barter economy, economy
    based on exchange of goods
der **Naturdünger, -** dung, natural fertilizer
das **Naturerlebnis, -se** experience of nature, ex-
    perience of natural beauty
das **Naturgefühl, -e** feeling for nature
die **Naturkunde** nature study
    naturkundlich referring to nature study
    natürlich natural, genuine; of course
das **Naturschutzgebiet, -e** wildlife preserve
die **Naturwissenschaft, -en** (natural) science
der **Naturwissenschaftler, -** scientist (natural
    sciences), student of natural sciences
    naturwissenschaftlich referring to natural
    science
    nebenbei by the way, incidentally; close by
der **Nebenberuf, -e** part-time job, side line
    nebeneinander side by side
der **Nebenerwerb, -e** additional income
das **Nebenfach, ⸚er** minor or subsidiary
    subject
der **Nebenfluß, ⸚sse** tributary, affluent

der **Neffe, -n** nephew
    negativ negative
    nehmen, nahm, genommen to take;
    receive
der **Neid** envy
    neigen (zu) to tend to, incline to
die **Neigung, -en** inclination; slope, incline
    nennen, nannte, genannt to call, name
    nennenswert worth mentioning
das **Nest, -er** nest, bed
das **Netz, -e** net, network
    neu new, fresh
    neuartig modern, of a new kind
    neuerdings recently
die **Neuerscheinung, -en** new or recent publi-
    cation
die **Neuerung, -en** innovation
    neugotisch neogothic
das **Neujahr** New Year
die **Neuorientierung** reorientation
der **Neureiche, -n** nouveau riche
    neuromanisch neoromanesque
die **Neutralisierung** neutralization
die **Neutralität** neutrality
die **Nibelungensage** legend of the Nibelungs
die **Nichte, -n** niece
    niederdeutsch Low German
die **Niederlage, -n** defeat
die **Niederlande, *(pl.)*** Netherlands, Holland
sich **niederlassen, ließ nieder, niedergelassen** to
    set down, settle, establish oneself
die **Niederlassung, -en** settlement, estab-
    lishment
der **Niederrhein** Lower Rhine (valley)
    niedrig low, mean
das **Niemandsland** no man's land
    nihilistisch nihilistic
der **Nikolaustag, -e** December 6, Saint Nicholas
    Day
    nirgendwo nowhere
das **Niveau, -s** standard, level
der **Nobelpreis, -e** Nobel Prize
    nominell nominal
die **Nonne, -n** nun
    norddeutsch North German
der **Norddeutsche, -n** North German
    Norddeutschland North Germany
der **Norden** north

nordisch   northern, nordic
Norditalien   Northern Italy
nördlich   northern, northerly
nordöstlich   north-east
der **Nordpol**   North Pole
die **Nordsee**   North Sea
die **Nordseeküste, -n**   North Sea coast or shore
der **Nordwesten**   northwest
Norwegen   Norway
die **Not, ̈e**   difficulty, trouble, need, distress, danger
die **Note, -n**   grade (school), note
notieren   to note, make a note
nötig   necessary
Notiz nehmen (von)   to take notice, notice
notleidend   suffering distress
die **Notverordnung, -en**   emergency decree (Germany 1919–1933)
notwendig   necessary
die **Notwendigkeit, -en**   necessity
die **Notzeit, -en**   period of distress
die **Novelle, -n**   short story, novelette
nüchtern   sober, calm, temperate
der **Numerus clausus**   limited admission to universities
nutzen *or* **nützen**   to use, utilize;
es nützt   it is of use

obendrein   furthermore, over and above
der **Oberbefehlshaber, -**   commander-in-chief
der **Oberbürgermeister, -**   burgomaster, mayor
die **Oberhand gewinnen**   to get the better, gain victory
das **Oberhaupt, ̈er**   chief, head
der **Oberherr, -en**   sovereign, lord
oberitalienisch   North Italian
die **Oberrealschule, -n**   secondary school with emphasis on sciences and modern languages
oberrheinisch   at or from the upper Rhine
die **Oberschicht, -en**   upper class
oberschlesisch   Upper Silesian
die **Oberschule, -n**   secondary school
das **Oberseminar, -e**   advanced seminar
das **Objekt, -e**   object
die **Obrigkeit, -en**   authorities, magistracy, government

der **Obrigkeitsstaat, -en**   authoritarian state
der **Obstbau**   fruit culture
der **Obstbauer, -n**   fruit grower
der **Ochse, -n**   ox
offen   open, frank, outspoken
offenbar   evident(ly), obvious
öffentlich   public, open
die **Öffentlichkeit**   public
offiziell   official
der **Offizier, -e**   officer (armed forces)
das **Öl, -e**   oil, petrol
der **Ölfund, -e**   discovery of oil
die **Ölleitung, -en**   pipe line
die **Olympischen Spiele** *(pl.)*   Olympic Games
die **Oper, -n**   opera, opera house
die **Operette, -n**   operetta
die **Opernfestspiele** *(pl.)*   opera festival
das **Opfer, -**   victim; sacrifice
opfern   to sacrifice
sich **opfern (für)**   to sacrifice oneself
opponieren   to oppose, be in opposition
die **Oppositionspartei, -en**   opposition party
der **Optimismus**   optimism
optisch   optical
das **Oratorium, Oratorien**   oratorio
die **Orchestermusik**   orchestra music
der **Orchestermusiker, -**   musician, member of an orchestra
der **Orden, -**   order; decoration
ordentlich   orderly, regular, good; fairly
die **Ordnung, -en**   order, arrangement
das **Organ, -e**   organ, voice
die **Organisation, -en**   organization
organisieren   to organize
das **Orgelkonzert, -e**   organ concert
der **Orient**   Orient, Middle East
orientalisch   oriental
sich **orientieren**   to get acquainted with, find one's way about, get informed
das **Orientierungskapitel, -**   orientation chapter, introductory chapter
die **Orientierungsstufe, -n**   initial grades in highschool (for orientation)
der **Ort, -e**   place, locality, location
die **Orthographie**   orthography
örtlich   local, topical
die **Ortsdurchfahrt, -en**   passage through a town

die **Allgemeine Ortskrankenkasse**   medical insurance (for lower income groups)

der **Osten**   East, Orient

das **Osterei, -er**   Easter egg

der **Osterhase, -n**   Easter bunny

Ostern   Easter

Österreich   Austria

österreichisch   Austrian

Osteuropa   Eastern Europe

osteuropäisch   Eastern European

die **Ostfront**   eastern front

das **Ostgebiet, -e**   eastern part of the country, eastern part of Germany taken over by Poland and Russia in 1945

die **Ostgrenze, -n**   eastern border, frontier

östlich   east of, eastern

die **Ostmark**   name for Austria (1938–45); East German mark (GDR)

die **Ostsee**   Baltic Sea

die **Ostseeküste, -n**   Baltic Sea shore or coast

die **Pacht, -en**   lease, rent

der **Pädagoge, -n**   pedagogue, educator

die **Pädagogik**   pedagogics, methods of teaching

pädagogisch   pedagogic(al)

die **Pädagogische Hochschule**   teacher training college

das **Paddelboot, -e**   paddling boat, kayak

das **Paket, -e**   parcel, package

der **Palast, ⸚e**   palace

Palästina   Palestine

der **Pantoffelheld, -en**   henpecked husband, meek or submissive husband

das **Pantoffelkino, -s**   nickname for television

die **Papptüte, -n**   cardboard cone, bag

der **Papst, ⸚e**   pope

päpstlich   papal

die **Parade, -n**   parade, review of armed forces

das **Paradies, -e**   paradise

das **Parlament, -e**   parliament

parlamentarisch   parliamentary

die **Parodie, -n**   parody

die **Partei, en**   (political) party

der **Parteichef, -s**   party leader, party boss

der **Parteifunktionär, -e**   party official, party functionary

parteigebunden   owned by a party, closely connected with a party (e.g. a newspaper)

das **Parteiprogramm, -e**   party program, platform

der **Parteitag, -e**   annual meeting of a party

der **Partikularismus**   particularism

der **Partisane, -n**   guerilla, irregular

die **Partitur, -en**   score (music)

passen   to fit, suit

das **Passionsspiel, -e**   Passion play

passiv   passive

das **Passiv**   passive voice

das **Patentamt, ⸚er**   patent office

patriarchalisch   patriarchal

patriotisch   patriotic

der **Patriotismus**   patriotism

der **Patrizier, -**   patrician

die **Patrizierfamilie, -en**   patrician family

die **Paukuniversität, -en**   university known for tough examinations, where students do a lot of cramming

der **Pauschalpreis, -e**   flat rate, flat fee

der **Pazifik**   Pacific Ocean

der **Pelz, -e**   fur

die **Pelzindustrie, -n**   fur industry

pendeln   to commute; oscillate

das **Pendlerdorf, ⸚er**   commuter village

die **Pension, -en**   old-age pension; guest house

die **Pensionierung, -en**   retirement

die **Pergamenthandschrift, -en**   manuscript on parchment

die **Periode, -n**   period

das **Personal**   staff, personnel

persönlich   personal, in person

die **Persönlichkeit, -en**   personality

die **Pest**   plague, pest

der **Pfadfinder, -**   boy scout

der **Pfahlbau, -ten**   lake dwelling

der **Pfarrberuf**   ministry

der **Pfarrer, -**   priest, pastor, vicar, minister, clergyman

das **Pfarrhaus, ⸚er**   parsonage, rectory

die **Pfarrstelle, -n**   ministry of a church

der **Pfeffer**   pepper

der **Pfeffersack, ⸚e**   pepper bag (nickname for merchants)

das **Pferd, -e**   horse

der **Pferdebestand**   number of horses

die **Pferdekutsche, -n** horse carriage
das **Pferderennen, -** horse racing
die **Pferdezucht** horse breeding
Pfingsten Whitsun, Pentecost
das **Pfingstfest** Whitsuntide
die **Pflanze, -n** plant
pflanzen to plant
pflegen to take care of, nurse, cultivate
die **Pflicht, -en** duty, obligation
das **Pflichtfach, -̈er** required subject
der **Pflichtkurs, -e** required course
pflichttreu dutiful
die **Pflichttreue** dutifulness
die **Pflugschar, -en** ploughshare
die **Phantasie, -n** imagination, phantasy, fancy
der **Philosoph, -en** philosopher
die **Philosophie, -n** philosophy
philosophisch philosophic
die **Physik** physics
der **Pilger, -** pilgrim
pilgern to go on a pilgrimage
der **Pillenknick** drop in birthrate after introduction of the pill
das **Plakat, -e** poster, bill
der **Plan, -̈e** plan, project, design
planen to plan
die **Planung, -en** planning
die **Plastik, -en** sculpture
der **Platz, -̈e** place, seat
plötzlich suddenly, sudden
plündern to plunder, loot
der **Pole, -n** Pole
Polen Poland
die **Politik** politics, policy
politisch political
die **Polizei** police
die **Polizeiaktion, -en** police action
die **Polizeigewalt** police power
der **Polizeistaat, -en** police state
polnisch Polish
polytechnisch polytechnic
pompös pompous
das **Porträt, -s** portrait
das **Porzellan** china, porcelain
die **Porzellanindustrie, -n** china industry
die **Porzellanmalerei** painting on china
positiv positive
die **Post** post, mail, letters

das **Postamt, -̈er** post office
der **Posten, -** post, place, position; sentry
das **Postgeheimnis** mail secret
die **Pracht** splendor, magnificence
prächtig splendid, magnificent
die **Prachtstraße, -n** magnificent street or boulevard
prachtvoll splendid
prägen to stamp, coin
pragmatisch pragmatic
der **Praktikant, -en** trainee, assistant, probationer
das **Praktikum, Praktika** practice, training
praktisch practical
der **Präsident, -en** president
die **Praxis** practice
predigen to preach
der **Preis, -e** price; prize
preisen, pries, gepriesen to praise
das **Preistanzen** dancing competition (for a prize)
die **Presse** press
Preußen Prussia
der **Preußenkönig, -e** Prussian king, King of Prussia
preußisch Prussian
der **Priester, -** priest
die **Priesterausbildung** training for priesthood
der **Prinz, -en** prince
die **Prinzessin, -nen** princess
privat private
der **Privatdozent, -en** university lecturer without regular salary
die **Privatindustrie, -n** private industry
das **Privatinteresse, -n** private interest
das **Privatleben** private life
der **Privatmann, -leute** private person
der **Privatpatient, -en** patient who pays the treatment himself and not through a medical insurance
die **Privatschule, -n** private school
das **Privattheater, -** privately owned theater
die **Privatuniversität, -en** private university
der **Privatunterricht** private tutoring
das **Privileg, -ien** privilege
die **Probe, -n** rehearsal, audition, trial, sample
probieren to try out, sample, test
problematisch problematic

das **Produkt, -e** product
die **Produktion, -en** production, output
die **Produktionsplanung, -en** production planning
der **Produzent, -en** producer
produzieren to produce
die **Professur, -en** professorship
profitieren to profit
das **Programm, -e** program
der **Programmpunkt, -e** item of a program
proklamieren to proclaim
die **Promotion, -en** graduation (particularly Ph.D.)
promovieren to graduate (to Ph.D.)
der **Propagandaminister** propaganda minister (Goebbels 1933-45)
das **Propagandaplakat, -e** propaganda poster or billboard
prophezeien to prophesy
die **Prophezeiung, -en** prophecy
das **Proporz-System, -e** proportional system
das **Proseminar, -e** proseminar, introductory course
prosit cheers, your health
der **Prospekt, -e** pamphlet, folder
protestantisch protestant
die **Provinz, -en** province
provisorisch temporary, provisional
der **Prozentsatz, ̈e** percentage
der **Prozeß, -sse** trial, process, lawsuit
die **Prozession, -en** procession
prüde prudish
die **Prüfung, -en** examination, test
die **Prüfungsanforderungen** *(pl.)* examination requirements or standard
prunkvoll splendid, gorgeous
der **Psychiater, -** psychiatrist
der **Psychologe, -n** psychologist
das **Publikum** public, audience
der **Publikumserfolg, -e** popular success
die **Publizistik** press, journalism, mass-media
der **Punkt, -e** point, period
pünktlich punctual
der **Puter, -** turkey
der **Putsch, -e** putsch, riot, coup d'état, uprising
der **Putschversuch, -e** attempt to seize the government

der **Quadratkilometer, -** square kilometer
die **Quadratmeile, -n** square mile
quälen to torment, torture
qualifiziert qualified
die **Qualität, -en** quality
die **Quantentheorie** quantum theory
die **Quelle, -n** spring, source, fountain
quer cross, across
der **Querschnitt, -e** cross section

der **Rabatt, -e** discount
die **Rache** revenge, vengeance
radikal radical
der **Radiohörer, -** listener (to the radio)
das **Radrennen, -** cycling race
die **Radrundfahrt, -en** bicycle road race, bicycle trip
der **Rahmen, -** frame, scope
der **Rand, ̈er** edge, border, margin, rim
der **Ranzen, -** satchel, knapsack
rar rare
die **Rasse, -n** race
die **Rassenideologie, -n** racist ideology
der **Rat, ̈e** council, councillor; advice
das **Rathaus, ̈er** city hall, town hall
rationalistisch rationalistic
rationieren to ration
die **Rationierung, -en** rationing
rätselhaft mysterious, puzzling
der **Rattenfänger von Hameln** Pied Piper of Hamelin
der **Raubritter, -** robber knight
der **Raubzug, ̈e** raid, predatory expedition
rauh rough, rugged, coarse
das **Realgymnasium, -gymnasien** *Gymnasium* (secondary school) with emphasis on modern languages
realistisch realistic
realpolitisch referring to politics based on realities of power
die **Realschule, -n** cf. *Mittelschule*
der **Rebell, -en** rebel
rebellieren to rebel
die **Rechenaufgabe, -n** problem in mathematics
die **Rechenkunst, ̈e** arithmetic
rechnen to count, calculate, reckon; **zu etwas rechnen** to rank with, count among

das **Rechnen** (simple) mathematics
recht right; **es ist recht** that is right, I agree to it
das **Recht, -e** right
rechtfertigen to justify, vindicate
rechthaberisch dogmatic, stubborn
rechts right, on the right
der **Rechtsanwalt, ⸚e** lawyer, attorney
das **Rechtsanwaltsbüro, -s** office or firm of an attorney, law firm
der **Rechtsaußen, -** outside right (soccer)
die **Rechtschreibung** spelling
rechtsgerichtet with rightist tendencies
die **Rechtsordnung, -en** legal system
die **Rechtspartei, -en** party on the right
rechtsradikal radical rightist
der **Rechtsradikale, -n** radical rightist, radical reactionary
das **Rechtssystem, -e** legal system
die **Redaktion, -en** editorial staff or offices
das **Redaktionsgebäude, -** editorial office building
die **Rede, -n** speech, discourse
die **Redekunst, ⸚e** rhetoric
reden to speak, talk, make a speech
der **Redner, -** speaker, orator
reduzieren to reduce
das **Referat, -e** oral report, paper
der **Referendar, -e** teacher or lawyer serving in professional training function
der **Reformator, -en** reformer (religion)
die **Reformbewegung, -en** reform movement
das **Reformkonzil, -ien** Reform Council (Roman Catholic Church)
die **Reformpädagogik** progressive pedagogics
der **Reformsozialismus** socialistic movement aiming at reforms within the parliamentary democracy (like German SPD)
die **Regel, -n** rule, regulation
der **Regelfall, ⸚e** normal case
regelmäßig regular
regeln to regulate, arrange
die **Regelung, -en** regulation, settlement
der **Regen, -** rain
die **Regenerierung, -en** regeneration
regieren to rule, govern
die **Regierung, -en** government
der **Regierungschef, -s** head of government

die **Regierungsform, -en** form of government
das **Regierungsjahr, -e** year of rule or government
die **Regierungskrise, -n** governmental crisis
die **Regierungspropaganda** propaganda for or of the government
die **Regierungszeit, -en** reign, period of rule
die **Regionalliga, -ligen** regional league (semi-professional league in soccer)
der **Regisseur, -e** stage or movie director
regnen to rain
regulär regular, official
reich rich
das **Reich, -e** empire, realm
reichen to reach, extend
die **Reichsacht** ban of the Reich (German empire)
die **Reichsarmee** imperial army (before 1806)
die **Reichsfreiheit** privilege of being subject only to the emperor (e.g. cities)
der **Reichsfreiherr, -en** baron of the Holy Roman Empire
der **Reichsführer, -** national leader (particularly of the Nazi organization)
der **Reichsfürst, -en** prince of the Reich, ruler of a state belonging to the Reich
die **Reichsgründung** founding, proclamation of the new Reich (1871)
das **Reichskammergericht** supreme court of the Reich (until 1806)
der **Reichskanzler, -** chancellor of the Reich, head of the federal government (1971–1945)
das **Reichsland** province administered by the empire (Alsace-Lorraine)
die **Reichsmark** German monetary unit (until 1948)
die **Reichspolitik** politics of the Reich (federal level)
der **Reichspräsident, -en** president of the Reich (1919–1934)
die **Reichsregierung** government of the Reich
der **Reichsritter, -** imperial knight, knight of the empire
das **Reichsrittergeschlecht, -er** family of imperial knights
die **Reichsstadt, ⸚e** (free) imperial city

der **Reichstag, -e**   imperial diet (until 1806), federal parliament (1871–1945)

die **Reichstagsfraktion, -en**   parliamentary group in the Reichstag

die **Reichstagswahl, -en**   election for the Reichstag

die **Reichsunmittelbarkeit**   being subject only to the emperor

die **Reichsverfassung**   constitution of the Reich (1919)

die **Reichswehr**   German armed forces (until 1945)

der **Reichtum, ⁻er**   wealth, riches
reif   ripe, mature

die **Reihe, -n**   row, series, file, range

die **Reihenfolge, -n**   sequence, succession
rein   pure, clean
reinigen   to clean, cleanse

die **Reise, -n**   trip, travel, journey, voyage

das **Reisebuch, ⁻er**   travel book

das **Reisebüro, -s**   travel agency

die **Reisegesellschaft, -en**   travel agency, group of travellers

die **Reisegruppe, -n**   group of travelers, tourist group

die **Reise-Industrie**   tourist industry

das **Reiseland, ⁻er**   tourist country
reisen   to travel

der **Reisende, -n**   traveler, salesman

der **Reiseplan, ⁻e**   plan of the journey, itinerary

das **Reiseziel, -e**   destination
(an sich) reißen, riß, gerissen   pull toward one, seize upon
reiten, ritt, geritten   to ride, go on horseback

der **Reiter, -**   horseman, rider

der **Reitsport**   equestrian sport

der **Reiz, -e**   attraction, charm
reizen   to irritate, provoke, excite, attract
reizvoll   charming, attractive

die **Reklame, -n**   publicity, advertising, commercial (radio, television)

die **Reklamesendung, -en**   commercial (television)

der **Rektor, -en**   principal (elementary school), (elected) chancellor or president of a university

relativ   relative

die **Relativitätstheorie**   theory of relativity

die **Religionsausübung**   worshipping

der **Religionsfriede**   peace between religious parties

die **Religionsgemeinschaft, -en**   religious society, community, organization

der **Religionskrieg, -e**   religious war

der **Religionsstreit, -e**   religious quarrel, dispute

der **Religionsunterricht**   religious instruction
religiös   religious

der **Renaissancestil**   Renaissance style
rennen, rannte, gerannt   to run, race
rentabel   lucrative, profitable

die **Rentenmark**   name of monetary unit in Germany (1924)

der **Rentner, -**   pensioner

die **Reparationsleistung, -en**   payment of reparations

die **Reparationszahlung, -en**   payment of reparations

die **Reparatur, -en**   repair

die **Reportage, -n**   report written by a journalist, eyewitness account
repräsentativ   representative

die **Republik, -en**   republic

die **Residenz, -en**   residential town, residence of a prince

die **Residenzstadt, ⁻e**   capital, town where the ruler resides

die **Resignation**   (feeling of) resignation, submission

der **Respekt**   respect, esteem
respektieren   to respect

das **Ressentiment, -s**   resentment

der **Rest, -e**   rest, remainder

die **Restaurantkette, -n**   restaurant chain
retten   to save, rescue, preserve
reuig   repentant

die **Revanche, -n**   revenge

das **Revier, -e**   district, hunting ground
revolutionär   revolutionary

der **Revolutionär, -e**   revolutionary

der **Revolutionsversuch, -e**   putsch, uprising, attempt to overthrow the government

die **Rezitation, -en**   recitation

rhätoromanisch Romansch
das **Rheinland** Rhineland
die **Rheinlandschaft, -en** scenery of the Rhine valley
das **Rheinufer, -** bank of the Rhine river
sich **richten (gegen)** to be aimed at, oppose, turn against
sich **richten (nach)** to conform to, go by
der **Richter, -** judge
richtig right, correct
die **Richtlinie, -n** guideline, direction
die **Richtung, -en** direction, trend
das **Riesenrad, ̈er** Ferris wheel
der **Riesenumsatz, ̈e** giant turnover, sale
das **Rigorosum, Rigorosa** oral examination for a doctor's degree
die **Rinderzucht** cattle breeding
das **Ringen** wrestling
der **Ritter, -** knight
das **Ritterheer, -e** army of knights
ritterlich chivalrous, knightly
der **Ritterorden, -** knightly order
das **Rittertum** chivalry
rituell ritual
der **Rivale, -n** rival
rivalisieren to rival
der **Roggen** rye
der **Rohstoff, -e** raw material
die **Rohstoffgrundlage, -n** natural resources
die **Rolandssäule, -n** statue of Roland symbolizing imperial freedom
die **Rolle, -n** role, part; pulley; **eine Rolle spielen** to be of some importance, play a part
der **Roman, -e** novel
romanisch Romanesque (style); Romance (language)
die **Romantik** Romanticism
der **Romantiker, -** romanticist
romantisch romantic
der **Römer, -** Roman
die **Römerzeit** era of the Roman empire
römisch Roman
römisch-katholisch Roman Catholic
der **Rosenmontag** last Monday before Lent
rotblond auburn, light reddish (hair)
das **Rote Kreuz** Red Cross

die **Rübe, -n** turnip, beetroot
der **Rückblick, -e** retrospect
die **Rückfahrt, -en** return trip
die **Rücksicht, -en** consideration, respect, regard; **Rücksicht nehmen auf** to have regard for, take into consideration
rückständig backward, in arrears
der **Rückzug, ̈e** retreat
das **Rudern** rowing
der **Ruderklub, -s** rowing club
der **Ruf, -e** reputation; call
rufen, rief, gerufen to call, shout
die **Ruhe** rest, calm, peace
die **Ruhepause, -n** lull, pause for a rest
ruhig calm, quiet
der **Ruhm** fame, glory
das **Ruhrgebiet** Ruhr district
die **Ruine, -n** ruin, ruined building
Rumänien Rumania
der **Rundfunk** radio broadcasting
die **Rundfunkanstalt, -en** broadcasting company, radio station
das **Rundfunkgremium, -gremien** (control) board of a radio station
der **Russe, -n** Russian
russisch Russian
Rußland Russia
die **Rute, -n** rod

der **Saal, Säle** hall
die **Saalschlacht, -en** indoor brawl
das **Saarstatut** statute for the Saar district
die **Sachkenntnis, -se** experience, special knowledge
Sachsen Saxony
sächsisch Saxon
sachverständig expert, knowledgeable
die **Sage, -n** legend, myth
die **Sagenfigur, -en** legendary figure
der **Sagenstoff, -e** legend, legendary story or plot
die **Säkularisierung, -en** secularization
das **Salz, -e** salt
das **Salzbergwerk, -e** salt mine
salzen to salt, pickle

der **Salzfahrer, -** salt trader

die **Salzstraße, -n** route for transporting salt

der **Salztransport, -e** transport of salt

die **Sammelausstellung, -en** collective exhibition (of a group of artists)

sammeln to collect, gather

die **Sammlung, -en** collection, concentration

die **Samtjacke, -n** velvet jacket

sämtlich altogether

sandig sandy

der **Sänger, -** singer

das **Sängerfest, -e** song festival

der **Sängerkrieg, -e** bards' contest, contest of the minnesingers

der **Sängerwettkampf, ⁻e** contest of the minnesingers

sanieren to restore, reorganize, revitalize

die **Sanktion, -en** sanction

der **Sarg, ⁻e** coffin, casket

der **Sattler, -** saddler

der **Satz, ⁻e** sentence, clause; set (sport); movement (music)

der **Satzteil, -e** syntactic unit, sentence part

sauflustig fond of drinking

der **Schachzug, ⁻e** move (in chess)

der **Schaden, ⁻** damage

schädlich harmful, detrimental

schaffen, schuf, geschaffen to create, do

schaffen, schaffte, geschafft to achieve, finish, work; **sich etwas schaffen** procure

die **Schallplatte, -n** record, disk

die **Scham** shame

scharf sharp, acute, hot

scharren to shuffle (with the feet)

schätzen to value, estimate, esteem

die **Schau, -en** show, exhibition; **zur Schau stellen** to exhibit, display, show

das **Schaufenster, -** shop window

der **Schauplatz, ⁻e** scene

das **Schauspiel, -e** play, drama

der **Schauspieler, -** actor

der **Schauspielerstand** actors' profession

sich **scheiden (von), schied, geschieden** to be separated from, be distinguished from

der **Schein, -e** appearance, piece of paper, certificate

scheinen, schien, geschienen to seem, appear, shine

scheitern to fail, wreck, run aground

die **Scheu** shyness, timidity

scheuen to fear, shun

sich **scheuen (vor)** to be afraid of

die **Schicht, -en** social class; layer; shift

die **Schichtarbeit, -en** work in shifts

schicken to send

das **Schicksal, -e** destiny, fate

das **Schießpulver** gunpowder

das **Schiff, -e** ship, boat, vessel

die **Schiffahrt** navigation

der **Schiffsbau** ship building

der **Schiffsverkehr** shipping traffic

das **Schilaufen** skiing

schildern to describe, sketch

das **Schimpfwort, ⁻er** insult, abusive word

die **Schiwanderung, -en** ski tour

die **Schlacht, -en** battle, fight

schlafen, schlief, geschlafen to sleep, be asleep

schlagen, schlug, geschlagen to beat, hit, strike

der **Schlager, -** hit, popular song

schlecht bad, wicked

Schlesien Silesia

schlesisch Silesian

schlichten: einen Streit schlichten to settle a fight, restore peace

schließen, schloß, geschlossen to close, shut, conclude; **Frieden schließen** make peace

schließlich final, finally, last

schlimm bad, sore, ill

das **Schlittenfahren** sleigh riding

das **Schloß, ⁻sser** castle; lock

die **Schloßkirche** church connected with a castle

der **Schluß, ⁻sse** end, close; conclusion

das **Schlüsselwort, ⁻er** key word

der **Schlußgewinn, -e** final prize

schmeichelhaft flattering

der **Schmied, -e** blacksmith

schmieden to forge
der **Schmuck** jewelry, ornament, finery
die **Schmuckanfertigung, -en** making of jewelry
schmücken to adorn
die **Schmuckindustrie** manufacture of jewelry, jewelry industry
die **Schmucksachen** *(pl.)* jewels, ornaments
der **Schnaps, ⁻e** liquor
die **Schnauze, -n** snout, big mouth
der **Schnee** snow
der **Schneesturm, ⁻e** snowstorm
schnell fast, speedy, quick
der **Schnittpunkt, -e** intersection
das **Schnitzen** carving
die **Schokolade** chocolate
schon already
schön beautiful, pretty, handsome, fine
schonen to spare
der **Schöngeist, -er** bel esprit, wit
die **Schönheit, -en** beauty
schöpferisch creative
die **Schöpfung, -en** creation
schrecklich terrible, frightful
schreiben, schrieb, geschrieben to write
die **Schrift, -en** writing, script, publication
der **Schriftführer, -** secretary (club)
der **Schriftsteller, -** writer, author
die **Schriftstellerei** writing, authorship, literary profession
die **Schriftstellerin, -nen** authoress
der **Schritt, -e** step, pace
die **Schuhmacherstraße** Shoemaker Street
die **Schulaufführung, -en** school performance (of a play)
der **Schulbau, -ten** school building
die **Schulbildung** education, schooling
die **Schuld** guilt
die **Schulden** *(pl.)* debts
das **Schuldgefühl** feeling of guilt
schuldig guilty
die **Schule, -n** school
der **Schüler, -** student, pupil, schoolboy
das **Schulgeld** tuition
das **Schulkonzert, -e** school concert
der **Schulmeister, -** schoolmaster, teacher

die **Schulpflicht** compulsory education
die **Schulpolitik** educational policy
der **Schulrat, ⁻e** school superintendent, inspector
die **Schulsachen** *(pl.)* things a students needs for school
das **Schulsystem, -e** school system
der **Schultag, -e** school day
der **Schultheiß, -en** mayor
die **Schultüte, -n** cardboard cone filled with candies, etc., given on the occasion of the first school day
der **Schultyp, -en** type of school
der **Schultyrann, -en** school tyrant, teacher who enforces a harsh discipline
das **Schulwesen** public instruction, school affairs
das **Schulzeugnis, -se** report card
der **Schutz** protection, shelter
schützen to protect, guard, shelter
der **Schützenverein, -e** rifle club
der **Schutzherr, -en** protector, patron
die **Schutzpatronin, -nen** patron saint
schwach weak, faint, feeble
die **Schwäche, -n** weakness, faintness
schwanken to stagger, vacillate, get off balance
schwarz black
das **Schwarze Brett** bulletin board
Schweden Sweden
schwedisch Swedish
schweigen, schwieg, geschwiegen to be silent
die **Schweinezucht** hog growing
die **Schweiz** Switzerland
der **Schweizer, -** Swiss; dairyman
schweizerisch Swiss
schwer heavy, difficult, serious
schwerfällig cumbersome, heavy, slow
die **Schwerindustrie, -n** heavy industry, steel industry
das **Schwert, -er** sword
der **Schwerverbrecher, -** felon, criminal who committed a felony
schwerwiegend weighty, important
die **Schwester, -n** sister; nurse

die **Schwesterstadt** "sister city"
die **Schwiegereltern** *(pl.)* parents-in-law
der **Schwiegersohn, ⁼e** son-in-law
   schwierig difficult, hard
die **Schwierigkeit, -en** difficulty
das **Schwimmbad, ⁼er** swimming pool
das **Schwimmen** swimming
   schwören, schwor, geschworen to take an oath, swear
das **Schwurgericht, -e** jury (trial)
das **Schwyzerdütsch** Swiss German (dialect)
das **Sechstagerennen, -** six-day cycling race
der **See, -n** lake
der **Seehafen, ⁼** maritime port
die **Seele, -n** soul, mind
das **Seelenheil** salvation, spiritual welfare
   seelisch psychic, psychological
die **Seelsorge** ministry
der **Seemann, -leute** mariner, seaman, sailor
das **Seengebiet, -e** lake area
die **Seenplatte, -n** plain covered with lakes, lake area
der **Seeweg, -e** sea route
die **Segelfahrt, -en** sailing trip
der **Segelklub, -s** sailing club
der **Segler, -** yachtsman; sail boat
   sehen, sah, gesehen to see, perceive
die **Sehenswürdigkeit, -en** sight, object of interest
sich **sehnen (nach)** to long for
die **Sehnsucht, ⁼e** desire, longing, dream
die **Seife, -n** soap
die **Seite, -n** side; page
die **Sekretärin, -nen** secretary
der **Sekt** champagne
die **Sekte, -n** sect
   selbst self; even
die **Selbstbeherrschung** self-control
die **Selbstbesinnung** self-examination, reflection, meditation
die **Selbstbestimmung** self-determination
   selbstbewußt self-reliant, self-confident
das **Selbstbewußtsein** self-confidence, self-consciousness
das **Selbstgefühl** self-reliance
   selbstkritisch self-critical
der **Selbstmord, -e** suicide

die **Selbstregierung** self-government, autonomy
das **Selbstvertrauen** self-confidence
die **Selbstverwaltung** self-government, autonomy
   selig blessed, happy
   selten seldom, rare, scarce
der **Senat, -e** senate (city government)
die **Sendereihe, -n** radio series
die **Sendung, -en** transmission; shipment
   sensationell sensational
die **Sentimentalität, -en** sentimentality
die **Separatistenbewegung, -en** separatist movement
   serbisch Serbian
die **Serie, -n** series
   setzen to put, set, place; **sich zur Ruhe setzen** to retire
die **Seuche, -n** plague, epidemic
   sicher sure, secure, safe
die **Sicherheit, -en** security, certainty
   sichern to protect, secure, guarantee
die **Sicherung, -en** protection, securing; fuse
   sichtbar visible, conspicuous
   siebenjährig seven-year (old)
die **Siedlung, -en** settlement, suburban colony
der **Sieg, -e** victory
   siegen to be victorious, conquer, win
die **Sieger, -** victor, winner
die **Siegermacht, ⁼e** victorious power
   siegreich victorious
das **Silber** silver
das **Silberbergwerk, -e** silver mine
die **Silberproduktion, -en** production or output of silver
   Silvester New Year's Eve
die **Simonie** simony
   singen, sang, gesungen to sing
   sinken, sank, gesunken to sink, decline
der **Sinn, -e** sense, meaning, mind
   sinnlos senseless, foolish
die **Sippe, -n** kin, clan
die **Sitte, -n** custom, habit, usage
der **Sitz, -e** seat, chair, residence
   sitzen, saß, gesessen to sit, fit;
   sitzen bleiben to have to repeat a grade in school; remain seated
die **Sitzung, -en** meeting, session

Sizilien   Sicily
der **Skandal, -e**   scandal
Skandinavien   Scandinavia
der **Skandinavier, -**   Scandinavian
die **Skepsis**   scepticism
skeptisch   sceptical
der **Sklave, -n**   slave
die **Skulptur, -en**   sculpture
slawisch   Slavic
der **Slowene, -n**   Slovene
der **Sohn, ̈e**   son
der **Soldat, -en**   soldier
der **Soldatenrat, ̈e**   soldiers' council (1918–1919)
die **Soldatenstadt, ̈e**   garrison town
der **Söldner, -**   mercenary
die **Söldnertruppe, -n**   army of mercenaries
solide   solid
der **Solist, -en**   soloist
der **Sommer, -**   summer
die **Sommerferien** *(pl.)*   summer vacation
die **Sommerfrische, -n**   summer resort
der **Sommergast, ̈e**   guest for the summer, summer tourist
das **Sommerschloß, ̈sser**   summer castle
die **Sonate, -n**   sonata
die **Sonderschule, -n**   special school for handicapped children
der **Sonderzug, ̈e**   special train
die **Sonne, -n**   sun
sonnenhungrig   hungry for sunshine
die **Sonntagsruhe, -n**   Sunday rest
die **Sonntagszeitung, -en**   Sunday paper
das **Sonnwendfeuer, -**   fire to celebrate solstice
die **Sorge, -n**   care; problem, sorrow, concern
sorgen (für)   to care for, provide for
sorgfältig   careful
sorglos   carefree, careless
die **Sorte, -n**   sort, kind, species
souverän   sovereign
die **Souveränität, -en**   sovereignty, independence
sowjetisch   Soviet
die **Sowjetunion**   Soviet Union
die **Sowjetzone**   Soviet occupation zone (in Germany)
sozial   social

die **Sozialabgaben** *(pl.)*   fees for social services, salary deduction for social security and health insurance
der **Sozialdemokrat, -en**   social democrat
sozialdemokratisch   social democrat
das **Sozialgesetz, -e**   welfare law
die **Sozialgesetzgebung**   welfare legislation
die **Sozialhilfe**   public assistance, welfare
die **Sozialisierung, -en**   socialization
der **Sozialismus**   socialism
der **Sozialist, -en**   socialist
sozialistisch   socialist
die **Sozialleistungen** *(pl.)*   fringe benefits; family allowance
sozialpolitisch   referring to social or welfare policy
der **Sozialrevolutionär, -e**   social revolutionary
die **Sozialwissenschaften** *(pl.)*   social sciences
sozialwissenschaftlich   referring to social sciences
der **Soziologe, -n**   sociologist
sozusagen   so to speak
spalten   to split, divide
die **Spaltung, -en**   separation, splitting, division
Spanien   Spain
spanisch   Spanish
die **Spannung, -en**   tension, strain; voltage
sparen   to save, economize
die **Sparsamkeit, -en**   economy, thriftiness
spät   late
spätestens   at the latest
spätrömisch   referring to the later period of the Roman empire
die **Spätschicht, -en**   late shift, night shift
der **Spaziergang, ̈e**   walk, outing, promenade
der **Spazierweg, -e**   walk, path for walking
die **Speise, -n**   food, meal
sperren   to blockade, barricade, close, stop
sich **spezialisieren**   to specialize
spezialisiert   specialized
der **Spezialist, -en**   specialist, expert
sich **spiegeln**   to be reflected
das **Spiel, -e**   game, play
spielen   to play, perform, gamble
die **Spielerreihe, -n**   line of players (soccer)
der **Spielfilm, -e**   feature film, movie
der **Spielmann, -leute**   minstrel, streetplayer

der **Spielplan, ⁻e** repertory
der **Spielraum, ⁻e** scope, room for action
das **Spielzeug, -e** toy, plaything
spinnen, spann, gesponnen to spin; hatch
die **Spitze, -n** lace; point, top, tip
der **Spitzname, -n** nickname
die **Splittergruppe, -n** splinter group
die **Splitterpartei, -en** very small party
die **Sportanlage, -n** playing-ground, sports ground
die **Sportart, -en** kind of sport
die **Sporteinrichtung, -en** sport facilities
das **Sportergebnis, -se** sports news, outcome of sporting events
die **Sportgruppe, -n** group or team with interest in sports
der **Sportklub, -s** sport club
sportlich sportsmanlike, athletic
die **Sportnachricht, -en** sport news
der **Sportteil, -e** sports section (newspaper)
der **Sportverein, -e** sport club
der **Spott** mockery
die **Sprache, -n** language, tongue, speech
die **Sprachform, -en** linguistic form
das **Sprachgebiet, -e** area where a language is spoken
die **Sprachgemeinschaft, -en** all people speaking the same language
die **Sprachgrenze, -n** linguistic frontier
der **Sprachkurs, -e** language course
die **Sprachschwierigkeiten** *(pl.)* linguistic difficulties; difficulties to communicate because of language
der **Sprachwissenschaftler, -** linguist, philologist
sprechen, sprach, gesprochen to speak, talk
der **Sprecher, -** speaker
sprichwörtlich proverbial
der **Spruch, ⁻e** saying, sentence, proverb
spüren to feel, perceive, track
der **Staat, -en** state, nation
der **Staatenbund, ⁻e** confederation of independent states
das **Staatensystem, -e** political system; group of countries
staatlich national, public, referring to a state

die **Staatsangehörigkeit, -en** nationality, citizenship
der **Staatsbürger, -** citizen
die **Staatsbürgerkunde** civics
der **Staatsdiener, -** civil servant
der **Staatsdienst, -e** civil service
die **Staatseinnahme, -n** public revenues
das **Staatsexamen, - or -examina** final university examination qualifying for civil service careers
der **Staatsfeind, -e** public enemy
staatsfeindlich referring to a public enemy, being against the political system
die **Staatsform, -en** political system, constitution
das **Staatsgebiet, -e** territory of a state
die **Staatsgewalt, -en** executive power, supreme power
der **Staatskanzler, -** chancellor of the state, head of the government (Austria, 19th century)
die **Staatskasse, -n** treasury
die **Staatskirche, -n** state church, official church
der **Staatsmann, ⁻er** statesman, politician
der **Staatsminister, -** minister of state
das **Staatsoberhaupt, ⁻er** head of the state, sovereign
die **Geheime Staatspolizei,** *short:* **Gestapo** secret police (1933–45)
die **Staatsprüfung, -en** cf. *Staatsexamen*
die **Staatsräson** reason of state, political necessity
der **Staatsrat** privy council, council of state
staatsrechtlich referring to public or constitutional law
das **Staatstheater, -** state (supported) theater
staatstreu loyal to the state
der **Staatsvertrag** treaty to restore Austria's full sovereignty
die **Staatsverwaltung, -en** administration of a state
stabil stable
sich **stabilisieren** to stabilize, become stable
die **Stabilität, -en** stability
der **Stacheldraht, ⁻e** barbed wire

der **Stacheldrahtzaun, ⁻e** barbed wire fence
die **Stadt, ⁻e** city, town
der **Stadtanlage, -n** city, plan of the city
der **Stadtbewohner, -** inhabitant of a city, city dweller, townsman
das **Stadtbild** townscape, appearance of a city
der **Städtebau** city planning, building a city
der **Städtebund, ⁻e** league of cities
das **Stadtgebiet, -e** urban area, city (area)
städtisch urban, municipal
der **Stadtkern, -e** center of town
die **Stadtkultur, -en** urban civilization
das **Stadtparlament, -e** city council, city parliament
der **Stadtplan, ⁻e** city map, plan according to which a city is built
die **Stadtplanung, -en** city planning
der **Stadtrat, ⁻e** city council, city councillor
die **Stadtregierung, -en** city government
die **Stadtrepublik, -en** city republic, city state
das **Stadtschloß, ⁻sser** town palace, residence of a prince in town
der **Stadtstaat, -en** city state
das **Stadttheater, -** municipal theater
das **Stadttor, -e** city gate
das **Stadtzentrum, -zentren** center of town
die **Stahlindustrie, -n** steel industry
der **Stamm, ⁻e** tribe, people, race; tree trunk
die **Stammburg, -en** family castle
stammen (von) to descend, originate from
stammen (aus) to be from
das **Stammland, ⁻er** country of origin
der **Stand, ⁻e** social class, estate of the empire; stand, position, condition
der **Ständerat** house of parliament (Switzerland)
die **Standesschranke, -n** class barrier
ständig permanent
das **Stapelrecht** marketing right of medieval town
stark strong, stout, violent
stärken to strengthen
die **Stärkung, -en** strengthening, refreshment
starr stiff, inflexible, rigid
der **Statistiker, -** statistician
statt instead of

stattfinden, fand statt, stattgefunden to take place, happen
der **Statthalter, -** governor
die **Stauferzeit** era of the Hohenstaufen dynasty (12th and 13th centuries)
der **Stausee, -n** reservoir, artificial lake
stehen, stand, gestanden to stand
steif rigid
steigen, stieg, gestiegen to rise, mount, climb
die **Steigerung, -en** increase, climax, intensification
steil steep
der **Steinbruch, ⁻e** quarry
die **Steinkohle, -n** pit-coal, coal
das **Steinkohlenbergwerk, -e** coal mine
das **Steinkohlenvorkommen, -** coal deposit
die **Steinplatte, -n** stone slab, table top out of stone
die **Steinzeit, -en** Stone Age
die **Stelle, -n** place, spot, position, job
stellen to place, put, set
das **Stellenangebot, -e** job offer
die **Stellung, -en** position, job, employment
der **Stellungskrieg, -e** trench warfare
die **Stellungssuche** job hunting
sterben, starb, gestorben to die
die **Steuer, -n** tax, duty
die **Steuerbehörde, -n** revenue office
das **Sticken** embroidering
sticken to embroider
die **Stiefmutter, ⁻** stepmother
stiften to donate, found
die **Stifterfigur, -en** sculpture of the founder
das **Stiftungsfest, -e** founder's day, commemoration, annual convention of fraternities
der **Stil, -e** style
die **Stilistik** stylistics
still quiet, silent, calm
der **Stillstand** standstill, deadlock
stillvergnügt calm and serene, happy
die **Stilvorstellung, -en** idea, choice or concept of style
die **Stimme, -n** voice
stimmen to vote; tune; be correct
das **Stimmrecht, -e** right to vote

die **Stimmung, -en**   mood, humor, atmosphere

das **Stipendium, Stipendien**   fellowship, scholarship, stipend

die **Stirn, -en**   forehead

der **Stoff, -e**   fabric, material; subject, story
stolz,   proud
stören   to trouble, disturb
stoßen, stieß, gestoßen   to push, thrust, kick; **auf etwas stoßen** to come across, meet
strahlen   to radiate, shine
stramm   tight, disciplined

der **Strand, ⁻e**   beach

die **Straße, -n**   street, road, highway

die **Straßenbahn, -en**   street car, tramway,

der **Straßenbahnwagen, -**   tram car

die **Straßenbeleuchtung, -en**   street lighting

der **Straßenname, -n**   street name

das **Straßensystem, -e**   highway system

die **Straßenverbindung, -en**   road connection

der **Stratege, -n**   strategist

sich **sträuben**   to resist, oppose
streben (nach)   to aspire, struggle for

das **Streben**   striving, endeavour, effort

die **Strecke, -n**   stretch, distance; line

das **Streichquartett, -e**   string quartet

der **Streik, -s**   strike
streiken,   to strike

der **Streit, -e**   quarrel, dispute, fight

sich **streiten, stritt, gestritten**   to quarrel, argue, fight

die **Streitigkeit, -en**   quarrel, difference

der **Streitpunkt, -e**   matter, point in dispute

die **Streitschrift, -en**   polemic or controversial writing, treatise or pamphlet
streitsüchtig   quarrelsome
streng   severe, rigorous, stern, strict
stricken   to knit
strittig   disputed, controversial, at issue

die **Strumpfindustrie, -n**   hosiery industry

der **Studentenausweis, -e**   student identity card

die **Studentenbewungung, -en**   student movement

die **Studentengemeinde, -n**   community of students belonging to one church, student parish

die **Studentengeneration, -en**   student generation

die **Studentengruppe, -n**   student group, team, club

das **Studentenjahr, -e**   college year of a student

das **Studentenleben**   student life, university life

der **Studentenprotest, -e**   protest or demonstration by students

das **Studententheater, -**   student theater, student drama club

die **Studentenverbindung, -en**   student association, fraternity

das **Studentenwohnheim, -e**   dormitory

die **Studentenzeit**   college days

die **Studentin, -nen**   girl student, coed
studentisch   collegiate

das **Studienbuch, ⁻er**   record of courses taken by a student, transcript (in form of a booklet)

das **Studienfach, ⁻er**   subject of study

die **Studienfahrt, -en**   excursion for studies or research

der **Studiengang, ⁻e**   course of studies

das **Studienkolleg, -ien**   preparatory college for foreign students qualifying for university studies

der **Studienplatz, ⁻e**   admission, place for studies

der **Studienrat, ⁻e**   title of a tenured teacher in a *Gymnasium*

die **Studienzeit, -en**   time spent at a university, time spent to get a university degree
studieren   to study, go to college

die **Studiobühne, -n**   experimental theater

das **Studium, Studien**   study, studies

die **Stufe, -n**   step, degree, stage

das **Stufenland, ⁻er**   land rising in terraces

die **Stunde, -n**   hour

der **Stundenlohn, ⁻e**   hourly wage

der **Stundenplan, ⁻e**   schedule, time table, program (school)

der **Stürmer, -**   forward (soccer)

die **Stürmerreihe, -n**   line of (five) forwards (soccer)
stürzen   to fall, tumble

sich **stützen (auf)**   to rely on, lean upon, be based upon

suchen to search, seek, look for
Südamerika South America
süddeutsch South German
der Süddeutsche, -n South German
Süddeutschland South Germany
der Süden south
südlich southern
der Südosten southeast
Südosteuropa Southeast Europe
der Südtiroler German speaking inhabitant of
   the Alto Adige (Italian part of the Tirol)
der Südwesten southwest
der Suezkanal Suez Canal
die Sünde, -n sin, offence
der Sünder, - sinner, culprit, delinquent
der Superlativ, -e superlative
der Supermarkt, -̈e supermarket
die Süßigkeiten (pl.) sweets, candies
symbolisieren to symbolize
die Symphonie, -n symphony
das Symphonieorchester, - symphony orchestra
die Synagoge, -n synagogue
der Syndikus, -se or Syndizi trustee,
   administrator, legal adviser

der Tabak, -e tobacco
die Tafelmalerei, -en painting on (wooden)
   panels
der Tag, -e day
tagen to meet, sit; dawn
der Tagesausflug, -̈e one-day excursion, outing
der Tagesaufenthalt, -e a day's stay, stopover
die Tagesfrage, -n topic of the day
der Tageslauf a day's schedule, course of a day
das Tageslicht daylight
die Tageszeitung, -en daily paper
täglich daily
die Tagung, -en meeting, convention
die Taktik, -en tactics
taktlos tactless
das Tal, -̈er valley
das Talent, -e talent, gift
die Tante, -n aunt
die Tantieme, -n royalty, share in profits
tanzen to dance
die Tanzmusik dance music

das Tanzorchester, - dance orchestra,
   band
tapfer brave, valiant
der Tarif, -e tariff, wage scale
die Tarifverhandlung, -en negotiation of em-
   ployers and union about wages and fringe
   benefits
das Taschenbuch, -̈er paperback, memo
   book
das Taschengeld spending money, allowance
die Taschenuhr, -en pocket watch
die Tat, -en action, act, deed
tätig active
die Tätigkeit, -en activity
das Tätigkeitsfeld, -er field of activities
tatkräftig energetic, active
die Tatsache, -n fact, data
das Tatsachenwissen factual knowledge
tatsächlich in fact, actual, real
taufen to baptize
der Taugenichts, -e good-for-nothing
das Tauschgeschäft, -e exchange, barter, deal
der Tauschhandel barter
Tausende (pl.) thousands
die Technik, -en technique, technology, technical skill
der Techniker, - technician, engineer
technisch technical, technological
die Technische Hochschule, -n institute of
   technology, college of science and engineering
der Teil, -e part, share, portion
teilen to divide, share
teilnehmen (an), nahm teil, teilgenommen
   to take part in, compete, participate
der Teilnehmer, - participant
der Teilstaat, -en state being part of a greater
   political unit
die Teilung, -en division, separation, sharing
teilweise partly, partial
das Telefon, -e telephone
die Telefonnummer, -n telephone number
die Telefonseelsorge, ministry by telephone
die Telegrafie telegraphy
der Teller, - plate
der Tempel, - temple
die Temperatur, -en temperature

der **Temperaturunterschied, -e**   difference in temperature

das **Tempo, -s** *or* **Tempi**   speed, pace

die **Tendenz, -en**   trend, tendancy

tendieren   to be inclined, tend

das **Territorium, Territorien**   territory

terrorisieren   to terrorize

das **Testament, -e**   testament, will

teuer   dear, expensive

der **Teufel, -**   devil

das **Teufelsbuch, ̈er**   "devil's book," 16th-century book describing devils

der **Teufelspakt, -e**   pact with the devil

der **Textdichter, -**   librettist, man who writes the lyrics for a song

die **Textilien** *(pl.)*   textiles

die **Textilindustrie, -n**   textile industry

das **Theater, -**   theater, theater building

die **Theateraufführung, -en**   stage performance

die **Theaterfahrt, -en**   trip to see a play

die **Theaterfestspiele** *(pl.)*   theater festival

die **Theaterkultur**   theater culture

die **Theaterstadt, ̈e**   city with many theaters, city famous for its theaters

das **Theaterstück, -e**   play

die **Theatertradition, -en**   theater tradition

das **Thema, Themen**   topic, theme, subject

der **Theologe, -n**   theologian

die **Theologie**   theology

der **Theologieprofessor, -en**   professor of theology

der **Theoretiker, -**   theoretician, theorist

theoretisch   theoretical

die **Theorie, -n**   theory

die **These, -n**   thesis

der **Thron, -e**   throne

der **Thronfolger, -**   successor to the throne

tief   deep, low, profound

die **Tiefebene, -n**   plain, lowland

die **Tiefenpsychologie**   depth psychology

tiefgreifend   far-reaching

das **Tiefland**   lowland

tiefreligiös   deeply religious

das **Tier, -e**   animal

der **Tierarzt, ̈e**   veterinarian

tierärztlich   veterinary

der **Tisch, -e**   table

der **Tischler, -**   cabinet maker, joiner

die **Tischplatte, -n**   table top

das **Tischtennis**   table tennis, ping-pong

der **Titel, -**   title

das **Titelblatt, ̈er**   title page

die **Tochter, ̈**   daughter

der **Tod**   death

das **Todeslager, -**   death camp

der **Todfeind, -e**   deadly enemy

todkrank   critically ill

die **Toleranz**   tolerance

tolerieren   to tolerate, endure

toll   mad, extravagant

der **Ton, ̈e**   sound, note, stress (intonation)

das **Tonbandgerät, -e**   tape recorder

der **Torwart, -e**   goal keeper (soccer)

der **Tote, -n**   dead, dead person

töten   to kill

der **Totensonntag**   Memorial Day, Sunday before the 1st Advent Sunday devoted to the memory of the dead

der **Totentanz, ̈e**   dance of death, dance macabre

der **Totschlag, ̈e**   homicide, manslaughter

die **Tracht, -en**   costume, dress

traditionell   traditional, customary

traditionsreich   rich in tradition

der **Träger, -**   holder, carrier, bearer

die **Tragödie, -n**   tragedy

der **Trainer, -**   coach, trainer

transportieren   to transport

der **Transportweg, -e**   transport route

sich **trauen lassen**   to get married

die **Trauer**   mourning, sorrow

der **Trauertag, -e**   day of mourning

der **Traum, ̈e**   dream

träumen   to dream

der **Trecker, -**   tractor

treffen, traf, getroffen   to meet, hit

treffend   striking, appropriate

treiben, trieb, getrieben   to practice; urge; drive

trennen   to divide, separate

die **Trennung, -en**   separation

die **Treppe, -n**   staircase, stairs

treten, trat, getreten   to step, tread; **jemandem zur Seite treten**   to side with

treu   faithful, true
die Treue   faithfulness, fidelity
der Tribut, -e   tribute
trinken, trank, getrunken   to drink
das Trinkfest, -e   drinking festival
die Trinkzeremonie, -n   drinking ceremony
(student fraternities)
trocken   dry, arid
trocknen   to dry
der Trost   comfort, consolation
trotzdem   in spite of, nevertheless
trübe   dull, sad, muddy
die Truppe, -n   army, troop
tschechisch   Czech
die Tschechoslowakei   Czechoslovakia
tüchtig   able, efficient
die Tugend, -en   virtue
Tunesien   Tunisia
der Türke, -n   Turk
die Türkei   Turkey
türkisch   Turkish
der Turm, ̈e   tower, steeple
das Turnen   gymnastics
der Turnerbund, ̈e   club for gymnastics
die Turnerschaft, -en   gymnastic club, type of
student fraternity
das Turnfest, -e   gymnastic competition or festival
das Turnier, -e   jousting, tournament
die Turnübung -, en   gymnastic exercise
der Turnunterricht   physical education, instruction in gymnastics
der Turnverein, -e   athletic club
der Typ, -en   type
typish   typical
tyrannisch   tyrannical

das Übel, -   evil, mischief
übelnehmen, nahm übel, übelgenommen
to resent, be offended
üben   to practice, exercise
überall   everywhere, throughout
der Überbau   superstructure
übereinstimmen   to agree, harmonize
überfallen, überfiel, überfallen   to attack,
hold up

überflüssig   superfluous, redundant
überfremdet   controlled by foreigners
überfüllen   to cram, overcrowd
die Überfüllung   overcrowding, overfilling
übergeben, übergab, übergeben   to hand
over, deliver
übergehen, ging über, übergegangen   to
change hands, pass over; proceed
der Übergriff, -e   encroachment
überhaupt   on the whole, generally
die Überheblichkeit   presumption, arrogance
überladen, überlud, überladen   to overload,
overcharge
überladen (adj.)   excessively ornate, florid,
redundant
überlassen, überließ, überlassen   to cede,
leave (something) up to (somebody)
überleben   to survive
überlegen   to think over, reflect
überlegen (adj.)   superior
der Übermensch, -en   superman
übernachten   to pass the night
übernehmen, übernahm, übernommen   to
take, take over
überparteilich   nonpartisan, not connected
with a political party
überragend   excellent, outstanding
überrascht   surprised, astonished
die Überraschung, -en   surprise
überschaubar   limited, manageable
der Überschuß, ̈sse   surplus, excess
überschwemmen, -schwamm, -schwommen
to flood, inundate, overflow
übersetzen   to translate
der Übersetzer, -   translator
die Übersetzung, -en   translation
die Überstunde, -n   overtime
überstürzt   precipitate, hasty
die Übertreibung, -en   exaggeration, over-
statement
übertrieben   exaggerated
der Übertritt, -e   conversion
überwachen   to control, superintend, watch
over
überwechseln   to change to
überwiegen, überwog, überwogen   to be
preponderant

überwiegend preponderant, prevailing
überwinden, überwand, überwunden to overcome, conquer
überzeugen to convince
überzeugt convinced, ardent
die **Überzeugung, -en** conviction
üblich usual, customary
die **Übung, -en** exercise, practice, drill
das **Ufer, -** shore, bank
die **Uhr, -en** clock, watch; time
die **Uhrenindustrie, -n** watch industry
die **Uhrenstadt, ⸚e** city of watchmakers
umändern to change, alter
umbringen, brachte um, umgebracht to kill
der **Umbruch, ⸚e** drastic, revolutionary change; paging (newspaper)
der **Umfang** size, extent, circumference
umfangreich extensive, wide
umfassen to comprehend, include, embrace
umfassend extensive, comprehensive
die **Umgangsform, -en** manners
die **Umgangssprache, -n** everyday language, colloquial language
der **Umgangston** manners in daily behavior
die **Umgebung, -en** surroundings, neighborhood
umgehen (mit), ging um, umgegangen to deal with, handle, use
umgekehrt opposite, vice versa, the other way round
umgestalten to transform
umherreisen to travel around
umherziehen, zog umher, umhergezogen to gad about, wander
umkommen, kam um, umgekommen to die, perish, spoil
umliegend surrounding, adjacent
umorganisieren to reorganize
umreiten, umritt, umritten to ride around
die **Umschichtung, -en** (social) regrouping, shifting
die **Umschulung, -en** retraining for a new job
umsetzen to transpose; **in die Praxis umsetzen** to carry out, realize an idea
umsiedeln to resettle
die **Umsiedlung, -en** resettlement
umsonst gratis, for nothing; in vain

der **Umstand, ⸚e** circumstance
sich **umstellen (auf)** to adapt oneself to
die **Umstellung, -en** transposition, adaptation, redistribution
umstoßen, stieß um, umgestoßen to overthrow, knock down, annul
umstritten controversial, disputed
der **Umsturz, ⸚e** overthrow, upset, revolution
der **Umsturzversuch, -e** attempt of an overthrow, revolt
umwälzend revolutionary
die **Umwälzung, -en** revolution, radical change
der **Umweltschutz** environmental protection
umwerfen, warf um, umgeworfen to overturn, overthrow
umziehen, zog um, umgezogen to move, change
der **Umzug, ⸚e** move (furniture); procession
unabhängig independent
die **Unabhängigkeit** independence
der **Unabhängigkeitsdrang** urge to be independent
die **Unachtsamkeit, -en** carelessness
unakademisch unacademic, nonscholarly
unangenehm disagreeable, unpleasant
unausgesprochen implied, not expressed
unbedeutend insignificant
unbedingt absolute, absolutely, by all means
unbegrenzt unlimited
das **Unbehagen** malaise, uneasiness
unbehaglich uncomfortable, uneasy
unbekannt unknown
der **Unbekannte, -n** stranger, unknown person
unbekümmert careless, unconcerned
unbequem inconvenient
unbeschränkt absolute, unlimited
unbestechlich incorruptible
unblutig bloodless
undenkbar unthinkable, inconceivable
uneben uneven
unecht false, not genuine, artificial, phony
unehelich illegitimate
unehrlich dishonest
uneinheitlich diverse, not uniform, not clear
unerklärlich mysterious, inexplicable

unermüdlich indefatigable, incessant
unersetzlich irreplaceable, irreparable
unerträglich intolerable
unerwartet unexpected
unerwünscht unwelcome
der **Unfall, ̈e** accident
die **Unfallversicherung, -en** accident insurance
ungarisch Hungarian
Ungarn Hungary
ungeahnt unexpected, unthought of
ungebildet uneducated
ungeduldig impatient
ungefähr approximate, about, nearly
ungeheizt not heated
das **Ungeheuer, -** monster
ungeheuer huge, enormous, monstrous
ungeklärt unsolved
ungelöst unsolved
ungerecht unjust
die **Ungerechtigkeit, -en** injustice
ungetreu unfaithful
ungezwungen easy, natural, spontaneous, unconstrained
unglaublich incredible
ungleich unequal
uniert united (church)
die **Universität, -en** university
der **Universitätsdozent, -en** university lecturer or instructor
der **Universitätsgrad, -e** academic degree
das **Universitätskrankenhaus, ̈er** university hospital
der **Universitätsprofessor, -en** university professor
die **Universitätsreform, -en** university reform
die **Universitätsstadt, ̈e** university town
die **Unmenge, -n** enormous quantity
die **Unmenschlichkeit, -en** inhumanity
unmittelbar immediate, immediately, direct
unmöglich impossible
unnatürlich unnatural
unnormal not normal
die **Unordnung, -en** disorder, confusion
unparteiisch impartial, unbiased
unpraktisch impractical
unregelmäßig irregular

unreif immature
unrentabel unprofitable, unremunerative
die **Unruhe, -n** unrest, agitation
unruhig restless, uneasy
unsicher insecure, unsafe, unsteady
die **Unsicherheit, -en** insecurity, uncertainty
die **Untat, -en** crime
untätig passive, inactive, idle
untenstehend mentioned below
unterbrechen, unterbrach, unterbrochen to interrupt; stop over
unterbringen, brachte unter, untergebracht to lodge, place
unterdrücken to oppress, suppress, repress, put down
die **Unterdrückung, -en** oppression
unter(e) lower, inferior; under, below, among
untereinander among each other, mutually
der **Untergebene, -n** subordinate, underling
untergehen, ging unter, untergegangen to sink, perish; set
sich **unterhalten, unterhielt, unterhalten** to converse, talk to; enjoy oneself
die **Unterhaltungsmusik** light music, popular music
das **Unterhaltungsorchester, -** orchestra playing light music
die **Unterhaltungsseite, -n** entertainment page (newspaper)
die **Unterkunft, ̈e** lodging, accommodation
unterliegen, unterlag, unterlegen to succumb, be overcome, be defeated
der **Untermensch, -en** subhuman being
unternehmen, unternahm, unternommen to undertake
das **Unternehmen, -** expedition, enterprise, firm
der **Unternehmer, -** contractor, employer, entrepreneur
die **Unternehmerin, -nen** female entrepreneur
der **Unteroffizier, -e** corporal
der **Unterricht** instruction, lessons
unterrichten to teach, instruct, give lessons
das **Unterrichtsministerium, -ministerien** department of education

unterscheiden, unterschied, unterschieden to distinguish, differ

der **Unterschied, -e** difference, distinction

unterschiedlich different, diverse

unterschiedslos without any difference, indiscriminately

der **Untersekundaner, -** 10th grade student (secondary school)

unterstehen, unterstand, unterstanden to be subordinate to, be under the command of

unterstellen to place under, subordinate

unterstützen to support, aid, back

die **Unterstützung, -en** assistance, support, relief

die **Untersuchung, -en** investigation, examination, inquiry

der **Untertan, -en** subject

die **Unterteilung, -en** classification

der **Unterton, ⁼e** undertone

unterwegs on the way

unterwerfen, unterwarf, unterworfen to subjugate

unterzeichnen to sign

unverheiratet single, unmarried

unverkennbar unmistakable

unverletzt unharmed, unhurt

unvermeidlich inevitable

unvermittelt suddenly, directly

unverwechselbar unmistakable

unvoreingenommen unbiased

unvorstellbar unimaginable, unthinkable

das **Unwetter, -** stormy weather, thunderstorm

unwichtig unimportant

unwiderruflich irrevocable

der **Unwille** indignation

unzufrieden dissatisfied, discontent

die **Unzufriedenheit, -en** dissatisfaction, discontent

unzugänglich inaccessible

unzuverlässig unreliable

die **Uraufführung, -en** first night, first performance

die **Urkantone** *(pl.)* first three Swiss cantons

der **Urlaub** leave, vacation

die **Urlaubslandschaft, -en** tourist region

die **Urlaubsreise, -n** vacation trip

die **Urlaubszeit, -en** vacation, vacation period

das **Urlaubsziel, -e** destination, place to spend the vacation

der **Usprung, ⁼e** origin

ursprünglich original, primitive

das **Urteil, -e** judgment, sentence

vage vague

der **Vater, ⁼e** father

das **Vaterland, ⁼er** fatherland, native country

der **Vatertag, -e** father's day

verabscheuen to detest, abhor

verabschieden to dismiss, give leave

verachten to despise

veraltet out of date, obsolete

verändern to change, vary

die **Veränderung, -en** change, alteration

veranlassen to cause

veranstalten to organize, arrange

die **Veranstaltung, -en** event, occasion

verantworten to be responsible

verantwortlich responsible

die **Verantwortung, -en** responsibility

verantwortungsvoll responsible

die **Verarbeitung, -en** manufacturing, workmanship

die **Verarbeitungsindustrie, -n** manufacture, chiefly: consumer goods industries

verarmen to become poor, impoverish

verbessern to improve, correct

verbieten, verbot, verboten to prohibit, forbid

verbilligt reduced (price), cheaper

verbinden, verband, verbunden to connect, join, combine

die **Verbindung, -en** connection, union, association

die **Verbindungsstraße, -n** connecting route, highway

verbittert embittered

verboten forbidden, prohibited

das **Verbrechen, -** crime

verbreiten to spread, diffuse

verbreitet widespread, common

verbrennen, verbrannte, verbrannt to burn, cremate

der **Verbrennungsmotor, -en** internal combustion engine

verbringen, verbrachte, verbracht   to spend, pass (time)

verbummeln   to idle away, waste time or money

sich verbünden (mit)   to form an alliance, unite

der Verbundenheit, -en   tie, close connection, cohesion

der Verbündete, -n   ally, confederate

die Verdächtigung, -en   insinuation

der Verdammte, -n   dammed (soul)

verdanken   to owe

verderben, verdarb, verdorben   to spoil, perish, corrupt

verdienen   to earn, merit, deserve

der Verdienst, -e   salary, profit

das Verdienst, -e   merit

die Verdienstmöglichkeit, -en   chances for earning money

sich verdingen   to engage oneself, take a job

verdrängen   to displace, push away

verehren   to honor, venerate, worship

der Verein, -e   society, association, club

vereinigen   to unite, reconcile

vereinigt   united

die Vereinigung, -en   union, unification

das Vereinsleben   social life in clubs

das Vereinslokal, -e   restaurant or inn where a club has its regular meetings

der Vereinsmeier, -   joiner, person active in club life

das Vereinsregister, -   club registry

die Vereinstradition, -en   tradition of a club; tradition of having clubs

verfahren, verfuhr, verfahren   to proceed; bungle

verfallen, verfiel, verfallen   to fall into disrepair; expire, become forfeited

verfassen   to compose, write

die Verfassung, -en   constitution, state, condition

verfassungsgemäß   constitutional

die Verfassungsreform, -en   constitutional reform

verfilmen   to adapt to the screen, film

die Verflechtung, -en   involvement, entanglement

verfolgen   to pursue, follow, persecute

die Verfolgung, -en   persecution, pursuit

verfrüht   premature

verfügbar   available

die Verfügung, -en   disposal; decree; availability; **zur Verfügung haben** to have at one's disposal; **zur Verfügung stellen** to place at one's disposal

verführen   to seduce

verführerisch   seductive

die Vergangenheit, -en   past; past tense

vergänglich   transitory, passing

die Vergänglichkeit, -en   instability, transitoriness

vergeben, vergab, vergeben   to award, confer; forgive, pardon

vergeblich   in vain, fruitless

vergehen, verging, vergangen   to pass away, fade

die Vergessenheit   oblivion

der Vergleich, -e   comparison; agreement

vergleichen, verglich, verglichen   to compare

vergleichsweise   comparatively, by way of comparison

sich vergnügen   to enjoy oneself, take pleasure

der Vergnügungsplatz, -e   amusement park, (e.g. the Prater in Vienna or Disneyland)

vergrößern   to enlarge, magnify

verhaften   to arrest

sich verhalten, verhielt, verhalten   to behave, conduct oneself

das Verhalten   behavior, conduct

das Verhältnis, -se   relation, ratio, proportion

verhältnismäßig   comparatively, in proportion

die Verhältniswahl, -en   election by proportional representation

das Verhältniswahlrecht   election law providing for proportional representation

das Verhältniswahlsystem   system of election by proportional representation

verhandeln   to negotiate, deliberate, discuss

die Verhandlung, -en   negotiation, discussion, proceedings, trial

sich verheiraten   to marry

verheiratet sein   to be married

verhelfen (zu), verhalf, verholfen   to help to, procure

die Verherrlichung, -en   glorification

verhindern   to prevent
verhören   to try, examine, hear
der Verkauf, -̈e   sale
der Verkehrsknotenpunkt, -e   traffic junction
die Verkehrslage, -n   traffic situation
verkehrsreich   full of traffic, busy
der Verkehrsweg, -e   traffic route
das Verkehrszentrum, -zentren   traffic center, junction
verkleidet   in disguise
sich verkleinern   to diminish, get smaller
verknüpfen   to connect, combine
sich verkriechen, verkroch, verkrochen   to hide
verkrüppelt   crippled
verkünden   to proclaim, announce
verkürzen   to shorten
der Verlag, -e   publisher, publishing house
sich verlagern   to shift
verlangen   to demand, require, desire
verlängern   to prolong, extend, lengthen, renew
verlassen, verließ, verlassen   to leave, abandon
sich verlassen (auf), verließ, verlassen   to rely upon
verlaufen, verlief, verlaufen   to pass, elapse
die Verleihfirma, -firmen   distributor (films)
verletzen   to hurt, injure; violate
verlieren, verlor, verloren   to lose
verlockend   attractive, enticing
der Verlust, -e   loss
vermehren   to increase, augment
vermeiden, vermied, vermieden   to avoid
vermindern   to diminish, reduce
die Verminderung, -en   decrease, reduction
vermischen   to mix up, mingle
die Vermischung, -en   mixture, mixing up
vermitteln   to mediate, arrange, communicate
die Vermittlerrolle, -n   role of a mediator
die Vermittlung, -en   mediation, arrangement; telephone exchange
das Vermögen, -   property; ability, power
vermutlich   presumable
vernachlässigen   to neglect
vernichten   to destroy, annihilate
das Vernichtungslager, -   death camp, extermination camp

die Vernichtungsmethode, -n   method of extermination
die Vernunft   reason
vernünftig   reasonable, rational
veröffentlichen   to publish
die Verordnung, -en   ordinance, order, decree
verpassen   to miss, lose, let slip
verpflanzen   to transplant
sich verpflichten (zu)   to engage or commit oneself
verpflichtet   obliged
der Verrat   treason
verraten, verriet, verraten   to betray, give away
verrückt   mad, crazy
die Versammlungsfreiheit   freedom of assembling
verschaffen   to procure
sich verschärfen   to intensify, add to
verschieben, verschob, verschoben   to shift, postpone
verschieden   different, several
verschiedenartig   of a different kind, heterogeneous
die Verschiedenheit, -en   difference, diversity, variation
verschlechtern   to worsen, deteriorate
verschlossen   reserved; closed
verschollen   missing, presumed dead
die Verschulung   turning (a university) into a highschool-like operation
verschweigen, verschwieg, verschwiegen   to conceal, keep secret
verschwinden, verschwand, verschwunden   to disappear, vanish
der Verschwörer, -   conspirator
die Verschwörung, -en   conspiracy
das Versepos, -epen   verse epic
die Verserzählung, -en   narrative in verse
versetzen   to transpose, remove
versöhnen   to reconcile
die Versöhnung, -en   reconciliation
versorgen   to provide, supply
verspätet   tardy, belated
versperren   to bar, block
verspotten   to deride, mock
versprechen, versprach, versprochen   to promise

das **Versprechen, -** promise
die **Verstaatlichung, -en** nationalization
der **Verstand** understanding, reason, intelligence
sich **verständigen** to communicate, come to an understanding
die **Verständigung, -en** agreement, communication
der **Verständigungsfriede** peace by arrangement, by compromise
die **Verständigungspolitik** policy of understanding, policy based on mutual agreement
verständlich comprehensible, clear
das **Verständnis, -se** comprehension, understanding
verstärken to reinforce, strengthen, amplify
verstecken to hide
verstehen, verstand, verstanden to understand, comprehend
versuchen to try, attempt
vertauschen to exchange
verteidigen to defend
der **Verteidiger, -** defender; full back (soccer); defense attorney
vertiefen to deepen
sich **vertiefen** to deepen, widen; become absorbed in
der **Vertrag, ⁓e** treaty, contract
der **Vertragsspieler, -** semiprofessional soccer player
das **Vertrauen** confidence
das **Vertrauensverhältnis, -se** relation of trust or mutual confidence
vertreiben, vertrieb, vertrieben to expel, banish, drive away
vertreten, vertrat, vertreten to represent, substitute, advocate
der **Vertreter, -** representative, substitute, advocate, commercial traveler
die **Vertretung, -en** representation, substitution
der **Vertriebene, -n** expellee, refugee
verursachen to cause
verurteilen to sentence, condemn
vervollständigen to complete
verwachsen deformed
verwalten to administer, manage

die **Verwaltung, -en** administration, management
der **Verwaltungsangestellte, -n** administrative employee, civil servant
der **Verwaltungsbezirk, -e** administrative district
der **Verwaltungschef, -s** head of administration
der **Verwaltungsdienst, -e** administrative service, civil service
die **Verwaltungseinheit** administrative unit
die **Verwaltungsgebühr, -en** fee for administrative services
die **Verwaltungsreform** reform of administration
die **Verwaltungssprache, -n** administrative language
verwandeln to transform, change
verwandt related, congenial, allied
der **Verwandte, -n** relative
die **Verwandtschaft, en** relatives, relationship, affinity
die **Verwandtschaftsbeziehung, -en** kinship relation
der **Verwandtschaftsgrad, -e** degree of relationship, affinity
verweigern to refuse, deny
die **Verwendung, -en** use, employment
verwickelt intricate, complicated
verwirklichen to implement, realize, come to pass
die **Verwirrung, -en** confusion, entanglement
verwundert astonished
verwurzelt deeply rooted
verzichten (auf) to renounce, resign
verzweifeln to despair
der **Vetter, -n** cousin
das **Vieh** cattle, beast
das **Viehfutter** forage, food for cattle, fodder
die **Viehzucht** stock farming, cattle breeding
vielfach manifold
die **Vielfalt** variety, multiplicity
vielleicht perhaps
vielseitig many-sided, versatile
die **Vielseitigkeit, -en** versatility
der **Vielvölkerstaat** multiethnic state (Austria before 1918)
das **Viertel, -** quarter
die **Viertelstunde, -n** quarter of an hour

das **Visum, Visa,** *or* **Visen**   visa
die **Vitalität**   energy, vitality
die **Vogelkunde**   ornithology
der **Vogler,** -   fowler, bird-snarer
das **Volk,** ⁻er   people, nation
der **Völkerbund**   League of Nations
die **Völkerwanderungszeit**   period of migration of (Germanic) peoples
die **Volksabstimmung,** -en   plebiscite
der **Volksaufstand,** ⁻e   insurrection, popular uprising
das **Volksbildungswerk,** -e   organization for adult education
der **Volksbrauch,** ⁻e   popular or national custom
das **Volksbuch,** ⁻er   chapbook
die **Volksbühne,** -n   people's theater, popular theater
der **Volksdeutsche,** -n   ethnic German, member of a German-speaking minority
die **Volksdichtung,** -en   popular poetry
das **Volksfest,** -e   public festival, fun fair
der **Volksheld,** -en   popular hero
die **Volkshochschule,** -n   adult education courses, university extension
die **Volkskammer**   parliament of the GDR
die **Volkskammerwahl,** -en   election for the *Volkskammer*
die **Volkskirche,** -n   popular church, church of the people
die **Volkskunst,** ⁻e   popular art
das **Volkslied,** -er   folk song
das **Volksmärchen,** -   popular fairy tale
die **Volksmusik**   folk music
die **Volksmusikgruppe,** -n   folk music group
die **Volkspartei,** -en   people's party
die **Volksregierung,** -en   democracy, popular government
die **Volksschule,** -n   elementary school, type of secondary school
der **Volksschullehrer,** -   elementary school teacher
die **Volksschullehrerausbildung**   training of elementary school teachers
der **Volkssport**   popular sport, sport for the masses
das **Volkstheater,** -   popular theater
die **Volkstracht,** -en   traditional costume

volkstümlich   popular
der **Volkstumskampf,** ⁻e   fight for one's ethnic survival
die **Volksvertretung,** -en   representation of the people, parliament
der **Volkswirt,** -e   economist
die **Volkswirtschaft,** -en   economics; national economy
voll   full
vollenden   to complete, finish
vollendet   perfect, finished
die **Vollendung,** -en   finishing, perfection
völlig   entire, complete
vollkommen   perfect, accomplished
die **Vollredaktion,** -en   complete editorial staff
vollständig   complete
vollziehen, vollzog, vollzogen   to execute, perform
der **Volontär,** -e   volunteer, unpaid or little paid assistant
vorantreiben, trieb voran, vorangetrieben   to advance, push forward
der **Vorarbeiter,** -   foreman
voraussagen   to prophecy, predict
die **Voraussetzung,** -en   premise, condition, presupposition
der **Vorbehalt,** -e   reservation
vorbei   along, past, over
vorbereiten   to prepare; **sich vorbereiten (auf)**   to prepare oneself for, get ready for
die **Vorbereitung,** -en   preparation
der **Vorbereitungskurs,** -e   preparatory course
das **Vorbild,** -er   model, standard
vorbildlich   model, representative
die **Vorbildung**   education, preparatory training
vorchristlich   pre-Christian
vordringen, drang vor, vorgedrungen   to advance, gain ground
vorerst   first of all, for the time being, so far
der **Vorfahre,** -n   ancestor
vorführen   to present, perform
die **Vorführung,** -en   presentation, performance
der **Vorgang,** ⁻e   occurrence, event
der **Vorgarten,** ⁻   front garden
vorgehen, ging vor, vorgegangen   to advance, take action, proceed
der **Vorgesetzte,** -n   superior, boss

vorhanden present, existing, at hand
vorherrschen to prevail, predominate
die **Vorherrschaft, -en** predominance, hegemony
vorig former, previous
vorindustriell preindustrial
vorklinisch preclinical
vorkommen, kam vor, vorgekommen to happen, occur, to be found
das **Vorkommen, -** occurrence
vorladen, lud vor, vorgeladen to summon
die **Vorlage, -n** pattern, copy; pass (soccer)
vorläufig preliminary, provisional
vorlegen to put before, propose, produce
vorlesen, las vor, vorgelesen to read aloud to others
die **Vorlesung, -en** lecture
das **Vorlesungsverzeichnis, -se** university catalogue
die **Vorliebe, -n** predilection, preference
die **Vormachtstellung** hegemony
der **Vormund, ⁻er** guardian
der **Vorname, -n** first name
der **Vorort, -e** suburb
das **Vorrecht, -e** privilege, prerogative
der **Vorsatz, ⁻e** design, purpose
vorschieben, schob vor, vorgeschoben to push forward
der **Vorschlag, ⁻e** proposition, proposal, offer
vorschlagen, schlug vor, vorgeschlagen to propose
vorschreiben, schrieb vor, vorgeschrieben to prescribe
die **Vorschrift, -en** direction, regulation, rule
vorsehen, sah vor, vorgesehen to provide for
die **Vorsehung** providence
die **Vorsicht** caution
vorsichtig cautious
der **Vorsitz, -e** chair, presidency
der **Vorsitzende, -n** president, chairman
das **Vorstadtkino, -s** suburban movie theater
der **Vorstand, ⁻e** executive committee, board of directors
vorstellen: sich etwas vorstellen to imagine
die **Vorstellung, -en** idea, notion; presentation, performance

der **Vorteil, -e** advantage
vorteilhaft advantageous
der **Vortrag, ⁻e** lecture, report, recitation
vortragen, trug vor, vorgetragen to recite, lecture, report
die **Vortragsabend, -e** evening lecture, recitation
vorüber by, past, over
vorübergehend transitory, temporary
das **Vorurteil, -e** prejudice
der **Vorwand, ⁻e** pretext
vorwiegend preponderant, mostly
vorzeitig premature
vorziehen, zog vor, vorgezogen to prefer
der **Vorzug, ⁻e** preference, merit, advantage

wachsen, wuchs, gewachsen to grow, increase
der **Wachtturm, ⁻e** watchtower
die **Waffe, -n** weapon, arm
wagen to dare, risk
der **Wagen, -** carriage, cart, car
die **Wahl, -en** election, choice
das **Wahlamt, ⁻er** elective office, office of an elector
die **Wahlbeteiligung, -en** percentage of people voting
wählen to elect, choose, dial (telephone)
der **Wähler, -** voter
der **Wahlerfolg, -e** election success
der **Wahlgang, ⁻e** ballot
das **Wahlgesetz, -e** law regulating elections
der **Wahlkampf, ⁻e** contest, election campaign
der **Wahlkreis, -e** electoral district, ward, constituency
der **Wahlkurs, -e** elective (course)
der **Wahlsieg, -e** election victory
das **Wahlsystem, -e** electoral system
wahnsinnig insane, mad, lunatic
wahren to preserve, protect, take care of
etwas wahrhaben wollen to admit the truth of something
die **Wahrhaftigkeit, -en** sincerity, veracity
die **Wahrheit, -en** truth
wahrheitsgetreu in accordance with truth, truly

wahrscheinlich probable, likely
die **Währung, -en** currency
die **Währungsreform, -en** currency reform, monetary reform (particularly devaluation 1948)
das **Währungssystem, -e** monetary system or standard
der **Wald, -̈er** forest, wood
das **Waldgebirge, -** wooded mountains
das **Waldland, -̈er** woodlands, wooded countryside
der **Wallfahrtsort, -e** place of pilgrimage
die **Wand, -̈e** wall, partition
sich **wandeln** to change, turn into
die **Wanderbewegung, -en** youth movement emphasizing nature hikes
der **Wanderer, -** hiker, traveler on foot, wanderer
die **Wanderlust** desire to see the world, joy in hiking
wandern to hike, travel on foot, walk (long distances)
die **Wanderschaft** traveling, hiking, wandering as a traveling journeyman
die **Wandertruppe, -n** traveling theater troupe
die **Wanderung, -en** hike, excursion on foot
der **Wanderverein, -e** hikers' club
der **Wandervogel, -̈** migratory bird; name for members of a German youth movement (early 20th century)
der **Wanderweg, -e** hiking trail
die **Wandmalerei, -en** mural painting
die **Ware, -n** commodity, article, product
das **Warenhaus, -̈er** department store
die **Warmluftheizung, -en** hot air heating
das **Wartburgfest** festival and student demonstration at the Wartburg (1817)
warten to wait
die **Waschmaschine, -n** washer
das **Wasser, -or -̈** water
die **Wasserkraft, -̈e** hydraulic power
das **Wasserkraftwerk, -e** hydroelectric plant
die **Wasserleitung, -en** water main, aqueduct
der **Wassersport** aquatics, water sports
der **Wasserweg, -e** waterway
das **Wattenmeer, -e** shallow sea (covered only at high tide)

weben to weave
das **Weben** weaving
wechseln to change, alternate, exchange
der **Weg, -e** way, route, path, walk
wegen because of
weglassen, ließ weg, weggelassen to omit, leave out
die **Wegmarkierung, -en** marking of a trail
wegnehmen, nahm weg, weggenommen to take away, seize
sich **wehren (gegen)** to defend oneself
die **Wehrpflicht** military draft, conscription
weiblich feminine, female, womanly
die **Weiche, -n** switch (railway)
sich **weigern** to refuse
die **Weigerung, -en** refusal
weihen to consecrate, ordain, devote
der **Weihnachtsabend, -e** Christmas Eve
der **Weihnachtsbaum, -̈e** Christmas tree
das **Weihnachtsfest, -e** Christmas
die **Weihnachtsgans, -̈e** goose eaten at Christmas
das **Weihnachtslied, -er** Christmas carol
der **Weihnachtsmann, -̈er** Santa Claus, Father Christmas
die **Weile** (amount of) time
der **Wein, -e** wine, vine
der **Weinbau** winegrowing, viticulture
der **Weinbauer, -n** winegrower
das **Weinbaugebiet, -e** winegrowing region
die **Weinernte, -n** vintage
das **Weinfest, -e** wine festival, festival celebrating the vintage
die **Weintraube, -n** bunch of grapes, grapes
der **Weise, -n** sage, wise man
die **Weise, -n** manner, way, means
die **Weisheit, -en** wisdom
weit distant, far, wide
weitdenkend farsighted
die **Weiterbildung** continuing education, development
weiterführen to carry on
weitergehen, ging weiter, weitergegangen to continue, go on, walk on
weitgehend vast, predominantly
weithin far off, over a vast area
der **Weizen** wheat
die **Welle, -n** wave

welsch   speaking a Romance language, particularly French or Italian

die **Welt, -en**   world

die **Weltanschauung, -en**   world view, ideology, conception of life

weltbekannt   world-famous

der **Weltbürger, -**   cosmopolite

weltfremd   ignorant of the realities of life, quixotic

der **Weltfriede**   universal peace

weltgeschichtlich   referring to world history or universal history

der **Welthandel**   world trade, international trade

die **Weltherrschaft**   world hegemony, domination over the world

der **Weltkrieg, -e**   world war

weltlich   secular, mundane, lay

die **Weltmacht, ⁻e**   world power

der **Weltmarkt**   international market

weltoffen   open to new ideas (particulary to those from other countries)

die **Weltpolitik**   world politics, ambitious politics of a world power

das **Weltreich, -e**   universal power, empire

die **Weltreise, -n**   trip around the world

der **Weltruhm**   world fame

der **Werbefilm -e**   commercial, film for advertising

werden, wurde, geworden   to become, grow

werfen, warf, geworfen   to throw, cast

die **Werft, -en**   dockyard

das **Werk, -e**   work; mechanism; factory, plant

die **Werkstatt, ⁻en**   workshop

das **Werkstück, -e**   independent piece of work

der **Werkstudent, -en**   working student

die **Werkswohnung, -en**   apartment (or house) owned by a firm and leased to an employee

das **Werkzeug, -e**   tool, instrument

der **Wert, -e**   value, worth

wertvoll   valuable, precious

wesentlich   substantial, essential

westdeutsch   West-German

der **Westdeutsche, -n**   West German

Westdeutschland   West Germany

der **Westen**   west

die **Westgenze, -n**   western frontier or border

westlich   western, westerly

wetten   to bet, wager

der **Wettkampf, ⁻e**   contest, competition

wichtig   important

widerrufen, widerrief, widerrufen   to repeal, revoke, retract

widersprechen, widersprach, widersprochen   to contradict, oppose

der **Widerspruch, ⁻e**   contradiction, opposition

der **Widerstand, ⁻e**   resistance, opposition

widmen   to dedicate

die **Wiederaufrüstung, -en**   rearmament

der **Wiederentdecker, -**   rediscoverer

wiedergeben, gab wieder, wiedergegeben   to return, reproduce, reflect

wiederherstellen   to restore, rehabilitate

wiederholen   to repeat

die **Wiederkehr**   return, recurrence

der **Wiedertäufer, -**   anabaptist

wiedertreffen, traf wieder, wiedergetroffen   to meet (again)

wiedervereinigen   to reunite

die **Wiedervereinigung, -en**   reunification

die **Wiederwahl, -en**   reelection

die **Wiege, -n**   cradle

der **Wienerwald**   Vienna Woods

die **Wiese, -n**   meadow

wieviel   how much

der **Wille**   will

die **Willenskraft**   will power, strong will

der **Winkel, -**   corner, angle

die **Winterbeschäftigung, -en**   occupation during the winter

die **Winterspiele** *(pl.)*   Winter Games (Olympic Games)

der **Wintersport**   winter sports

der **Wintersportplatz, ⁻e**   winter resort, place for winter sports

wirken   to work, operate, have effect

wirklich   real, true, actual

die **Wirklichkeit**   reality

wirksam   effective, efficient

die **Wirksamkeit**   efficiency

wirkungsvoll   effective

die **Wirtschaft, -en**   economy, housekeeping; inn, pub

wirtschaftlich   economic, economical

die **Wirtschaftlichkeit**   feasibility in economic terms

der **Wirtschaftsbetrieb, -e**   economic unit, plant

der **Wirtschaftsblock, ⁻e**   economic block
der **Wirtschaftsdirektor, -en**   director of economics
der **Wirtschaftsexperte, -n**   economic expert
die **Wirtschaftsgemeinschaft, -en**   economic union
die **Wirtschaftskrise, -n**   economic crisis
der **Wirtschaftsminister, -**   minister of economics
die **Wirtschaftsordnung, -en**   economic system
der **Wirtschaftspartner, -**   economic partner
die **Wirtschaftsplanung, -en**   economic planning
die **Wirtschaftspolitik**   economic policy
das **Wirtschaftspotential**   economic potential
der **Wirtschaftstraum, ⁻e**   unit of economic geography, economic district
der **Wirtschaftssystem, -e**   economic system
das **Wirtschaftswunder, -**   economic miracle (especially West Germany after 1948)
das **Wirtshaus, ⁻er**   inn, pub
wissen, wußte, gewußt   to know
das **Wissen**   knowledge
die **Wissenschaft, -en**   science
der **Wissenschaftler, -**   scholar, scientist
wissenschaftlich   scientific
das **Wissensgebiet, -e**   field of knowledge
die **Witwe, -n**   widow
die **Woche, -n**   week
das **Wochenende, -n**   weekend
die **Wochenendausgabe, -n**   weekend edition (newspaper)
das **Wochenendhaus, ⁻er**   weekend home
wochenlang   for weeks
die **Wochenzeitung, -en**   weekly paper
wohl   probably, perhaps, I presume; well
die **Wohlfahrt**   welfare
sich **wohlfühlen**   to feel well, at ease
wohlgefällig   agreeable, complacent
wohlhabend   wealthy, well-to-do
der **Wohlstand**   prosperity, comfort
die **Wohlstandsgesellschaft**   society in the state of prosperity
der **Wohnbezirk, -e**   residential district
wohnen   to live, reside
die **Wohngemeinschaft, -en**   community of people living together

das **Wohnhaus, ⁻er**   house, dwelling, apartment house
der **Wohnort, -e**   residence
die **Wohnung, -en**   apartment
die **Wohnungseinrichtung, -en**   furniture, furnishings
die **Wohnungsmiete, -n**   rent for an apartment
die **Wohnungszulage, -n**   allowance for rent (in addition to a basic salary)
der **Wohnwagen, -**   house trailer
das **Wohnzimmer, -**   living room
wollen   to want to, be willing, wish, intend
das **Wort, -e** *or* **⁻er**   word, expression
die **Wortgeschichte, -n**   word history, etymology
wortkarg   taciturn
der **Wortschatz**   vocabulary
das **Wunder, -**   miracle, wonder
das **Wunderhorn, ⁻er**   magic horn, enchanted horn; **des Knaben Wunderhorn**   the Youth's Magic Horn (anthology of folksongs)
das **Wunderkind, -er**   child prodigy
sich **wundern (über)**   wonder at, be surprised at
der **Wunsch, ⁻e**   wish, desire
der **Wunschzettel**   list of wishes (for a birthday or Christmas)
die **Würde, -n**   dignity, honor, propriety
die **Würdigung, -en**   appreciation, eulogy
die **Wurst, ⁻e**   sausage
Württemberg   Wurtemberg
würzen   to spice, season
die **Wüste, -n**   desert, waste land

die **Zahl, -en**   number, figure
zahlen   to pay
der **Zahltag, -e**   payday
der **Zar, -en**   czar
die **Zarin, -nen**   czarina
die **Zauberflöte, -n**   magic flute
der **Zaun, ⁻e**   fence
das **Zehntel, -**   tenth
das **Zeichen, -**   sign, indication, mark
zeichnen   to draw, sketch, design
das **Zeichnen**   drawing
der **Zeigefinger, -**   index, forefinger
zeigen   to show

die **Zeit, -en** time, period, term; tense; **eine Zeitlang** for some time
das **Zeitalter, -** age, era, epoch
die **Zeitdifferenz, -en** time difference
die **Zeiteinteilung, -en** division of time
zeitgemäß oportune, modern
der **Zeitgenosse, -n** contemporary
die **Zeitschrift, -en** periodical, magazine
die **Zeitung, -en** newspaper
der **Zeitungsjunge, -n** newspaper boy, newsboy
der **Zeitungskönig, -e** newspaper king, newspaper tycoon
der **Zeitungsleser, -** newspaper reader
der **Zeitungsverleger, -** newspaper publisher
zeitweise for a certain period of time, occasionally
das **Zelt, -e** tent
zelten to stay in a tent
die **Zensur, -en** censorship; grade (school)
zentral central
zentralisieren to centralize
die **Zentralregierung, -en** central government
die **Zentralverwaltung, -en** central administration
das **Zentrum, Zentren** center
zerbrechen, zerbrach, zerbrochen to break (to pieces)
die **Zeremonie, -n** ceremony
zerfallen, zerfiel, zerfallen to decay, fall into ruin
die **Zerrissenheit, -en** pessimism, confusion, contradiction
zersetzen to disintegrate
zersiedeln to cut up the country into small lots for housing
zersplittern to split up, disperse
zerstören to destroy
zeugen to testify, witness
das **Zeughaus, ¨er** arsenal
das **Zeugnis, -se** report card, evidence, certificate, diploma
das **Ziegeldach, ¨er** tiled roof
ziehen, zog, gezogen to pull, draw; cultivate, breed
das **Ziel, -e** aim, destination, target, goal
ziemlich tolerable, fair, rather
die **Zigarette, -n** cigarette

der **Zigeuner, -** gipsy
das **Zimmer, -** room
der **Zimmerbrand, ¨e** fire confined to a room
der **Zimmermann, -leute** carpenter
das **Zimmertheater, -** theater in a room
zittern to shake, tremble
zivil civil
die **Zivilbevölkerung, -en** civilian population
die **Zivilehe, -n** civil marriage
das **Zivilleben** life as a civilian (as opposed to military life)
die **Zivilregierung, -en** civil government
zögern to hesitate, delay
das **Zölibat** celibacy
der **Zoll, ¨e** custom, duty; inch
der **Zollbeamte, -n** customs officer
die **Zollunion, -en** customs union
der **Zollverein, -e** customs union (19th century)
der **Zopf, ¨e** tress, pigtail
der **Zorn** anger
zornig angry
züchten to breed, grow
der **Zucker** sugar
die **Zuckerrübe, -n** sugar beet
zuende finished, over
die **Zufahrtstraße, -n** approach, road connection
zufällig by chance, accidentally, incidental
die **Zuflucht** refuge, shelter, recourse
die **Zufluchtsstätte, -n** asylum, place of refuge
zufrieden content, satisfied
der **Zugang, ¨e** access, admittance
zugänglich accessible
zugehörig belonging to
zugleich at the same time, together with
zugrunde gehen to be ruined, be destroyed
zugunsten for the benefit of
die **Zukunft** future
zukünftig future
der **Zukunftstraum, ¨e** dream of the future, utopia
die **Zulage, -n** raise, increase, fringe benefits
zulassen, ließ zu, zugelassen to admit, allow, license
die **Zulassungsbeschränkung** limited admission
zumuten to be exacting, to expect (something of somebody)

die **Zuneigung, -en** affection
die **Zunft, ⸚e** guild, corporation
das **Zünglein an der Waage** tongue of the
    balance
sich **zurechtfinden, fand zurecht, zurechtge-**
    funden to find one's way
zurückbleiben, blieb zurück, zurückge-
    blieben to remain behind
zurückerobern to reconquer
zurückgezogen retired, secluded
zurückhaltend reserved, shy
zurückkehren to return
zurücknehmen, nahm zurück, zurückge-
    nommen to take back, revoke
zurücktreten, trat zurück, zurückgetreten
    to resign
sich **zurückziehen, zog zurück, zurückgezogen**
    to withdraw, retire
zusammen together
die **Zusammenarbeit** cooperation
zusammenbrechen, brach zusammen, zusam-
    mengebrochen to break down, collapse
zusammenbringen, brachte zusammen, zu-
    sammengebracht to collect, bring together
zusammenfassen to comprehend, collect,
    summarize
sich **zusammenfinden, fand zusammen, zusam-**
    mengefunden to meet, come together
zusammengehören to belong together
das **Zusammengehörigkeitsgefühl** feeling of to-
    getherness, of belonging together
zusammenhalten, hielt zusammen zusam-
    mengehalten to cling together, hold to-
    gether
der **Zusammenhang, ⸚e** connection, context
zusammenhängen, hing zusammen, zusam-
    mengehangen to be connected, cohere
zusammenkommen, kam zusammen, zusam-
    mengekommen to meet, assemble, come
    together
die **Zusammenkunft, ⸚e** meeting
zusammenleben to live together
das **Zusammenleben** living together, compan-
    ionship, cohabitation
sich **zusammenschließen (zu), schloß zusammen,**
    zusammengeschlossen to unite, combine,
    join

zusammenstellen to put together, make up
der **Zusammenstoß, ⸚e** collision, encounter
zusammenstoßen, stieß zusammen, zusam-
    mengestoßen to collide, run into, join
    forces with
zusammentreffen, traf zusammen, zusam-
    mengetroffen to meet, concur, coincide
das **Zusammentreffen** meeting, coincidence
zusammentreten, trat zusammen, zusam-
    mengetreten to meet, combine
zusammenwachsen, wuchs zusammen, zu-
    sammengewachsen to grow together
zusätzlich additional
der **Zuschauer, -** spectator
die **Zuschauerzahl, -en** number of spectators
zuschreiben, schrieb zu, zugeschrieben to
    ascribe, attribute to
der **Zuschuß, ⸚sse** allowance, contribution,
    subsidy
der **Zustand, ⸚e** condition, state
zustande kommen to come about
zustehen, stand zu, zugestanden to be due
    to
die **Zustimmung, -en** consent
zuteilen to allot
zutrauen to credit (a person with some-
    thing)
zutreffen, traf zu, zugetroffen to come
    true, prove right
zuverlässig reliable, dependable
der **Zuwanderer, -** immigrant
sich **zuwenden, wandte, zu, zugewandt** to turn
    to
der **Zuzug** moving (to a place), immigration
der **Zwang, ⸚e** compulsion, constraint, force,
    repression
zwar indeed, no doubt
der **Zweck, -e** object, aim, purpose
zweckmäßig expedient, suitable
zweierlei of two kinds
der **Zweifel, -** doubt; **ohne Zweifel** sure,
    without any doubt
der **Zweifrontenkrieg, -e** war on two fronts
der **Zweig, -e** branch, twig
zweisprachig bilingual
die **Zweisprachigkeit** bilingualism, bilin-
    guality

die **Zweiteilung, -en** division into two parts, bipartition

zweitens second, in the second place

zwiespältig discrepant, divided, ambivalent

zwingen, zwang, gezwungen to force, constrain

zwischendurch in between, at intervals, through

die **Zwischenprüfung, -en** intermediate examination

die **Zwölftonmusik** dodecaphonic or serialistic music, twelve-tone music, atonal music